JN298493

ベイズ計量経済学
ハンドブック

The Oxford Handbook of
Bayesian Econometrics
Edited by John Geweke, Gary Koop and Herman van Dijk

照井伸彦
[監訳]

朝倉書店

The Oxford Handbook of
Bayesian Econometrics,
First Edition

edited by

John Geweke
Gary Koop
Herman van Dijk

© Oxford University Press 2011

The Oxford Handbook of Bayesian Econometrics, First Edition was originally published in English in 2011. This translation is published by arrangement with Oxford University Press.

監訳者序文

　本書はベイズ計量経済学の研究を推進してきた John Geweke, Gary Koop, Herman van Dijk らの編集によるハンドブックである．彼らは編者として裏方に徹することで慎重にトピックと書き手を選抜し，計量経済学の広範な領域でのベイズ推測の発展を適切にカバーすることに成功している．

　IT 社会の進展に伴うデータの蓄積と利用拡大は，計量経済学においてもより複雑できめ細かいモデリングを要求している．共和分以来新しいパラダイムが求められてきた計量経済学の研究において，ベイズ推測は，ミクロ経済分野では理論を事前情報として取り入れ"隣の力を借りる"消費者異質性モデリングなど，またマクロ経済分野では MCMC や粒子フィルタなど計算上の利便性をフル活用する動的確率均衡モデルなどの新しい研究領域の牽引役である．またベイズ推測は，標本理論では非正則問題として制限される諸問題を解放する統計手法としても各方面で応用が急速に進んでいる．

　経済理論と緊密な関係をもつ計量経済学は，ベイズ推測の本領が十二分に発揮できる分野である．主観的判断を可能な限り排除しようとする性格の強い経済学の分野においては，狭い意味で捉えた場合，事前確率に依拠するベイズ推測の適用にはハードルが存在するが，予測性能やモデル表現の柔軟性による説明可能性などの客観的利便性がいずれこれを解消してゆくことになろうことは，本書を読むことで十分予想できる．これらを基礎理論から各種の応用領域まで第一線の研究者による解説で俯瞰できるのが本書の最大の特徴である．

2013 年 8 月

照井 伸彦

日本語版序文

　私が共編集者の Gary Koop, Herman van Dijk とともにオックスフォード・ベイズ計量経済学ハンドブックに着手した目的は，急速に発展しているベイズ計量経済学の基礎から最新のイノベーションまでについて実質的に貢献してきた人たちの言葉で語ることであった．我々は，各章の配置を読みやすくかつ分野の全体像がわかるように留意したが，それを超えて，各章の著者らには新しい貢献を依頼したため，個々のトピックの扱いについては多くを著者らの手に委ねた．

　この翻訳の企画，さらには原著と同じく各章が翻訳されることを聞き非常にうれしく思う．日本の計量経済学者および関連領域の研究者は，ベイズ計量経済学およびベイズ統計学に重要な貢献をしてきた．さらに，日本はコンファレンスの開催国として定期的にすばらしい研究集会の運営を行い，分野の発展に貢献してきた．本書によって，日本の研究者がベイズ計量経済学の最先端の研究をさらに世界的に推進することを期待して止まない．

　　John Geweke

監訳者

照井伸彦 東北大学大学院経済学研究科　教授

翻訳者（執筆順）

照井伸彦	(序章, 第1, 2章)	東北大学大学院経済学研究科　教授
佐藤忠彦	(第3章)	筑波大学ビジネス・サイエンス系　准教授
伴　正隆	(第4章)	日本大学経済学部　准教授
石垣　司	(第5章)	東北大学大学院経済学研究科　准教授
中山雄司	(第6章)	大阪府立大学大学院経済学研究科　教授
姚　峰	(7.1〜7.4節)	香川大学経済学部　教授
砂田洋志	(第7章)	山形大学人文学部　教授
ウィラワン・ドニ・ダハナ	(第8章)	大阪大学大学院経済学研究科　講師
島田淳二	(第9章)	青山学院大学経営学部　教授

執筆者一覧

Greg Allenby　オハイオ州立大学フィッシャー経営大学院教授 (the Helen C. Kurtz Chair in Marketing).

Gary Chamberlain　ハーバード大学教授 (the Louis Professor of Economics).

Siddhartha Chib　ワシントン大学（セントルイス）オーリン経営大学院教授 (the Harry C. Hartkopf Professor of Econometrics and Statistics).

Marco Del Negro　ニューヨーク連邦準備銀行調査統計グループのマクロ経済，金融研究部門副部長助手.

John Geweke　シドニー工科大学教授 (Co-Director and Distinguished Research Professor in the Centre for the Study of Choice). *Journal of Econometrics* の共編者でエコノメトリック・ソサイエティおよびアメリカ統計学会のフェロー，国際ベイズ分析学会元会長.

Paolo Giordani　スウェーデン中央銀行アドバイザー.

Jim Griffin　ケント大学統計学講師．回帰モデル・時系列モデルと効率性測定・ボラティリティ評価などの計量経済学上の問題への応用を含むベイジアン・ノンパラメトリック手法を広く研究している．

Eric Jacquier　HEC モントリオール経済学部を経て MIT スローンスクール財政学准教授．

Robert Kohn　ニューサウスウェールズ大学教授 (a Scientia Professor in the School of Economics at the School of Banking and Finance at the Australian School of Business).

Gary Koop　ストラスクライド大学経済学教授．

Mingliang Li　ニューヨーク州立大学バッファロー校経済学部経済学准教授．

Michael Pitt　ウォーリック大学経済学准教授．ベイズ方法論および潜在時系列モデルについて広く研究している．また粒子フィルタを確率的ボラティリティなど金融計量経済学モデルに応用することに関心を持つ．

Dale J.Poirier カリフォルニア大学アーバイン校経済学教授．エコノメトリック・ソサイエティ，アメリカ統計学会，*Journal of Econometrics* のフェロー．さらに *Journal of Econometrics* と *Econometric Theory* の編集委員で，*Econometric Reviews* の創立編集者でもある．

Nicholas Polson シカゴ大学ブース経営大学院計量経済学および統計学教授．現在 *Journal of Econometrics*, *Journal of Financial Econometrics*, *Journal of the Amenican Statistical Association* の共同編集者である．

Fernando Quintana チリ・カトリカ大学統計学部教授 (Departament de Estadistica, Pontificia Universidad Catolica de Chile). 研究の多くはベイズノンパラメットリックモデルとその応用に集中している．

Peter Rossi UCLA アンダーソン経営大学院教授 (the James Collins Professor of Marketing at the UCLA Anderson School of Management). アメリカ統計学会および *Journal of Econometrics* のフェロー．*Quantitative Marketing and Economics* の創立編集者であり，*Journal of the Amenican Statistical Association, Journal of Econometrics, Journal of Business and Economic Statistics, Econometric Theory* の元共同編集者である．

Frank Schorfheide ペンシルベニア大学経済学教授．National Bureau of Economic Research (NBER) と Centre for Economic and Policy Research (CEPR) にも所属している．またフィラデルフィアとニューヨークの連邦準備銀行の客員研究者である．

Mark Steel ウォーリック大学統計学教授．彼の研究はベイズ統計学・計量経済学の理論と応用に焦点を当てている．*Bayesian Analysis* の編集者で，*Journal of Econometrics, Journal of Productivity Analysis, Central European Journal of Economic Modelling and Econometrics* の共同編集者である．また *Journal of the Royal Statistical Society Series B, Journal of Business and Economic Statistics, Econometric Theory* の元共同編集者である．

Justin Tobias パデュー大学経済学部教授．

Herman van Dijk ティンバーゲン研究所所長，エラスムス大学教授 (professor of Econometrics with a Personal Chair).

目　　次

0. 序　　章 ………………………………………………………… 1
　0.1　はじめに ……………………………………………………… 1
　0.2　原　　理 ……………………………………………………… 3
　0.3　方　　法 ……………………………………………………… 3
　0.4　応　　用 ……………………………………………………… 5
　0.5　おわりに ……………………………………………………… 7

第Ⅰ部　諸原理　　　　　　　　　　　　　　　　　　　　　　9

1. 処置選択のベイズ推測の諸側面 ……………………………… 11
　1.1　はじめに ……………………………………………………… 11
　1.2　単純無作為割当て …………………………………………… 13
　　1.2.1　尤度関数 ………………………………………………… 14
　　1.2.2　制限情報 ………………………………………………… 17
　　1.2.3　事前分布 ………………………………………………… 17
　1.3　測定された属性を条件付とした無作為割当て …………… 21
　　1.3.1　既知の傾向スコア ……………………………………… 23
　　1.3.2　相関をもつランダム効果 ……………………………… 24
　　1.3.3　未知の傾向スコア ……………………………………… 26
　1.4　観測不能変数の選択 ………………………………………… 30
　1.5　文献との関連 ………………………………………………… 36

2. 交換可能性，表現定理，主観性 ……………………………… 40
　2.1　はじめに ……………………………………………………… 40
　2.2　交換可能性 …………………………………………………… 42
　2.3　ベルヌーイのケース ………………………………………… 44
　2.4　ノンパラメトリック表現定理 ……………………………… 47
　2.5　一　般　化 …………………………………………………… 47
　2.6　部分交換可能性 ……………………………………………… 52

2.7	おわりに	53

第II部　方法　　57

3. **時系列状態空間モデルのためのベイズ推測** 59
   - 3.1 はじめに 59
   - 3.2 一般状態空間モデルの枠組み 61
     - 3.2.1 仮定 61
     - 3.2.2 フィルタリング 62
     - 3.2.3 尤度の計算 63
     - 3.2.4 平滑化 64
     - 3.2.5 欠損値 y_t 65
   - 3.3 線形ガウス型状態空間モデル 66
     - 3.3.1 フィルタリング 67
     - 3.3.2 欠損値 y_t 69
     - 3.3.3 尤度計算 69
     - 3.3.4 平滑化 69
     - 3.3.5 共変量の導入 70
     - 3.3.6 状態ベクトルに関する初期条件 71
     - 3.3.7 ベイズ推測 71
   - 3.4 条件付ガウスモデル 74
     - 3.4.1 離散混合線形ガウス型状態空間モデル 74
     - 3.4.2 補助潜在変数モデル (auxiliary latent variable model) 81
   - 3.5 多変量線形ガウス型状態空間モデルと条件付ガウス型状態空間モデル .. 82
     - 3.5.1 多変量ローカルレベルモデルと多変量自己回帰＋ノイズモデル ... 82
     - 3.5.2 時変係数 VAR モデル 83
     - 3.5.3 レジームスイッチングと複数の変化点をもつ VAR モデル 84
     - 3.5.4 動的因子モデル 85
   - 3.6 一般状態空間モデルの MCMC による推測 86
     - 3.6.1 非効率性と収束性の問題 87
     - 3.6.2 非効率性解析：パラメトリゼーション 87
     - 3.6.3 非効率性解析：シングルムーブ型状態更新 90
     - 3.6.4 ブロックとして状態をシミュレーションする 91
     - 3.6.5 シミュレーションによる検証：SV モデルに関するシングルムーブとマルチムーブの比較 95
   - 3.7 粒子フィルタ（パラメータが既知の場合） 96

3.7.1	サンプリング重点リサンプリング (SIR)	96
3.7.2	多項サンプリング	100
3.7.3	層別サンプリング	100
3.7.4	補助粒子フィルタ	101
3.7.5	一般補助粒子フィルタ	107
3.7.6	条件付ガウス型状態空間モデルのための粒子フィルタ	109
3.8	粒子フィルタ（パラメータが未知の場合）	111
3.8.1	オンラインパラメータ推定	112
3.8.2	粒子フィルタでのMCMC法	115
3.9	モデル選択, モデル平均化, モデル診断	117
3.9.1	モデル選択とモデル平均化	117
3.9.2	モデル診断	118

4. 柔軟なモデリングとノンパラメトリックモデリング … 124

4.1	はじめに	124
4.2	柔軟なパラメトリックモデリング	125
4.2.1	裾の厚さ	126
4.2.2	非対称性	128
4.2.3	混合分布	133
4.2.4	多変量モデリング	135
4.2.5	応用	137
4.3	ノンパラメトリックモデリング	144
4.3.1	準備：ディリクレ過程と関連するモデル	144
4.3.2	セミパラメトリック混合モデリング	147
4.3.3	計算上の諸側面	148
4.3.4	分析例	150
4.4	柔軟な平均回帰モデリング	156
4.4.1	基底関数法	157
4.4.2	ガウス過程と平滑化事前分布	164
4.5	完全にノンパラメトリックな回帰モデルとセミパラメトリックな回帰モデル	168
4.5.1	応用	175
4.6	おわりに	175
4.6.1	まとめ	175
4.6.2	利用可能なソフトウェア	176

5. シミュレーションと MCMC 法入門 ……………………… 185
- 5.1 はじめに …………………………………………………… 185
  - 5.1.1 本章の構成 ……………………………………………… 187
- 5.2 2種類の古典的サンプリング法 …………………………… 188
  - 5.2.1 採択–棄却法 …………………………………………… 188
  - 5.2.2 重点サンプリング ……………………………………… 190
- 5.3 メトロポリス–ヘイスティングスアルゴリズム ………… 191
  - 5.3.1 M–H アルゴリズムの導出 …………………………… 192
  - 5.3.2 M–H 連鎖の遷移密度 ………………………………… 193
  - 5.3.3 収束の性質 ……………………………………………… 194
  - 5.3.4 数値的標準誤差と非効率性因子 ……………………… 195
  - 5.3.5 提案密度の選び方 ……………………………………… 196
  - 5.3.6 多重ブロックサンプリング …………………………… 198
- 5.4 特別な話題 ………………………………………………… 201
  - 5.4.1 潜在変数を伴う MCMC サンプリング ……………… 201
- 5.5 密度関数の最高値の推定 ………………………………… 202
- 5.6 サンプラーの性能と診断 ………………………………… 203
- 5.7 周辺尤度の計算 …………………………………………… 203
- 5.8 応用例 ……………………………………………………… 206
  - 5.8.1 ジャンプ–拡散モデル ………………………………… 206
  - 5.8.2 DSGE モデル …………………………………………… 210
- 5.9 おわりに …………………………………………………… 214

第 III 部 応用 219

6. ミクロ計量経済学におけるベイズ法 …………………… 221
- 6.1 はじめに …………………………………………………… 221
- 6.2 線形モデル ………………………………………………… 222
  - 6.2.1 線形回帰モデルのベイズ分析 ………………………… 222
  - 6.2.2 線形モデルにおける分散不均一性 …………………… 230
  - 6.2.3 構造変化を伴う線形モデル …………………………… 236
  - 6.2.4 階層線形モデル ………………………………………… 240
  - 6.2.5 線形モデルにおける内生性 …………………………… 247
- 6.3 非線形階層モデル ………………………………………… 256
  - 6.3.1 二値選択モデル ………………………………………… 257
  - 6.3.2 トービットモデル ……………………………………… 265

- 6.3.3 順序選択モデル 266
- 6.4 多変量潜在変数モデル 269
  - 6.4.1 ハードル/サンプルセレクションモデル 270
  - 6.4.2 非線形モデルにおける内生性 273
  - 6.4.3 処置効果モデル 279
  - 6.4.4 多項プロビットモデル 282
  - 6.4.5 多変量プロビットモデル 284
- 6.5 継続期間モデル 285
  - 6.5.1 離散時間アプローチ 287
  - 6.5.2 その他の一般化 288
  - 6.5.3 高校在学期間の分析例 289
- 6.6 おわりに 291

7. ベイズ統計によるマクロ計量経済分析 298
- 7.1 はじめに 298
  - 7.1.1 推測と意思決定における難題 298
  - 7.1.2 ベイズ統計学による分析はどう役立つのか 299
  - 7.1.3 本章の概要 301
- 7.2 ベクトル自己回帰モデル 303
  - 7.2.1 誘導形 VAR モデル 304
  - 7.2.2 ダミーの観測値とミネソタ事前分布 306
  - 7.2.3 第2の誘導形 VAR モデル 310
  - 7.2.4 構造 VAR モデル 312
  - 7.2.5 VAR モデルに関するさらなるトピック 323
- 7.3 階数減少制約付 VAR モデル 324
  - 7.3.1 共和分制約 325
  - 7.3.2 β の事前分布として正規分布を用いた場合のベイズ推定 326
  - 7.3.3 ベイズ統計学を用いた共和分モデルに関するさらなる研究 330
- 7.4 動的確率一般均衡モデル 332
  - 7.4.1 プロトタイプの DSGE モデル 333
  - 7.4.2 モデルの解と状態空間形 336
  - 7.4.3 ベイズ推定 338
  - 7.4.4 拡張 I：不確定性 342
  - 7.4.5 拡張 II：確率的ボラティリティ 343
  - 7.4.6 拡張 III：一般化非線形 DSGE モデル 344
  - 7.4.7 DSGE モデルの評価 346
  - 7.4.8 応用研究における DSGE モデル 352

7.5 時変パラメータモデル ･･･ 353
   7.5.1 パラメータが自己回帰過程に従うモデル ･･････････････････････ 354
   7.5.2 パラメータがマルコフスイッチングに従うモデル ･･････････････ 358
   7.5.3 ベイジアン TVP モデルの応用 ････････････････････････････････ 363
7.6 データが大量に得られる環境下のモデル ･････････････････････････････ 364
   7.6.1 制約付の高次元 VAR モデル ･････････････････････････････････ 365
   7.6.2 動的因子モデル ･･ 367
7.7 モデルの不確実性 ･･･ 378
   7.7.1 事後モデル確率とモデル選択 ････････････････････････････････ 379
   7.7.2 多様なモデルを用いた意思決定と推測 ････････････････････････ 382
   7.7.3 多様なモデルを用いた意思決定の難しさ ･･････････････････････ 385

8. ベイズ手法のマーケティングへの応用 ････････････････････････････ 398

8.1 はじめに ･･･ 398
8.2 需要モデル ･･･ 401
   8.2.1 線形効用関数 ･･ 404
   8.2.2 多項データのための非相似拡大的効用 ････････････････････････ 408
   8.2.3 複数の離散性，飽和と多様性への需要 ････････････････････････ 410
   8.2.4 集計シェアに関するモデル ･･････････････････････････････････ 413
   8.2.5 MCMC 法の提案 ･･･ 415
8.3 離散データのための統計モデル ･･･････････････････････････････････ 416
   8.3.1 多項プロビットモデル ･･････････････････････････････････････ 416
   8.3.2 多変量プロビットモデル ････････････････････････････････････ 420
   8.3.3 カウント回帰モデル ･･ 422
8.4 階層モデル ･･･ 423
   8.4.1 一般的な階層アプローチ ････････････････････････････････････ 424
   8.4.2 MCMC の仕組み ･･･ 426
   8.4.3 固定効果と変量効果 ･･ 426
   8.4.4 第 1 段階の事前分布 ･･ 427
   8.4.5 分 析 例 ･･･ 431
8.5 非変量マーケティングミックス変数 ･･･････････････････････････････ 438
   8.5.1 ベイズ操作変数 ･･ 439
   8.5.2 階層構造における戦略的に決定された X の値 ･･････････････････ 443
8.6 お わ り に ･･ 444

9. ベイズ統計のファイナンスへの応用 ･･････････････････････････････ 448

9.1 は じ め に ･･ 448

9.2 最適ポートフォリオの構築 452
　9.2.1 パラメータ不確実性の下での基本的な最適ポートフォリオの設定 .. 452
　9.2.2 ポートフォリオ選択問題に対する縮約法と経験ベイズ法 456
　9.2.3 パラメータ不確実性と長期の資産配分 458
　9.2.4 経済的な動機付けによる事前分布 463
　9.2.5 パラメータとモデル不確実性のその他の側面 466
9.3 収益率の予測可能性 468
　9.3.1 予測可能性の統計的分析 468
　9.3.2 予測可能性の経済的妥当性 474
9.4 資産価格決定 477
　9.4.1 資産価格検定とポートフォリオ効率性検定 477
　9.4.2 APT とファクターモデルに対するベイズ検定 479
　9.4.3 パフォーマンス評価 481
9.5 ボラティリティ，共分散，ベータ 482
　9.5.1 ベイジアン GARCH モデリング 483
　9.5.2 MCMC による確率的ボラティリティ 487
　9.5.3 連続時間モデルの推定 503
　9.5.4 ジャンプ 505
　9.5.5 共分散行列とベータの推定 507
9.6 オプション価格決定におけるベイズ推定 508
　9.6.1 原資産収益率のみに基づく尤度 509
　9.6.2 リスク中立予測オプション価格決定 510
　9.6.3 価格決定の誤差に基づく尤度 512
9.7 パラメータ学習をもつ粒子フィルタ 516
　9.7.1 方法論 517
　9.7.2 実現ボラティリティの SV モデルへの統合 519

索　引 529

英和対照索引 541

序　　　　章

0.1　は　じ　め　に

　ベイズ計量経済学は近年広範囲に拡大し，それは計量経済理論だけでなく，実証分析にも及んでいる．さらにベイズ計量経済学の手法を使った多くの研究が応用分野で盛んに行われるようになっている．現在，ベイズ計量経済分析の基礎を学ぼうとしている研究者にとっては，Zellner (1971) の古典的教科書から Poirier (1995)，Bauwens et al. (1999) などの優れた書籍，Geweke (2005)，Koop (2003)，Koop et al. (2007)，Lancaster (2004)，Rossi et al. (2005) などの大学院レベルの教科書まで幅広く利用可能な状況にある．他方，特定領域のベイズ推測法について学びたいと思っている研究者や政策立案者，教科書の学習から研究領域へ踏み出そうとしている大学院生にとってこれらを1つにつなぐシングルソースがない．本書の狙いはこのギャップを埋めることにある．

　本書の各章は異なるトピックを扱うが，多くの章に共通なテーマがある．その1つは，計算機による事後分布シミュレータアルゴリズムである．ベイズ計量経済分析では，シミュレーション革命が大きく影響をもち，本書のほとんどすべての章では，かなりの計算に関する記述がある．強力な計算機と進化したシミュレーションアルゴリズムが発展したことにより，ベイズ計量経済分析の方法とモデル開発が補完的役割となるような好循環が生み出された．実際，動学確率均衡 (DSGE) モデルの例のように，あるモデルではベイズ法が支配的分析法となってきた．DSGE モデルの場合，ベイズ分析が使われる理由は複数あるが，その1つが高次元不規則分布の特徴を解明できる点にある．

　多くの章に共通する第2のテーマは，異質性である．クロスセクションおよびパネルデータにおいては，個人レベルの研究でその重要性が明らかとなる．すなわち，スロープ係数が個人間で共通とする回帰モデルの仮定は，観測可能な特性値で制御した後においても必ずしも適切ではなく，個人レベルの異質性を必要とする場合がある．マーケティングにおいては，異なる消費者グループは異なる価格反応を示す．労働経済学においては，スクーリングの効果は個人ごとに異なるという議論がされる．時系列計量経済学では，異質性は時変パラメータの形をとる．例えば，マクロ経済学にお

いては，パラメータは緩やかな変化を許す確率過程に従う，あるいは，拡張と収縮を許すマルコフスイッチングモデルに従う，とする議論がある．マクロ経済時系列とミクロ経済パネルデータ分析のそれぞれにおける異質性の扱いは正確には異なるが，生じる一般的問題は同じである．研究者はこの異質性をモデル化しなければならず，これは階層事前分布の形でベイズ分析の枠組みで最も上手く処理される．例えば，第 8 章「ベイズ手法のマーケティングへの応用」では，異質性は正規混合分布を使った消費者グループのクラスタリング問題と関連付けられる．マクロ経済の応用では，正規混合成分とマルコフ混合成分はいずれも階層事前分布として解釈でき，その結果，ベイズ分析へ導かれることになる．

より最近のベイズ計量経済分析に関連する第 3 のテーマは，パラメータ数の増大により生じる問題である．多くの新しいモデルは，次のいずれかの特徴をもっている．高次元パラメータを直接含んだもの（例えば，マクロ経済やファイナンスで使われるベクトル自己回帰 (VAR) モデルおよびその非線形への拡張モデル），または，高次元の潜在変数に依存するもの（例えば，状態空間モデルの状態が観測できない潜在変数で高次元のモデル），このようなモデルでは，階層事前分布は，高次元パラメータ空間における過剰適合 (overfitting) の懸念を解決する．すなわち，パラメータ θ_i は i とともに変化するとすると，i がパネルデータの個人であれ，時系列データの時間であれパラメータ空間は拡散する．このとき，$i = 1, \cdots, N$ に対する θ_i はある共通の分布（すなわち，階層事前分布を使って）から抽出されたとすることにより，個別の異質性をより節約的なやり方で表現するモデルが利用できる．（十分な異質性の度合いを許し，なおかつモデルの過剰適合とならないような）階層事前分布の選択は重要であり，本書の複数の章で経験上合理的と認識されるようになった階層事前分布の議論が行われる．ベイズ分析においては，これらの問題の処理は単純で直接的である．ベイズ計算における最近の発展は，マルコフ連鎖モンテカルロ (Markov cain Monte Calro：MCMC) 法により潜在変数や局外パラメータについて積分可能となることにある．

本書のもう 1 つのテーマは，25 年以上以前にベイズ計量経済分析を学んだ者にとってはかなり明白なものである．豊富な計算機資源が得られる以前，ベイズ計量経済分析は，解析的結果の得られる自然共役事前分布をもつ正規線形回帰モデルに主に限られていた．いまや，複雑なモデルの範囲や程度は大きく拡大した．特筆すべきは，柔軟なパラメトリックおよびノンパラメトリックなベイズアプローチの発展である．例えば，経済学における多くの意思決定問題において，非対称なリスク関数を取り入れる際には，正規分布のような対称な分布をもつ計量経済モデルは不適切である．そのような場合，正規線形回帰モデルにおいて正規性や線形性と整合性をもたせることはできず，ベイズ分析ではこれらのいずれかあるいは両者の仮定を外した方法が開発されてきた．本書の多くの章では，個々のトピックに応じて適する柔軟なあるいはノンパラメトリックなモデルを解説している．加えて，このトピックは大変重要であるため，1 章を設けている．

最後に，計量経済学は経済理論と統計学を融合させた分野として特徴付けられる．DSGE モデル分析から消費者選択のマーケティングモデルなどを通じて，経済理論と緊密に関連をもち，さらに意思決定問題が重要である計量経済モデルが多くあり，ベイズ分析は，これらの諸問題において次第に活発に適用されてくるようになった．このようなモデルでは，経済学的な解釈と関連する事前情報をもつ構造パラメータによってモデル化されることが多い．本書の多くの章に共通するのは，事前分布設定の際に統計理論と経済理論を緊密に連携させることであり，さらには，意思決定に直面する政策立案者にとって関心ある特性量が MCMC アルゴリズムからの出力を使って直接計算できることである．

本書は，それぞれ原理，方法，応用の三編から構成される．序章に続いて，以下では，本書の貢献を各部ごとにまとめる．

0.2 原理

第 I 編は計量経済学に関連したベイズ分析の原理に関する 2 つの章から構成される．

Gary Chamberlain による第 1 章「処置選択のベイズ推測の諸側面」では，個人の処理に関する意思決定に焦点をあてながら決定理論へのベイズアプローチを議論する．本章の重要な論点は，傾向スコアを通じた他の個人に関する利用可能な情報の役割である．傾向スコアは尤度関数には現れないが，事前分布に現れることを示す．そこでは様々な事前分布をこの文脈で議論する．観測不能変数に基づいた処置選択のケース（操作変数が利用できる場合を含む）への拡張を取り上げ，さらに関連文献の比較検討も行う．

Dale Poirier による第 2 章「交換可能性，表現定理，主観性」では，Bruno de Finetti の表現定理に基づいて統計的推測の基礎を与える．著者自身の呼び方では，主観主義者の入門として本章を位置付けながら，観測可能なデータに関する同時分布について異なる仮定を置くことにより，事前分布と尤度関数によって定義されるパラメトリックモデルの様々な形が導出されることを示す．したがって，研究者が観測可能変数について置く仮定の意味からパラメトリックモデルが生まれる．パラメータは単に，著者の言葉では，"実りあるコミュニケーションと思考のための潤滑剤"として役立つ便利な数学的道具にすぎない．本章は，多くの拡張を与え，ベイズ計量経済分析に内在する主観主義的態度の明快な解説を与えている．

0.3 方法

本書の第 II 編は，それ自身およびこれ以降の章で重要なベイズ法についての 3 つの章から構成される．

Paolo Giordani, Michael Pitt, Robert Kohn らによる第 3 章「時系列状態空間

モデルのためのベイズ推測」では，マクロ経済やファイナンス分析で使われる時系列分析法を解説する．これらの分野では状態空間モデルがよく使われ，例えば，各種レジームスイッチおよび変化点モデル（例えば，マルコフスイッチング，時変パラメータ VAR モデルなど）や動的因子モデルなどは状態空間モデルで表される．さらに確率ボラティリティモデルは，状態空間モデルの1つである．この章では，様々な事後分布シミュレーションアルゴリズムを議論し，これらのモデルの中での使い方を紹介する．この章で議論される粒子フィルタ法に関する広範な議論は注目に値する．粒子フィルタは，マクロ経済やファイナンス分野で盛んに利用される複雑な非線形モデルのベイズ分析で非常に役立つ．この章で与えられる各アルゴリズムの利点や欠点はこれらを実証分析で使おうと考えている読者にとって有用となるであろう．

　ベイズ分析者が使うモデルは，過去の単純なパラメトリックモデルよりもはるかに柔軟なものである．Jim Griffin, Fernando Quintana, Mark Steel らによる第 4 章「柔軟なモデリングとノンパラメトリックモデリング」では，これらのモデルの最先端へ読者を導く．この章は二部に分かれ，第 I 部では柔軟なパラメトリックモデル，第 II 部ではノンパラメトリックを議論する．ベイズ分析者にとってのノンパラメトリックはパラメータの次元が固定されず有界でないことを意味する．著者らは，柔軟なパラメトリックモデルのクラスで正規分布以外のより柔軟な分布の構成法を，裾の厚い分布，歪みの観点から議論し，有限混合モデルのノンパラメトリック分析へと導く．最も一般的なベイズノンパラメトリックアプローチは，ディリクレ過程を利用して，データに対し無限混合表現を与えるものである．そこではディリクレ過程の詳細な議論，ベイズノンパラメトリックモデルに対する事後分布シミュレーションアルゴリズムの説明，実証分析による有用性の例示，などが与えられる．さらには，スプライン，ガウス過程，平滑化事前分布などを利用して，回帰モデルの条件付平均を柔軟に推定する方法が議論される．最後には，完全にノンパラメトリック（あるいは柔軟なパラメトリック）回帰モデリングとして先行の議論を完結させる．すなわち，回帰の条件付平均がノンパラメトリック（あるいは柔軟なパラメトリック）として与えられ，さらには回帰の誤差項の確率密度関数がノンパラメトリックに（あるいは柔軟なパラメトリック有限混合モデルで）推定される両方の場合を扱う．つまり，この章は分布の柔軟な扱いや関数形およびその両方に関心のある読者に理論と計算の両方の詳細な議論を与えるものである．

　第 5 章は，Siddhartha Chib による「シミュレーションと MCMC 法入門」である．上述のように，事後分布シミュレーション法はベイズ計量経済分析に革命を引き起こした．この章は，重点サンプリングやメトロポリス–ヘイスティングアルゴリズムなどの一般的なアルゴリズムのアイデアと概念の直感的説明から始め，さらに（ギブスサンプラーのような）マルチブロックアルゴリズムに話を進める．これらのアルゴリズムは，本書のほとんどすべての章で使われるので，事後分布シミュレーション法に不慣れな読者は本章をまず読むことを勧める．またテキストなどではまだ紹介されていない

先端的なアルゴリズムも紹介している．例えば，DSGE モデルのベイズ分析では，パラメータの事後分布は複雑な形をしており，そのため MCMC のためのパラメータの自然なブロック化は考えにくい．DSGE モデルを使った実証分析例では，テーラードランダム化ブロックメトロポリス–ヘイスティングアルゴリズムの有用性を示す．最後に事後分布シミュレーター出力を使った周辺尤度計算について広範な議論を展開する．

0.4 応用

本書の第 III 編では，これ以前の章で説明された計算法やモデリングの考え方がどのようにベイズ計量経済分析で使われているかを見る．これらの章は二重の目的がある．第 1 には各章が可能な限り広い分野を俯瞰することであり，第 2 には関連分野の最新の研究の最先端に読者を導くことである．

Mingliang Li および Justin Tobias による第 6 章「ミクロ計量経済学におけるベイズ法」では，ミクロ計量経済で幅広く使われるモデルをサーベイする．回帰モデルから始めて，不均一分散や階層線形モデル（両者は第 4 章で説明される）への拡張，さらに内生性の問題をベイズ的に処理する方法を議論する．紹介される多くのモデルは，従属変数が適当に定義された潜在変数である線形回帰モデルとして表される．プロビットやロジットモデルがその例である．このような非線形階層モデルが本章の基礎であり，その一般的議論の後，応用例や多変量への拡張が議論される．後者としては，多項プロビットおよび多変量プロビットモデルが近年の政策論議で重要となる処置効果モデルとして議論される（第 1 章を参照）．（第 6 章で議論する）データ拡大を含む MCMC がよく使われるようになるにつれ，ベイズ法は非線形階層モデルとして普及してきた．さらにベイズ法は，モデルのパラメータ自身ばかりではなく，関心ある特性値の事後分布評価を可能とする．例えば，政策研究の場合，処置された群への処置効果あるいは局所平均処置効果などの特性値は，パラメータの値を与えることよりも重要なものとなる．この章は最後に継続時間モデルの議論で締めくくる．そこでは多くの例を取り上げ，ベイズ分析を実際に行おうとする読者にアドバイスを与える．

近年，ベイズ分析法はマクロ経済学において一定の成果を上げてきている．理由は次の 2 つである．(i) マクロ経済モデルは（例えば，VAR モデルのように）高次元パラメータ空間を含んでいること，(ii) マクロ経済学者は（例えば，DSGE のベイズ推定のように）経済理論を分析に取り込みたいと考えていること．上で議論したように，これらは本書を通じて流れる 2 つのテーマであり，それはマクロ経済で特に強い．

Marco Del Negro および Frank Schorfheide による第 7 章「ベイズ統計によるマクロ計量経済分析」は繰り返しこの点を強調する．マクロ経済における"推測と意思決定における難題"と題する導入部分では，マクロ経済でのベイズ分析の利用の正当性を明快に与えている．そこでは VAR やベクトル誤差修正モデルなどの多変量時系列モデルを中心に説明が行われる．他方，多くのマクロ経済学者にとっては，ベイズ

DSGE モデリングについて明快な説明を見出すこととなろう．DSGE モデリングはベイズ分析法が盛んに応用されている分野である一方で，テキストの形での解説は少ないのが実情である．この章では，線形および非線形 DSGE モデルを紹介し，ベイズ手法適用の際に生じる諸問題を取り上げている．

マクロ経済学者はパラメータは変化するとしている．1970 年代によく当てはまったモデルがいまでは当てはまらない．この種の変化を取り入れるモデリングへの挑戦は，マクロ経済研究の底流にある．この章では（時変パラメータ VAR モデル，マルコフスイッチングモデル，マルコフスイッチをもつ DSGE モデルなど）マクロ計量経済学者などが利用する多くのアプローチを紹介する．

この章は，マクロ経済学者がデータの豊富な環境で研究を行うことから生れる新たな挑戦について議論する．そこでは，ベイズ分析法が実証分析上如何にこれらに応えていくかが紹介される．最後に（マクロ経済学で重要な問題としてしばしば取り上げられる）モデルの不確実性と複数モデルを用いた意思決定についての議論でこの章が締めくくられる．

Peter Rossi および Greg Allenby による第 8 章「ベイズ手法のマーケティングへの応用」で強調されているように，ベイズ分析法はマーケティングにおいて頻繁に使われてきた．この章では，選好と価格のようなマーケティング変数への感度に関する消費者の異質性を取り込んだ各種の離散選択モデルが紹介される．階層事前分布を通じてこの分野固有の諸問題が紹介される．そこではノンパラメトリックおよびディリクレ過程を含む柔軟なパラメトリックモデルおよび他の混合分布モデルが採用されている．第 4 章の議論に基づいて，この章ではそのような方法がなぜ，どのようにマーケティングで使われるのかを議論する．大規模なマーケティングデータを扱う場合には計算上の問題が重要となり，この章では，マーケティングモデルにおける事後分布シミュレーション法を実践する際の有用なアドバイスが得られる．著者らによる R のコンピュータパッケージにより本章で紹介するモデルが実行できることは特に興味深い．

Eric Jacquier および Nicholas Polson による第 9 章「ベイズ統計のファイナンスへの応用」では，ファイナンスにおけるベイズ分析法の有用性をサーベイする．そこではファイナンスにおける主要トピックのすべて（資産配分，ポートフォリオマネジメントからオプション価格などまで）がカバーされる．本書の前半の章（特に第 3 章および第 5 章）に基づいて，現代のベイズ計量ファイナンスの底流に流れる MCMC や粒子フィルタの解説がなされる．(階層事前分布による) 縮約推定の利用，理論と計量経済学の相互作用，モデルパラメータの複雑な関数の事後分布評価など他のテーマの多くがこの章で議論される．

0.5 おわりに

　本書は，ベイズ計量経済分析のテキストレベルの知識をもつ読者を研究の最前線へ導くことを狙いとしている．その際，範囲の広さと理解しやすさの両方に配慮した．すなわち，1つは，ベイズ計量経済分析で使われる方法やモデルの幅広い範囲を幅広い領域で取り上げること．2つ目には，各章で説明されるモデルや方法が学生にも実証研究で使えるようにすることである．編者としては，我々が設定した上記の狙いを見事に成し遂げた著者らに感謝を示したい．また読者も同様に感じてもらえることを祈念する．

文　献

Bauwens, L., Lubrano, M. and Richard, J.-F. (1999). *Bayesian Inference in Dynamic Econometric Models*. Oxford: Oxford University Press.

Geweke, J. (2005). *Contemporary Bayesian Econometrics and Statistics*. New York: John Wiley and Sons.

Koop, G. (2003). *Bayesian Econometrics*. Chichester: John Wiley and Sons.

Poirier, D.J., and Tobias, J.L. (2007). *Bayesian Econometric Methods*. Cambridge: Cambridge University Press.

Lancaster, T. (2004). *An Introduction to Modern Bayesian Econometrics*. Oxford: Blackwell.

Poirier, D. (1995). *Intermediate Statistics and Econometrics: A Comparative Approach*. Cambridge, Mass.: MIT Press.

Rossi, P.E., Allenby, G. and McCulloch, R. (2005). *Bayesian Statistics and Marketing*. Chichester: John Wiley and Sons.

Rossi, P.E. and McCulloch, R. (2008). *Bayesm: Bayesian Inference for Marketing/Microeconometrics. R package version 2.2.2*. <http://faculty.chicogogsb.edu/peter.rossi/research/bsm.html>

Zellner, A. (1971). *An Introduction to Bayesian Inference in Econometrics*. New York: John Wiley and Sons.

I 諸原理

1

処置選択のベイズ推測の諸側面

1.1 はじめに

ある個人が2つの処置のいずれかの選択を行おうとしている．人々が処置の1つを受け，その結果が記録されたデータがある．加えて，データセットは個人に関する様々な特性値を含んでいる．例えば，2つの医療処置の間の選択の場合，特性値は性別，年齢，身長体重，血圧，脂質，喫煙歴，病歴，親戚の病歴情報などを含む．選択を行う個人は，これらの変数の値を知っている．

いま3つのタイプのデータを考えよう．それらは処置が個人にどう割当てられたかによる違いがある．第1のタイプは単純な無作為割当てである．例えば，まずあるグループが選ばれ，次にその中の個人がコイン投げによって処置0か処置1に割当てられる．ここでの中心的問題点は個人の属性に関する広範なデータの利用である．意思決定者は，これらの個人属性について厳密にマッチするデータの部分だけを見る可能性がある．しかしながら，データセットが大量の個人を含んでいたとしても少数しかマッチしかない場合もある．

第2のタイプのデータは，割当て確率が個人属性に依存して決まり，測定された属性を条件付として無作為に割当てる場合であり，観測された同じ属性をもつ個人のグループ内で，割当てがあたかもコイン投げで決まったかのように仮定する．その場合，表の出る確率は観測属性に依存することになる．この条件付確率は，Rosenbaum and Rubin (1983) によって"傾向スコア (propensity score)"と呼ばれた．観測属性を条件付とした無作為割当ては，傾向スコアを条件付とした無作為割当てを意味することが彼らによって示された．

いま傾向スコアの値が所与となる場合を考えよう．もし関心が観測属性の平均値を考える平均処置効果 (average treatment effect) にあれば，Rosenbaum–Rubin の結果は観測属性の全体ではなく傾向スコアのみを条件付とすればよいという単純な分析となる可能性を示す．しかし，意思決定者にとっての処置効果は，等しい値をもつ観測属性を与件とした条件付処置効果であり，そのときの傾向スコアの値がどのような役割を果たすかについては疑問の余地がある．関連する問題として，処置割当てと観測属性を所与とした条件付分析の問題がある．これは古典的回帰分析において説明変

数の分布が不適切である場合の問題と似ており，補助統計量 (ancillarity) の概念へつながるものである．その場合，割当てと観測属性の同時分布は適切な量ではなく，したがって観測属性を所与とした割当ての分布を与える傾向スコアも適切ではなくなるであろう．以下では，これらが尤度原理の枠組みで検討されるが，そこでは傾向スコアの役割が中心的問題となる．

第3のタイプのデータでは，処置割当てが観測不能変数に依存するが，操作変数が利用できる状況を想定する．例えば，クリニカルトライアルの場合は，計画された処置が単純な無作為割当てで決定されるが，個人はそれを受け入れない．その場合，計画処置は操作変数として機能する．この場合の問題は識別性の欠如であり，選択主体の文脈の中でこれをどのように扱うかである．

次にいくつかの概念および問題を詳細に紹介しよう．データが N 個人について得られている．個人 i に対して，$X_i \in \{1,\dots,K\}$ で記される離散値の属性ベクトルを観測する．2つの処置 $D_i \in \{0,1\}$ のいずれかが割当てられ，$Y_i \in \{1,\dots,J\}$ で表される離散値の結果がある．$Z_i = (X_i, D_i, Y_i)$ として，さらに $Z = (Z_1,\dots,Z_N)$ とする．したがって Z は観測可能である．

ある個人，α と呼ぼう，は $D_\alpha = 0$ または $D_\alpha = 1$ の選択を行う．この個人は特性値 X_α の値を知っている．いま $Y_{\alpha 0}$ で $D_\alpha = 0$ のときの結果，$Y_{\alpha 1}$ で $D_\alpha = 1$ のときの結果を表す．個人が直面する不確実性は意思決定結果 $Y_{\alpha 0}$ および $Y_{\alpha 1}$ の値である．本章の目的は，個人の選択に関してどうアドバイスするかを支援することにある．

以下では次の期待効用の枠組みで議論しよう．

$$E[u_1(Y_{\alpha 1})\,|\,Z] > E[u_0(Y_{\alpha 0})\,|\,Z] \text{ のとき } D_\alpha = 1 \text{ を選択} \tag{1.1}$$

選択の結果生じるコスト c_0, c_1 などの意思決定者にとって既知の量も定義しよう．そのとき，$l=0,1$ に対して $u_l(\cdot) = u(\cdot, c_l)$ とする．α に対する効用関数 $(u_0(\cdot), u_1(\cdot))$ は所与とし，その期待値に焦点を当てよう．したがって，観測値 Z を与件としたときの $Y_{\alpha 0}$ および $Y_{\alpha 1}$ に対する条件付分布を構成する必要がある．

すぐ生じる問題は，データセットの中の個人 $(i = 1, \dots, N)$ について，(Y_{i0}, Y_{i1}) が観測されないことである．もし i が α に十分似ており，i が処置の選択をするかのように考えることができるとしよう．これは，実際には自分の選択でない可能性がある．例えば，D_i の実際の値は無作為に割当てられたかもしれない．Y_{i0} で i が処置 0 を選択したときの結果，Y_{i1} で処置 1 を選択したときの結果をそれぞれ表すものとする．これらは，意思決定者問題において $Y_{\alpha 0}$ および $Y_{\alpha 1}$ と同じように考えることができる．重要な仮定は，もし $D_i = 0$ がどのように割当てられようとも $D_i = 0$ ならば $Y_i = Y_{i0}$ であることである．すなわち，i が処置 0 に対して割当てられたときの観測結果は，i が処置 0 を選択した場合の観測結果と同じであるということができる．処置 1 に対する仮定は，次のように表される．

$$Y_i = (1 - D_i) Y_{i0} + D_i Y_{i1}$$

これらの仮定の意味するところを理解するために，処置割当て直後，個人 i は一定のコストのもとに割当てを変更できると仮定しよう．これは無制約選択にとっては適切ではないが，もし，i が処置 1 を選択したであろうときに処置 0 に割当てられたとするならば，このオプションは適切であり，観測結果は Y_{i0} と異なるかもしれない．より一般的には，もし i が選択したものと異なる処置を割当てられた場合，意思決定者 α の無制約選択に対して適切でないにしても，様々なアクションは適切になり得る．

処置効果を評価する研究において，もし $D_i = 0$ であるならば，$D_i = 1$ のもとで観測されたであろう潜在的結果の欠損値問題の意味で，"潜在的結果" という用語がしばしば使われる．同様に，$D_i = 1$ の場合，問題は $D_i = 0$ のもとで観測されたであろう潜在的結果の欠損データである．Y_{i0} および Y_{i1} を潜在的結果と呼ぶことができるが，$D_i = 0$ の場合は，問題は Y_{i1} が観測されないこととは異なることを強調しておきたい．意思決定者にとって $Y_{\alpha 0}$ に対応する目的で定義された結果 Y_{i0} は，$D_i = 0$ のもとで観測されるというのが重要な仮定である．

1.2 節では，観測される属性を条件付とした無作為割当ての場合に対する尤度関数を展開し，事前分布を構成するために単純無作為割当てのより強い仮定を置く．X_i に対する値 K の数が大きければ，$X_i = k$ のセルにおいて典型的なのが少数標本であるので，事前分布が重要な役割を果たし，データが支配的とはならない．1.3 節では，観測変数の選択は維持しながら，単純無作為割当ての仮定を緩める．これは尤度関数には影響を与えないが，事前分布には影響を与えるものである．ここでも問題は，傾向スコアを知る価値があるかどうかである．もし X および D を条件付とするならば，傾向スコアは尤度にではなく事前分布に現れる．したがって事前分布がデータによって支配的とならない場合には，傾向スコアを知る価値が存在する．これは X_i がとり得る値の数が大きく，$X_i = k$ のセル内部で観測値が少ない場合に妥当する．

1.4 節では，観測不能変数の選択問題を考える．そこでは変数 X を落とすことによって記号の簡略化を図る．またそこでは個人について観測可能な特性データがないか，意思決定者とマッチする部分集合を利用するかのいずれかの場合を扱う．しかし，追加的に操作変数の役割を果たす $W_i \in \{1, \ldots, M\}$ で表される離散変数のベクトルがある場合を想定する．このとき事前分布はデータによって支配的関係とされず，事前分布のこの部分は関数形の選択で現れ，それが最尤推定と結びつけられて意思決定ルールが形成される．この意思決定ルールにおける外挿の役割を，Imbens and Angrist (1994) による局所平均処置効果における応諾者，常時受入れ者，拒否者と関連付けながら議論する．

1.5 節は，参考文献との関連を議論する．

1.2 単純無作為割当て

いま $Z_i^* = (X_i, D_i, Y_{i0}, Y_{i1})$ とし，またラベル i は情報がなく $(Z_1^*, \ldots, Z_N^*)$ が交換

可能であるとする．もし任意の N に対して交換可能性が成り立てば，ある分布 F^* を条件付として，Z_i^* は独立同一の分布 (i.i.d.) F^* に従う．F^* は，(X_i, D_i) を条件付とした (Y_{i0}, Y_{i1}) の条件付分布，X_i を条件付とした D_i の条件付分布および X_i の周辺分布に分解できる．以後は，$X = (X_1, \ldots, X_N)$ を条件付とし，X_i の周辺分布は除外して考えよう．観測値は $Z = (Z_1, \ldots, Z_N)$ であり，ここで $Z_i = (X_i, D_i, Y_i)$ である．観測値 Z に対する尤度関数を構成するためには，(X_i, D_i) を条件付として (Y_{i0}, Y_{i1}) の同時分布は必要がなく，(X_i, D_i) を条件付とした Y_{i0} の周辺分布と (X_i, D_i) を条件付とした Y_{i1} の周辺分布の2つの周辺分布が必要なだけである．離散分布であるので，次の記号を使うことができる．

$$\Pr(Y_{i0} = j \mid X_i = x_i, D_i = d_i; \pi, \eta) = \pi_{0j}(x_i, d_i),$$
$$\Pr(Y_{i1} = j \mid X_i = x_i, D_i = d_i; \pi, \eta) = \pi_{1j}(x_i, d_i), \qquad j = 1, \ldots, J$$

ここで π_{0j} および π_{1j} は $\{1, \ldots, K\} \times \{0, 1\}$ の区間 $[0, 1]$ への写像であり，次を満たすものである．

$$\sum_{j=1}^{J} \pi_{0j}(k, d) = 1, \qquad \sum_{j=1}^{J} \pi_{1j}(k, d) = 1, \qquad k = 1, \ldots, K; d = 0, 1$$

X_i を条件付とした D_i の分布の記号は次で与えられる．

$$\Pr(D_i = 1 \mid X_i = x_i; \pi, \eta) = 1 - \Pr(D_i = 0 \mid X_i = x_i; \pi, \eta) = \eta(x_i)$$

ここで関数 η は $\{1, \ldots, K\}$ の区間 $[0, 1]$ への写像であり，パラメータ空間は $\Theta = \Theta_1 \times \Theta_2$ で下記で与えられる．

$\Theta_1 =$
$\{\pi : \pi_l(k, d) = (\pi_{l1}(k, d), \ldots, \pi_{lJ}(k, d)) \in \mathcal{S}_{J-1}; \ l = 0, 1; k = 1, \ldots, K; d = 0, 1\}$
$\quad = \mathcal{S}_{J-1}^{4K},$
$\Theta_2 = \{\eta : \eta(k) \in [0, 1], \ k = 1, \ldots, K\} = [0, 1]^K$

ここで $\mathcal{S}_{J-1}$ は，$\mathcal{R}^J$ における $J-1$ 次元シンプレックスである．

1.2.1 尤度関数

いま z で確率変数 Z の実現値を表し，$z_i = (x_i, d_i, y_i)$，$z = (z_1, \ldots, z_N)$，$\theta = (\pi, \eta)$ とする．そのとき観測値 z に対する尤度関数は次で与えられる．

$$f_{Z \mid X}(z \mid x; \theta) = \Pr(Z = z \mid X = x; \theta)$$
$$= \prod_{i=1}^{N} \Pr(Y_i = y_i \mid X_i = x_i, D_i = d_i; \pi) \cdot \Pr(D_i = d_i \mid X_i = x_i; \eta)$$

$$= \prod_{i=1}^{N} \Bigg(\prod_{k=1}^{K} \prod_{j=1}^{J} \pi_{0j}(k,0)^{1(d_i=0)1(x_i=k)1(y_i=j)} \pi_{1j}(k,1)^{1(d_i=1)1(x_i=k)1(y_i=j)}$$

$$\times \prod_{k=1}^{K} [1-\eta(k)]^{1(d_i=0)1(x_i=k)} \eta(k)^{1(d_i=1)1(x_i=k)} \Bigg)$$

$$= \prod_{k=1}^{K} \prod_{j=1}^{J} \pi_{0j}(k,0)^{n(0,k,j)} \pi_{1j}(k,1)^{n(1,k,j)} \times \prod_{k=1}^{K} (1-\eta(k))^{n(0,k)} \eta(k)^{n(1,k)}$$

$$= f_{Y\,|\,X,D}(y\,|\,x,d;\pi) f_{D\,|\,X}(d\,|\,x;\eta) \tag{1.2}$$

ここで

$$n(0,k,j) = \sum_{i=1}^{N} 1(d_i=0)1(x_i=k)1(y_i=j),$$

$$n(1,k,j) = \sum_{i=1}^{N} 1(d_i=1)1(x_i=k)1(y_i=j),$$

$$n(0,k) = \sum_{i=1}^{N} 1(d_i=0)1(x_i=k) = \sum_{j=1}^{J} n(0,k,j),$$

$$n(1,k) = \sum_{i=1}^{N} 1(d_i=1)1(x_i=k) = \sum_{j=1}^{J} n(1,k,j)$$

意思決定者にとっての X_α の値は τ である．いま，次の確率変数の系列が交換可能であるとしよう．

$$((Y_{\alpha 0}, Y_{\alpha 1}), (Y_{i0}, Y_{i1}) : X_i = \tau)$$

そのとき，$X_i = \tau$ を条件付とした Y_{i0} の分布 F^* は，意思決定者にとって関連があり，次を仮定しよう．

$$\Pr(Y_{\alpha 0} = j\,|\,X_\alpha = \tau;\theta) = \Pr(Y_{i0} = j\,|\,X_i = \tau;\theta)$$
$$= (1-\eta(\tau))\pi_{0j}(\tau,0) + \eta(\tau)\pi_{0j}(\tau,1)$$

同様に

$$\Pr(Y_{\alpha 1} = j\,|\,X_\alpha = \tau;\theta) = \Pr(Y_{i1} = j\,|\,X_i = \tau;\theta)$$
$$= (1-\eta(\tau))\pi_{1j}(\tau,0) + \eta(\tau)\pi_{1j}(\tau,1)$$

このとき，θ を条件付とした意思決定ルールは，次の場合に $D_\alpha = 1$ を選択するものである．

$$\sum_{j=1}^{J} u_1(j)[(1-\eta(\tau))\pi_{1j}(\tau,0) + \eta(\tau)\pi_{1j}(\tau,1)] > \sum_{j=1}^{J} u_0(j)[(1-\eta(\tau))\pi_{0j}(\tau,0) +$$

$$\eta(\tau)\pi_{0j}(\tau,1)] \tag{1.3}$$

(1.3) から (1.1) のような観測値のみに依存する決定ルールに移行するためには Z を条件付とした Θ の分布が必要となる.

ここで尤度関数は $j=1,\ldots,J$ および $k=1,\ldots,K$ に対する $(\pi_{0j}(k,0),\pi_{1j}(k,1))$ を通じてのみ π に依存することに注意しよう. したがって, (1.3) における $\pi_{0j}(\tau,1)$ および $\pi_{1j}(\tau,0)$ にはデータの直接的情報はない.

扱いやすいケースは, F^* の分布を, 観測属性 X_i を条件付として処置割当て D_i が決定結果 (Y_{i0}, Y_{i1}) から独立となるように制約する場合である. このとき, 次の関係が成立する.

$$\begin{aligned}\pi_{0j}(k,0) &= \pi_{0j}(k,1) \equiv \pi_{0j}(k), \\ \pi_{1j}(k,0) &= \pi_{1j}(k,1) \equiv \pi_{1j}(k), \qquad j=1,\ldots,J;\, k=1,\ldots,K\end{aligned} \tag{1.4}$$

および

$$\Theta_1 = \{\pi\colon \pi_l(k) = (\pi_{l1}(k),\ldots,\pi_{lJ}(k)) \in \mathcal{S}_{J-1};\, l=0,1;\, k=1,\ldots,K\} = \mathcal{S}_{J-1}^{2K} \tag{1.5}$$

ここで (1.3) の決定ルールは次のようになる:
θ を条件付として,

$$\sum_{j=1}^{J} u_1(j)\pi_{1j}(\tau) > \sum_{j=1}^{J} u_0(j)\pi_{0j}(\tau) \text{ のとき } D_\alpha = 1 \text{ を選択} \tag{1.3'}$$

(1.4) の仮定を吟味するために次を仮定しよう.

$$D_i = 1(E_i[u_1(Y_{i1})] > E_i[u_0(Y_{i0})])$$

ここで作用素 E_i は個人 i の個人的 (主観的) 分布に関する期待値である. (1.4) の仮定は, X_i および π を条件付として $(E_i[u_0(Y_{i0})], E_i[u_1(Y_{i1})])$ が (Y_{i0}, Y_{i1}) と独立であるときに成立する. 例えば, 次の関係が成立する.

$$D_i = 1\left(\sum_{j=1}^{J} u_1(j)\pi_{1j}(X_i) > \sum_{j=1}^{J} u_0(j)\pi_{0j}(X_i)\right)$$

より一般的には, (1.4) は X_i および π を条件付として, 個人 i が利用できる情報が (Y_{i0}, Y_{i1}) と独立であるときに成立する. (1.4) の仮定は, 通常, "X' を条件付とした無作為割当て" と呼ばれたり, "観測値の選択" と呼ばれたりしている. 以後もこれらの用語を使うが, X は観測可能であるけれども π は条件付としていることに注意しよう. π を条件付とすることは事前分布を議論するときに重要な役割を果たす.

1.2.2 制限情報

いま $l = 0, 1$ に対して $\pi_l(k) = (\pi_{l1}(k), \ldots, \pi_{lJ}(k))$ および $\pi_l = (\pi_l(1), \ldots, \pi_l(K))$ としよう．事前分布を特定化するには，同時分布 $\pi = (\pi_0, \pi_1)$ ではなく周辺分布 π_0 および π_1 を考えると容易になる．これを制限情報アプローチを採用して考えよう．いま，次のように定義する．

$$Y_i^{(0)} = \begin{cases} Y_i, & D_i = 0 \, ; \\ \text{missing}, & D_i = 1 \end{cases}$$

$$Y_i^{(1)} = \begin{cases} \text{missing}, & D_i = 0 \, ; \\ Y_i, & D_i = 1 \end{cases}$$

いま $l = 0, 1$ に対して $Z_i^{(l)} = (X_i, D_i, Y_i^{(l)})$ および $Z^{(l)} = (Z_1^{(l)}, \ldots, Z_N^{(l)})$ とする．$Y_{\alpha 0}$ の（予測）分布を構成するために $Z^{(0)}$ を条件付とし，$Y_{\alpha 1}$ の（予測）分布を構成するために $Z^{(1)}$ を条件付としよう．そのとき，制限情報決定ルールは次のようになる．

$$E[u_1(Y_{\alpha 1}) \,|\, Z^{(1)}] > E[u_0(Y_{\alpha 0}) \,|\, Z^{(0)}] \text{ のとき } D_\alpha = 1 \text{ を選択} \qquad (1.1')$$

$z^{(0)}$ に対する尤度関数は

$$\begin{aligned} f_{Z^{(0)} \,|\, X}(z^{(0)} \,|\, x; (\pi_0, \eta)) &= \Pr(Z^{(0)} = z^{(0)} \,|\, X = x; (\pi_0, \eta)) \\ &= \prod_{k=1}^{K} \prod_{j=1}^{J} \pi_{0j}(k)^{n(0,k,j)} \times \prod_{k=1}^{K} (1 - \eta(k))^{n(0,k)} \eta(k)^{n(1,k)} \\ &= f_{Y^{(0)} \,|\, X, D}(y^{(0)} \,|\, x, d; \pi_0) f_{D \,|\, X}(d \,|\, x; \eta) \qquad (1.6) \end{aligned}$$

であり，$z^{(1)}$ に対する尤度関数は

$$\begin{aligned} f_{Z^{(1)} \,|\, X}(z^{(1)} \,|\, x; (\pi_1, \eta)) &= \Pr(Z^{(1)} = z^{(1)} \,|\, X = x; (\pi_1, \eta)) \\ &= \prod_{k=1}^{K} \prod_{j=1}^{J} \pi_{1j}(k)^{n(1,k,j)} \times \prod_{k=1}^{K} (1 - \eta(k))^{n(0,k)} \eta(k)^{n(1,k)} \\ &= f_{Y^{(1)} \,|\, X, D}(y^{(1)} \,|\, x, d; \pi_1) f_{D \,|\, X}(d \,|\, x; \eta) \qquad (1.7) \end{aligned}$$

で与えられる．次に (1.3) から観測値 z および事前分布にのみ依存する決定ルールへ導く事前分布を導出しよう．

1.2.3 事前分布

まず意思決定ルールが閉じた形となる事前分布から始めよう．尤度関数上に，X を条件付とした無作為割当てに対応する (1.4) の制約を課し，次のようにしよう．

$$\Theta_{10} = \{\pi_0 \colon \pi_0(k) = (\pi_{01}(k), \ldots, \pi_{0J}(k)) \in \mathcal{S}_{J-1};\ k = 1, \ldots, K\} = \mathcal{S}_{J-1}^K,$$

$$\Theta_{11} = \{\pi_1 \colon \pi_1(k) = (\pi_{11}(k), \ldots, \pi_{1J}(k)) \in \mathcal{S}_{J-1};\ k = 1, \ldots, K\} = \mathcal{S}_{J-1}^K.$$

その結果 $\Theta_1 = \Theta_{10} \times \Theta_{11}$ となる．いま T_0 で Θ_{10} についての事前分布をもつ確率変数，T_1 で Θ_{11} についての事前分布をもつ確率変数とする．また制限情報アプローチをとり，T_0 および T_1 の周辺分布だけを特定化し，同時分布 $T = (T_0, T_1)$ については特定化しないとする．さらに $X = (X_1, \ldots, X_N)$, $D = (D_1, \ldots, D_N)$, $Y^{(0)} = (Y_1^{(0)}, \ldots, Y_N^{(0)})$ とする．(X, D) を条件付とした $Y^{(0)}$ の分布を仮定すると，パラメータ空間が Θ_{10} となる．さらに $(X = x, D = d; T_0 = \pi_0)$ を条件付とした $Y^{(0)}$ の分布と $(X = x, D = d, Y^{(0)} = y^{(0)})$ を条件付とした T_0 の分布を結びつけよう．同様に，$(X = x, D = d; T_1 = \pi_1)$ を条件付とした $Y^{(1)}$ の分布と $(X = x, D = d, Y^{(1)} = y^{(1)})$ を条件付とした T_1 の分布を結びつける．

$(X = x, D = d)$ を条件付とした T_0 および T_1 の分布を (x, d) に依存しない形に限定すれば，これは単純無作為割当てに対応する．(Y_{i0}, Y_{i1}) が X_i を条件付として D_i と独立になるという仮定は，$T = \pi$ を条件付にすることを暗に意味している．$T = \pi$ を条件付にできなければ，D が T の予測に役立つので，D_i および (Y_{i0}, Y_{i1}) は X_i を条件付として独立ではなくなる．例えば，もし，

$$D_i = 1\left(\sum_{j=1}^J u_1(j) T_{1j}(X_i) > \sum_{j=1}^J u_0(j) T_{0j}(X_i)\right)$$

であれば，(Y_{i0}, Y_{i1}) は $(X = x, T = \pi)$ を条件付として D_i と独立であるが，D_i は，$X_i = k$ を条件付として $T(k)$ と独立でない．

以後は単純無作為割当てを仮定し，すなわち，D が X, $l = 0, 1$ を条件付として T_l と独立であり，さらに T_l が X と独立であると仮定する．そのとき，

$$\Pr(D_i = 1 \mid X_i = x_i; \pi, \eta) = 1 - \Pr(D_i = 0 \mid X_i = x_i; \pi, \eta) = \eta(x_i)$$

において，重要な点は，意思決定者が自身の主観的分布に基づいて η から独立に T_l を評価する際，例えば，$\eta(k) = 1/2$, $k = 1, \ldots, K$ のように，ランダム化確率 $(\eta(1), \ldots, \eta(K))$ を決めることである．T_l の分布は $(T_l(k)\colon k = 1, \ldots, K)$ がディリクレ族の中の分布で相互に独立となるような密度関数 p_l をもつ．ここで $T_l(k) = (T_{l1}(k), \ldots, T_{lJ}(k))$, $l = 0, 1$:

$$p_l(\pi_l \mid x, d; \beta_l) = p_l(\pi_l \mid \beta_l) = \prod_{k=1}^K h_{\mathrm{Dir}}(\pi_{l1}(k), \ldots, \pi_{lJ}(k) \mid \beta_{l1}(k), \ldots, \beta_{lJ}(k)) \tag{1.8}$$

ここで $\beta_{lj}(k) > 0$ であり $h_{\mathrm{Dir}}(\cdot \mid \zeta)$ はパラメータ ζ をもつディリクレ密度：

$$h_{\mathrm{Dir}}(w_1, \ldots, w_J \mid \zeta_1, \ldots, \zeta_J) = \frac{\Gamma(\sum_{j=1}^J \zeta_j)}{\prod_{j=1}^J \Gamma(\zeta_j)} \prod_{j=1}^J w_j^{(\zeta_j - 1)}$$

である．これは $\mathcal{S}_{J-1}$ および $\zeta_j > 0$ となるシンプレックス上で $(w_1, \ldots, w_J)$ に対して定義される．

$Z^{(l)} = z^{(l)}$ を所与とした T_l の条件付密度関数は

$$\bar{p}_l(\pi_l \mid z^{(l)}; \beta_l) = \frac{f_{Y^{(l)} \mid X, D}(y^{(l)} \mid x, d; \pi_l) p_l(\pi_l \mid x, d; \beta_l)}{\int_{\Theta_{1l}} f_{Y^{(l)} \mid X, D}(y^{(l)} \mid x, d; \pi_l) p_l(\pi_l \mid x, d; \beta_l) \, d\pi_l}$$

と書かれる．(1.6) および (1.7) の $f_{Y^{(l)} \mid X, D}(y^{(l)} \mid x, d; \pi_l)$ と (1.8) の $p_l(\pi_l \mid x, d; \beta_l)$ の積は，条件付密度関数がディリクレ密度関数の積で次のように表されることを示している．

$$\bar{p}_l(\pi_l \mid z^{(l)}; \beta_l) = \prod_{k=1}^{K} h_{\text{Dir}}(\pi_{l1}(k), \ldots, \pi_{lJ}(k) \mid \bar{\beta}_{l1}(k), \ldots, \bar{\beta}_{lJ}(k)), \qquad l = 0, 1 \tag{1.9}$$

ここで

$$\bar{\beta}_{lj}(k) = \beta_{lj}(k) + n(l, k, j), \qquad n(l, k, j) = \sum_{i=1}^{N} 1(d_i = l) 1(x_i = k) 1(y_i = j)$$

期待値計算を繰り返すことにより，(1.3) の決定ルールから (1.1') の観測値と事前分布にのみ依存する制限情報ルール：

$$\sum_{j=1}^{J} u_1(j) E[T_{1j}(\tau) \mid Z^{(1)} = z^{(1)}; \beta_1] > \sum_{j=1}^{J} u_0(j) E[T_{0j}(\tau) \mid Z^{(0)} = z^{(0)}; \beta_0] \text{ のとき}$$
$$D_\alpha = 1 \text{ を選択} \tag{1.10}$$

が導かれる．もし $(W_1, \ldots, W_J)$ がパラメータ $(\zeta_1, \ldots, \zeta_J)$ のディリクレ分布に従うならば，$E(W_j) = \zeta_j / (\zeta_1 + \ldots + \zeta_J)$ となる．したがって，(1.10) の条件付期待値は次の決定ルールを導く．

$$\sum_{j=1}^{J} u_1(j) \frac{\beta_{1j}(\tau) + n(1, \tau, j)}{\sum_{j=1}^{J} [\beta_{1j}(\tau) + n(1, \tau, j)]} > \sum_{j=1}^{J} u_0(j) \frac{\beta_{0j}(\tau) + n(0, \tau, j)}{\sum_{j=1}^{J} [\beta_{0j}(\tau) + n(0, \tau, j)]} \text{ のとき}$$
$$D_\alpha = 1 \text{ を選択} \tag{1.11}$$

この決定ルールは，$X_i = \tau$ をもつ個人の部分集合（測定された属性について意思決定者 α が一致する個人）のデータしか利用しないことに注意しよう．

$\pi_0(k)$ が $k = 1, \ldots, K$ の間で相互に独立，同様に $\pi_1(k)$ は相互に独立，という事前の特定化からこの意思決定の性質が導出される．この独立性を緩める別の事前分布を以下では見てゆこう．

(1.11) における意思決定ルールへの可能な近似は次である．

$$\sum_{j=1}^{J} u_1(j) \frac{n(1, \tau, j)}{\sum_{j=1}^{J} n(1, \tau, j)} > \sum_{j=1}^{J} u_0(j) \frac{n(0, \tau, j)}{\sum_{j=1}^{J} n(0, \tau, j)} \text{ のとき } D_\alpha = 1 \text{ を選択}$$
$$\tag{1.12}$$

ここで (1.3′) における $Y_{0\alpha} = j$ および $Y_{1\alpha} = j$ という条件付確率は標本頻度で置き換えられる．いま効用関数 (u_0, u_1) を所与とするとき，$\beta_{lj}(\tau)/n(l, \tau, j)$ が十分小さければ $(l = 0, 1; j = 1, \ldots, J)$，(1.12) の近似は (1.11) のルールに一致する．他方，$\beta_l(\tau)/n(l, \tau) = \sum_{j=1}^J \beta_{lj}(\tau)/\sum_{j=1}^J n(l, \tau, j)$ を所与として，効用関数にも依存するが，事前分布に極めて敏感である場合があり得る．例えば，$n(0, \tau) = n(1, \tau) \equiv n(\tau)$ のとき，したがって，$X_i = \tau$ のセルの中に，同数の $D_i = 0$ および $D_i = 1$ があるとしよう．そのとき，

$$\frac{\bar{\beta}_{1j}(\tau)}{\bar{\beta}_1(\tau)} - \frac{\bar{\beta}_{0j}(\tau)}{\bar{\beta}_0(\tau)} = \frac{1}{n(\tau)} \left(\frac{\beta_{1j}(\tau) + n(1, \tau, j)}{\frac{\beta_1(\tau)}{n(\tau)} + 1} - \frac{\beta_{0j}(\tau) + n(0, \tau, j)}{\frac{\beta_0(\tau)}{n(\tau)} + 1} \right)$$

もし $\beta_0(\tau)/n(\tau)$ および $\beta_1(\tau)/n(\tau)$ が十分小さいならば，この項の符号は次の符号で決定される．

$$\beta_{1j}(\tau) - \beta_{0j}(\tau) + n(1, \tau, j) - n(0, \tau, j) \tag{1.13}$$

((1.13) がゼロでないならば) もし $X_i = \tau$ および $Y_i = j$ となる観測値がないならば，$n(0, \tau, j) = n(1, \tau, j) = 0$ であり，また $\beta_{0j}(\tau) \neq \beta_{1j}(\tau)$ であれば，符号は

$$\beta_{1j}(\tau) - \beta_{0j}(\tau)$$

で決定される．もし，$u_1(j)$ の絶対値が $|u_1(j) - u_0(j)|$ に比べて十分大きければ，この符号は $D_\alpha = 1$ を選択するか $D_\alpha = 0$ を選択するかに関する (1.11) の決定ルールを決める．

我々が使ってきた事前分布は，β $(l = 0, 1)$ を条件付として，$(\pi_l(1), \ldots, \pi_l(K))$ が相互に独立なものである．Good (1965, p.28) に従って，ディリクレパラメータ β 上に事前分布を置くことによりこの独立性を緩めることができる．その単純なものは，$\beta_{lj}(k)$ を k に関して定数 $\beta_{lj}(k) = \beta_{lj}$ とするものである．いま，$l = 0, 1$ に対して $\beta_l = (\beta_{l1}, \ldots, \beta_{lJ})$ とする．制限情報アプローチに従えば，(β_1, β_2) の同時分布ではなく，β_l の周辺分布だけが必要となる．β_l が変わるにつれて，$(X = x, D = d)$ を条件付として $Y^{(l)}$ の分布を生成させる．これらの条件付分布の密度関数は (Good の言い方では) β_l に対するタイプ II の尤度関数を定義する：

$$g_{Y^{(l)}|X,D}(y^{(l)}|x, d; \beta_l) = \int_{\Theta_{1l}} f_{Y^{(l)}|X,D}(y^{(l)}|x, d; \pi_l) p_l(\pi_l|x, d; \beta_l) \, d\pi_l \tag{1.14}$$

$$= \prod_{k=1}^K \frac{\Gamma(\sum_{j=1}^J \beta_{lj})}{\prod_{j=1}^J \Gamma(\beta_{lj})} \frac{\prod_{j=1}^J \Gamma(\beta_{lj} + n(l, k, j))}{\Gamma(\sum_{j=1}^J (\beta_{lj} + n(l, k, j)))}$$

$$= \prod_{k=1}^K \frac{\prod_{j=1}^J (1(n(l, k, j) = 0) + 1(n(l, k, j) \neq 0) \prod_{m=0}^{n(l,k,j)-1}(\beta_{lj} + m))}{1(n(l, k) = 0) + 1(n(l, k) \neq 0) \prod_{m=0}^{n(l,k)-1}[(\sum_{j=1}^J \beta_{lj}) + m]}$$

タイプ II のパラメータ空間は次で与えられる．

$$\Lambda_l = \{\beta_l = (\beta_{l1}, \ldots, \beta_{lJ}) \in \mathcal{R}_+^J\} = \mathcal{R}_+^J, \qquad l = 0, 1$$

ここで $\mathcal{R}_+$ は正の実数直線である.

いま Q_l で Λ_l 上で事前分布をもつ確率変数とする. $(X=x, D=d)$ を条件付とした Q_l に対する事前密度 ψ_l が (x,d) に依存しない：$\psi_l(\beta_l\,|\,x,d)=\psi_l(\beta_l)$ とする. そのとき, $Z^{(l)}=z^{(l)}$ を所与とした Q_l の条件付分布は次で与えられる.

$$\bar{\psi}_l(\beta_l\,|\,z^{(l)})=\frac{g_{Y^{(l)}\,|\,X,D}(y^{(l)}\,|\,x,d;\beta_l)\psi_l(\beta_l)}{\int_{\Lambda_l}g_{Y^{(l)}\,|\,X,D}(y^{(l)}\,|\,x,d;\beta_l)\psi_l(\beta_l)\,d\beta_l} \tag{1.15}$$

そしてこれが (1.11) と結びついて意思決定ルール

$$\sum_{j=1}^{J}u_1(j)\int_{\Lambda_1}\frac{\beta_{1j}+n(1,\tau,j)}{\sum_{j=1}^{J}[\beta_{1j}+n(1,\tau,j)]}\bar{\psi}_1(\beta_1\,|\,z^{(1)})\,d\beta_1$$
$$>\sum_{j=1}^{J}u_0(j)\int_{\Lambda_0}\frac{\beta_{0j}+n(0,\tau,j)}{\sum_{j=1}^{J}[\beta_{0j}+n(0,\tau,j)]}\bar{\psi}_0(\beta_0\,|\,z^{(0)})\,d\beta_0 \text{ のとき}$$
$$D_\alpha=1 \text{ を選択} \tag{1.16}$$

を構成する.

このルールに対する可能な近似は, β_l の（タイプ II の）最尤推定値

$$\hat{\beta}_l=\arg\max_{\beta_l\in\Lambda_l}g_{Y^{(l)}\,|\,X,D}(y^{(l)}\,|\,x,d;\beta_l)$$

に基づいて下記のように行うことができる. もし $\bar{\psi}_l(\cdot\,|\,z^{(l)})$ が $\hat{\beta}_l$ まわりに集中していれば, (1.16) の決定ルールに対する近似は次のようになる.

$$\sum_{j=1}^{J}u_1(j)\frac{\hat{\beta}_{1j}+n(1,\tau,j)}{\sum_{j=1}^{J}[\hat{\beta}_{1j}+n(1,\tau,j)]}>\sum_{j=1}^{J}u_0(j)\frac{\hat{\beta}_{0j}+n(0,\tau,j)}{\sum_{j=1}^{J}[\hat{\beta}_{0j}+n(0,\tau,j)]} \text{ のとき}$$
$$D_\alpha=1 \text{ を選択} \tag{1.17}$$

$\beta_{lj}(x_i)$ が x_i とともに変わらないという制約はパラメトリックモデル：$\beta_{lj}(x_i)=h_{lj}(x_i;\gamma)$ と置き換えることができる. ここで h_{lj} は所与の関数であり γ はパラメータのベクトルである. 例えば, M 個の二値変数から始め, すべての交互作用を考慮しながら, X_i が $K=2^M$ 個の値をとるものとしよう. このとき, 主効果は許容するが交互作用を制限するパラメトリックモデルを考えることができる. パラメトリックモデルはデータによって支配的となる事前分布の役割を果たす.

1.3 測定された属性を条件付とした無作為割当て

次に $(X,D)=(x,d)$ を条件付とした Θ_{1l} の事前分布が $l=0,1$ に対して (x,d) に依存しないよう制約を緩めることを考えよう. その際, 観測値の選択についての仮定 (1.4) はそのまま維持し, 測定された属性 X_i および π を条件付として, 割当て

D_i が潜在的結果 (Y_{0i}, Y_{1i}) と独立になる. $\theta_l = (\pi_l, \eta)$ に対するパラメータ空間は $\Theta_l = \Theta_{1l} \times \Theta_2 = \mathcal{S}_{J-1}^K \times [0,1]^K$ となる. いま (T_l, S) で $\Theta_{1l} \times \Theta_2$ 上での事前分布をもつ確率変数とする. そのとき, 制限情報アプローチを引き続きとることにより, $T = (T_1, T_2)$ に対する同時分布を特定化することを回避する. 観測変数の選択は暗黙に π および X を条件付にしている. もし $T = \pi$ の条件付でなければ, D が T に関係する S を予測することに役立つので, D_i と (Y_{i0}, Y_{i1}) は X_i を条件付として独立ではなくなる. D と T は X および S を条件付として独立であるが, 一般には, T と S は相関をもたせたい.

したがって, $(X = x, D = d; S = \eta)$ を条件付として T_l の分布が (x, d) に依存しないが η には依存するものとする. 分布は $(T_l(k): k = 1, \ldots, K)$ がディリクレ族にある分布と互いに独立になるような密度 $p_{T_l \mid S}$ をもつ. ここで $T_l(k) = (T_{l1}(k), \ldots, T_{lJ}(k))$:

$$p_{T_l \mid S}(\pi_l \mid x, d; \eta, \beta_l) = p_{T_l \mid S}(\pi_l \mid \eta, \beta_l)$$
$$= \prod_{k=1}^{K} h_{\text{Dir}}(\pi_{l1}(k), \ldots, \pi_{lJ}(k) \mid \beta_{l1}(k, \eta(k)), \ldots, \beta_{lJ}(k, \eta(k))) \tag{1.18}$$

ここで $l = 0, 1$ であり, $\beta_{lj}(k, \cdot)$ は $[0,1]$ を正の実数直線へ写像するものであり, $h_{\text{Dir}}(\cdot \mid \zeta)$ はパラメータ ζ をもつディリクレ密度である.

上述のように, $(Z^{(l)} = z^{(l)}; S = \eta)$ を所与とした T_l の条件付分布は, ディリクレ密度の積:

$$\bar{p}_{T_l \mid S}(\pi_l \mid z^{(l)}; \eta, \beta_l) = \prod_{k=1}^{K} h_{\text{Dir}}(\pi_{l1}(k), \ldots, \pi_{lJ}(k) \mid \bar{\beta}_{l1}(k, \eta(k)), \ldots, \bar{\beta}_{lJ}(k, \eta(k))) \tag{1.19}$$

である. ここで $l = 0, 1$ であり, さらに $\bar{\beta}_{lj}(k, \cdot) = \beta_{lj}(k, \cdot) + n(l, k, j)$, $n(l, k, j) = \sum_{i=1}^{N} 1(d_i = l) 1(x_i = k) 1(y_i = j)$ である.

(β_0, β_1, η) を所与としたときの対応する決定ルールは

$$\sum_{j=1}^{J} u_1(j)(\bar{\beta}_{1j}(\tau, \eta(\tau))/\bar{\beta}_1(\tau, \eta(\tau))) >$$
$$\sum_{j=1}^{J} u_0(j)(\bar{\beta}_{0j}(\tau, \eta(\tau))/\bar{\beta}_0(\tau, \eta(\tau))) \text{ のとき } D_\alpha = 1 \text{ を選択} \tag{1.20}$$

であり, ここで

$$\bar{\beta}_0(k, \cdot) = \sum_{j=1}^{J} \bar{\beta}_{0j}(k, \cdot), \quad \bar{\beta}_1(k, \cdot) = \sum_{j=1}^{J} \bar{\beta}_{1j}(k, \cdot), \quad k = 1, \ldots, K$$

である.

(1.12) の決定ルールを近似として使うことができ，その場合，(1.3′) での条件付確率 $Y_{0\alpha} = j$ および $Y_{1\alpha} = j$ が標本頻度で置き換えることができる．効用関数 (u_0, u_1) が所与のとき，(1.12) の近似は，$\beta_{lj}(\tau, \eta(\tau))/n(l, \tau, j)$ が $l = 0, 1; j = 1, \ldots, J$ に対して十分小さいとき，(1.20) のルールと一致する．

1.3.1 既知の傾向スコア

次に事前分布がデータによって支配的とされない場合を考えよう．例えば，X_i のとり得る値の数 K が大きく，$X_i = k$ のセルにおける観測値が少ない場合がある．まず η が既知で傾向スコア

$$\Pr(D_i = 1 \mid X_i = x_i; \eta) = \eta(x_i)$$

が所与の場合を考えよう．そのとき，η に対する事前分布を導入すれば，結果を得ることができる．

いま，$\beta_{lj}(k, \cdot)$ が k に依存せず，次の形をとるとしよう．

$$\beta_{lj}(k, u) = \beta_{lj}(u) = \exp\left(\sum_{m=1}^{O} \beta_{lj}^{(m)} r_{lj}^{(m)}(u)\right), \quad \begin{aligned} &l = 0, 1; j = 1, \ldots, J; \\ &k = 1, \ldots, K; 0 \leq u \leq 1 \end{aligned}$$

ここで $r_{lj}^{(m)}(\cdot)$ は $[0, 1]$ から $\mathcal{R}$ へ写像する所与の関数である．例えば，多項式で $r_{lj}^{(m)}(u) = u^{m-1}$ となるもの．もし O が十分大きければ，この特定化は非常に柔軟なものである．さらに $l = 0, 1$ に対して，$\beta_l = \{\beta_{lj}^{(m)}: j = 1, \ldots, J; m = 1, \ldots, O\}$ としよう．このとき，β_l に対してタイプ II の尤度関数を構成できる：

$$\begin{aligned}
g_{Y^{(l)} \mid X, D}(y^{(l)} \mid x, d; \eta, \beta_l) &= \int_{\Theta_{1l}} f_{Y^{(l)} \mid X, D}(y^{(l)} \mid x, d; \pi_l) p_{T_l \mid S}(\pi_l \mid x, d; \eta, \beta_l) \, d\pi_l \\
&= \prod_{k=1}^{K} \frac{\Gamma\left(\sum_{j=1}^{J} \beta_{lj}(\eta(k))\right)}{\prod_{j=1}^{J} \Gamma(\beta_{lj}(\eta(k)))} \frac{\prod_{j=1}^{J} \Gamma(\beta_{lj}(\eta(k)) + n(l, k, j))}{\Gamma\left(\sum_{j=1}^{J}(\beta_{lj}(\eta(k)) + n(l, k, j))\right)}
\end{aligned} \quad (1.21)$$

ここで $l = 0, 1$．(タイプ II の) パラメータ空間は次となる．

$$\Lambda_l = \{\beta_{lj}^{(m)} \in \mathcal{R}: j = 1, \ldots, J; m = 1, \ldots, O\} = \mathcal{R}^{JO}$$

β_l に対する事前分布が与えられれば，決定ルールを構成することができる．このルールに対する可能な近似は，次の β_l の（タイプ II の）最尤推定値に基づいて構成するものである．

$$\hat{\beta}_l = \arg\max_{\beta_l \in \Lambda_l} g_{Y^{(l)} \mid X, D}(y^{(l)} \mid x, d; \eta, \beta_l)$$

すなわち，いま

$$\hat{\pi}_{lj}(k) = \frac{\exp\left(\sum_{m=1}^{O} \hat{\beta}_{lj}^{(m)} r_{lj}^{(m)}(\eta(k))\right) + n(l,k,j)}{\sum_{j=1}^{J} [\exp\left(\sum_{m=1}^{O} \hat{\beta}_{lj}^{(m)} r_{lj}^{(m)}(\eta(k))\right) + n(l,k,j)]}, \quad \begin{array}{l} l = 0,1; j = 1,\ldots,J; \\ k = 1,\ldots,K \end{array}$$

とすると,決定ルールに対する近似は次で与えられる.

$$\sum_{j=1}^{J} u_1(j)\hat{\pi}_{1j}(\tau) > \sum_{j=1}^{J} u_0(j)\hat{\pi}_{0j}(\tau) \text{ のとき } D_\alpha = 1 \text{ を選択} \quad (1.22)$$

傾向スコアが所与の場合は,傾向スコアは,(X, D) を所与とした Y の分布に対する条件付密度に基づく尤度関数を通じて役割を果たすのではない.尤度関数は π にしか依存しない.傾向スコアは π に対する事前分布を通じて入り込んでくる.もし,事前分布がデータによって支配的とされれば,傾向スコアを知る価値はなくなるであろう.これは Hahn (1998) の極限の結果に対応するが,傾向スコアはこの極限の場合の結果において価値をもつ.

1.3.2 相関をもつランダム効果

本項では,結果に対して正規分布を仮定したランダム効果モデルにおいて傾向スコアの役割を検討しよう.1.3.1 項で取り上げた問題のいくつかをここでは単純な形で取り扱う.

いま次を仮定しよう.

$$Y_{i1} \,|\, X = x, D = d; \pi, \eta, \sigma \stackrel{\text{ind}}{\sim} \mathcal{N}(\pi(x_i), \sigma^2),$$
$$D_i \,|\, X = x; \pi, \eta, \sigma \stackrel{\text{ind}}{\sim} \text{Bern}(\Phi(\eta(x_i))), \quad i = 1, \ldots, N$$

ここで離散的属性は $X_i \in \{1, \ldots, K\}$ とし,Φ が標準正規 cdf(累積分布関数)であるとする.さらに $Y_i = D_i * Y_{i1}$ および $Z_i = (X_i, D_i, Y_i)$ とし,$Z = (Z_1, \ldots, Z_N)$ を観測するとしよう.

相関をもつランダム効果モデルは次で与えられる.

$$\begin{pmatrix} \pi(k) \\ \eta(k) \end{pmatrix} \,|\, X = x; \mu, \Sigma \stackrel{\text{i.i.d.}}{\sim} \mathcal{N}(\mu, \Sigma), \quad k = 1, \ldots, K$$

ここで

$$\mu = \begin{pmatrix} \mu_1 \\ \mu_2 \end{pmatrix}, \quad \Sigma = \begin{pmatrix} \sigma_{11} & \sigma_{12} \\ \sigma_{12} & \sigma_{22} \end{pmatrix}$$

意思決定者 α は,データ Z を条件付として $Y_{\alpha 1}$ の分布に関心があるとする.意思決定者は,属性 τ の値を知っており,次を仮定しよう.

$$Y_{\alpha 1} \,|\, Z; \pi, \eta, \sigma \sim \mathcal{N}(\pi(\tau), \sigma^2)$$

傾向スコアは所与であるとし,したがって

$$\eta(k) = \Phi^{-1}(\Pr(D_i = 1 | X_i = k))$$

が $k = 1, \ldots, K$ に対して与えられているとする. そのとき, 意思決定者は, η および Z を条件付として $Y_{\alpha 1}$ の分布を使うことができる.

さらに
$$\rho = \sigma_{12}/\sigma_{22}, \quad \tilde{\mu}_1 = \mu_1 - \rho\mu_2, \quad \tilde{\sigma}_{11} = \sigma_{11} - \sigma_{12}^2/\sigma_{22}$$

を定義し, $\beta = (\sigma, \rho, \tilde{\mu}_1, \tilde{\sigma}_{11})$ とする. さらに

$$n(\tau) = \sum_{i=1}^{N} 1(X_i = \tau, D_i = 1),$$

$$\bar{Y}(\tau) = n(\tau)^{-1} \sum_{i=1}^{N} 1(X_i = \tau, D_i = 1) Y_i, \qquad n(\tau) \neq 0 \text{ のとき}$$

と定義し, $n(\tau) = 0$ のとき $\bar{Y}(\tau) = 0$ とおく. そのとき,

$$\pi(\tau) \,|\, \eta, Z; \beta \sim \mathcal{N}(c_1(\beta), c_2(\beta))$$

が得られる. ここで

$$c_1(\beta) = \frac{(n(\tau)/\sigma^2) \bar{Y}(\tau) + \tilde{\sigma}_{11}^{-1}[\tilde{\mu}_1 + \rho\eta(\tau)]}{(n(\tau)/\sigma^2) + \tilde{\sigma}_{11}^{-1}},$$

$$c_2(\beta) = [(n(\tau)/\sigma^2) + \tilde{\sigma}_{11}^{-1}]^{-1}$$

である. 対応する $Y_{\alpha 1}$ の分布は

$$Y_{\alpha 1} \,|\, \eta, Z; \beta \sim \mathcal{N}(c_1(\beta), c_2(\beta) + \sigma^2)$$

で与えられる.

いま z で確率変数 Z の実現値を表し, $z_i = (x_i, d_i, y_i)$ および $z = (z_1, \ldots, z_N)$ とする. このときランダム効果の尤度関数は次で与えられる.

$$g_{Y \,|\, X, D}(y | x, d; \eta, \beta) = \prod_{k: n(k) \geq 1} (2\pi)^{-n(k)/2} [\det \Omega(\beta)]^{-1/2}$$

$$\times \exp\left\{ -\frac{1}{2}[y(k) - (\tilde{\mu}_1 + \rho\eta(k))\mathbf{1}]'[\Omega(\beta)]^{-1}[y(k) - (\tilde{\mu}_1 + \rho\eta(k))\mathbf{1}] \right\}$$

ここで $n(k)$ は $x_i = k, d_i = 1$ となる観測値の数であり, $y(k)$ は y_i ($x_i = k, d_i = 1$) となる場合から作られる $n(k) \times 1$ 行列であり,

$$\Omega(\beta) = \tilde{\sigma}_{11} \mathbf{1}\mathbf{1}' + \sigma^2 I$$

で, $\mathbf{1}$ は要素が 1 からなる $n(k) \times 1$ 行列, I は次数 $n(k)$ の単位行列である.

η および Z を条件付とした $Y_{\alpha 1}$ の予測分布に対する近似は次で与えられる.

$$Y_{\alpha 1} \mid \eta, Z \stackrel{a}{\sim} \mathcal{N}(c_1(\hat{\beta}), c_2(\hat{\beta}) + \hat{\sigma}^2)$$

ここで $\hat{\beta}$ は次のランダム効果尤度関数を最大化する最尤推定値である．

$$\hat{\beta} = \arg\max_{\beta} g_{Y \mid X, D}(y|x, d; \eta, \beta)$$

($\hat{\sigma}$ は $\hat{\beta}$ の最初の要素)

相関をもつランダム効果モデルを拡張し，定数の平均 μ をパラメトリックモデル $h(x_i; \gamma)$ で置き換えることもできる．

$$\begin{pmatrix} \pi(k) \\ \eta(k) \end{pmatrix} \mid X = x; \gamma, \Sigma \stackrel{\text{ind}}{\sim} \mathcal{N}(h(k; \gamma), \Sigma), \qquad k = 1, \ldots, K$$

ここで $h(\cdot; \cdot)$ は所与の関数であり，γ はパラメータベクトル．例えば，個人 i の属性が変数 $W_i = (W_{i1}, \ldots, W_{iM})$ にあり，$X_i = k$ が $W_i = w^{(k)} = (w_1^{(k)}, \ldots, w_M^{(k)})$ の値に対応しているとしよう．そのとき，次の関係が得られる．

$$h(k, \gamma) = w_1^{(k)} \gamma_1 + \ldots + w_M^{(k)} \gamma_M$$

(ここで $w_m^{(k)}$ はスカラーで γ_m は 2×1)

1.3.3 未知の傾向スコア

次に傾向スコアが与えられない場合を想定しよう．$X = x, S = \eta$ を条件付として T_0 および T_1 に対する事前分布をもつ 1.3.1 項のモデルへ戻る．$X = x$ を条件付とした S の条件付事前分布が x に依存しないと仮定する．またそれが $(S(k) : k = 1, \ldots, K)$ がベータ族の分布と相互に独立となる密度 p_S をもつ．

$$p_S(\eta \mid x; \gamma) = p_S(\eta \mid \gamma) = \prod_{k=1}^{K} h_{\text{Be}}(\eta(k) \mid \gamma_1(k), \gamma_2(k))$$

ここで $\gamma_1(k) > 0, \gamma_2(k) > 0$ および $h_{\text{Be}}(\cdot \mid \zeta_1, \zeta_2)$ はパラメータ (ζ_1, ζ_2) をもつベータ密度

$$h_{\text{Be}}(w \mid \zeta_1, \zeta_2) = \frac{\Gamma(\zeta_1 + \zeta_2)}{\Gamma(\zeta_1)\Gamma(\zeta_2)} w^{\zeta_1 - 1}(1 - w)^{\zeta_2 - 1}$$

ここで $w \in [0, 1]$ および $\zeta_1 > 0, \zeta_2 > 0$ である．

$l = 0, 1$ に対して，和 S に対するこの事前分布は (X, S) を条件付として T_l の事前分布と結びついて (T_l, S) に対する $X = x$ を所与とした条件付事前分布が得られる．(実際にはそれは x に依存しない) X を条件付とした (T_l, S) の事前分布は (1.6) および (1.7) における $(X = x; T_l = \pi_l, S = \eta)$ を条件付とした $(Y^{(l)}, D)$ の同時分布と結びついて，$Z^{(l)} = z^{(l)}$ を条件付とした (T_l, S) の事後分布が得られる．k 上で事後分布が，$Z^{(l)} = z^{(l)}$ を条件付として $((T_l(k), S(k)) : k = 1, \ldots, K)$ が相互に独立になるように分解される．

$$\bar{p}_{T_l,S}(\pi_l, \eta \,|\, z^{(l)}; \beta_l, \gamma) = \prod_{k=1}^{K} \bar{p}_{T_l(k),S(k)}(\pi_l(k), \eta(k) \,|\, z^{(l)}; \beta_l, \gamma)$$

および

$$\bar{p}_{T_l(k),S(k)}(\pi_l(k), \eta(k) \,|\, z^{(l)}; \beta_l, \gamma)$$
$$= \bar{p}_{T_l(k)\,|\,S(k)}(\pi_l(k) \,|\, z^{(l)}; \eta(k), \beta_l)\bar{p}_{S(k)}(\eta(k) \,|\, z^{(l)}; \beta_l, \gamma)$$

$S(k) = \eta(k)$ を条件付とした $T_l(k)$ の事後密度は，次で与えられる．

$$\bar{p}_{T_l(k)\,|\,S(k)}(\pi_l(k) \,|\, z^{(l)}; \eta(k), \beta_l)$$
$$= h_{\text{Dir}}(\pi_{l1}(k), \ldots, \pi_{lJ}(k) \,|\, \bar{\beta}_{l1}(k, \eta(k)), \ldots, \bar{\beta}_{lJ}(k, \eta(k)))$$

ここで

$$\bar{\beta}_{lj}(k, u) = \beta_{lj}(u) + n(l, k, j)$$

$$\beta_{lj}(u) = \exp\left(\sum_{m=1}^{O} \beta_{lj}^{(m)} r_{lj}^{(m)}(u)\right) \text{ および } n(l, k, j) = \sum_{i=1}^{N} 1(d_i = l)1(x_i = k)1(y_i = j)$$

$S(k)$ の事後密度は次で与えられる．

$$\bar{p}_{S(k)}(\eta(k) \,|\, z^{(l)}; \beta_l, \gamma) = \frac{\Gamma(\sum_{j=1}^{J} \beta_{lj}(\eta(k)))}{\prod_{j=1}^{J} \Gamma(\beta_{lj}(\eta(k)))} \frac{\prod_{j=1}^{J} \Gamma(\beta_{lj}(\eta(k)) + n(l, k, j))}{\Gamma(\sum_{j=1}^{J} (\beta_{lj}(\eta(k)) + n(l, k, j)))}$$
$$\times h_{\text{Be}}(\eta(k) \,|\, \bar{\gamma}_1(k), \bar{\gamma}_2(k))/c^{(l)}(k; \beta_l, \gamma)$$

ここで

$$\bar{\gamma}_1(k) = \gamma_1(k) + \sum_{i=1}^{N} 1(d_i = 1)1(x_i = k), \quad \bar{\gamma}_2(k) = \gamma_2(k) + \sum_{i=1}^{N} 1(d_i = 0)1(x_i = k)$$

および

$$c^{(l)}(k; \beta_l, \gamma) = \int_{[0,1]} \left(\frac{\Gamma(\sum_{j=1}^{J} \beta_{lj}(u))}{\prod_{j=1}^{J} \Gamma(\beta_{lj}(u))} \frac{\prod_{j=1}^{J} \Gamma(\beta_{lj}(u) + n(l, k, j))}{\Gamma(\sum_{j=1}^{J} (\beta_{lj}(u) + n(l, k, j)))} \right. \quad (1.23)$$
$$\left. \times h_{\text{Be}}(u \,|\, \bar{\gamma}_1(k), \bar{\gamma}_2(k))\right) du, \quad l = 0, 1$$

決定ルールを評価するために，繰り返し期待値をとる．

$$E(T_{lj}(k) \,|\, Z^{(l)} = z^{(l)}; \beta_l, \gamma) = E[E(T_{lj}(k) \,|\, Z^{(l)} = z^{(l)}; S(k), \beta_l) \,|\, Z^{(l)} = z^{(l)}; \beta_l, \gamma]$$
$$= \int_{[0,1]} \left(\left[\bar{\beta}_{lj}(k, \eta(k)) \bigg/ \sum_{j=1}^{J} \bar{\beta}_{lj}(k, \eta(k))\right] \bar{p}_{S(k)}(\eta(k) \,|\, z^{(l)}; \beta_l, \gamma)\right) d\eta(k)$$

これは1次元の数値積分だけを含み，求積法で実行できる．さらに (β_l, γ) を所与とし

て，決定ルールは次のようになる．

$D_\alpha = 1$ を選択，
$$\sum_{j=1}^{J} u_1(j) E(T_{1j}(\tau) \mid Z^{(1)} = z^{(1)}; \beta_1, \gamma) > \sum_{j=1}^{J} u_0(j) E(T_{0j}(\tau) \mid Z^{(0)} = z^{(0)}; \beta_0, \gamma) \tag{1.24}$$

$L^{(l)}(\beta_l, \gamma)$ が (β_l, γ) に対するタイプ II の尤度関数を表すものとする．

$$L^{(l)}(\beta_l, \gamma) = g_{Y^{(l)}, D \mid X}(y^{(l)}, d \mid x; \beta_l, \gamma)$$
$$= \int_{\Theta_{1l}} \int_{\Theta_2} f_{Y^{(l)} \mid X, D}(y^{(l)} \mid x, d; \pi_l) f_{D \mid X}(d \mid x; \eta) p_{T_l \mid S}(\pi_l \mid \eta, \beta_l) p_S(\eta \mid \gamma) \, d\pi_l \, d\eta$$

これは次で表され，

$$L^{(l)}(\beta_l, \gamma) = \prod_{k=1}^{K} c^{(l)}(k; \beta_l, \gamma) \frac{\Gamma(\gamma_1(k) + \gamma_2(k))}{\Gamma(\gamma_1(k)) \Gamma(\gamma_2(k))} \frac{\Gamma(\bar{\gamma}_1(k)) \Gamma(\bar{\gamma}_2(k))}{\Gamma(\bar{\gamma}_1(k) + \bar{\gamma}_2(k))}$$

ここで $c^{(l)}(k; \beta_l, \gamma)$ は (1.23) で与えられている．任意の点 (β_l, γ) でのこの尤度の評価は 1 次元の数値積分だけを必要 (K 個ある) とし，これは求積法で実行できる．

次に $\gamma_1(k)$ および $\gamma_2(k)$ が k とともに変化しない場合

$$\gamma_1(k) = \gamma_1, \quad \gamma_2(k) = \gamma_2, \quad k = 1, \ldots, K$$

を仮定しよう．そのとき，(タイプ II) のパラメータ空間は

$$\Lambda_l = \{(\beta_l, \gamma) \colon \beta_{lj}^{(m)} \in \mathcal{R}, j = 1, \ldots, J; m = 1, \ldots, O; (\gamma_1, \gamma_2) \in \mathcal{R}_+ \times \mathcal{R}_+\} = \mathcal{R}^{JO} \times \mathcal{R}_+^2$$

であり，次元数 $JO + 2$ をもつ．Λ_l の事前分布が (タイプ II) 尤度関数 $L^{(l)}(\beta_l, \gamma)$ と結びつけられ事後分布が得られる．そのとき，

$$M_j^{(l)}(\beta_l, \gamma) \equiv E(T_{lj}(\tau) \mid Z^{(l)} = z^{(l)}; \beta_l, \gamma)$$

をこの事後分布に関して積分し，

$$E(T_{lj}(\tau) \mid Z^{(l)} = z^{(l)}), \quad l = 0, 1$$

が得られ，決定ルール

$$\sum_{j=1}^{J} u_1(j) E(T_{1j}(\tau) \mid Z^{(1)} = z^{(1)}) > \sum_{j=1}^{J} u_0(j) E(T_{0j}(\tau) \mid Z^{(0)} = z^{(0)}) \text{ のとき}$$
$$D_\alpha = 1 \text{ を選択} \tag{1.25}$$

が得られる．この決定ルールに対する可能な近似法は (β_l, γ) の (タイプ II) 最尤推

定値:
$$(\hat{\beta}_l, \hat{\gamma}^{(l)}) = \arg\max_{(\beta_l, \gamma) \in \Lambda_l} L^{(l)}(\beta_l, \gamma), \qquad l = 0, 1$$
に基づいて行われ,次で与えられる.
$$\sum_{j=1}^{J} u_1(j)\hat{\pi}_{1j}(\tau) > \sum_{j=1}^{J} u_0(j)\hat{\pi}_{0j}(\tau) \text{ のとき } D_\alpha = 1 \text{ を選択} \qquad (1.26)$$
ここで $\hat{\pi}_{lj}(\tau) = M_j^{(l)}(\hat{\beta}_l, \hat{\gamma}^{(l)})$ である.

S に対する別の制限情報アプローチをとる可能性もあり,(X, D) の事後分布に基づいて,次のように行う.
$$\bar{p}_S(\eta \,|\, x, d; \gamma) = \prod_{k=1}^{K} h_{\text{Be}}(\eta(k) \,|\, \gamma_1 + n(1, k), \gamma_2 + n(0, k))$$
ここで
$$n(l, k) = \sum_{i=1}^{N} 1(d_i = l) 1(x_i = k)$$
γ に対するタイプ II の尤度関数を構成できる.
$$\begin{aligned} g_{D\,|\,X}(d\,|\,x;\gamma) &= \int_{\Theta_2} f_{D\,|\,X}(d\,|\,x;\eta) p_S(\eta\,|\,x;\gamma)\,d\eta \\ &= \prod_{k=1}^{K} \frac{\Gamma(\gamma_1+\gamma_2)}{\Gamma(\gamma_1)\Gamma(\gamma_2)} \frac{\Gamma(\gamma_1+n(1,k))\Gamma(\gamma_2+n(0,k))}{\Gamma(\gamma_1+\gamma_2+n(1,k)+n(0,k))} \end{aligned}$$
$\gamma = (\gamma_1, \gamma_2)$ の(タイプ II)最尤推定値は次で与えられる.
$$\hat{\gamma} = \arg\max_{\gamma \in \mathcal{R}_+^2} g_{D\,|\,X}(d\,|\,x;\gamma) \qquad (1.27)$$
そのとき,γ を所与として,β_l に対するタイプ II の尤度関数を (X, D) を条件付とした $Y^{(l)}$ の分布に基づいて構成できる.
$$\begin{aligned} L^{(l)}(\beta_l) &= g_{Y^{(l)}\,|\,X,D}(y^{(l)}\,|\,x,d;\beta_l,\gamma) \\ &= \int_{\Theta_{1l}} \int_{\Theta_2} f_{Y^{(l)}\,|\,X,D}(y^{(l)}\,|\,x,d;\pi_l) p_{T_l\,|\,S}(\pi_l\,|\,\eta,\beta_l) \bar{p}_S(\eta\,|\,x,d;\gamma)\,d\pi_l\,d\eta \\ &= \prod_{k=1}^{K} c^{(l)}(k;\beta_l,\gamma), \qquad l = 0, 1 \end{aligned}$$
ここで $c^{(l)}(k;\beta_l,\gamma)$ は (1.23) で与えられている.(1.27) から $\gamma = \hat{\gamma}$ と置くことで次が得られる.
$$\hat{\beta}_l^* = \arg\max_{\beta_l \in \mathcal{R}^{JO}} \prod_{k=1}^{K} c^{(l)}(k;\beta_l,\hat{\gamma})$$

そのとき，(1.25) における決定ルールに対する可能な近似法は

$$\sum_{j=1}^{J} u_1(j) M_j^{(1)}(\hat{\beta}_1^*, \hat{\gamma}) > \sum_{j=1}^{J} u_0(j) M_j^{(0)}(\hat{\beta}_0^*, \hat{\gamma}) \text{ のとき } D_\alpha = 1 \text{ を選択} \quad (1.28)$$

で与えられる．

1.4 観測不能変数の選択

次に観測値の選択の仮定を外そう．個人 i に対して，$W_i \in \{1, \ldots, M\}$ で表される離散変数ベクトルを観測する．W_i は，操作変数の役割を果たす．これまでのように，2つの処置 $D_i \in \{0, 1\}$ の1つが割当てられる．$Y_i \in \{1, \ldots, J\}$ で表される離散結果がある．X 変数の記号を落として簡略化しよう．個人のデータには観測可能な属性がないか，あるいは意思決定者とマッチする部分集合を利用するか，を考える．$Z_i = (W_i, D_i, Y_i)$ および $Z = (Z_1, \ldots, Z_N)$ とし，ここで Z は観測できるものとする．
$W = (W_1, \ldots, W_N)$ としよう．すべて W への条件付とするとその分布は役に立たなくなる．処置割当てのモデルは潜在変数 $V = (V_1, \ldots, V_N)$ を利用する．$W = w = (w_1, \ldots, w_N)$ を条件付とすると，次が得られる．

$$D_i = 1(\lambda(w_i) - V_i > 0)$$

ここで関数 λ は $\{1, \ldots, M\}$ を $[0, 1]$ へ写像し，V_i は区間 $[0, 1]$ で独立に同一の一様分布に従う．したがって，W を条件付とした D_i の分布は

$$\Pr(D_i = 1 | W = w; \lambda) = 1 - \Pr(D_i = 0 | W = w; \lambda) = \Pr(V_i \leq \lambda(w_i)) = \lambda(w_i)$$

で与えられる．もし λ が制約されていなければ，この分布は制約されず，その結果，$\lambda(m)$ は区間 $[0, 1]$ の任意の値をとり得る ($m = 1, \ldots, M$)．

例えば，次が考えられる．

$$D_i = 1(c(w_i) + E_i[u_1(Y_{i1})] - E_i[u_0(Y_{i0})] > 0)$$

ここで作用素 E_i は個人 i の個人（主観）分布に関する期待値を意味し，関数 c は $\{1, \ldots, M\}$ を $\mathcal{R}$ へ写像する．いま $U_i = E_i[u_0(Y_{i0})] - E_i[u_1(Y_{i1})]$ とし，$(U_1, \ldots, U_N)$ が連続で厳密に増加関数である分布関数 G をもつ独立同一分布に従うとする．そのとき

$$V_i = G(U_i), \quad \lambda(w_i) = G(c(w_i)) \quad (1.29)$$

であり，V_i が (Y_{i0}, Y_{i1}) と相関があるようにしたい．

いま W_i が無作為に割当てられ，(Y_{i0}, Y_{i1}, V_i) が W_i と独立であるとしよう．これまでのように，尤度関数を構成するには (Y_{i0}, Y_{i1}) の同時分布ではなく，2つの周辺分

1.4 観測不能変数の選択

布だけがあればよい．次のモデルを考えよう．

$$\Pr(Y_{i0} = j \mid W_i = w_i, D_i = d_i, V_i = v_i; \beta) = h_{0j}(v_i; \beta),$$
$$\Pr(Y_{i1} = j \mid W_i = w_i, D_i = d_i, V_i = v_i; \beta) = h_{1j}(v_i; \beta), \qquad j = 1, \ldots, J$$

ここで $h_{0j}(\cdot; \beta)$ および $h_{1j}(\cdot; \beta)$ は $[0,1]$ を $[0,1]$ へ写像する関数であり，次を満たすものである．

$$\sum_{j=1}^{J} h_{0j}(v; \beta) = 1, \quad \sum_{j=1}^{J} h_{1j}(v; \beta) = 1, \qquad v \in [0,1]$$

関数 h_{0j} および h_{1j} は，次のように特定化できる．

$$h_{l1}(v; \beta) = \frac{1}{1 + \sum_{j=2}^{J} \exp(\sum_{k=1}^{O} \beta_{lj}^{(k)} r_{lj}^{(k)}(v))} \tag{1.30}$$

$$h_{lj}(v; \beta) = \frac{\exp(\sum_{k=1}^{O} \beta_{lj}^{(k)} r_{lj}^{(k)}(v))}{1 + \sum_{j=2}^{J} \exp(\sum_{k=1}^{O} \beta_{lj}^{(k)} r_{lj}^{(k)}(v))}, \qquad l = 0, 1; j = 2, \ldots, J$$

ここで $r_{lj}^{(k)}(\cdot)$ は，例えば，多項式 $r_{lj}^{(k)}(v) = v^{k-1}$ など $[0,1]$ を $\mathcal{R}$ へ写像する所与の関数である．もし O が十分大きければ，この特定化は十分柔軟なものとなる．パラメータ空間は $\Theta = \Theta_1 \times \Theta_2$ および

$$\Theta_1 = \{\beta : \beta_{lj} = (\beta_{lj}^{(1)}, \ldots, \beta_{lj}^{(O)}) \in \mathcal{R}^O; l = 0, 1; j = 2, \ldots, J\} = \mathcal{R}^{2O(J-1)},$$
$$\Theta_2 = \{\lambda : \lambda(m) \in [0,1], m = 1, \ldots, M\} = [0,1]^M$$

となる．

z で確率変数 Z の実現値を表し，$z_i = (w_i, d_i, y_i)$ とし，さらに $\theta = (\beta, \lambda)$ とする．観測値 Z に対する尤度関数は次で与えられる．

$$f_{Z \mid W}(z \mid w; \theta) = \Pr(Z = z \mid W = w; \theta) \tag{1.31}$$
$$= \prod_{i=1}^{N} \int_0^1 \Pr(Y_i = y_i \mid W_i = w_i, D_i = d_i, V_i = v_i; \beta) \cdot$$
$$\qquad \Pr(D_i = d_i \mid W_i = w_i, V_i = v_i; \lambda) \, dv_i$$
$$= \prod_{i=1}^{N} \int_0^1 \left(\prod_{j=1}^{J} h_{0j}(v_i; \beta)^{1(d_i=0)1(y_i=j)} h_{1j}(v_i; \beta)^{1(d_i=1)1(y_i=j)} \right.$$
$$\qquad \left. \times \prod_{m=1}^{M} 1(\lambda(m) - v_i \leq 0)^{1(d_i=0)1(w_i=m)} 1(\lambda(m) - v_i > 0)^{1(d_i=1)1(w_i=m)} \right) dv_i$$
$$= \prod_{l=0}^{1} \prod_{m=1}^{M} \prod_{j=1}^{J} q(l, m, j; \beta, \lambda)^{n(l,m,j)}$$

ここで

$$q(0, m, j; \beta, \lambda) = \int_{\lambda(m)}^{1} h_{0j}(v; \beta) \, dv,$$

$$q(1, m, j; \beta, \lambda) = \int_{0}^{\lambda(m)} h_{1j}(v; \beta) \, dv$$

および

$$n(l, m, j) = \sum_{i=1}^{N} 1(d_i = l) 1(w_i = m) 1(y_i = j)$$

いま，意思決定者 α が個人データの中で交換可能であり，その結果次の確率変数の系列が交換可能であると仮定する．

$$(Y_{\alpha 0}, Y_{\alpha 1}), (Y_{10}, Y_{11}), \ldots, (Y_{N0}, Y_{N1})$$

そのとき，Y_{i0} および Y_{i1} の周辺分布は意思決定者にとって利用可能であり，次を仮定しよう．

$$\Pr(Y_{\alpha 0} = j \mid \beta) = \Pr(Y_{i0} = j \mid \beta) = \int_{0}^{1} h_{0j}(v; \beta) \, dv,$$

$$\Pr(Y_{\alpha 1} = j \mid \beta) = \Pr(Y_{i1} = j \mid \beta) = \int_{0}^{1} h_{1j}(v; \beta) \, dv$$

そのとき，β を条件付として，決定ルールは次のとき $D_\alpha = 1$ を選択する

$$\sum_{j=1}^{J} u_1(j) \int_{0}^{1} h_{1j}(v; \beta) \, dv > \sum_{j=1}^{J} u_0(j) \int_{0}^{1} h_{0j}(v; \beta) \, dv \tag{1.32}$$

より一般的には，意思決定者はある他の分布 Q_α と決定ルール

$$\sum_{j=1}^{J} u_1(j) \int_{0}^{1} h_{1j}(v; \beta) \, dQ_\alpha(v) > \sum_{j=1}^{J} u_0(j) \int_{0}^{1} h_{0j}(v; \beta) \, dQ_\alpha(v) \text{ のとき}$$

$$D_\alpha = 1 \text{ を選択} \tag{1.33}$$

を使うことができる．i が (Y_{i0}, Y_{i1}, R_i) に対して個人分布 H をもつとし，さらに (Y_{i0}, Y_{i1}) に関するシグナル R_i を観測し，その後，H を使って R_i を所与とした Y_{i0} の条件付分布や R_i を所与とした Y_{i1} の条件付分布を構成して，それにより $E_i[u_0(Y_{i0})]$ および $E_i[u_1(Y_{i1})]$ を求める．

これが同じ個人分布 H をもつ $i = 1, \ldots, N$ および意思決定者 $i = \alpha$ について成り立つとする．さらに (Y_{i0}, Y_{i1}, R_i) が，$i = \alpha, 1, \ldots, N$ に対して，ある（未知）の分布 P に従って独立同一の分布をするとする．これは $U_i \equiv E_i[u_0(Y_{i0})] - E_i[u_1(Y_{i1})]$ が独立同一分布に従うこと，さらに上述のように，G は連続で厳密に増加関数の分布関数であるとする．$i = \alpha, 1, \ldots, N$ に対して $V_i = G(U_i)$ としよう．そのとき，P を条

1.4 観測不能変数の選択

件付として, (Y_{i0}, Y_{i1}, V_i) は独立同一分布し, V_i は $[0,1]$ 上の一様分布に従う. P は V_i を所与としたときの (Y_{i0}, Y_{i1}) の条件付分布を意味し, 上述のように次を仮定する.

$$\Pr(Y_{i0} = j \mid V_i = v_i; \beta) = h_{0j}(v_i; \beta), \qquad (1.34)$$
$$\Pr(Y_{i1} = j \mid V_i = v_i; \beta) = h_{1j}(v_i; \beta), \qquad i = \alpha, 1, \ldots, N$$

ここで $\beta \in \Theta_1$. そのとき Q_α は V_α に対する意思決定者の事後分布である. V_α は U_α および G に依存することに注意する. 意思決定者は U_α は知るが G は知らない. さらに, G は尤度関数には現れず, データの中に G の情報はない. 加えて, このアプローチは, 人々が何を知っていたか, いつそれを知ったか, について詳細な特定化を行う必要がある. したがって, 制限情報アプローチは, Q_α を一様分布と置くことで適切となるかもしれない.

(β, λ) の事前分布は (1.31) の尤度関数と結びついて事後分布が得られる. 対応する決定ルールは (1.32) 式の不等式の両辺を β の事後分布に関して積分して得られる. 一般に, 事前分布はデータによって支配的とされない. それにもかかわらず, 事前分布の数値的特定化を含まない参考となる決定ルールをもつことは有用である. その1つの方法は β をその最尤推定値 $\hat{\beta}$

$$(\hat{\beta}, \hat{\lambda}) = \arg \max_{(\beta, \lambda) \in \Theta_1 \times \Theta_2} f_{Z \mid W}(z \mid w; (\beta, \lambda))$$

で置き換えることである.

いま次に注意しよう.

$$\sum_{j=1}^{J} q(0, m, j; \beta, \lambda) = 1 - \lambda(m), \quad \sum_{j=1}^{J} q(1, m, j; \beta, \lambda) = \lambda(m)$$

そのとき $q(l, m, j; \beta, \lambda) \geq 0$ および

$$\sum_{l=0}^{1} \sum_{j=1}^{J} q(l, m, j; \beta, \lambda) = 1$$

は次を意味する.

$$\prod_{l=0}^{1} \prod_{j=1}^{J} q(l, m, j; \beta, \lambda)^{n(l,m,j)} \leq \prod_{l=0}^{1} \prod_{j=1}^{J} [n(l, m, j)/n(m)]^{n(l,m,j)}, \ m = 1, \ldots, M$$

ここで

$$n(m) = \sum_{l=0}^{1} \sum_{j=1}^{J} n(l, m, j)$$

であり,

$$\max_{(\beta, \lambda) \in \Theta_1 \times \Theta_2} f_{Z \mid W}(z \mid w; (\beta, \lambda)) \leq \prod_{l=0}^{1} \prod_{m=1}^{M} \prod_{j=1}^{J} [n(l, m, j)/n(m)]^{n(l,m,j)}$$

となる．したがって，次の方程式が解ければ，最尤推定値が得られる．

$$q(l, m, j; \hat{\beta}, \hat{\lambda}) = n(l, m, j)/n(m), \ l = 0, 1; \ m = 1, \ldots, M; \ j = 1, \ldots, J$$

これと同等の方程式は次である．

$$\hat{\lambda}(m) = \frac{n(1, m)}{n(m)},$$

$$\frac{q(0, m, j; \hat{\beta}, \hat{\lambda})}{1 - \hat{\lambda}(m)} = \frac{1}{1 - \hat{\lambda}(m)} \int_{\hat{\lambda}(m)}^{1} h_{0j}(v; \hat{\beta}) \, dv = \frac{n(0, m, j)}{n(0, m)},$$

$$\frac{q(1, m, j; \hat{\beta}, \hat{\lambda})}{\hat{\lambda}(m)} = \frac{1}{\hat{\lambda}(m)} \int_{0}^{\hat{\lambda}(m)} h_{1j}(v; \hat{\beta}) \, dv = \frac{n(1, m, j)}{n(1, m)},$$

ここで

$$n(l, m) = \sum_{j=1}^{J} n(l, m, j), \qquad l = 0, 1; \ m = 1, \ldots, M; \ j = 1, \ldots, J$$

ここで $\hat{\lambda}(m)$ は，操作変数に対する値が $W_i = m$ となるグループで処置割当てが $D_i = 1$ となったサブグループの割合を計算することで構成できる．$\hat{\lambda}(m)$ が得られれば，モデルの確率とこれらの割合とを合わせることで $\hat{\beta}$ を求めることができる．

例えば，(1.30) の h_{lj} の特定化を考えよう．$\hat{\lambda}(m) = n(1, m)/n(m)$ とし，次を解きたい．

$$\frac{1}{1 - \hat{\lambda}(m)} \int_{\hat{\lambda}(m)}^{1} \frac{\exp(\sum_{k=1}^{O} \hat{\beta}_{0j}^{(k)} r_{0j}^{(k)}(v))}{1 + \sum_{j=2}^{J} \exp(\sum_{k=1}^{O} \hat{\beta}_{0j}^{(k)} r_{0j}^{(k)}(v))} \, dv = \frac{n(0, m, j)}{n(0, m)},$$

$$\frac{1}{\hat{\lambda}(m)} \int_{0}^{\hat{\lambda}(m)} \frac{\exp(\sum_{k=1}^{O} \hat{\beta}_{1j}^{(k)} r_{1j}^{(k)}(v))}{1 + \sum_{j=2}^{J} \exp(\sum_{k=1}^{O} \hat{\beta}_{1j}^{(k)} r_{1j}^{(k)}(v))} \, dv = \frac{n(1, m, j)}{n(1, m)},$$

$$m = 1, \ldots, M; \ j = 2, \ldots, J$$

$(\hat{\beta}_{lj}^{(1)}, \ldots, \hat{\beta}_{lj}^{(O)})$ には，$l \in \{0, 1\}$ および $j \in \{2, \ldots, J\}$ のそれぞれに対して，M 本の方程式と O 個の未知数がある．したがって，O が M より大きいときには一意的解が得られない．一意性の欠如は，データにフィットさせることに影響は与えないが，β が異なる値をとることに応じて異なる決定ルールが導かれる．

1つの可能性は，$M < k \leq O$ に対して $\beta_{lj}^{(k)} = 0$ と置くことである．そのとき，$k = 1, \ldots, M$ に対する基礎要素 $r_{lj}^{(k)}(\cdot)$ に注意深く事前分布が設定されねばならない．セル計数 $n(l, m, j)$ のいくつかが小さいとき，係数 $\beta_{lj}^{(k)}$ への事前分布を考えるのが有用かもしれない．また，$k > M$ に対して $\beta_{lj}^{(k)} = 0$ としなければ，係数への事前分布は基礎要素の役割を過小にする可能性がある．これらの問題は将来の課題とする．ここでの主題は，識別性の欠如のもとでデータに支配的とされない事前分布の諸問題があるということである．

1.4 観測不能変数の選択

Imbens and Angrist (1994) で議論された局所平均処置効果における応諾者, 常時受入れ者, 拒否者の役割との関連を見てみよう. いま次に注意する.

$$\Pr(D_i = 0, Y_i = j \mid W_i = m; \beta, \lambda) = \int_{\lambda(m)}^{1} h_{0j}(v; \beta)\, dv$$

$\lambda(m') < \lambda(m'')$ を仮定すると,

$$\frac{\Pr(D_i = 0, Y_i = j \mid W_i = m'; \beta, \lambda) - \Pr(D_i = 0, Y_i = j \mid W_i = m''; \beta, \lambda)}{\Pr(D_i = 0 \mid W_i = m'; \lambda) - \Pr(D_i = 0 \mid W_i = m''; \lambda)} \quad (1.35)$$

$$= \frac{1}{\lambda(m'') - \lambda(m')} \int_{\lambda(m')}^{\lambda(m'')} h_{0j}(v; \beta)\, dv$$

$$= \Pr(Y_{i0} = j \mid \lambda(m') < V_i < \lambda(m''); \beta, \lambda)$$

が得られる. T$\lambda(m') < V_i < \lambda(m'')$ の条件は応諾者に対応する. 応諾者に対して $Y_{i0} = j$ となる確率の直接的推定値は, (1.35) における観測可能なイベントの確率を標本頻度で置き換えることにより

$$\frac{n(0, m', j)/n(m') - n(0, m'', j)/n(m'')}{n(0, m')/n(m') - n(0, m'')/n(m'')}$$

と得られ, さらに次が導かれる.

$$\Pr(Y_i = j \mid D_i = 0, W_i = m''; \beta, \lambda) = \frac{1}{1 - \lambda(m'')} \int_{\lambda(m'')}^{1} h_{0j}(v; \beta)\, dv$$

$$= \Pr(Y_{i0} = j \mid \lambda(m'') < V_i; \beta, \lambda)$$

$\lambda(m'') < V_i$ の条件は拒否者に対応する. 拒否者に対する $Y_{i0} = j$ の確率の直接的推定値は標本頻度を使って次で与えられる.

$$\frac{n(0, m'', j)}{n(0, m'')}$$

しかしながら, 常時受入れ者の $Y_{i0} = j$ の確率

$$\frac{1}{\lambda(m')} \int_{0}^{\lambda(m')} h_{0j}(v; \beta)\, dv \quad (1.36)$$

に対する直接的推定値は得られない. β の推定値は標本頻度を当てはめることで得られ, $h_{0j}(v; \hat{\beta})$ は (1.36) の積分を評価して得られる. 同様に, 拒否者に対する $Y_{i1} = j$ の確率

$$\frac{1}{1 - \lambda(m'')} \int_{\lambda(m'')}^{1} h_{1j}(v; \beta)\, dv \quad (1.37)$$

の直接的推定値は得られない. モデルはこの項の外挿を与え, $h_{1j}(v; \hat{\beta})$ を使って (1.37) の積分を評価する.

1.5 文献との関連

Dehejia (2005) は，プログラム評価にベイズ決定理論を応用した．独立支援 (GAIN: greater avenuess for independence) プログラムは，生活保護 (AFDC) 受給者の雇用促進を目的として 1986 年にカリフォルニアにおいて始まった．Dehejia は，生活保護受給者を GAIN か AFDC のいずれかに割当てる選択を行うケースワーカーを考える．ケースワーカーは，個人の属性リストを知っており，それらは年齢，民族，学歴，読み書き・算術テストの成績，性別，他の訓練プログラムの参加履歴，pre-assignment earnings の履歴などを含んでいる．ケースワーカーは，生活保護受給者のデータにアクセスでき，そこでは半分が無作為に GAIN プログラムに割当てられ，残りの半分は GAIN のサービスを受給できないコントロールグループに分かれている．処置グループに関して収入の結果が個人の属性とともに観測される．したがって，ケースワーカーの意思決定問題は，1.2 節で無作為割当てを使って展開した問題と類似している．Dehejia はモデルのパラメータに散漫事前分布を置く．離散データの場合，これは (1.12) の決定ルールに対応する．Dehejia は，全員を GAIN か AFDC に割当てる，またはケースワーカーが GAIN のもとでの将来所得についての個々人の（予測）分布と AFCD のもとでのそれを比較しながら個人を割当てる，など様々な割当てメカニズムの社会的厚生に対する意味づけを考える．

Manski (2004) は，人口全体の平均的厚生の最大化を狙う政策立案者を考える．政策立案者は，各人について一連の離散値をとる説明変数を観測し，その変数の値に基づいて各人で異なる処置ルールを計画できる．さらに彼は，個人が無作為割当てされ，説明変数，処置，結果についての値が記録されるデータセットにアクセスできる．Manski は，条件付期待値が標本平均で置き換えられ，経験的成功 (empirical success) を最大にするように処置が選ばれるとする条件付経験的成功ルールに注目した．彼は，条件付の推測は標本平均の統計的精度を低める傾向があること，そして観測された説明変数の一部だけを条件付にする方が処置選択を行うには好ましいとした．彼はミニマックスリグレット基準を使い，処置選択を観測されるすべての説明変数に依存させることが最適となるための十分条件となる標本数の限界値を議論した．これは Good (1965) のタイプ II 尤度関数を利用しない場合の (1.12) の決定ルールに対応している．説明変数が x の値をもつ個人を割当てる場合，どんなに数が少なくてもデータのうちこれとマッチする一部分だけを利用することになる．離散値説明変数のとり得る値が増えるにつれて，ミニマックスリグレット基準はデータのない (no data) ルールに近づく．

Angrist and Hahn (2004) は，傾向スコアの知識は平均処置効果に対してセミパラメトリック有効限界を下げないという Hahn (1998) による結果を受けて，"(p.58)：すなわち，通常の漸近理論は平均処置効果の推定について，完全制御 (full control) 以外には何ら正当化を与えない"としている．さらに，"説明変数のセルは少ないかゼロ

1.5 文献との関連

であり得るので,有限標本では説明変数のマッチングには実行可能としてもコストがかかる.彼らは K 個の値をとる多項説明変数を考え,セルサイズが固定されるがセル数が無限に大きくなる別の漸近理論を展開した.それはパネルデータモデルにおける大きなサイズのクロスセクション-時系列漸近理論と類似しているために,彼らはそれを"パネル漸近理論"と呼ぶ.彼らの処置割当てメカニズムは,一定の傾向スコアをもつ無作為割当てとなっている.説明変数の完全制御(説明変数のマッチング)の場合の推定量および説明変数を無視(一定の傾向スコアでマッチングを行う)した推定量を議論している.パネルデータのランダム効果推定量の類推で,一方だけを使うより有効な推定量の線形結合を考える.そこでの焦点は平均処置効果を推定することにあり,他方,本章では,特定の説明変数セルに対する処置効果により関連する議論を行った.それにもかかわらず,彼らのパネルデータとの類推は本章でも適切であり,1.3.2 項で議論したようにタイプ II 尤度関数にランダム効果的解釈が与えられる.

Hirano and Porter (2009) は処置選択に対して漸近理論を展開した.Manski (2004) の条件付経験成功ルールに対し,多項説明変数が K 種類の値をとり,K が固定され N が無限大となる場合の漸近的最適性を与えた.Angrist and Hahn (2004) の漸近系列のもとで,セルサイズが固定で K が無限大となる結果が得られれば興味深いであろう.

Rubin (1978) は因果効果に対するベイズ推測での無作為化の役割を議論している.処置割当て D_i が測定された属性 X_i ((1.4) のように) を条件付とした決定結果 (Y_{i0}, Y_{i1}) と独立となる観測値選択の場合,Rosenbaum (1983) の結果から,この独立性は傾向スコアを条件付としても成立する.Rubin (1985: p.463) において"サーベイや実験における無作為確率はベイズ統計学者には無関係なものとしばしば議論されてきた"と主張する.これは Robins and Ritov (1997) でも議論されている.Rubin (1985) は分析者があたかも X_i が観測されずに傾向スコアのみで分析する制限情報アプローチについて議論している.Robins and Ritov (1997) は傾向スコアの利用をミニマックス基準と関連付け,π に対する事前分布を特定化する際に (1.18) で行ったように,従属する事前分布(6 節)を η に依存される形の議論を展開した.Sims (2006) は,Wasserman (2004) からの例を議論し,論文の III 節(dependence:直接アプローチ)で与えた議論は,観測値選択がある場合に π の事前分布を η に依存させるという私の発想に似た議論を展開した.Sims (2006) はまた制限情報アプローチも議論した.

1.4 節で展開した選択の潜在変数モデルは Heckman and Vytlacil (1999; 2005) に従ったものである.Imbens and Angrist (1994) モデルとの関連性の議論は Vytlacil (2002) において展開された.Manski (1990; 1996) は平均処置効果に対して点 (point) 識別性がないことを議論し,Manski (2000) はその意思決定に対する意味付けを議論した.

本章で採用した期待効用最大化は,Savage (1972) の合理的行動に対する公理に触発されたものである.本章で与えた決定ルールのいくつかは,追加的特定化をするこ

となしに,様々な文脈で"自動的"参照ルールとして利用可能であり,したがってリスク関数もこれらのルールに対して計算できる.Chamberlain (2000) はリスク頑健性の役割と意思決定におけるリグレットリスクを議論している.

文　献

Angrist, J., and Hahn, J. (2004). "When to Control for Covariates? Panel Asymptotics for Estimates of Treatment Effects," *The Review of Economics and Statistics*, 86: 58–72.

Chamberlain, G. (2000). "Econometrics and Decision Theory," *Journal of Econometrics*, 95: 255–83.

Dehejia, R. (2005). "Program Evaluation as a Decision Problem," *Journal of Econometrics*, 125: 141–73.

Good, I.J. (1965). *The Estimation of Probabilities: An Essay on Modern Bayesian Methods*. Cambridge, Mass.: The MIT Press.

Hahn, J. (1998). "On the Role of the Propensity Score in Efficient Semiparametric Estimation of Average Treatment Effects," *Econometrica*, 66: 315–31.

Heckman, J., and E. Vytlacil, (1999). "Local Instrumental Variables and Latent Variable Models for Identifying and Bounding Treatment Effects," *Proceedings of the National Academy of Sciences*, 96: 4730–34.

—— (2005). "Structural Equations, Treatment Effects, and Econometric Policy Evaluation," *Econometrica*, 73: 669–738.

Hirano, K., and Porter, J. (2009). "Asymptotics for Statistical Treatment Rules," *Econometrica*, 77: 1683–701.

Imbens, G., and Angrist, J. (1994). "Identification and Estimation of Local Average Treatment Effects," *Econometrica*, 62: 467–75.

Manski, C. (1990). "Nonparametric Bounds on Treatment Effects," *The American Economic Review Papers and Proceedings*, 80: 319–23.

—— (1996). "Learning about Treatment Effects from Experiments with Random Assignment of Treatments," *The Journal of Human Resources*, 31: 709–33.

—— (2000). "Identification Problems and Decisions under Ambiguity: Empirical Analysis of Treatment Response and Normative Analysis of Treatment Choice," *Journal of Econometrics*, 95: 415–42.

—— (2004). "Statistical Treatment Rules for Heterogeneous Populations," *Econometrica*, 72: 1221–46.

Robins, J., and Ritov, Y. (1997). "Toward a Curse of Dimensionality Appropriate (CODA) Asymptotic Theory for Semi-Parametric Models," *Statistics in Medicine*, 16: 285–319.

Rosenbaum, P., and Rubin, D. (1983). "The Central Role of the Propensity Score in Observational Studies for Causal Effects," *Biometrika*, 70: 41–55.

Rubin, D. (1978). "Bayesian Inference for Causal Effects: The Role of Randomization," *The Annals of Statistics*, 6: 34–58.

—— (1985). "The Use of Propensity Scores in Applied Bayesian Inference," in J. Bernardo, M. DeGroot, D. Lindley, and A. Smith (eds.), *Bayesian Statistics*, 2. Amsterdam: North-Holland.

Savage, L. J. (1972). *The Foundations of Statistics*. New York: Dover Publications.

Sims, C. (2006). "On an Example of Larry Wasserman," unpublished manuscript, Department of Economics, Princeton University.

Stoye, J. (2009). "Minimax Regret Treatment Choice with Finite Samples," *Journal of Econometrics*, 151: 70–81.

Vytlacil, E. (2002). "Independence, Monotonicity, and Latent Index Models: An Equivalence Result," *Econometrica*, 70: 331–41.
Wasserman, L. (2004). *All of Statistics: A Concise Course in Statistical Inference*. New York: Springer.

2

交換可能性，表現定理，主観性

2.1 はじめに

　Kreps (1988) による選択の理論において，彼は Bruno de Finetti の表現定理が統計的推測の基本定理であると述べている．"de Finetti の定理"は，対称性および不変性によって尤度関数を特徴付けるものである．そこでは，標本空間 $\mathbf{Z}$ において観測される無限系列 $\{Z_n\}_{n=1}^{n=\infty}$ をもって概念上の説明が始まる．さらにその系列に対して確率を割当てるに際して対称性と不変性を仮定し，有限な長さ N の系列に対して所定の性質をもつ尤度を導出する．この定理とその一般化は，(i) ベイズ推論と頻度論による推論の間に緊密な関係を与え，(ii) 尤度関数の選択を内生化し，(iii) 事前分布の存在を証明し，(iv) 通常とは異なるパラメータの解釈を与え，(v) 系としてベイズの定理を生み出し，(vi) 尤度原理 (likleihood princilple：LP) と停止ルール原理 (SRP：stoppomg rule principle) を系として生み出し，(vii) Hume の帰納法に対する解，を与える．これらは多くの結果であるが，驚くべきことに，計量経済学ではこの定理がほとんど議論されていない．

　de Finetti は 1920 年代に Ramsey (1926) とは独立に主観確率を展開した．de Finetti は，熱心な主観論者であり"確率は存在しない"という金言で有名である．これは，確率は現実そのものの性質ではなく，個人の現実に対する確信を反映するものあることを意味している．この観点は，賭けの行動や停止ルールなど観測可能であるという意味で"客観的"でもある．例えば，ある出来事 A に対する真の主観確率が p であり，評価ルールが 2 次関数 $[\mathbf{1}(A) - \tilde{p}]^2$ であるとしよう．ここで $\mathbf{1}(A)$ は指示関数，$\tilde{p}$ は個人が表明した A が起こる確率である．そのとき，期待スコアを最小にすることは，$\tilde{p} = p$ を意味する．詳細は Lindley (1982) を参照せよ．

　この主観主義者の解釈は，日常使われる用語"確率"に近い．しかし，確率の主観主義者の解釈は経済学においては認識されていない．経済学では，リスク("既知"の確率/信念) と不確実性 ("未知"の確率/信念) の間で Knight 流の区別が広く使われている．主観主義者にとって，個人は彼らの信念を"知る"ものであり，これらの信念が現実と合致するかは別の問題である．主観主義者はそのような知識を自明の仮定とし，それは合理的期待論者がエージェントは"真のモデル"を知っていると仮

2.1 はじめに

定するのと同様である．しかしながら，頻度論者と違い，主観論者は現実に対する知識を仮定せず，むしろ現実に対する自身の認識だけを仮定する[*1)]．この区別は基本的に重要である．

主観論者の信念についての知識がどのように得られるかについて本章では述べられないが，これについては多くの研究論文がある（例えば，Garthwaite et al. 2005; O'Hagan et al. 2006 など）．より重要なことは，観測変数に対する事前的信念のある側面についてベイズ研究者間で合意があれば，尤度関数が認められ得ることを de Finetti が示したことである．さらに，Poirier (1988; 1995) は，ベイジアンの間で間主観的合意があれば，観測可能な世界を見るための共通のパラメトリックな窓が得られ，さらには彼らの事前的信念についての妥当性を議論する土俵ができることを示した．

de Finetti のアプローチは，その性質上，操作主義である．つまり，過去の観測値は将来の観測値を予測するために使われる．尤度，パラメータ，確率サンプリングなどは正しくも誤りでもなく，単に，媒介する虚構概念，すなわち，数学的構成物である．それに対して，現実主義者は"真"のデータ生成過程 (data genrating process：DGP) を追求する．

いま正の整数 N を与件として，N 個の対象に対する個人の確信の度合いが主観的同時累積分布関数 (cumulative distribution function：cdf) $P(z_1, z_2, \ldots, z_N)$ で表され，かつ，それが同時確率密度関数 (probability density function：pdf) $p(z_1, z_2, \ldots, z_N)$ （離散変数の場合は確率質量）で表現できることを仮定しよう．ここで "z_n" は対応する確率変数 "Z_n" の実現値を表す．$P(\cdot)$ および $p(\cdot)$ （さらに後述の $F(\cdot)$ および $f(\cdot)$ ）は，特定の関数を意味するのではなく一般的記号を表す．例えば，Hume の帰納問題（どうして将来が過去に似たものと期待するのか？）は，すでに観測された $\{Z_n = z_n\}_{n=1}^{n=N}$ を条件付として，将来の観測値 $\{Z_n\}_{n=N+1}^{n=N+M}$ の予測密度を必要とする．すなわち，

$$p(Z_{N+1}, Z_{N+2}, \ldots, Z_{N+M} | Z_1, Z_2, \ldots, Z_N) = \frac{p(Z_1, Z_2, \ldots, Z_{N+M})}{p(Z_1, Z_2, \ldots, Z_N)} \quad (2.1)$$

基本的な構成要素は様々な引数に対する $P(\cdot)$ である．後述する定理は $P(\cdot)$ への制約を置くものである．任意に長い有限系列を議論するので，少なくともある制約が必要であることは明らかである．しかし，任意に長い有限系列に置かれた一見弱い条件は，有限系列に対して衝撃的な結果をもたらす．

予測密度関数 (2.1) は Hume の問題に対して一連の結果を与える．$P(\cdot)$ が満たさなければならない唯一の制約は，コヒーレンス (coherence)，すなわち，$P(\cdot)$ を使うことは如何なる賭けの状況であっても完全に負けることは排除されることである．これは **Dutch Book** の回避として知られている[*2)]．(2.1) が良い予測を与えるかどうか

[*1)] Fuchs and Schack (2004) は，量子理論とのアナロジーについて議論している．量子の状態は，システムの実際の性質を説明するのか？　量子の状態のベイズ流の解釈は，説明しない，である．むしろ，それは量子測定を通じて行われる予測やアクションを行う観測者の機能にすぎない．

[*2)] de Finetti は，貨幣の効用は線形であるとした．"確率"と"効用"の概念の区別はいまだに決着を見てい

は別の問題であり,それに対して肯定する回答はない.

コヒーレンスを超えて,本章では $P(\cdot)$ を構成するために様々な制約を考える.前述のように,そのような制約は"真"であるとも"偽"であるとも考えられるべきではない.それらは,現実の性質を意味するのではなく,むしろ,現実に対する個人の信念についての制約である.他の研究者は,特定の制約が是非必要と考えるかもしれないし,考えないかもしれない.実証研究は,他の研究者が設定したい制約を明確にすることであるともいえ,すなわち,多くのベイジアンの間で間主観的合意を得ることでもある.そのような制約の最も単純なものが交換可能性であり,これが次節のトピックである.

2.2 交換可能性

de Finetti は,交換可能性の概念に基本的な役割を与えた.いま有限の系列 $\{Z_n\}_{n=1}^{n=N}$ を所与とし,個人が主観的判断をするとしよう.その場合,個人は個々の確率変数について同じ周辺分布を仮定し,そして同様に,確率変数のすべてのペア,3つの組など,すべてについて同じ分布を仮定する,という意味において,添え字は情報がない.そのとき,$P(\cdot)$ は,すべての可能な整数 N に対して,$P(z_1, z_2, \ldots, z_N) = P(z_{\pi(1)}, z_{\pi(2)}, \ldots, z_{\pi(N)})$ を満たすとする.ここで $\pi(n)(n = 1, 2, \ldots, N)$ は,$1, 2, \ldots, N$ での要素の順列である.そのような信念は**交換可能** (exchangeable) といわれる.対応する確率密度/質量の表現では,交換可能性は $P(z_1, z_2, \ldots, z_N) = P(z_{\pi(1)}, z_{\pi(2)}, \ldots, z_{\pi(N)})$ を意味することになる.**無限交換可能性** (infinitely exchangeable) は,あらゆる有限系列が交換可能であることを意味する.

交換可能性は,確率の発展の歴史において議論された対称性の1つの例である.(Poirier 1995: p.17) そしてそれはより一般的には数学での議論 (du Sautoy 2008) と関連性をもつ.交換可能性は,"類似の"確率変数の系列に対する最も弱い概念として操作可能であるという意味をもつ.任意に長い系列であっても,観測可能な変量に対して確率が割当てられることだけしか必要としないという意味において"操作可能"である.交換可能性は,対称な形の無知を意味し,その場合,変量を区別する追加的情報はない.$Z = 0, 1$ となるベルヌーイ変量の系列 $Z_n (n = 1, 2, \ldots, N)$ は,特定の系列に対して割当てられる確率が0または1の順序に依存しない場合にのみ,交換可能である.例えば,$N = 3$ で試行が交換可能である場合,系列 011,101,110 には同じ確率が割当てられる.交換可能性概念の経済学への適用については McCall (1991) を参照せよ.

Schervish (1995: p.7-8) は,交換可能性の判断は,変量が同質であるために観測者がそれらを区別できないことの告白であると議論している.Gelman et al. (1995:

ない (Kadane and Winkler 1988).

p.124) は，"実際，無知は交換可能性を意味する．一般に，問題に対しての知識が少ないほど，交換可能性の主張はより説得力をもつことになる"と述べている．交換可能性に批判的議論をする場合は，問題について観測変量に対するデータ以外の情報が存在することを認めざるを得ない．

i.i.d. 系列のように，交換可能系列における変量は同一分布に従うが，i.i.d. 系列と異なり，交換可能な信念に対して変量は独立である必要はない．例えば，もし変量が，未知の大きさ $N^* > N$ をもつ有限母集団からの大きさ N の（繰り返しなし）標本であるとき，それらは独立でなく，かつ，交換可能である．また，交換可能な信念の場合，可能な依存関係は研究者が (2.1) を使って経験から学べるものである．

i.i.d. サンプリングは，頻度論の立場の計量経済学において基本であるのに対して，ベイズ計量経済学にとって交換可能性が基本的概念である．これらの性質はさらに異質性や観測値間の依存関係へ拡張する際に役に立つ．例えば，2.6 節では交換可能性が部分交換可能性へ弱められ，時系列モデル（1 次マルコフ過程）によって尤度が構成される．

ベルヌーイ系列の場合，$\{Z_n\}_{n=1}^{n=N}$ の標本空間 $\mathbf{Z}$ は 2^N 個の要素をもち，あらゆる可能な結果の確率を $2^N - 1$ だけもつ．交換可能性の場合，対称性がこの数を劇的に減少させる．必要なものは N 個の確率 $q_1 = P(Z_1), q_2 = P(Z_1 \cap Z_2), \ldots, q_N = P(Z_1 \cap Z_2 \cap \ldots \cap Z_N)$ である．O'Hagan (1994: p.113) による導入–排除ルールによれば，r 個の Z_i が生起し，$N-r$ 個が生起しなかった場合の結果に対する確率は $\sum_{k=0}^{N-r}(-1)^k \binom{N-r}{k} q_{r+k}$ である．したがって，すべての可能な結果の確率は，$q_k s$ の N によって表される．差 $2^N - 1 - N$ は N が増えるとともに急減に増加し，それは交換可能性の仮定の力を示している．交換可能性は次の例で示すように連続量に対しても適用可能である．

例 2.1： いま多変量正規密度関数 $p(z) = \phi_N(z \mid 0_N, \Sigma_N(\rho))$ が $\{Z_n\}_{n=1}^{n=N}$ に対する研究者の信念を表すものとしよう．ここで $\Sigma_N(\rho) = (1-\rho)I_N + \rho \iota_N \iota_N'$, $\iota_N = [1, 1, \ldots, 1]'$ および $\rho > -(N-1)^{-1}$ は既知とする．このような等しい相関をもつ信念は交換可能であることを示すことは容易である．以後は，無限の交換可能性を議論するために $\rho > 0$ を仮定する．さらにこれらの信念は M 個の追加的観測値 $Z^* = [Z_{N+1}, Z_{N+2}, \ldots, Z_{N+M}]'$ に対して拡張され，その結果，$[Z', Z^{*\prime}]'$ は確率密度関数 $\phi_{N+M}([z, z^*]' \mid 0_{N+M}, \Sigma_{N+M})$ をもつ．ここで

$$\sum\nolimits_{N+M}(\rho) = (1-\rho)I_{N+M} + \rho \iota_{N+M} \iota_{N+M}' = \begin{bmatrix} \sum_N(\rho) & \rho \iota_N \iota_{M}' \\ \rho \iota_M \iota_{N}' & \sum_M(\rho) \end{bmatrix}$$

いま $Z = z$ が観測されるとしよう．Z と Z^* の間の信念は依存関係にあるため，初期の信念 $Z^* \sim N_M(0_M, \Sigma_M(\rho))$ が $Z^* \mid Z = z \sim N_M(\mu_{z^*\mid z}(\rho), \Sigma_{Z^*\mid z}(\rho))$ へ更新される．ここで

$$\mu_{Z^*|z}(\rho) = \left(\frac{N\rho}{(N-1)\rho+1}\right)\bar{Z}_N \iota_M,$$

$$\Sigma_{Z^*|z}(\rho) = \Sigma_M(\rho) - \rho^2 \iota_M \iota_{N'} [\Sigma_N]^{-1} \iota_N \iota_M' = (1-\rho)\left[I_M + \left(\frac{\rho}{(N-1)\rho+1}\right)\iota_M \iota_M'\right]$$

および $\bar{z}_N = N^{-1}\iota_{N'}z$ である．予測の信念 $Z^*|Z = z$ もまた交換可能であり，そのとき，予測の平均値 $\mu_{Z^*|z}(\rho)$ はすべて $\bar{z}_N$ の方向に同様に近寄ってゆく．最後に，$\bar{z}_N$ は，過去のデータ z が将来の観測値 Z^* へ与える影響をまとめる十分統計量となる．

2.3 ベルヌーイのケース

ベルヌーイ系列に対する de Finetti の表現定理は，次の形で述べられる．(Bernardo and Smith 1994: p.172–3)

定理 2.1 (de Finetti の表現定理 (representation theorem))： いま $\mathbf{Z} = \{0,1\}$ で確率測度 $P(\cdot)$ をもつベルヌーイ確率変量の無限交換可能系列を $\{Z_n\}_{n=1}^{n=N}$ とする．長さ N の系列の和 $S_N = Z_1 + Z_2 + \ldots + Z_N$ および生起した回数の平均 $\bar{Z}_N = S_N/N$ とする．さらに $z = [z_1, z_2, \ldots, z_N]'$ は観測された値とする．そのとき，累積分布関数 $F(\cdot)$ で同時確率（質量）関数 $p(z) = P(Z_1 = z_1, Z_2 = z_2, \ldots, Z_N = z_N) = p(z_1, z_2, \ldots, z_N)$ で (2.2) を満たすものが存在する．

$$p(z) = \int_\Omega \mathcal{L}(\theta; Z) \mathrm{d}F(\theta) \tag{2.2}$$

ここで $S_N = s$ に対する観測された尤度関数は $\mathcal{L}(\theta; z) \equiv p(z|\theta) = \binom{N}{s}\theta^s(1-\theta)^{N-s}$，であり，確率変量 $\Theta \in \Omega \equiv [0,1]$ は $\Theta = \underset{N \to \infty}{\mathrm{limit}} \bar{Z}_N$ 確率概収束によって定義され，さらに $F(\cdot)$ は $P(\cdot)$ のもとでの Θ の累積分布関数，すなわち，$F(\theta) \equiv \underset{N \to \infty}{\mathrm{limit}} p(\bar{Z}_N \leq \theta)$ を表す．

言い換えれば，定理 2.1 は，$\Theta = \theta$ を与件としたとき，$\{Z_n\}_{n=1}^{n=N}$ はあたかも尤度関数 $\mathcal{L}(\theta; z)$ をもつ i.i.d. のベルヌーイ試行であることを意味し，さらに成功の確率 Θ は $N \to \infty$ のときの $Z_N \leq \theta$ の長期的相対頻度についての研究者の信念として解釈される事前の累積分布関数 $F(\theta)$ が割当てられることを意味している．de Finetti の立場からは，パラメータ Θ と独立性の概念は観測可能な成功失敗の任意に長い系列の背後に置かれる"数学的虚構"である．定理 2.1 における Θ が "P–almost surely" (a.s.)，また同じことであるが，"確率 1"で存在することは，研究者の予測的信念（すなわち，(2.2) の左辺）のことを意味する．de Finetti の定理は，必ずしも現実世界でなく，研究者自身の世界において Θ が存在することを，研究者にほとんど確実に信じ込ませる結果となる．$F(\theta)$ が絶対連続で pdf $f(\theta)$ をもつ標準的な場合は，(2.2) はよりなじみ深い次の表現に置き換えられる．

2.3 ベルヌーイのケース

$$p(z) = \int_\Omega \mathcal{L}(\theta; Z) f(\theta) \mathrm{d}\theta \tag{2.3}$$

de Finetti の定理の実利主義的価値は，観測可能変量のみを含む (2.3) の左辺，言い換えると，尤度，事前分布，数学的虚構 θ を含む (2.3) の右辺の積分がより容易に評価できるかどうかにかかっている．非ベイジアンは θ を確率1で定数 θ_o に等しい退化した"事前分布 (prior)"をもって同様のことを行う．著者は (2.3) の左辺から出てくる傾向を重要視するが，(2.3) の右辺を用いて研究を行うことにも役立つ結果である．

de Finetti の定理は，一方では観測可能変量 z のみを含み，他方ではパラメータ Θ を含む2つの世界の異種同形である．de Finetti は，パラメータを確率分布に対する便利な指標を与える数学的構成要素であり，それによって観測変量の系列に対して条件付独立性を導いたりできて有意義な思考やコミュニケーションに対する潤滑剤であるとした．パラメータの"現実世界での存在"は形而上学的に重要であるにすぎない．

例 2.2： いま N 個のベルヌーイ試行 $\{Z_n\}_{n=1}^{n=N}$ が r 個の1と $N-r$ 個のゼロを生み出すとする．また $F(\theta)$ は絶対連続で pdf $f(\theta)$ をもつ．そのとき定理 2.1 を (2.1) の分母，分子に適用することにより (Poirier 1995: p.216 を参照せよ)，次の予測確率が導かれる．

$$P(Z_{N+1} = Z_{N+1} | N\bar{Z}_N = r) = \begin{cases} \mathrm{E}(\Theta|z), & z_{N+1} = 1 \\ 1 - \mathrm{E}(\Theta|z), & z_{N+1} = 0 \end{cases}$$

ここで $\mathrm{E}(\Theta|z) = \int_\Omega \theta f(\theta|z) \mathrm{d}\theta$ であり，また

$$f(\theta|z) = \frac{f(\theta)\mathcal{L}(\theta; z)}{p(z)}, \qquad 0 \le \theta \le 1 \tag{2.4}$$

は Θ の事後確率密度関数である．(2.4) から，尤度に比例する実験は同じ事後分布を生み出すことが明らかとなり，これは尤度原理を意味する．虚構 Θ およびその事後平均 $\mathrm{E}(\Theta|z)$ は，N 回の試行中 $N\bar{z}_N = r$ 回が1であることを観測した後，$Z_{N+1} = z_{N+1}$ について信念を更新する際に概念上有用である．

事前分布 $F(\cdot)$ の存在は，定理 2.1 から導かれる1つの結論であり，仮定ではない．(2.4) で示された事前の信念の更新はベイズの定理に対応する．$\Theta = \theta$ を所与としたとき，$\{Z_n\}_{n=1}^{n=N}$ は条件付独立であるけれども，条件を外せば互いに依存関係がある．さらに観測可能なベルヌーイ変量 $\{Z_n\}_{n=1}^{n=\infty}$ に対して無限交換可能性の制約をつければ，事前分布 $F(\cdot)$ を特定するのに役に立つ．例えば，$\{Z_n\}_{n=1}^{n=\infty}$ がポリアの壺過程 (a Polya urn process) からの標本に対応すると仮定することは，事前分布 $F(\cdot)$ が共役ベータ族に属することを意味する (Freedman 1965)[*3]．

[*3] ある壺には，r 個の赤球と b 個の黒球が入っており，各段階で1つの球がランダムに選ばれ，それを同じ色の2個の球に入れ替える．いま，Z_n が1または0とする．n 番目に選ばれた球は赤か黒のいずれかに

例 2.3： 例 2.2 のベルヌーイの事例をポリアの壺に対して考えよう．そのとき，ある超パラメータ $\underline{\alpha} > 0$ および $\underline{\delta} > 0$ に対して，パラメータ Θ に対する事前分布が共役ベータ密度 $f_b(\theta|\underline{\alpha},\underline{\delta}) = \frac{\Gamma(\underline{\alpha}+\underline{\delta})}{\Gamma(\underline{\alpha})\Gamma(\underline{\delta})}\theta^{\underline{\alpha}-1}(1-\theta)^{\underline{\delta}-1}$ をもつものとする．そのとき，事後 pdf (2.4) は $f_b(\theta|\bar{\alpha},\bar{\delta})$ であり，このとき超パラメータは $\bar{\alpha} = \underline{\alpha} + N\bar{z}_N$ および $\bar{\delta} = \underline{\delta} + N(1-\bar{z}_N)$ と表わされる．Θ の事後平均は $\mathrm{E}(\Theta|z) = \frac{\bar{\alpha}}{\bar{\alpha}+\bar{\delta}} = \frac{\underline{\alpha}+N\bar{z}}{\underline{\alpha}+\underline{\delta}+N}$ と表わされ，これは $\bar{z}$ について線形の関係があることを示している．Diaconis and Ylvisaker (1979: p.279–80) は，ベータ族は交換可能な二項サンプリングにおける成功回数の線形な事後期待値をもつ唯一の分布族であることを示した．観測変量に対する無限交換可能性は，尤度関数を特定化するのに十分な仮定であり，観測可能過程に対してポリアの壺の解釈を追加的に与えることによって，2つの自由超パラメータ $\underline{\alpha}$ および $\underline{\delta}$ をもつベータ事前分布が特定化される．

ポリアの壺の枠組みはベータ事前分布に対する予測的議論であるけれども，$\underline{\alpha}$ および $\underline{\delta}$ の選択問題が残されている．

$S_N \equiv N\bar{z}_N$ は 1 の回数であることを思い出そう．ベイズは $P(S_N = s) = (N+1)^{-1}(s=0,1,\ldots,N)$ を主張し，これは $\underline{\alpha} = \underline{\delta} = 1$ を意味する．

Chalonerand Duncan (1983) は，S_N に対するベータ–二項確率関数に追加的制約を置くことによって $\underline{\alpha}$ および $\underline{\delta}$ を予測的に決めることを推奨した．

$$p(S_N = s) = \int_0^1 \binom{N}{S} \theta^s(1-\theta)^{N-s} \left[\frac{\Gamma(\underline{\alpha}+\underline{\delta})}{\Gamma(\underline{\alpha})\Gamma(\underline{\delta})}\right]\theta^{\underline{\alpha}-1}(1-\theta)^{\underline{\delta}-1}d\theta$$

$$= \binom{N}{S}\left[\frac{\Gamma(\underline{\alpha}+\underline{\delta})}{\Gamma(\underline{\alpha})\Gamma(\underline{\delta})}\right]\int_0^1 \theta^{s+\underline{\alpha}-1}(1-\theta)^{N-s+\underline{\delta}-1}d\theta \qquad (2.5)$$

$$= \binom{N}{S}\left[\frac{\Gamma(\underline{\alpha}+\underline{\delta})}{\Gamma(\underline{\alpha})\Gamma(\underline{\delta})}\right]\left[\frac{\Gamma(s+\underline{\alpha})\Gamma(N-s+\underline{\delta})}{\Gamma(\underline{\alpha}+\underline{\delta}+N)}\right], \quad s = 0,1,\ldots,N$$

ここで平均 $\frac{N\underline{\alpha}}{\underline{\alpha}+\underline{\beta}}$ および分散 $\frac{N\underline{\alpha}\underline{\delta}(N+\underline{\alpha}+\underline{\delta})}{(\underline{\alpha})\underline{\beta}^2(\underline{\alpha})+\underline{\delta}+1}$ である．特に Chaloner and Duncan (1983) は（$\underline{\alpha} > 1$ および $\underline{\delta} > 1$ を仮定し）(2.5) のモード $m = \frac{\underline{\alpha}-1}{(\underline{\alpha}+\underline{\delta}-2)}$ によって，m での $m-1$, $m+1$ に対する確率比を利用することを推奨した．それに対して，Geisser (1984) は一様分布以外のベータ族から 2 つの θ に対する "無情報" 事前分布，すなわち，Haldane ($\underline{\alpha} = \underline{\delta} = 0$) の極限非正則事前分布および Jeffreys ($\underline{\alpha} = \underline{\delta} = 1/2$) の正則事前分布を議論した．

多項分布への拡張については，Bernardo and Smith (1994: p.176–7) を参照せよ．Johnson (1924) は，多項分布の場合について，二項分布の場合のベイズの議論と同様な予測分布の議論を行っている．

応じて，$Z_n(n = 1, 2, 3, \ldots)$ は無限交換可能であり，ポリアの壺過程を構成する．Hill et al. (1987) を参照せよ．

2.4 ノンパラメトリック表現定理

de Finetti の表現定理は，ベルヌーイ確率変数よりも複雑な確率変数へ拡張されている．ユークリッド空間に対するノンパラメトリックな拡張の例は，de Finetti (1938) で行われた．Hewitt and Savage (1955) はそれを任意のコンパクトハウスドルフ空間へ，Aldous (1985) はそれを標準ボレル集合における確率要素へ，それぞれ拡張した．Dubins and Freedman (1979) は，トポロジー上の仮定がなくても結果が成立することを示した．次の定理は，実数値の交換可能確率変量に対する一般的ケースもカバーするものである（Bernardo and Smith 1994:178–9 で証明の概要が説明されている）．

定理 2.2（一般表現定理 (general representation theorem)）： 確率測度 $P(\cdot)$ をもつ実数値確率変量のある無限交換可能系列 $\{Z_n\}_{n=1}^{n=\infty}$ を考える．そのとき，$\Re$ のすべての分布関数の空間 $\mathcal{F}$ 上で

$$P(Z_1, Z_2, \ldots, Z_N) = \int_{\mathcal{F}} \prod_{n=1}^{N} Q(Z_n) \mathrm{d}F(Q)$$

となる確率測度 F が存在する．ここで

$$F(Q) = \lim_{N \to \infty} P(Q_N) \tag{2.6}$$

であり，また Q_N は $\{Z_n\}_{n=1}^{n=N}$ に対応する経験分布関数である．

言い換えると，観測値 $\{Z_n\}_{n=1}^{n=N}$ は（実際には無限次元パラメータをもつ）未知の cdf Q を条件付として互いに独立である．ここで $F(\cdot)$ は Q に対する信念の分布である．

定理 2.2 は一般存在定理である．$\Re$ 上でのあらゆる確率についての事前分布を特定化することは困難であるために，不幸にもこの定理の実利主義的価値は疑問視される．Dubins and Freedman (1986) は，無限次元空間上で事前分布を特定化することの困難について議論した．またこれについては Sims (1971), Schervich (1995: p.52–72), Ferguson (1974) なども参照せよ．次節では，有限次元パラメトリック標本モデルを特定化するに必要な追加的制約に目を向ける．しかしながら，2.3 節での単純なベルヌーイのケースと異なり，特定の事前分布を選択するための予測的議論をするのは難しい．

2.5 一般化

Diaconis and Freedman (1981:205) は，ベルヌーイ確率変量間の交換可能性と等価の関係を次で与えた．すなわち，あらゆる N に対して，和 $S_N = s$ が与えられたとき，$\{Z_n\}_{n=1}^{n=N}$ の同時分布は s 個の 1 と $(N-s)$ 個のゼロをもつ $\binom{N}{S}$ 個の系列上で一様

分布する．言い換えれば，$\{Z_n\}_{n=1}^{n=N}$ が交換可能性をもつことは，部分和は，$S_N = s$ を所与として $Z_1, Z_2, \ldots, Z_N$ に対する"等しく確からしい"条件付分布と合わせれば十分（統計量）となる．本節では，ベルヌーイ変数よりも複雑な場合の標本分布を導く不変性および十分性を検討する．その過程において，観測値に対する制約がパラメトリック族を規定し，さらに定理 2.1 と定理 2.2 との関係をもつ操作上有用な結果をもたらすことを示す．

そのような制約の1つの例が球面 (spherical) 対称性である．z についての信念は，$A\iota_N = \iota_N$（要素が1からなる N–次元ベクトル ι_N）を満たす任意の $N \times N$ 直交行列 A $(A^{-1} = A')$ に対して $p(z) = p(Az)$ なるときに限り，**球面対称**であるという．この制約は，原点からの距離を決める座標系の回転に関する不変性を意味する．並べ替えは1つの直交変換であるので，交換可能性はある種の球面対称性である．

例 2.4： 例 2.1 での $p(z) = \phi_N(z|0_N, \Sigma_N(\rho))$ によって表現された交換可能な信念は，$A\iota_N = \iota_N$ を満たす任意の $N \times N$ 直交行列 A に対して $A\Sigma_N(\rho)A' = \Sigma_N(\rho)$ であるので，球面対称性で特徴付けられる．無限交換可能性を仮定するまでもなく，$p(z)$ は次の表現をもつ．

$$p(z) = \int_{-\infty}^{\infty} \prod_{n=1}^{N} \phi(z_n|\theta, 1-\rho)\phi(\theta|0, \rho)\mathrm{d}\theta, \qquad z \in \Re^N$$

例 2.1 のような多変量正規性を仮定せず，任意の $N \times N$ 直交行列 A に対して $p(z) = p(Az)$ であれば $A'\iota_N = \iota_N$ でなくとも良く，交換可能性の仮定を無限交換可能性へと強めれば，次の定理が導かれる（これについては Schoenberg 1938; Freedman 1962b; Kingman 1972; Bernardo and Smith 1994: p.182 などを参照せよ）．

定理 2.3（平均ゼロの正規サンプリング）： cdf $P(\cdot)$ をもつ無限交換可能系列 $\{Z_n\}_{n=1}^{n=\infty}, Z_n \in \Re$ を考えよう．もし，任意の N に対して $z = [z_1, z_2, \ldots, z_N]'$ が球面対称性で特徴付けられているとき，$F(\theta), \theta \in \Re_+$ が存在し，次の性質を満たす．

$$p(z) = \int_0^{\infty} \prod_{n=1}^{N} \Phi(z_n/\sqrt{\theta})\mathrm{d}F(\theta)$$

ここで $\Phi(\cdot)$ は標準正規 cdf であり，$\tilde{s}_N^2 = (z_1^2 + z_2^2 + \cdots + z_N^2)/N, \theta \equiv \underset{N \to \infty}{\text{limit}} \tilde{s}_n^{-2}$,

$$F(\theta) = \underset{N \to \infty}{\text{limit}} P(s_N^{-2} \leq \theta) \tag{2.7}$$

定理 2.3 は，予測としての信念が無限交換可能性と球面対称性で特徴付けられているとき，$\Theta = \theta$ を所与として $\{Z_n\}_{n=1}^{n=N}$ が i.i.d. の $N(0, \theta^{-1})$ で精度 θ に関して (2.7) での事前分布 $F(\cdot)$ をもつことと同じであることを示す．このとき $F(\cdot)$ は，観測値の平均二乗の極限の逆数についての信念として解釈できる．

Diaconis and Friedman (1981: p.209–10) は，これについて次の同等な条件を導

出した.任意の N に対して,十分統計量 $T = \left(\sum_{n=1}^{N} z_n^2\right)^{1/2} = t$ が与えられたとき,$\{Z_n\}_{n=1}^{n=N}$ の同時分布は半径 t の $(N-1)$ 次元球の上で一様分布である.Arellano-Valle et al. (1994) は,$0 < a < 1$ および $b > 0$ なる条件 $\mathrm{E}(Z_2^2|Z_1) = aZ_1^2 + b$ が球面対称性に付け加えられたとき,$F(\cdot)$ は共役逆ガンマ分布となることを示した.結果として,z の分布は,球面多変量スチューデントの t 分布となる.Loschi et al. (2003) は,この結果を行列値の場合に拡張した.Dawid (1978) は,定理 2.3 の多変量版を議論した.

もし $z_1 - \bar{z}_N, z_2 - \bar{z}_N, \ldots, z_N - \bar{z}_N$ 過程についての信念が球面対称であるならば,z についての信念は中央化された球面対称性であるといわれる.中央化された球面対称性は観測値の平均からの距離を決め,あらゆる結果 $z_1, z_2, \ldots, z_N$ に対して $(z_1 - \bar{z}_N)^2 + (z_2 - \bar{z}_N)^2 + \cdots + (z_N - \bar{z}_N)^2$ の値が同じとなるように同じ確率が与えられる.無限交換可能性が中央化された球面対称性に拡張されれば,Smith (1981) による次の定理として,未知の平均と精度をもつ馴染みの正規無作為サンプリングが導かれる.証明については,Bernardo and Smith (1994: p.183–5),Eaton et al. (1993: p.4) を参照せよ.

定理 2.4(中央化された正規サンプリング): 実数値の確率測度 $P(\cdot)$ をもつ無限交換可能系列 $\{Z_n\}_{n=1}^{n=\infty}$ を考えよう.任意の N に対して,$z = [z_1, z_2, \ldots, z_N]'$ は,中央化された球面対称性で特徴付けられているとき,ある分布関数 $F(\theta)$ が存在し,$\theta = [\mu, \sigma^{-2}]' \in \Re \times \Re_+$ に対して z の同時分布は次の形をもつ.

$$P(z) = \int_{\Re \times \Re_+} \prod_{n=1}^{N} \Phi[(z_n - \mu)/\sigma] \mathrm{d}F(\mu, \sigma^{-2})$$

ここで $\Phi(\cdot)$ は標準正規 cdf であり,

$$F(\mu, \sigma^{-2}) = \lim_{N \to \infty} P[(\bar{z}_N \leq \mu) \cap (s_N^{-2} \leq \sigma^{-2})] \tag{2.8}$$

$$\mu \equiv \lim_{N \to \infty} \bar{z}_N \tag{2.9}$$

ここで $s_N^2 = [(z_1 - \bar{z}_N)^2 + (z_2 - \bar{z}_N)^2 + \ldots + (z_N - \bar{z}_N)^2]/N$,さらに

$$\sigma^2 \equiv \lim_{N \to \infty} s_N^2 \tag{2.10}$$

定理 2.4 は,もし予測的信念が無限交換可能性と中央化された球面対称性で特徴付けられるとき,それはあたかも,$\{Z_n\}_{n=1}^{n=N}$ が i.i.d. $N(\mu, \sigma^2)$ で μ および σ^{-2} は (2.9) および (2.10) でそれぞれ与えられ,さらに (2.8) の事前分布 $F(\cdot)$ をもつことを意味する.

ベルヌーイの場合のように,事後平均の線形性の制約を $\bar{z}_N$ によって追加することによって共役な正規–ガンマ事前分布の関係が導出される.

例 2.5: 定理 2.4 の条件および共役・正規–ガンマ事前分布

$$f(\mu, \sigma^{-2}) = \phi(\mu|\underline{\mu}, \underline{q}\sigma^2)f_g(\sigma^{-2}|\underline{v}/2, 2/\underline{v}\underline{s}^2), \quad \underline{\mu} \in \Re, \underline{q}, \underline{s}, \underline{v} > 0$$

のもとで,(2.3)から中央化された球面対称な多変量 t 分布の pdf $f_t^N(y|\underline{\mu}, \underline{s}^2(I_N + \underline{q}\iota_N\iota_N')]^{-1}, \underline{v})$ が導かれる.

定理 2.4 の多変量版は次で与えられる(Bernardo and Smith 1994: p.186; Diaconis et al. 1992 を参照せよ).

定理 2.5(多変量正規サンプリング): $\Re^K$ において cdf $P(\cdot)$ をもつ無限交換可能系列 $\{Z_n\}_{n=1}^{n=\infty}$ を考える.任意の N および $c \in \Re^K$ に対して,確率変量 $c'Z_1, c'Z_2, \ldots, c'Z_N$ が中央化された球面対称性で特徴付けられているとしよう.そのとき,予測的信念 $P(z)$ は,$P(\cdot)$ 上で定義される分布をもつ確率平均 μ および共分散行列 Σ の値を所与とすれば,$\{Z_n\}_{n=1}^{n=N}$ は i.i.d. 多変量正規ベクトル系列となる.ここで

$$\mu \equiv \lim_{N\to\infty} \bar{z}_N,$$

$$\sum \equiv \lim_{N\to\infty} \frac{1}{N}\sum_{n=1}^{N}(z_n - \bar{z}_N)(z_n - \bar{z}_N)'$$

無限交換可能性と特定の不変性に基づく追加的結果により,別のよく知られたモデルが導出される.それは次の非負の整数上で定義される離散分布の特徴付けの例である.

(a) Freedman (1962b) は,すべての N に対する $\{Z_n\}_{n=1}^{n=N}$ の同時分布について,和 S_N が N 項の多項分布で N^{-1} に等しい確率をもつ(Maxwell–Boltzman 分布)であるとき,$\{Z_n\}_{n=1}^{n=N}$ は i.i.d. ポアソン確率変数となることを示した.

(b) Diaconis and Friedman (1981: p.214) は,すべての N に対して $\{Z_n\}_{n=1}^{n=N}$ の同時分布について,和 S_N が N 項の一様分布で J^{-1} に等しい確率をもつとき,$\{Z_n\}_{n=1}^{n=N}$ は i.i.d. 幾何確率変数となることを示した.

連続分布の場合の 4 つの例は次で与えられる.

(c) すべての N に対して $\{Z_n\}_{n=1}^{n=N}$ の同時分布は,$M_N \equiv \max\{Z_1, Z_2, \ldots, Z_N\}$ が独立で $[0, M_N]$ 上で一様確率変数であるとしよう.Diaconis and Friedman (1981) は,この条件が $\{Z_n\}_{n=1}^{n=N}$ が区間 $[0, \Theta]$ で i.i.d. 一様であることの必要十分条件であることを示した.

(d) Diaconis and Friedman (1987) は,すべての N に対して,和 $S_N = s$ を条件付とした $\{Z_n\}_{n=1}^{n=N}$ の同時分布がシンプレックス $\{Z_n \geq 0, s\}$ 上で一様分布しているとき,$\{Z_n\}_{n=1}^{n=N}$ は i.i.d. 指数分布に従うことを示した[*4].

[*4] 別表現が可能である.例えば,Diaconis and Ylvisaker (1985) は,原点に関してある種の"メモリの欠如"を示す確率測度 $P(\cdot)$ をもつ正の実数値の無限交換可能系列 $\{Z_n\}_{n=1}^{n=\infty}$ の場合に,$p(\cdot)$ は i.i.d. 指数確率変量の混合として表現できることを示した.同様の結果は,正の整数の無限交換可能系列に対しても成り立ち,その場合,i.i.d. 幾何変量の混合で表される.後者の場合は,予測的"メモリの欠如"の性質はパラ

2.5 一般化

(e) Singpurwalla (2006: p.54) は，すべての N に対して，和 $S_N = s$ を条件付として $\{Z_n\}_{n=1}^{n=N}$ の同時分布がシンプレックス $\{Z_n \geq 0, s\}$ 上で一様分布しているとき，$\{Z_n\}_{n=1}^{n=N}$ は i.i.d. ガンマ分布に従うことを示した．ここで pdf $p(z_n) = \Theta_2^{\Theta_1} z_n^{\Theta_1-1} \exp(\Theta_2 z_n)/\Gamma(\Theta_1)$.

(f) Singpurwalla (2006: p.55) は，(e) における一様性がシンプレックス $\{Z_n \geq 0, \sum_{n=1}^{N} Z_n^{\Theta_1}\}$ 上であれば，$\{Z_n\}_{n=1}^{n=N}$ は i.i.d. ワイブル確率変量であることを示した．

ベルヌーイ標本空間から離れれば，$\{Z_n\}_{n=1}^{n=\infty}$ へ制約をおいて事前分布を解析的に導出することは難しくなる．その場合，(2.3) の左辺に対してモーメントや分位数を与え，(通常，共役となる) パラメトリック族 $f(\cdot)$ を仮定し，(2.3) の右辺の事前分布を逆に導出するのが通常の方法である．その場合は，繰返し法によって求めることになる[*5]．共役事前分布に制限する合理性が Diaconis and Ylvisaker (1979) によって与えられ，そこでは Z_n の平均パラメータの事後平均 $E[E(Z_n \mid \Theta = \theta) \mid Z_n = z_n]$ が z_n について線形である性質を通じて共役事前分布を特徴付けた．

他にも多くの表現定理がある．Bernardo and Smith (1994: p.215–16) は，二元 ANOVA（分散分析）の特定化および階層モデルの特定化が，どのように正当化できるかを概説している．

Bernardo and Smith (1994: p.219–22) の結果は，二項離散選択モデル，成長曲線，回帰の場合をカバーする．これらの拡張においては，パラメータ Θ は回帰の関数になるが，$\Theta(\cdot)$ の特定化はアドホックになされており，表現定理の左辺での観測値への制約を明示的に与えずに終わっている．

Diaconis et al. (1992) は正規回帰モデルおよび ANOVA モデルについて，対称性や十分性の制約による特徴付けを行っている．Arnold (1979) は，交換可能な誤差をもつ多変量回帰モデルを研究した．

最後に，de Finetti の定理は，有限系列に対しては厳密には成立しないけれども，十分大きな有限系列に対しては近似的に成立する．Diaconis et al. (1980) は，二値の値をとる長さ K の交換可能系列に対して，$Z_1, Z_2, \ldots, Z_K$ と近似的混合分布の間の全変動距離が $2K/N$ 以下であるという意味で "de Finetti の定理がほぼ" 成立することを示した．これは一般の長さ K の交換可能系列に対して拡張可能である．Diaconis et al. (1992: p.292) は，Dawid (1978) の有限版を与えた．Diaconis and Friedman (1987) は，重要な役割を果たす K/N について様々な拡張を行った．マルコフ連鎖に対する de Finetti の定理の有限版が Diaconis and Friedman (1980) および Zaman (1986) によって与えられた．

メトリック指数分布および幾何分布の場合と同様である．詳細は Bernardo and Smith (1994: p.187–90) を参照せよ．

[*5] 実際，Chaloner and Duncan (1983) は，例 2.3 がその 1 つの例であることを示した．

2.6 部分交換可能性

交換可能性は，信念において完全な対称性を含んでいる．しばしば，そのような信念は観測値全体を通じて保障されないが，部分集合に対しては保障される場合がある．これは部分交換可能性と呼ばれる．部分交換可能性は，様々な装いを呈する（例えば，de Finetti 1938; Aldous 1981; Diaconis and Friedman 1980）．しかし，本質的な点は，系列 $\{Z_n\}_{n=1}^{n=\infty}$ が交換可能な部分系列に分解されることである．例えば，$\{Z_n\}_{n=1}^{n=\infty}$ が職業訓練後の就職状態を表すものとしよう．もし，男性，女性のいずれも含んでいれば，結果全体の系列に対して交換可能性を前提とはできないであろう．それに対して，性別ごとの系列に対しては，交換可能性は合理的として受け入れられる可能性がある．

別の例として，de Finetti (1938) や Freedman (1962a) などの初期の研究のように，ベルヌーイ変量のマルコフ連鎖を考えよう．3つの部分系列：初期値，ゼロに続く観測値，1に続く観測値，を考えよう．2つの二値系列は，それらが同じ値で始まり，0から0，0から1，1から0，1から1への推移回数が同じである場合，同等であるといわれる．二値系列への確率は，同等の部分系列に対して同じ確率が割当てられたときに部分交換可能といわれる．Freedman (1962a) は定常な部分交換可能過程はマルコフ連鎖の混合であることを示した．Diaconis and Friedman (1980) は定常性の仮定を外し，マルコフ連鎖の混合を得るためには，無限に多くの初期状態への復帰が必要であることを示した．可算無限な状況への拡張は直接的であるが，より一般的空間への拡張は複雑である（Diaconis 1988 を参照せよ）．

部分交換可能性の別の形が Bernardo and Smith (1994: p.211) によって与えられた．M 個の 0–1 確率変数の無限系列 $Z_{m1}, Z_{m2}, \ldots, m = 1, 2, \ldots, M$ は，各系列が無限交換可能であり，加えて，すべての $n_m \leq N_m$ および $z_m(n_m) = [z_{m1}, z_{m2}, \ldots, z_{mn_m}]'$, $m = 1, 2, \ldots, M$ に対して，次が成り立つとき**無制約無限交換可能**であるといわれる．

$$p[z_1(n_1), \ldots, z_M(n_M)|w_1(N_1), \ldots, w_M(N_M)] = \prod_{m=1}^{M} p[z_m(n_m)|w_m(N_m)]$$

ここで $w_m(N_m) = z_{m1} + z_{m2} + \cdots + z_{mN_m}$ は，m 番目の系列における最初の N_m 個の観測値での成功の回数である．言い換えると，無制約無限交換可能性は，$w_m(N_m), m = 1, 2, \ldots, M$ を所与としたとき，m 番目の系列に対する合計だけが N_m 個の観測値の部分集合 n_m の結果についての信念と関連があるという制約を無限交換可能性に付けるものである．この定義を利用すれば，次の Bernardo and Smith (1994: p.212–13) の定理が証明できる．

定理 2.6（0–1 確率変数の複数系列に対する表現定理）：　いま $\{Z_{mn}\}_{n=1}^{n=\infty}, m =$

$1, \ldots, M$ が $\{0, 1\}$ 確率変量で同時確率測度 $P(\cdot)$ をもつ無制約無限交換可能系列であるとする.そのとき,次の cdf $F(\cdot)$ が存在する.

$$p[z_1(n_1), \ldots, z_M(n_M)] = \int_{[0,1]^M} \prod_{m=1}^{M} \prod_{j=1}^{n_m} \theta_m^{z_{mj}} (1-\theta_m)^{1-z_{mj}} \mathrm{d}F(\theta)$$

ここで $w_m(n_m) = z_{m1} + z_{m2} + \cdots + z_{mn_m}, m = 1, 2, \ldots, M$ さらに

$$F(\theta) = \lim_{\substack{n_m \to \infty \\ m=1,\ldots,M}} P\left[\left(\frac{w_1(n_1)}{n_1} \le \theta_1\right) \cap \ldots \cap \left(\frac{w_M(n_M)}{n_M} \le \theta_M\right)\right],$$

定理 2.6 を理解するために,Bernardo and Smith (1994: p.214, 223) のように $M = 2$ の場合を考えよう.そのとき,定理 2.6 によって次がいえる.(i) $\Theta_m, m = 1, 2$ を条件付とすれば,$\{Z_{mn}\}_{n=1}^{n=N}, m = 1, 2$ は独立なベルヌーイ確率変量であること,(ii) Θ_1 および Θ_2 は二変量 cdf $F(\theta_1, \theta_2)$ をもち,SLLN に従って,$\Theta_m = \lim_{n_m \to \infty} \bar{W}_{n_m}/n_m, m = 1, 2$ P–almost surely となること.$F(\theta_1, \theta_2)$ の特定化は応用する問題に依存するが,次の 4 つの可能性がある:(i) 第 1 の系列の極限相対頻度の知識が他の系列の信念を変えない(Θ_1 および Θ_2 の事前の信念が独立である).(ii) 第 2 の系列の極限相対頻度が第 1 系列のそれよりも必ず大きいことは,$F(\theta_1, \theta_2)$ が $0 \le \theta_1 < \theta_2 \le 1$ の外側ではゼロであることを意味する.(iii) 2 つの系列の極限値が同じであることに対し正の 1 ではない確率があるという信念.(iv) 長期の頻度 $\Theta_m, m = 1, 2$ がそれ自身交換可能であるという信念.これは,階層モデルへつながるものである.

de Finetti の定理およびその一般化の背後にある数学は,多くの類似した現象を生み出す.Diaconis and Friedman (1981) は,"ギブス (Gibbs) 状態"の統計物理研究に対する類似性を指摘した.Lauritzen (1988) は,projective systems において極値点モデルを展開した.Ladha (1993) は,de Finetti の定理を使ってコンドルセ (Condorcet) の独立投票の仮定を緩め,2 つの選択肢があるとき,多数派の投票がより良いものを選択する傾向がある結果を示した.このように表現定理の数学は深淵で幅広い.

2.7 おわりに

… de Finetti にとってベイズ主義はプラグマティズムと経験主義が主観主義と出会う交差点であると言えよう.彼は,主観主義者であるためにはベイジアンであることが必要であると考えるが,他方,主観主義は,プラグマニストと経験主義者の考え方を受け入れるならばそれは選択の問題である (Galavotti 2001: p.165).

本章では,de Finetti の意味でのベイズ主義に対する議論が展開できたと思う.そ

こでは (2.3) の左辺から出てくる主観的態度を重要視しながらも，他方でより普及している右辺に基づいて研究を行う研究者にも役に立つ議論を展開した．パラメータから観測可能変数への力点の変化は，パラメータをより補助的役割へと押しやることになる．(仮定ではなく) 表現定理によって導出される事前分布 $f(\cdot)$ は，常に正則である．これは通常の客観的ベイズ分析で使われる事前分布を排除する (Berger 2004 を参照せよ)．しかし，興味深いことに，交換可能性は，数学的虚構 Θ に対する正則な事前分布を意味する．これをさらに特定化するためには観測可能系列に対して追加的仮定が必要となる (例えば，例 2.3 のポリヤの壺の仮定)．

もし，研究者が (例えば，Θ を解釈する理論的枠組みをもっているなどの理由で) (2.3) の右辺によって考える方が便利であると思えば，Θ に対する個人的事前分布を明確にすべきであり，あるいはパラメータについて事後分布の感度分析を専門家の観点から考えるべきである．しかし，多くの人が事前分布を選択することが難しいと考えるならば，表現定理は，観測値に対する主観的情報を使って Θ の事前分布の選択を容易にする代替手段を与えるであろう．

(尤度の選択に関して (2.3) の左辺の制約がどの程度十分なものかが不明であるために) パラメトリックな尤度に対して表現定理が適用できない場合でも，本章の議論の精神が見失われないことを願う．

表現定理はパラメトリックな尤度を利用する際，分析者を健全な方向性へと導く．すなわち，それは現実の"真"の性質を表すことを意図しているのではなく，むしろ，観測可能な世界を覗く有用な窓の役割を果たすのもであり，それによって研究者のコミュニケーションを可能にし，将来の観測値に関する推測を可能とするものである．

文　献

Aldous, D. (1981). "Representations for Partially Exchangeable Arrays of Random Variables". *Journal of Multivariate Analysis*, 11: 581–98.

—— (1985). "Exchangeability and Related Topics", in P. L. Hennequin (ed.), *École d'Èté de Probabilités de Saint-Flour XIII—1983*. Berlin: Springer, 1–198.

Arellano-Valle, R. B., Bolfarine, H., and Iglesias, P. (1994). "A Predictivistic Interpretation of the Multivariate t Distribution". Test, 3: 221–36.

Arnold, S. F. (1979). "Linear Models with Exchangeably Distributed Errors". *Journal of the American Statistical Association*, 74: 194–9.

Berger. J. O. (2004). 'The Case for Objective Bayesian Analysis'. *Bayesian Analysis*, 1: 1–17.

Bernardo, J. M., and Smith, A. F. M. (1994). *Bayesian Theory*. New York: Wiley.

Chaloner, K. M., and Duncan, G. T. (1983). "Assessment of a Beta Prior Distribution: PM Elicitation". *Statistician*, 32: 174–80.

Dawid, A. P. (1978). "Extendibility of Spherical Matrix Distributions," *Journal of Multivariate Analysis*, 8: 559–66.

de Finetti, B. (1938). "Sur la Condition d'équivalence Partielle". *Actualités Scientifiques et Industrielles*, 739. Paris: Herman and Cii.

Diaconis, P. (1988). "Recent Progress on de Finetti's Notions of Exchangeability", in J. M.

Bernardo, M. H. DeGroot, D. V. Lindley, and A. F. M. Smith (eds.), *Bayesian Statistics*, iii. Oxford: Oxford University Press, 111–25.

—— Eaton, M. L. and Lauritzen, S. L. (1992). "Finite de Finetti Theorems in Linear Models and Multivariate Analysis". *Scandinavian Journal of Statistics*, 19: 289–315.

—— and Freedman, D. (1980). "de Finetti's Theorem for Markov Chains". *Annals of Probability*, 8: 115–30.

—— —— (1981). "Partial Exchangeability and Sufficiency", in J. K. Ghosh and J. Roy (eds.), *Proceedings of the Indian Statistical Institute Golden Jubilee International Conference on Statistics: Applications and New Directions*. Calcutta: Indian Statistical Institute, 205–36.

—— —— (1986). "On the Consistency of Bayes Estimates (with discussion)". *Annals of Statistics*, 14: 1–67.

—— —— (1987). "A Dozen de Finetti-style Results in Search of a Theory". *Annals of the Institute Henri Poincaré*, 23: 394–423.

—— and Ylvisaker, D. (1979). "Conjugate Priors for Exponential Families". *Annals of Statistics*, 7: 269–81.

—— —— (1985). "Quantifying Prior Opinion" (with discussion), in J. M. Bernardo, M. H. DeGroot, D. V. Lindley, and A. F. M. Smith (eds.), *Bayesian Statistics*, ii. Amsterdam: North-Holland, 133–56.

du Sautoy, M. (2008). *Finding Moonshine: A Mathematician's Journey through Symmetry*. London: Fourth Estate.

Dubins, L. E., and Freedman, D. A. (1979). "Exchangeable Processes Need Not be Mixtures of Independent Identically Distributed Random Variables". *Zeitschrift für Wahrscheinlichkeitstheorie und verwandte Gebiete*, 48: 115–32.

Eaton, M. L., Fortini, S., and Regazzini, E. (1993). "Spherical Symmetry: An Elementary Justification". *Journal of the Italian Statistical Association*, 1: 1–16.

Ferguson, T. S. (1974). "Prior Distributions on Spaces of Probability Measures". *Annals of Statistics*, 2: 615–29.

Freedman, D. (1962a). "Mixtures of Markov Processes". *Annals of Mathematical Statistics*, 33: 114–18.

—— (1962b). "Invariants under Mixing which Generalize de Finetti's Theorem". *Annals of Mathematical Statistics*, 33: 916–23.

—— (1965). "Bernard Friedman's Urn". *Annals of Mathematical Statistics*, 36: 956–70.

Fuchs, C. A., and Schack, R. (2004)."Unknown Quantum States and Operations, a Bayesian View", in M. G. A. Paris and J. Řeháček (eds.), *Quantum Estimation Theory*. Berlin: Springer.

Galavotti, M. C. (2001). "Subjectivism, Objectivism and Objectivity in Bruno de Finetti's Bayesianism". in D. Cornfield and J. Williamson (eds.), *Foundations of Bayesianism*. Dordrecht: Kluwer, 161–74.

Garthwaite, P. H., Kadane, J. B., and O'Hagan, A. (2005). "Statistical Methods for Eliciting Probability Distributions". *Journal of the American Statistical Association*, 100: 680–700.

Geisser, S. (1984). "On Prior Distributions for Binary Trials (with discussion)". *American Statistician*, 38: 244–51.

Gelman, A., Carlin, J. B., Stern, H. S., and Rubin, D. B. (1995). *Bayesian Data Analysis*. London: Chapman & Hall.

Hewitt, E., and Savage, L. J. (1955). "Symmetric Measures on Cartesian Products". *Transactions of the American Mathematical Society*, 80: 470–501.

Hill, B., Lane, D., and Suddreth, W. (1987). "Exchangeable Urn Processes". *Annals of Probability*, 15: 1586–92.

Johnson, W. E. (1924). *Logic, Part III: The Logical Foundations of Science*, Cambridge: Cambridge University Press.
Kadane, J. B., and Winkler, R. L. (1988). "Separating Probability Elicitation from Utilities". *Journal of the American Statistical Association*, 83: 357–63.
Kingman, J. F. C. (1972). "On Random Sequences with Spherical Symmetry". *Biometrika*, 59: 492–4.
Kreps, D. M. (1988). *Notes on the Theory of Choice*. Boulder, Colo.: Westview Press.
Ladha, K. K. (1993). "Condorcet's Jury Theorem in Light of de Finetti's Theorem: Majority-Rule Voting with Correlated Votes". *Social Choice and Welfare*, 10: 69–85.
Lauritzen, S. L. (1988). "Extremal Families and Systems of Sufficient Statistics", *Lecture Notes in Statistics*, 49. New York: Springer.
Lindley, D. V. (1982). "Scoring Rules and the Inevitability of Probability". *International Statistical Review*, 50: 1–26.
Loschi, R. H., Iglesias, P. L., and Arellano-Valle, R. B. (2003). "Predictivistic Characterizations of Multivariate Student-t Models". *Journal of Multivariate Analysis*, 85: 10–23.
McCall, J. J. (1991). "Exchangeability and its Economic Applications". *Journal of Economic Dynamics and Control*, 15: 549–68.
O'Hagan, A. (1994). *Kendall's Advanced Theory of Statistics, Vol. 2B, Bayesian Inference*. London: Halsted Press.
—— Buck, C. E., Daneshkhah, A., Eiser, J. R., Garthwaite, P. H., Jenkinson, D. J., Oakley, J. E., and Rakow, T. (2006). *Uncertain Judgements: Eliciting Experts' Probabilities*. New York: Wiley.
Poirier, D. J. (1988). "Frequentist and Subjectivist Perspectives on the Problems of Model Building in Economics (with discussion)". *Journal of Economic Perspectives*, 2: 121–70.
—— (1995). *Intermediate Statistics and Econometrics: A Comparative Approach*. Cambridge, Mass.: MIT Press.
Ramsey, F. P. (1926). "Truth and Probability", in Ramsey (1931), *The Foundations of Mathematics and other Logical Essays*, Ch. VII, ed. R. B. Braithwaite, London: Kegan, Paul, Trench, Trubner & Co. (New York: Harcourt, Brace and Company), 156–98.
Schervish, M. J. (1995). *Theory of Statistics*. New York: Springer-Verlag.
Schoenberg, I. J. (1938). "Metric Spaces and Positive Definite Functions". *Transactions of the American Mathematical Society*, 44: 522–36.
Sims, C. A. (1971). "Distributed Lag Estimation When the Parameter Space is Explicitly Infinite-Dimensional". *Annals of Mathematical Statistics*, 42: 1622–36.
Singpurwalla, N. (2006). *Reliability and Risk: A Bayesian Perspective*. Chichester: Wiley.
Smith, A. F. M. (1981). "On Random Sequences with Centred Spherical Symmetry". *Journal of the Royal Statistical Society*, 43, Series B: 208–9.
Zaman, A. (1986). "A Finite Form of de Finetti's Theorem for Stationary Markov Exchangeability". *Annals of Probability*, 14: 1418–27.

II 方法

3

時系列状態空間モデルのためのベイズ推測

3.1 はじめに

　本章では，過去10年間のいくつかの重要な進展に特に焦点を当て，時系列解析で用いる状態空間モデルを検討する．状態空間モデルは，様々なモデルを統一的に取り扱う枠組みになる．本章で議論する方法のほとんどは，一般的な時系列モデルに適用できる．

　動学システムの状態空間表現では，観測値の密度関数はパラメータと潜在的な状態変数列のベクトルに依存し，また，観測値と状態変数は1期前だけに依存して規定される（マルコフ性）と仮定する．観測値と状態変数は連続値も離散値もどちらも取り扱える．これにより尤度や予測密度を評価するための効率的なフィルタリングの手続きが容易に構成できる．一般的な推論の枠組みは，マルコフ連鎖モンテカルロ法や粒子フィルタのようなシミュレーションベースの方法とそれらフィルタリングのアルゴリズムを統合すれば得られる．

　ベイジアンシミュレーションは，例えば，尤度を解析的に評価できない離散的に観測される連続時間モデルのような非標準的なモデルばかりでなく，因子確率的ボラティリティ変動モデル (factor stochastic volatility models) のような高次元で非ガウス型の潜在状態をもつモデルにも対応できる．そのため，それらのモデルを包含する状態空間モデルでは特に有効に機能する．ベイジアンシミュレーションは，上述の潜在状態やパラメータの"次元の呪い"を克服できるため強力である．実際には，次の2つの方法で"次元の呪い"に対処する．1つ目は，計算上の問題が反復的に解けるいくつかの扱いやすいサブプログラムに分割できること，2つ目は潜在変数やパラメータが積分消去できることである．

　本章は9節で構成する．3.2節では状態空間モデルの枠組みを導入し，フィルタリング，平滑化および尤度計算の背後にある主要な考えを説明する．それらは，推測，予測および診断を行う際の基礎的要素になる．また，本節には，状態空間モデルの重要な性質の多くが，モデルに特定の構造を仮定することなしに導出できることを示す．3.3節では，解析的にフィルタリング，平滑化を導出でき，尤度計算が容易に履行できる線形ガウス型状態空間モデル (Gaussian linear state space model) を議論し，ローカルレ

ベルモデル (local level model),ARMA (自己回帰移動平均) モデル (autoregressive moving average model),時変係数モデル (time-varying parameter model) および欠損値の取り扱い方などの適用例を与える.3.4節では,潜在変数で条件付けすればガウス型になる条件付線形ガウス型状態空間モデル (conditionally Gaussian state space models) を取り扱う.3.4.1項は,条件付線形ガウス型状態空間モデルを詳説する.はじめに,状態変数で条件付けすれば,非観測の離散変数が MCMC 法を用いて1つの塊としてサンプリングできるモデルを議論する.その枠組みが適用できるモデルには,マルコフスイッチング自己回帰モデル (Markov switching autoregressive model),混合モデル (mixture model),加法的外れ値を許容するモデル (model with additive outliers) および精度を高める工夫をした SV モデル (stochastic volatility model) がある.次に,状態変数を積分消去することで潜在的な離散変数を発生できるケースを議論する.この枠組みは,条件付平均または条件付分散のランダム振幅のランダムシフトを許容する回帰モデル,信号対雑音比 (signal-to-noise ratio) のランダムシフトを許容するローカルレベルモデル (信号雑音比が時間進展に伴い変動する),および平均のシフトを許容する SV モデルなどに適用できる.当該項では,条件付ガウス型モデルを用いた予測に関連した問題も議論する.3.4.2項は,補助的な潜在変数を導入することでガウス型で表現可能な,観測値が二項分布に従う状態空間モデルのような非ガウス型状態空間モデル (non-Gaussian state space model) を検討する.3.5節では,3.3節と3.4.1項に示した一変量モデルを,時変係数ベクトル自己回帰モデル (time varying parameter vector autoregressive model),マルコフスイッチングベクトル自己回帰モデル (Markov switching vector autoregressive model),構造変化を許容するベクトル自己回帰モデル (vector autoregressive model),および,動的因子モデル (dynamic factor model) などの多変量状態空間モデルへ拡張する.

3.6節では,MCMC 法を用い容易に推定できる非ガウス型状態空間モデル (non-Gaussian state space model) を議論する.いくつかの特別なケースでは効率的な手順が利用できるが,一般に非ガウス型状態空間モデルの推測は,線形ガウス型や条件付線形ガウス型状態空間モデルよりも効率的にはならない.

3.7節と3.8節では,状態空間モデルを推定するための一般的なアプローチとして粒子フィルタ (particle filter) を導入する.3.7節はパラメータが既知のケースを,3.8節はパラメータが未知のケースをそれぞれ想定し,その推定法を議論する.粒子フィルタを用いれば,一般状態空間モデル (general state space model) を容易に推定できる可能性が高まるため,重要かつ開発中の時系列の研究分野になっている.3.9節では,モデル選択,モデルの平均化およびモデル診断を説明する.

本章では,MCMC の枠組み内で固定パラメータをどのように生成するかや事前分布 (prior distribution) をどのように設定するかは議論しない.それらの事項は時系列モデルであったとしても,一般的なモデルと大きな相違がないことが,1つの理由である.注意深く事前分布を特定しなければならないのは,一般的に分析対象とする

現象に依存する。それが2つ目の理由である。2つ目の理由に関しては例えば，Del NegroとSchorfheideのベイズマクロ経済モデル（本書の第7章）の事前分布の取り扱い方を参照してほしい．

本書の3つの章が本章に関連する．1つ目は，Chibによる一般的なベイジアン計算法の章（第5章）である．2つ目は，Del NegroとSchorfheideによるベイズマクロ計量経済に関する章（第7章）である．この章では，本章で紹介したモデルのいくつかを対象に，事前分布，パラメータ発生，および，状態生成の具体的な取り扱い方を紹介している．3つ目は，JacquierとPolsonによるファイナンスのベイズ計量経済分析に関する章（第9章）で，その問題意識が本章で位置付けたいくつかの問題と類似である．

3.2 一般状態空間モデルの枠組み

本節では，状態空間モデルで常に成立するフィルタリング，平滑化および尤度計算の質的特徴を説明する．実際に数値計算を履行するためには別の仮定を必要とするが，その点は後述する．3.2.2項では一般的なフィルタリング方程式を説明し，3.2.3項には尤度計算にフィルタリングの方程式をどのように使用するかを示す．3.2.4項では平滑化を説明し，3.2.5項は，前述の3つの項の議論を一般化し，データに欠損値が存在する場合もそれらの方程式が活用できることを示す．

以降では，確率変数とその実現値を示すために同じ記号を使用する．また，一変量または多変量の確率変数 y_t の集合を，$y_{s:t} = \{y'_s, \ldots, y'_t\}'$, $s \leq t$ で示す．

3.2.1 仮　　　定
本章で検討する一般状態空間モデルは，$t \geq 1$ に対して下記式を満たす．

$$p(y_t|x_{1:t}, y_{1:t-1}; \theta) = p(y_t|x_t; \theta) \tag{3.1a}$$

$$p(x_{t+1}|x_{1:t}, y_{1:t}; \theta) = p(x_{t+1}|x_t, y_t; \theta) \tag{3.1b}$$

y_t および x_t は時点 t での観測値と状態ベクトルを示し，θ は未知のパラメータベクトルである．式 (3.1a) は"観測方程式 (observation equation)"または"測定方程式 (measurement equation)"と，式 (3.1b) は"状態遷移方程式 (state trasition equation)"と呼ぶ．式 (3.1a) と (3.1b) は，$\{(y_t, x_t), t \geq 1\}$ の系列が $p(y_{t+1}, x_{t+1}|y_{1:t}, x_{1:t}; \theta) = p(y_{t+1}, x_{t+1}|y_t, x_t; \theta)$ を満足するという意味で，マルコフ性を有する．多くのモデルで式 (3.1b) は

$$p(x_{t+1}|x_t, y_t; \theta) = p(x_{t+1}|x_t; \theta) \tag{3.2}$$

と単純化される．x_t は，多くの場合観測されない潜在変数のベクトルになる．なお，実際の推定で必要になる x_1 の初期条件については 3.3.6 項で議論する．

SV（確率的ボラティリティ）モデル，

$$y_t = \exp(x_t/2)\varepsilon_t, \qquad x_{t+1} = \mu + \phi(x_t - \mu) + \sigma_v v_t \qquad (3.3)$$

は，資産収益 y_t をモデル化するためにしばしば使われる状態空間モデルである．この場合，x_t は時点 t でのボラティリティの対数であり，1次の自己回帰過程に従い進展すると仮定する．ϕ は存続パラメータである．ノイズベクトル $u_t = (\varepsilon_t, v_t)'$ は，$u_t \sim N_2(0, \Sigma)$ となる，時点に関して独立な二変量の正規確率変数である．Σ は相関行列であり，その (1,2) 成分 ρ は ε_t と v_t 間の相関係数を示す．このモデルは，パラメータ $\theta = (\mu, \phi, \sigma_v, \rho)$ をもつ．

もし上記で $\rho = 0$ ならば，ε_t と v_t は独立であり，式 (3.2) が適用できる．もし $\rho \neq 0$ ならば，式 (3.3) はレバレッジ効果をもつ SV モデルと呼ばれる．

多くの状態空間モデルにおいて，状態遷移方程式は一種のパラメータである状態変数の事前分布とみなし得る．例えば，式 (3.3) に示す SV モデルにおいて，状態遷移方程式は対数ボラティリティの時間進展を実現するために導入した事前分布である．

状態空間モデルに関する参考文献としては，Harrison and West (1997)，Harvey (1993:第 4 章)，Durbin and Koopman (2001) などがある．

本節の残りの部分で記述を単純化するために，未知パラメータ θ の従属性は省略して示さない．

3.2.2 フィルタリング

フィルタリングでは，密度関数 $p(x_t|y_{1:t})$, $t \geq 1$ を評価する．フィルタリング密度は，時点 t までに観測した利用可能な全データを与件とした場合の，現在の状態 x_t の不確実性の測度になる．フィルタリング密度は $t = 1, 2, \ldots$ の順に逐次的に評価する．3.3.1 項では，カルマンフィルタによる線形ガウス型状態空間の状態推定法を説明する．3.7 節では，より一般的な状態空間モデルで用いる粒子フィルタを解説する．

フィルタリングは，初期分布 $p(x_1|\theta)$ を特定し，パラメータ θ の集合を与えれば，$\{y_t, x_t, t \geq 1\}$ のマルコフ性によって，次に示す漸化式で履行できる．

$$p(x_{t+1}|y_{1:t}) = \int p(x_{t+1}|x_t, y_t) p(x_t|y_{1:t}) dx_t$$
$$p(x_{t+1}|y_{1:t+1}) \propto p(y_{t+1}|x_{t+1}) p(x_{t+1}|y_{1:t}) \qquad (3.4)$$

フィルタリングの方程式は，予測のためにも使用できる．いまここでフィルタリングの最終時点での密度，$p(x_T|y_{1:T})$ が利用可能と仮定する．この場合，x_{T+1} と y_{T+1} の 1 期先予測密度は，下記のように定式化できる．

$$p(x_{T+1}|y_{1:T}) = \int p(x_{T+1}|x_T, y_T) p(x_T|y_{1:T}) dx_T$$
$$p(y_{T+1}|y_{1:T}) = \int p(y_{T+1}|x_{T+1}) p(x_{T+1}|y_{1:T}) dx_{T+1} \qquad (3.5)$$

3.2 一般状態空間モデルの枠組み

1期先予測では,これらの方程式を使用する.

多期間予測も同様に得られ, $i = 1, \ldots, j$ に対して,予測密度 $p(x_{T+i}, y_{T+i}|y_{1:T})$ が利用できると仮定する.この場合,下記式が成立する.

$$p(x_{T+j+1}|y_{1:T}) = \int p(x_{T+j+1}|x_{T+j}, y_{T+j}) p(x_{T+j}, y_{T+j}|y_{1:T}) dx_{T+j} dy_{T+j}$$
$$p(y_{T+j+1}|y_{1:T}) = \int p(y_{T+j+1}|x_{T+j+1}) p(x_{T+j+1}|y_{1:T}) dx_{T+j+1}$$
(3.6)

上記の予測分布を用いれば,将来の状態と観測値は下記式でシミュレートできる.

$$p(x_{T+1:T+j}, y_{t+1:T+j}|y_{1:T}) = \prod_{i=1}^{j} p(x_{T+i}|x_{T+i-1}, y_{T+i-1}) p(y_{T+i}|x_{T+i}) \quad (3.7)$$

ただし, x_T は $p(x_T|y_{1:T})$ から発生させる.

本項では一般的な形式でフィルタリングと予測の方程式を紹介したが,実際の適用場面で,これらはしばしば単純化され得る.線形ガウス型のフィルタリングの方程式は,3.3.1項に示すようにカルマンフィルタによって効率的に計算できる.他のケースでも,潜在変数で条件付けすればフィルタリングを効率化できることが多い.3.7節で詳述する粒子フィルタを用いれば,少なくとも近似的にはどのような時系列モデルであったとしても,フィルタリングを履行できる.

なお明示的に示していないが,式 (3.4)～(3.7) は未知のパラメータベクトル θ に従属するが,MCMC法を用いれば積分消去できる.

3.2.3 尤度の計算

尤度すなわち観測値の同時密度関数の評価は,頻度論的解析でもベイズ的解析でも重要である.

式 (3.1a) と式 (3.1b) を満たす状態空間モデルからサンプルサイズ T の観測値のベクトル $y = y_{1:T}$ を得たと仮定する.この場合,尤度は下記のように定式化できる.

$$p(y|\theta) = p(y_1|\theta) \prod_{t=1}^{T-1} p(y_{t+1}|y_{1:t}; \theta)$$
(3.8)
$$\text{ただし,} \quad p(y_{t+1}|y_{1:t}, \theta) = \int p(y_{t+1}|x_{t+1}; \theta) p(x_{t+1}|y_{1:t}; \theta) dx_{t+1}$$

式 (3.4) に示すフィルタリング方程式を用いれば,少なくとも原理的にはオーダーが $O(T)$ の操作で尤度を計算できる.この議論は,計算の構造の概要を示しているだけで,実際にその計算が可能であるとかオーダーが $O(T)$ の計算結果を議論しているのではない.線形ガウス型のモデルと他のいくつかの特別なモデルでは,尤度を解析的に評価ができる.一方,粒子フィルタを用いる場合,一般的にモデルの尤度は,近似を含むことになる(解析的には評価できない).

3.2.4 平 滑 化

平滑化は,すべてのデータに基づき過去の時点の状態密度 $p(x_t|y_{1:T})$ を評価する処理で,これも状態変数 x_t の不確実性を表す.SV モデルを例に考えれば,平滑化はすべてのデータに基づき過去のボラティリティの不確実性を評価する処理といえる.シミュレーションによる平滑化は,MCMC 法でも重要である.

はじめに $t = 1, \ldots, T$ に対してフィルタリングを履行し,密度関数 $p(x_t|y_{1:t})$ を得ていれば,平滑化は少なくとも原理的にはオーダーが $O(T)$ の操作で計算できる.以降では,フィルタリングを実施し $p(x_T|y_{1:T})$ を利用できると仮定する.一般に,$t = T-1, \ldots, 1$ に対して,下記漸化式が成立する.

$$p(x_t|y_{1:T}, x_{t+1:T}) = p(x_t|x_{t+1}, y_{1:t}) \propto p(x_{t+1}|x_t, y_{1:t})p(x_t|y_{1:t}) \qquad (3.9)$$

式 (3.9) を示すために $t = T-1$ に対して $p(x_{T-1}|y_{1:T}, x_T) \propto p(y_T|x_T) p(x_{T-1}|x_T, y_{1:T-1})$ が成立することに注意する.任意の t に対して上記式を証明するには,$p(x_t|y_{1:T}, x_{t+1:T}) = p(x_t|x_{t+1:T-1}, y_{1:T-1})$ を成立することを示せば帰納的な処理により式 (3.9) を証明できる.実際に,$t < T-1$ に対して,下記式が成立する.

$$p(x_t|y_{1:T}, x_{t+1:T}) \propto p(y_T|x_T)p(x_T|y_{T-1}, x_{T-1})p(x_t|y_{1:T-1}, x_{1:T-1})$$
$$\propto p(x_t|y_{1:T-1}, x_{1:T-1})$$

$p(x_T|y_{1:T})$ からスタートとすれば,$t = T-1, \ldots, 1$ に対する一般的な平滑化の方程式は,下記のように表現できる.

$$\begin{aligned}p(x_t|y_{1:T}) &= \int p(x_t|x_{t+1}, y_{1:t})p(x_{t+1}|y_{1:T})dx_{t+1} \\ &\propto p(x_t|y_{1:t}) \int p(x_{t+1}|x_t, y_t)p(x_{t+1}|y_{1:T})dx_{t+1}\end{aligned} \qquad (3.10)$$

式 (3.10) の 1 行目を得るために,下記式が成立することに注意する.

$$\begin{aligned}p(x_t|y_{1:T}) &= \int p(x_t|y_{1:T}, x_{t+1:T})p(x_{t+1:T}|y_{1:T})dx_{t+1:T} \\ &= \int p(x_t|x_{t+1}, y_{1:t})p(x_{t+1:T}|y_{1:T})dx_{t+1:T} \\ &= \int p(x_t|x_{t+1}, y_{1:t})p(x_{t+1}|y_{1:T})dx_{t+1}\end{aligned}$$

最終的に平滑化の密度 $p(x_{1:T}|y_{1:T})$ からのサンプリングは,下記式を用いれば実現できる.

$$p(x_{1:T}|y_{1:T}) = \prod_{t=1}^{T-1} p(x_t|y_{1:t}, x_{t+1}) p(x_T|y_{1:T}) \qquad (3.11)$$

上記式は式 (3.9) から得られる.式 (3.11) に基づく実際のシミュレーションの手順は以下のとおりになる.$x_T \sim p(x_T|y_{1:T})$ から開始し,$x_{t+1:T}$ が生成できていると仮定

する. 次に, $p(x_t|y_{1:t}, x_{t+1})$ から x_t を発生させ, この処理を順に $t=1$ まで繰り返す.

通常, 式 (3.10) と式 (3.11) は, MCMC 法を用いることで積分消去される未知パラメータベクトル θ に依存する.

3.2.5 欠損値 y_t

ここまで y_t に欠損値はないものと仮定し議論を進めてきた. しかし, 欠損値 y_t が利用可能な y_t と同じ状態空間モデルによって生成されるならば, 状態空間モデルの枠組みで欠損値も直接処理できる.

$y_t^{(o)}$ と $y_t^{(u)}$ は y_t の観測できているデータと欠損データ, $y_{1:t}^{(o)}$ は $y_{1:t}$ の観測される部分ベクトルを示す. この場合, フィルタリング, 式 (3.4) は式 (3.12) で表現できる.

$$p(x_{t+1}|y_{1:t}^{(o)}) = \int p(x_{t+1}|x_t, y_t^{(u)}, y_t^{(o)}) p(y_t^{(u)}|y_t^{(o)}, x_t) p(x_t|y_{1:t}^{(o)}) dx_t dy_t^{(u)}$$
$$p(x_{t+1}|y_{1:t+1}^{(o)}) \propto p(y_{(t+1)}^{(o)}|x_{t+1}) p(x_{t+1}|y_{1:t}^{(o)}) \tag{3.12}$$

上記式は, 式 (3.1a) と式 (3.1b) から直接的に導出できる.

尤度関数, 式 (3.8) は下記式で一般化できる.

$$p(y_{1:T}^{(o)}|\theta) = p(y_1^{(o)}|\theta) \prod_{t=1}^{T-1} p(y_{t+1}^{(o)}|y_{1:t}^{(o)}; \theta) \tag{3.13}$$

ただし, $p(y_{t+1}^{(o)}|y_{1:t}^{(o)}; \theta) = \int p(y_{t+1}^{(o)}|x_{t+1}; \theta) p(x_{t+1}|y_{1:t}^{(o)}; \theta) dx_{t+1}$ であり, $p(x_{t+1}|y_{1:t}^{(o)}; \theta)$ はフィルタリングのステップで算定する.

平滑化, 式 (3.10) はフィルタリングから得られる $p(x_T|y_{1:T}^{(o)})$ を用いて一般化する. 式 (3.9) と同様に, 下記式が成立する.

$$p(x_t|y_{1:T}^{(o)}, x_{t+1:T}) = p(x_t|x_{t+1}, y_{1:t}^{(o)}) \propto p(x_{t+1}|x_t, y_{1:t}^{(o)}) p(x_t|y_{1:t}^{(o)})$$

平滑化は, $p(x_T|y_{1:T}^{(o)})$ からスタートし, $t = T-1, \ldots, 1$ の順に逐次的に履行する. 一般的に, 下記に示す平滑化方程式が成立する.

$$p(x_t|y_{1:T}^{(o)}) = \int p(x_t|x_{t+1}, y_{1:t}^{(o)}) p(x_{t+1}|y_{1:T}^{(o)}) dx_{t+1}$$
$$\propto p(x_t|y_{1:t}^{(o)}) \int p(x_{t+1}|x_t, y_t^{(o)}) p(x_{t+1}|y_{1:T}^{(o)}) dx_{t+1}$$

なお, $p(x_{1:T}|y_{1:T}^{(o)})$ から塊として $x_{1:T}$ を生成することもできる.

MCMC を用いれば上記とは別のアプローチで欠損値を処理できる. この場合, MCMC の枠組みにフィルタリングと平滑化を埋め込めば実現できる. 具体的には, 状態で条件付けを行って欠損値を生成し, それから全データ y_t に基づきフィルタリン

グと平滑化を履行する．ただし，このアプローチは，欠損値を積分消去するアプローチより効率的ではない．特に多くの欠損値が存在する場合は，その傾向が顕著である．欠損値に関するさらに進んだ議論は，Brockwell and Davis（2009:12.3 節）を参照してほしい．

3.3 線形ガウス型状態空間モデル

線形ガウス型状態空間モデル（例えば Harrison and West 1997:p.102）は多くの応用で使用され，他の多くの状態空間モデル，特に線形ガウス型状態空間モデルの離散–連続混合における重要な構成要素になる．線形ガウス型状態空間モデルは，下記のように定式化される．

$$y_t = g_t + H_t x_t + G_t u_t \tag{3.14a}$$

$$x_{t+1} = f_{t+1} + F_{t+1} x_t + \Gamma_{t+1} u_t \tag{3.14b}$$

ベクトル f_t, g_t と行列 H_t, G_t, F_t, Γ_t は，パラメータベクトル θ や共変量の関数になり，u_t は θ の関数である分散–共分散行列が Σ_t の正規分布に従う（$u_t \sim N(0, \Sigma_t)$）独立な確率変数とする．ただし，上記はいくつかの冗長な表現を含んでいる．なぜならば，G_t と Γ_t が存在するならば，Σ_t は単位行列として設定できるからである．しかしながら，この冗長性によって，モデル表現が柔軟になる．

式 (3.14a) は観測方程式であり，式 (3.14b) は状態遷移方程式である．θ が与えられ，$p(x_1|\theta)$ が正規分布に従うならば，$p(x_{1:T}, y_{1:T}|\theta)$ が正規分布に従うことは明らかである．結果的に，それぞれの時点 $t = 1, \ldots, T$ の，フィルタリング密度 $p(x_t|y_{1:t}; \theta)$，平滑化密度 $p(x_t|y_{1:T}; \theta)$ および尤度関数 $p(y_{1:T}|\theta)$ は正規分布になる．この事実は，先行研究や下記でのレビューに示すように，フィルタリング，尤度評価および平滑化は逐次的なアルゴリズムを用いて，オーダーが $O(T)$ の処理で履行できることを意味する．

下記のローカルレベルモデルは，線形ガウス型状態空間モデルの例である．

$$y_t = x_t + e_t, \quad x_{t+1} = x_t + v_t,$$
$$u_t = (e_t, v_t)' \sim N(0, \Sigma), \quad \Sigma = \begin{pmatrix} \sigma_e^2 & 0 \\ 0 & \sigma_v^2 \end{pmatrix} \tag{3.15}$$

ここで，x_t は時点 t での時系列 y_t のレベルまたは平均を示す．式 (3.15) において，e_t と v_t は相互に独立なノイズであり，パラメータは $\theta = (\sigma_e^2, \sigma_v^2)$ になる．また，すべての時点で $G_t = \Gamma_t = 1$，$\Sigma_t = \Sigma$ と仮定する．式 (3.15) の状態遷移方程式は，x_t が滑らかに進展するという考えを表現するために導入した $x_{1:T}$ の事前分布とみなし得る．状態遷移方程式のこの定式化は平滑化事前分布と呼ばれ（例えば Kitagawa and Gersch 1996），ノンパラメトリック回帰の先行研究（例えば Wahba 1990）で導入されるスプライン平滑化に関連付けできる．

3.3 線形ガウス型状態空間モデル

線形ガウス型状態空間モデルの 2 つ目の例は自己回帰，移動平均とも 1 次のラグをもつ自己回帰移動平均モデル (ARMA(1,1)) である．

$$y_t = \phi y_{t-1} + e_t - \omega e_{t-1}, \qquad e_t \sim N(0, \sigma_e^2) \tag{3.16}$$

e_t は正規分布 $N(0, \sigma_e^2)$ に従う時点に関して独立なノイズを示す．自己回帰項の定常性を担保するために，$|\phi| < 1$ を仮定する．式 (3.16) に関する状態空間表現は，下記のようになる．

$$y_t = Hx_t, \quad x_{t+1} = Fx_t + \Gamma u_t, \quad u_t = e_{t+1},$$
$$H = \begin{pmatrix} 1 & 0 \end{pmatrix}, \quad F = \begin{pmatrix} \phi & -\omega \\ 0 & 0 \end{pmatrix}, \quad \Gamma = \begin{pmatrix} 1 \\ 1 \end{pmatrix}, \quad \Sigma = \sigma_e^2 \tag{3.17}$$

状態ベクトル $x_t = (y_t, e_t)'$ は定常であり，x_1 は平均 0 の正規分布に従うと仮定する．y_1 の分散は $\sigma_e^2(1 + \omega^2 - 2\omega\phi)/(1 - \phi^2)$，$y_1$ と e_1 間の共分散は σ_e^2 であり，それらによって x_1 の共分散行列が与えられる．

式 (3.14a) と式 (3.14b) に示す方程式は他のモデル表現もできる．一般的に，状態空間表現は一意とはかぎらない．$e_t = G_t u_t \sim N(0, G_t \Sigma_t G_t')$ と $v_t = \Gamma_t u_t \sim N(0, \Gamma_t \Sigma_t \Gamma_t')$ が成立すれば，状態空間モデルは下記のようにも表現できる．

$$y_t = g_t + H_t x_t + e_t \tag{3.18a}$$
$$x_{t+1} = f_{t+1} + F_{t+1} x_t + v_t \tag{3.18b}$$

e_t と v_t は $\text{Cov}(e_t, v_t) = G_t \Sigma_t \Gamma_t' = 0$ が成立するときに限り独立になる．e_t と v_t が独立ならば，一般性を失うことなしに式 (3.18b) を $x_t = f_t + F_t x_{t-1} + v_t$ と記述でき，本章でもこれらの別表現をいくつかの場面で使用する．

3.3.1 フィルタリング

記述を単純化するために，本項でも θ の依存性を明示的に示さない．$t \geq 1$ に対するフィルタリング密度 $p(x_t|y_{1:t})$ は正規分布になる．なぜならば，式 (3.14a) と式 (3.14b) で示す観測値と状態ベクトルの同時分布が正規分布になるからである．そのため，その分布を知るためには，それら密度関数の平均と共分散行列だけを計算すれば良い．以降には，フィルタリング密度（式 (3.4)）がガウス型の場合，その平均と分散はオーダー $O(T)$ の操作で逐次的に評価できることを示す．なお，式 (3.4) から逐次的にフィルタ推定量を得ることもできるが，条件付平均と分散を直接的に推定する方が効率的である．下記にその概要を示す．

条件付平均と共分散の計算は，カルマンフィルタ (Kalman 1960) を用いて，観測値 $y_{1:T}$ を同値で独立な系列 $\varepsilon_{1:T}$ に変換すれば，オーダー $O(T)$ の操作で効率的に履行できる．$\varepsilon_{1:T}$ はイノベーションと呼ばれ，$\varepsilon_1 = y_1 - E(y_1)$ と $\varepsilon_{t+1} = y_{t+1} - E(y_{t+1}|y_{1:t})$, $t = 1, \ldots, T-1$ によって定義する．任意の t に対して，$\varepsilon_{1:t}$ は

$y_{1:t}$ の一対一変換の関係にあり，$y_{1:t}$ での条件付けは $y_{1:t-1}, \varepsilon_t$ での条件付けと同じ意味になる．$R_t = \mathrm{Var}(y_t|y_{1:t-1}) = \mathrm{Var}(\varepsilon_t)$ は，t 番目のイノベーションの分散を示す．また，任意の $s \geq 0$ および $t \geq 1$ に対して，$x_{t|s} = E(x_t|y_{1:s})$ と $S_{t|s} = \mathrm{Var}(x_t|y_{1:s})$ とする．ただし，$x_{t|0} = E(x_t)$，$S_{t|0} = \mathrm{Var}(x_t)$ と仮定する．

以降では，線形ガウス型状態空間モデルの一般的な表現である式 (3.14a) と式 (3.14b) を想定し，カルマンフィルタを説明する．一方，他の多くの場合，誤差項の独立性を仮定した式 (3.18a) と式 (3.18b) を用いる．

アルゴリズム 3.1（カルマンフィルタ）： $t = 1, \ldots, T$ に対して，

$$\varepsilon_t = y_t - H_t x_{t|t-1} - g_t \tag{3.19a}$$

$$R_t = H_t S_{t|t-1} H_t' + G_t \Sigma_t G_t' \tag{3.19b}$$

$$x_{t|t} = x_{t|t-1} + S_{t|t-1} H_t' R_t^{-1} \varepsilon_t \tag{3.19c}$$

$$S_{t|t} = S_{t|t-1} - S_{t|t-1} H_t' R_t^{-1} H_t S_{t|t-1} \tag{3.19d}$$

$$x_{t+1|t} = f_{t+1} + F_{t+1} x_{t|t} + \Gamma_{t+1} \Sigma_t G_t' R_t^{-1} \varepsilon_t \tag{3.19e}$$

$$S_{t+1|t} = F_{t+1} S_{t|t} F_{t+1}' + \Gamma_{t+1}(\Sigma_t - \Sigma_t G_t' R_t^{-1} G_t \Sigma_t) \Gamma_{t+1}' \tag{3.19f}$$
$$- F_{t+1} S_{t|t-1} H_t' R_t^{-1} G_t \Sigma_t \Gamma_{t+1}' - \Gamma_{t+1} \Sigma_t G_t' R_t^{-1} H_t S_{t|t-1} F_{t+1}'$$

線形ガウス型状態空間モデルの構造を本質的に理解するために，カルマンフィルタを幾何学的に導出する．幾何学的に考えれば，条件付期待値は部分空間上への射影を，相関ゼロあるいは独立性は直交性をそれぞれ意味する．式 (3.19a) から $\varepsilon_t = H_t(x_t - x_{t|t-1}) + G_t u_t$ が成立し，式 (3.19b) はその結果として得られる．ε_t は $y_{1:t-1}$ と直交関係であり式 (3.19c) に注意すれば，$x_{t|t} = E(x_t|y_{1:t-1}, \varepsilon_t) = x_{t|t-1} + \mathrm{Cov}(x_t, \varepsilon_t) R_t^{-1} \varepsilon_t$ が成立する．また式 (3.19c) から $x_t - x_{t|t} + S_{t|t-1} H_t' R_t^{-1} \varepsilon_t = x_t - x_{t|t-1}$ が成立し，$x_t - x_{t|t}$ が $y_{1:t}$ および ε_t と直交関係にあることに留意すれば，式 (3.19d) は結果的に得られる．さらに式 (3.19e) を与えれば，$x_{t+1|t} = f_{t+1} + F_{t+1} x_{t|t} + \Gamma_{t+1} E(u_t|y_{1:t-1}, \varepsilon_t)$ と $E(u_t|y_{1:t-1}, \varepsilon_t) = E(u_t|\varepsilon_t) = \Sigma_t G_t' R_t^{-1} \varepsilon_t$ が成立する．式 (3.19f) は，$x_{t+1} - x_{t+1|t} = F_{t+1}(x_t - x_{t|t}) + \Gamma_{t+1}(u_t - E(u_t|\varepsilon_t))$ を利用すれば，簡単な計算で得られる．

観測値 $y_{1:T}$ の共分散行列のコレスキー分解をカルマンフィルタに関連付けることは有益である．その有益性は，平均 0 の一変量時系列 y_t の場合を考えれば理解できる．コレスキー分解によって共分散行列は $\mathrm{Var}(y_{1:T}) = LDL'$ と分解できる．ただし，L は対角成分が 1 の下三角行列，D は対角行列である．ここで $\eta = L^{-1} y$ と変換する．$\eta_t, t = 1, \ldots, T$ は，独立で $N(0, D_t)$ に従う確率変数になる．なお，D_t は D の t 番目の対角成分を示す．このとき，すべての t に対して $\varepsilon_t = \eta_t$ と $R_t = D_t$ が成立すると容易に推論できる．このようにカルマンフィルタは $L^{-1} y_{1:T}$ を実行する．しかし，コレスキー分解のオーダーは $O(T^3)$ であり，一方，カルマンフィルタは，状態空間の構造を考慮するためオーダー $O(T)$ で実現できる．このように，計算コストは必要に

3.3.2 欠損値 y_t

3.2.5 項では，欠損値 y_t を取り扱うための一般的なアプローチを与えた．線形ガウス型状態空間モデルでの欠損値 y_t の取り扱いは，前述したものと同様で容易に一般化できる．J_t を $y_t^{(o)} = J_t y_t$ を導くセレクター行列とすると，$y_t^{(o)}$ は時点 t での観測された y_t の部分ベクトルになる．線形ガウス型状態空間モデルにおける観測方程式は，$y_t^{(o)} = J_t(g_t + H_t x_t + G_t u_t)$ となり，g_t を $J_t g_t$ で置換すればカルマンフィルタの方程式が得られる．もし y_t が何も観測されていないのであれば，J_t は空となり，$x_{t|t} = x_{t|t-1}$, $S_{t|t} = S_{t|t-1}$ が導かれる．

欠損値 y_t を含むデータの場合のフィルタリングの考え方を用いれば，状態の 1 期先および多期間予測密度と将来の観測値を得るためのアルゴリズムが容易に導出できる．具体的には，$y_{1:T}$ を観測値 $y_{T+1:T+j}$ を欠損値とみなせば，下記がその推定アルゴリズムになる $(i = 1, \ldots, j)$．

$$x_{T+i|T} = f_{T+i} + F_{T+i} x_{T+i-1|T}$$
$$S_{T+i|T} = F_{T+i} S_{T+i-1|T} F'_{T+i} + \Gamma_{T+i} \Sigma_{T+i-1|T} \Gamma'_{T+i}$$
$$y_{T+i|T} = g_{T+i} + H_{T+i} x_{T+i|T}$$
$$\text{var}(y_{t+i}|y_{1:T}) = H_{T+i} S_{T+i|T} H'_{T+i} + G_{T+i} \Sigma_{t+i} G'_{T+i}$$

3.3.3 尤度計算

尤度関数はカルマンフィルタを用いて，$p(y_{1:T}|\theta) = p(\varepsilon_{1:T}|\theta)$ が成立することと ε_t が時点に関して独立になることに注意すれば，下記に示すようにオーダー $O(T)$ の操作で評価できる．

$$p(y_{1:T}|\theta) = \prod_{t=1}^{T} p(\varepsilon_t|\theta)$$
$$= \prod_{t=1}^{T} (\det(2\pi R_t))^{-\frac{1}{2}} \exp\left(-\frac{1}{2}\epsilon'_t R_t^{-1} \epsilon_t\right)$$

なお，欠損値が存在する場合は，簡単な修正が必要である．

3.3.4 平滑化

3.2.4 項では，状態空間モデルにおける一般的な平滑化アルゴリズムの概要を示した．線形ガウス型状態空間モデルの場合，平滑化方程式はフィルタリング方程式と同様に，明示的かつ直接的に評価できる．平滑化のアルゴリズムは下記のとおりである．

アルゴリズム 3.2（平滑化）： $x_{T|T}$ と $S_{T|T}$ はカルマンフィルタから得られていると仮定する．$t = T-1, \ldots, 1$ に対して，平滑化は下記のアルゴリズムで履行できる．

$$x_{t|T} = x_{t|t} + S_{t|t}F'_{t+1}S^{-1}_{t+1|t}(x_{t+1|T} - x_{t+1|t}) \tag{3.20a}$$

$$S_{t|T} = S_{t|t} - S_{t|t}F'_{t+1}S^{-1}_{t+1|t}(S_{t+1|t} - S_{t+1|T})S^{-1}_{t+1|t}F_{t+1}S_{t|t} \tag{3.20b}$$

幾何学的議論を用いて上記のアルゴリズムを導くことは，平滑化においても有益である．式 (3.9) から，$p(x_t|y_{1:T}, x_{t+1:T}) = p(x_t|y_{1:t}, x_{t+1}) = p(x_t|y_{1:t}, x_{t+1} - x_{t+1|t})$ が成立し，また，$y_{1:t}$ と $x_{t+1} - x_{t+1|t}$ は直交する下記式が成立することに気づけば $x_{t|T}$ を獲得できる．

$$E(x_t|y_{1:t}, x_{t+1}) = x_{t|t} + S_{t|t}F'_{t+1}S^{-1}_{t+1|t}(x_{t+1} - x_{t+1|t})$$

これは

$$x_{t|T} = x_{t|t} + S_{t|t}F'_{t+1}S^{-1}_{t+1|t}(x_{t+1|T} - x_{t+1|t})$$

が成立することを意味する．

また，下記式が成立することに注意し，$x_t - x_{t|T}$ が，$y_{1:T}$ および $x_{t+1|T} - x_{t+1|t}$ と直交することに気づけば $S_{t|T}$ が得られる．

$$x_t - x_{t|T} + S_{t|t}F'_{t+1}S^{-1}_{t+1|t}(x_{t+1|T} - x_{t+1|t}) = x_t - x_{t|t}$$

最終的に，下記式を得る．

$$S_{t|T} = S_{t|t} - S_{t|t}F'_{t+1}S^{-1}_{t+1|t}\mathrm{Var}(x_{t+1|T} - x_{t+1|t})S^{-1}_{t+1|t}F_{t+1}S_{t|t}$$

$S_{t|T}$ のこの表現は，$x_{t+1} - x_{t+1|t} = x_{t+1} - x_{t+1|T} + x_{t+1|T} - x_{t+1|t}$ と書き下し，$x_{t+1} - x_{t+1|T}$ が $y_{1:T}$ と直交し，$x_{t+1|T} - x_{t+1|t}$ が $y_{1:T}$ の線形関数になることに気づけば，導出できる．すなわち，$S_{t+1|t} = S_{t+1|T} + \mathrm{Var}(x_{t+1|T} - x_{t+1|t})$ が成立するのである．

3.3.5　共変量の導入

観測および状態方程式内で共変量を取り扱うことができる．その場合，$g_t = w'_t\beta$，$f_t = w'_t\delta$ と考えれば良い．ただし，w_t は共変量のベクトルであり，β と δ は回帰係数を示す．この表現は，状態空間構造に回帰係数を埋め込んだものになる．Kohn and Ansley (1985) は線形ガウス型状態空間形式で誤差をもつ線形回帰モデルを処理する他のアプローチを提案している．そのアプローチは，状態空間モデル内で直接的に共変量を処理するよりも計算上の効率性は高いが，初期的な設定が煩雑である．

3.3.6 状態ベクトルに関する初期条件

フィルタリングおよび平滑化のアルゴリズムは，x_1 の初期分布を必要とする．いくつかの問題設定では，この分布を明示的に定義できる．例えば，式 (3.16) で示した ARMA(1,1) モデルの状態空間表現では，x_1 の初期分布を定義できる．しかし，他の問題の多くでは，x_1 の初期分布を明確に定義できない．その場合，x_1 は無情報事前分布あるいは散漫事前分布に従うとみなし処理する．散漫事前分布とは，$x_1 \sim N(0, kI)$，$k \to \infty$ と設定することを意味する．例えば，ローカルレベルモデル，式 (3.15) において，初期レベル x_1 が未知の定数であったり，散漫事前分布に従うと仮定することは理にかなっている．また，初期条件が部分的に散漫と考えたい問題も存在する．部分的に散漫とは，ベクトル x_1 のいくつかの成分は散漫な分布に従うが，残りの成分は正則分布に従うと考えることを意味する．例えば，y_t は一階差分 $\tilde{y}_t = y_t - y_{t-1}$ が 1 次の定常な自己回帰モデル $\tilde{y}_t = \phi \tilde{y}_{t-1} + e_t$ に従う時系列で，$|\phi| < 1$ と $e_t \sim N(0, \sigma_e^2)$ と仮定する．原系列 y_t は状態ベクトルを $x_{1t} = y_t$ と $x_{2t} = \tilde{y}_t$ と定義すれば状態空間モデルで定式化できる．観測方程式は $y_t = (1, 0) x_t$ になり，状態遷移方程式は $x_{1t} = x_{1,t-1} + x_{2t}$ と $x_{2t} = \phi x_{2,t-1} + e_t$ のペアで表現できる．このモデルで $x_{2,1}$ の事前分布は $N(0, \sigma_e^2/(1 - \phi^2))$ と明確に定義できる．一方，$x_{1,1}$ は散漫なものとして，少なくとも平均 0 で大きな分散をもつものと仮定することになる．もし $x_{1,1}$ が散漫ならば，x_1 の最初の 2 つの成分間の共分散は，一般性を失うことなしに 0 とみなし得る．

Ansley and Kohn (1985) は，散漫なあるいは部分的に散漫な初期条件を許容した，線形ガウス型状態空間モデルのフィルタリングと平滑化のアルゴリズムを，どのように一般化するかを示した．彼らはまた，一般化したフィルタリングアルゴリズムを用いて，尤度を定義し，どのように効率的に計算するかを示した．Kohn and Ansley (1986) では，Ansley and Kohn (1985) のアイデアを部分的に散漫な初期条件をもつ一変量の ARIMA へ適用し，その一般的アプローチを単純化した．また同じ問題に対する他のアルゴリズムが，De Jong (1989) と Koopman (1997) でも与えられている．

3.3.7 ベイズ推測

線形ガウス型状態空間モデルの場合，カルマンフィルタによって尤度 $p(y|\theta)$ が計算できることをすでに示した．実際にその尤度は下記式に示す積分（通常，非常に高次元である）の解になる．

$$p(y|\theta) = \int p(y|x; \theta) p(x|\theta) dx$$

上記式で，$p(x|\theta) = p(x_1|\theta) \prod_{t=2}^{T} p(x_t|\theta; x_{t-1})$ は状態遷移密度であり，$p(y|x; \theta) = \prod_{t=1}^{T} p(y_t|\theta; x_t)$ はすべての観測値に対する観測密度になる．線形ガウス型状態空間モデルにおけるベイズ推測では，未知パラメータベクトル θ に関する事前分布 $p(\theta)$ を導入し，θ の事後密度を得るためにカルマンフィルタを利用して尤度 $p(y|\theta)$ を計算する．そのメカニズムは下記式で定式化できる．

$$p(\theta|y) = p(y|\theta)p(\theta)/p(y) \tag{3.21}$$

線形ガウス型状態空間モデルにおいて，右辺分子の2つの項は明示的に定式化できる．一方，線形ガウス型状態空間モデルであったとしても，周辺尤度（式 (3.21) の表現では分母の基準化定数）は解析的に容易な形式で表現できないため，下記式で与えることになる．

$$p(y) = \int p(y|\theta)p(\theta)d\theta$$

式 (3.21) の分子の構造と関連付けて考えれば，この積分を評価するための MCMC 法は比較的簡単な問題に帰着できる．なお，パラメータ θ の次元は，積分する状態 x の次元よりも非常に小さいことが多い．上述のアプローチは，線形ガウス型状態空間モデルよりも一般的なモデル（非線形・非ガウス）には適用できない．なぜならば，尤度 $p(y|\theta)$ を解析的に得ることはできないからである．

非ガウス型モデルへの一般化として，状態ベクトルを拡大する（状態ベクトルにパラメータを付加する）アプローチがあり，比較的容易に実現できる．当該アプローチでは，下記式の状態とパラメータの同時事後分布を考える．

$$p(\theta; x|y) = \frac{p(y|x;\theta)p(x|\theta)p(\theta)}{p(y)} \tag{3.22}$$

この同時事後密度を周辺化した $p(\theta|y) = \int p(\theta; x|y)dx$ の推測は，式 (3.21) と同一だと気づくはずである．式 (3.22) に基づきサンプル $\{\theta^{(j)}; x^{(j)}, j \geq 1\}$ を得るためには，MCMC を使用する．

事後密度，式 (3.22) は，また状態の関数の事後密度を導くためにも使用できる．例えば，式 (3.15) のローカルレベルモデルでは，不確実性を考慮しパラメータを積分消去した上で，将来のレベルを予測すること（フィルタリングの問題）と同時にデータ内の過去の時点 t での平均を推定すること（平滑化の問題）が興味の対象になる．

式 (3.22) の同時事後分布 $p(x; \theta|y)$ は，x の次元が時系列の長さ T に比例し大きくなるとき，高次元になる．この場合，数値積分や重点サンプリング法を用いた非ガウス型状態空間モデルの推定は困難である．x が高次元であるとき MCMC 法を用いる利点は，完全条件付分布によって，高次元の問題低い次元の問題の組み合わせに分解できる点にある．MCMC を用いた線形ガウス型状態空間モデルの推定では，式 (3.22) から生じる以下の2つの完全条件付分布を考える．

$$p(x|y;\theta) \propto p(y|x;\theta)p(x|\theta) \quad \text{と} \quad p(\theta|y;x) \propto p(y|x;\theta)p(x|\theta)p(\theta)$$

対象の事後密度が解析的に容易な形式で表現できない場合，シミュレーションに基づくアプローチを採用することになる．線形ガウス型状態空間モデルの推定は，ギブスサンプラーで履行でき，具体的なアルゴリズムは下記のとおりである．

3.3 線形ガウス型状態空間モデル

アルゴリズム 3.3（シミュレーションスムーザー）： $x = x_{1:T}$, $y = y_{1:T}$ とし，$\theta^{(0)}$ は θ の初期値とする．$j \geq 1$ に対して，
1) $p(x|y; \theta^{(j-1)})$ から $x^{(j)}$ をブロックとして生成する．
2) $p(\theta|y, x^{(j)})$ から $\theta^{(j)}$ を生成する．

シミュレーションスムーザーのステップ 1) は，はじめにカルマンフィルタを履行し $(t = 1, \ldots, T)$，条件付平均 $x_{t|t}$ と共分散行列 $S_{t|t}$ を求める．状態ベクトルは，式 (3.11) と同様にブロックとして生成する．その際用いる分布 $p(x_t|y_{1:t}, x_{t+1}; \theta)$ は，3.3.4 項と同じ幾何学的論理展開を用いて，平均 $x_{t|t} + S_{t|t} F_t' S_{t+1|t}^{-1} (x_{t+1} - x_{t+1|t})$，条件付共分散行列 $S_{t|t} - S_{t|t} F_t' S_{t+1|t}^{-1} S_{t+1|t}^{-1} F_t S_{t|t}$ をもつ正規分布になる．

Carter and Kohn (1994) と Frühwirth-Schnatter (1994) は状態をブロックで生成する方法を提案した．De Jong and Shephard (1995) はこの方法をシミュレーションスムーザーと名付けた．また，このアルゴリズムは，フォワードフィルタリングバックワードサンプリング法 (FFBS) とも呼ばれる．De Jong and Shephard (1995) と Durbin and Koopman (2002) は，すべての状態をブロックとして生成するシミュレーションスムーザーとは異なるアプローチを提案した．

ステップ 2) のパラメータ θ は，状態で条件付けすれば，標準的な MCMC 法で生成できる．例えば，式 (3.15) に示すローカルレベルモデルでは，条件付密度が $p(\sigma_e^2, \sigma_v^2|y, x) \propto p(y|x, \sigma_e^2) p(x|\sigma_v^2) p(\sigma_e^2) p(\sigma_v^2)$ となるので σ_e^2 と σ_v^2 は容易に生成できる．MCMC のサンプリングにおける提案密度の選択は，Chib の 5.3.5 項（本書の第 5 章）を参照してほしい．なお，本章では明示的に言及しない限り，パラメータは標準的な方法で生成すると考えてほしい

アルゴリズム 3.3 に示したアルゴリズムは，汎用的に活用できる．しかし，パラメータ生成のステップと状態生成のステップが相互に強く影響しあうケースでは，それらのサンプリングが非効率になってしまう．この場合，事後分布へ収束した信頼性のある推定量を得るためには，非常に多くの繰り返し処理をしなければならない．この問題は，3.3.3 項に示した線形ガウス型状態空間モデルで尤度を得るために行った処理と同様に，状態を積分消去しパラメータを生成すれば克服できる．パラメータは，Chib（本書の第 5 章）と同様に標準的な MCMC 法で生成できる．例えば，Kim et al. (1998) は，状態を積分消去することで SV モデルのパラメータを生成している．一方，Giordani and Kohn (2010) はパラメータを生成するために，適応メトロポリス–ヘイスティングサンプリングを用いた．

3.4 条件付ガウスモデル

3.4.1 離散混合線形ガウス型状態空間モデル

本項では，線形ガウス型状態空間モデルを離散混合線形ガウス型状態空間モデル (discrete mixtures of Gaussian state space model) へ拡張する．離散混合線形ガウス型状態空間モデルにおいて，時点 t での混合は離散変数 K_t によって規定する．正式には，$K_t, t \geq 1$ を下記式を満たす離散確率変数の列と仮定する．

$$p(y_t|x_{1:t}, y_{1:t-1}, K_{1:t}; \theta) = p(y_t|x_t, K_t; \theta) \tag{3.23a}$$

$$p(x_{t+1}|x_{1:t}, y_{1:t}, K_{1:t+1}) = p(x_{t+1}|x_t, y_t, K_{t+1}) \tag{3.23b}$$

$$p(K_{t+1}|x_{1:t}, y_{1:t}, K_{1:t}; \theta) = p(K_{t+1}|K_t; \theta) \tag{3.23c}$$

式 (3.23a) は"観測方程式"，式 (3.23b) は"状態遷移方程式"および式 (3.23c) はマルコフ過程に従う離散確率変数 K_t に関する"遷移方程式"である．

上記の定式化では，状態ベクトルを連続成分および離散成分の両者を含む 1 つの状態ベクトル (x_t, K_t) として取り扱うことを意味する．しかし，x_t と K_t は別々に考えた方が取扱いはわかりやすい．ここで，$p(x_{t+1}|x_t, y_t, K_t; \theta)$ と $p(y_t|x_t, K_t; \theta)$ は，下記式のように線形ガウス型になると仮定する．

$$\begin{aligned} y_t &= g_{K_t} + H_{K_t} x_t + G_{K_t} u_t \\ x_{t+1} &= f_{K_{t+1}} + F_{K_{t+1}} x_t + \Gamma_{K_{t+1}} u_t \end{aligned} \tag{3.24}$$

ただし，u_t は $u_t \sim N(0, \Sigma_t)$ となる独立な系列であり，g_{K_t}, H_{K_t}, G_{K_t}, f_{K_t}, F_{K_t}, Γ_{K_t} は K_t と θ に依存する．この枠組みを適用できる多数の応用が存在する．

(i) マルコフスイッチング回帰モデル (Markov switching regression model)
K_t は値 1 か 2 をとるものと仮定する．このとき，次のモデルを考える．

$$y_t = w'_t \beta_{K_t} + \sigma_{K_t} e_t, \quad e_t \sim N(0, \sigma^2_{K_t}) \tag{3.25}$$

K_t は，遷移確率 $p(K_{t+1}|K_t; \pi)$ のマルコフ過程に従う．$p(K_{t+1}|K_t; \pi)$ は π の関数になる．また，w_t は時点 t での共変量であり，(β_1, σ^2_1) と (β_2, σ^2_2) はレジーム 1，2 のパラメータをそれぞれ示す．このモデルでは，$g_{K_t} = w'_t \beta_{K_t}$ であり，状態ベクトル x_t は空である．

(ii) ジャンプを許容する柔軟なローカルレベルモデル 下記に示すローカルレベルモデルを考える．

$$y_t = x_t + e_t, \quad x_{t+1} = x_t + K_{t+1} v_t \tag{3.26}$$

K_t は，確率 π_0, π_1, $1 - \pi_0 - \pi_1$ に対応して値 0，1，3 をとる，独立な離散確率変

数である．誤差項 $e_t \sim N(0, \sigma_e^2)$, $v_t \sim N(0, \sigma_v^2)$ は，互いに独立でそれぞれ時点に関しても独立と仮定する．

このモデルは，$K_t = 0$ ならばトレンドが変化せず，$K_t = 1$ ならばトレンドは標準的に進展し（確率的），$K_t = 3$ ならばトレンドがジャンプする構造である．

回帰モデルのパラメータは一般的に固定値としても時変係数としても取り扱える．また，観測方程式および状態遷移方程式の誤差項が裾の重い分布に従うと仮定すれば，回帰モデルは，外れ値やレベルシフトを許容できる．

a. ベイズ推測

ここでは，3.3 節のシミュレーションスムーザーを一般化し，どのように条件付線形ガウス型状態空間モデルの推測を履行するかを示す．

アルゴリズム 3.4（条件付線形ガウス型状態空間モデルにおけるシミュレーションスムーザー）：$x = x_{1:T}$, $y = y_{1:T}$, $K = K_{1:T}$ とし，$K^{(0)}$ と $\theta^{(0)}$ は K と θ の初期値とする．$j \geq 1$ に対して，
1) $x^{(j)}$ を $p(x|y, K^{(j-1)}; \theta^{(j-1)})$ から生成する．
2) $K^{(j)}$ を $p(K|y, x^{(j)}; \theta^{(j-1)})$ から生成する．
3) $\theta^{(j)}$ を $p(\theta|y, x^{(j)}, K^{(j)})$ から生成する．

ステップ 1) は，すべての条件付分布が正規分布になる．そのため，条件付平均と分散を更新すれば分布が規定できる．実際には，はじめにカルマンフィルタを実行し，次にその結果を用いて $x^{(j)}$ をサンプリングする．具体的な手順は次のとおりである．ある時点 t で，$p(x_t|y_{1:t}, K_{1:t}; \theta)$ が利用可能だと仮定し，$p(x_{t+1}|y_{1:t}, K_{1:t}; \theta)$ と $p(x_{t+1}|y_{1:t+1}, K_{1:t+1}; \theta)$ を，3.3.1 項と完全に同一の方法で計算する．次にすべての時点 $t = 1, \ldots, T$ に対して $p(x_t|y_{1:t}, K_{1:t}; \theta)$ を評価するために，3.3.7 項と同様の手順で x_t を $t = T, \ldots, 1$ の順にサンプリングする．ステップ 2) は，ステップ 1) と類似のアルゴリズムになる．はじめに $t = 1, \ldots, T$ に対して，$p(K_t|y_{1:t}, x_{1:t}, \theta)$ を得るためにフィルタリングを履行する．このステップの具体的な手順は次のとおりである．ある時点 t において，$p(K_t|y_{1:t}, x_{1:t}, \theta)$ を得ているものと仮定する．式 (3.4) の積分記号を和記号に置き換えれば，下記式が得られる．

$$p(K_{t+1}|y_{1:t}, x_{1:t}; \theta) = \sum_{K_t} p(K_{t+1}|K_t; \theta) p(K_t|y_{1:t}, x_{1:t}, \theta)$$

(3.27)

$$p(K_{t+1}|y_{1:t+1}, x_{1:t+1}; \theta) \propto p(y_{t+1}|x_{t+1}, K_{t+1}; \theta) p(K_{t+1}|y_{1:t}, x_{1:t}; \theta)$$

第 2 式の比例関係は，下記式が成立することに注意すれば評価できる．

$$\sum_{K_{t+1}} p(K_{t+1}|y_{1:t+1}, x_{1:t+1}; \theta) = 1$$

$t = 1, \ldots, T$ に対して密度 $p(K_t|y_{1:t}, x_{1,t}; \theta)$ が得られれば，$K_t, t = T, \ldots, 1$ は，x_t

と同様に 3.3.7 項に示したシミュレーションスムーザーを用いて生成できる．最終時点の K_T はフィルタリングで評価した密度 $p(K_T|y_{1:T}, x_{1,T}; \theta)$ から生成する．任意の時点 $(t \neq T)$ の K_t をサンプリングするために，$K_T, \ldots, K_{t+1}$ が生成できているものと仮定する．このとき下記式が成立する．

$$p(K_t|y_{1:T}, x_{1:T}, K_{t+1:T}; \theta) \propto p(K_{t+1}|K_t; \theta) p(K_t|y_{1:t}, x_{1:t}; \theta) \tag{3.28}$$

密度 $p(K_t|y_{1:T}, x_{1:T}, K_{t+1:T}; \theta)$ は，K_t の個々の値に関して右辺を評価し，正規化すれば得られる．詳細については Carter and Kohn (1994) を参照してほしい．ステップ 3) は標準的な MCMC 法で履行する．

マルコフ混合モデルのほとんどは，このアプローチを用いて推定できる．しかし，離散変数 K と状態 x が相互に強い従属関係になるケースでは，アルゴリズム 3.4 は非効率であり，良い結果が生じない．この例として，与えられた K_t が 0 だけになるローカルレベルモデルを考えてほしい．この場合，$x_{t+1} = x_t$ が成立し，逆に $x_{t+1} = x_t$ が成立するのであればほとんど確実に K_t が 0 になる．Carter and Kohn (1996) が示したように，上述の状況に対応するには，別のサンプリングスキームが必要になる．彼らは，状態で条件付けせずに K_t を生成する下記のサンプリングスキームを提案した．

アルゴリズム 3.5（縮減条件付サンプリング）： $x = x_{1:T}$, $y = y_{1:T}$, $K = K_{1:T}$ とする．また $K^{(0)}$, $\theta^{(0)}$ は K と θ の初期値とする．$j \geq 1$ に対して，
 1) $t = 1, \ldots, T$ の順に対して，$K_t^{(j)}$ を $p(K_t|K_{1:t-1}^{(j)}, K_{t+1:T}^{(j-1)}, y; \theta^{(j-1)})$ から生成する．
 2) $x^{(j)}$ を $p(x|y, K^{(j)}; \theta^{(j-1)})$ から生成する．
 3) $\theta^{(j)}$ を $p(\theta|y, x^{(j)}, K^{(j)})$ から生成する．

Carter and Kohn (1996) は，アルゴリズム 3.5 を縮減条件付サンプリングと呼んだ．なぜならば上述のように生成する K_t と $p(x|K_{1:t}^{(j)}, K_{t+1:T}^{(j-1)}, y; \theta^{(j-1)})$ から生成する x をブロックとし，1 つのステップで x と K_t 両方を生成すると考えられるからである．しかしながら，K_{t+1} は x で条件付けすることなしに生成されるので，実際に x を生成することは不要である．

$K_{\setminus t} = \{K_s, s = 1, \ldots, T, s \neq t\}$ とする．アルゴリズム 3.5 では，カルマンフィルタを用いて K_t の個々の値に対して $p(y|K; \theta)$ を評価し，$p(y|K; \theta)$, $p(K_t|K_{t-1}; \theta)$, および $p(K_{t+1}|K_t; \theta)$ を計算し，和が 1 になるように確率を正規化することで，下記の密度を評価する．

$$p(K_t|K_{s \neq t}, y, \theta) \propto p(y|K; \theta) p(K_t|K_{\setminus t}; \theta) \propto p(y|K; \theta) p(K_t|K_{t-1}; \theta) p(K_{t+1}|K_t; \theta)$$

このアプローチは，個々の t に対してオーダーが $O(T)$ の計算を，さらにすべての K_t を生成するためにオーダーが $O(T^2)$ の計算を必要とする．そのため，このアプローチは大サンプルの場合，その推定に多くの時間を要する．Carter and Kohn (1996) は，

3.4 条件付ガウスモデル

すべての K_t を生成するために要するオーダーが $O(T)$ のアルゴリズムを提案した．Gerlach et al. (2000) は，アルゴリズム 3.5 を改善しオーダーが $O(T)$ のアルゴリズムを提案した．Giordani and Kohn (2008) は，さらにアルゴリズムを改善し，その適用例を与えた．

例 3.1（外れ値とレベルシフトを許容したアメリカ合衆国工業生産のマルコフスイッチングモデル）： Giordani et al. (2007) は，平均と分散の構造変化と特殊要因（加法的およびイノベーション外れ値）を許容できるよう拡張した，2 状態マルコフスイッチングモデルを用いて，先進 7 カ国の工業生産高（IP）の系列の非線形性を調べた．本研究で使用した IP 成長率のデータ期間は 1950 年の第 2 四半期から 2009 年の第 2 四半期までである．Giordani et al. (2007) では 2004 年第 1 四半期までのデータを使用している[*1]．下記には，モデルを示す．

$$\begin{aligned}
y_t &= z_t + v_t + \sigma_t K_{\delta t}\delta_t + \sigma_t K_{at}a_t, \\
z_t &= \phi_1 z_{t-1} + \sigma_t K_{et}e_t, \\
v_t &= v_{t-1} + \sigma_t K_{ot}o_t, \\
\sigma_t &= \sigma_1 I_{\{t \leq \tau\}} + \sigma_2 I_{\{t > \tau\}}, \\
\delta_t &= \delta_1 I_{\{t \leq \tau\}} + \delta_2 I_{\{t > \tau\}}
\end{aligned} \tag{3.29}$$

y_t は年率での四半期ごとの IP 成長率であり，a_t，e_t および o_t は標準正規分布に従う確率変数である．加法的外れ値とイノベーション外れ値は，K_{at} と K_{et} の値によってそれぞれ変化する．$K_{\delta t} \in \{0, 1\}$ は，高成長状態と低成長状態に対応する．ここで，$K_{\delta,t}$ は 2 状態マルコフスイッチング過程に，$K_{a,t}$，$K_{e,t}$ および $K_{o,t}$ は相互に独立なベルヌーイ過程に従うものと仮定する．識別性の観点から，$K_{\delta t} = 0\ (1)$ が高成長状態（低成長状態）に対応するように，すべての t に対して $\delta_t < 0$ を仮定する．さらに，設定上，σ_t^2 と δ_t は，未知の時点 τ で 1 回だけ構造変化を起こすものと仮定する．成長率の（回数と大きさは未知）永続シフトは時変過程 v_t によって捉える．事前分布の設定と推測法は，Giordani et al. (2007) と同様である．

図 3.1 の上段は，景気後退状態の事後確率（平均）を，下段は IP の成長率と $v_t + \sigma_t K_{\delta t}\delta_t$ の推移をそれぞれ示す．図から v_t の時変性は見出せず，一方，外れ値の存在は強く示唆される．v_t がシフトしない事象とサンプル内に外れ値が存在しない事象の事後確率は，0.54 と $< 10^{-5}$ になり，ベイズ因子はこれに一致する．Giordani et al. (2007)（2004 年までのデータで検証した）は，1980 年以降の景気循環の大幅な落ち込み（$\delta_1 \sigma_1 > \delta_2 \sigma_2$）に関しては同様の結論を得ている．一方，2008～2009 年の景気後退の大きさはこの研究とは逆の結論であった．

[*1] ここで使用した IP 系列は月次で季節調整された工業生産指数から集計される．出典：Board of Governors of the Federal Reserve System. Series ID INDPRO，最終更新 2009 年 5 月 19 日．

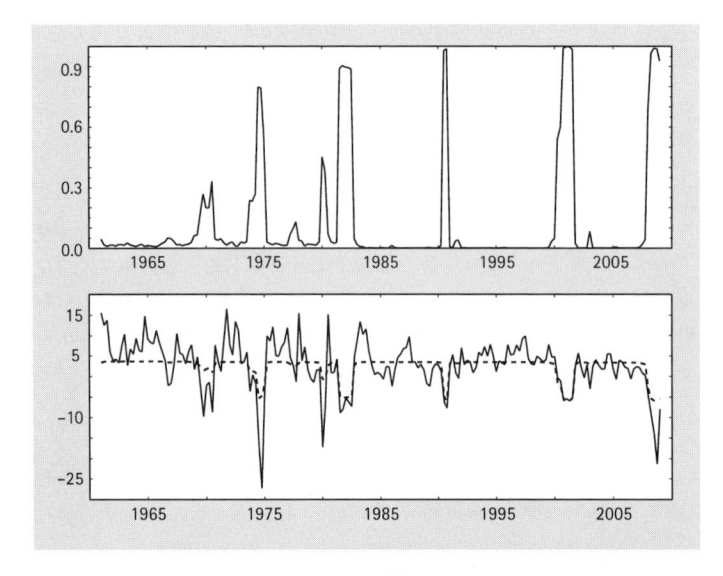

図 3.1 アメリカ合衆国の工業生産高：上段は景気後退状態の確率の事後平均を示し，下段は IP の成長率と $v_t + \sigma_t K_{\delta_t} \delta_t$ の推移を示す．

b. イノベーション分散のシフトのモデリング

McCulloch and Tsay (1993) は，イノベーションの切換を状態空間モデルを用いて表現し，分散のシフトをモデル化した．Giordani and Kohn (2008) は，残差二乗の分布が，SV モデルの先行研究と同様の方法（例えば Kim et al. 1998）で，正規混合分布により精度高く近似できる場合に，Gerlach et al. (2000) のアルゴリズムがどのように効率的に使用できるかを示した．

ここで下記式を考える．

$$y_t = \sigma_t \epsilon_t \tag{3.30}$$

ϵ_t は標準正規分布に従う独立な確率変数である．Giordani and Kohn (2008) と同様に，y_t の時変条件付平均は容易にモデル化できる．SV モデルの先行研究に従い，σ_t^2 が常に正になることを保証するために，$x_t = \log(\sigma_t^2)$ と変換する．σ_t^2 の継続的なシフトは，通常下記のようにモデル化する．

$$x_t = x_{t-1} + \sigma_v(K_{2,t}) v_t \tag{3.31}$$

v_t は標準正規分布に従う確率変数である．もし，$K_{2,t}$ が1つの値だけしかとらないのであれば，通常の時変分散モデルになる．偶発的シフトは，$\sigma_v(K_{2,t} = 0) = 0$ や $\sigma_v(K_{2,t} = 1) = \sigma_v^* > 0$ と設定すれば実現できる．より複雑な過程であったとしても，この枠組みが容易に拡張できる．

ここでは $\log(y_t^2) = x_t + \zeta_t$ が成立することに気づく．ζ_t は $\log(\chi_1^2)$ 分布に従う確率変数である．本事例では，Shephard (1994)，Carter and Kohn (1997)，および Kim et al. (1998) に従い議論を進める．彼らは，$\log(\chi_1^2)$ に従う確率変数の分布が，少数 I 個の正規分布の混合によって精度高く近似できることを示しており，具体的には下記式の近似を用いている．

$$p(\zeta_t) \simeq \sum_{i=1}^{I} \pi_i N(\zeta_t; g_i, \gamma_i^2) \qquad (3.32)$$

$N(\zeta; a, b^2)$ は平均 a で分散 b^2 をもつ ζ の正規密度を意味し，上記式で $\{\pi_i, g_i, \gamma_i^2\}$ は，第 i 成分 ($i = 1, \ldots, I$) の既知の重み，その分布の平均および分散に対応する．Carter and Kohn (1997) は 5 つの，Kim et al. (1998) は 7 つの混合成分を使用した．両論文とも混合パラメータを報告しているが，ここでは Carter and Kohn (1997) のパラメータを用いる．

ここで潜在的離散変数 $K_{1,t}, t = 1, \ldots, T$ を導入する．$K_{1,t}$ は独立で $1, \ldots, I$ の値をとり，下記式を満たすものと仮定する．

$$\zeta_t | (K_{1,t} = i) \sim N(\zeta_t; g_i, \gamma_i^2), \quad \Pr(K_{1,t} = i) = \pi_i \qquad (3.33)$$

式 (3.32) の近似を用いれば，式 (3.30) と式 (3.31) で示すモデルは条件付線形ガウス型状態空間モデルによって下記式で表現できる．

$$z_t = g_{K_{1,t}} + x_t + \gamma_{K_{1,t}} e_t, \qquad x_t = x_{t-1} + \sigma_v(K_{2,t}) v_t \qquad (3.34)$$

ただし，$z_t = \log(y_t^2)$ であり，e_t と v_t は標準正規分布に従うノイズである．

経験上，Gerlach et al. (2000) のアルゴリズムを用いて $K_{1:T}$ で条件付けして 1 つずつ $K_{2,t}$ を発生させ，そして Carter and Kohn (1994) と同様に $x_{1:T}$ と $K_{2,1:T}$ で条件付けして，1 つの塊で $K_{1:T}$ を発生させるのが，最も効率的なアルゴリズムである．

例 3.2（アメリカ合衆国のインフレの平均，ダイナミクスおよびボラティリティの変化）：　Giordani and Kohn (2008) は，外れ値と定数項，自己回帰パラメータおよび誤差分散の確率的切換を許容する AR(1) 過程によってアメリカ合衆国のインフレをモデル化した．本事例では，Giordani and Kohn (2008) と同じモデルと事前分布を更新したデータ（1960 年第 1 四半期〜2009 年第 2 四半期）に適用する[*2]．モデルは下記のように定式化した．

$$y_t = c_t + b_t y_{t-1} + \sigma_t K_{e,t} e_t$$
$$c_t = c_{t-1} + K_{c,t} u_t^c$$

[*2] ここで使用したアメリカ合衆国のインフレデータは季節調整されたすべての都市生活者のすべての商品に対する月次の消費者物価指数を集計した．出典：U.S. Department of Labor: Bureau of Labor Statistics. Series ID: CPIAUCSL. 最終更新日：2009 年 5 月 15 日．

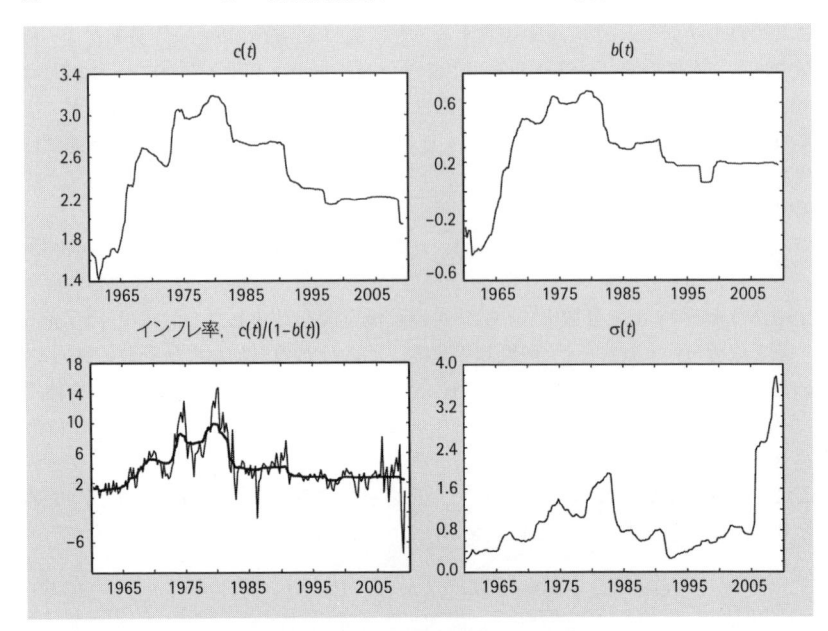

図 3.2 アメリカ合衆国のインフレデータ
$b_t, c_t, c_t/(1-b_t), \sigma_t$ の事後平均のプロット.

$$b_t = b_{t-1} + K_{b,t} u_t^b \qquad (3.35)$$
$$\log(\sigma_t^2) = \log(\sigma_{t-1}^2) + K_{v,t} v_t$$
$$p(K_t) \equiv p(K_{m,t}, K_{v,t}) = p(K_{m,t}) p(K_{v,t}) = p(K_t | K_{s \neq t})$$

ただし，$K_{m,t} = (K_{e,t}, K_{c,t}, K_{b,t})$ とする．潜在変数 $K_{e,t}$ は $(1, 2.5)$ のいずれかの値をとり，1は標準的データを，2.5はイノベーション外れ値を示す．$K_{c,t}$ は $(0, 0.2, 1)$ の，$K_{b,t}$ は $(0, 0.5)$ のいずれかの値をとる．解釈を容易にするために，切換と外れ値は同時に発生せず，c_t と b_t の切換は別々にも同時にも発生できるものと仮定する．また，$K_{v,t}$ は $(0, 1.39)$ のいずれかの値をとる．$K_{v,t} = 0$ に対して $\sigma_t = \sigma_{t-1}$ が成立する一方，$K_{v,t} = 1.39$, $v_t = 1 \ (-1)$ は $(\sigma_t/\sigma_{t-1} \simeq 0.5)$ を示唆する．インターベンションの事前確率は固定し，どのパラメータも切換がまれにしか発生しないという仮定を反映させる（c_t, b_t の切換の同時発生確率は1%であり，切換間隔の事前平均は25年である．分散の切換確率はまた1%である）．

図3.2には結果の要約を示した．c_t, b_t, および σ_t の事後平均は，時間進展に伴い大きく変動しており，b_t と c_t は正の相関関係にある（インフレ率が高い時期は部分的に長く続く）とわかる．σ_t は最も大きくシフトしており，サンプルの最終時点で急騰

する様子が示されている.

3.4.2 補助潜在変数モデル (auxiliary latent variable model)

本項では，補助潜在変数の集合で条件付けすればガウス型になる，非ガウス型状態空間モデルを議論する．非ガウス型モデルにおける補助変数を用いたアプローチは，計算量が多い（状態ベクトルの次元が $O(T)$）ため，時系列解析では特に重要である．本項で議論する方法は，3.6 節で説明する一般的な方法よりも非常に効率的である．

このモデルの 1 つの例は，SV モデル（式 (3.3)）になる．このモデルを 3.4.1 項 b. では，式 (3.34) で近似した．式 (3.34) は離散変数 $\{K_{1,t}, K_{2,t}, t \geq 1\}$ で条件付けれ ば，観測誤差が正規混合分布の線形ガウス型の状態空間モデルになる.

2 つ目の例は，二項プロビット状態空間モデルである．$y_{1:T}$ は 0 か 1 をとる，二値の観測値と仮定する．この場合，モデルは下記のように定式化できる.

$$\begin{aligned} \Pr(y_t = 1|s_t) &= \Phi(s_t), & s_t &= Hx_t, \\ x_{t+1} &= f_{t+1} + F_{t+1}x_t + \Gamma_{t+1}v_t, & v_t &\sim N(0, I) \end{aligned} \tag{3.36}$$

s_t は一変量のシグナルであり，$\Phi(\cdot)$ は標準正規分布の累積分布関数 (cdf) である．ここで Albert and Chib (1993) に従って，下記式に従う潜在変数 y_t^* を導入する.

$$y_t^* = s_t + e_t \tag{3.37}$$

e_t は独立な標準正規分布 $N(0,1)$ に従う確率変数列であり，$y_t = 1$（$y_t^* > 0$ の場合），$y_t = 0$（その他の場合），と定義する．このように定義した y_t は，Albert and Chib (1993) と同様に式 (3.36) を満足する．モデルは y_t^* を与えれば，線形ガウス型状態空間モデルになるため，MCMC を用いてベイズ推測を履行できる．s_t と観測値 y_t を与えれば y_t^* を生成でき，y_t^* を与えればシミュレーションスムーザーを用いて s_t を生成できる．Shively et al. (1999) には，様々な状態空間モデルへの応用例が示されている.

一般的に e_t は，正規分布の 1 つのスケール混合成分，すなわち $N(0, \lambda_t)$ から取得できる．ただし，λ_t は $p(\lambda_t)$ に従う．この場合，下記が e_t の累積分布関数になる.

$$\Psi(z) = \int \Phi(z/\sqrt{\lambda}) p(\lambda) d\lambda \quad \text{および} \quad \Pr(y_t = 1|s_t) = \Psi(s_t)$$

式 (3.37) で y_t^* を定義し，前段と同様に $y_t = 1$（$y_t^* > 0$ の場合），0（その他の場合），とする．この場合，$\Pr(y_t = 1|s_t) = \Psi(s_t)$ は容易に証明できる．Holmes and Held (2006) は，二値ロジスティック回帰は条件付正規分布の形式で表現できることを示した．多項プロビットモデルとロジットモデルは，その研究と同様に条件付正規分布の形式で表現できる．Albert and Chib (1993) や Holmes and Held (2006) を参照してほしい．また，Frühwirth-Schnatter and Wagner (2006) と Frühwirth-Schnatter and Wagner (2008) は，どのようにポアソンモデルや二項モデルを条件付正規分布の形式で表現するかを示した.

3.5 多変量線形ガウス型状態空間モデルと条件付ガウス型状態空間モデル

多変量状態空間モデルへの拡張は容易であり，3.3 節と 3.4.1 項に示した一般的なフィルタリング，平滑化およびシミュレーションの公式が，y_t がベクトルになること以外変化しない．共役事前分布を使用すれば，非常に高次元のパラメータベクトルが，一変量の場合と同様にギブスサンプラーを用いて更新できる（Koop and Korobilis 2009; Del Negro and Schorfheide 2010 を参照せよ）[*3]．多変量モデリングでの主たる課題は，個々の系列の進展に過度に厳しい制約を課すことなく，パラメータ数や状態数の増大に対応することである．この課題には，平滑化事前分布，変数選択事前分布または共通因子構造を利用すれば対応できる．例えば，Cripps et al. (2005) や George et al. (2008) には，変数や共分散の選択によって，多変量回帰モデルのパラメータ空間の次元を小さくできることが示されている．

本節では，活用されることが多い多変量状態空間モデルの導入部分を説明する．本節は，ローカルレベルモデル，多変量自己回帰＋ノイズモデル，時変係数多変量自己回帰モデル，レジームスイッチング（変化点）多変量自己回帰モデルおよび動的因子モデルを説明する．

3.5.1 多変量ローカルレベルモデルと多変量自己回帰＋ノイズモデル

ローカルレベルモデル（式 (3.15)）は観測値がベクトルの多変量モデルへ容易に拡張できる．下記がその定式化になる．

$$y_t = x_t + e_t, \quad e_t \sim N(0, \Sigma_e), \quad x_t = x_{t-1} + v_t, \quad v_t \sim N(0, \Sigma_v)$$

$\Sigma_e|(x,y)$ と $\Sigma_v|x$ は，条件付共役事前分布を仮定すれば直接的にサンプリングでき，$x|(y, \Sigma_e, \Sigma_u)$ は 3.3.7 項と同様に更新できる．Harrison and West (1997) は，このモデルに対するベイズ的処理法を示した．このモデルの興味深い拡張としてローカルレベル VAR を仮定するモデルがある．そのモデルは，観測ベクトルが白色雑音によって影響される VAR 過程によって生成されると仮定し，下記のように定式化する．

$$y_t = y_t^* + e_t, \quad e_t \sim N(0, \Sigma_e)$$
$$y_t^* = c + R_1 y_{t-1}^* + \cdots + R_p y_{t-p}^* + v_t, \quad v_t \sim N(0, \Sigma_v)$$

状態ベクトルは $x_t = \{y_t^{*'}, \ldots, y_{t-p}^{*'}\}'$ であり，パラメータベクトルは $\theta = \{\Sigma_e, c, R_1, \ldots, R_p, \Sigma_v\}$ になる．$\theta|x,y$ は，条件付共役事前分布を仮定すれば，容易にサンプリングできる．もし必要であれば，棄却ステップで y_t^* の定常性の制約を課

[*3] Koop and Korobilis (2009) は URL (http://personal.strath.ac.uk/gary.koop/bayes_matlab_code_by_koop_and_korobilis.html) で 多変量自己回帰モデル，時変係数多変量自己回帰モデル，および 因子モデルの Matlab コードを提供している．

すこともできる．この過程は無条件平均に事前分布を設定できるとき，Villani (2009) と同様に平均に関する事前分布をもつ VAR に一般化でき，下記がその遷移方程式になる．

$$y_t^* = \mu + R_1(y_{t-1}^* - \mu) + \cdots + R_p(y_{t-p}^* - \mu) + v_t$$

3.5.2 時変係数 VAR モデル

時変係数 VAR モデル (TVP-VAR) は，Doan et al. (1984) 以降ベイズ計量経済学でよく活用されている．システムノイズが正規分布になると暗黙に仮定する際慣例として，"時変係数"という表現を用いる．パラメータが，ガウス型ランダムウォークに従い進展すると仮定すれば，TVP-VAR(1) は下記のように定式化できる．

$$y_t = c_t + (I \otimes y_{t-1}')\beta_t + e_t , \qquad e_t \sim N(0, \Sigma_e)$$
$$x_t = x_{t-1} + v_t , \qquad v_t \sim N(0, \Sigma_v)$$
$$x_t = \begin{pmatrix} c_t \\ \beta_t \end{pmatrix}$$

固定パラメータの仮定の緩和は，経済環境が，技術，制度変化，嗜好および学習を含む様々な要因によって，時間とともに進展すると考えられるとき魅力的である．Harrison and West (1997) は，パラメータが変動することの他の解釈を提案した．時変係数はモデル化されていない非線形性や除外変数の影響を近似する役割を担い，少なくとも非線形な挙動が高い持続性を示す場合，予測や非線形モデルを構築するための第 1 ステップとして有用なツールになると，彼らは論じた．

TVP-VAR のギブスサンプリングによる推測で，Σ_e と Σ_v にウィシャート事前分布を，β_0 に正規事前分布を仮定すれば容易に履行できる（Koop and Korobilis 2009; Del Negro and Schorfheide（本書の第 7 章）を参照のこと）．しかし，一変量の場合でさえ時間がかかるギブス系列の収束と混合の状況は，注意深くモニターしなければならない．また，推定する多量の状態とパラメータは，しばしばオーバーフィッティングを引き起こす（この問題は固定パラメータ VAR でさえ起こる）．この問題を緩和するためには，適切なしかも節約的な事前分布の利用を Doan et al. (1984) または Amisano and Federico (2005) と同様に利用すべきである．

TVP-AR モデルと VAR モデルは，状態 $\beta_{1:T}$ を 1 つのブロックで更新するため，不適切な値にならないように制約を課すことが難しく，それが欠点である．それに対する 1 つの対応策は，Doan et al. (1984) と同様に遷移方程式を下記のように表現すれば実現できる．

$$\beta_t = \alpha\overline{\beta} + (1-\alpha)\beta_{t-1} + v_t$$

β_t の定常性は，$|\alpha| < 1$ という制約によって実現できる．しかし，ある時点で y_t が急激に大きくなる可能性は，$E(y_{t+j}|y_{1:t})$ と $\text{Var}(y_{t+j}|y_{1:t})$ が，j の進展に伴い指数的

に大きくなるため除外できないが、その採択率は非常に低い。$\beta_t|\beta_{\neq t}$ を 1 つ 1 つ更新すればこの問題に対応できるが、計算コストが増え、混合が遅くなるなどの問題を生じさせる。この議論は Koop and Potter (2008) を参照してほしい。

Koop et al. (2009) は、Giordani and Kohn (2008) が示した考え方に沿って、Primiceri (2005) のモデルを拡張し、動的混合状態空間モデルアプローチで非線形 VAR モデルを構成した。彼らは時変係数 VAR モデルを入れ子にし、システムノイズ、すなわち VAR の線形の係数のノイズは、すべての係数が同時にシフトするという制約を課した正規混合分布で表現した。このモデルを用いれば、時変（誤差）ボラティリティと相関を考慮できる。

3.5.3 レジームスイッチングと複数の変化点をもつ VAR モデル

レジームスイッチングを許容する VAR モデルは下記のように定式化する。

$$y_t = c_{K_t} + B_{K_t} z_t + \Sigma_{K_t}^{1/2} e_t$$

ただし、$z_t = \{y'_{t-1}, \ldots, y'_{t-p}\}'$ とし、K_t はマルコフ仮定に従う離散潜在変数である。

ギブスサンプリングによる推測は、パラメータ数が多いときでも原理的には単純である。すべてのパラメータを与えれば、一変量の場合と同様に $K|y, \theta$ は 1 つのブロックとして更新できる。離散状態 K を与えれば、各状態の VAR パラメータは標準的な正規–逆ガンマ型事後分布に従う。フィルタリングと平滑化の漸化式の使用は必要なく、推測は次元が大きいときでさえ高速に実現できる。しかし、多峰性や低混合は実際、推測上の問題を引き起こす（Sims et al. 2008）。

Chib (1998) は、複数の変化点（ブレークやシフトと呼ばれる）をモデル化した。彼はレジームが非再帰列から生じるように制約した遷移確率をもつ、レジームスイッチング問題として変化点問題を位置づけ、前段のサンプラーよりも効率を大きく向上させた。

レジームスイッチングや変化点のモデルは、常にすべてのパラメータが同時に変化すると仮定する。いくつかのパラメータがすべての時点で変化しないと制約を課さない限り、変化点モデルは M^p 個のレジームを追跡しなければならない。ただし、$M-1$ が個々のパラメータの最大変化点数であり、p は切換が生じるパラメータ数である。変化点を発生させるためには少なくともオーダーが $O(nM^p)$ の操作を必要とすることになる。系列やパラメータの数が多い場合、すべてのパラメータが同時にシフトするという制約は、真の変化点を発見する機会を減らす。Andersson and Karlsson (2008) は、マクロ計量経済で通常用いる大きさのシミュレーションデータを用いて、VAR が余分なラグ項を含む場合、正当な変化点数の決定が非常に難しいことを示した。そこでは、オーバーフィッティングを導く余分なラグ変数によって、この困難が生じていると主張されている。我々は、余分変数が変化点の発見を難しくすることの他の解釈を示した。すべてのレジームではほとんど影響しない、実際に定数と考えられ得るパラ

メータでも，変化点モデルでは，個々のレジームごとに異なるパラメータをもつ．そのため，結果的に変化点の発見が難しくなっているというのが我々の解釈である．さらに，変化点が変数の部分集合だけに影響するモデル化では，この問題はさらに悪化する．

3.5.4 動的因子モデル

動的因子モデル (DFM) は，節約的に多変量条件付密度をモデル化するために使用する．例えば，下記に示す動的因子モデルを考えてほしい．

$$y_t = \mu + Ax_t + e_t, \qquad e_{jt} \sim N(0, \sigma_j^2), \qquad j = 1, \ldots, p$$
$$x_t = R_1 x_{t-1} + \cdots + R_p x_{t-p} + v_t, \qquad v_t \sim N(0, V)$$

高次元ベクトル y_t は少数の潜在変数 x_t (共通因子) と個別ノイズ e_t に線形に依存する．ただし，すべての i に対して $E(x_t e_{t-i}) = 0$ が成立する．モデルは個々の e_{jt} が AR 過程に従うように拡張し，共通因子が互いに独立に進展するように (すなわち $R_i, i = 1, \ldots, p$ と V が対角行列になる) と仮定すれば単純化できる．$p \times l$ 行列 A の成分は，因子負荷量行列であり，直交回転にかぎり識別される．最も標準的な識別性の制約は，A の上側 $l \times l$ ブロックを対角成分が 1 の下側三角行列へセットすることであり，因子の解釈が容易になるが，すべての予測分布に関する推論はベクトル y_t 内の変数の順序に依存することになる．

ギブスサンプリングによる推測は，共役事前分布を仮定すれば容易である．システムパラメータ μ, A, $R_1, \ldots, R_p$, $\sigma_1^2, \ldots, \sigma_p^2$, V を与えれば，$x_{1:T}$ は，3.3.7 項のシミュレーションスムーザーを用いて発生でき，すべてのシステムパラメータは y と x で条件付けて更新する．しかしながら，一般にカルマンフィルタを計算するために要する時間が p に関して 2 次になるので，フルベイズの解析は，中程度の次元までだけで実行可能である．いくつかのケースで，カルマンフィルタは状態空間行列に既知の構造 (対角性のような) を利用すれば高速化できる．Koopman and Durbin (2000) を参照してほしい．

x_t と e_t が動的特性をもたない因子モデルはフィルタリングを必要とせず，変数数 p が数千をこえるときでさえ解析できる (因子負荷量に関する変数選択の先行研究として，Carvalho et al. 2008 を参照してほしい)．

条件付ガウス型 DFM は，システムベクトルと行列 g_t, H_t, G_t, f_t, F_t および Γ_t が離散潜在変数 K_t に従属すると仮定すれば得られる．Kim and Nelson (1999) はマルコフスイッチング DFM をビジネスサイクルの解析に適用した．Pitt and Shephard (1999c)，Aguilar and West (2000)，および Chib et al. (2006) は，因子が SV 過程に従うと考えることで，不均一分散多変量データをモデル化した．Del Negro and Otrok (2008) は，潜在因子と特殊成分両方に SV を許容する DFM により，国際的ビジネスサイクルの進展を研究した．そのモデルでは vec(A_t) の自由な成分個々を一変

量のランダムウォークで定式化することで時変因子負荷量を実現している.

3.6 一般状態空間モデルの MCMC による推測

本節は,一般の非ガウス型状態空間モデルの推測法を説明する.いくつかの特別なケースで,3.4.2 項で議論するように補助変数を導入すれば,効率的なサンプリングスキーム(正確または近似的な)が構成できる.しかし,そのアプローチがいつも使用できるわけではない.本節の目的に照らして,潜在状態 x_t はマルコフ性を有し,式 (3.2) と同様に式 (3.1b) を $p(x_{t+1}|x_t, y_t; \theta) = p(x_{t+1}|x_t; \theta)$ に簡略化する.

式 (3.3) で示した SV モデルは,非ガウス型状態空間モデルの例である.経済学の先行研究によれば,このモデルは Shephard (1996) が議論したよう,リターンをボラティリティでクラスタリングできる,権利価格に関するブラック–ショールズモデルの一般化になる.このモデルのパラメータ推定には,様々な方法論が提案されている.Harvey et al. (1994) は疑似最尤法を推奨し,一方 Jacquier et al. (1994) はパラメータ推定を MCMC 法で行った.そこでは,パラメータと未知のボラティリティの事後分布からマルコフ連鎖を構成している.最近の SV モデルの研究では,非線形性をより精緻にモデル化するために,レバレッジやジャンプを考えている.

2 つ目の例として,観測方程式がポアソン分布に従う下記の状態空間モデルを考える.

$$y_t \sim Po\{\exp(x_t)\}, \qquad x_{t+1} = \mu(1-\phi) + \phi x_t + \sigma_v v_t, \qquad t = 1, \ldots, T \quad (3.38)$$

対数強度 x_t は 1 次の自己回帰過程に従う.このモデルは例えば一時間内に履行された売買や取引の数の分布を表現できる.このモデルは信用リスクのモデル化にも使われる(例えば Lando 1998).また,式 (3.36) に示した二項モデルは,本節で考える非ガウス型状態空間モデルの例になる.

MCMC による推測の狙いは,式 (3.1a) と式 (3.1b) で構成される一般状態空間モデルに関する同時分布 $p(\theta, x_{1:T}|y_{1:T})$ からサンプリングすることである.この場合,状態方程式は $p(x_{t+1}|x_t; \theta)$ のように,マルコフ性を有する.ベイズ推測の問題は,3.3.7 項の議論と同一である.上述のようなモデルで用いる MCMC は,一般的に 2 つの主たるギブス型のステップへ分割できる.下記がそのアルゴリズムになる.

> **アルゴリズム 3.6(非ガウス型の MCMC)**: j 番目の繰り返しステップで,サンプル $\theta^{(j)}$ と $x_{1:T}^{(j)}$ を得ていると仮定する.$j+1$ 番目では,次の 2 つのステップを履行する(実際には時点数分この手順を繰り返す).
> 1) $\theta^{(j+1)}$ を $p(\theta|y_{1:T}; x_{1:T}^{(j)})$ からサンプリングする.
> 2) $x_{1:T}^{(j+1)}$ を $p(x_{1:T}|y_{1:T}; \theta^{(j+1)})$ からサンプリングする.

上記アルゴリズムは 3.3.7 項のアルゴリズム 3.3 と同一である.ただし,アルゴリズム 3.6 は,非ガウス型状態空間モデルで実施する.実際には,ステップ 1),2) とも

に，ギブスまたはメトロポリス–ヘイスティングスステップのいずれかを用いてサンプリングする．3.3.7項のアルゴリズム3.3は，ステップ2)でシミュレーションスムーザーを用いており，それがアルゴリズム3.3と3.6の違いである．

アルゴリズム3.6のアプローチでは，マルコフ連鎖での低混合の問題が生じる．この状況は，3.6.1項で定義する非効率性因子によって評価できる．また，パラメトリゼーションの問題は，3.6.2項で検討する．閉形で異なるパラメトリゼーションの非効率性を比較解析することは難しい．しかし，線形ガウス型状態空間モデルにおける閉形での非効率性の解析結果は，一般のモデルに対してもパラメトリゼーションの原理を示唆する．3.6.3項において，一般的には性能が高くないと考えられるシングルムーブ法（1回に1つの状態だけを動かす）を議論する．そこでは収束挙動に焦点を当てて，単純な状態空間モデルを用いた場合の解析的な結果を得る．3.6.4項ではシングルムーブ法の低混合の問題に対応するために，ブロック化（状態をブロックとしてとらえる）を検討する．

3.6.1　非効率性と収束性の問題

MCMCの効率性の問題は，Chibの5.3.4項（本書の第5章）で詳細な議論がなされている．$\{\theta^{(j)}\}$のモーメントの推定を考えてほしい．$E(g(\theta)|y)$の推定量の漸近分散は，非効率性τ_gの積と独立なサンプリングを用いたならば得られたであろうものの掛け算になる．ただし，τ_gはgに依存し，下記のように定義する．

$$\tau_g = \sum_{k=-\infty}^{\infty} \rho_k = 1 + 2\sum_{k=1}^{\infty} \rho_k$$

ρ_kは連鎖$g(\theta^{(j)})$の自己相関関数である．非効率性因子は，100個の独立なサンプルを用いた場合と同じ精度で$E(g(\theta)|y)$を推定するために，MCMCで$100 \times \tau_g$回の繰り返し計算を必要とする，と解釈する．実際上τは，マルコフ連鎖から得られるN個のサンプルを用いて，コレログラムとパーゼンカーネル（例えば，Priestley 1981を参照せよ）によって推定できる．他の推定量は5.3.4項で与えられている．

3.6.2　非効率性解析：パラメトリゼーション

パラメトリゼーションは統計モデルへMCMCを適用するとき重要になる．パラメトリゼーションの非常に単純な修正によって，非常に低速なマルコフ連鎖を独立に近いマルコフ連鎖に改善できる．一般に，再パラメトリゼーションに伴う計算コストやコーディングの複雑化はそれほど大きくない．

ここでの議論はPitt and Shephard (1999a) に従っている．Pitt and Shephard (1999a) は，階層線形モデルのパラメトリゼーションの問題を取り扱ったGelfand et al. (1995) とRoberts and Sahu (1997) の研究を拡張した．彼らは，具体的にパラメトリゼーションの違いが状態空間モデルのMCMC推測に与える問題を検証した．

Pitt and Shephard (1999a) は下記の AR(1)+ ノイズモデルを用いた議論を展開した．

$$y_t = \mu + x_t^* + \sigma_e e_t, \qquad x_{t+1}^* = \phi x_t^* + \sigma_v v_t \qquad (3.39)$$

誤差項 e_t と v_t は独立な標準正規分布に従う確率変数である．パラメータ σ_e^2, σ_v^2 および ϕ は既知で，定常性を担保するために $|\phi| < 1$ とした．未知のパラメータは，観測値の無条件平均 μ だけという問題設定である．式 (3.39) のパラメトリゼーションは，非中心化と呼ばれる（Roberts and Sahu 1997 を参照せよ）．このモデルと同値な中心化したパラメトリゼーションは下記になる．

$$y_t = x_t + \sigma_e e_t, \qquad x_{t+1} = \mu(1-\phi) + \phi x_t + \sigma_v v_t \qquad (3.40)$$

どちらのモデルも，ギブスサンプラーを用いて推定できる．中心化モデルにおいてアルゴリズムは，共役事前分布を使用すれば閉形で表現できる $p(\mu|y_{1:T}; x_{1:T})$ から μ をサンプリングするステップとシミュレーションスムーザー（式 (3.11)）を用いて $p(x_{1:T}|y_{1:T}; \mu)$ から $x_{1:T}$ を生成するステップで構成される．非中心化パラメトリゼーションの場合も平均 μ と $x_{1,T}^*$ を同様のアルゴリズムでサンプリングできる．両モデルの状態の周辺分散は $\sigma_x^2 = \sigma_v^2/(1-\phi^2)$ であるが，2つの連鎖は根本的に異なる挙動になる．

Pitt and Shephard (1999a) は，$T \to \infty$ （実際上，これは中程度の T でも成立する）のとき，パラメータ μ に関する非中心化パラメトリゼーションと中心化パラメトリゼーションの相対的効率性（3.6.1 項に示した非効率性の比）は下記の区間内に存在することを示した．

$$\left(\frac{1}{2} \frac{\sigma_x^2}{\sigma_e^2} \frac{(1+\phi)}{(1-\phi)}, \quad 2 \frac{\sigma_x^2}{\sigma_e^2} \frac{(1+\phi)}{(1-\phi)} \right) \qquad (3.41)$$

$\phi \to 1$ のとき，パラメトリゼーションの違いによってパフォーマンスに大きな差が生じる．例えば，$\sigma_x^2 = 2$, $\sigma_e^2 = 0.1$, $\phi = 0.99$ である．持続性の高い，密に観測された過程の場合，S/N 比，σ_x^2/σ_e^2 は大きくなる．この場合，中心化パラメトリゼーション（独立サンプルに近いものを与える）は，非中心化パラメトリゼーションより，近似的に 8000 倍効率的になる．換言すれば，もし $E(\mu|y_{1:T})$ を推定したいならば，中心化パラメタリゼーションの 100 回の繰り返し計算で得られるものと同じ精度を得るために，非中心化パラメトリゼーションに適用したギブスサンプラーでは 800,000 回の繰り返し計算を必要とすることになる．重要なのは，Pitt and Shephard (1999a) が，$\phi \to 1$ のとき中心化パラメトリゼーションを採用した場合のギブスサンプラーのサンプル自己相関は 0 に近づき，一方，非中心化パラメトリゼーションのサンプル自己相関は 1 に近づくことを示したことである．これらに関する詳細な議論は Frühwirth-Schnatter (2004) を参照してほしい．

ここまでの議論は，ガウス型の状態遷移方程式と指数型分布族に属する観測方程式のモデルでも当てはまり，結果的に観測方程式は状態ベクトルに関して単峰で対数凸

型になる．例えば，Pitt and Shephard (1999a) は，式 (3.3) の中心化された SV モデルが非中心化 SV モデルより，特に $\beta = \exp(\mu/2)$ を推定する際に効率的なことを示した．

$$y_t = \epsilon_t \beta \exp(x_t^*/2), \quad x_{t+1}^* = \phi x_t^* + \sigma_v v_t \qquad (3.42)$$

同様の議論がポアソンモデルにも適用でき，式 (3.38) がその中心化パラメトリゼーションになる．非中心化パラメトリゼーションは $y_t \sim Po\{\beta \exp(x_t^*)\}$ によって与えられ，$x_{t+1}^* = \phi x_t^* + \sigma_v v_t$ が成立する．SV モデルの S/N 比は，通常中程度（各々の観測値がそれほど情報をもたない）になる．しかしながら，持続性が上昇するとき（$\phi \to 1$），中心化パラメトリゼーションを用いれば，高い効率性が実現できる．この例は，ベイズ推測が他の方法によって効率的に履行できる人工的モデルであるが，上記で説明したパラメトリゼーションは，より複雑なモデルにも適用できるため，モデル化する際に有益な知見になる．

非線形・非ガウス型モデルにおいて，S/N 比，σ_x^2/σ_e^2 はやはり重要である．SV モデルのような非ガウス型モデルにおいて，それは $\log p(y_t|x_t)$ の曲率が σ_e^2 の代わりに使用できる．特に，条件付の情報行列である，下記式の測度が使用できる．

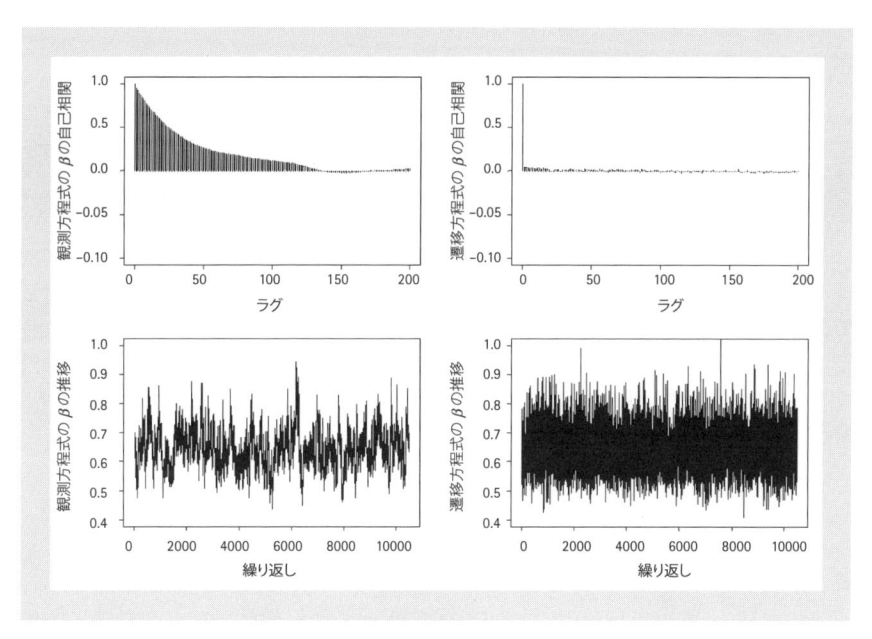

図 3.3 SV モデル

他のパラメータを $\phi = 0.98$, $\sigma_v^2 = 0.02$ と固定した $\beta = \exp(\mu/2)$ の 10,000 回の MCMC サンプルに関するコレログラムとサンプルパスである．左側が非中心変数変換で，右側が中心化変数変換である．

$$V = -E_{p(x_t)}\left\{\left[E_{p(y_t|x_t)}\left(\frac{\partial^2 \log p(y_t|x_t)}{\partial x_t^2}\right)\right]^{-1}\right\} \quad (3.43)$$

式 (3.39) あるいは式 (3.40), どちらの AR(1)+ ノイズモデルでも, 期待されるように $V = \sigma_e^2$ になる. SV モデル (どちらの定式化でも) では, $V = 2$ になる. 一般の場合, 式 (3.41) の σ_e^2 の代わりに V を使用すれば他のパラメトリゼーションを用いるメリットを理解できる. 図 3.3 は, SV モデルに中心化パラメトリゼーションを用いた場合の利点を示す ($T = 1000$). 説明のために, $\beta = \exp(\mu/2)$ だけをサンプリングした (他の 2 つのパラメータは固定とする). アルゴリズム 3.6 のステップ 2) に示した状態のサンプリングには, 3.6.4 項で詳述するブロックサンプラーを使用した (平均ブロックサイズは 100). その修正で, 効率性が相当向上しているとわかる. 一般に, もし観測値が情報量が大きかったり, その過程が永続的であったりするならば, 中心化パラメトリゼーションで大きなゲインを得られる.

本項には, 状態空間モデルのパラメトリゼーションが, 収束に影響すること, 一般に再パラメトリゼーションの手続きは非常に単純で, 非常に大きな性能の向上をもたらすことを示した. なお, どのパラメトリゼーションが良いのか明確でない場合, MCMC の中で複数のパラメトリゼーションを切り換えて使用することもできる.

3.6.3 非効率性解析：シングルムーブ型状態更新

$p(x_{1:T}|y_{1:T};\theta)$ から $x_{1:T}^{(j+1)}$ をサンプリングする, 非ガウス型アルゴリズム 3.6 のステップ 2) は, ステップ 1) よりも複雑であり状態ベクトルが $x_{1:T}$ が時系列全体を含むとき最も高次元になる. そのサンプリングには, いくつかの戦略が考えられる.

1 つの方法は, 他の状態変数, 観測値およびパラメータのすべてで条件付けし, 1 つ 1 つの状態をギブス型 (またはギブス型に M–H 型をプラグインする) ステップで $p(x_{1:T}|y_{1:T};\theta)$ から x_t をサンプリングする方法になる. すなわち, $t = 1,\ldots,T$ に対して, $p(x_t|x_{\backslash t},y_{1:T};\theta)$ からサンプリングするのである. ただし, $x_{\backslash t} = \{x_{1:t-1}, x_{t+1:T}\}$ とする. 観測方程式, 式 (3.1a) と状態遷移方程式, 式 (3.2) で定式化される状態空間モデルにおいて, Carlin et al. (1992) は, 下記式が成立することを示した. ただし, 端点 $t = 1$ と $t = T$ では修正を必要とする.

$$\begin{aligned} p(x_t|x_{\backslash t},y_{1:T};\theta) &\propto p(y_t|x_t;\theta)p(x_t|x_{t-1};\theta)p(x_{t+1}|x_t;\theta), \quad t \neq 1,T \\ &\propto p(y_t|x_t;\theta)p(x_t|x_{t-1},x_{t+1};\theta) \end{aligned} \quad (3.44)$$

式 (3.44) は, 状態遷移方程式のマルコフ性から得られる. x_t の条件付分布, 式 (3.44) は, 隣接する x_{t-1}, x_{t+1}, 観測値 y_t, そしてパラメータだけに従属し, $p(x_t|x_{\backslash t},y_{1:T};\theta) = p(x_t|x_{t-1},x_{t+1},y_t;\theta)$ が成立する. $t = 2,\ldots,T-1$ に対して, 状態は $p(x_t^{(j+1)}|x_{t-1}^{(j+1)},x_{t+1}^{(j)},y_t;\theta)$ によって更新できる. 端点条件は, $p(x_1^{(j+1)}|x_2^{(j)},y_1;\theta)$ および $p(x_T^{(j+1)}|x_{T-1}^{(j+1)},y_T;\theta)$ として処理することになる. 式

(3.44) の密度の次元は低く（状態の次元），提案分布の構成は比較的容易である．しかし，そのマルコフ連鎖は低混合で性能が良くないことが多い．

前段の議論は，単純で解析的に扱いやすい式 (3.40) に示すモデルを用いれば確認できる．パラメータ $\theta = (\mu, \phi, \sigma_v^2, \sigma_e^2)$ は固定し，状態の事後分布 $p(x_{1:T}|y_{1:T}; \theta)$ だけが興味の対象であると仮定する．もし，ガウス型で，式 (3.44) の更新の枠組みにおいて一変量になるならば，ギブスサンプラーの出力で $E(x_{1:T}^{(j+1)}|x_{1:T}^{(j)}) = C + Ax_{1:T}^{(j)}$ を満たす線形 VAR(1) を得る (Roberts and Sahu 1997 を参照)．この場合，$x_{1:T}$ の最も低混合の成分の効率性を規定するのは持続性行列 A のスペクトル半径 $\rho(A)$（最大固有値）になる．Pitt and Shephard (1999a) は，ギブス連鎖の持続性 ρ は，下記式を満たすことを示した．

$$\lim_{T \to \infty} \rho = 4 \frac{\phi^2}{(1 + \phi^2 + (1 - \phi^2)\sigma_x^2 \sigma_e^{-2})^2} \quad (3.45)$$

この場合も $\sigma_x^2 = \sigma_v^2/(1 - \phi^2)$ と $\sigma_x^2 \sigma_e^{-2}$ は S/N 比になる．もし，ρ が 1 に近いならば，収束は遅い．式 (3.45) から，$|\phi| \to 1$ のとき，$\rho \to 1$ が成立する．一方で，この閉型の結果は線形ガウス型状態空間モデルだけで成立するが，一般的なモデルでも同様の関係が類推できる．もし，S/N 比 $\sigma_x^2 \sigma_e^{-2}$ が非常に小さいならば，$\phi \to 1$ のとき，急激に ρ が 1 に近づく．この状況は，SV モデルのように高い持続性をもつ離散時間モデルにおいて重大な問題になる．このような性質を有するものとしては，細かく離散化された時間システム（オイラーの手順，例えば Kloeden and Platen 1992) によって近似された連続時間でのモデルがあり，大きな問題になる．より一般的なモデルにおける式 (3.45) 内の ρ は，パラメータ θ をサンプリングするメトロポリスの棄却ステップの収束率の下限と考えられる．Liu et al. (1994) は，この問題への対処としてブロック化によって一般的な統計モデルにおける収束速度を改善できることを示した．

3.6.4 ブロックとして状態をシミュレーションする

シングルムーブ法は理論的にも実際にも，低速混合の MCMC 連鎖が生じる．本項では Shephard and Pitt (1997) に従い，下記に示すモデルに対して状態をブロックとして効率的にサンプリングする MCMC を用いる．

$$y_t \sim p(y_t|s_t), \qquad s_t = Hx_t, \qquad x_{t+1} = f + Fx_t + \Gamma u_t \quad (3.46)$$

このモデルでは，線形ガウス型の状態遷移方程式になる．信号 s_t は，H が低次元になるように一変量と仮定する．ベクトル H と f，行列 F と Γ は，未知パラメータ θ に従属し，$u_t \sim N(0, I)$ とする．以降の議論は式 (3.46) の観測方程式が非線形・非ガウスの場合にも成立するが，$\log p(y_t|s_t) = l(s_t)$ が信号 s_t の一変量の凸関数になるとき最もよく働く．こういった性質のモデルには，SV モデルやポアソン時系列モデルがある．

本項a. では，固定の状態や信号をどのように確率的に位置付けるかを詳述する．b. では，2つのつなぎ目で状態の真の条件付密度をどのように定式化するかを詳述する．c. では，この提案密度が線形ガウス型状態空間モデルとしてどのように理解し得るのか，しかもそこからどのようにサンプリングするのかを示す．信号を展開する点として，条件付密度のモードを選択するが，それはd. で詳述する．最後に，e. には，状態のブロックを更新するかどうか決定するためのメトロポリス法の構成法を詳述する．

なお，ブロックサンプリングは，各々のブロックが1つの状態からなるならばシングルムーブサンプリングと同一である．

a. 確率的節目

時間領域上に幅広く配置された状態の固定の数 $\mathcal{K}$ は，MCMC法の1回の繰り返しで固定するため確率的に選択される．それらは「節目」として知られ，サンプルサイズが大きくなったとき，そのアルゴリズムが棄却数の増大によって失敗しないことを保証する．節目はランダムに選択されるので，条件点は繰り返しごとに変化する．我々は，確率的節目 (stochastic knots) の集合 $\kappa = (\kappa_1, \ldots, \kappa_\mathcal{K})'$ を操作する．また，それらは $\{1, 2, 3, \ldots, T\}$ から重複なしでサンプリングする．対応する K 個の状態は，$(x'_{\kappa_1}, \ldots, x'_{\kappa_\mathcal{K}})'$ になり，対応する信号 $(s_{\kappa_1}, \ldots, s_{\kappa_\mathcal{K}})$ は固定されたものとみなす．

節目の選択は，ランダムにしかもMCMC過程の出力とは独立に下記のアルゴリズムで行う．

> **アルゴリズム 3.7（確率的節目の選択）：** $i = 1, \ldots, \mathcal{K}$ に対して：
> $\kappa_i = \mathrm{int}\{T \times (i + U_i)/(\mathcal{K} + 2)\}$ とセットする．ただし，U_i は $(0,1)$ 上の一様乱数とする．もし，$\kappa_i \leq \kappa_{i-1}$ ならば $\kappa_i > \kappa_{i-1}$ が成立するまで繰り返し U_i を発生させる．

アルゴリズム3.7において，$\mathrm{int}(\cdot)$ は最も近い整数を示す．与えられた $\kappa_i, i = 1, \ldots, \mathcal{K}$ に対して，サンプリングされる状態のブロックは，$x_{\kappa_{(i-1)}+1_{\kappa_{i-1}}}, i = 1, \ldots, \mathcal{K}$ になる．ただし，$\kappa_0 = 0$ とする．例えば，大きさが $T = 1000$ の時系列に対して（1回のMCMCの繰り返しに対して），固定されたものとして10個の状態（節目）をもち得る．これらの状態間で更新するブロックの平均的なサイズは99になる．シングルムーブサンプリングは $K = T-1$ の，通常 $x_t, t = 1, \ldots, T$ の順に x_t を生成するこのアルゴリズムの特別なケースである．

b. 提案密度

$x_{t:t+k}$ は生成したい状態のブロックとする．MCMCでは，x_{t-1}, x_{t+k+1} と $y_t, \ldots, y_{t+k}$ で条件付すれば得られる．$x_{t:t+k}$ のある事前推定量 $\hat{x}_{t:t+k}$ のまわりの，2次近似に基づく下記に示す条件付密度を提案密度として用いる．

$$\log p(x_{t:t+k} \mid x_{t-1}, x_{t+k+1}, y_{t:t+k}) = -\frac{1}{2} u'_{t:t+k} u_{t:t+k} + \sum_{i=t}^{t+k} l(s_i),$$

$$x_{i+1} = f + Fx_i + \Gamma u_i, \qquad s_i = Hx_i$$

$$\simeq -\frac{1}{2} u'_{t:t+k} u_{t:t+k} + \sum_{i=t}^{t+k} \biggl(l(\hat{s}_i) + (s_i - \hat{s}_i)^T l'(\hat{s}_i)$$

$$+ \frac{1}{2}(s_i - \hat{s}_i)^T D_i(\hat{s}_i)(s_i - \hat{s}_i) \biggr)$$

$$= \log g(x_{t:t+k} \mid x_{t-1}, x_{t+k+1}, y_{t:t+k}) \tag{3.47}$$

$s_{t:t+k} = (s_t, \ldots, s_{t+k})$ の対応する推定量は $\hat{s}_{t:t+k}$ になる.式 (3.47) において,$l(s_t) = \log f(y_t|s_t)$ であり,$l'(s_t)$ と $l''(s_t)$ はその一階微分,二階微分に対応する.イノベーション u_t は暗黙に状態の関数とみなされる(この時点でまだ特定化していない).行列 $D_i(s)$ は,s の関数としていたる所で負値定符号になると仮定する.通常,その近似が 2 次のテーラー展開になるように,$D_i(\hat{s}_i) = l''(\hat{s}_i)$ とする.この設定は,多くの場合都合が良い.SV モデル,ポアソンおよび二項モデルを包含する凸な l に対して,l'' はほとんどいたるところで負値になる.しかしながら,凸にならない場合をカバーするために D_i の二階微分が存在しない可能性を許容する.

この展開の魅力的な点は,メトロポリスステップで使用する比率 f/g が,$l(s_i)$ と $\tilde{l}(s_i) = l(\hat{s}_i) + (s_i - \hat{s}_i)^T l'(\hat{s}_i) + \frac{1}{2}(s_i - \hat{s}_i)^T D_i(\hat{s}_i)(s_i - \hat{s}_i)$ 間の差だけに影響され,遷移密度 $u'_{t:t+k} u_{t:t+k}$ には影響されない点である.これは,x_i の次元が大きくなったときでも,アルゴリズムが非効率にならないことを示唆する.このアプローチは,x_t の次元が大きくなった際に使用できなくなる,Kitagawa (1987)(数値積分を使用)のような他のアプローチと比較してみるとよい.

上述のアプローチは,$\sum_{i=t}^{t+k} l(s_i)$ が例えば多峰になるなど,標準的な形ではない場合,修正しなければならない.ただし,この課題に関してここではこれ以上言及しない.

c. 線形ガウス型状態空間モデルを用いたブロックの生成

式 (3.47) によって定義される密度 g は,非常に次元が大きい多変量正規分布であるが,良い近似が存在するという光明がある.ここで下記式が成立する.

$$\log g = -\frac{1}{2} u'_{t:t+k} u_{t:t+k}$$

$$+ \sum_{i=t}^{t+k} \biggl(l(\hat{s}_i) + (s_i - \hat{s}_i)^T l'(\hat{s}_i) + \frac{1}{2}(s_i - \hat{s}_i)^T D_i(\hat{s}_i)(s_i - \hat{s}_i) \biggr)$$

$$= c - \frac{1}{2} u'_{t:t+k} u_{t:t+k} - \frac{1}{2} \sum_{i=t}^{t+k} (\hat{y}_i - s_i)^T V_i^{-1} (\hat{y}_i - s_i) \tag{3.48}$$

ただし,$i = t, \ldots, t+k$ に対して $\hat{y}_i = \hat{s}_i + V_i l'(\hat{s}_i)$ が成立し $V_i^{-1} = -D_i(\hat{s}_i)$ は,式 (3.48) 内の s_i のベキ係数と等しくすれば得られる.この近似密度は,疑似測定値 $\hat{y}_i$ にガウス型の観測密度を,状態に標準的な線形ガウス型のマルコフ連鎖事前分布を仮定した,

線形ガウス型状態空間モデルのものと考えられる．そして，$x_{t:t+k}|x_{t-1}, x_{t+k+1}, y_{t:t+k}$ の近似した同時密度は，下記のように書き下せば計算できる．

$$\begin{aligned} \hat{y}_i &= s_i + \varepsilon_i, \quad \varepsilon_i \sim \mathsf{N}(0, V_i) \\ s_i &= H x_i, \quad i = t, \ldots, t+k, \\ x_{i+1} &= f + F x_i + \Gamma u_i, \quad u_i \sim \mathit{NID}(0, I) \end{aligned} \quad (3.49)$$

節目は，$i = t-1$ と $i = t+k+1$ のとき $\hat{y}_i = x_i$ とセットし，観測方程式を $\hat{y}_i = x_i + \varepsilon_i$，$\varepsilon_i \sim \mathsf{N}(0, \delta I)$ と構成すれば固定できる．ただし，それら節目のポジション，$i = t-1$ と $i = t+k+1$ で δ は非常に小さい．これは線形ガウス型状態空間モデルであり，疑似観測値 $\hat{y}_{t:t+k}$ の構成した集合上でシミュレーションスムーザーを用いれば $x_{t:t+k} \mid x_{t-1}$，x_{t+k+1}，$\hat{y}$ からシミュレートできる．

ここまでガウス型提案密度からどのようにサンプリングするかの概要を述べてきた．同じ平均と共分散行列をもち，かつ，裾野重い提案分布を表現するために小さい自由度をもつ多変量 t 密度からサンプリングするためには，この提案密度に単純な修正を施せばよい．

d. $\hat{s}_t, \ldots, \hat{s}_{t+k}$ を見つけ出す

2 次展開が履行される点，$\hat{s}_{t:t+k}$ の妥当な値を選択することは重要である．$f(s_{t:t+k}|x_{t-1}, x_{t+k+1}, y_{t:t+k})$ のモードが最も直接的な選択になる．それを行うために，$\hat{s}_{t:t+k}$ の任意の初期値まわりで展開し，結果として生じた期待平滑化の平均を $\hat{s}_{t:t+k}$ にセットし，それから $\hat{s}_{t:t+k}$ を再度展開する，などの手順が考えられ，$f(s_{t:t+k}|x_{t-1}, x_{t+k+1}, y_{t:t+k})$ のモードとして $\hat{s}_{t:t+k}$ を得ることを保証する．これは，凸の目的関数上の解析的な 1 次と 2 次の微分を用いた効率的なニュートン–ラプソン法（ここでは明示的にヘッシアンの計算を避けているので）である．上記で，提案した近似は，非常に高次元な密度関数へのラプラス近似として解釈でき得る．使用した近似の妥当性は MCMC 法の効率性に影響する．なぜならば，近似精度を高めることが目的というより提案密度として使用するために近似を行っているからである．実際には，少ない繰り返し，例えば平滑化アルゴリズムを 3 回程度行った後で，そのモードに非常に近い $\hat{s}_{t:t+k} = (\hat{s}_t, \ldots, \hat{s}_{t+k})$ の列が得られる．ただし，モードへの収束状況は標準的な方法でモニターしなければならない．その際，その展開が提案した MCMC サンプラーの繰り返しごとに行われるため，収束が速いことは非常に重要になる．

e. メトロポリスの採択確率

ここでは，ブロックで状態を生成する際に用いる M–H 採択確率について説明する．$x_{t:t+k}^o$, $x_{t:t+k}^n$ は，状態 $x_{t:t+k}$ の現在値と提案値であり，それぞれ対応する信号を $s_{t:t+k}^o$ と $s_{t:t+k}^n$ とする．そのブロックは，$g(x_{t:t+k} \mid x_{t-1}, x_{t+k+1}, y_{t:t+k})$ から生成する．この場合，$x_{t:t+k}^n$ になる確率は，下記になる．

$$\Pr(x_{t:t+k}^o \to x_{t:t+k}^n) = \min\left\{1, \frac{\omega(s_{t:t+k}^n)}{\omega(s_{t:t+k}^o)}\right\} \quad (3.50)$$

ただし，$\omega(\cdot)$ は下記のとおりである．

$$\omega(s_{t:t+k}) = \exp\{l(s_{t:t+k}) - \tilde{l}(s_{t:t+k})\} = \exp\left(\sum_{i=t}^{t+k}\left\{l(s_i) - \tilde{l}(s_i)\right\}\right)$$

多くの問題で $\omega(s_{t:t+k})$ は，1 に近い値になり両ステージで高い採択確率が生じる．固定した節目間のすべてのブロックは，状態を介して完全な MCMC の繰り返しを定義するこの方法でサンプリングされる．

3.6.5　シミュレーションによる検証：SV モデルに関するシングルムーブとマルチムーブの比較

　観念的にいえば，すべての状態は $\log g(x_{1:T}|y_{1:T})$ から節目なしでサンプリングできる．この処理は T が小さい場合よく稼働するが，T が大きくなると採択確率が急激に低下する．実際に，小さいブロックサイズ（多くの節目をもつ）の場合は，高い採択確率が生じるが，一方，それら小ブロック間に高い事後相関が生じる．ブロックサイズが大きい場合，事後相関は低くなるが，採択確率も小さくなる．一般的に，より良い混合を達成するためには，それら規準間のトレードオフに注意しなければならない．

　シングルムーブ法が高い性能で稼働しない状況をもたらす永続性の問題は，大きなブロックサイズにすれば改善できる．なぜならば，これは状態方程式の 2 次の項が対数事後分布に影響するからである．永続性が低ければ，逆に大きなブロックをとることはできないが，低混合の問題は生じない．

　シミュレーションデータは，レバレッジをもたない，式 (3.3) に示した SV モデルに関する週別および日別の金融データセットに関する典型的な問題を反映する（2 つのパラメータ集合を設定）ようにデザインした．週別の場合，$\mu = 0$, $\sigma_u^2 = 0.1$ と $\phi = 0.9$ に，一方日別の場合，$\mu = 0$, $\sigma_u^2 = 0.01$ と $\phi = 0.99$ と設定した．MCMC は，シミュレーションデータを用いて，シングルムーブアルゴリズムよりブロックアルゴリズムの効率性が高いことを示すために行う．表 3.1 には，$T = 1000$ のシミュレーション結果を示した．シミュレーションにおいて，パラメータは固定し，中間状態 x_{500} に対してパーゼンカーネルを用いて推定した非効率性を示した．表中の数字は，様々なブロックサイズ（節目の数）ごとのブロック法に対するシングルムーブ法の非効率性の比を示す．マルチムーブサンプラーはすべてのケースでシングルムーブサンプラーより性能が良い．節目の数が 0，すなわち，すべての状態が同時にサンプリングされるとき，週別パラメータケースのゲインはそれほど大きくない．一方，日別パラメータケースのゲインは相当大きい．これは，ガウス型 AR(1) 事前分布が高い永続性を有するため，正規近似が日別パラメータでよりよく機能したため生じた．この理解は重要で，この状況が，シングルムーブ法が特によく機能しないケースに当てはまる．節目の数に関しては次のことがわかる．もし節目の数が多いならば，ブロックサイズは低次元になりメトロポリス法は高い頻度でサンプルを採択することになり，個々の正規

表 **3.1** シングルムーブギブスサンプラーに対するブロックサンプラーの相対的効率性

	$\mathcal{K}=0$	$\mathcal{K}=1$	$\mathcal{K}=3$	$\mathcal{K}=5$	$\mathcal{K}=10$	$\mathcal{K}=20$	$\mathcal{K}=50$	$\mathcal{K}=100$	$\mathcal{K}=200$
週別パラメータ	1.7	4.1	7.8	17	45	14	12	4.3	3.0
	$\mathcal{K}=0$	$\mathcal{K}=1$	$\mathcal{K}=3$	$\mathcal{K}=5$	$\mathcal{K}=10$	$\mathcal{K}=20$	$\mathcal{K}=50$	$\mathcal{K}=100$	$\mathcal{K}=200$
日別パラメータ	66	98	98	85	103	69	25	8.5	2.5

注釈: $\mathcal{K}$ は使用した確率的節目の数である．図は計算した分散の比率であり，効率性の向上を反映する．分散は，日別のパラメータでのシングルムーブサンプラーを除いて，すべてのケースに関する 10,000 ラグと 100,000 回の繰り返しを用いて計算した．この問題に関して，すべてのケースで初期稼働期間はラグ数と同じものとした．

近似の精度は高くなる．一方，繰り返し間の相関が高いため以前の MCMC ステップで得た多くの状態を保持することになる．この例では，マルチムーブ法がブロックサイズに反応するかどうかはわからないが，少なくともこのシミュレーションで最も良い節目の数は 10 個だとわかる．

3.7 粒子フィルタ（パラメータが既知の場合）

本節では，下記の状態空間モデルでパラメータを既知のものとして取り扱う．

$$y_t \sim p(y_t|x_t), \qquad x_{t+1} \sim p(x_{t+1}|x_t), \qquad t=1,\ldots,T \tag{3.51}$$

上記式は，一般状態空間モデル式 (3.1a) と式 (3.2) に対応する．パラメータは表記の単純化のために記載しない．3.8 節ではパラメータを同時に推定する粒子フィルタを取り扱う．

粒子フィルタは，時間進展に沿ってフィルタリング分布からサンプルを連続的に得るための一般的なアプローチとして，Gordon et al. (1993) が提案した．すなわち，$i=1,\ldots,M$ および $t=1,\ldots,T$ に関して $x_t^i \sim p(x_t|y_{1:t})$ と処理する．Gordon et al. (1993) の基本的なサンプリング重点リサンプリング (SIR) フィルタで必要なことは，遷移密度 $p(x_{t+1}|x_t)$ から x_{t+1} をシミュレートし，観測密度 $p(y_t|x_t)$ を評価することだけである．これは，$p(x_{t+1}|x_t)$ を計算しなければならない，上述した MCMC よりも明らかに容易である．

フィルタリングのための最も単純なアプローチは，MCMC を用いて個々の $t=1,\ldots,T$ に対して $p(x_{1:t}|y_{1:t})$ から独立にサンプリングすることである．これは，T が大きい場合法外な計算量になる．具体的には，オーダーが $O(T^2)$ のアルゴリズムになる．粒子フィルタはオーダーが $O(T)$ であり，MCMC よりも効率的である．

3.7.1 サンプリング重点リサンプリング (SIR)

本項で Gordon et al. (1993) の SIR のアルゴリズムを詳述するが，原著の SIR の論文で使われたブースティングを使用せずに単独のリサンプリングステップにそのアル

ゴリズムを修正する．この検証は，Carpenter et al. (1999) と関連している．Gordon et al. (1993) のアルゴリズムは，Kitagawa (1996) でも独立に提案されている．SIR 法の利点は，その単純性に加えて，マルコフ遷移密度 $p(x_{t+1}|x_t)$ からサンプリングすることだけが必要とされる点である．モデルによっては複雑な，遷移密度 $p(x_{t+1}|x_t)$ を評価する必要はない．

下記が基本的な SIR アルゴリズムの概要である．アルゴリズムは，$t=0$ で x_0^k，$k=1,\ldots,M$ を，もし存在するならば（例えば SV モデルなどにおいて），一般的に定常分布になる $p(x_0)$ からサンプリングすることからはじめる．初期値の議論は，3.3.6 項を参照してほしい．

アルゴリズム 3.8（SIR）： $t=0,\ldots,T-1$ に対して：
サンプル $x_t^k \sim p(x_t|y_{1:t})$ を得ていると仮定する．
1) $k=1:M$ に関して，$\tilde{x}_{t+1}^k, (k=1,\ldots,M)$ を $p(x_{t+1}|x_t^k)$ からサンプリングする．
2) $k=1:M$ に関して，下記の正規化した重みを計算する．

$$\omega_{t+1}^k = p(y_{t+1}|\tilde{x}_{t+1}^k), \qquad \pi_{t+1}^k = \frac{\omega_{t+1}^k}{\sum_{i=1}^M \omega_{t+1}^i}$$

3) $k=1:M$ に関して，x_{t+1}^k を（その混合分布）$\sum_{i=1}^M \pi_{t+1}^i \delta(x_{t+1}-\tilde{x}_{t+1}^i)$ からサンプリングする．

$\delta(z)$ はディラックのデルタ密度である．粒子 $\{x_{t+1}^k, k=1,\ldots,M\}$ が時点 $t+1$ でのフィルタリング密度を表現する．$x_{t+1}^k \sim p(x_{t+1}|y_{1:t+1})$ は確率 π_{t+1}^k をもつインデックス k のサンプリングであるステップ 3) を実行したのちに得られ，状態の次元とは無関係に一変量の問題になる．この多項サンプリングは，重み付けブートストラップとして参照され（Rubin 1988 参照），オーダーが $O(M)$ の計算である．多項サンプリングの手順は 3.7.2 項で詳述する．重点リサンプリングの理論的正当性は，Rubin (1988) や Smith and Gelfand (1992) が示している．

ステップ 3) は，下記式によって与えられる時点 $t+1$ の近似フィルタリング密度から，x_{t+1}^k をサンプリングする手順を含む．

$$\tilde{p}_M(x_{t+1}|y_{1:t+1}) = \sum_{i=1}^M \pi_{t+1}^i \delta(x_{t+1}-\tilde{x}_{t+1}^i) \tag{3.52}$$

典型的に要約統計量はアルゴリズム 3.8 からの出力として時点ごとに記録される．モーメント $\Psi = E[g(x_{t+1})|y_{1:t+1}]$ を推定するためには，

$$\hat{\Psi} = \frac{1}{M}\sum_{k=1}^M g(x_{t+1}^k) \quad \text{または} \quad \tilde{\Psi} = \sum_{i=1}^M \pi_{t+1}^i g(\tilde{x}_{t+1}^i)$$

のどちらかを使用する．推定量 $\hat{\Psi}$ の計算にはアルゴリズム 3.8 のステップ 3) から得られるサンプル x_{t+1}^k を使用する．ラオ–ブラックウェル化推定量 $\tilde{\Psi}$ は，式 (3.52) の下で $g(x_{t+1})$ の期待値をとる．2 つの推定量の期待値は，式 (3.52) から得られた x_{t+1}^k を用いるので同一になるが，ラオ–ブラックウェル化推定量はより小さい分散をもち，その意味で望ましい性質を有する．

SIR アルゴリズム内のステップは，3.2.2 項と 3.3.1 項で詳述した標準的なカルマンフィルタでの更新と同等である．SIR 法の Pitt and Shephard (1999b) による記述は，予測と更新のステージを明示的に比較しているため有益である．彼らはその混合を下記のように表現した．

$$\hat{p}_M(x_{t+1}|y_{1:t}) = \frac{1}{M}\sum_{i=1}^{M} p(x_{t+1}|x_t^i) \tag{3.53}$$

経験予測密度としての $x_t^i \sim p(x_t|y_{1:t})$ は，SIR アルゴリズムのステップ 1) で x_{t+1} をサンプリングする際に用いる密度であり，真の予測密度 $p(x_{t+1}|y_{1:t}) = \int p(x_{t+1}|x_t)p(x_t|y_{1:t})dx_t$ の近似になる．

式 (3.53) に対応する経験フィルタリング密度は，下記式で与えられる．

$$\hat{p}(x_{t+1}|y_{1:t+1}) \propto p(y_{t+1}|x_{t+1})\hat{p}(x_{t+1}|y_{1:t}) \tag{3.54}$$

これは x_{t+1} をサンプリングするために必要となる密度でもある．この手順はステップ 2)，3) で達成され，ベイズ更新で使う標準的なリサンプリング手順になる (Smith and Gelfand 1992; Rubin 1988 を参照のこと)．今，観測方程式 $p(y_{t+1}|x_{t+1})$ によって重み付けできる，$\hat{p}(x_{t+1}|y_{1:t})$ からのサンプルを得ているものとする．リサンプリングには，SIR アルゴリズムのステップ 3) と同様に，重み付けブートストラップ (Rubin 1988) を用いる．

この方法での SIR アルゴリズムの解析は有益である．その更新は幅広く使用されるカルマンフィルタと同等であるばかりでなく，このアルゴリズムが失敗するケースを事前に想定できる．更新のロジックは，式 (3.54) を検証すれば，右辺の第 2 項からサンプルを生成し，第 1 項 (観測密度) によって再重み付けすることだとわかる．もし，顕著なピークをもつあるいは $\hat{p}(x_{t+1}|y_{1:t})$ に対して情報量の高い観測値 (x_{t+1} の関数として) が存在するならば，この方法はあまりよく機能しない．なぜならば，ステップ 2) 内で，適切な重み π_{t+1} をもつ x_{t+1} が非常に少なくなり，結果として，ステップ 3) 内でそれら少数のサンプルだけをリサンプリングすることになるからである．これは，もし外れ値が存在したり，モデルの特定化が不十分だったりするとき，重大な問題になる．この問題は，3.7.4 項で議論する補助粒子フィルタによっておおむね回避できる．

補助粒子フィルタに進む前に，パラメータ θ を再導入し，その対数尤度を確認しておく．

3.7 粒子フィルタ（パラメータが既知の場合）

$$\log L(\theta) = \sum_{t=0}^{T-1} \log p(y_{t+1}|\theta; y_{1:t}),$$
$$p(y_{t+1}|\theta; y_{1:t}) = \int p(y_{t+1}|x_{t+1};\theta) p(x_{t+1}|y_{1:t};\theta) dx_{t+1} \tag{3.55}$$

$p(y_{t+1}|y_{1:t};\theta)$ は，アルゴリズム 3.8 のステップ 2) から下記式で推定する．

$$\hat{p}_M(y_{t+1}|\theta; y_{1:t}) = \frac{1}{M} \sum_{i=1}^{M} \omega_{t+1}^i \tag{3.56}$$

上記は，Kitagawa (1996) が最初に示した．このように，対数尤度の推定量はアルゴリズムの副産物として任意のパラメータ座標上で得られる．対数尤度関数の推定量は，ステップ 1) と 3) で使用された乱数が固定されたときでさえ θ の連続関数にならない．なぜならば，ステップ 3) で用いる多項サンプリングは，不連続点を生じさせるからである．θ が変化するとき，ステップ 2) の重みは改善され，ステップ 3) で状態 x_{t+1}^i の完全に異なる選択を導く．

SIR アルゴリズムの計算量は，全体のオーダーが $O(T \times M)$ になる．ただし，個々の時点でリサンプリングする必要は必ずしもない．時間ステップ 10 回に 1 回サンプリングすればアルゴリズム内で重みを伝搬できる．この考え方は Liu and Chen (1995)

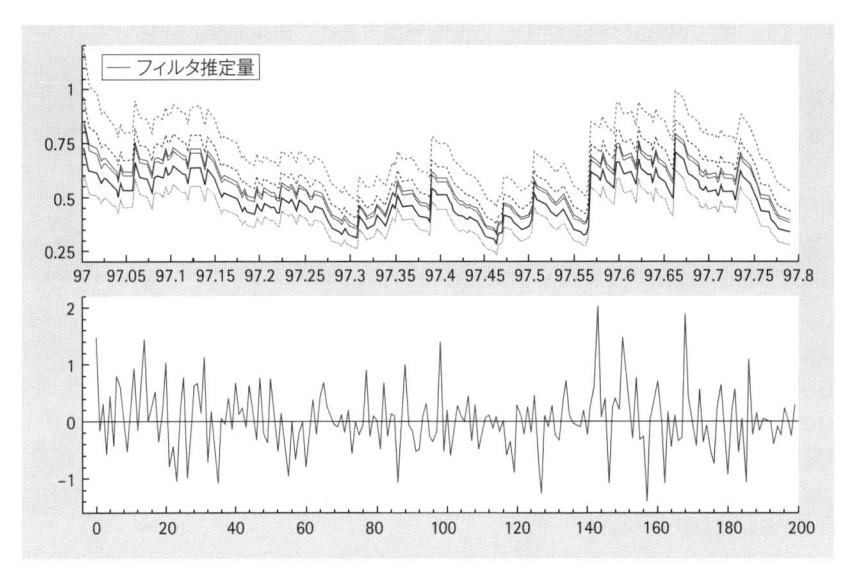

図 3.4 イギリスポンドに対するアメリカドルの日別リターンに対する結果

下段のグラフは 1997 年の取引開始日から 200 日間のイギリスポンドに対するドルの日別リターンを示す．上段のグラフはその分布の 5, 20, 50, 80, 95% とともに，$\exp(x_t/2)|y_{1:t}$ の事後フィルタ平均（太線）を示す．重要な点はメディアンがいつも平均を下回っていることである（$M = 5000$）．

によって提案され，一般に粒子フィルタで常に成立する．もちろん，時点 T で 1 回だけリサンプリングするだけならば，標準的な重点サンプリングサンプラーになる．SIR アルゴリズムに対して，遷移密度からサンプリングし，最後に $t = 1,\ldots,T$ の個別時点のすべての観測密度の積に比例する重みでリサンプリングするとき，このスキームは T が大きくなると，急速にうまく働かなくなる．

例として，1997 年の取引初日から実際に取引が行われた 200 日間のイギリスポンドに対する米国ドルの連続複利日次リターンデータに，レバレッジなしの式 (3.3) に示す SV モデルを適用する．このデータは，Pitt and Shephard (1999c) で詳細に議論されており，彼らは，モデルパラメータをベイズ推定している．その際，パラメータ (ϕ, μ, σ_η) は $(0.9702, -1.02, 0.178)$ に固定している．図 3.4 は，SV モデルに適用した個々の時点でサンプリングした，標準的な SIR 粒子フィルタを示す．フィルタリングの標準偏差に関連付けられる量も示した．図から，フィルタリングのボラティリティは，低下傾向というよりも素早くジャンプする傾向にあることがわかる．この知見は，ボラティリティがログスケールでモデル化されたという事実を反映している．

3.7.2 多項サンプリング

本項で詳述するすべての粒子フィルタ法の共通の特徴は，リサンプリングを必要とする点で，アルゴリズム 3.8 で示した Gordon et al. (1993) の SIR アプローチや 3.7.4 項と 3.7.5 項で導入するアルゴリズムでも同様である．標準的なアプローチでは多項分布からのサンプリングを用いることになる．リサンプリングのメカニズムの重要な点は，粒子に関連付けられたインデックスをリサンプリングし，状態の次元が高次元であったとしても標準的なブートストラップのように一変量の操作にできる点である．

3.7.3 層別サンプリング

層別サンプリング法は，リサンプリングステップで使用できる．具体的には，Gordon et al. (1993) のアルゴリズム 3.8 のステップ 3) の多項サンプリングを層別サンプリングに置き換える．リサンプリングスキームでの層化法は，Kitagawa (1996)，Liu and Chen (1998) および Carpenter et al. (1999) による粒子フィルタの文脈で導入された．層別サンプリングの利点は，3.7.4 項で議論する補助サンプリングスキームとともに，Pitt and Shephard (2001) で議論されている．

層別アプローチの主たる利点は，S/N 比が低く，結果的に式 (3.1a) の観測方程式が状態に関して相対的に情報を与えない問題で明確になる．単純な例として次の AR(1) +ノイズモデルを考える．

$$y_t = x_t + e_t$$
$$x_{t+1} = \phi x_t + \sqrt{1-\phi^2} v_t$$

e_t, v_t は，それぞれ σ_e^2 と σ_v^2 を分散にもつ独立な正規確率変数である．状態方程式

は，便宜上状態の分散が $\sigma_x^2 = \sigma_v^2$ を満たすように定式化する．はじめにアルゴリズム 3.8 を，$\phi = 0$, $\sigma_e^2 \to \infty$ を満たすケースへ適用した場合を考える．この場合，重みはアルゴリズム 3.8 のステップ 2) と等しくなり，確率 $\pi_{t+1}^k = 1/M$ になる．しかしリサンプリングスキームは，前の値と従属性をもたず，粒子がステップ 1) で独立に生成されるとき無意味である．それゆえ，層別または標準的な多項サンプリングが使用するかどうかで違いは生じない．

しかしながら，もし，$\phi \to 1$ と $\sigma_e^2 \to \infty$ を考えたならば，状態は高い依存関係にあることになる．これは事後平均 x_t を更新する静的なベイズ問題になる．この場合にも，ステップ 2) において $\pi_{t+1}^k = 1/M$ を得る．このケースで，アルゴリズム 3.8 のステップ 3) で，標準的な多項サンプリングを使用すると，不必要に値の 3 分の 1 を捨てることになり，粒子フィルタは急激に崩壊する．これが，重みが等しく，そしてシステムが永続的であるケースにおいて，アルゴリズム 3.8 のステップ 3) で層別スキームを使用する理由である．Kitagawa (1996) および Carpenter et al. (1999) では，ステップ 3) ですべてのサンプルが保持されることを保証している．問題は違うが，例えば，Kloeden and Platen (1992) や Elerian et al. (2001) が議論したオイラーのスキームを用いた連続時間システムの離散化で，同様の困難が生じる．

リサンプリングの手順で外れ値や情報量の高い測定値および層を取り込むために，3.7.4 項で導入する補助粒子フィルタを組み合わせることによって，非常に頑健な手順を構成できる．

性能を測定する　　Liu (1996) は，効果的サンプルサイズ (effective sample size：ESS) の測度を導入した．これは，MCMC 法で非効率性測度を導入したモチベーションと同様である．ESS はリサンプリングの手順に使用される．時点 t での ESS は，下記のように定式化する．

$$ESS_t = \frac{1}{\sum_{i=1}^{M} (\pi_t^i)^2}$$

もし $i = 1, \ldots, M$ に対して $\pi_t^i = 1/M$ ならば，ESS は M になる．重みの変動が大きくなればなるほど，ESS はこの最適値から大きく減少する．

3.7.4 補助粒子フィルタ

補助粒子フィルタ (auxiliary particle filter) は，特別な場合として SIR 粒子フィルタを含む．しかし，このアプローチは SIR 粒子フィルタよりも提案分布を非常に柔軟に構成できる．特に，式 (3.53) で $\hat{p}(x_{t+1}|y_{1:t})$ に基づく式 (3.54) に関してブラインド（y_{t+1} の貢献を無視する意味でブラインド）の提案分布を避けることができる．再び式 (3.54) を考える．それは下記式のようにより完全な形式で表現できる．

$$\hat{p}_M(x_{t+1}|y_{1:t+1}) \propto p(y_{t+1}|x_{t+1}) \sum_{k=1}^{M} p(x_{t+1}|x_t^k) \qquad (3.57)$$

我々は $\hat{p}(x_{t+1}|y_{1:t+1})$ から x_{t+1} をサンプリングしたい．(SIR 法と同様に) 提案分布の構成において $p(y_{t+1}|x_{t+1})$ を無視した場合，$p(y_{t+1}|x_{t+1})$ が非常に大きい情報量をもつならば，アルゴリズムの性能が悪くなることを既に論じた．自然な提案分布は，簡単にシミュレーションできる別の混合密度 $g(x_{t+1})$ になるかもしれない．しかしながら，その近似を修正する (M–H を用いた棄却サンプリングまたはリサンプリング手順) とき，オーダーが $O(M^2)$ のアルゴリズムになるだろう．なぜならば，M 個の提案されたサンプルの各々に対して，分母を得るために $g(x_{t+1})$ 上の分子として式 (3.57) を評価しなければならないからである．もちろん，Gordon et al. (1993) では，提案分布として下記式を用いることによって，その和で比 $\hat{p}(x_{t+1}|y_{1:t+1})/g(x_{t+1})$ が相殺されるため，この問題は生じない．

$$g(x_{t+1}) = \frac{1}{M}\sum_{k=1}^{M} p(x_{t+1}|x_t^k)$$

Pitt and Shephard (1999b) の要点は，結合密度を下記のように書き下せば，

$$\hat{p}(x_{t+1}; x_t^k|y_{1:t+1}) \propto p(y_{t+1}|x_{t+1})p(x_{t+1}|x_t^k) \qquad (3.58)$$

x_{t+1} の周辺密度が式 (3.57) の $\hat{p}(x_{t+1}|y_{1:t+1})$ になる点である．これは確認することは容易であり，さらに $k = 1, \ldots, M$ に関するインデックス k の拡張空間内で，一般的な提案分布を設定できる．提案分布 $g(x_{t+1}; k)$ が何であったとしても，リサンプリング (または M–H，または棄却サンプリング) するとき，分子 (または分母) 内の M 個の和は必要ない．この議論の残りの部分は効率的な方法で，提案分布 $g(x_{t+1}; k)$ を選択する．なお，この方法を補助粒子フィルタと呼ぶ．Pitt and Shephard (1999b) や Pitt and Shephard (2001) は補助粒子フィルタに関する進んだ資料になる．また，Douc et al. (2008) は，補助粒子フィルタの理論的な性質を，検証している．

完全適合提案分布 (full adapted proposal) いくつかのケースで，1 期先に時点を進めるとき，最適な提案分布を設定できる．その場合，下記に示す式が常に成立する．

$$p(y_{t+1}|x_{t+1})p(x_{t+1}|x_t) = p(y_{t+1}|x_t)p(x_{t+1}|x_t, y_{t+1}) \qquad (3.59)$$

もし，追加的に，観測方程式が状態遷移方程式と共役になるならば，$p(x_{t+1}|x_t, y_{t+1})$ から x_{t+1} を生成し，そして $p(y_{t+1}|x_t)$ を評価することができる．このケースを「完全適合」と呼ぶ．ノイズを含んで観測された非線形ガウス型システムこの例であり，下記のように定式化できる．

$$y_t = x_t + \sigma_e e_t, \qquad x_{t+1} \sim N\left(a(x_t); b^2(x_t)\right) \qquad (3.60)$$

例えば，x_t の確率差分方程式へオイラー近似 (オイラー近似の議論は，Kloeden and Platen 1992; Elerian et al. 2001 を参照のこと) を使用し，x_t があるノイズを含み観

測されるとき発生する．

ここで，
$$\hat{p}(x_{t+1}; x_t^k|y_{1:t+1}) \propto p(y_{t+1}|x_{t+1})p(x_{t+1}|x_t^k) = p(y_{t+1}|x_t^k)p(x_{t+1}|x_t^k; y_{t+1})$$
が成立し，$g(x_{t+1}; k) = g(k)g(x_{t+1}|k)$ とセットする．ただし，
$$g(k) = \left\{ \frac{p(y_{t+1}|x_t^k)}{\sum_{j=1}^M p(y_{t+1}|x_t^j)} \right\} \quad \text{および} \quad g(x_{t+1}|k) = p(x_{t+1}|x_t^k; y_{t+1})$$
とする．$\hat{p}(x_{t+1}; x_t^k|y_{1:t+1}) = g(x_{t+1}; k)$ とすると，このケースで近似は必要ない．アルゴリズムは再び $t=0$ で x_0^k を $p(x_0)$ からサンプリングすることから開始する．その分布は，一般的に x_t の事前定常分布になる（3.3.6 項を参照のこと）．

アルゴリズム 3.9（完全適合補助粒子フィルタ）： $t = 0, \ldots, T-1$ の順に，$k = 1, \ldots, M$ に関して $p(x_t|y_{1:t})$ から x_t^k を得ていると仮定する．

1) $k = 1{:}M$ に対して，下記を計算する．
$$\omega_{t|t+1}^k = p(y_{t+1}|x_t^k) \quad \text{および} \quad \pi_{t|t+1}^k = \frac{\omega_{t|t+1}^k}{\sum_{i=1}^M \omega_{t|t+1}^i}$$

2) $k = 1{:}M$ に対して，$\tilde{x}_t^k$ を $\sum_{i=1}^M \pi_{t|t+1}^i \delta(x_t - x_t^i)$ からサンプリングする．

3) $k = 1{:}M$ に対して，x_{t+1}^k を $p(x_{t+1}|\tilde{x}_t^k; y_{t+1})$ からサンプリングする．

ステップ 1) において，重み $\pi_{t|t+1}^k$ のサンプル x_t^k は，$p(x_t|y_{1:t+1})$ からサンプリングする．ステップ 2) において，それらは，同じ重みをもつサンプル $\tilde{x}_t^k$ を生成するためにリサンプリングする．それゆえ，ステップ 3) は $p(x_{t+1}|y_{1:t+1})$ から等しい重みをもつサンプルを発生できる．

各々の時点 t で，予測尤度は下記式で推定する．
$$p(y_{t+1}|y_{1:t}) \simeq \frac{1}{M} \sum_{k=1}^M p(y_{t+1}|x_t^k) = \frac{1}{M} \sum_{k=1}^M \omega_{t|t+1}^k \tag{3.61}$$

式 (3.59) とその下で詳述したように，完全適合が可能ならば，フィルタリングのモーメント，例えば $\hat{x}_{t|t} = E(x_t|y_{1:t})$ を推定することとパラメータ座標 θ で尤度（下記式）を推定すること両方で，効率を大幅に向上できる．
$$p(y_{1:T}|\theta) = p(y_1) \prod_{t=1}^{T-1} p(y_{t+1}|y_{1:t}; \theta)$$

効率性向上は S/N 比に依存する．例えば，もし式 (3.60) における σ_e^2 が非常に小さいならば，結果的に S/N 比は非常に大きくなり，そのゲインは非常に大きい．$p(y_{t+1}|x_{t+1}^k)$ に比例する上記の完全適合型アルゴリズムでの $p(y_{t+1}|x_t^k)$ に比例する重みは，Gordon et al. (1993) の SIR アルゴリズムで用いられる重みより変動が小さい．結果として，尤度の推定量（両方のケースで，それらの重みを用いる）は，完全適合型の尤度の精度が高くなる．上記のステップ3) で $p(x_{t+1}|\tilde{x}_t^k; y_{t+1})$ から得られるサンプルは，y_{t+1} に強く影響され，一方，Gordon et al. (1993) の SIR 法においては，y_{t+1} を考慮することなしに $p(x_{t+1}|x_t^i)$ から盲検的にサンプリングする．可能であるならば，完全適合型を使用した方が，常に性能が高い．そのゲインは，S/N 比が低いときに小さくなり，その比が高いとき相当大きくなる．確かに，$\sigma_e^2 \to 0$ のとき効率性の向上は，限界がない．そしてその場合，Gordon et al. (1993) の SIR アルゴリズムを用いた場合，1つのサンプルだけが適切な重みをもつことにもなり得，一方，完全適合型の方法では等しい重みと有効サンプルサイズ M をもつことになる．

下記では，単純な状態空間モデルを用いて層別サンプリングと完全適合型サンプリングの利点を説明する．

a. 例：AR(1) ＋ノイズモデル

補助粒子フィルタを用いたときの層別サンプリングと完全適合型サンプリングの性能を説明するために，3.6.2 項内の式 (3.40) に示した AR(1) ＋ノイズモデルを考える．ここでは，SV モデルの研究でよくみかける $\phi = 0.975$, $\mu = 0.5$, および $\sigma_v^2 = 0.02$ と設定する．2つの誤差項 e_t と v_t は，標準正規分布に従い，無相関である．完全適合型サンプリングは，$p(y_{t+1}|x_t)$ が評価でき，正規密度 $p(x_{t+1}|x_t, y_{t+1})$ から x_{t+1} をサンプリングできるとき，構成できることを示すのは容易である．この問題には，アルゴリズム 3.9 が適用できる．様々な異なる粒子フィルタの性能を研究するために，ここでは $\sigma_e^2 = 2$, 0.2, 0.02 を考える．$\sigma_e^2 = 2$ のケースは，3.6.2 項の式 (3.43) で示した，SV モデルと同等になる．

3.7.3 項に示した層化をした場合，しない場合両方の設定で，アルゴリズム 3.8 の SIR 粒子フィルタを検証し，その後同様に層化をした場合，しない場合両方の設定でアルゴリズム 3.9 の完全適合型補助粒子フィルタを確認する．なお設定として，時点 10 と時点 30 に外れ値があるものとし，全体で $T = 50$ のデータを用いる．カルマンフィルタによって与えられる真のフィルタリングの解は，$x_t|y_{1:t} \sim N(\hat{x}_{t|t}; S_{t|t})$ になる．$M = 1000$ 個の粒子に対して，4つの粒子フィルタの $N = 100$ 個の複製を履行する．M 個のサンプルに基づくフィルタリング平均の推定量を $\tilde{x}_{t|t}$ として一般的に表現し，カルマンフィルタからの真値は $\hat{x}_{t|t} = E(x_t|y_{1:t})$ と表現する．ここで1つの時系列を取り出し，時間上の各粒子フィルタの下記で算定するバイアスを記録する．

$$\text{bias}_t = \hat{x}_{t|t} - \frac{1}{N}\sum_{i=1}^{N} \tilde{x}_{t|t}^{(i)}$$

もしカルマンフィルタと独立なサンプルならば，最適な平均二乗誤差 (mean squared error：MSE) は $S_{t|t}/M$ になる．下記式で示す実際の MSE を記録する．

$$\mathrm{MSE}_t = \frac{1}{N} \sum_{i=1}^{N} (\tilde{x}_{t|t}^{(i)} - \hat{x}_{t|t})^2$$

最適な $S_{t|t}/M$ と MSE_t の比の対数を記録する（値が0は非常に良いが，典型的には正の値になると予想される）．図3.5, 3.6および図3.7は，$\sigma_\varepsilon^2 = 2$, 0.2 および 0.02 の結果をそれぞれ示す．確認しているバイアスと MSE は，同等なサンプルサイズ以外の情報を与える．なぜならば，それらは粒子フィルタ能力の全体的な測度になり，一方，ESS は1期先予測のパフォーマンスを示す測度になるからである．

この結果は示唆にとんでいる．図3.5 の $\sigma_\varepsilon^2 = 2$ に対応する弱いシグナルのケースで，MSE とバイアスの両方で判断すると層化は，完全適合型サンプラーよりも重要である．完全適合型サンプラーは，完全適合しないサンプラーよりもわずかに良いが，その差は小さい．これは，アルゴリズム 3.8 の重みが小さい分散であり，(y_{t+1} を考慮することなしに）単純な提案分布が適切になる，という理由による．層化は，重みの分散が小さいとき，不必要に粒子を捨てないために，重要である．

図3.6 の $\sigma_\varepsilon^2 = 0.2$ の中間的シグナルのケースで，層化は層化しないものよりよく

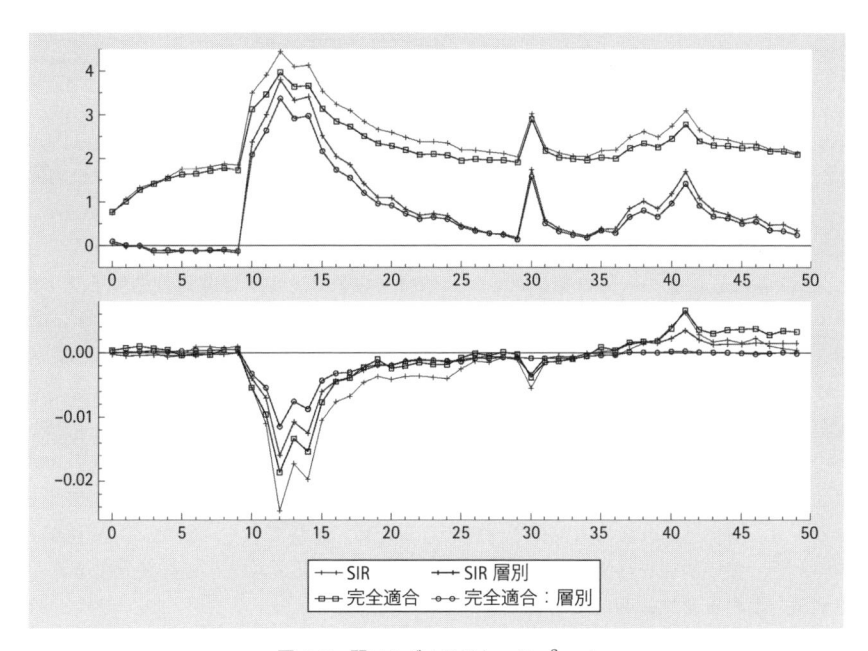

図 **3.5** 弱いシグナルのケース: $\sigma_\varepsilon^2 = 2$

粒子サイズが $M = 1000$ である．$N = 100$ の複製に基づく4つの粒子フィルタに関するバイアスと MSE．上段：カルマンフィルタから得られる最適な MSE と MSE の比の対数．下段：カルマンフィルタの平均とバイアスの相対的比較．

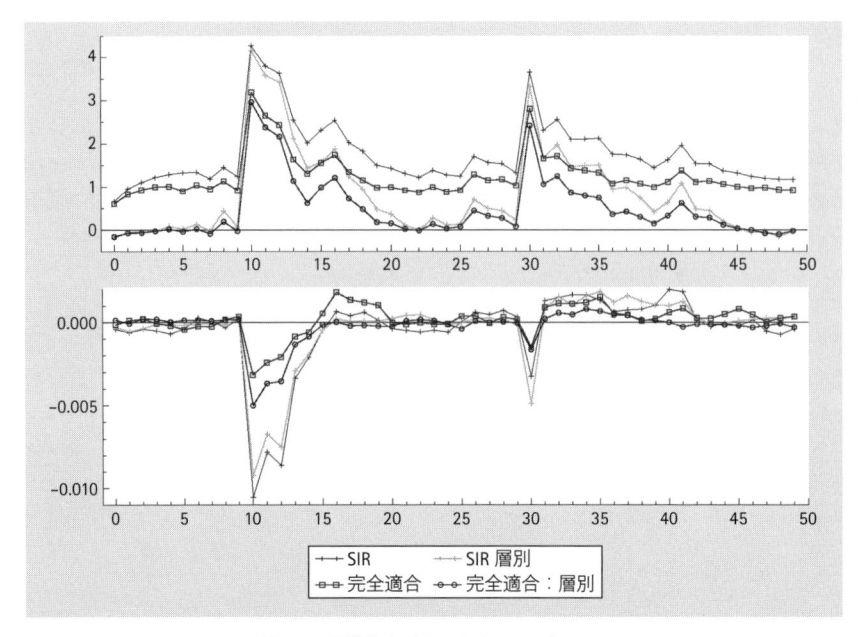

図 3.6　中間的シグナルのケース:$\sigma_\varepsilon^2 = 0.2$
粒子サイズが $M = 1000$ である．$N = 100$ の複製に基づく 4 つの粒子フィルタに関するバイアスと MSE．上段：カルマンフィルタから得られる最適な MSE と MSE の比の対数．下段：カルマンフィルタの平均とバイアスの相対的比較．

機能し，それは観測値の大部分で最も重要な要因だとわかる．しかしながら，時点 10 と 30 に導入した 2 つの外れ値に対して，適合型粒子フィルタは非適合型粒子フィルタより分散が小さく，さらに MSE も小さいため，より重要である．このパターンは，図 3.7 の $\sigma_\varepsilon^2 = 0.02$ の強いシグナルでよりはっきりし，完全適合粒子フィルタは，2 つの外れ値ばかりではなく他の観測値においても標準的粒子フィルタよりもかなり性能が高い．

一般に，層化と適合を統合することが最適であるとわかる．S/N 比が小さく，アルゴリズム 3.8 内の重みの分散が低いとき，多項サンプラーは不必要に粒子を捨ててしまう一方，層化はそれらの大部分を保持できるため，有益である．また，S/N 比が大きいとき，強い情報を与える y_{t+1} を考慮できるアルゴリズム 3.9 で提案分布を導く，完全適合型の重要性は明白である．

完全適合型が使用できるいくつかのモデルが存在するが，どのようなモデルでも必ず使用できるわけではない．しかし，将来の観測値 y_{t+1} を考慮し，完全適合型にできる限り近づけることが望ましい．この実現には，近似によって一般補助粒子フィルタ (general auxiliary particle filter) でより良い提案分布を構成しなければならない．

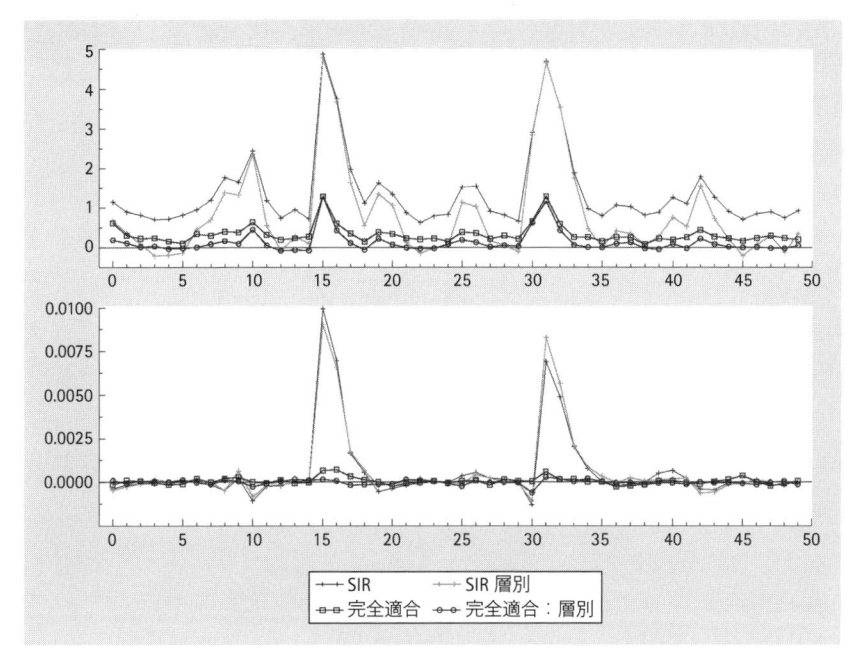

図 **3.7** 強いシグナルのケース: $\sigma_\varepsilon^2 = 0.02$

粒子サイズが $M = 1000$ である．$N = 100$ の複製に基づく 4 つの粒子フィルタに関するバイアスと MSE．上段：カルマンフィルタから得られる最適な MSE と MSE の比の対数．下段：カルマンフィルタの平均とバイアスの相対的比較．

3.7.5 一般補助粒子フィルタ

はじめに，下記式のように近似できると仮定する．

$$g(y_{t+1}|x_t) \simeq p(y_{t+1}|x_t) \quad \text{および} \quad g(x_{t+1}|x_t, y_{t+1}) \simeq p(x_{t+1}|x_t, y_{t+1}) \quad (3.62)$$

さらに，$g(y_{t+1}|x_t)$ が評価でき，$g(x_{t+1}|x_t, y_{t+1})$ から x_{t+1} をシミュレートでき，そして比率 $p(y_{t+1}|x_{t+1})p(x_{t+1}|x_t)/g(y_{t+1}|x_t)g(x_{t+1}|x_t,y_{t+1})$ を評価できるものとする．式 (3.59) と式 (3.62) から下記式が成立する．

$$g(y_{t+1}|x_t)g(x_{t+1}|x_t, y_{t+1}) \simeq p(y_{t+1}|x_{t+1})p(x_{t+1}|x_t) \quad (3.63)$$

以降では，一般補助粒子フィルタの概要を述べ，その後，式 (3.62) の近似を構成するための様々な方法を議論する．近似法の選択は一般補助粒子フィルタの効率性に影響するため重要である．

本項においてフィルタ密度 $p(x_t|y_{1:t})$ の表現は，$k = 1, \ldots, M$ に対して $\{x_t^k, \pi_t^k\}$ のペアからなると考える．π_t^k は x_t^k の重みを示す．

次のアルゴリズムは，$t=0$ で x_0^k を $p(x_0)$ からサンプリングすることから開始する．重みが等しいサンプルのとき $p(x_0)$ は一般的に，$\pi_0^k = 1/M$ をもつ x_t の事前定常分布になる．

アルゴリズム 3.10（一般補助粒子フィルタ）： 各 $t = 0, \ldots, T-1$ に対して，$\{x_t^k, \pi_t^k\}(k = 1, \ldots, M)$ を $p(x_t|y_{1:t})$ からサンプリングできているものとする．

1) $k=1{:}M$ に対して，下記式を計算する．

$$\omega_{t|t+1}^k = g(y_{t+1}|x_t^k)\pi_t^k, \qquad \pi_{t|t+1}^k = \frac{\omega_{t|t+1}^k}{\sum_{i=1}^M \omega_{t|t+1}^i}$$

2) $k=1{:}M$ に対して，$\tilde{x}_t^k$ を $\sum_{i=1}^M \pi_{t|t+1}^i \delta(x_t - x_t^i)$ からサンプリングする．
3) $k=1{:}M$ に対して，x_{t+1}^k を $g(x_{t+1}|\tilde{x}_t^k; y_{t+1})$ からサンプリングする．
4) $k=1{:}M$ に対して，下記式を計算する．

$$\omega_{t+1}^k = \frac{p(y_{t+1}|x_{t+1}^k)p(x_{t+1}^k|\tilde{x}_t^k)}{g_{x_t}(y_{t+1}|x_{t+1}^k)g(x_{t+1}^k|\tilde{x}_t^k)}, \qquad \pi_{t+1}^k = \frac{\omega_{t+1}^k}{\sum_{i=1}^M \omega_{t+1}^i}$$

完全適合粒子フィルタと SIR 粒子フィルタは，このアルゴリズムの特別なケースになる．完全適合型の場合，式 (3.62) での近似は正確であり，ステップ 4) は $\pi_{t+1}^k = 1/M$ が成立するので不要になる．そのため，このアルゴリズムは，アルゴリズム 3.9 に簡略化できる．

$g(y_{t+1}|x_t) = 1$ と $g(x_{t+1}|x_t, y_{t+1}) = p(x_{t+1}|x_t)$ とした特別な場合，そのアルゴリズムは，アルゴリズム 3.8 に示した Gordon et al. (1993) の SIR 法になる．

一般に，アルゴリズムを効率化するには可能である限り定数としてステップ 4) の重みを設定すること，または同じことであるが式 (3.63) で，できる限り真の結合密度に近くなるように近似することが必要になる．もし，これが達成できれば，完全適合の長所の多くを継承するアルゴリズムが実現できる．

ステップ 4) において，重み π_{t+1}^k とサンプル x_{t+1}^k を一緒に考えフィルタ密度 $p(x_{t+1}|y_{1:t+1})$ を表現し，そのモーメントは 3.7.1 項と同様に推定する．

尤度は，アルゴリズム 3.8 やアルゴリズム 3.9 の完全適合補助粒子フィルタでも説明したように，アルゴリズム 3.10 の副産物として効率的に推定できる．この場合の尤度の推定量は，下記式で与えられる．

$$\hat{p}(y_{t+1}|y_t) = \left\{\frac{1}{M}\sum_{k=1}^M \omega_{t|t+1}^k\right\}\left\{\frac{1}{M}\sum_{k=1}^M \omega_{t+1}^k\right\} \tag{3.64}$$

なお，$\omega_{t|t+1}$ と ω_{t+1} は，アルゴリズム 3.10 のステップ 2) と 4) それぞれの重さになる．Pitt (2002) に式 (3.64) の導出が示されている．SIR 法では，式 (3.64) の最初の和が 1 になり，2 つ目の和の重みは $\omega_{t+1}^k = p(y_{t+1}|x_{t+1}^k)$ になる．期待されるように

式 (3.64) は，式 (3.56) に簡略化できる．完全適合型の場合，2 つ目の和が 1 になり，最初の和の重みが $\omega_{t|t+1}^k = p(y_{t+1}|x_t^k)$ になる．尤度の推定量は，式 (3.61) に簡略化できる．

このアルゴリズムでは多くの異なる近似が利用可能であり，それらは Pitt and Shephard (1999b), Pitt and Shephard (2001), および Smith and Santos (2006) に例示されている．最も単純で，一般に適用範囲が広い近似は，Pitt and Shephard (2001) になる．説明の都合上，遷移密度が下記に示す条件付ガウス型の次のモデルを考える.

$$y_t \sim p(y_t|x_t), \qquad x_{t+1} \sim N\left(a(x_t); b^2(x_t)\right) \qquad (3.65)$$

このモデルは，式 (3.60) に示したモデルと似ているが，そのモデルと違い観測方程式が $p(y_{t+1}|x_{t+1}) = \exp(l(x_{t+1}))$ と一般形になる．単純化のために，$l(x_{t+1})$ は x_{t+1} の対数凸関数で，下記に示す x_t の関数である $\hat{x}_{t+1}$ の周りの 2 次の近似によって，$l(x_{t+1})$ を評価できるものと仮定する．

$$\hat{l}_{x_t}(x_{t+1}) = l(\hat{x}_{t+1}) + (x_{t+1} - x_{t+1})l'(\hat{x}_{t+1}) + \frac{1}{2}(x_{t+1} - x_{t+1})^2 l''(\hat{x}_{t+1}) \quad (3.66)$$

この例で，展開点の良い候補は $\hat{x}_{t+1} = E(x_{t+1}|x_t) = a(x_t)$ になる．$g_{x_t}(y_{t+1}|x_{t+1}) = \exp(\hat{l}_{x_t}(x_{t+1}))$ は，$p(y_{t+1}|x_{t+1})$ の近似になり，x_{t+1} が従う正規分布 $g(x_{t+1}|x_t, y_{t+1})$ を用いて $g_{x_t}(y_{t+1}|x_{t+1})p(x_{t+1}|x_t)$ を $g(y_{t+1}|x_t)g(x_{t+1}|x_t, y_{t+1})$ で表現できることは明確である．その詳細は Pitt and Shephard (2001) に示されている．Smith and Santos (2006) は SV モデルに対してこのアイデアを適用した．近似としては当然悪くなるけれども，なぜ 1 次（または 0 次）の展開を式 (3.66) で使用しないのかについて理由はない．拡張カルマンフィルタ (Anderson and Moore 1979: p.194) のステップが，この効果的な提案分布を与えるために使用できる．

3.7.6 条件付ガウス型状態空間モデルのための粒子フィルタ

粒子数を効果的に減らすには，3.4.1 項の式 (3.24) に示した条件付ガウス型状態空間モデル（それは，線形ガウス型状態空間モデルの有限混合モデルになる）の特別なケースを考えれば，達成できる．一般的に十分な情報を表現できれば粒子が状態 x_t である必要はない．その意味でこのアプローチは興味深いケースといえる．実際に，この方法は，ある精度のレベルを，Gordon et al. (1993) の標準的な SIR 法よりもはるかに少ない粒子数で実現できる.

下記の混合状態空間モデル表現を再度考えることにする．

$$y_t = H_{K_t} x_t + G_{K_t} u_t, \qquad u_t \sim N(0, \Sigma_t) \qquad (3.67a)$$
$$x_{t+1} = F_{K_{t+1}} x_t + \Gamma_{K_{t+1}} u_t \qquad (3.67b)$$

両方程式の定数項は単純化のために省略した．$t = 1, \ldots, T$ に対する混合変数 K_t, $l = 1, \ldots, L$ は，確率 q_l に関連付けられ，各々の時点で独立に発生するものと仮定する

（この仮定を緩和するのは容易である）．Chen and Liu (2000) はこのモデルに対して適用できる効果的な処理手続を導入した．同種の問題が Andrieu and Doucet (2002) でも考えられ，そこでは非ガウス型の観測モデルを検討している（観測ノイズが非ガウス型）．それらの論文に示された重要な点は，十分統計量 I_t^j, π_t^j $(j=1,\ldots,M)$ が伝搬すると考えていることである．ここで，混合状態空間モデルを考えるとき，I_t^j はカルマンフィルタの繰り返しで得られる $I_t^j = \{\hat{x}_{t|t}^j; S_{t|t}^j\}$ の十分統計量を表現し，π_t^j は各々の時点 t で和が 1 になる I_t^j に付加した確率を示す．この場合下記式が成立する．

$$p(x_t|I_t^j) = N(x_t; \hat{x}_{t|t}^j, S_{t|t}^j)$$

フィルタ密度は，それゆえ，下記のように表現できる．

$$p(x_t|y_{1:t}) = \sum_{j=1}^{M} \pi_t^j N(x_t; \hat{x}_{t|t}^j, S_{t|t}^j)$$

遷移密度（成分 K_{t+1} で条件付けした）はまたガウス型になり，下記の形式になる．

$$p(x_{t+1}|I_t^j; K_{t+1}) = N(x_{t+1}; \hat{x}_{t+1|t, K_{t+1}}^j, S_{t+1|t, K_{t+1}}^j) \tag{3.68}$$

同様に観測密度は下記のように定式化できる．

$$p(y_{t+1}|x_{t+1}, K_{t+1}) = N(y_{t+1}; H_{K_{t+1}} x_{t+1}, G_{K_{t+1}} \Sigma_{t+1} G'_{K_{t+1}}) \tag{3.69}$$

この問題に関する粒子フィルタを詳述する前に，カルマンフィルタ（K_{t+1} で条件付けした場合の）の 1 期先更新が，下記式を得るために使用できる．

$$p(y_{t+1}|x_{t+1}, K_{t+1}) p(x_{t+1}|I_t^j; K_{t+1}) = p(y_{t+1}|I_t^j, K_{t+1}) p(x_{t+1}|I_t^j; y_{t+1}, K_{t+1})$$

ただし，式 (3.68) と式 (3.69) を用いれば，下記式が成立する．

$$p(y_{t+1}|I_t^j, K_{t+1}) = N\big(y_{t+1}; H_{K_{t+1}} \hat{x}_{t+1|t, K_{t+1}}^j, R_{t+1, K_{t+1}}^j\big)$$
$$p(x_{t+1}|I_t^j, y_{t+1}, K_{t+1}) = N\big(x_{t+1}; \hat{x}_{t+1|t+1, K_{t+1}}^j, S_{t+1|t+1, K_{t+1}}^j\big)$$

ただし

$$R_{t+1, K_{t+1}}^j = G_{K_{t+1}} \Sigma_{t+1} G'_{K_{t+1}} + H_{K_{t+1}} S_{t+1|t, K_{t+1}}^j H'_{K_{t+1}}$$
$$\hat{x}_{t+1|t+1, K_{t+1}}^j = \hat{x}_{t+1|t, K_{t+1}}^j$$
$$\qquad + S_{t+1|t, K_{t+1}}^j H'_{K_{t+1}} \big(R_{t+1, K_{t+1}}^j\big)^{-1} (y_{t+1} - H_{K_{t+1}} \hat{x}_{t+1|t, K_{t+1}}^j)$$
$$S_{t+1|t+1, K_{t+1}}^j = S_{t+1|t, K_{t+1}}^j$$
$$\qquad - S_{t+1|t, K_{t+1}}^j H'_{K_{t+1}} \big(R_{t+1, K_{t+1}}^j\big)^{-1} H_{K_{t+1}} S_{t+1|t, K_{t+1}}^j$$

これらは，3.3.1 項で与えたカルマンフィルタ方程式である．

下記には，本モデルに対する粒子フィルタの概要を示す．下記式を考える．

$$p(x_{t+1}|y_{1:t+1}) \propto \sum_{K_{t+1}=1}^{L} p(y_{t+1}|x_{t+1};K_{t+1}) \left\{ \sum_{j=1}^{M} p(x_{t+1}|I_t^j;K_{t+1})\pi_t^j \right\} q_{K_{t+1}}$$

補助粒子フィルタと同様に，下記式で示す同時密度を考える．

$$\begin{aligned}p(x_{t+1},j,K_{t+1}|y_{1:t+1}) &\propto p(y_{t+1}|x_{t+1};K_{t+1})p(x_{t+1}|I_t^j;K_{t+1})\pi_t^j q_{K_{t+1}} \\ &= p(x_{t+1}|I_t^j;y_{t+1},K_{t+1}) \times p(y_{t+1}|I_t^j,K_{t+1})\pi_t^j q_{K_{t+1}}\end{aligned} \quad (3.70)$$

導出にはアルゴリズム 3.1 のカルマンフィルタ更新方程式を用いた．

上記の推定には，粒子フィルタは直接使用できる．明示的に，確率 π_t^j と q_k を用いて，粒子 j と混合成分 K_{t+1} をサンプリングする．$i = 1,\ldots,M$ に対して j^i と $K_{t+1} = k_{t+1}^i$ を得るためにこの処理を行う．結合確率 $\pi_t^j q_k$ からサンプリングした (j^i, k_{t+1}^i) を用い，下記を得るために再重み付けをする．

$$\pi_{t+1}^i \propto p(y_{t+1}|I_t^{j^i}, k_{t+1}^i)$$

ただし，$\hat{x}_{t+1|t+1}^i = \hat{x}_{t+1|t+1,k_{t+1}^i}^{j^i}$, $S_{t+1|t+1}^i = S_{t+1|t+1,k_{t+1}^i}^{j^i}$ とする．

Chen and Liu (2000) は，提案分布が y_{t+1} に関する情報を取り込むことによって改善できることを示した．式 (3.70) の項 $p(x_{t+1}|I_t^j;y_{t+1},k_{t+1})$ は粒子フィルタがそれに依存しないという点でまったくの個別に処理できる．個々のサンプル (j^i, k_{t+1}^i) については，そのフィルタに関するガウス型の混合を記録しているため，ラオ–ブラックウェル化 (Rao–Blackwellization) に帰着して正規密度を再構成できる．これにより，Chen and Liu (2000) と Andrieu and Doucet (2002) が示したように，より効率的な推測（与えられた粒子数に応じて）を導ける．

3.8 粒子フィルタ（パラメータが未知の場合）

粒子フィルタは，純粋なフィルタとして非常に成功している．もしよくデザインされたならば，すべての t に対して $p(x_t|y_{1:t};\theta)$ を非常に高い精度で表現できる．基本的な SV モデルのような比較的性質の良いモデルに対して（極端な外れ値が存在しない場合において），Gordon et al. (1993) の単純な方法は信頼性の高い結果を導くのに十分である．平滑化のパス $p(x_{1:t}|y_{1:t};\theta)$ を推定するために，または，$p(\theta|y_{1:t})$ をパラメータを推定するために粒子フィルタを使用するとき，様々な結果を複合的に使用する．様々な推定技術が最近になって文献として示されている．

粒子フィルタを用いた固定パラメータの推測は，2つのアプローチで実現できる．最も意欲的なアプローチは，3.8.1 項で詳述するオンライン推測である．このアプローチでは，進展する密度 $p(\theta;x_t|y_{1:t})$ からパラメータと状態を同時に発生させる．この

タイプのアプローチで生じる問題（典型的には退化問題）がある．2つ目は，前述のものほど意欲的とはいえないアプローチで3.8.2項で説明する．そのアプローチのゴールは，利用可能なすべてのデータを与えた場合に，$p(\theta|y_{1:T})$ を推測することになる．

3.8.1 オンラインパラメータ推定

オンライン推測に関する，最初の試み（例えば Liu and West 2001）では，状態の一部として未知パラメータを含む拡大状態ベクトルを構成し，それを用いて下記に示す状態空間モデルを表現した．

$$y_t \sim p(y_t|x_t;\theta),\ x_{t+1} \sim p(x_{t+1}|x_t;\theta_t),\ \theta_{t+1} = \theta_t, \qquad t=1,\ldots,T$$

明確に，その結合したシステム $\alpha_t = (x_t',\theta_t')'$ は，時間進展する未観測の状態になる．しかしながら，θ_t の進展にノイズを含まないため，時間進展とともに $p(\theta|y_{1:t})$ が劣化し，t が大きくなるとき，粒子フィルタ表現は真の密度 $p(\theta|y_{1:t})$ から乖離し，$t \to \infty$ のとき退化する．

a. 十分統計量を用いた更新

Storvik (2002) は，パラメータを拡大しない逐次的な更新スキームを示した．同様の概念は Berzuini et al. (1997) によって提案されており，Fearnhead (2002) はそのアプローチを詳しく調べている．このアイデアは，Polson et al. (2008) によって改善された．完全適合補助粒子フィルタと混合状態空間形式アプローチの両方において，共役性の利用と不要なパラメータの積分消去（周辺化）により効率的なアルゴリズムを実現している．3.7.4項に示した前者のケースにおいて，これは $p(y_{t+1}|x_t)$ を得るために対応する状態 x_{t+1} を積分消去することを，3.7.6項の後者のケースにおいて，状態は下記式で与えられるように積分消去される．

$$p(y_{t+1}|I_t^j; K_t)$$

これらは大きな効率改善を導く．同様のアイデアは Storvik (2002) でも採用されている．

パラメータ推定を議論する前に，再度フィルタリングを検討する．粒子フィルタを履行することで，$k=1,\ldots,M$ に対して $p(x_t|y_{1:t};\theta)$ から生成された確率 π_t^k とセットで，重み付けされた粒子 x_t^k が得られる．しかしながら，$p(x_{1:t}|y_{1:t};\theta)$ の表現として，$k=1,\ldots,M$ を用いて付属確率 π_t^k をもつ全体軌跡 $x_{1:t}^k$ の重み付けされたサンプルと考えることもできる．例えば，これがアルゴリズム 3.8 の結果になっていると考えることもできる．ただし，より重要なのは x_{t-1}^k がサンプル x_t^k の "親" になっていることである．これは x_t^k を時点 $t-1$ から導くことを意味する．同様に，x_{t-2}^k はサンプル x_{t-1}^k の "親" になり，$k=1,\ldots,M$ に対して元々の親 x_1^k を得るまで時間を通して進展する．重要な点は，標準的な粒子フィルタ法は，$p(x_t|y_{1:t};\theta)$ から多くの異

なるサンプルと妥当な等しい重み π_t^k をもつサンプルを生成するように修正することで,非常に効果的になる,ということである.しかしながら,異なる親の数は,t から $t-1$ へ,$t-1$ から $t-2$ へといった具合に時点を遡っていくとき,減ってしまう.もし t がある程度大きいならば,$k=1,\ldots,M$ に対して x_1^k の少数の異なるサンプルだけしかもたないことになってしまうかもしれない.単純に同じ点の M 個の同一のコピーをもつことにもなり得る.確率 π_t^k をもつ,$k=1,\ldots,M$ に対する軌跡 $x_{1:t}^k$ は,$p(x_t|y_{1:t};\theta)$ の時点 t での良い表現を与えるけれども,$p(x_{t-h}|y_{1:t};\theta)$ に関して時点を h 期間遡ったとき,妥当ではない表現になる可能性もある.Andrieu et al. (2005) の図 1 を参照してほしい.以上の議論は,下記で詳述する十分統計量更新法に密接に関連する.

　状態と観測値の全体履歴を与えた場合,パラメータの密度 $p(\theta|x_{1:t},y_{1:t})$ が閉形で利用可能だと仮定する.さらに,その依存性は極めて低い次元の十分統計量 $T(x_{1:t},y_{1:t})$ によって捉えられると仮定する.その場合,$p(\theta|x_{1:t},y_{1:t}) = p(\theta|T(x_{1:t},y_{1:t}))$ が成立する.この例としては,対数凸関数が下記のように進展する SV モデルがある.

$$x_{t+1} = \mu^* + \phi x_t + \sigma_\eta \eta_t$$

η_t は標準正規分布に従う確率変数で,単純化のために初期条件は $x_0 \sim N(0,1)$ と仮定する.このケースは線形モデルであるため,更新分布 $p(\theta|x_{1:t})$ は標準的な正規–ガンマ(例えば Koop 2003)になる.下記式で,直接的に更新することを可能にするために共役性(重点サンプリングを用いることによって緩和することは可能である)を仮定する.

$$\begin{aligned}p(\theta|T(x_{1:t+1},y_{1:t+1})) &= \frac{p(y_{t+1},x_{t+1}|\theta;x_{1:t},y_{1:t})p(\theta|T(x_{1:t},y_{1:t}))}{p(y_{t+1},x_{t+1}|x_{1:t},y_{1:t})} \\ &= \frac{p(y_{t+1}|x_{t+1};\theta)p(x_{t+1}|x_t;\theta)p(\theta|T(x_{1:t},y_{1:t}))}{p(y_{t+1},x_{t+1}|x_{1:t},y_{1:t})}\end{aligned} \quad (3.71)$$

ここで,この問題への SIR 粒子フィルタの適用を考えるが,この問題の表現に補助粒子フィルタの考え方を用いる.時点 t で,$k=1,\ldots,M$ に対して関連付けられた重み π_t^k を含む粒子,$\{x_t^k, T_{1:t}^k\}$ を保持していると仮定する.ただし,$T_{1:t}^k = T(x_{1:t}^k;, y_{1:t})$ が成立すると仮定する.

$$p(x_{1:t+1};\theta;k|y_{1:t+1}) \propto p(y_{t+1}|x_{t+1};\theta)p(x_{t+1}|x_t^k;\theta)p(\theta|T_{1:t}^k)\pi_t^k$$

$T_{1:t}^k$ は我々が記録している低い次元の十分統計量になる.下記式に示すようにこの表現を再整理し,そこからサンプリングする.

$$\begin{aligned}p(x_{1:t+1};\theta;k|y_{1:t+1}) &\propto p(y_{t+1}|x_{t+1};\theta)p(x_{t+1}|x_t^k;\theta)p(\theta|T_{1:t}^k)\pi_t^k \\ &= p(y_{t+1},x_{t+1}|x_{1:t}^k;y_{1:t})p(\theta|T_{1:t}^k;x_{t+1},y_{t+1})\pi_t^k\end{aligned}$$

が成立するため,j 番目の発生で,粒子フィルタは確率 π_t^k をもつ $k=k^j$ をサンプリ

ングし，それからサンプリング $\theta^j \sim p(\theta|T_{1:t}^k)$ および $x_{t+1}^j \sim p(x_{t+1}|x_t^k;\theta)$ を履行する．重みは下記式で計算できる．

$$\pi_{t+1}^j = \frac{p(y_{t+1}|x_{t+1}^j;\theta^j)}{\sum_{i=1}^M p(y_{t+1}|x_{t+1}^i;\theta^i)}$$

下記式によって十分統計量を拡大する．

$$T_{1:t+1}^j = T(x_{1:t}^{k^j}, x_{t+1}^j, y_{1:t+1})$$

ここで下記式に関する事後分布を得る．

$$p(\theta|y_{1:t+1}) \simeq \sum_{j=1}^M p(\theta|T_{1:t+1}^j)\pi_{t+1}^j \quad (3.72)$$

直接的に次の時点へアルゴリズムを進める．

　パラメータが積分消去された修正状態空間形式を用いるとき，スツールビックフィルタ (Storvik filter) を検討することは有益である．粒子フィルタは下記のシステムへ適用される．

$$p(y_t, x_t|x_{1:t-1}) = \int p(y_t|x_t;\theta)p(x_t|x_{t-1};\theta)p(\theta|x_{1:t-1})d\theta$$

観測方程式が θ を含まず（例えば，SV モデルのように），$p(y_t|x_t;\theta) = p(y_t|x_t)$ ならば，下記式が成立する．

$$p(y_t, x_t|x_{1:t-1}) = p(y_t|x_t)p(x_t|x_{1:t-1}),$$
$$p(x_t|x_{1:t-1}) = \int p(x_t|x_{t-1};\theta)p(\theta|x_{1:t-1})d\theta$$

例えばアルゴリズム 3.8 のような粒子フィルタは，このシステムへ適用され，そして θ に関する事後分布は詳述したように別々に記録される．このシステムへ補助粒子フィルタを適用するのは容易である．

　このアプローチの大きな利点は，粒子であるパラメータ，θ^j それ自身を伝搬させ，再重み付けするというよりむしろ，それらパラメータに関連した十分統計量を伝搬させる点にある．それゆえ，混合表現すれば，θ に関する一点へ集中することは決してない．

　このアプローチの欠点は，本項の最初で示した点に関連付けられる．粒子フィルタでは，平滑化密度の質がそれほど良くない．暗黙に，十分統計量 $T_{1:t+1}^j$ は過去履歴 $x_{1:t+1}^j$ の関数であり，時点 $t+1$ では $j=1,\ldots,M$ に対して x_{t+1}^j の多くの違ったコピーが存在するけれども，h が大きくなるときに x_{t-h}^j の異なるコピーの数は非常に少なくなってしまうかもしれない．その場合結果として，このフィルタの1つの実行において，式 (3.72) の左辺は，t が大きくなると，$p(\theta|y_{1:t+1})$ に比較して間違った値

の近辺にかたまり，中心化される．この退化がいかに早く発生するかは，時系列の長さと S/N 比に依存する．Andrieu et al. (2005) の図 1.2 と図 1.3 は，時間進展に伴い発生するかもしれないこの退化の問題をわかりやすく説明している．

Lopes et al. (2010) は，条件付状態空間形式のモデルとともに，パラメータに関する十分統計量の伝搬を考えた．そこでは，計量経済学で出会う現実的な長さの多くの時系列モデルでは，ここで詳述した退化が明白ではないことが論じられている．

3.8.2 粒子フィルタでの MCMC 法

本項では，標準的な SIR 粒子フィルタと MCMC 法を組み合わせて用いることでどのようにベイズ推測を履行するかを議論する．その議論は，一般補助粒子フィルタでもまた成立する．ここで，$\hat{p}_M(y|\theta)$ は，θ と粒子数 M を与えた場合，尤度の粒子フィルタ推定量であるとする．$\hat{p}_M(y|\theta)$ は，シミュレーション尤度として参照される．Del Moral (2004) の定理 7.4.1 は，シミュレーション尤度が，任意の M および 3.7.3 項で概要を述べた標準的な多項サンプリングや層化法に対して，下記式で定義される不偏性の性質をもつことを示した．

$$E(\hat{p}_M(y|\theta)) = p(y|\theta) \tag{3.73}$$

式 (3.73) に示す期待値は，粒子フィルタ内で状態の伝搬とリサンプリングの両ステップで生成したすべての乱数を用いて計算する．この点は，アルゴリズム 3.8 のステップ 1) と 3) に対応する．

不偏性の性質は，粒子フィルタを用いて MCMC 法を構成する際特に重要である．Andrieu et al. (2007) の結果は，重点サンプリング推定量が正しい不変分布を得るという結果を備えたメトロポリスアルゴリズム内に位置付けられ得ることを示唆した．Andrieu et al. (2010) は，真の尤度が粒子フィルタ尤度に基づき補助密度から生じる周辺分布として，どのように定式化され得るのかを示した．明示的に，$g_M(y|\theta; u) = \hat{p}_M(y|\theta)$ とシミュレーション尤度を書き下すことができる．ただし，u は密度 $g_M(u)$ から生じる乱数の列を示す．以上を踏まえれば，式 (3.73) は下記のように表現できる．

$$\int g_M(y|\theta; u) g_M(u) du = p(y|\theta) \tag{3.74}$$

乱数 u は $g_M(u)$ から生成され，それは，同じ乱数 u が式 (3.74) が成立しないとき，異なる θ または同じ θ であったとしても使用されるべきではないことを意味する．

$p(\theta)$ は θ の事前分布とする．それから，

$$g_M(\theta, u|y) \propto g_M(y|\theta; u) p(\theta) g_M(u)$$

は (θ, u) の結合事後分布であり，θ に関する周辺事後分布は，下記式によって与えられる．

$$g_M(\theta|y) \propto g_M(y|\theta) p(\theta) \propto p(\theta|y)$$

すなわち,$g_M(\theta, u|y)$ の周辺密度 $g_M(\theta|y)$ が標的密度 $p(\theta|y)$ になる.

結合密度 $g_M(\theta, u|y)$ を用いた MCMC が構成できる.条件付密度 $q(\theta^{(j+1)}|\theta^{(j)})$ を用いて M–H 法により,$\theta^{(j)}$ から $\theta^{(j+1)}$ へ移動できると仮定する.その際,下記式が移動の採択確率になる.

$$\alpha(\theta^{(j)} \to \theta^{(j+1)}) = \min\left\{1, \frac{g_M(y_{1:T}|\theta^{(j+1)}; u^{(j+1)})p(\theta^{(j+1)})}{g_M(y_{1:T}|\theta^{(j)}; u^{(j)})p(\theta^{(j)})} \frac{q(\theta^{(j)}|\theta^{(j+1)})}{q(\theta^{(j+1)}|\theta^{(j)})}\right\} \tag{3.75}$$

$u \sim g_M(u)$ はメトロポリス法を用いて独立に発生し,式 (3.75) の M–H 比分子分母で相殺されるために,結果として式上は現れない.この MCMC における不変分布は,$p(\theta|y) \propto p(y|\theta)p(\theta)$ になる.このように,MCMC アルゴリズムで近似(シミュレーション)尤度を使用したときでさえ,正しい尤度 $p(y|\theta)$ に基づく,正しい事後密度からサンプリングできる.高い次元の状態をもつ,以前は解決困難であったモデルにおける尤度推測ができるので,この結果は強力である.

Silva et al. (2009) は,式 (3.3) に示すレバレッジをもつ SV モデルや式 (3.38) に示すポアソン時系列モデルに対して粒子フィルタ MCMC 法を履行した.提案密度,$q(\theta|\theta') = q(\theta)$ は完全適合型サンプリングを通して得られた.彼らは,粒子フィルタ MCMC 法は過度に多数の粒子を用いることなしに実行できることを示した.

要約 粒子フィルタは解析できる時系列モデルの範囲を大きく広げる潜在的な力をもっている.それはまた一般状態空間モデル内でのベイジアンの計算作業を単純化できる可能性も有している.なぜならば,シミュレーション尤度は状態の雑音を含む積分であり,そのため,MCMC はパラメータの生成とともに粒子フィルタ(それは今では標準的)も原理的には含んでいるからである.

しかしながら,粒子フィルタ MCMC 法に含まれるアイデアは非常に新しく,実用的な MCMC アルゴリズムをどのように得るかを研究する必要がある.次の項目は,さらなる検討を要する問題の一部である.(a) 粒子フィルタ内で何個ぐらいの粒子を使用するべきか.原理的には,式 (3.73) は 1 つの粒子,すなわち $M = 1$, でも成立する.実際上,少ない粒子数 M は $p(y|\theta)$ の非常に雑音の多い推定量 $\hat{p}_M(y|\theta)$ を導くことになる.それは,メトロポリス–ヘイスティングスステップにおいて高い棄却率を生じさせ,その連鎖はまた頻繁に動かず,破壊的に平坦な傾向になる.破壊的に立ち往生することによって,与えられた $\theta = \theta^*$ に対して,$\hat{p}_M(y|\theta^*) = g_M(y\theta^*, u)$ が $p(y|\theta^*)$ よりも非常に大きいような u の実現値を得ることを意味する.その連鎖の次のステップで,式 (3.75) に示すメトロポリス–ヘイスティングス比は非常に小さくなる傾向にあり,その結果,多数の繰り返しの間 θ^* に留まり続けることになる.(b) 超過的な計算コストなしに,良い提案分布 $q(\cdot)$ を構築することは難しい.なぜならば,尤度が雑音を多く含むため,尤度の微分を必要とする方法を使用できないからである.(c) θ と状態ベクトルの次元の拡大にどのように対応するかの方法を学習する必要がある.

3.9 モデル選択, モデル平均化, モデル診断

モデル選択, モデル平均化およびモデル診断は時系列データのベイズ解析において重要な問題であるが, これらの問題に関する議論のほとんどは一般的で, どのベイズ解析でも共通である. 本節において, 我々の議論のほとんどは, 時系列モデルに固有の観点に焦点を当てる.

3.9.1 モデル選択とモデル平均化

ここでデータへ $M > 1$ 個のモデル $\mathcal{M}_1, \ldots, \mathcal{M}_M$ へ当てはめると仮定する. モデル選択では, それらモデルの1つを選択する. 例えば, 1つから4つまでの因子をもつ動的因子モデルへの当てはめを考え (3.5.4項と Del Negro and Schorfheide による本書の7.6.2項を参照のこと), 結果的に4つのモデルから1つのモデルの選択を考える. モデル選択を行うための評判の良いベイズ手法は, 最高事後確率をもつモデルを使用することである. Chib (本書の5.7節) は, ベイジアンの文脈でのモデル選択とそこでの周辺尤度によって演じられる中心的役割を議論した. 特に, もし事前モデル確率が等しいならば, 最大事後確率をもつモデルを選択することは, 最大周辺尤度をもつモデルを選択することと同一である. 下記式がモデル $\mathcal{M}_k$ の周辺尤度になる.

$$m(y; \mathcal{M}_k) = \int p(y|\theta_k; \mathcal{M}_k) p(\theta_k; \mathcal{M}_k) d\theta_k \tag{3.76}$$

ただし, θ_k はモデル $\mathcal{M}_k$ 内のパラメータのベクトルであり, $p(\theta_k; \mathcal{M}_k)$ はその事前分布になる.

状態空間モデルにおける周辺尤度の計算は, 高次元の状態ベクトルの存在によって多くの場合困難である. 周辺尤度を評価する1つのアプローチは, Chib (1995) や Chib and Jeliazkov (2001) の方法を使用すれば良く, 彼らは下記のようにパラメータベクトル θ をもつモデル $\mathcal{M}$ の周辺尤度を表現した.

$$m(y; \mathcal{M}) = \frac{p(y|\theta^*; \mathcal{M}) p(\theta^*; \mathcal{M})}{p(\theta^*|y; \mathcal{M})} \tag{3.77}$$

θ^* は事後平均またはメディアンの縦座標 $p(\theta^*|y; \mathcal{M})$ に対して高い値をもつ θ の値である. MCMC法を用いた式 (3.77) の分母の推定法に関して, Chib (1995), Chib and Jeliazkov (2001) および本書の第5章を参照することにし, ここでは分子の評価を議論する.

尤度は, パラメータ空間の大きさとは独立に固定されたパラメータ値での評価になるので, $\theta = \theta^*$ は分母内で固定できる. 状態空間モデルの尤度に関する一般的な表現は, 3.2.3項で与えられている. 線形ガウス型状態空間のような, ある単純な状態空間モデルでは, 尤度を明示的に評価できる (3.3.3項参照のこと). 一般には, 尤度は明示的に評価できないが, 3.8.2項で議論したように, 粒子フィルタは, 粒子数が増

えたとき推定量の分散が0に近づく不偏推定量 $p(y|\theta^*;\mathcal{M})$ を与える．例えば，SVモデルへの適用である Kim et al. (1998) や因子SVモデルへの適用である Chib et al. (2006) を参照してほしい．

検討しているモデルが，加法的な形式で表現できる一般モデルのサブモデルになっているとき，有益なモデル選択のための2つ目のアプローチを議論する．次のような加法的モデルを考える．

$$y_t \sim p(y_t|s_t), \qquad s_t = f_{1t} + f_{2t} + f_{3t} \tag{3.78}$$

f_{it} は独立で，各々が状態空間形式で表現できる成分である．f_{1t} がランダムウォークトレンドで，f_{2t} が季節性で，それから f_{3t} が自己回帰構造をもつ定常ノイズである，そのようなモデルの例になる．ここで，フルモデル式 (3.78) と可能なすべてのサブモデル間でモデル選択をしたいと仮定する．これは8つの可能なモデル間でのモデル選択問題と考えられ，すなわち，3つの成分の各々は取り込まれたり，外されたりする．8つのモデル各々を別々に推定する代わりに，同時に8つのモデルすべての事後確率を計算するために，変数選択のアイデアを使用することができる．このアプローチは，もし式 (3.78) が3.4節に示したガウス型または条件付ガウス型で表現できるならばよく機能する．さらに進んだ議論と例については Shively et al. (1999) を参照してほしい．

モデル平均化 $y = y_{1:T}$ で条件付けした検討中のすべてで共通になるある構成要素 g を評価したいと仮定する．例えば，将来の観測値 $g = y_{T+1}$ の期待値などがそのイメージになる．それを行う1つのアプローチは，モデル $\mathcal{M}_k$ を得るために最初にモデル選択を行い，その後選択されたモデルに基づいて y の期待値を推定する．2つ目のアプローチでは，すべてのモデルの期待値の重み付け平均をとることで実現できる．ただし，そこで使用する重みは事後モデル確率である．そのようなアプローチはモデル平均化と呼ばれる．ベイジアンモデル平均化の一般的な議論は，Hoeting et al. (1999) を参照してほしい．

3.9.2 モデル診断

モデルへの当てはめとモデル選択に加えて，ある特定のモデルがそのデータに当てはまっているかどうかを確認するためにモデル診断を計算したいことがある．本項では，一変量の連続的な従属変数 y_t を仮定し，モデル診断の概要を述べる．パラメータベクトル θ が既知である状態空間モデルを仮定し，$F(y_t|x_t;\theta)$ は x_t で条件付けした y_t の累積分布関数であり，$F(y_t|y_{1:t-1};\theta)$ は $y_{1:t-1}$ で条件付けした y_t の累積分布関数であるとする．この場合，$t = 1,\ldots,T$ に対して，下記式が成立する．

$$F(y_t|y_{1:t-1};\theta) = \int F(y_t|x_t;\theta) p(x_t|y_{1:t-1};\theta) dx_t \tag{3.79}$$

モデルが正しく特定化され，θ がパラメータの真値になると仮定する．Smith (1985) から $\zeta_{t,\theta} = F(y_t|y_{1:t-1};\theta), t = 1,\ldots,T$ は，$[0,1]$ 上の独立な一様乱数の列としたとき，そして例えばそれらを標準正規乱数に変換することによって，$\zeta_{t,\theta}$ を診断を形式化できる，とわかる．実際上，θ は未知である．$\zeta_{t,\theta}, t = 1,\ldots,T$ は，線形ガウス型状態空間 モデルのようなある状態空間モデルに対して，明示的に評価できる．粒子フィルタは，$\zeta_{t,\theta}$ を推定するための一般的なアプローチになる．SV モデルへの適用に対しては Kim et al. (1998) を参照してほしい．

$\zeta_{t,\theta}$ へ θ の推定量をプラグインする代わりに，θ を積分消去することが可能である．適用例に関しては Geweke and Amisano (2010) を参照してほしい．しかしながら，これは通常個々の t に対して別々に MCMC シミュレーションを稼働することを要求し，それはいくつかのモデルでは非常にコストがかかる．

Gerlach et al. (1999) は個々の t に対して，計算を容易にするために，θ を積分消去する重点サンプリングアプローチを提案し，このアイデアを 3.4 節の条件付ガウス型分布へ適用した．

文　献

Aguilar, O., and West, M. (2000), "Bayesian Dynamic Factor Models and Variance Matrix Discounting for Portfolio Allocation," *Journal of Business and Economic Statistics*, 18: 338–57.

Albert, J., and Chib, S. (1993), "Bayesian Analysis of Binary and Polychotomous Response Data," *Journal of the American Statistical Association*, 88: 669–79.

Amisano, G., and Federico, L. (2005), "Alternative Time-Varying Parameter Specifications for Bayesian VAR Models," in M. Mazzoli and F. Arcelli (eds.), *Atti della Prima " Lezione Mario Arcell "*, Soveria Mannelli, Italy: Rubbettino, 13–65.

Anderson, B., and Moore, J. (1979), *Optimal Filtering*, Englewood Cliffs, NJ: Prentice-Hall.

Andersson, M., and Karlsson, S. (2008), "Bayesian Forecast Combination for VAR Models," *Bayesian Econometrics Advances in Econometrics*, 23, Amsterdam: Elsevier, pp. 501–24.

Andrieu, C. and Doucet, A. (2002), "Particle Filtering for Partially Observed Gaussian State Space Models," *Journal of the Royal Statistical Society, Series B*, 64: 827–36.

―― and Holenstein, R. (2010), "Particle Markov Chain Monte Carlo (with discussion)," *Journal of the Royal Statistical Society, Series B*, 269–342.

―― and Roberts, G. (2007), "The Expected Auxiliary Variable Method for Monte Carlo Simulation," Unpublished paper.

―― and Tadic, V. (2005), "On-line Parameter Estimation in General State-Space Models," in *44th IEEE Conference on Decision and Control, 2005 and 2005 European Control Conference. CDC-ECC'05*, pp. 332–37.

Ansley, C., and Kohn, R. (1985), "Estimation, Filtering and Smoothing in State Space Models with Incompletely Specified Initial Conditions," *Annals of Statistics*, 13: 1286–316.

―― (1990), "Filtering and Smoothing in State Space Models with Partially Diffuse Initial Conditions," *Journal of Time Series Analysis*, 11: 275–93.

Berzuini, C., Best, N., Gilks, W., and Larizza, C. (1997), "Dynamical Conditional Independence Models and Markov Chain Monte Carlo Methods," *Journal of the American Statistical Association*, 92: 1403–12.

Brockwell, P., and Davis, R. (2009), *Time Series: Theory and Methods*, 2nd edn., New York: Springer.

Carlin, B. P., Polson, N. G., and Stoffer, D. S. (1992), "A Monte Carlo Approach to Nonnormal and Nonlinear State-Space Modelling," *Journal of the American Statistical Association*, 87: 493–500.

Carpenter, J. R., Clifford, P., and Fearnhead, P. (1999), "An Improved Particle Filter for Non-linear Problems," *IEE Proceedings on Radar, Sonar and Navigation*, 146: 2–7.

Carter, C., and Kohn, R. (1994), "On Gibbs Sampling for State-Space Models," *Biometrika*, 81: 541–53.

—— —— (1996), "Markov Chain Monte Carlo in Conditionally Gaussian State Space Models," *Biometrika*, 83: 589–601.

—— —— (1997), "Semiparametric Bayesian inference for Time Series with Mixed Spectra," *Journal of the Royal Statistical Society, Series B*, 255–68.

Carvalho, C., Chang, J., Lucas, J., Nevins, J., Wang, Q., and West, M. (2008), "High-Dimensional Sparse Factor Modelling: Applications in Gene Expression Genomics," *Journal of the American Statistical Association*, 103: 1438–56.

Chen, R. and Liu, J., (2000), "Mixture Kalman filters," *Journal of the Royal Statistical Society, Series B*, 62: 493–508.

Chib, S. (1995), "Marginal Likelihood from the Gibbs Output," *Journal of the American Statistical Association*, 90: 1313–21.

—— —— (1998), "Estimation and Comparison of Multiple Change-Point Models," *Journal of Econometrics*, 86: 221–41.

—— and Jeliazkov, I. (2001), "Marginal Likelihood from the Metropolis-Hastings Output," *Journal of the American Statistical Association*, 96: 270–81.

—— Nardari, F., and Shephard, N. (2006), "Analysis of High Dimensional Multivariate Stochastic Volatility Models," *Journal of Econometrics*, 134: 341–71.

Cripps, E., Carter, C., and Kohn, R. (2005), "Variable Selection and Covariance Selection in Multivariate Regression Model," in D. Dey and C. Rao (eds.), *Handbook of Statistics: Bayesian Thinking: Modeling and Computation*, vol. 25, Amsterdam: Elsevier Science.

De Jong, P. (1989), "The Diffuse Kalman Filter," *Annals of Statistics*, 19: 1073–83.

—— and Shephard, N. (1995), "The Simulation Smoother for Time Series Models," *Biometrika*, 82: 339–50.

Del Moral, P. (2004), *Feynman-Kac Formulae: Genealogical and Interacting Particle Systems with Applications*, New York: Springer Verlag.

Del Negro, M. and Otrok, C. (2008), "Dynamic Factor Models with Time-Varying Parameters: Measuring Changes in International Business Cycles," Technical Report 326, Federal Reserve Bank of New York Staff Reports, available at http://papers.ssrn.com/sol3/papers.cfm?abstract_id=113616.

Doan, R., Litterman, R., and Sims, C. (1984), "Forecasting and Conditional Projection using Realistic Prior Distributions," *Econometric Reviews*, 3: 1–100.

Douc, R., Moulines, E., and Olsson, J. (2008), "Optimality of the Auxiliary Particle Filter," *Probabability and Mathematical Statistics*, 28: 1–28.

Durbin, J. and Koopman, S. J. (2001), *Time Series Analysis by State Space Methods*, The Oxford Statistical Science Series, Oxford: Oxford University Press.

—— —— (2002), "A Simple and Efficient Simulation Smoother for State Space Time Series Analysis," *Biometrika*, 89: 603–16.

Elerian, O., Chib, S., and Shephard, N. (2001), "Likelihood Inference for Discretely Observed Nonlinear Diffusions," *Econometrica*, 69: 959–93.

Fearnhead, (2002), "MCMC, Sufficient Statistics Particle Filter," *Journal of Computational* and *Graphical Statistics*, 11: 848–62.

Frühwirth-Schnatter, S. (1994), "Data Augmentation and Dynamic Linear Models," *Journal of Time Series Analysis*, 15: 183–202.

—— (2004), "Efficient Bayesian parameter estimation," in A. Harvey, S. Koopman, and N. Shephard, eds. *State space and Unobserved Component Models*, Cambridge: Cambridge University Press, 123–51.

—— and Wagner, H. (2006), "Auxiliary Mixture Sampling for Parameter-Driven Models of Time Series of Counts with Applications to State Space Modeling," *Biometrika*, 93: 827–41.

—— —— (2008), "Marginal Likelihoods for Non-Gaussian Models using Auxiliary Mixture Sampling," *Computational Statistics and Data Analysis*, 52: 4608–24.

Gelfand, A. E., Sahu, S. K., and Carlin, B. P. (1995), "Efficient Parameterisations for Normal Linear Mixed Models," *Biometrika*, 82: 479–88.

George, E. I., Ni, S., and Sun, D. (2008), "Bayesian Stochastic Search for VAR Model Restriction," *Journal of Econometrics*, 142: 553–80.

Gerlach, R., Carter, C., and Kohn, R. (1999), "Diagnostics for Time Series Analysis," *Journal of Time Series Analysis*, 20: 309–30.

—— —— —— (2000), "Efficient Bayesian Inference for Dynamic Mixture Models," *Journal of the American Statistical Association*, 95: 819–28.

Geweke, J., and Amisano, G. (2010), "Comparing and Evaluating Bayesian Predictive Distributions of Asset Returns," *International Journal of Forecasting*, 26: 216–30.

Giordani, P., and Kohn, R. (2008), "Efficient Bayesian Inference for Multiple Change-Point and Mixture Innovation Models," *Journal of Business and Economic Statististics*, 26: 66–77.

—— —— (2010), "Adaptive Independent Metropolis-Hastings by Fast Estimation of Mixture of Normals," *Journal of Computational and Graphical Statistics*: see http://pubs.amstat.org/ doi/abs/10.1198/jcgs.2009.07174.

—— —— and van Dijk, D. (2007), "A Unified Approach to Nonlinearity, Structural Change, and Outliers," *Journal of Econometrics*, 137: 112–33.

Gordon, N. J., Salmond, D., and Smith, A. (1993), "A Novel Approach to Nonlinear and Non-Gaussian Bayesian State Estimation," *IEE-Proceedings F*, 140: 107–13.

Harrison, J., and West, M. (1997), *Bayesian Forecasting and Dynamic Models*, New York: Springer-Verlag.

Harvey, A. (1993), *Time Series Models*, New York: Harvey Wheatsheaf.

—— Ruiz, E., and Shephard, N. (1994), "Multivariate Stochastic Variance Models," *Review of Economic Studies*, 61: 247–64.

Hoeting, J., Madigan, D., Raftery, A., and Volinsky, C. (1999), "Bayesian Model Averaging," *Statistical Science*, 14: 382–401.

Holmes, C., and Held, L. (2006), "Bayesian Auxiliary Variable Models for Binary and Multinomial Regression," *Bayesian Analysis*, 1: 145–68.

Jacquier, E., Polson, N. G., and Rossi, P. E. (1994), "Bayesian Analysis of Stochastic Volatility Models (with Discussion)," *Journal of Business and Economic Statististics*, 12, 371–417.

Kalman, R. (1960), "A New Approach to Linear Filtering and Prediction Problems," *Transactions ASME Journal of Basic Engineering*, D82: 35–45.

Kim, C., and Nelson, C. (1999), *State Space Models with Regime Switching: Classical and Gibbs-Sampling Approaches with Applications*, Cambridge, Mass. MIT Press.

Kim, S., Shephard, N., and Chib, S. (1998), "Stochastic Volatility: Likelihood Inference and Comparison with ARCH Models," *Review of Economic Studies*, 65: 361–94.

Kitagawa, G. (1987), "Non-Gaussian State Space Modelling of Non-Stationary Time Series," *Journal of the American Statistical Association*, 82: 503–14.
—— (1996), "Monte Carlo Filter and Smoother for Non-Gaussian Nonlinear State Space Models," *Journal of Computational and Graphical Statistics*, 5: 1–25.
Kitagawa, G., and Gersch, W. (1996), *Smoothness Priors Analysis of Time Series*, New York: Springer Verlag.
Kloeden, P., and Platen, E. (1992), *Numerical Solutions to Stochastic Differential Equations*, New York: Springer.
Kohn, R., and Ansley, C. F. (1985), "Efficient Estimation and Prediction in Time Series Regression Models," *Biometrika*, 72: 694–7.
—— —— (1986), "Estimation, Prediction and Interpolation for ARIMA Models with Missing Data," *Journal of the American Statistical Association*, 81: 751–61.
Koop, G. (2003), *Bayesian Econometrics*, Chichester: Wiley Interscience.
—— and Korobilis, D. (2009), "Bayesian Multivariate Time Series Methods for Empirical Macroeconomics," available at http://personal.strath.ac.uk/gary.koop/kk3.pdf.
—— Leon-Gonzalez, R., and Strachan, R. (2009), "On the Evolution of Monetary Policy," *Journal of Economic Dynamics and Control*, 33: 997–1017.
—— and Potter, S. (2008), "Time Varying VARs with Inequality Restrictions," available at http://personal.strath.ac.uk/gary.koop/koop_potter14.pdf.
Koopman, S. (1997), "Exact Initial Kalman Filtering and Smoothing for Non-stationary Time Series Models," *Journal of the American Statistical Association*, 92: 1630–38.
—— and Durbin, J. (2000), "Fast Filtering and Smoothing for Multivariate State Space Models," *Journal of Time Series Analysis*, 21: 281–96.
Lando, D. (1998), "On Cox Processes and Credit Risky Securities," *Review of Derivatives Research*, 2: 99–120.
Liu, J. S. (1996), "Metropolized Independent Sampling with Comparison to Rejection Sampling and Importance Sampling," *Statistics and Computing*, 6: 113–19.
—— and Chen, R. (1995), "Blind Deconvolution via Sequential Imputation," *Journal of the American Statistical Association*, 90: 567–76.
—— —— (1998), "Sequential Monte Carlo methods for Dynamic Systems," *Journal of the American Statistical Association*, 93: 1032–44.
—— and West, M. (2001), "Combined Parameter and State Estimation in Simulation-Based Filtering," *Sequential Monte Carlo Methods in Practice*, 197–223.
—— Wong, W. H., and Kong, A. (1994), "Covariance Structure of the Gibbs Sampler with Applications to the Comparison of Estimators and Augmentation Schemes," *Biometrika*, 81: 27–40.
Lopes, H., Carvalho, C., Johannes, M., and Polson, N. (2010), "Particle Learning for Sequential Bayesian Computation," *Bayesian Statistics*, 9: 709–40.
McCulloch, R., and Tsay, R. (1993), "Bayesian Inference and Prediction for Mean and Variance Shifts in Autoregressive Time Series," *Journal of the American Statistical Association*, 88: 968–78.
Pitt, M. K. (2002), "Smooth particle filters for likelihood maximisation," Available at http://www.warwick.ac.uk/fac/soc/economics/staff/academic/pitt/publications/smoothfilter.pdf.
—— and Shephard, N. (1999a), "Analytic Convergence Rates and Parametrization Issues for the Gibbs Sampler and State Space Models," *Journal of Time Series Analysis*, 20: 63–85.
—— —— (1999b), "Filtering via Simulation: Auxiliary Particle Filter," *Journal of the American Statistical Association*, 94: 590–9.
—— —— (1999c), "Time Varying Covariances: A Factor Stochastic Volatility Approach (with Discussion)," in J. M. Bernardo, J. O. Berger, A. Dawid, and A., Smith, (eds.), *Bayesian*

Statistics 6, Oxford: Oxford University Press, 547–70.

—— (2001), "Auxillary Variable based Particle filters," in *Sequential Mante Carlo Methods in Practice*, eds. de Frcitas, N., Doucet, A., and Gordon, N.J., New York: Springer-valag, pp. 273–293.

Polson, N., Stroud, J., and Muller, P. (2008), "Practical Filtering with Sequential Parameter Learning," *Journal of the Royal Statistical Society: Series B (Statistical Methodology)*, 70: 413–28.

Priestley, M. B. (1981), *Spectral Analysis and Time Series*, London: Academic Press.

Primiceri, G. (2005), "Time Varying Structural Vector Autoregressions and Monetary Policy," *Review of Economic Studies*, 72: 821–52.

Roberts, G. O., and Sahu, S. K. (1997), "Updating Schemes, Correlation Structure, Blocking and Parameterization for the Gibbs Sampler," *Journal of the Royal Statistical Society, Series B*, 59: 291–317.

Rubin, D. B. (1988), "Using the SIR Algorithm to Simulate Posterior Distributions," in J. M. Bernardo, M. H. DeGroot, D. V. Lindley, and A. F. M. Smith, (eds.), *Bayesian Statistics 3*, Oxford: Oxford University Press Press, 395–402.

Shephard, N. (1994), "Partial Non-Gaussian State Space." *Biometrika*, 81: 115–31.

—— (1996), "Statistical Aspects of ARCH and Stochastic Volatility," in D. R. Cox, D. V. Hinkley, and O. E. Barndorff-Nielse (eds.), *Models in Econometrics, Finance and Other Fields*, London: Chapman and Hall.

—— and Pitt, M. K. (1997), "Likelihood Analysis of Non-Gaussian Measurement Time Series," *Biometrika*, 84: 653–67.

Shively, T., Kohn, R., and Wood, S. (1999), "Variable Selection and Function Estimation in Additive Nonparametric Regression Using a Data-based Prior," *Journal of the American Statistical Association*, 94: 777–94.

Silva, R., Giordani, P., Kohn, R., and Pitt, M. (2009), "Particle Filtering within Adaptive Metropolis Hastings Sampling," avilable at http://arxiv.org/abs/0911.0230.

Sims, C. A., Waggoner, D. F., and Zha, T. (2008), "Methods for Inference in Large Multiple-equation Markov-switching Models," *Journal of Econometrics*, 146: 255–74.

Smith, A. F. M., and Gelfand, A. (1992), "Bayesian Statistics without Tears: A Sampling-resampling Perspective," *American Statistican*, 46: 84–8.

Smith, J., and Santos, A. (2006), "Second-Order Filter Distribution Approximations for Financial Time Series With Extreme Outliers," *Journal of Business and Economic Statistics*, 24: 329–37.

Smith, J. Q. (1985), "Diagnostic Checks of Non-standard Time Series Models," *Journal of Forecasting*, 4: 283–91.

Storvik, G. (2002), "Particle Filters in State Space Models with the Presence of Unknown Static Parameters," *IEEE Transactions on Signal Processing*, 50: 281–9.

Villani, M. (2009), "Steady State Priors for Vector Autoregression," *Journal of Applied Econometrics*, 24: 630–50.

Wahba, G. (1990), *Spline Models for Observation Data*, Philadelphia: Society for Industrial and Applied Mathematics (SIAM).

4

柔軟なモデリングとノンパラメトリックモデリング

4.1 はじめに

　一般に，正規分布のような標準的な分布の仮定を置くことには，理論的結果を導き出す際の単純さと推測面での利点がある．しかしながら，それらの仮定が手元のデータにあまり適合しないことは，よくあることである．そのような場合，データへの十分な適合度を得るためにより柔軟な性質をもつ確率分布を使用するが，それによって計算面あるいは解析面での利便性を犠牲にする必要に迫られることがある．本章ではこの問題に対する2種類のアプローチを取り上げる．1つはパラメトリックな領域にとどまり，柔軟な性質を有するが完全にパラメトリックなモデルであり，これは多くの場合標準的なモデルのパラメータ拡張である．簡単な例にはスチューデントの t (Student-t) 分布を用いたモデルがある．これは自由度パラメータを追加的にもつことで正規分布に比べてより柔軟に分布の裾の振舞いを表現する．あるいは，正規分布はこの自由度パラメータを無限大に近づけたときの限定的なケースとみなすことができる．もう1つのアプローチはノンパラメトリックモデルの採用である．ベイズ統計学の文脈においてこのモデルは無限次元のパラメータ設定をもつモデルを意味している．以降では，関数空間における確率測度 (probability measure) の特徴付け (Bernardo and Smith 1994; Müller and Quintana 2004 を参照)，すなわちランダムな確率測度をテーマとする．それゆえに，ここでは幅広い台 (support) をもつ確率分布（一般的にはすべての確率分布の空間）を事前分布として使用し，これによって単峰性，対称性，そしてモーメントの存在といったパラメトリックな仮定に関して分析を頑健なものにする．もちろん付加的に計算量を求められたり，説明可能性の低さの点で犠牲を払うことになる可能性があり，そのような完全にノンパラメトリックな分析は，たいていの場合，非常に幅広い分布の設定の中からデータへの適合度の高いものを探索し，より適切なパラメトリックモデルを提案することに使用される．例えば，Griffin and Steel (2004) では確率的フロンティア (stochastic frontiers) の文脈においてノンパラメトリックの非効率的な確率分布を使用し，これが Griffin and Steel (2008) での一般化ガンマ分布 (generalized gamma distribution) の混合分布の使用を直接的に動機付けるものとなった．

しばしば，柔軟なモデリングがモデルのある側面においてのみ重要になることがある．例えば，確率的フロンティアモデルでは測定誤差に正規分布を仮定することはあるが，非効率誤差項 (inefficiency error term) に対してガンマ分布を仮定することはない．これらのモデルにおいて非効率誤差項は論争の的となる最重要項目になり得るためである．ひいては，モデル化が困難なものやモデルの関心ある特定部分にのみノンパラメトリック分布 (nonparametric distribution) を使用し，一方でその他の点に関してはパラメトリックな仮定を保持すると，いわゆるセミパラメトリックモデル (semiparametric model) になる．

4.2節と4.3節ではそれぞれ柔軟な性質をもつパラメトリックモデリングとノンパラメトリックモデリングを取り扱い，地域成長データへの応用と二項確率 (binomial proportions) のセミパラメトリック推定を行う．

計量経済学において最も広く用いられているモデルは線形回帰モデルであり，それは本書の第6章「ミクロ計量経済学におけるベイズ法」において詳細に説明されている．たいていの場合，そのようなモデルを使用する際の主な関心は独立変数 x が目的変数 y にどのように影響するかにあるが，ここで紹介する手法は標準線形回帰モデルで典型的に仮定される線形や多項式の効果よりもより柔軟な y と x の関連のパターンを調べることが可能である．例として y の条件付平均を x の柔軟な関数 (flexible function) にすることが挙げられ，4.4節ではスプラインといった基底関数 (basis functions) やガウス過程 (Gaussian processes) を用いた，柔軟な平均回帰 (flexible mean regression) の方法をレビューする．さらに所得関数としての職業的名声データへの応用と，電力供給の費用関数への応用について議論する．

より進んだ方法としては，全体の条件付分布 (conditional distribution) を導き出し，回帰関数と誤差分布の両方に対して柔軟な，もしくはノンパラメトリックな方法を使用するものがある．これは極めて新しく萌芽的な分野であり，4.4節と同じ職業的名声データへの応用も含め，4.5節において簡潔に議論する．

4.6節は本章の結びとし，本章で説明している手法の多くを実行できる無料利用可能なソフトウェアのリストを載せている．ソフトウェアを利用することで，利用者の関心ある応用分野において，ここで紹介する手法に効率的に習熟できる．

4.2 柔軟なパラメトリックモデリング

本節では確率分布のパラメトリック族を通じて，モデルに対し分布の歪みや裾の厚さ，二峰性などといった柔軟性を与える手法に焦点を当てる．計量経済学のモデリングでは通常，正規線形回帰モデルを検討することから始める．これはサンプリングモデルにとって使い勝手の良い仮定をもつが，観測データにあまり適合しないこともある．そこでまずはじめに扱う正規分布の諸仮定からの逸脱は，分布の裾に関するものである．観測されたデータが正規分布の裾よりも厚みのある裾を有していることはよ

くあることで,実際にはしばしば必要とされる手法である.

4.2.1 裾の厚さ

多くの実証研究において,正規分布の裾の厚さが薄すぎることがあると認識されている.これは少なくとも Jeffreys (1961) にまで立ち返るものである.一方で,Maronna (1976) や Lange et al. (1989) は,スチューデントの t 分布に基づく標本を所与とした最尤法による分析を行っている.また,Geweke (1993) はスチューデントの t 分布に従う誤差項をもつ線形回帰モデルのベイズ分析を行い,West (1984) は正規分布のスケール混合 (scale mixtures) について幅広いクラスを検討している.いま,線形回帰モデルにおいてこのクラスについて考えてみよう.観測値 $y_i \in \Re$, $i = 1,\ldots,n$ は,

$$y_i = \boldsymbol{x}_i'\boldsymbol{\beta} + \sigma\varepsilon_i \tag{4.1}$$

によって生成される.ここで k 次元のベクトル $\boldsymbol{x}_i$ は説明変数をまとめたものであり,$\varepsilon_1,\ldots,\varepsilon_n$ は i.i.d. (independent and identically distributed) でスケール混合正規分布に従う確率変数で,

$$\varepsilon_i \stackrel{d}{=} z_i/\lambda_i^{1/2} \tag{4.2}$$

となる.z_i は標準正規確率変数である.λ_i は z_i に対して独立な確率変数であり,多くの場合 1 つ以上の未知パラメータによってパラメータ化された,区間 $(0,\infty)$ における確率分布 P_{λ_i} をもつ.ここでは,様々な混合分布 (mixing distribution) P_{λ_i} を選ぶことでスケール混合正規分布のクラス全体を生成する.これには例えばスチューデントの t 分布(ガンマ分布 $G(\nu/2, 2/\nu)$ の混合分布から自由度 ν のスチューデントの t 分布が導出される),ラプラス分布 (Laplace distribution),対称安定分布 (symmetric stable distributions) が含まれる.Fernández and Steel (2000) の表 1 ではこのクラスの確率分布を包括的にまとめている.スケール混合正規分布は連続,左右対称,そして単峰性の性質をもち,高次元球面分布の周辺分布として解釈される唯一の球面分布 (spherical distribution) である.

以上のことから,サンプリングモデルは密度関数

$$p(y_i|\boldsymbol{\beta},\sigma) = \int_0^\infty \frac{\lambda_i^{1/2}}{(2\pi)^{1/2}\sigma} \exp\left\{-\frac{\lambda_i}{2\sigma^2}(y_i - \boldsymbol{x}_i'\boldsymbol{\beta})^2\right\} \mathrm{d}P_{\lambda_i} \tag{4.3}$$

によって特徴付けられ,式 (4.3) からの独立な複製はモデルパラメータに関するサンプリング情報を構成する.たいていの場合,説明変数を $n \times k$ の行列 $X = (\boldsymbol{x}_1,\ldots,\boldsymbol{x}_n)'$ としてまとめて表現し,そこでは全行ランク(したがって $n \geq k$)が仮定される.さらに,$\boldsymbol{y} = (y_1,\ldots,y_n)'$ を観測値ベクトルとする.

ここで事前分布の構成について議論しよう.式 (4.1) のパラメータは回帰係数 $\boldsymbol{\beta} \in \Re^k$ とスケールパラメータ $\sigma > 0$ である.無情報事前分布 (non-informative prior distribution) として通常用いられるのは"独立な"ジェフリーズ事前分布 (Jeffreys' prior)

4.2 柔軟なパラメトリックモデリング 127

$$p(\boldsymbol{\beta}, \sigma) \propto \sigma^{-1} \qquad (4.4)$$

である．式 (4.4) の事前分布は Fernández and Steel (1999) に見られるような ε_i に関する任意の正則 (propper) な分布にとって，Berger and Bernardo (1992a) の意味で参照事前分布 (reference prior) でもある．

式 (4.4) の事前分布は正則ではないため，観測値を条件付としたパラメータの条件付分布として定義される事後分布の存在は保証されない．Mouchart (1976) の結果は，そのような条件付分布が存在するのは予測分布 (predictive distribution) が σ 有限 (σ-finite) のときのみ，つまり $\Re^n$ において $\boldsymbol{y}$ がルベーグ測度零集合 (Lebesgue measure zero) である場合を除いて $p(\boldsymbol{y}) \equiv \int p(\boldsymbol{y}|\boldsymbol{\beta},\sigma) p(\boldsymbol{\beta},\sigma) \mathrm{d}\boldsymbol{\beta}\mathrm{d}\sigma < \infty$ になるときのみであることを示している．式 (4.3) と (4.4) のモデルにおいて，Fernández and Steel (2000) はベイズ推測の実行可能性に関する以下の結論を証明している．

定理 4.1 (事後分布の性質)： 式 (4.4) の事前分布と式 (4.3) での n 個の独立な観測値の下で，どのような混合分布 (mixing distribution) P_{λ_i} を選択しても，$n \geq k+1$ である限り $\boldsymbol{y}$ を所与とした $(\boldsymbol{\beta},\sigma)$ の条件付分布は存在する．

証明 Fernández and Steel (2000) を参照．$n \geq k+1$ が必要十分条件であること，そして混合分布の性質にまったく影響しないことに留意しなければならない．したがって，式 (4.3) における正規分布のいかなるスケール混合に対しても，少なくとも $k+1$ 個の観測値標本に基づいてベイズ分析はなされる．もしかすると意外かもしれないが，スケール混合正規分布のクラスに含まれる分布の裾の広さは事後分布の存在にいかなる影響も与えない．

Geweke (1993) によってスチューデントの t 分布の特別な場合について議論されているように，これらのモデルの推定はスケール混合の表現を利用したギブスサンプラー (Gibbs sampler) によって実行される．MCMC (Markov chain Monte Carlo) サンプラーには λ_i のベクトルが含まれており，これは第 5 章の 5.4.1 項で説明されるデータ拡大 (data augmentation) の 1 つの例である．スチューデントの t 分布に関して，前述した P_{λ_i} はガンマ分布 $\mathrm{G}(\nu/2, 2/\nu)$ であり，それぞれの λ_i が独立に条件付事後分布[1] $\mathrm{G}((\nu+1)/2, 2/\{\nu + \sigma^{-2}(y_i - \boldsymbol{x}_i'\boldsymbol{\beta})^2\})$ に従うように，混合変数ベクトルに関連する分布が容易に導出される．Fernández and Steel (2000) ではこのクラスの他の分布に対する MCMC 戦略について議論している．

---

[1] 当然のことだが，このギブスサンプラーは必ずしも効率的な MCMC 戦略ではないが，容易に実行でき，メトロポリス–ヘイスティングス (Metropolis–Hastings) 戦略に付随する提案分布 (proposal distribution) の選択を必要としない．このギブスサンプラーの追加的な利点は個々の λ_i について推測することであり，これによって中心から離れた観測値 (outlying observations) についての情報を得ることができる．

4.2.2 非対称性

実データを処理する際の主要なトピックのもう 1 つは，通常設定されている対称性の仮定である．Azzalini (1985) が提案した非対称正規分布 (skew-normal) のクラスはこの問題に対する重要な貢献を果たすものであり，これは $\epsilon \in \Re$ について，正規密度関数に正規分布の累積分布関数 (cdf) を掛け合わせることで

$$p(\epsilon|\alpha) = 2\phi(\epsilon)\Phi(\alpha\epsilon) \qquad (4.5)$$

と表現される．ここで $\phi(\cdot)$ と $\Phi(\cdot)$ はそれぞれ標準正規分布の確率密度関数 (pdf) と cdf である．非対称パラメータ α は実数の値をとる．$\alpha = 0$ では通常の正規分布となり，α の値が正の無限大に近づくほど分布は正の半正規分布 (half-normal) になる．$p(\epsilon|\alpha) = p(-\epsilon|-\alpha)$ であるため，左や右への歪みは α の符号が変わることで入れ替わり，また，位置とスケールの一般化はただちに得られる．興味深いことに，この分布は O'Hagan and Leonard (1976) が事前分布として使用している．これは常に単峰であり，次のような一方が他方を切断する "hidden truncation" の表現をもつ．つまり (X,Y) を二変量正規分布に従う確率変数とし，周辺では標準正規分布となり相関 ρ をもつとする．すると，$Y > 0$ を条件付とした X は式 (4.5) のような非対称正規分布となり，このとき α は ρ の 1 対 1 写像である．より一般的な hidden truncation モデルのクラスは，Arnold and Beaver (2002) が検討している．この非対称正規分布が一般的に登場する経済学での応用が，確率的フロンティアモデルである．そこで用いられる合成誤差項 (composed error) は対称性をもつ分布に従う測定誤差と片側誤差 (one-sided error) を加えたものである．もしこれらがそれぞれ正規分布と片側正規分布に従うなら，結果として生成される合成誤差は式 (4.5) の形の非対称正規分布となる．式 (4.5) のアイデアは，Azzalini and Capitanio (2003) でのスチューデントの t 分布のように他の状況にも適用され，例えば Genton and Loperfido (2005) において一般化された．式 (4.5) での単純な非対称正規モデルの推測でさえ，実際には驚くほど困難なものになる可能性がある．これは例えば，i.i.d. サンプルからもたらされる尤度は，すべての ϵ_i が同じ符号をもつとき，α に関して単調なものになることが容易に示される．もちろん実際には，未知の位置パラメータをモデルに加えることで解決するかもしれないが，それは尤度の挙動に関連するいくつかの問題を強調するものである．加えて，Azzalini (1985) が $\alpha = 0$ に対してフィッシャー情報行列 (Fisher information matrix) が特異であることを示しており，この場合，最尤推定は非常に困難なものになる[2]．Liseo (2004) はこれを詳細に検討し，ジェフリーズ事前分布を用い，そのような確率分布を用いたベイズ推測について議論している[3]．

---

[2] Azzalini (1985) では，これらの問題を回避するための様々なパラメータ化を提案している．Pewsey (2000) もまた参照．

[3] この問題は，未知の台をもつパラメータに対してジェフリーズ事前分布が正則となる非常に稀な例の 1 つである．具体的には，この非対称パラメータ α に対してジェフリーズの事前分布は正則である．

Fernández and Steel (1998) は，ベイズ分析で非対称性を組み込む他のアプローチを紹介している．彼らはゼロを単一の最頻値としてもつ，対称かつ単峰性の pdf $f(\cdot)$ からスタートし，正と負の象限に逆数となるスケール因子 (inverse scale factors) を導入している．これは正のスカラー γ によって規定される非対称分布のクラスを生成し，

$$p(\epsilon|\gamma) = \frac{2}{\gamma + \frac{1}{\gamma}}\left\{f\left(\frac{\varepsilon}{\gamma}\right)I_{[0,\infty)}(\varepsilon) + f(\gamma\varepsilon)I_{(-\infty,0)}(\varepsilon)\right\} \qquad (4.6)$$

となる．$\gamma \neq 1$ に対して非対称分布をもたらし，ゼロにおける単一の最頻値は保たれる．明らかに $p(\varepsilon|\gamma) = p(-\varepsilon|1/\gamma)$ であり，

$$\frac{P(\varepsilon \geq 0|\gamma)}{P(\varepsilon < 0|\gamma)} = \gamma^2 \qquad (4.7)$$

から $f(\cdot)$ の選択にかかわらず，γ が最頻値の両側の量をコントロールしていることがわかる．これは，γ がそのまま Arnold and Groeneveld (1995)[*4] (AG) により提案されている非対称性の尺度（AG 歪度）

$$\mathrm{AG}(\epsilon|\gamma) = \frac{\gamma^2 - 1}{\gamma^2 + 1} \qquad (4.8)$$

に変換できることを示している．このように，AG は γ の狭義単調増加関数であり，γ の変化によって AG 値の全範囲をカバーでき，$\gamma > 1$ に対して正（右側）の歪みを生成し，一方で，$\gamma < 1$ においては負（左側）の歪みをもたらす．モーメントの表現は Fernández and Steel (1998) が導出している．

非対称性を導入するための前述の 2 つの手法を説明するために，図 4.1 では非対称な正規分布の例を描画し，いくつかの数値例で正の歪みの程度を表現している．図 4.1(a) では α，(b) では γ の逆数の符号を変えることでそれぞれ同量の負の歪みが生成される．これは非対称性を生み出すメカニズムの違いを明白に示している．つまり，Azzalini のアプローチは，右裾が変化しないように保持し，左裾を押しつぶしている．この分布は α の値が増大すると最頻値が右にシフトする．逆スケーリング (inverse scalling) アプローチは，単純に逆数のスケール因子を両裾に適用し，最頻値を常に同じ場所に保持したまま確率質量を左右で移動する．

式 (4.6) の非対称性を発生させる手法は，どのような対称かつ単峰性の $f(\cdot)$ に対しても機能し，Fernández and Steel (1998) は $f(\cdot)$ に対して未知の自由度 ν をもつスチューデントの t 分布を選択している．彼らは式 (4.1) と同じように回帰の文脈で分析を行っており，式 (4.4) の非正則な事前分布と，ν と γ に対する任意の正則な事前分布をもつ積の形の事前分布構造を設定している．そして非対称性が事後分布の存在，つまり回帰パラメータの事後モーメントとスケールパラメータに影響しないこと，前

[*4] Arnold と Groeneveld の単峰性の分布に対する非対称性の尺度は最頻値の左側の確率質量を 2 倍にしたものを 1 から引くことで定義される．ここでは AG と表記するこの尺度は $(-1, 1)$ の値をとり，左右対称分布に対してゼロの値をとる．

述した Fernández and Steel (2000) の定理と厳密に同じ条件の下で事後分布の正則性が得られることを証明している．推定のためのギブスサンプラーは Fernández and Steel (1998) により詳細が与えられており，この非対称の t 分布が歪みをもつデータに対して良好な予測精度を提供し得ることを示している．これは極端に厚い裾をもつ非対称の安定分布から生成したデータであってもそうであった．

Jones (2004) は順序統計に基づく非対称分布のクラスを導入しており，順序統計に基づく確率分布の一般型について「… ベータ分布に逆確率積分変換 (inverse probability integral transformation) を適用した結果でもある」と記述している．確かに，もし $F(\cdot)$ を前述した対称かつ単峰性の $f(\cdot)$ に対する cdf とし，X を区間 (0,1) における確率分布 P に従う確率変数とすると，$Y = F^{-1}(X)$ を考えることができる．これは P に一様分布を選択すると，通常の逆確率積分変換である．Jones (2004) は，それよりむしろベータ分布のより広いクラスを考えており，P を $\psi = (\psi_1, \psi_2) \in \Re_+^2$ によってパラメータ化されたベータ分布としている．この枠組みによって生成される確率分布のクラスは一般化されたクラスによっても示される (Amoroso 1925). Ferreira and Steel (2007a) は $\psi = (\varphi, 1/\varphi)$, $\varphi \in \Re_+$ の制約をつけたパラメータ化を提案しており，そのようなパラメータ化は Y に対して常に単峰性の確率分布を導く．加えて，それは事前分布の設定に非常に助けとなるうえに，P の選択において，一様分布だけが対称性を生じるものであるという制約を課している．

より一般的なアプローチが Ferreira and Steel (2006) により紹介されている．そこでは (0,1) 区間上の任意の確率分布 P をもつ確率積分変換を検討しており，非対称メカニズム (the skewing mechanism) と名付けている．これは cdf F をもつ任意の対

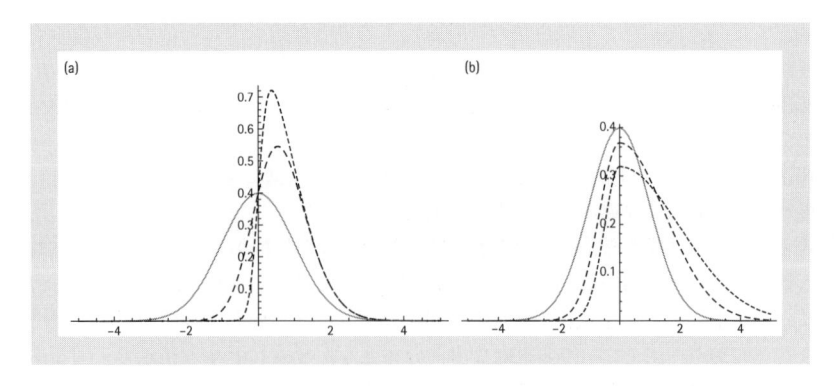

図 4.1 非対称正規分布の例：パネル (a) は式 (4.5) の $\alpha = 0, 1.5, 5$ にそれぞれ対応する Azzalini の非対称正規分布を示している．また，パネル (b) は式 (4.6) における $\gamma = 1, 1.5, 2$ に対応する逆スケーリング因子をもつ正規分布を示している．α と γ の値がより大きいほど短い破線で示しており，両グラフの灰色の実線はそれぞれ $\alpha = 0$ と $\gamma = 1$ に対応する標準正規分布である．

4.2 柔軟なパラメトリックモデリング

称分布からスタートし，pdf として

$$s(y|F,P) = f(y)p[F(y)] \tag{4.9}$$

をもつ非対称分布 S を導出する．ここで pdf は小文字で示し，大文字は分布関数もしくは cdf を意味している．P が一様分布のときのみ S が F に等しいこと，そして任意の F に対する対称分布 S を得ることが，P が 1/2 周りで対称であることと同値であることがすぐにわかる．さらに，F が単一の最頻値をもち，P が 1/2 を最頻値とする単峰性の分布のとき，S は F と同じ単一の最頻値をもつ．もし $x = 0$ と $x = 1$ それぞれにおいて $p(\cdot)$ が有限で非ゼロの制約をもつなら，左右の裾における S のモーメントの存在は F に対するものと同じである．前述した 3 つの非対称分布を導出する方法はこの枠組みの特別なケースであり，P に対する暗黙の選択を導く．Ferreira and Steel (2006) は P が以下の性質をもつ非対称メカニズムを構築している．

- P が F に依存しない．これは両分布を区別して解釈できるものにし，推測と事前分布設定を容易なものにする．
- 対称性を導く唯一の P は一様分布である．
- S の単一の最頻値は F の最頻値に等しい．
- S のモーメントの存在は F に対しても同じである．
- AG 歪度は $(-1, 1)$ の区間の値をとり，この値は F に依存しない．

彼らは P について 2 つのパラメトリックなクラスを特定化している．1 つのクラスはスカラーのパラメータ δ を導入し，最頻値周りの歪みのみに対応して左右等しい裾の挙動を仮定している．もう 1 つのクラスは分布の裾に比例要因 (proportionality factor) をもち，δ によってパラメータ化される分布の中央部分における歪みと，スカラーのパラメータ r を導入することで裾における歪みを表現するものである．前述したすべての種類の非対称メカニズムを用い，回帰モデリングにおいてこれらのクラスの使用が説明されている．また，非対称パラメータの事前分布は AG 尺度に基づいて一般的な事前分布に関連付けることで適合されている（事前分布マッチング）．

Elal-Olivero et al. (2009) は Azzalini and Capitanio (1999) に対して二峰性の確率分布を含むように設計された枠組みへの拡張を考案している．彼らは対称かつ単峰性という性質に対応する事前分布に質量を置くベイズモデルを用いている．他の特定化との比較は，Chen et al. (2000) のように，条件付予測分布の縦座標に基づく疑似ベイズファクター (pseudo-Bayes factors) を使用して行われる．

これまでに定義した非対称のクラスはすべてパラメトリックであるのに対し，Quintana et al. (2009) は (4.9) での建設的な表現を用いている．そして P と F の一方をノンパラメトリックモデリングによってモデル化することで非対称分布の柔軟なクラスを導出している．ノンパラメトリックの非対称メカニズムは次の混合ベータ分布によって定義されるバーンシュタイン密度 (Bernstein densities) を基礎としている．

$$p(x|m, \boldsymbol{w}^m) = \sum_{j=1}^{m} w_j^m f_b(x|j, m-j+1) \qquad (4.10)$$

ここで m は正の整数, 重みベクトル $\boldsymbol{w}^m$ は任意の $j(1 \leq j \leq m)$ に対して $w_j^m \geq 0$, かつ $\sum_{j=1}^{m} w_j^m = 1$ の制約をもち, ベータ分布の pdf は

$$f_b(x|j, m-j+1) = \frac{m!}{(j-1)!(m-j)!} x^{j-1}(1-x)^{m-j}, \qquad 0 \leq x \leq 1$$

である. $m = 1$ に対して, そして $i = 1, \ldots, m$ について $w_i^m = 1/m$ としたときの任意の m に対して, 一様分布の P を得るとともに F を再生し[*5], m が大きな値のときには特に, 容易に多峰性に対応する. F が自由度 ν のスチューデントの t 分布の場合には, 最後には 0 になる k 個のウェイト (つまり分布の左裾に対しては $w_1^m = \cdots = w_k^m = 0$, 右裾に対しては $w_{m-k+1}^m = \cdots = w_m^m = 0$ となる) によって制約を受け, 最大のモーメントは整数因子 $k+1$ を掛け算したものになる. このようなウェイトに対する事前分布の特定化は, 端点のゼロに質量を置き, 無制約のウェイトにはディリクレ分布 (Dirichlet distribution) を使用する. ディリクレパラメータに対する様々な選択は Quintana et al. (2009) が議論している. このバーンシュタイン型の非対称メカニズムは密度関数推定において非常に柔軟な形状に対応可能であり, よく機能する. しかしながら回帰モデリングに適用するのであれば, たいていの場合は単峰性の仮定を課し, 最頻値をコントロールする. このため, 非対称メカニズムとして Ferreira and Steel (2006) は, 分布の裾が釣り合うようなパラメトリックな構成を用いることで, 2 番目の柔軟なクラスを提案している. S は F と同じように単一の最頻値をもつように制約されており, F を柔軟な方法でモデル化するために, Brunner and Lo (1989) において議論されているように, 一様分布の混合分布のようなゼロに単一の最頻値をもつ対称な密度の表現

$$f(y) = \int_0^\infty \frac{1}{2\theta} I\{y \in (-\theta, \theta)\} \, dG(\theta) \qquad (4.11)$$

を使用する. ここで $I\{\cdot\}$ は指示関数 (indicator function) であり, G は正の実数における分布関数である. 特に, 式 (4.11) における G に対して, (4.3.1 項で説明される) 有限の項数をもつ棒折り (stick-breaking) 事前分布を採用する. これは G が

$$G(\cdot) = \sum_{i=1}^{N} w_i \delta_{\theta_i}(\cdot) \qquad (4.12)$$

と表現されることを意味する. ここで δ_θ は θ における質量である. 既知のパラメータ a_i と b_i をもち独立にベータ分布に従う確率変数 $V_1, \ldots, V_{N-1}$ ($V_i \sim \text{Be}(a_i, b_i)$) につ

[*5] これは単純な例で容易に確認できる. 例えば $m = 3$ の場合, 式 (4.10) は $p(x|3, \boldsymbol{w}^3) = w_1^3 f_b(x|1, 3) + w_2^3 f_b(x|2, 2) + w_3^3 f_b(x|3, 1) = 3w_1^3(1-x)^2 + 6w_2^3 x(1-x) + 3w_3^3 x^2$ となり, 3 つのウェイトが等しいときこれは 1 になる.

いて, $w_1 = V_1$ かつ $k = 2, \ldots, N$ に対して $w_k = V_k \prod_{j=1}^{k-1}(1-V_j)$ とし, $V_N = 1$ とする. これは $P(\sum_{i=1}^{N} w_i = 1) = 1$ であることを保証する. さらに, $\theta_1, \ldots, \theta_N$ は正の実数において絶対連続な中心の確率測度 G_0 からの iid サンプルであり, ウェイト w_i とは独立である. $\Re^+$ のボレル可測集合の部分集合に対して $E(G(B)) = G_0(B)$ であることから, この特定化の下で導かれる G は, 任意の N を所与として G_0 周りに中心化されるだろう. 導出される分布の非対称の性質はパラメトリックであり, したがって容易に調整され, 推定される.

4.2.3 混合分布

前項では, Elal-Olivero et al. (2009) の二峰性モデルと Quintana et al. (2009) のバーンシュタインの非対象メカニズムをもつ柔軟なクラスを例外として確率分布には常に単峰性の制約を課していた. これは, 一般的には残差分布のモデル化にとって良いアイデアではあるが, 観測値をモデル化する際には理想的ではないかもしれない. 特に位置や尺度の異質性が存在するときは混合モデル (mixture model) の使用が適切である. その中でも階層潜在変数モデル (hierarchical latent variable model) による表現が一般的であり, 観測可能な y_i の分布は潜在的で離散の指示変数 (indicator variable) S_i に依存する. つまり, 要素 (component) の 1 つに観測値 i を割当てる. 具体的には, $\boldsymbol{S} = (S_1, \ldots, S_n)'$ を条件付とした $\boldsymbol{y} = (y_1, \ldots, y_n)'$ の分布は

$$p(\boldsymbol{y}|\boldsymbol{S}, \boldsymbol{\theta}) = \prod_{i=1}^{n} p(y_i|S_i, \boldsymbol{\theta}) = \prod_{i=1}^{n} p(y_i|\boldsymbol{\theta}_{S_i}) \quad (4.13)$$

となり, 混合分布のそれぞれの要素は異なるパラメータ値によって区別される. モデル化の背景によるが, このパラメータには例えばそれぞれの位置, 回帰係数, そしてスケールといったものが当てはまる. 最大限とり得る要素の個数を K とすると, 個々の S_i は $\{1, 2, \ldots, K\}$ の値をとり, たいていの場合 S_i は独立かつ要素ごとのパラメータのベクトル $\boldsymbol{\eta} = (\eta_1, \ldots, \eta_K)'$ をもつ分布に従うと仮定する. これはベルヌーイ分布の多変量一般化であり, $j = 1, \ldots, K$ について $P(S_i = j) = \eta_j$ によって特徴付けられる. $\boldsymbol{S}$ に関して積分すると, それぞれの観測値に対するモデルは

$$p(y_i|\boldsymbol{\theta}) = \sum_{j=1}^{K} \eta_j p(y_i|\boldsymbol{\theta}_j) \quad (4.14)$$

となり, これは $i = 1, \ldots, n$ について独立である. これらのタイプのモデルは Everitt and Hand (1981) と Titterington et al. (1985) が検討している. Frühwirth-Schnatter (2006) はこの分野へのベイズ統計学の導入と計算上のアイデアに多くの力点を置いている近年の代表的な研究である.

このような混合モデルのベイズ推測は Richardson and Green (1997) が詳細に議論している. そこでは未知の要素数 K をもつ単変量混合正規分布に焦点を当て, パ

ラメータ空間の次元数は K が変化することから不変ではないため，可逆ジャンプ (reversible jump) MCMC 法 (Green 1995) を検討している．一方で Stephens (2000a) と Phillips and Smith (1996) はモデル間を移動する代替的なサンプラーを提案している．K が大きくなりそうもないケースでは，単純なアプローチとして，Bensmail et al. (1997), Frühwirth-Schnatter and Kaufmann (2008) や Raftery (1996) のように，異なる K の値に対してそれぞれモデルを適用し，パフォーマンスが最も良いクラスター数を決定するためにベイズファクターを計算してモデルを比較する方法がある．このアプローチは要素の数を所与とした推測が即座に利用可能であり，クラスターが特定の意味をもつ場合に特に有用である．一方で，混合モデルは柔軟なモデリングツールとして手軽に使用され，要素は実際の解釈を欠いてしまうことがある．Geweke (2007) はこのような状況についての興味深い計量経済学の例を提供している．

混合モデリングで起こる特殊な問題がラベル問題 (labeling problem) である．当然ながら混合分布は要素のラベルを貼りかえただけでは不変であり，各要素は識別可能性を欠き推定上の問題を引き起こす．簡単な例でこれを説明する．いま 2 つの正規分布の混合分布 $p(y|\boldsymbol{\theta}) = \eta_1\phi(y|\mu_1, \sigma_1^2) + \eta_2\phi(y|\mu_2, \sigma_2^2)$ を考える．この場合，パラメータベクトル $\boldsymbol{\theta} = (\mu_1, \sigma_1^2, \mu_2, \sigma_2^2, \eta_1, \eta_2)$ に対しても，$\boldsymbol{\theta} = (\mu_2, \sigma_2^2, \mu_1, \sigma_1^2, \eta_2, \eta_1)$ に対しても明らかに尤度は同じである．これは単に要素のラベルを交換することで得られる．再度のラベル付けについて事前分布もまた不変であるとすると，事後分布は要素へのラベル付けの可能性がある $K!$ 通りの対称性を特徴としてもつことになる．この問題に対する簡単なアプローチは，それぞれの要素を区別するような順序付けパラメータ (ordering parameters) を導入してラベル付けを行うことである．例えば Diebolt and Robert (1994) や Richardson and Green (1997) のように，平均値やウェイトに用いるものがある一方で，Celeux et al. (2000) と Stephens (2000b) は決定論的な基準を提案している．Casella et al. (2004) は拡張された変数空間の適切な仕切りに基づく方法を提案している．Casella et al. (2002) は完全サンプリング (perfect sampling) の枠組みを導入しているが，この方法を非指数分布族に拡張するのは難しい．また，事後分布の解析的構造を用い，Frühwirth-Schnatter (2001) はランダム順列の枠組みを提案している．その一方で Geweke (2007) は順列拡大シミュレータ (permutation-augmented simulator) を導入している．これは通常の MCMC サンプラーの決定論的な改良である．これらを網羅的に議論したものに Jasra et al. (2005) や Frühwirth-Schnatter (2006), そして Geweke (2007) がある．

また，例えば Diebolt and Robert (1994) が述べているように，もしそれぞれの要素に配分される観測値の数が，すべてのパラメータについて正則な事後分布を導出するには不十分である状況を考えると，要素パラメータに対する非正則な事前分布の使用は許容されない．そこで彼らは $\boldsymbol{S}$ に対してそのような観測値の配分を除外する事前分布を暗黙のうちに使用している．

4.2.4 多変量モデリング

例えば Kelker (1970) が提示しているように，楕円分布 (elliptical distribution) のクラスは多変量の連続確率変数に対する最も重要な枠組みである．この確率分布のクラスはよく研究されており，興味ある読者には例えば Fang et al. (1990) を薦める．しかしながら多くの状況において楕円分布は制約が強いことが知られている．これはもちろん確率変数が非対称性を示している問題にも当てはまり，本項で焦点を当てる．

確率変数ベクトル $\epsilon \in \Re^p$ に対して Azzalini の非対称正規分布の多変量拡張

$$p(\epsilon|\alpha) = 2\phi_p(\epsilon|0, \Omega)\Phi(\alpha'\epsilon) \tag{4.15}$$

を行うことが Azzalini and Dalla Valle (1996) によって提案された．ここで Ω は相関行列であり，$\alpha \in \Re^p$ は非対称パラメータベクトルである．このクラスの周辺分布は式 (4.5) に見られる単変量非対称正規分布である．この分布はさらに，一方が他方を切断する hidden truncation モデルから生じるものとしても解釈でき，このように条件付けを行ったモデルはさらなる一般化がなされている．さらに1つの未観測変数で条件付けることで Branco and Dey (2001) は多変量の非対称楕円分布のクラスを導入した．彼らは楕円等高型分布[*6]のクラスからスタートし，裾の挙動に関して柔軟性をもつ，多変量非対称分布の非常に一般的なクラスを生成するために，式 (4.15) の根底にある一方が他方を切断する hidden truncation と同様のアイデアを用いている．Arnold and Beaver (2002) は，非楕円の非対称分布を考慮することで，3つのモデルをより一般的なものにした．一方が他方を切断するモデルのクラスの中で，観測変数と同じように多くの変数を条件付にすることで，Sahu et al. (2003) は多変量非対称楕円分布の非常に一般的なクラスを生成している．これは

$$\varphi = (\psi', \epsilon')', \qquad \mu = (\mu^{*'}, 0_p')', \qquad \Sigma = \begin{pmatrix} \Sigma^* & 0 \\ 0 & I_p \end{pmatrix}$$

から始めるもので，ψ，ϵ そして μ^* は $\Re^p$ に存在し，0_p は p 次元のゼロベクトルである．Σ^* は $p \times p$ の共分散行列，I_p は p 次元の単位行列である．さらに，φ は脚注*6) におけるパラメータ μ と Σ をもつ楕円等高型分布に従うとする．また，

$$\eta = D\epsilon + \psi$$

と定義する．ここで $D = \mathrm{diag}(\delta)$ であり，δ は $\Re^p$ におけるベクトルである．すると $\epsilon > 0_p$ を条件とし，確率変数 η は Sahu et al. (2003) によって提案された多変量非対称分布になる．楕円等高型分布の具体例（多変量の正規分布やスチューデントの t 分布）に対して，Sahu et al. (2003) は密度関数の閉じた形式 (closed-form) の表現

[*6] これらの連続分布は $g\{(\epsilon - \mu)'\Sigma^{-1}(\epsilon - \mu)\}$ の形式をもつ確率変数 $\epsilon \in \Re^p$ の pdf によって特徴付けられる．ここで $\mu \in \Re^p$ であり，Σ は $p \times p$ 次元の PDS 行列である．さらに $g(\cdot)$ は密度関数を積分したものが 1 になるような $\Re_-$ から $\Re_+$ 範囲の非増加関数であり，密度生成関数 (density generator function) g は，楕円になる等高線をもつ分布の裾の挙動を決定する．

を導き出している．そしてベイズ推測のために彼らは，潜在変数 ϵ を生成するデータ拡大を含む MCMC サンプラーを採用している．

また，多変量非対称分布の異なるアプローチが Jones (2002) によって提案されている．これは球面対称分布からスタートし，一部の変数の周辺分布を非対称分布に置き換えるものである．単変量非対称分布に対して様々なオプションの追加を試みた論文が多数あるが，ただ 1 つの変数が非対称の周辺分布をもつとき，この手法は特に興味深いものとなる．

多変量非対称分布を構成する代替的な方法は非対称分布に従う単変量確率変数のアフィン線形変換 (affine linear transformations) を通じて行われるものである．Ferreira and Steel (2007b) はベクトル ϵ について，p 個の独立かつ潜在的には非対称分布に従う確率変数 ϵ_j を検討している．そして p 次元の実数空間における新しい確率変数 η を

$$\eta = A'\epsilon + \mu \tag{4.16}$$

で構成する．ここで A は $p \times p$ の正則行列であり，μ は $\Re^p$ におけるベクトルである．これは多変量非対称分布の一般的なクラスを生成し，Sahu et al. (2003) のアプローチとは対照的に，pdf について非常に単純な表現をもつ．特に η の pdf は

$$p(\eta|\mu, A, \gamma_1, \ldots, \gamma_m) = \|A\|^{-1} \prod_{j=1}^{m} p_j[(\eta - \mu)' A_{\cdot j}^{-1}|\gamma_j] \tag{4.17}$$

で与えられ，ここで $A_{\cdot j}^{-1}$ は A^{-1} の j 列目を，$\|A\|$ は A の行列式の絶対値を意味している．$p_j(\cdot|\gamma_j)$ は γ_j をパラメータにもつ ϵ_j の非対称分布の pdf である．通常 γ_j には非対称性や，場合によっては裾の挙動を統制するパラメータが含まれる．Ferreira and Steel (2007b) は楕円等高分布とは対照的に $A'A$ の情報が十分ではないことを示している．彼らは正則行列の一意的な分解 (unique decomposition) $A = LO$ を用いており，ここで O は $p \times p$ 次元の直交行列，L は $p \times p$ 次元の下側三角行列で対角要素は正値である．$A'A$ 行列はそのままで，O を変えることでまったく異なる分布を生成することができる．とりわけ A の選択は基本軸 (basic axis) $e_j, j = 1, \ldots, p$ を決定する．e_j は軸として定義され，この軸に従って分布は $p - j + 1$ 個の独立した単変量非対称分布の線形結合になる．つまりこれらの軸は分布の歪みの方向を定義している．また直交行列 O を変えることは基本軸の回転あるいは反転に同値である．ϵ_j の非対称単変量分布の特定化は自由に選択可能である．Ferreira and Steel (2007b) によって，これらの分布は Fernández and Steel (1998) が提案した方法を用いて定義されている．この方法で生成される多変量非対称分布は，モーメント存在が単変量分布単独でのモーメントの存在に依存していること，さらに平均，分散，そして歪度に関する無制約でのモデリングの可能性という，興味深い性質を有している．非対称多変量データをモデル化する際に後者の性質は柔軟性を提供するものである．このモデリングの計量経済学への応用は Ferreira and Steel (2007a) が行っている．彼らは単

純さと解釈可能性のために，A について $A = LO$ 分解における下側三角行列 L を単位行列に置き換えるという若干の制約をつけている．また，多重出力 (multi-output) の確率フロンティアモデルにおいて，合成誤差をモデル化するために，要素 ϵ_j について様々な周辺分布を選択してみるとともに，式 (4.17) の多変量非対称分布を用いている．非対称パラメータの事前分布は $p_j(\epsilon_j|\gamma_j)$ に対する様々な選択肢間で適合される．この適合作業は，選択肢のすべてが AG 歪度（脚注 *4）を参照）の尺度において同じ事前分布を示していることを確認することで完了する．ベイズ推測は MCMC によって行われる．そこでの主な困難は A に求められる直交行列のサンプルを得ることである（Ferreira and Steel 2007b: 7.1 節）．

Azzalini and Dalla Valle (1996) や Sahu et al. (2003) の非対称分布は座標軸に沿って対称分布に非対称性を導入するものである．Bauwens and Laurent (2005) は式 (4.16) にあるような線形変換を伴う回帰の枠組みを用いている．ここでは，$\boldsymbol{\epsilon}$ は Ferreira and Steel (2007b) が使用したものと同様の分布に従うが，Σ のスペクトル分解 $A = \Sigma^{1/2}$ で固定する．後者の定式化は，分布の対称性の方向（つまり基本軸）について別々に選択することを許容せず，Σ の関数になるように固定する．

4.2.5 応　　用
a. 地域経済成長データ

1996〜2004 年の期間で，NUTS2 におけるヨーロッパ 258 地域の年次の 1 人当たり GDP 成長率を考える[*7)]．これらのデータはヨーロッパの 21 ヵ国に及ぶものである．$t-1$ 期から t 期までの 地域 i の経済成長を $y_{it} = \log(z_{it}/z_{it-1})$ と定義する．ここで z_{it} は t 期における地域 i の 1 人当たり GDP である．全体としては $T = 9$ 期間，$m = 258$ 地域のバランスド・パネルデータとなる．

成長率の確率分布がどのようなものか最初のアイデアを得るために，データのパネル構造については一時横に置いておき，それぞれの観測値をある未知の分布から独立に生成したものとして扱う．4.2.2 項におけるバーンシュタインの非対称モデル (4.10) を用いると図 4.2 の結果を得る．これはそれほど何かを明らかにするものではなく，単に成長率についてかなり大きな広がり（それと負の外れ値）をもち，正の歪みをもつ分布であることを示している．この分析を基礎とした地域経済成長率の予測が極めて役に立つ結果を導き出すことはありそうもない．

これらのデータをモデル化するにあたり，より満足な結果をもたらすであろうアプローチを，ダイナミクスとパネル構造の両方に対してとる．具体的には単純な 1 次の自己回帰モデルにこの両方の適用を試み，

$$y_{it} = \beta_i(1-\alpha) + \alpha y_{it-1} + (1-\alpha)\boldsymbol{\mu}'\boldsymbol{x}_{it} + \lambda^{-\frac{1}{2}}\varepsilon_{it} \tag{4.18}$$

[*7)] NUTS (Nomenclature des Unités Territoriales Statistiques) 分類は地域単位で定型の分析結果を提供するために EC 統計局 (Eurostat) によって導入されたものである．地域統計分類単位の中で NUTS2 は中間的なサイズであり，おおよそ人口 80〜300 万人の地域レベルである．

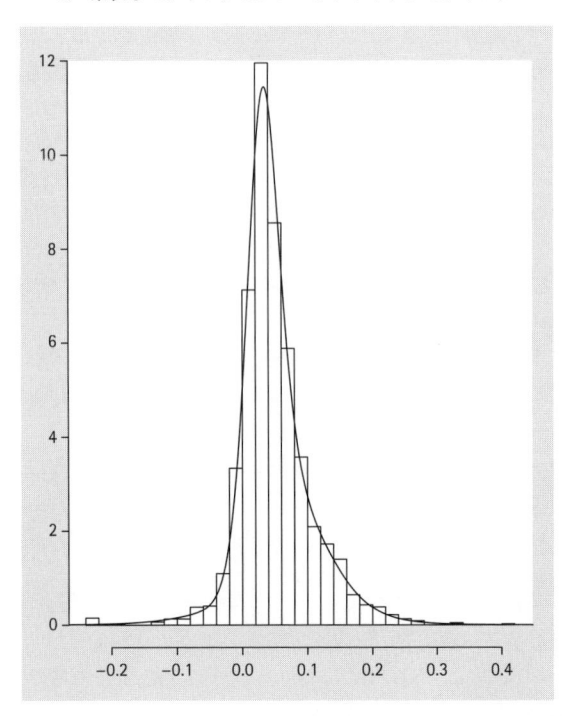

図 **4.2** NUTS2 GDP 成長データ：すべての年と地域についての成長率観測値ヒストグラムと，バーンシュタイン非対称モデルによる事後予測のプロットである．

で表現される．ここで誤差項 ε_{it} は，最頻値がゼロで単位精度 (unit precision) をもち，互いに独立かつ同分布に従う確率変数である．α はパネルのダイナミクスの挙動を制御するパラメータ，$\boldsymbol{\mu} = (\mu_1, \ldots, \mu_p)'$ は $\boldsymbol{x}_{it}$ の p 個の説明変数に対する係数ベクトルである．共変量はそれぞれの地域に対して平均ゼロ，単位分散になるように標準化している．また，定常過程を仮定しており，つまり，$|\alpha| < 1$ である．厳密にいえば，説明変数をもたないモデルに対して定常性を保持している．パラメータ β_i は個別効果である．誤差分布の最頻値がゼロであるため，これらの個別効果は，対応する個々の長期にわたる最頻値の傾向として解釈できる[*8]．加えて，個別効果は $\beta_i \sim \mathrm{N}(\beta_i|\beta, \tau^{-1})$ によって相関があるとする．これは一般的に使用される正規変量効果の表現であり，例えば Liu and Tiao (1980) や Nandram and Petruccelli (1997) に見られる．β は共通の平均，τ は精度である．ベイズの枠組みの中で，これは単に β_i の事前分布を階層的に表現したものである．この問題にもう少し構造を設定し，m 個すべて個別効果

[*8] これは ε_{it} が対称分布に従う場合には厳密に正しい，後で使用される非対称分布にとっては近似的に正しいことになる．

とするのではなく β と τ に関してパラメータを設定することもできる．同様の階層モデルの構造は 4.2.4 項でも見られる．最後に，初期観測値 y_{i0} は期間を通して所与とする．

式 (4.18) における誤差分布に対して Fernández and Steel (1998) の非対称 t 分布に従うと仮定する．つまり式 (4.6) であり，$f(\cdot)$ は未知の自由度 ν をもつスチューデントの t 分布である．γ が非対称パラメータであることを想起すると，$\gamma = 1$ では対称なスチューデントの t 分布を再生する．Geweke and Keane (2000) はそのようなモデルに代わる柔軟な確率分布として，3 つの正規分布の混合分布を導入し，比較的単純な MCMC 戦略を考慮している．

式 (4.18) のモデルは，すべての地域が同様のパターンに従うと仮定しており，これはおそらく非常に強力な仮定であろう．それゆえに，Juárez and Steel (2010) は式 (4.18) の $\{\alpha, \beta, \boldsymbol{\mu}\}$ にクラスター固有の値をもつことでモデルベースの地域クラスタリングを可能とする 4.2.3 項にあるような混合モデルを検討している．つまりもし地域 i がクラスター j に対応するならモデルは

$$y_{it} = \beta_i (1 - \alpha^j) + \alpha^j y_{it-1} + (1 - \alpha^j)(\boldsymbol{\mu}^j)' \boldsymbol{x}_{it} + \lambda^{-\frac{1}{2}} \varepsilon_{it} \quad (4.19)$$

となる．ただし $|\alpha^j| < 1$ の制約をもち，$\beta_i \sim \mathrm{N}(\beta_i | \beta^j, \tau^{-1})$ である．また，式 (4.18) と同じ非対称の t 分布を選択し，クラスター数は未知のままである．

事前分布は"ベンチマーク"事前分布になるように選択される．これは事前分布のアイデアについて様々な設定を適用し，それぞれの事前分布の妥当性を表現するものである．λ には標準的な非正則の事前分布が使用される．一方で，τ は正則な事前分布を必要とする．これは観測値の特徴に依存する事前分布を設定することで，データによって選択される[*9]．γ の事前分布は AG 歪度に基づき一様事前分布によって導出され，ν に対して 2 つの異なる正則な事前分布を用いる．1 つは G(2,10) であり，もう 1 つは形状パラメータが 2 のガンマ事前分布のスケールパラメータに指数事前分布を置く階層事前分布である．後者の事前分布は平均値をもたず，

$$p(\nu) = 2d \frac{\nu}{(\nu + d)^3} \quad (4.20)$$

の pdf をもつ．ここで d は正の値をとり，最頻値 $(d/2)$ を調整する．メディアンは $((1 + \sqrt{2})d)$ である．興味深いことに，この事前分布は Fonseca et al. (2008) が導出したスチューデントの t 分布に基づく回帰モデルに対するジェフリーズ事前分布と同じ右裾をもっている．式 (4.14) におけるクラスター割当ての確率 $\boldsymbol{\eta}$ は，パラメータベ

[*9] これは厳密には事前分布は観測値に依存しないというベイズの原理に反している．しかしスケールパラメータに対して事前分布が選択されなければならず，決して利便性が高くはないスケール不変 (scale-invariant) で非正則な事前分布が選択されるときは，しばしば適切な推定を確保するために少しばかりデータ依存な事前分布を用いる必要がある．データに沿わない事前分布を設定することで，多大な予期せぬ影響を事後分布に対して与えることがある．

クトル $(1/2,\ldots,1/2)$ をもつディリクレ事前分布を与えられる．ちなみにこれはジェフリーズタイプの事前分布である（Berger and Bernardo 1992b を参照）．たいていの場合，ベイズファクターを用いて要素の数が異なるモデルを比較する必要があるため，クラスター固有パラメータの正則な事前分布を注意深く設定する必要がある．β^j や μ^j がクラスター固有であるとベイズファクターが定義されないことから，これらのパラメータに対してフラットで非正則な事前分布を置くことはできない．もちろん，クラスター固有のパラメータについてどのような正則事前分布でもベイズファクターは与えられる．しかし，ベイズファクターは使用される特定の事前分布に極めて依存することがあるため，事前分布が合理的な事前分布の仮定を真に反映しているのか注意する必要がある．

それぞれのクラスターの中で，ダイナミクスパラメータ α は $(-1,1)$ の区間に基準化されたベータ事前分布を得る．そして，このベータ分布のハイパーパラメータをガンマ事前分布で確率的なものとする．この α^j の事前分布の階層構造はより高い柔軟性をもたらし具体的には

$$p(\alpha^j|a_\alpha,b_\alpha) = \frac{2^{1-a_\alpha-b_\alpha}}{B(a_\alpha,b_\alpha)}\left(1+\alpha^j\right)^{a_\alpha-1}\left(1-\alpha^j\right)^{b_\alpha-1}, \qquad |\alpha^j|<1 \qquad (4.21)$$

とし，

$$a_\alpha \sim \mathrm{G}(2,10) \qquad \text{かつ} \qquad b_\alpha \sim \mathrm{G}(2,10) \qquad (4.22)$$

とする．この α^j の周辺事前分布 (marginal prior) は $\mathrm{P}(|\alpha^j|<0.5)=0.65$ かつ $\mathrm{P}(|\alpha^j|>0.9)=0.03$ の鐘型に近いものになり，ここでの応用に対して妥当であると思われる事前分布に合致する．クラスタリングモデルにおいて，それぞれのクラスターのダイナミクスパラメータは互いに独立かつ同一の事前分布を設定している．

モデルの共変量 $\boldsymbol{x}_{it}$ の標準化を所与として，β^j はそれぞれのクラスターに関する長期均衡水準として解釈できる．おそらくこれらの水準に関しては何らかの事前情報があり，Juárez and Steel (2010) は $\boldsymbol{\beta}=(\beta^1,\ldots,\beta^K)'$ に対する多変量正規事前分布

$$\boldsymbol{\beta} \sim \mathrm{N}_K(\boldsymbol{\beta}|m\boldsymbol{\iota},c^2\left[(1-a)I+a\boldsymbol{\iota}\boldsymbol{\iota}'\right]) \qquad (4.23)$$

を提案している．ここで $\boldsymbol{\iota}$ は 1 のベクトルであり $c>0$ かつ $-1/(k-1)<a<1$ である．式 (4.23) における事前分布は，期間を通して一定の先験的な相関 a をもち，$\boldsymbol{\beta}$ に対して等相関の事前分布構造を生成する．よって，$a=0$ とすると独立に正規分布に従う β^j となり，$a\to 1$ であるほど，完全な正の相関をもつ．式 (4.23) が $j=1,\ldots,K$ について $\beta^j \sim \mathrm{N}(m,c^2)$ であり，かつ $i,j=1,\ldots,K$, $i\neq j$ について $\beta^i-\beta^j \sim \mathrm{N}(0,2c^2(1-a))$ を示していることに注意する必要がある．したがって $a=0$ では，2 つのクラスターの均衡水準間の差の事前分散は任意のクラスターにおける水準の事前分散に対して 2 倍になることもある．これは直観に反しているように思われるかもしれないし，正値の a の方が大多数がもつ事前の信念に近いものだろう．実際

には $a = 3/4$ であり，$\text{Var}(\beta^i - \beta^j) = (1/2) \times \text{Var}(\beta^j)$ とするのがより合理的かもしれない．さらに検討を進めて，a に事前分布を置くことも可能である．これは事前分布の階層をさらに重ねることを意味し，データから a について学習することを許容していることになる．a に対し $(-1/(K-1), 1)$ の区間にスケールが調整されたベータ事前分布を置くと，a の事後分布の推測は β^j がすべて等しいという仮定に関する価値ある情報を提供する．特に，a の事後分布の質量の大部分が 1 に近いことがわかれば，それは (α^j と μ^j だけがクラスター間で異なり) $\beta^j = \beta, j = 1, \ldots, K$ としたモデルが，クラスター固有の β^j をもつモデルより望ましい可能性があることを示している．

同様の事前分布構造は係数 μ^j に対して使われている．p 個の共変量それぞれが，個々の単位ごとに平均ゼロ，分散 1 になるように標準化しており，そのことがこれらの係数の解釈の助けになるだろう．K 個のクラスター固有の回帰係数 l は，$\boldsymbol{\mu}_l = (\mu_l^1, \ldots, \mu_l^K)'$ に分類され，事前分布

$$\boldsymbol{\mu}_l \sim \mathrm{N}_K(\boldsymbol{\mu}_l | \mathbf{0}, c_l^2 \left[(1 - a_l) I + a_l \boldsymbol{\iota}\boldsymbol{\iota}'\right]), \quad l = 1, \ldots, p \tag{4.24}$$

が設定される．ここで，$c_l > 0$ を決め，区間 $(-1/(K-1), 1)$ に含まれる a_l に対してスケールを調整したベータ事前分布を特定化する．

このクラスター固有パラメータの階層事前分布構造は事前の仮定に対するベイズファクターの感度を弱めるだろう．例えば，クラスター固有の β^j をもつモデルでは，異なる K をもつモデル間のベイズファクターは，ほとんどがクラスター間の差異 $\beta^i - \beta^j$ の事前分布を通じて $\boldsymbol{\beta}$ の事前分布に依存する．a の値を変えることで，モデル選択に影響を与えることができ，データによって決定される a を設定することはベイズファクターの事前分布への依存を弱める．

推測は Frühwirth-Schnatter (2001) の順列サンプラー (permutation sampler) を使用した MCMC 法を通じて行われる．そして 4.2.3 項において議論したように，ラベル問題は識別可能性を確保するための制約を課すことによって克服される．ここでは単に，パラメータの 1 つに大小関係を仮定してラベルを割当てる．例えば，最小の α^j をもつ要素が常にクラスター 1 と値付けられる．モデル比較はベイズファクターを通じて行われる．ここで周辺尤度は Meng and Wong (1996) のブリッジサンプラー (bridge sampler) を用いて計算される．この手法の包括的な議論は DiCiccio et al. (1997) と Frühwirth-Schnatter (2006) によって行われている．

この単一の共変量（標準化されラグをとった国内総生産 GDP 水準）をもつモデルを NUTS2 データに適用したところ，最良のモデルは 2 つのクラスターをもつモデルとなった．ダイナミクスパラメータ α に対して識別可能性の制約を課し，つまり $\alpha^1 < \alpha^2$ の制約を課すことで GDP 水準をクラスターに割当てる．図 4.3 はモデルパラメータの事前密度と事後密度を示している．非対称性はそれほど強くはない一方で，対数サベージ–ディッキー密度比 (the log Savage–Dickey density ratio)[*10] は $\gamma = 1$

[*10] サベージ–ディッキーの密度比は，入れ子型モデルを定義する制約下での事後密度と事前密度の値の比であ

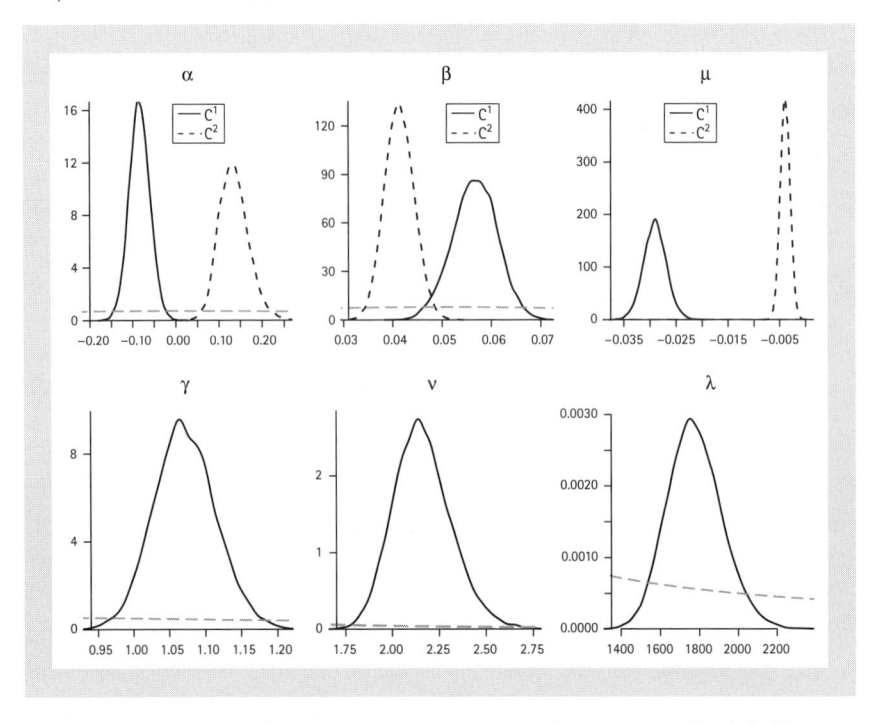

図 4.3 NUTS2 GDP 経済成長データ：$K=2$ としたモデルのパラメータ事前密度（長い破線）と事後密度である．クラスター固有パラメータについて，凡例にある C^i は第 i クラスターを示している．

を支持する 1.7 であり，対称モデルを僅かに支持する証拠を提供している．誤差分布の裾は非常に厚みをもっており，ν の事後推定が小さな値にかなり集中していることを示唆している．加えて図 4.3 の左上のグラフから，α の分布は狭い範囲に集中しており，しかも $|\alpha|$ の値は 1 から遠く離れている．GDP 成長について 1 次の負の自己相関を僅かにもつ地域の集まり，すなわち小さな負の値の α をもっている地域と，より多くの地域が 1 次の正の自己相関をもっていることが見てとれる．事後平均の相対的なクラスターサイズは $\{0.28, 0.72\}$ である．β の推定値は，期間の途中で傾向が変わる成長ダイナミクスをもつ地域（第 1 クラスター）が約 5.9% の比較的高い長期成長率をもち，一方で第 2 クラスターは約 4.1% の長期成長率をもっていることを示している．

る（Verdinelli and Wasserman 1995 を参照）．例えば，入れ子の関係にある非対称モデルに対して対称モデルを支持するベイズファクターは $p(\gamma=1|\text{data})/p(\gamma=1)$ となる．Koop (2004) の 4.2.5 項において優れた説明がなされているが，ベイズファクターを計算するこの方法は，周辺尤度を計算する他の手法に比べて一般的に容易で正確なものになる．しかし常に適用可能というわけではない．

4.2 柔軟なパラメトリックモデリング

図 4.4 は地域個々のクラスターへの所属確率を示している．地域は初期の GDP 水準に従って昇順で順位付けられている．これは，第 1 クラスターは 1995 年において比較的低い GDP をもつ地域を含む傾向にあることを説明している．具体的にはポーランド全地域やチェコの大部分の地域といった新興地域をサンプルに含んでおり，さらに例えば似たような少し変わった成長パターンを経験しているインナーロンドンとストックホルムも高い確率で含んでいる．

クラスター 1 に所属する地域の μ は高い負の値をとる傾向にある．これはかなり実体のある負の成長トレンドであることを示している．共変量は標準化しラグをとった GDP であり，期間の初期においては負である．したがって成長に対する正の効果をもち，その後の期間では共変量は正の値になり，成長を減じている．2 番目のクラスターではこの効果は非常に小さい．実際，クラスター 1 での観測された成長率は観測期間を通じて減少する傾向にある．一方で，クラスター 2 はほとんど影響を受けずそのままである．さらにクラスター 2 の成長率の時間的なパターンは比較的安定している．クラスター 1 は α に負の値をもち，より不安定な成長パターンを反映している．これはクラスター 1 が，観測期間の初期に急速に成長しているような新興経済国の多くをグルーピングしているためである．また興味深いことに，観測された成長率は観

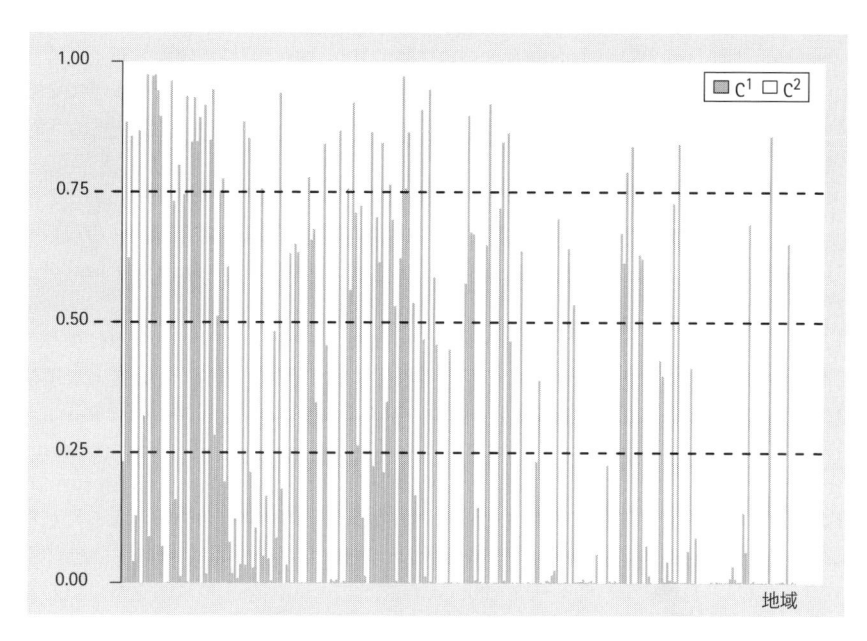

図 4.4 NUTS2 GDP 成長データ：$K = 2$ としたモデルでの所属確率である．初期の GDP レベルに従って 258 地域は順位付けられており，縦棒はそれぞれの地域のクラスター 1 への事後所属確率を示している．

測期間の終わりまでに2つのクラスター間の成長が収束していることを示唆している.

b. 計量経済学における他の応用

前述したものと同様のモデルの応用が Frühwirth-Schnatter and Kaufmann (2008) によって議論されている. さらに, 柔軟なパラメトリックモデリングの最近の応用には企業規模分布を分析した Ferreira and Steel (2004), ファイナンスにおいて GARCH モデルに焦点を当てた Bauwens and Laurent (2005), そして確率的フロンティアとの関連で柔軟な混合モデルを使用した Griffin and Steel (2008) がある.

4.3 ノンパラメトリックモデリング

4.3.1 準備: ディリクレ過程と関連するモデル

名前から受け取る印象に反して, ノンパラメトリックベイズモデル (nonparametric Bayesian model: NPBM) は "パラメータをもたない" モデルを意味しているのではない. それどころかそれとはまったくの逆で, NPBM は無限のパラメータを含んでいる. 言い換えると, 事前確率モデルが有限次元空間によって規定されない. このモデル化の枠組みは分布関数についての不確かさを表現するために使用されるのが典型である. 最終的な結果として与えられるものは通常, ランダム確率測度 (random probability measure: RPM) と呼ばれるもので, これは確率分布空間における確率分布として考えられる. 文献において多種多様な RPM が利用可能である. 本章でそのすべてを網羅するするつもりはない. 興味ある読者には Walker et al. (1999) によるレビューを, 一般的な NPBM の詳細については Müller and Quintana (2004) を参照してほしい.

ここでの議論は離散 RPM の特別なクラスの周辺に集中することにする. このことから, 結果として導出される確率分布関数はほぼ確実に離散である. 離散 RPM の最も有名なものは, Ferguson (1973) によって導入されたディリクレ過程 (Dirichlet process: DP) である. もし標本空間の任意の可測分割 (measurable partition) $B_1, \ldots, B_k$ に対してランダムな確率のベクトル $\{F(B_i) : i = 1, \ldots, k\}$ がディリクレ分布に従うのであれば $(F(B_1), \ldots, F(B_k)) \sim D(M \cdot F_0(B_1), \ldots, M \cdot F_0(B_k))$, ランダムな確率分布 F は DP によって生成される. ここで, これを $F \sim \mathcal{D}(M, F_0)$ と表記する. この定義は2つのパラメータ, 全質量 (total mass) パラメータ M と基底測度 (baseline measure) パラメータ F_0 を含む. これから標本空間での任意のボレル集合 (Borel set) B に対して $E(F(B)) = F_0(B)$ になる. これは F_0 が DP の中心の分布となる役割を果たすことを示している. 一方で, $\text{Var}(F(B)) = F_0(B)(1 - F_0(B))/(1 + M)$ でもある. これは M が集中パラメータ (concentration parameter) の役割をもつことを意味しており, 中心の分布 F_0 に対して我々がもっている事前の不確かさに重み付けをしている. 一般的にいえば, 大きな値の M は F_0 に対して事前の確かさをもっていることを示しており, $M \to \infty$ の極限においては $\text{Var}(F(B)) \to 0$ である.

4.3 ノンパラメトリックモデリング

DP 構成の中心的なモチベーションは，DP が i.i.d. サンプリングの下で共役であることである．つまりモデルは

$$\boldsymbol{y} = y_1, \ldots, y_n | F \overset{\text{i.i.d.}}{\sim} F \qquad \text{かつ} \qquad F \sim \mathcal{D}(M, F_0) \tag{4.25}$$

となり，事後分布は $F \mid \boldsymbol{y} \sim \mathcal{D}(M+n, (M+n)^{-1}[M \cdot F_0 + \sum_{i=1}^{n} \delta_{y_i}(\cdot)])$ である．ここで $\delta_y(\cdot)$ は y における質量である．事後的には

$$E(F(B) \mid \boldsymbol{y}) = \left\{\frac{M}{M+n}\right\} F_0(B) + \left\{\frac{n}{M+n}\right\} \frac{1}{n} \sum_{i=1}^{n} \delta_{y_i}(B)$$

となり，つまり中心の測度 $F_0(B)$ と観測されたデータからの経験分布 $\frac{1}{n}\sum_{i=1}^{n} \delta_{y_i}(B)$ の凸結合になっている．言い換えると，事後の DP は M とサンプルサイズ n に比例したウェイトをもち，未知の分布における事前の推測 F_0 と，未知の分布の標準的で伝統的なノンパラメトリック推定との結合に中心をもつ．これは，なぜ M が事前のサンプルサイズパラメータと称されるかを説明するものでもある．

DP のもう 1 つの主要な性質は，その台が F_0 に関する絶対連続な分布関数のすべての集合を含んでいることである．これは Ferguson (1973) において詳しく説明されている．それゆえに F_0 の選択は，それが DP の中心という理由だけでなく，幅広い台をもつという性質のために，標本空間全体に台をもつ確率密度関数をもつ分布が必要とされるという理由でも重要である．これについては式 (4.27) 以降の議論も参照されたい．

解析的な扱いやすさと幅広い台という前述の 2 性質は，これまで提案されてきた事実上すべての RPM 研究にとって主要なトピックである．このクラスの中で最も普及したものとして DP は幅広く研究され，多くの性質が報告されてきた．ここで，説明を 2 つの追加的な性質に限定する．とりわけ計算上の目的と関連の深いものは，Blackwell and MacQueen (1973) によるポリアの壺 (Pólya urn) 表現である．式 (4.25) のモデルのもと，$\boldsymbol{y}$ は標本空間におけるボレル集合 $B_1, \ldots, B_n$ に対して

$$P(\boldsymbol{y} \in (B_1 \times \cdots \times B_n)) = \prod_{i=1}^{n} \left\{\frac{MF_0(B_i) + \sum_{j<i} \delta_{y_j}(B_i)}{M+i-1}\right\} \tag{4.26}$$

で与えられる同時分布 (joint distribution) と周辺において交換可能となる．Blackwell and MacQueen (1973) は，式 (4.26) における分布が，F_0 から引き出される色が入ったポリアの壺の枠組みを用いて表現できることを示した．具体的には，はじめに基底測度 F_0 とそのウェイト M のみを含む壺を想定する．第 1 段階では，ある値 y_1 を F_0 から抽出する．y_1 を壺に戻し，y_1 の質量を追加する．次に，1 に比例する確率で y_1 を選択するか，再び M に比例する確率で F_0 を選択する．すると，y_2 は前者の場合では y_1 と等しくなり，後者の場合は F_0 から他の値を抽出する．次の段階に進む前に，y_2 にもう 1 つ質量を加えるとともにすべての抽出された要素を質量 y_2 と一緒に

壺に戻す.同じやり方でこのプロセスが続く.また,式 (4.26) の代替表現は Arratia et al. (1992) の "中華レストラン過程 (Chinese restaurant process:CRP)" と称されるものである.見てわかるように標本 y は正の確率で同じ値が発生することを許容している.そして "新しい" 値が M に比例する確率で F_0 から引き出される.理論的観点から,式 (4.26) は色の連続をもつ無限交換可能なポリアのサンプルの連なりに対して,DP が de Finetti の表現定理 (de Finetti's representation theorem) における混合測度であることを表している.最後に,4.3.3 項において見ることになるが,式 (4.26) は計算を実行する上で非常に有用である.

また Sethuraman (1994) では,任意の $F \sim \mathcal{D}(M, F_0)$ が無限の混合

$$F(B) = \sum_{i=1}^{\infty} w_i \delta_{y_i}(B) \tag{4.27}$$

として表現されるという,非常に有用な結果が示された.ここで,$y_1, y_2, \ldots \overset{\text{i.i.d.}}{\sim} F_0$ であり,$V_1, V_2, \ldots \overset{\text{i.i.d.}}{\sim} \text{Be}(1, M)$ に対して混合ウェイトは $w_1 = V_1$ かつ $k \geq 2$ について $w_k = \prod_{j<k}(1-V_j)V_k$ を満たす.言い換えると,DP からのサンプルは,"棒折り過程 (stick breaking process)" の手法[*11]を通じて生成される確率的なウェイトで F_0 からサンプリングされた質量の無限混合である.これは DP がほぼ確実に離散 RPM であることを示している.実際には,何らかの確率密度関数をもつように F_0 を選択するのが慣習となっており,これにより質量 $\{y_i\}$ が確率 1 で他と区別される.また一方で,F_0 が標本空間全体において台をもつことは重要である.そうでないと,式 (4.27) における質量は標本空間全体を "網羅" せず,幅広い台の性質を失うだろう.DP のより一般的な性質について,関心ある読者は Diaconis and Kemperman (1996) や Cifarelli and Melilli (2000),さらにその中で参照されている文献を参照されたい.

また,DP についていくつかの拡張がなされている.Ishwaran and James (2001) は棒折り事前分布を提案している.これは式 (4.27) にあるように混合表現で構成されている.ただし $w_1 = V_1$ かつ $k \geq 2$ において $w_k = \prod_{j<k}(1-V_j)V_k$ として表現されるウェイトをもっており,ここで $V_1, V_2, \ldots$ は独立にベータ分布 ($V_j \sim \text{Be}(a_j, b_j)$) に従う.この表現は $\sum_{j=1}^{\infty} \log(1+a_j/b_j) = \infty$ のときに明確に定義される.DP が任意の $j \geq 1$ に対して $a_j = 1$ かつ $b_j = M$ とする棒折り事前分布の特別なケースであることは明らかである.また例えば N 個の要素をもつ有限の棒折り事前分布を生成することも可能でもある.$V_N = 1$ とすることで確実に $\sum_{k=1}^{N} w_k = 1$ を保証し,これは達成される.もう 1 つの特別なケースは Pitman and Yor (1997) のポアソン–ディリクレ過程 (Poisson–Dirichlet process) である.これは $0 \leq a < 1$ かつ $b > -a$ とし,$j \geq 1$ に対して $a_j = 1-a$, $b_j = b+ja$ とすることで得られる.DP はまた,$a = 0$

[*11] この名前は,長さが 1 の棒 (全確率質量) からスタートし,ウェイトとして質量を割り振られた要素を折り取るというアイデアを表現したものである.したがって,最初の質量はウェイト V_1 を得て,$(1-V_1)$ だけが残っている.次の質量は $(1-V_1)V_2$ となる.

かつ $b = M$ とすることでポアソン–ディリクレ過程からも導かれる．

4.3.2 セミパラメトリック混合モデリング

しかしながら実際問題として，一般的な目的でのモデリングにとって 4.3.1 項で議論した離散性は不便なものである．連続的な挙動をもつと期待される量を，それがもつ未知の分布に離散 RPM 事前分布を設定して直接的にモデル化することは不適当のように思われる．例えば式 (4.26) にあるように，この扱いにくい状況を作り出しているのは，まさに正の確率をもって発生する同じ値の存在である．いま混合モデルの助けを借りてこの難しい状況を回避する．つまり反応変数 y_i の周辺分布が，何らかの都合よく選択された絶対連続なカーネル密度 $p(\cdot|\theta)$ に対して，

$$y_i \sim \int p(y_i|\theta) \, dF(\theta), \qquad i = 1, \ldots, n \tag{4.28}$$

の形式で表現されるとする．F は 4.3.1 項で述べた RPM モデルの 1 つである．ここで，選択された密度は，場合によってはベクトルとなるインデックス θ の混合で得られる．例えば θ は，位置とスケールのパラメータや p に関連して関心のある何らかの量である．式 (4.28) からすぐにわかるのは，得られる y_i の分布が，F の離散の性質にかかわらずほぼ確実に絶対連続ということである．つまり，同じ値の生じる確率がゼロであることが容易にわかる．そのうえ，Sethuraman (1994) の表現によって，この周辺分布はほぼ確実に絶対連続分布の無限混合に一致し，それゆえにそれ自身が絶対連続である．

式 (4.28) において F に DP が選ばれると，結果として生じるモデルは通常 "ディリクレ過程混合 (Dirichlet process mixture：DPM)" と称される．密度推定の特別なケースにおいて，結果として生じる事後分布が一致性をもつことが示されており，これは様々な論文において詳細に説明されてきた．関心のある読者は Ghosal et al. (1999)，Lijoi et al. (2005)，そして Ghosal and van der Vaart (2007) とそれらの参考文献に詳細を探すことができる．このようにして，技術的な視点から，DP を基礎としたモデルを使用することには幅広い台をもつことと事後分布の一致性という強力な理由がある．

また，実用面と概念面の双方から，潜在パラメータ $\boldsymbol{\theta} = (\theta_1, \ldots, \theta_n)$ を導入することで式 (4.28) の混合を分解しやすくなることがある．ここで θ_i は y_i と関連付けられたパラメータである．そのようにすることで，混合モデルは

$$y_i|\theta_i \sim p(y_i|\theta_i), \qquad \theta_i|F \sim F, \qquad F \sim \text{RPM} \tag{4.29}$$

の階層構造で表現される．式 (4.29) の下で，好ましくない離散性の問題はパラメータ $\boldsymbol{\theta}$ に委ねられる．実際のところ，このようなモデリングの付加的な恩恵は，共通するパラメータ値を共有する反応変数は内部が均質であるとみなされ，つまりクラスターとして解釈されることである．そのようなクラスターの数 $N(\boldsymbol{\theta})$ は，特定の RPM を

仮定することによって制御された確率分布をもち，確率的に決まる．$F \sim \mathcal{D}(M, F_0)$ の場合，

$$E(N(\boldsymbol{\theta})) = \sum_{i=1}^{n} \frac{M}{M+i-1} \approx M \log\left(\frac{M+n}{M}\right)$$

かつ

$$\mathrm{Var}(N(\boldsymbol{\theta})) = \sum_{i=1}^{n} \frac{M(i-1)}{(M+i-1)^2} \approx M\left\{\log\left(\frac{M+n}{M}\right) - 1\right\}$$

となることが示されており，n が大きな値になると平均値と分散の近似はよく機能する．これは例えば Liu (1996) を参照してほしい．クラスターの構造に関して，前述したクラスター数の平均と分散の式は M の事前情報を導出する目的にとって有用なことがある．これについては Kottas et al. (2005) におけるこの手法の説明を参照されたい．また，このアイデアについてより洗練されたものが Jara et al. (2007) で紹介されている．

4.3.3 計算上の諸側面

MCMC の出現はベイズ推測に革命をもたらした．このようなシミュレーションを基盤とした手法が利用可能であることは，他の方法では解決するのが困難な問題の解決に有用である．例えば，標準的でパラメトリックな共役事前分布を用いた分析が，主観的な信念や事前情報をより正確に反映した，より豊かな事前分布の族の使用に取って代わる状況が一般的になっている．概念を整理するため，4.3.2 項での内容をふまえて，以下の一般的な階層モデルを考えよう．

$$y_i | \theta_i \sim f(y_i | \theta_i), \qquad \theta_1, \ldots, \theta_n | F \overset{\mathrm{i.i.d.}}{\sim} F, \qquad F \sim \mathcal{D}(M, F_0) \qquad (4.30)$$

ここでパラメータ θ_i は，あるパラメトリックな空間 Θ で定義される．一般的にこれはユークリッド空間の集合である．あるケースでは，式 (4.30) で記述したパラメータや階層のレベルについて，これらを追加した現実的なモデルが必要になることもある．いま，ギブスサンプリングを用い，パラメータ $\boldsymbol{\theta} = (\theta_1, \ldots, \theta_n)$ の更新に必要な特別なプロセスに焦点を当てる．それ以外の残りのパラメータの更新は，場合によってはメトロポリス–ヘイスティングス法（Metropolis–Hastings，本書の第 5 章を参照）を含み，習慣的に使用される方法にのみ頼り実行する．

式 (4.30) のようなモデルを扱う際の標準的な方法では，最初に RPM の F に関して周辺化する．これはポリアの壺の表現 (式 4.26) によって可能となり，データ $\boldsymbol{y}$ とパラメータ $\boldsymbol{\theta}$ の同時分布

$$P(\boldsymbol{y}, \boldsymbol{\theta}) \propto \prod_{i=1}^{n} f(y_i \mid \theta_i) \times \prod_{i=1}^{n} \left\{ M f_0(\theta_i) + \sum_{j<i} \delta_{\theta_j}(\theta_i) \right\}$$

を導出する．ここで f_0 は F_0 に関する密度関数である．するとただちに，前述の周

辺化によって RPM を外に出すことは奇妙なことに思われるが，このことは，DP からサンプルを生成することが重要な問題であるという事実によって歴史的に動機付けられてきた．他にも例えば Doss (1994) や Papaspiliopoulos and Roberts (2008) による手法が利用可能だが，ここではこの周辺化する方法に議論を限定する．

ここでの主要なパートは，式 (4.30) におけるパラメータ $\boldsymbol{\theta}$ の更新である．DP を基盤とするモデルを用いた正規分布の平均値の推定という文脈で，Escobar (1994) はギブスサンプリングに基づく事後分布シミュレーションの枠組みを導出している．ここでの一般的なモデルにおいて，このアルゴリズムの実行は条件付分布

$$\theta_i \mid \boldsymbol{\theta}_{-i}, \boldsymbol{y}, \qquad i = 1, \ldots, n$$

からのサンプリングに帰着する．$\boldsymbol{\theta}_{-i} = (\theta_1, \ldots, \theta_{i-1}, \theta_{i+1}, \ldots, \theta_n)$ であり，式 (4.26) のポリアの壺の表現から，

$$p(\theta_i \mid \boldsymbol{\theta}_{-i}, \boldsymbol{y}) \propto \sum_{j \neq i} f(y_i \mid \theta_j) \delta_{\theta_j}(\theta_i) + M \left\{ \int_{\Theta} f(y_i \mid \theta) f_0(\theta) \, d\theta \right\} p(\theta_i \mid y_i) \quad (4.31)$$

となる．すなわち，尤度によってウェイト付けされた，現在発生させているパラメータにおける質量と，周辺尤度 $\int_{\Theta} f(y_i \mid \theta) f_0(\theta) \, d\theta$ によってウェイト付けされたパラメトリックモデル $y \mid \theta \sim f(y \mid \theta)$ と $\theta \sim f_0(\theta)$ の下での事後分布に対応する連続分布との混合である．数学的に式 (4.31) は，結果として生じる条件付分布が離散要素と連続要素の混合であることを示している．式 (4.31) の右辺の最初の項は離散要素である．すでに生成したパラメータの再利用をしており，これがクラスタリングを提供する．2 番目の項は連続要素であり，"新しい (fresh)" クラスター値をもたらす．もし追加的なハイパーパラメータが尤度と事前分布の少なくとも一方に含まれるなら，式 (4.31) は単純に，追加的なハイパーパラメータを条件付にしたものとして再解釈される．$\int_{\Theta} f(y_i \mid \theta) f_0(\theta) \, d\theta$ が解析的に評価され，かつ $p(\theta_i \mid y_i)$ が容易にサンプリングできるのであれば，式 (4.31) からのサンプリングは実現可能である．このことは，尤度 $f(y \mid \theta)$ と中心の密度 $f_0(\theta)$ とに共役関係が成り立つ場合に典型的なケースである．さしあたり，これがまさにそのケースだとすると，事後分布のシミュレーション枠組みは以下のように示される．

アルゴリズム 4.1
1) 対応する条件付分布 (4.31) から $\theta_1, \ldots, \theta_n$ を更新する．
2) 対応する完全な条件付分布から他のハイパーパラメータを更新する．

実際のところこのアルゴリズムの難点は，繰り返し計算において現在発生させた θ_i の値をほんの少し変化させるが，これらの値は多くの繰り返しで停滞してしまう可能性があり，その場合非効率的な事後密度シミュレーションになってしまう．この "粘性クラスター (sticky cluster)" 問題は Bush and MacEachern (1996) によって導入

されたリサンプリングステップ (resampling step) を用いることで解決される.この解決策を理解するために,記号をいくつか追加する. $\boldsymbol{\theta}$ の要素間に同じ値があるため,これらの中でユニークな値の集まりを $\boldsymbol{\theta}^* = (\theta_1^*, \ldots, \theta_k^*)$ とする.以前の F_0 が密度関数 f_0 をもつという仮定を思い起こすと,これは確率 1 で $\boldsymbol{\theta}^*$ の 1 つ 1 つの要素が異なることを保証している.ここで,$k \equiv k(n)$ は n 個のパラメータ値におけるクラスターの番号である.問題の背景から明白であることから,記号を簡略化するために n との従属関係は省略して表記する.次にクラスター所属 $\boldsymbol{s} = (s_1, \ldots, s_n)$ をそれぞれのパラメータとどのユニークな値が等しいかを示す指示変数の集合とする.つまり $i = 1, \ldots, n$ に対してもし $\theta_i = \theta_j^*$ なら $s_1 = 1$ かつ $s_i = j$ となる.ここで $\theta_i = \theta_{s_i}^*$ であること,そして $\boldsymbol{\theta}$ が代替的には $(\boldsymbol{\theta}^*, \boldsymbol{s})$ と表されることに留意する必要がある.最後に,k 個のクラスターはそれぞれ $S_1, \ldots, S_k$ とし,つまり $S_j = \{i : s_i = j\}$ である.これらの設定から先のアルゴリズム 4.1 のステップ 1) は以下の 1') と 1'') に取って代わられる.

アルゴリズム 4.2

1') 対応する条件付分布 (4.31) から $\theta_1, \ldots, \theta_n$ を更新する.

1'') 1) において更新されたパラメータ $\boldsymbol{\theta}$ は新しいクラスター所属 $\boldsymbol{s}$ と位置 $\boldsymbol{\theta}^*$ を定義している.$\boldsymbol{s}$ を保持し,$\boldsymbol{\theta}^*$ は捨ててしまい,完全な条件付分布

$$\theta_j^* | \boldsymbol{s}, \boldsymbol{y} \propto \left\{ \prod_{i \in S_j} p(y_i | \theta_j^*) \right\} f_0(\theta_j^*) \tag{4.32}$$

から新しい $\boldsymbol{\theta}^*$ の値を再度サンプリングする.これは要するに,尤度 $p(y|\theta)$ と事前分布 $f_0(\theta)$ をもつパラメトリックモデルの下での事後分布からのサンプリングになり,j 番目のクラスターにおいて主体に対応するデータに適用する.

2) 対応する条件付分布から他のハイパーパラメータを更新する.

1') と 1'') の両ステップによってパラメータベクトル $\boldsymbol{\theta}$ 全体が更新され,それぞれユニークな値の集合のすべてが,ギブスサンプリングが走査するごとに確実に更新される.これはより効率的なアルゴリズムとなり,結果として生成するマルコフ連鎖は,先のアルゴリズム 4.1 の 1) だけが考慮されるときに比べ,パラメータ空間 Θ をより速く横断する.詳細は Bush and MacEachern (1996) を参照されたい.

4.3.4　分　析　例

a.　二項確率のセミパラメトリック推定

Liu (1996) は二値データの成功確率のセミパラメトリック推定を検討している.検討されているデータは Beckett and Diaconis (1994) によって生成されたものである.びょう（押しピン）を弾く試行を 9 回続けて行い,地面に落ちたびょうが上を向いた場合を"成功"とし,何回成功したかを数えている.びょうが下を向いた状態からス

タートし，最後に落ちた場所から，びょうが指で打たれ，弾かれる．全部で16個のびょうと10枚の面があり，びょうはBeckettとDiaconisのそれぞれによって弾かれる．一連の9回の試行から成功回数について320回分のデータを得た．Beckett and Diaconis (1994) と Liu (1996) では320回の成功データが利用可能である．

これらのデータをモデル化するためには，"びょうをうつ人"，びょう，そして面の影響を考えると，9回の連続する試行に固有の成功確率を仮定するのが妥当であるように思われる．すると

$$y_i|\theta_i \sim \text{Bin}(9, \theta_i), \qquad \theta_i \stackrel{\text{i.i.d.}}{\sim} \text{Be}(a, b)$$

といった形の単純なパラメトリックモデルになる．ここでBin(n, p)はn回の試行回数と成功確率pをもつ二項分布である．そして既知のハイパーパラメータaとbを仮定する．aとbに階層事前分布を設定することでもう少し洗練されたものになるだろう．しかしながら，そのようなモデルはすべての成功確率がほぼ確実に異なるように強いるものである．θ_iにクラスター構造はなく，9回の試行回数をもつ二項分布のサンプルからそれぞれのθ_iについてサンプリングによる推測がなされる．データ生成メカニズムの違いによらず，有効に320回を識別するには観測値が十分ではなく，系列をプールしたものが推定改善の助けになるかもしれないという異論があるかもしれない．一方で，一連の試行ごとに同じ成功率をもつよう制約をつけたモデル，つまり$\theta_1 = \cdots = \theta_{320} = \theta$とすることは制約が強すぎるし，現実的ではない．

いま$n = 320$としてLiu (1996)のモデル

$$y_i|\theta_i \sim \text{Bin}(9, \theta_i), \quad \theta_1, \ldots, \theta_n|F \stackrel{\text{i.i.d.}}{\sim} F, \qquad F \sim \mathcal{D}(M, F_0) \qquad (4.33)$$

を考える．ここでF_0はベータ分布Be(a, b)である．以前の議論から，式(4.33)が意味するのは，成功率の分布は未知として扱われDP分布を設定され，これはベータ分布によって定義されるパラメトリックモデルに中心を置くということである．この式(4.33)におけるDP仮定の下でクラスター構造が与えられると，そのモデルはクラスタリングの両極端なケースのどちらともサポートする．すなわちすべてのθ_iパラメータが等しいというものと，これらパラメータそれぞれに正の事前確率を設定することですべて異なるというものである．実際，モデルはあらゆる中間的な構造をサポートし，それゆえにプールするか否かはデータによってもたらされる証拠から決定される．

モデルがもつ多くの固有な特徴は興味深いものかもしれないが，ここでは次の一連の試行を仮に行ったとして，新しい成功確率θ_{n+1}の密度を得ることに焦点を当てる．この密度のベイズ推定は事後予測分布$p(\theta_{n+1}|\boldsymbol{y})$であり，

$$p(\theta_{n+1}|\boldsymbol{y}) = \int p(\theta_{n+1}|\boldsymbol{\theta}, \boldsymbol{y}) p(\boldsymbol{\theta}|\boldsymbol{y}) \, d\boldsymbol{\theta} = \int p(\theta_{n+1}|\boldsymbol{\theta}) p(\boldsymbol{\theta}|\boldsymbol{y}) \, d\boldsymbol{\theta} \qquad (4.34)$$

となる．ここで最後の等式は式(4.33)における，条件付では独立という仮定から導かれる．そして事前予測分布$p(\theta_{n+1} \mid \boldsymbol{\theta})$はポリアの壺の表現(4.26)から得られる．

集合 $\{1,\ldots,n\}$ の可能な分割全体にわたる総和を含んでいるため，事後分布 $p(\boldsymbol{\theta}\mid\boldsymbol{y})$ は非常に複雑であり，同様のことが事後予測分布 (4.34) にも存在する．それゆえ，先ほどのアルゴリズム 4.2 に焦点を当て，それを近似するために MCMC 事後シミュレーションの枠組みを使用する．実行における主要なステップは式 (4.31) の条件付分布の設定である．ここでのケースでは，二項分布の尤度はベータ基底分布と共役であり，式を整理したものとして

$$\theta_i|\boldsymbol{\theta}_{-i},\boldsymbol{y} \propto \sum_{j\neq i}\theta_j^{y_i}(1-\theta_j)^{9-y_i}\delta_{\theta_j}(\theta_i)$$

$$+ M\left\{\frac{B(a+y_i,b+9-y_i)}{B(a,b)}\right\}\mathrm{Be}(\theta_i|a+y_i,b+9-y_i),\quad i=1,\ldots,n \quad (4.35)$$

を得る．$B(a,b)=\Gamma(a)\Gamma(b)/\Gamma(a+b)$ は a と b において評価したベータ関数である．前述したように，これは実際には質量と事後分布 $p(\theta_i|y_i)$ の混合である．前者の質量は様々な位置 θ_j における二項分布の尤度ファクターによって，後者は y_i の周辺密度と全質量パラメータとの積によって重み付けされている．$i=1,\ldots,n$ について式 (4.35) からサンプルを得た後，ここで得られたクラスター構造 $(S_1,\ldots,S_k)$ は保持され，新しい位置が

$$\theta_j^*|\boldsymbol{s},\boldsymbol{y}\sim\mathrm{Be}\left(\theta_j^*\Big|a+\sum_{i\in S_j}y_i,b+\sum_{i\in S_j}\{9-y_i\}\right),\qquad j=1,\ldots,k \quad (4.36)$$

からサンプリングされる．これは式 (4.32) を今回のデータになぞらえたものである．与えられた式 (4.35) の繰り返し計算において，$1,\ldots,n$ について一通り繰り返したあとでクラスターの数 k が変わることがあるのは興味深い．これらのサンプル列を保存することでクラスター数の事後分布の近似が得られる．

アルゴリズム 4.2 の完全版は次のようになる．

$1'$) $i=1,\ldots,n$ について，式 (4.35) から θ_i を更新する．k を得られたクラスターの数とし，クラスターの所属 $\boldsymbol{s}$ を保持し，位置 $\boldsymbol{\theta}^*$ のサンプリングを行う．

$1''$) $j=1,\ldots,k$ について，式 (4.36) から θ_j^* をサンプリングすることで新しい位置を発生する．

アルゴリズム 4.2 における 2) はこのケースでは実質的に必要とされない．最後に

$$\theta_{n+1}|\boldsymbol{\theta}\sim\frac{1}{M+n}\sum_{j=1}^k n_j\delta_{\theta_j^*}(\theta_{n+1})+\frac{M}{M+n}\mathrm{Be}(\theta_{n+1}|a,b) \quad (4.37)$$

に留意しなければならない．ここで $n_j=|S_j|=\sum_{i=1}^n I\{s_i=j\}$ であり，つまりこれはクラスター j の要素の数である．言い換えると式 (4.37) は，θ_{n+1} が単に，$\boldsymbol{\theta}$ の要素からスタートしたポリアの壺の系列における次のサンプルであることを意味している．それから，事後予測分布 $p(\theta_{n+1}|\boldsymbol{y})$ からのサンプルは，ベクトル $\boldsymbol{\theta}$ の乱数を発生させるごとに式 (4.37) からサンプリングすることで MCMC の出力中に生成され，これは

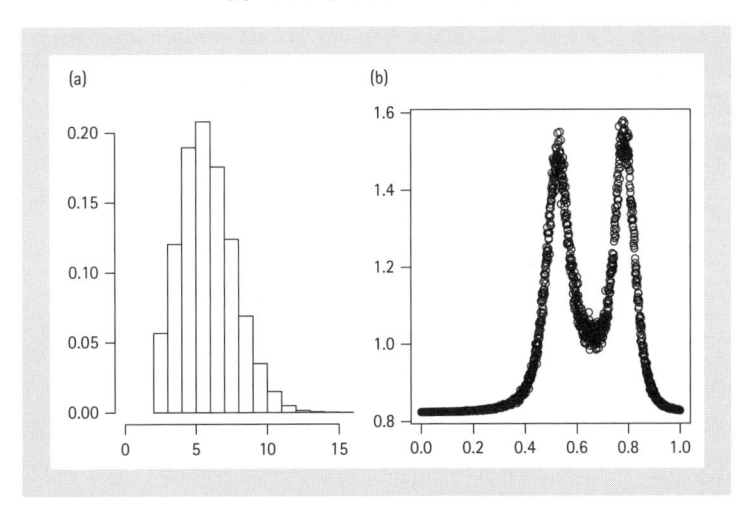

図 4.5 びょうデータの例：パネル (a) はクラスター数 k の事後分布を示している．パネル (b) は θ_{n+1} の事後予測分布を表現している．

$p(\theta_{n+1}|\boldsymbol{y})$ 自身の近似を構築するのに用いられる．代替的に，以下の式を評価することでこの予測分布のラオ–ブラックウェル化近似 (Rao–Blackwellized approximation) を検討することもできる．$\Theta = (0,1)$ 上の適切な格子におけるすべての要素 θ に対して，

$$\frac{1}{M+n}\sum_{j=1}^{k} n_j I\{\theta = \theta_j^*\} + \frac{M\theta^{a-1}(1-\theta)^{b-1}}{(M+n)B(a,b)}$$

となる．さらに MCMC の繰り返し計算について平均値をとる．

上記手法を $a = b = 1$ として Beckett and Diaconis (1994) によるびょうのデータに適用することで，図 4.5 の結果が得られた．ここで $a = b = 1$ とすることは，中心の測度 F_0 が区間 $(0,1)$ における一様分布ということである．左側のパネルはクラスター数の周辺事後分布を示している．事後予測分布 $p(\theta_{n+1}|\boldsymbol{y})$ は右側のパネルにプロットされている．これはおおむね二峰性の分布に見える．実験においてびょうを弾く者が 2 人いることの影響を反映している可能性がある．このような結果のどれもが，以前に議論した極端なモデルの下では得られないものである．

b. 自己回帰パネルデータモデル

ここで再び，4.2.5 項において紹介した年次の 1 人当たり GDP 成長率データに戻り，セミパラメトリックモデルを検討する．個別効果 β_i の二峰性を支持する強力な証拠を所与とし，データについて 2 つ以上のクラスターが支持されるかを検証する．可能なアプローチの 1 つは，4.2.5 項において採用した 2 要素の混合を，未知である

k 個の要素の混合に置き換えることであろう.例えば Richardson and Green (1997) のように,可逆ジャンプに基づく事後シミュレーションの枠組みがこのような問題に非常に適している.ここではその代わりとして,β_i に DP 事前分布を仮定する.これは,自動的に未知の要素数を扱うことになるという概念上の利点と,前述したアルゴリズムのような事後シミュレーションが自動的に次元横断問題を回避するという利便性をもつ.

地域 i における,期間 $t-1$ から t までの GDP 成長を y_{it} とし,これを再び議論する.また,尤度 (4.18) は 2 つの変更点をもつ.まず 1 つ目として,$\beta_1, \ldots, \beta_m \overset{i.i.d.}{\sim} F$ と $F \sim \mathcal{D}(M, F_0)$ を仮定する.ここで $F_0(\beta_i) = N(\beta_i|\beta, \tau^{-1})$ である.これは,パラメータ M によって制御されるポリアの壺の様式の確率モデルをもち,パラメータ β_i について事前にいくつかのクラスタリングを考慮することで,先の 2 要素の混合を拡張している.さらに $M = 1$ を仮定する.これはクラスター数 N に対して前述した近似を用いて $P(N > 2) = 0.9712$,$E(N) \approx 5.56$ そして $\text{Var}(N) \approx 4.56$ を事前に仮定することを意味する.ゆえに,事前分布を通して 2 つ以上のクラスターの形成を促進することになる.代替的には,M 自身を未知として扱い,これに対する事前分布を選択することも可能である.そのような事前分布にはガンマ分布 $\text{G}(M|a, b)$ を選択するのが一般的であり,Escobar and West (1995) が説明しているように,閉じた形式でのサンプリングが可能である.2 つ目として,誤差分布の仮定を $\varepsilon_{it} \sim N(0, 1)$ に簡略化する.そうすることで,モデルの柔軟性を誤差項から個別効果へとシフトする.モデルの他のパラメータに対しては以下の漠然とした正則な事前分布を使用する.
$\lambda^{-1} \sim \text{G}(\lambda|0.01, 100)$,$\alpha \sim N(\alpha|0, 10^4)$,$\beta|\tau \sim N(\beta|0, \tau)$,$\tau^{-1} \sim \text{G}(\tau|0.01, 100)$,そして $\mu \sim N(0, 10^4)$ である.

図 4.6 は,尤度モデルを制御するパラメータの周辺事後分布を示している.α,β,そして μ の事後分布は大部分がゼロから離れている.これらは統計的に有意な自己回帰と GDP の遅れの効果,そして個別効果に対して正の方向に中心を置いたパラメータを示唆している.精度パラメータ λ は非常に小さい値に集中している.しかしながら,λ はここでは正規誤差項の精度パラメータである.パラメトリックな分析は,2 程度の小さな自由度のスチューデントの t 分布の裾をもつ誤差項で実行されており,したがってこれは驚くべきことではない.

クラスターに関連する量の推定は図 4.7 に示している.左側のパネルはクラスター数の事前分布であり,事後分布は右側のパネルである.この分布の事後平均,事後最頻値,そして事後分散はそれぞれ 4.72,4 そして 2.99 である.事後分布は事前分布よりも,より小さいクラスター数に大きな重みを与えているが,しかしデータは依然として 2 つ以上のクラスターの存在を強く示唆している.

最後に,少しだけより複雑なモデルが Hirano (2002) によって議論されている.そこでは地域と時間 (i, t) の組合せについて任意のクラスター設定を許容している.そのようなアプローチはここでの分析よりもさらに柔軟なものである一方で,クラスタ

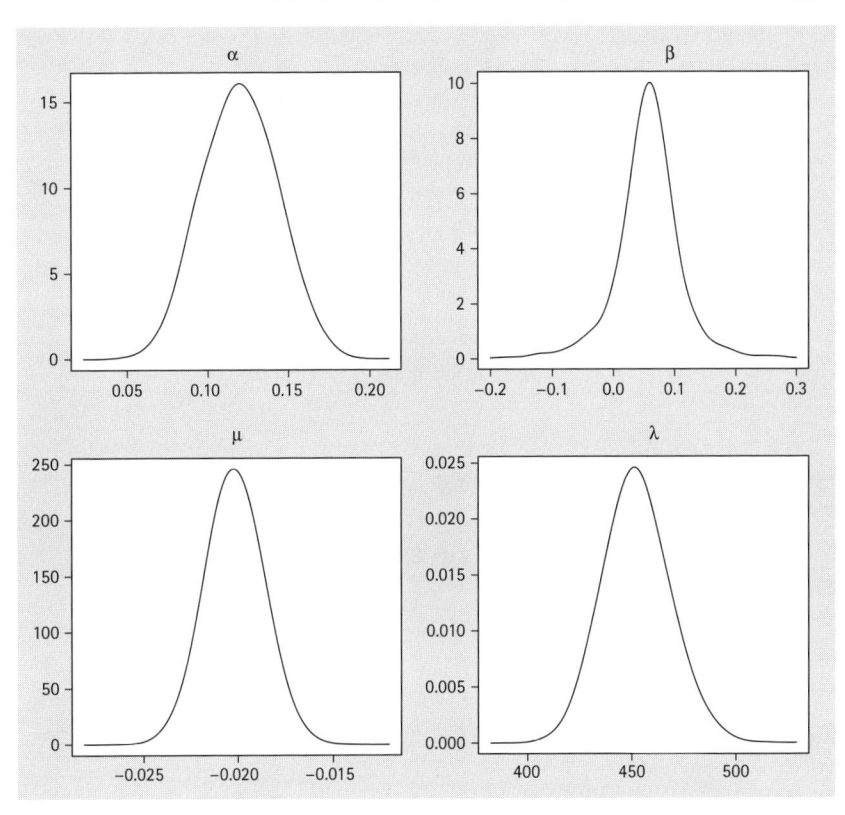

図 4.6 セミパラメトリックモデルの下での NUTS2 成長率の事後分布推定

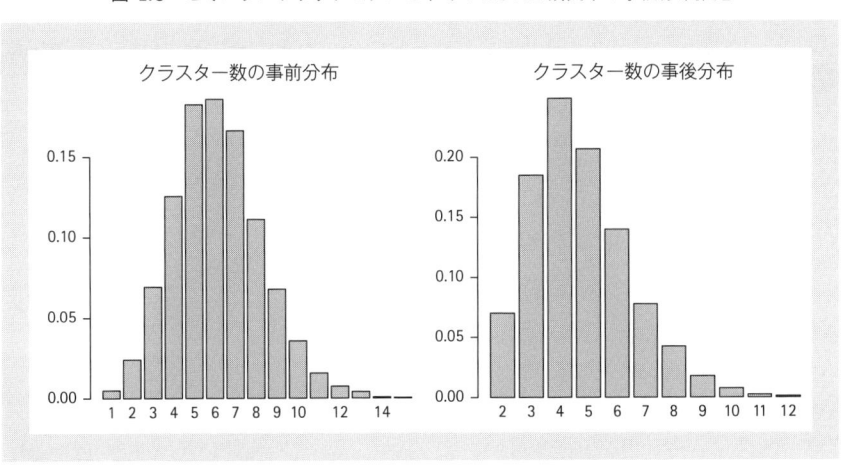

図 4.7 NUTS2 成長率に対するセミパラメトリックモデルの下でのクラスター数の事前分布（左パネル）と事後分布（右パネル）

リングの解釈が容易でないという欠点をもっている．その点，本例でのクラスターは同じ個別効果をもつ地域グループに対応しており，この個別効果は，共変量をもたないケースにおける定常性の仮定下での長期平均成長に対応する．

c. 計量経済学文献におけるその他の応用例

本節で議論した類のノンパラメトリック手法の応用例は，長期的なデータを扱ったモデルを用いた Chib and Hamilton (2002)，確率的フロンティアモデルを分析している Griffin and Steel (2004)，そして均衡ジョブサーチモデルに焦点を当てた Koop (2008) に見られる．

4.4 柔軟な平均回帰モデリング

これまでの節ではノンパラメトリックとセミパラメトリックの分布の特定化について検討してきた．もし共変量もまた観測されているなら，共変量とともに反応変数の分布がどのように変化するかを考えるのが自然であろう．これはベイズの視点から挑戦的な問題である．なぜなら，すべての共変量の値において，確率分布を横断して事前分布が特定されなければならないからである．これは 4.5 節において検討することになる．しかしながら，確率分布のほんのわずかな側面について，例えば平均値や分散が共変量とともに変化することを許容することでより簡潔なモデルを定義し，多くのデータセットにとって適切な表現になるかもしれない．まず均一分散の誤差項をもつ非線形回帰分析をスタート地点とするのが自然である．ここでは，観測値が

$$y_i = g(x_i) + \epsilon_i, \qquad i = 1, 2, \ldots, n \tag{4.38}$$

から生成されると仮定する．誤差項 $\epsilon_1, \epsilon_2, \ldots, \epsilon_n$ は互いに独立で同一の，例えば $N(0, \sigma^2)$ といった，パラメトリック分布に従う．このモデルは，追加的な説明変数 $z_1, \ldots, z_n$ を含むように拡張されることもあり，

$$y_i = g(x_i) + z_i'\boldsymbol{\eta} + \epsilon_i$$

といった線形の効果をもつと仮定する．ここで $\boldsymbol{\eta}$ は回帰係数ベクトルである．本節では，これら追加的な説明変数 z_i をもたない問題に焦点を合わせるが，しかし，議論する手法は容易にこのようなケースをカバーできるように拡張できるものである．これまでにこの問題に対して多くのベイズアプローチが提案されているが，すべての手法を詳細にレビューするのは本節の領域を超えるものである (Denison et al. 2002 はこのテーマについて 1 冊の書籍にまとめて扱っている)．ここでは計量経済学や統計学において最も普及している手法である基底関数法 (basis function method)，ガウス過程事前分布 (Gaussian process prior)，そして平滑化事前分布 (smoothing prior) に説明を限定する．

4.4.1 基底関数法

基底関数法は式 (4.38) における未知の関数を線形結合

$$g(x) = \sum_{k=1}^{K} \beta_k \phi_k(x) \tag{4.39}$$

として表現する．ここで $\phi_1(x), \phi_2(x), \ldots, \phi_K(x)$ は基底関数を集めたものであり，$\beta_1, \beta_2, \ldots, \beta_K$ は実数値の値をとるパラメータである．統計学の文献には多くの基底関数の例があり，例えば多項回帰 (polynomial regression) の手法は未知の関数 $f(x)$ を，次数が q の多項式

$$g(x) = \sum_{k=0}^{q} \beta_k^* x^k$$

として表現する．ここで $\beta_0^*, \beta_2^*, \ldots, \beta_q^*$ は回帰係数である．$\phi_k(x) = x^{k-1}$ かつ $K = q + 1$ とすると，これは式 (4.39) の形で表現される．このような多項式展開は関数を表現する柔軟な方法を提供する．しかしながら，実数直線上の点の集まりを通じて定義される他の基底関数が最近では普及している．この点は結節点 (knot points) として知られており，それぞれの結節点は基底関数と関連している．このアイデアは，結節点に近い関数はそれぞれの基底関数によってモデル化されるもので，例えば $\{1, x, x^2, \ldots, x^p, (x-\zeta_1)_+^p, (x-\zeta_2)_+^p, \ldots, (x-\zeta_{K-p-1})_+^p\}$ の表現で与えられる p 次の多項回帰スプライン基底 (polynomial regression spline basis) も例として挙げられる．ここで $\zeta_1, \zeta_2, \ldots, \zeta_{K-p-1}$ は結節点であり，

$$(x)_+ = \begin{cases} x, & x > 0 \\ 0, & \text{その他} \end{cases}$$

である．他にも放射基底関数 (radial basis functions) では，所与の点での基底の値における基底関数が自身の結節点からの距離にのみ依存する，つまり $\phi_k(x) = \phi(|x-\zeta_k|)$ である．計量経済学において最も広く用いられる放射基底関数の例は薄板スプライン基底 (thin plate spline basis) $\{1, x, |x-\zeta_1|, \ldots, |x-\zeta_{K-2}|\}$ であり，$\zeta_1, \zeta_2, \ldots, \zeta_{K-2}$ は結節点である．両方のスプライン基底が (4.1) の定数項，多項部分，そして結節点によって定義される関数を含んでいる．多項部分に関しては特に，薄板スプライン基底に対しては線形，p 次の多項回帰スプライン基底に対しては多項式の次数は p に及ぶ．また，結節点の場所に関する提案も行われてきた．J 個の結節点があるとすると，観測された共変量の $\frac{1}{J+1}, \frac{2}{J+1}, \ldots, \frac{J}{J+1}$ パーセント点になるように選ぶ (Smith and Kohn 1996)．あるいは，すべての共変量値に置かれるように選択する．つまり $J = n$ であり，結節点は $x_1, x_2, \ldots, x_n$ である (Denison et al. 2002)．J が大きいとき，未知関数の特定化は非常に柔軟なものになる．しかしながら，この実質的な柔軟性は潜在的に過剰適合をもたらす可能性があり，ベイズにおいても非ベイズにおいても，多くの文献でこの問題を回避する手段が提案されている．

ベイズアプローチのレビューは Kohn et al. (2001) と Denison et al. (2002) によって提供されている．式 (4.39) における基底関数の表現を用いると，式 (4.38) のモデルは基底関数における線形モデルであり，したがって標準的なベイジアン変数選択法 (Bayesian variable selection method) (Mitchell and Beauchamp 1988; George and McCulloch 1993; Raftery et al. 1997; Brown et al. 1998; Chipman et al. 2001) が過剰適合の回避に適用できる．このアプローチは，ある回帰係数がゼロであると仮定するもので，これにより式 (4.39) から特定の基底関数を効果的に排除する．排除された基底関数がモデルのデータへの適合度を大幅に増大させることはない．しかしながら，どの回帰係数がゼロに設定されるべきかについて不確実性があるうえに，ベイズアプローチを用いた推測ではこの不確実性が直接的に含まれる可能性がある．

この手法は，指示変数 γ_i を導入した階層形式において最もわかりやすく説明される．ここで γ_i は，もし i 番目の基底関数がモデルに含まれるときに 1 となり，そうでないとき 0 になるもので，するとモデル (4.38) は線形回帰の形

$$y = X_\gamma \boldsymbol{\beta}_\gamma + \boldsymbol{\epsilon}$$

で記述される．ここで $\boldsymbol{\epsilon}$ は n 次元の確率変数ベクトルであり，独立に同一の $N(0, \sigma^2)$ に従う．X_γ はデータ行列であり，$\gamma_k = 1$ かつ $\sum_{l=1}^{k} \gamma_l = j$ とすると，要素 (i, j) は $\phi_k(x_i)$ である．ベイズ階層モデル (Bayesian hierarchical model) は σ^2, $\boldsymbol{\beta}_\gamma$, そして $\boldsymbol{\gamma} = (\gamma_1, \gamma_2, \ldots, \gamma_K)$ の事前分布を定義することで完成する．たいていの場合，σ^{-2} には非正則な事前分布 $p(\sigma^2) \propto 1/\sigma^2$ が与えられるか，$\sigma^{-2} \sim \text{Ga}(a_0, 1/b_0)$ といった正則な事前分布の選択がなされる．ここで a_0 は形状パラメータであり，σ^{-2} は a_0/b_0 の事前平均をもつ．また，$\gamma_1, \gamma_2, \ldots, \gamma_K$ は $p(\gamma_i = 1) = p_i$ をもち，先験的に独立であると仮定する．確率 p_i は，i 番目の基底関数がモデルに含まれるべきであるという事前の信念を表している．通常，切片項は常にモデルに含まれるので $\phi_1(x) = 1$ かつ $p_1 = 1$ とする．しばしば多項部分についても同様のことがあり，例えば多項回帰スプライン基底における $x, x^2, \ldots, x^p$ は，多くの場合常にモデルに含まれるように仮定されている．したがって，これらの基底関数に対しては $p_i = 1$ である．最後に，結節点に依存する他のすべての基底関数が，確率 p で等しくモデルに含まれることを仮定するのは自然に思われる．p の値は，データのモデル化に必要なこれら基底関数の確率についての事前の推測を表している．また β の事前分布の選択については十分な量の研究と論争がなされている (Holmes and Mallick 1998; Denison et al. 2002; Kohn et al. 2001)．標準的な選択は"リッジ事前分布 (ridge prior)"と呼ばれるものと g 事前分布 (g-prior) であり，前者は

$$\boldsymbol{\beta}_\gamma | \sigma^2 \sim N(\mathbf{0}, c\sigma^2 I) \tag{4.40}$$

で表される．ここで I は $\boldsymbol{\beta}_\gamma$ と同じ次元をもつ単位行列である．また g 事前分布は

$$\boldsymbol{\beta}_\gamma | \sigma^2 \sim N(\mathbf{0}, c\sigma^2 (X_\gamma' X_\gamma)^{-1}) \tag{4.41}$$

4.4 柔軟な平均回帰モデリング

で表される．共変量のスケールの変化と反応変数のスケールの変化に対して，g 事前分布の特定化は不変である．いま本節における関心を，Kohn et al. (2001) によって示唆されているような $c = n$ を既定値とし，g 事前分布の特定化に制限する．それぞれのケースにおいて，β_γ の事前分布は σ^2 に依存する．そしてこれは $p(\boldsymbol{y}|\boldsymbol{\gamma})$ の閉じた形式の表現を導出するものであり，計算面でも，さらに γ の事後分布の性質を調べる際にも有用である．

これらのモデルに MCMC 法を用いる計算手法については十分な量の研究がなされている．ギブスサンプリングアプローチは Kohn et al. (2001) によって提案され，可逆ジャンプアプローチは Holmes and Mallick (1998) で説明されている．ここでは，これら計算戦略の中で最も単純なものを紹介する．これは最も容易に実行できるが，コンピュータ効率的に最良のものではないかもしれない．両手法とも積分された尤度 $p(\boldsymbol{y}|\boldsymbol{\gamma})$ を用いるが，これは，式 (4.41) の事前分布が用いられると解析的に得られ，

$$p(\boldsymbol{y}|\boldsymbol{\gamma}) = (1+c)^{-q_\gamma/2}(S(\gamma) + 2b_0)^{-n/2+a_0}$$

となる．ここで σ^2 に非正則な事前分布が設定されるなら，$a_0 = b_0 = 0$ である．また，q_γ は $\boldsymbol{\gamma}$ に含まれる基底関数の数（つまり $\sum_{i=1}^K \gamma_i$）であり，$S_\gamma = \boldsymbol{y}'\boldsymbol{y} - \frac{c}{c+1}\boldsymbol{y}'X_\gamma(X'_\gamma X_\gamma)^{-1}X'_\gamma \boldsymbol{y}$ である．

最も単純なギブスサンプリングアプローチは，γ_i を $i = 1, 2, \ldots, K$ に対する完全条件付分布 $p(\gamma_i|\boldsymbol{y}, \gamma_j, j \neq i)$ から更新するものである．これは

$$p(\gamma_i = 1|\boldsymbol{y}, \gamma_j, j \neq i) = \frac{p(\boldsymbol{y}|\boldsymbol{\gamma}^{(i,1)})p_i}{p(\boldsymbol{y}|\boldsymbol{\gamma}^{(i,1)})p_i + p(\boldsymbol{y}|\boldsymbol{\gamma}^{(i,0)})(1-p_i)}$$

$$p(\gamma_i = 0|\boldsymbol{y}, \gamma_j, j \neq i) = \frac{p(\boldsymbol{y}|\boldsymbol{\gamma}^{(i,0)})(1-p_i)}{p(\boldsymbol{y}|\boldsymbol{\gamma}^{(i,1)})p_i + p(\boldsymbol{y}|\boldsymbol{\gamma}^{(i,0)})(1-p_i)}$$

であり，$\boldsymbol{\gamma}^{(i,k)}$ は $j \neq i$ として γ_j を保持し，$\gamma_i = k$ とすることで形成される．

最も単純なメトロポリス–ヘイスティングスサンプリングの枠組みは，基底関数の追加と削除，もしくはモデルに含まれている基底関数を現在モデルから排除されたものと 1 つ 1 つ交換することでモデルを更新するものである．はじめの追加と削除の戦略はどちらも同じ確率 p_{AD} で提案される．そして後者の交換戦略は $1 - 2p_{AD}$ の確率で提案される．ここで $0 < p_{AD} < 0.5$ である．提案モデルは確率

$$\min\left\{1, \frac{p(\boldsymbol{y}|\boldsymbol{\gamma}')p(\boldsymbol{\gamma}')}{p(\boldsymbol{y}|\boldsymbol{\gamma})p(\boldsymbol{\gamma})}\right\}$$

で採択され，ここで

$$p(\boldsymbol{\gamma}) = \prod_{i=1}^K p_i^{\gamma_i}(1-p_i)^{1-\gamma_i}$$

である．

ノンパラメトリック回帰のこの手法を説明するために，1971年カナダにおけるセンサスデータを用い，102の職業の平均所得と職業的名声の関係を測定している例 (Fox 1997) を再び分析する．職業的名声は社会調査によって測定されたもので反応変数として扱い，平均所得を共変量として扱う．図4.8は，式(4.41)の事前分布を使用し，薄板スプラインモデルを $K = 30$，結節点は観測された共変量値の各パーセント値に等配分で配置してデータに適用した結果を示している．ハイパーパラメータは $a_0 = 0$ かつ $b_0 = 0$ である．図は，名声は所得とともに増大するが，その関係は線形ではないことを示している．また名声の割合が\$10,000付近で変化し，高所得職業の名声は比較的一定であることを示しているようである．データがより少ない箇所での共変量値の信頼区間はより広いものになる．このことは関数について大きな不確実性があることを表現しており，この関数は比較的少ない数の基底関数によって表現される可能性がある．この事後分布は図4.8(b)に示されており，基底関数の数は，1～8までの値の中でデータによって十分に支持されている4であることを示している．

これまでに記した手法は共変量を単変量に制限している．しかしながら，多くの場合で関数が複数の共変量に依存する仮定を置くことが必要とされる．そのときモデルは，式(4.38)の一般化として

$$y_i = g(x_{i1}, x_{i2}, \ldots, x_{ip}) + \epsilon_i$$

となる．ここで $x_{i1}, x_{i2}, \ldots, x_{ip}$ は p 次元の独立変数ベクトルである．p 次元において基底関数の集合を定義することによって，単変量の共変量のために開発されたアプローチが直接的により高次へと拡張されることがあり，これは，放射基底関数にとって自明なことである．例えば，薄板スプラインは通常

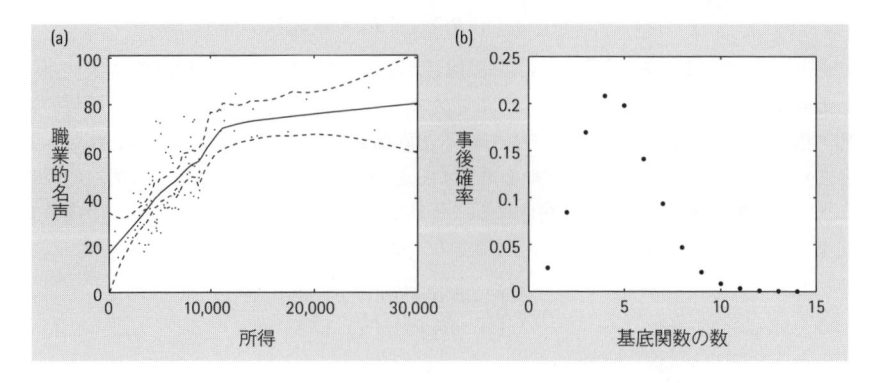

図 4.8 パラメトリックな誤差分布をもつスプライン回帰を用いた職業的名声データである．(a) はデータと $f(x)$ の事後メディアン（実線），そして95%信頼区間（破線）を示し，(b) は基底関数の数の事後分布である．

$$\phi_k(x) = \begin{cases} \| x - \tilde{x}_k \|^{2m-p} \log(\| x - \tilde{x}_k \|), & 2m - p \text{ は偶数} \\ \| x - \tilde{x}_k \|^{2m-p}, & 2m - p \text{ は奇数} \end{cases}$$

として表現される．ここで m はスプラインの次数を所与とした整数値のパラメータであり，$\| x - y \| = \sum_{i=1}^{p}(x_i - y_i)^2$ は x と y の間のユークリッド距離である．関数 $g(x_1, x_2, \ldots, x_p)$ は式 (4.39) にある基底関数の線形関数として表現される．方法論の拡張については Smith and Kohn (1997)，Holmes and Mallick (1998) を参照されたい．しかしながら，この手法には潜在的な問題がある．すなわち，p の次元が大きくなるほど，データは次第にまばらになり，スプラインモデルの予測能力にとって不利な状況になる．このことは次元の呪い (curse of dimensionality) として知られており，より単純な多変量モデルへの関心を引き起こす．

最も単純な多変量拡張は加法モデル (additive model) である．そこでは，関数がそれぞれの次元に対する関数の合計

$$g(x_1, x_2, \ldots, x_p) = \sum_{i=1}^{p} g_i(x_i) \tag{4.42}$$

として表現される．線形関数 $g_i(x) = x\beta_i$ に対しては線形重回帰モデルがこのクラスに対応する．したがって，加法モデルはそれぞれの共変量に対して非線形の効果を許容する．実際のところ，ある関数をパラメトリックな線形，もしくは 2 次式に制限し，一方でその他についてはノンパラメトリックでモデル化することを許容したいことがあるかもしれない．ノンパラメトリックでモデル化されたそれぞれの関数 g_i は，式 (4.39) のような基底関数表現

$$g_i(x_i) = \sum_{k=1}^{K_i} \beta_k^{(i)} \phi_k^{(i)}(x_i)$$

を与えられる．ここで i 番目の次元に対して K_i は基底関数の数である．$\phi_1^{(i)}(x)$, $\phi_2^{(i)}(x), \ldots, \phi_{K_i}^{(i)}(x)$ が基底関数であり，$\beta_1^{(i)}, \beta_2^{(i)}, \ldots, \beta_{K_i}^{(i)}$ は回帰係数である．これは一般的な定式化であり，異なる数，異なる形式，異なる次元の基底関数を許容する．単変量モデルと同様に，任意の次元に対して基底関数の唯一の集合がモデルに含まれ，そこで変数 $\gamma_1^{(i)}, \gamma_2^{(i)}, \ldots, \gamma_{K_i}^{(i)}$ が導入される．次元 i に対する j 番目の基底関数がモデルに含まれていると，$\gamma_j^{(i)} = 1$ である．単変量のケースと同様に，ベクトル $\beta_\gamma^{(i)}$ と行列 $X_\gamma^{(i)}$ が i 番目の次元に対して定義され，モデルの特定化はすべての $\gamma^{(i)}$，$\beta^{(i)}$ そして σ^2 の事前分布の設定によって完了する．誤差分散 $\sigma^2 \sim G(a_0, 1/b_0)$ と $\gamma^{(i)}$, $\beta^{(i)}$ は，$i \neq j$ として $\gamma^{(j)}$, $\beta^{(j)}$ から独立であると仮定している．最後に，$\gamma^{(i)}$, $\beta^{(i)}$ の事前分布は単変量モデルと同じ方法で選択される．このモデルはこの項の冒頭にある Smith and Kohn (1996) のアルゴリズムの拡張を用いてデータに適用される．

ここで加法モデルの応用例として電力供給に対する費用関数の当てはめ (Yatchew

2003) を考える.このモデルは非線形の関係で,費用がいくつかの要因によって決まるものとする.モデルを

$$\text{tc} = g_1(\text{cust}) + g_2(\text{wage}) + \beta_1 \text{pcap} + \beta_2 \text{PUC} +$$
$$g_3(\text{kwh}) + g_4(\text{life}) + g_5(\text{lf}) + g_6(\text{kmwire}) + \epsilon$$

とし,ここで tc は顧客 1 人当たり総費用の対数値である.また,cust は対数変換した顧客数,wage は対数の賃金率,pcap は対数資本価格,life は送電資産の残り耐用年数の対数値,lf は対数負荷率であり,そして kmwire は顧客 1 人当たりの送電線の長さ (km) について対数をとったものである.データは 1993 年におけるカナダ・オンタリオ州の 81 の都市配電業者で構成されている.これはコブ–ダグラス型の費用関数を一般化したもので,それぞれの要因の費用が要因の水準に対して線形関係になることを仮定している.関数 $g_1, g_2, \ldots, g_6$ はそれぞれ $K = 30$ の薄板スプラインを用いてモデル化する.式 (4.41) で与えられる事前分布を $\beta_\gamma^{(i)}$ と,σ^{-2} に対しては $a_0 = b_0 = 0$ として用いる.図 4.9 はそれぞれの関数の事後分布の要約を示している.このグラフは,自身の平均値を差し引いた変数に対して $g_i(x)$ の事後メディアンと 95% 信頼区間を描画したものである.このモデルは $g_i(0) = 0$ と設定することで同定される.この設定は MCMC サンプラーの繰り返し計算で記録される関数の値を適切に調整することで達成され,したがって,それぞれのカーブは費用における"平均的な"企業からの差を測定している.この平均的な企業は,すべての変数についてそれぞれの平均値の値をもつ.Yatchew (2003) が言及しているように,最も関心のある変数は cust である.これは費用に対して非線形の効果をもつ.しかしながら,wage と kwh が非線形の形でモデルに組み込まれるいくらかの証拠も見られる.またここでは関数に単調性は課してこなかったが,共変量の多くは単調な形式でモデルに組み込まれている.それでもいくつかの独立変数はむしろ非線形の効果を示している.このことはこれらモデルの柔軟性を説明しているが,同時に潜在的な欠点も示している.通常研究者は,何らかの要因とともに費用が増減するといった,理論に対して整合的な条件を仮定しようとする.これはいくつかの $g_i(x)$ に単調性を求めていることを意味しているわけだが,上で推定されたこの単純なモデルはそのような仮定を設けていない.代替的なアプローチは,生産高に対する漸近理想モデル (asymptotically ideal models:AIM) の適用という文脈をもつ,Barnett et al. (1991) による基底関数としての Müntz–Satz 級数展開の使用である.この特別な基底関数の選択は経済理論に整合的な条件を課すことを簡単にする.これは生産モデルの分野では特に重要である.

いま,式 (4.42) を拡張し

$$g(x_1, x_2, \ldots, x_p) = \sum_{i=1}^{p} g_i(x_i) + \sum_{i=1}^{p} \sum_{j=1; j \neq i}^{k} g_{ij}(x_i, x_j)$$

とする.ここで g_{ij} は二変量関数である.二変量薄板スプラインのように,これは二

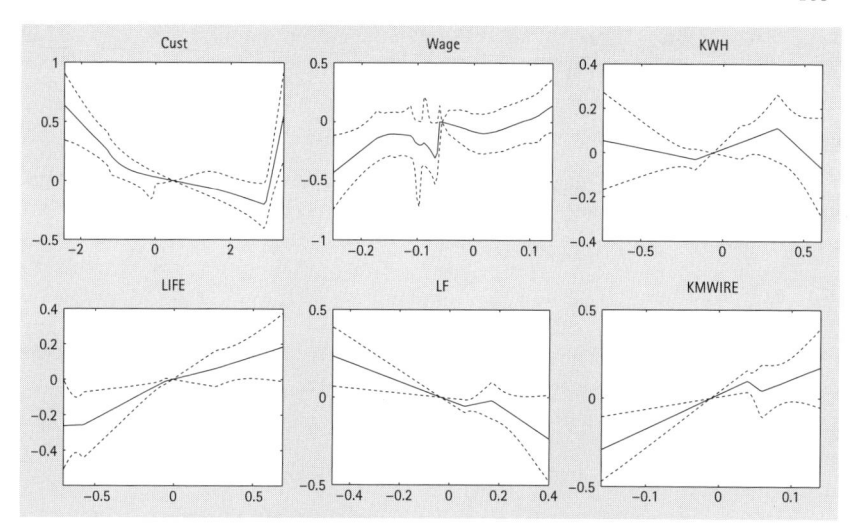

図 4.9 電力生産の費用関数に対するいくつかの共変量の貢献（共変量は平均値が差し引かれたもの）．実線は事後メディアンを，破線は 95% 信頼区間を意味している．

変量基底関数の線形結合を用いてモデル化される．$g(x_1, x_2, \ldots, x_p)$ が各次元の関数の和であるという仮定を緩和しており，したがってより大きな柔軟性を許容している．このモデルはすでに説明した手法の拡張を用いて適用される．モデルにより高い柔軟性を求めることで，実際のところノンパラメトリック手法のパフォーマンスの低下を招く可能性があることに配慮すべきである．それゆえに，変数が少なくないときは，変数選択とモデル構造の選択は重要になるだろう．モデルの適合度に貢献しない変数は排除されたり，もしくはそれらの効果について単純なパラメトリック形式によって満足行くモデル化がなされることもある．これらモデルの変数選択の手法は Wood et al. (2002) と Shively et al. (1999) で発展されている．

さてこの項では，いままでのところ，関心の対象を連続変数の平均値の柔軟なモデリングに制限してきている．連続変数 y_i のいくつかのモーメントもまた，潜在的にはモデル化され得る．例えば，Yau and Kohn (2003) はこれらの手法を，不均一分散をもつ誤差項に対するものに拡張している．いま観測値のモデルは

$$y_i = g(x_i) + \sigma(x_i)\epsilon_i$$

であり，$\epsilon_i \sim N(0,1)$ とする．彼らは

$$\log \sigma^2(x_i) = \gamma + \tilde{\beta}_1 x + \tilde{\beta}_2 x + \sum_{j=1}^{r} \tilde{\beta}_{j+2} \tilde{\phi}_j(x_i)$$

を仮定しており，ここで $\tilde{\beta}_1, \tilde{\beta}_2, \ldots, \tilde{\beta}_{r+2}$ は回帰係数，$\phi_1(x), \phi_2(x), \ldots, \phi_r(x)$ は薄

板スプラインである.すると,対数変換を通して,分散は柔軟にモデル化される.関心ある読者は,方法論の詳細として Yau and Kohn (2003) を参照されたい.

また,二項分布もしくは多項分布に従う観測値のモデル化,もしくは連続変数の高次のモーメントをモデル化したいことがあるかもしれない.二値や連続データに対するスプライン回帰モデルの拡張は Wood and Kohn (1998) と Kohn et al. (2003) が議論している.二値データにおいて,観測値 y_i は,それぞれに 0 と 1 のラベルが与えられる 2 つのクラスに分類される.そして,

$$P(y_i = 1) = \Phi(g(x_{i1}, x_{i2}, \ldots, x_{ip})) \tag{4.43}$$

を仮定する.ここで Φ は正規分布の累積分布関数である.未知の関数 g は本章のスプライン基底関数を用いてモデル化される.計算上のアプローチは,潜在変数 $z_1, z_2, \ldots, z_n$ を導入し,Albert and Chib (1993) のデータ拡大法を用いて直接拡張される.モデルは

$$y_i = \begin{cases} 0, & z_i < 0 \\ 1, & z_i > 0 \end{cases}$$

$$z_i = g(x_{i1}, x_{i2}, \ldots, x_{ip}) + \epsilon_i, \qquad \epsilon_i \sim N(0, 1)$$

と表現され,モデルから $z_1, z_2, \ldots, z_n$ を積分して外に出すと,本来のモデル (4.43) に戻る.

4.4.2 ガウス過程と平滑化事前分布

ガウス過程は,ベイズ分析におけるノンパラメトリック関数推定の事前分布として長い歴史をもつ.Rasmussen and Williams (2006) は近年,回帰の問題におけるその使用について 1 冊の書籍に及ぶ扱いをしている.関数 g のガウス過程事前分布は平均値関数 $m(\cdot)$ と共分散関数 $\kappa(\cdot, \cdot)$ によってパラメータ化される.点 $x_1, x_2, \ldots, x_n$ に対して関数値 $g(x_1), g(x_2), \ldots, g(x_n)$ は,平均 $m(x_1), m(x_2), \ldots, m(x_n)$ と,共分散 $\kappa(x_i, x_j)$ をもつ結合正規分布に従うと仮定する.ここで $\kappa(x_i, x_j)$ は $g(x_i)$ と $g(x_j)$ の共分散である.この κ の選択は任意のものではなく,$x_1, x_2, \ldots, x_n$ の任意の選択と任意の n をもち $g(x_1), g(x_2), \ldots, g(x_n)$ に対して半正定値共分散行列を定義するものでなければならない.これによってガウス過程が存在することは確かなものになるが,しかし,$\kappa(\cdot, \cdot)$ の任意の選択を検証することは困難なものになる.

ガウス過程は式 (4.38) の回帰モデル

$$y_i = g(x_i) + \epsilon_i, \qquad i = 1, 2, \ldots, n$$

の推測に用いられる.ここで $\epsilon_1, \epsilon_2, \ldots, \epsilon_n$ はそれぞれ独立に $N(0, \sigma^2)$ に従い,未知の関数 g は,平均値関数がゼロの値をとるガウス過程事前分布を与えられる.つまり,すべての x に対して $m(x) = 0$ であり,これは $\boldsymbol{g} = (g(x_1), g(x_2), \ldots, g(x_n))'$ の同

時事前分布が $N(\mathbf{0}, \Sigma_0)$ であることを示している．ここで $\mathbf{0}$ はすべての要素がゼロの $(n \times 1)$ 次元のベクトルである．また Σ_0 は (i,j) 要素が $\kappa(x_i, x_j)$ の $(n \times n)$ 次元の行列である．σ^2 を条件付とした事後分布は閉じた形式で利用可能である．$\mathbf{g}$ の同時事後分布は平均 μ_n，分散 Σ_n をもつ正規分布であり，ここで

$$\mu_n = \Sigma_0 (\sigma^2 I + \Sigma_0)^{-1} \mathbf{y},$$

$$\Sigma_n = \sigma^2 (\sigma^2 I + \Sigma_0)^{-1} \Sigma_0$$

である．観測されない点 x_{n+1} における関数の推測もまた閉じた形で行える．g に対するガウス過程事前分布は $g(x_1), g(x_2), \ldots, g(x_n), g(x_{n+1})$ が多変量正規分布に従うことが示されており，したがって

$$g(x_{n+1})|\mathbf{g} \sim N(\mathbf{k}' \Sigma_0^{-1} \mathbf{g}, \kappa(x_{n+1}, x_{n+1}) - \mathbf{k}' \Sigma_0^{-1} \mathbf{k})$$

である．ここで $\mathbf{k}$ は $k_i = \kappa(x_{n+1}, x_i)$ を要素にもつ n 次元のベクトルである．$\mathbf{g}$ の正規事後分布と結合されたこの結果は，$g(x_{n+1})$ の事後分布 $g(x_{n+1})|\mathbf{y}$ が $N(\mu^*, \sigma^{*2})$ であることを示しており，

$$\mu^* = \mathbf{k}'(\sigma^2 I + \Sigma_0)^{-1} \mathbf{y}$$

かつ

$$\sigma^{*2} = \kappa(x_{n+1}, x_{n+1}) - \mathbf{k}'(\sigma^2 I + \Sigma_0)^{-1} \mathbf{k}$$

である．平均値 μ^* は観測値 $y_1, y_2, \ldots, y_n$ の線形結合であり，各観測値に与えられるウェイトはベクトル $\mathbf{k}'(\sigma^2 I + \Sigma_0)^{-1}$ によって決定される．このベクトルは x_{n+1} から遠く離れた観測値に比べて，より近いものに大きなウェイトを与える．事後予測分散は $\mathbf{k}'(\sigma^2 I + \Sigma_0)^{-1} \mathbf{k}$ の要素を差し引いた事前予測分散 $\kappa(x_{n+1}, x_{n+1})$ として表現される．このことは事前の不確実性がデータを観測することによって減少した量を測定していることになる．

事前共分散関数 $\kappa(\cdot, \cdot)$ は未知の関数についての事前の信念を符号化している．しかしながら，任意の $\kappa(\cdot, \cdot)$ が共分散関数を定義していることを検証するのは困難であり，だから実際には，共分散関数は標準的な選択肢から選択される．たいていの場合，共分散関数は変化せず，これは $\kappa(x_i, x_j) = h(|x_i - x_j|)$ が $|x_i - x_j|$ の関数にすぎないことを意味している．ここで $|\cdot|$ は距離測度 (distance measure) である．よく選択されるものは，ガウスカーネル (Gaussian kernel) $h(d) = \exp\{-d^2\}$，ラプラス (Laplace) カーネルまたは指数カーネル $h(d) = \exp\{-d\}$，そして共分散関数の Matèrn クラス

$$h(d) = \frac{1}{2^{\tau-1} \Gamma(\tau)} d^\tau \mathcal{K}_\tau(d)$$

である．ここで $\mathcal{K}_\tau$ は次数が τ の修正ベッセル関数 (modified Bessel function) であり，パラメータ $\tau > 0$ は平滑化パラメータ (smoothness parameter) である．$\tau = 1/2$ に対して指数共分散構造となる．

実際には，これまでに記述した推測では σ^2 が既知であることを仮定していた．σ^2 が未知の場合，事前共分散行列が回帰誤差分散によって調整されるように共分散に $\kappa(\cdot,\cdot) = \sigma^2 \tilde{\kappa}(\cdot,\cdot)$ を仮定し，また，$\sigma^{-2} \sim \mathrm{G}(a_0, 1/b_0)$ とするなら，σ^2 と $g(x_{n+1})$ それぞれの事後分布は閉じた形式で利用可能である．この場合

$$\sigma^{-2}|y \sim \mathrm{G}(a^*, 1/b^*)$$

であり，ここで

$$a^* = a_0 + n/2, \qquad b^* = b_0 + (\boldsymbol{y}'\boldsymbol{y} - \boldsymbol{y}'(I+\tilde{\Sigma}_0)^{-1}\boldsymbol{y})/2$$

である．また $\tilde{\Sigma}_0$ の (i,j) 要素は $\tilde{\kappa}(x_i, x_j)$ である．$g(x_{n+1})$ の事後分布は密度関数

$$\frac{\Gamma(a^*+1/2)}{\Gamma(a^*)} \frac{1}{\sqrt{2\pi \tilde{A} b^*}} \left(1 + \frac{(g(x_{n+1}) - \tilde{\mu}^*)^2}{2\tilde{A} b^*}\right)^{-(a^*+1/2)}$$

をもち，

$$\tilde{\mu}^* = \tilde{\boldsymbol{k}}'(I+\tilde{\Sigma}_0)^{-1}\boldsymbol{y}$$

かつ

$$\tilde{A} = \tilde{\kappa}(x_{n+1}, x_{n+1}) - \tilde{\boldsymbol{k}}'(I+\tilde{\Sigma}_0)^{-1}\tilde{\boldsymbol{k}}$$

である．$\tilde{\boldsymbol{k}}$ は j 番目の要素が $\tilde{\kappa}(x_{n+1}, x_j)$ の n 次元ベクトルである．明らかに，$g(x_{n+1})$ の周辺事後分布はスチューデントの t 分布になる．具体的には $g(x_{n+1})|\boldsymbol{y} \sim t(\tilde{\mu}^*, 1/(2\tilde{A}b^*), 2a^*)$ であり，これは $a^* > 1/2$（これは $n > 1$ のときこれは保証される）なら平均 $\tilde{\mu}^*$ をもち，$a^* > 1$（これは2つ以上の観測値をもつ場合，常に成り立つ）のとき分散 $\{b^*/(a^*-1)\}\tilde{A}$ をもつ．

ガウス過程は直接的に未知関数に対して事前分布を設定する．いま，g が単変量関数であると仮定する．未知関数の他の側面に対して事前情報を置くことがあり，Shiller (1984) は関数の二次導関数に事前情報を置くものを"平滑化事前分布 (smoothness priors)"と表現している．このアイデアは，平滑関数に対して導関数の勾配が急激に変化しないようにするものである．ブラウン運動 (Brownian motion) について積分したものが，この関数の事前分布として用いられ，ブラウン運動の増分の分散が小さいなら，関数の導関数の勾配はゆるやかに変化する．また共変量に共通する値が存在しないように，$x_1 < x_2 < \cdots < x_n$ を仮定する（Shiller 1984 が共通する値があるケースを議論している）．モデルは，次式で与えられる $(n-2) \times n$ 次元の行列 R

$$R_{ij} = \begin{cases} \Delta_i^{-1}, & i = j \\ -(\Delta_i^{-1} + \Delta_{i+1}^{-1}), & i = j-1 \\ \Delta_{i+1}^{-1}, & i = j-2 \\ 0, & \text{その他} \end{cases}$$

4.4 柔軟な平均回帰モデリング

によって非常に簡単に表現される．ここで $\Delta_i = x_{i+1} - x_i$ である．ベクトル $R\boldsymbol{g}$ の i 番目の要素は $(x_i, g(x_i))$ と $(x_{i+1}, g(x_{i+1}))$ とを結んだ線と，$(x_{i+1}, g(x_{i+1}))$ と $(x_{i+2}, g(x_{i+2}))$ を結んだ線の間での勾配の差である．$\boldsymbol{g} = (g(x_1), g(x_2), \ldots, g(x_n))$ の事前分布は $N(\boldsymbol{0}, \sigma^2 k R' H^{-1} R)$ であり，k は事前のスケールパラメータ，そして H は

$$H_{ij} = \begin{cases} (\Delta_i + \Delta_{i+1})/3, & i = j \\ \Delta_{i+1}/6, & i = j - 1 \\ \Delta_i/6, & i = j + 1 \\ 0, & \text{その他} \end{cases}$$

を要素としてもつ $(N-2) \times (N-2)$ の行列である．それゆえに，事前分布は共分散行列に特定の選択をもつガウス過程である．しかしながら，これは行列の多くの要素がゼロのスパース行列になり，一般的なガウス過程に比べて計算速度の点で利点をもつだろう．また，σ^2 に非正則な事前分布 $p(\sigma^2) \propto \sigma^{-2}$ が与えられると，$\boldsymbol{g}$ の事後分布は閉じた形式

$$p(\boldsymbol{g}) \propto \left[n - 2 + \hat{\sigma}^{-2} (\boldsymbol{g} - \boldsymbol{g}^*)'(I + k^2 R' H^{-1} R)(\boldsymbol{g} - \boldsymbol{g}^*) \right]^{-(n-1)}$$

で利用可能である．ここで $\boldsymbol{g}^* = (I + k^2 R' H^{-1} R)^{-1} \boldsymbol{y}$ であり，

$$\hat{\sigma}^2 = [(\boldsymbol{y} - \boldsymbol{g}^*)'(\boldsymbol{y} - \boldsymbol{g}^*) + k^2 \boldsymbol{g}^{*'} R' R \boldsymbol{g}^*]/(n-2)$$

である．

同様のアプローチが Koop and Poirier (2004) によって展開されている．そこでは，事前分布が一階差分 $g(x_2) - g(x_1), g(x_3) - g(x_2), \ldots, g(x_n) - g(x_{n-1})$ に置かれるべきであると主張している．ここで観測値は x の値に従って順位付けられている．これは急激な変化を伴わない関数に事前の質量を置くことになる．この階差の正規事前分布は

$$D\boldsymbol{g} \sim N(\boldsymbol{0}, \sigma^2 V(\boldsymbol{\eta}))$$

で導入され，D は一階差分の行列であり，$V(\boldsymbol{\eta})$ はハイパーパラメータ $\boldsymbol{\eta}$ に依存する正値定符号行列である．階差に正規事前分布を選択することは，$g(x_i)$ の $g(x_{i-1})$ と $g(x_{i+1})$ の方向への収束を促進する．σ^{-2} に非正則な事前分布 $p(\sigma^2) \propto \sigma^{-2}$ が与えられると，

$$E[\boldsymbol{g}|\boldsymbol{y}] = [I + D'V(\boldsymbol{\eta})^{-1} D]^{-1} \boldsymbol{y}$$

と

$$\text{Var}[\boldsymbol{g}|\boldsymbol{y}] = [I + D'V(\boldsymbol{\eta})^{-1} D]^{-1}$$

という $\boldsymbol{g}$ の事後モーメントが利用可能である．Koop and Poirier (2004) は他の選択肢の可能性も議論しており，このアプローチはより高次の階差に拡張可能である．賃金と

労働参加 (labor participation) のデータへの応用が Koop and Tobias (2006) によって検討されている. Koop et al. (2005) はこれらの手法を多重等式モデル (multiple equation models) に拡張し, 就学回帰データに, 2つの等式からなる構造モデルを適用している.

4.5 完全にノンパラメトリックな回帰モデルとセミパラメトリックな回帰モデル

前節では専ら平均値の柔軟なモデリングについて説明した. 一方で, 回帰モデルの誤差項には正規分布を仮定していた. たいていの場合, 単純さと習慣の他にこの仮定を置く特別な理由はない. 潜在的には誤差項は, 例えば裾に厚みがあり, 非対称であったり, 二峰性の性質をもつような分布からサンプリングされているはずである. この場合, 任意の分布を選び事後推測を行うことは, 条件付平均値のような関心のある統計量について誤った結果を導くかもしれない. 本節では, 回帰モデルにおける柔軟な誤差分布の特定のためにノンパラメトリックな手法を使用すること, そしてより一般的には, 未知の分布が共変量に依存するのを許容するノンパラメトリック事前分布の定義について議論する.

セミパラメトリック回帰モデルに対する自然なアプローチは, 平均値の柔軟な特定化と誤差分布に対するノンパラメトリック事前分布を併用するものである. 最もわかりやすい例は, 式 (4.29) のように誤差分布がノンパラメトリック正規混合に従うことを仮定するものである. このモデルは

$$y_i = g(\boldsymbol{x}_i) + \epsilon_i, \quad \epsilon_i|\theta_i \sim \mathrm{N}(\epsilon_i|\mu_i, \sigma_i^2), \; (\mu_i, \sigma_i^2)|F \sim F, \; F \sim \mathrm{RPM} \quad (4.44)$$

と記述される. ここで F の RPM は密度 $h(\mu, \sigma^2) = h(\mu)h(\sigma^2)$ をもつ中心の分布 $H(\mu, \sigma^2)$ である. 密度 $h(\mu)$ は, 平均がゼロの分布 (たいていの場合正規分布) になるように選択される. このモデルは当初, Bush and MacEachern (1996) によって乱塊法計画 (randomized block designs) の分析時に研究されていた. そこでは $g(\boldsymbol{x}_i)$ に線形を仮定し $g(\boldsymbol{x}_i) = \boldsymbol{x}_i'\boldsymbol{\beta}$ としている. より最近の Chib and Greenberg (2009) と Leslie et al. (2007) によって検討されているモデルでは, $g(\boldsymbol{x}_i)$ はスプライン基底によって柔軟にモデル化されている. Leslie et al. (2007) が回帰スプライン (regression splines) を使用する一方で, Chib and Greenberg (2009) は三次スプライン (cubic splines) を用い, 事前分布の設定とモデル選択に特別の関心を払っている. そこでは Basu and Chib (2003) によって導入されたディリクレ過程混合モデルの周辺尤度の近似を用いている. また, このモデルはギブスサンプラーを用いて推定される. $y_i - g(\boldsymbol{x}_i)$ がノンパラメトリック混合モデルに従うことから, $g(\boldsymbol{x}_i)$ を条件付とした混合モデルのパラメータは標準的な手法を用いて更新される. また, ノンパラメトリック混合モデルの MCMC 法に用いられる割当て変数を条件付とした誤差項 $\epsilon_1, \epsilon_2, \ldots, \epsilon_n$ は正

規分布になり，前節で展開された手法が非線形回帰関数 $g(\boldsymbol{x}_i)$ のパラメータの更新に用いられる．

式 (4.44) での回帰モデルにおける $g(\boldsymbol{x}_i)$ の解釈は複雑である．これは $\epsilon_i|F$ の平均値がもはやゼロではないためである．この問題に対していくつかの見込みのある解決法がある．はじめに，$g(\boldsymbol{x}_i)$ が切片項を含まないこと，さらに F が非ゼロの平均をもつ分布に対して中心化されることを仮定できると，F の平均は切片として解釈できる．第 2 に，F が RPM にふさわしいゼロを平均値としてもつ分布を中心にもつなら，$E[\epsilon_i|F]$ の分布はたいていの場合ゼロの周辺に集中するため，この問題は効果的に無視される．一方で，Brunner (1995) と Kottas and Gelfand (2001) はメディアン回帰モデル

$$y_i = g(\boldsymbol{x}_i) + \epsilon_i, \quad \epsilon_i|\theta_i \sim \mathrm{U}(\epsilon_i|-\theta_i, \theta_i), \quad \theta_i|F \sim F, \quad F \sim \mathrm{RPM} \qquad (4.45)$$

の利用を提案している．ここで $\mathrm{U}(a,b)$ は区間 (a,b) における一様分布である．$\epsilon_i|F$ の分布は一様分布の混合分布に従う．これは任意の対称かつ単峰性の分布 (Feller 1971; Brunner and Lo 1989) を表現することが可能であり，メディアンは常にゼロである．また，$g(\boldsymbol{x})$ が $\boldsymbol{x}$ を所与とした y の条件付メディアンとして解釈することを許容する．MCMC の方法を含み，このアイデアは Kottas and Krnjajic (2009) によってより一般的な分位点回帰に発展された．

式 (4.44) のモデルは柔軟なものではあるが，誤差項が分散均一であるという仮定を置いており，これはデータに合わない可能性がある．Leslie et al. (2007) によって簡単な拡張が検討されている．そこでは

$$y_i = g(\boldsymbol{x}_i) + \exp\{\boldsymbol{z}_i'\boldsymbol{\delta}\}\epsilon_i, \quad \epsilon_i|\theta_i \sim \mathrm{N}(\epsilon_i|\theta_i), \quad \theta_i|F \sim F, \quad F \sim \mathrm{RPM}$$

とし，$\boldsymbol{z}_i$ は $\boldsymbol{x}_i$ と共通する要素をいくつかもつ共変量のベクトルである．また $\boldsymbol{\delta}$ はパラメータベクトルであり，誤差分散は $\exp\{\boldsymbol{z}_i'\boldsymbol{\delta}\}$ によって共分散の関数としてモデル化されている．関数 $g(\boldsymbol{x})$ はスプライン基底関数，ガウス過程，もしくは平滑化事前分布を用いてモデル化でき，式 (4.44) において記述されているものと同じアプローチを用いたギブスサンプリングの枠組みの MCMC 法を用いてモデルの適用が行われる．

図 4.10 は，式 (4.44) のモデルを前節で議論した職業的名声データに適用した結果を示している．ここで $g(x)$ は再び一階差分をとった $K=30$ の薄板スプラインと観測された共変量の分位点における結節点の集合によってモデル化されている．ノンパラメトリック部分の事前分布は Griffin (2010) から得，

$$y_i = g(\boldsymbol{x}_i) + \epsilon_i, \quad \epsilon_i|\theta_i \sim \mathrm{N}(\epsilon_i|\mu_i, a\sigma^2), \quad \mu_i|F \sim F, \quad F \sim \mathrm{DP}(MH)$$

を仮定することで式 (4.44) を単純化している．ここで F は平均 μ_0 と分散 $(1-a)\sigma^2 (0 < a < 1)$ をもつ正規分布を中心にもち，$g(\boldsymbol{x}_i)$ は切片項を含まないと仮定する．$\epsilon_i|\mu_0$, σ^2, a の分布は $\mathrm{N}(\mu_0, \sigma^2)$ であり，モデルは必然的に正規誤差をもつ回帰モデルを中心

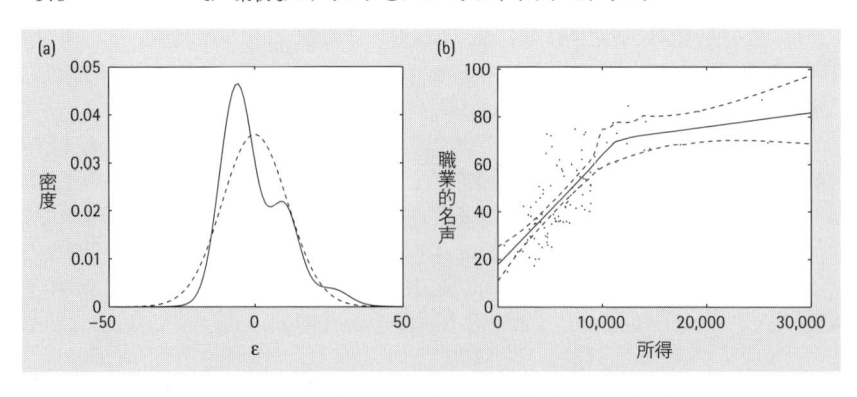

図 4.10 ノンパラメトリック誤差をもつスプライン回帰を用いた職業的名声データ．(a) はノンパラメトリックモデル (4.44) の誤差の事後予測分布（実線）と，正規回帰モデル（破線）を示し，(b) は実データと $g(x)$ の 95% 信頼区間（破線）をもつ事後メディアン（実線）を示している．

にもち，この誤差は切片が μ_0 かつ σ^2 の回帰誤差分散をもつ．パラメータ a は ϵ_i の分布と正規分布との間の距離の大きさとして解釈される．a が 1 に近いとすると，これらの分布は互いに非常に類似したものになり，しかし a が 0 に近づくと類似性が低くなる．モデルの特定化は非正則な事前分布 $p(\mu_0, \sigma^2) \propto \sigma^{-2}$ と $a \sim U(0,1)$ を選ぶことで完了する．MCMC サンプラーの繰り返し計算ごとに，サンプルは ϵ の期待値がゼロ平均になるように調整される．このゼロ平均は，4.4.1 項の分析で仮定されているように，ここでの結果を正規誤差分布をもつモデルの結果に対応させるものである．

図 4.10 は分析結果を示している．ϵ の事後予測分布は図 4.10 の (a) に描画されている．また比較のために正規誤差をもつモデルからの ϵ 事後予測分布も示している．ノンパラメトリックモデルの事後予測分布は正規分布から遠く離れており，非対称性と二峰性の特徴がともに見られる．回帰カーブ (regression curve) の推定結果は図 4.10 (b) に示されており，以前の分析と同様の関係を示している．しかし所得について 0 から 10,000 カナダドルの範囲で，より狭い 95% 信頼区間をもっている．これは，データに関する仮定をより少なくすることが必ずしもより大きな事後分布の不確実性を導き出すとは限らず，実際には，今回のケースのように，パラメトリックモデルの仮定が満たされないものだと，より大きな確実性を導き出せることを示している．

式 (4.44) におけるモデルは，回帰誤差の分布が共変量に依存しないことを仮定している．言い換えると，平均値とおそらく分散が共変量とともに変化するにもかかわらず，多峰性や非対称性といったそれら以外の性質は共変量によっては変化しない．このことは多くのモデリングの際の目的にとって合理的な仮定かもしれないが，実際にはそれは常に真というわけではなく，したがって分布が共変量とともに変化することを許容したモデルが有用なものになる．そのような一般的なモデリングの枠組みを構

築するために未知の分布は共変量の値によってインデックス付けされ $F_{\boldsymbol{x}_i}$ と記し，事前分布は直接 $\{F_{\boldsymbol{x}}\}_{\boldsymbol{x} \in \mathcal{X}}$ に対して設定されることを仮定する．ここで $\mathcal{X}$ は共変量空間である．いくつかの特定化が文献では展開されているが，本節は，有限混合モデルもしくは 4.3.1 項におけるセミパラメトリック混合モデルを拡張する方法に議論を集中する．

有限混合モデリングに関して，Geweke and Keane (2007) は平滑化混合回帰モデル (smoothly mixing regression model) を提案している．これは y_i の分布に

$$p(y_i|s_i = j, \boldsymbol{x}_i, r_i) \sim \mathrm{N}(\boldsymbol{x}_i'\boldsymbol{\beta}_j, \sigma_j^2), \qquad j = 1, \ldots, m$$

の形式をもつ．ここで s_i はどの回帰 y_i が割当てられているかを示しており，$\boldsymbol{x}_i$ は共変量ベクトル（場合によっては基底展開 (basis expansions)）である．$P(s_i = j) = \pi_j$ とすると，モデルは残差の分布が有限混合モデルになる回帰に帰着する．この共変量とともに変化可能な混合モデルを唯一特徴付けるのは混合要素の位置であるが，どのような形で共変量に依存するかをこのモデルでは捉えることはできない．分布 $p(\boldsymbol{y}|\boldsymbol{x})$ が2つの要素の混合であり，それぞれの要素が異なる部分母集団 (subpopulation) を表現していると仮定すると，モデルは部分母集団の平均値が共変量とともに変化することを許容する．ただし2つの部分母集団の相対的なサイズは一定である．この制約は $s_i = j$ となる確率が共変量に依存することを許容する平滑化混合回帰モデルによって対処される．これは，潜在パラメータ $\boldsymbol{w}_1, \boldsymbol{w}_2, \ldots, \boldsymbol{w}_n$ を定義することによって達成される．$\boldsymbol{w}_i$ は実数値からなる k 次元ベクトルであり，i 番目の観測値は，$w_{ij} \geq w_{ik}$ のとき j 番目の要素に割当てられる．モデルの特定化は，潜在変数に対する回帰モデル

$$\boldsymbol{w}_i = \Gamma \boldsymbol{z}_i + \boldsymbol{\zeta}_i, \qquad \boldsymbol{\zeta}_i \sim \mathrm{N}(\boldsymbol{0}, I_K)$$

を定義することで完成する．ここで Γ は $K \times p$ 次元の行列であり，$\boldsymbol{z}_i$ は共変量ベクトルである．これは $\boldsymbol{x}_i$ と異なる必要はない．割当て s_i の回帰モデリングはモデルに対してより大きな柔軟性をもたせる．

Villani et al. (2009) はそれぞれの正規要素の分散を共変量に依存するように

$$p(y_i|s_i = j, \boldsymbol{x}_i, \boldsymbol{r}_i) \sim \mathrm{N}\left(\boldsymbol{x}_i'\boldsymbol{\beta}_j, \sigma_j^2 \exp\{\boldsymbol{\delta}_j'\boldsymbol{r}_i\}\right)$$

とすることで，このモデルの拡張を提案している．ここで $\boldsymbol{r}_i$ はもう1つの共変量ベクトルである．これは Ruppert et al. (2003) の分散不均一なスプライン回帰モデルをこのモデルの入れ子にする（$m = 1$ のときに起こる）ことを許容する．彼らはまた割当て s_i の共変量への依存を許容する手法として

$$p(s_i = j|z_i) = \frac{\exp\{\boldsymbol{\varphi}_j'\boldsymbol{z}_i\}}{\sum_{k=1}^m \exp\{\boldsymbol{\varphi}_k'\boldsymbol{z}_i\}}, \qquad j = 1, 2, \ldots, m$$

の使用を提案している．ここで $\boldsymbol{\varphi}_j$ は回帰係数ベクトルである．実際にはモデルの応

用において完全モデル (full model) が常に必要というわけではなく、いくつかのパラメータは先験的にゼロに設定されることもある。Villani et al. (2009) は彼らの例においてこの点を説明している。モデルは MCMC 法によって推定されるが、効率的に実行するためには、サンプラーの構築にいくつかの注意が必要であり、Geweke and Keane (2007) と Villani et al. (2009) によって有力な枠組みが検討されている。

モデルの構造は要素の数 m と、どのパラメータが共変量とともに変化するか、または要素間で異なるものにするかの選択よって決定される。ベイズの枠組みでのこれら問題に対する通常のアプローチはモデル平均 (model averaging) であり、これは周辺尤度の評価を必要とする。不幸なことに、これらのモデルに対してベイズ型モデル平均 (Bayesian model averaging) の適用は困難であり、Villani et al. (2009) は、モデル比較のために、対数予測密度スコア (log-predictive density score) の B 分割交差検証 (B-fold cross-validation) の使用を提案している。データは検証データセット $\boldsymbol{y}_b$ と学習データセット $\boldsymbol{y}_{-b}$ とに分割され、スコアが

$$B^{-1}\sum_{b=1}^{B}\log p(\boldsymbol{y}_b|\boldsymbol{y}_{-b},\boldsymbol{x})$$

によって計算される。

最近の文献では、式 (4.29) のようなセミパラメトリック混合モデルが、より一般的なものに拡張され

$$y_i|\theta_i \sim p(y_i \mid \theta_i), \qquad \theta_i|F_x \sim F_x, \qquad F_x \sim \mathrm{DRPM}$$

としたものがしばしば用いられている。ここで DRPM (dependent random probability measure) とは依存関係をもつランダムな確率測度であり、

$$F_x = \sum_{i=1}^{\infty} w_i(x)\delta_{\phi_i(x)} \tag{4.46}$$

で表現される。ここですべての x に対して $\sum_{i=1}^{\infty} w_i(x) = 1$ である。このとき、問題は $w_1(x), w_2(x), \ldots$ と $\phi_1(x), \phi_2(x), \ldots$ の事前分布の構成に帰着する。これらは計量経済学というより統計学の分野で典型的なモデルである。しかしながら、今後、これらの手法が計量経済学者によってより一層幅広く使用され、研究されるだろう。共変量をもたない密度推定のためのノンパラメトリック事前分布と同様に、ここでの事前分布は次のことを必要とする。(1) 幅広い台 (large support) をもつこと、(2) 事後推測に対する適切な手法、そして (3) 適切な統計処理を導くことである。そのうえ、事前分布の依存関係が容易に特定化される必要がある。これらの性質をもつアプローチは、はじめに MacEachern (1999) によって依存ディリクレ過程 (dependent Dirichlet processes) のアイデアが提案された。良好な統計的性質を維持するための自然な方法は、F_x が各 x の値ごとに標準的なノンパラメトリック事前分布をもつように事前分布を特定化

4.5 完全にノンパラメトリックな回帰モデルとセミパラメトリックな回帰モデル   173

することである．事前分布をより容易に特定化するために，そして MCMC 法による事後推測をより簡素化するために，多くの事前分布について $w_1(x), w_2(x), w_3(x), \ldots$ と $\phi_1(x), \phi_2(x), \phi_3(x), \ldots$ のいずれか一方は x に依存しないように仮定している．

ここで，最も簡素な方法は，single-p 依存ディリクレ過程と呼ばれるものであり，すべての x に対して $w_j(x) = w_j$ とする．このモデルは，$x \in \mathcal{X}$ をもつ $\phi_j(x)$ の確率過程を特定化することで完成する．それから F_x の周辺事前分布は x における ϕ_j の分布の混合である．例えば，ϕ_j にガウス過程を選択すると，$\phi_j(x)$ の周辺分布は正規分布になる．そして，F_x の周辺事前分布は正規分布の混合になる．この構造は MacEachern (1999) によって提案され，Gelfand et al. (2005) は空間統計学 (spatial statistics) に，Kottas and Krnjajic (2009) は分位点回帰に応用した．またこのモデルは De Iorio et al. (2004) によって共変量が有限個の値しかとらない ANOVA 問題に応用された．

これらのモデルはディリクレ過程混合モデルに対する計算手法を少しだけ拡張することで推定が可能である．モデルは，重み付けが共変量 x に依存しないようにすべての x に対して $w_i(x) = w_i$ とし，式 (4.46) を用いて表現される．$w_1, w_2, w_3, \ldots$ の事前分布は

$$w_j = V_j \prod_{k<j} (1-V_k)$$

をもち，ディリクレ過程に従うように選ばれる．ここで $V_1, V_2, V_3, \ldots$ は独立に $\mathrm{Be}(1, M)$ に従う確率変数の無限の系列であり，$\phi_1(x), \phi_2(x), \phi_3(x), \ldots$ は独立に同一の確率分布に従っている．$\phi_i(x)$ はゼロを平均にもつ関数と共分散関数 $\kappa(x_i, x_j)$ をもつガウス過程である．ディリクレ過程のクラスターへの点の割当てを示す指示変数 $s_1, s_2, \ldots, s_n$ が導入され，モデルは再び

$$y_i | s_i \sim \mathrm{N}(\phi_{s_i}, \sigma_{s_i}^2), \qquad p(s_i = j) = w_j$$

と表現される．ここで $\sigma_1^2, \sigma_2^2, \sigma_3^2, \ldots$ はそれぞれ i.i.d. で密度 $h(\sigma^2)$ をもつ分布に従う．そして ϕ_j の共分散関数は $\sigma_j^2 \tilde{\kappa}(\cdot, \cdot)$ である．モデルはディリクレ過程混合モデルのギブスサンプラーの簡単な拡張を用いてデータに適用される．条件付分布 $s_i | s_{-i}$ はディリクレ過程のポリアの壺の表現を用いてサンプリングされる．アルゴリズムの任意の箇所でデータは K 個のクラスターに分類され，各クラスターは $n_1, n_2, \ldots, n_K$ のデータ点を含んでいる．K_{-i} と $n_1^{-i}, n_2^{-i}, \ldots, n_{K_{-i}}^{-i}$ を定義することもまた役に立ち，これらは i 番目の観測値を除いた自身の量を表現している．アルゴリズムは以下のとおりである．

1) $i = 1, \ldots, n$ について s_i を離散分布

$$p(s_i = j) \propto a_j, \qquad j = 1, \ldots, K_{-i} + 1$$

によって更新する．$a_1, a_2, \ldots, a_{k_{-i}}$ の値は

$$a_j = n_j^{-i} \mathrm{N}(y_i | \mu_j^*, \sigma_j^{*2})$$

を用いて計算される．ここで $\mathrm{N}(y_i | \mu, \sigma^2)$ は平均 μ と分散 σ^2 をもつ正規分布の y_i における密度を表している．また，μ_j^* と σ_j^{*2} はそれぞれ

$$\mu_j^* = \boldsymbol{k}_j'(I + \tilde{\Sigma}_{0,j})^{-1} \boldsymbol{y}_{(j)}^{-i},$$
$$\sigma_j^{*2} = \sigma_j^2 \big(1 + \tilde{\kappa}(x_i, x_i) - \boldsymbol{k}_j'(I + \tilde{\Sigma}_{0,j})^{-1} \boldsymbol{k}_j\big)$$

である．これらの量は以下で定義される．いま $S_j^{-i} = \{k | s_k = j, k \neq i\}$ は i 番目の観測値を除いてクラスター j への観測値の割当てを示すものとする．$\boldsymbol{k}_j$ は $l \in S_j^{-i}$ として要素 $\tilde{\kappa}(x_i, x_l)$ をもつ n_j^{-i} 次元のベクトルとし，$\boldsymbol{y}_{(j)}^{-i}$ は $l \in S_j^{-i}$ として要素 y_l をもつ n_j^{-i} 次元ベクトルとする．$\tilde{\Sigma}_{0,j}$ は，S_j^{-i} によってインデックス付けされた観測値に対する $n_j^{-i} \times n_j^{-i}$ 次元の共分散行列である．$a_{K_{-i}+1}$ の値は

$$a_{K_{-i}+1} = \int \mathrm{N}(y_i | 0, \sigma^2(1 + \tilde{\kappa}(x_i, x_i))) h(\sigma^2) \, \mathrm{d}\sigma^2$$

によって与えられ，$K_{-i}+1$ が選択されると新しいクラスターが形成される．$\sigma_{K_{-i}+1}^2$ は

$$h(\sigma^2) \sigma^{-1} \exp\left\{-\frac{1}{2}\sigma^{-1}\big[y_i^2 - y_i^2(1 + \tilde{\kappa}(x_i, x_i))^{-1}\big]\right\}$$

に比例する密度からサンプリングされる．

2) $j = 1, 2, \ldots, K$ について，σ_j^2 の完全条件付分布は

$$h(\sigma_j^2) \sigma_j^{-n} \exp\left\{-\frac{1}{2}\sigma_j^{-1}\big[\boldsymbol{y}_{(j)}'\boldsymbol{y}_{(j)} - \boldsymbol{y}_{(j)}'(I + \tilde{\Sigma}_{0,j})^{-1}\boldsymbol{y}_{(j)}\big]\right\}$$

に比例する．ここで，$S_j = \{k | s_k = j\}$ はクラスター j への観測値の割当てを示すものであり，$\boldsymbol{y}_{(j)}$ は $l \in S_j$ ならば y_l を要素にもつ n_j 次元ベクトル．$\tilde{\Sigma}_{0,j}$ は S_j によってインデックス付けされた，観測値の $n_j \times n_j$ 次元の共分散行列である．

次の単純化は，すべての x_i に対して $\phi_j(x_i) = \phi_j$ を設定するものである．これは single–θ と呼ばれるモデルを導く．多くのモデルがこのフレームワークの中で提案されており，これは多くの場合，スタート地点にディリクレ過程の棒折り表現か4.3.1項で説明した棒折り事前分布を用いる．簡潔に，有名な例のいくつかをレビューする．Griffin and Steel (2006) は

$$w_i(x) = \sum_{i=1}^{\infty} V_{\pi_i(x)} \prod_{j<i} \big(1 - V_{\pi_j(x)}\big)$$

を提案している．ここで $\pi_1(x), \pi_2(x), \pi_3(x), \ldots$ は $\{1, 2, 3, \ldots\}$ が並べ替えられたものである．$V_1, V_2, V_3, \ldots$ は独立に $\mathrm{Be}(1, M)$ に従う確率変数の無限の系列である．2つのランダムな確率測度間の依存関係は，測度 $F_y(B)$ と $F_x(B)$ が可測集合 B に割当

ている質量間の相関によって測定される．$\phi_1, \phi_2, \phi_3, \ldots$ が $w_1(x), w_2(x), w_3(x), \ldots$ に対して独立なら，この相関が集合 B に依存せず 2 つの分布間の依存関係の簡単な要約を示していることは，一般に真である．Griffin and Steel (2006) は，この相関が単に $\pi_1(x_1), \pi_2(x_1), \pi_3(x_1), \ldots$ と $\pi_1(x_2), \pi_2(x_2), \pi_3(x_2), \ldots$ 間の依存に関係していることを示した．ここで x_1 と x_2 は x の 2 つのとり得る値である．無限の順列 (infinite permutations) の確率過程を定義することは困難である．しかし，点過程の周辺を基礎として相関の単純な表現を導出する手法が開発されている．これらの手法は計量経済学におけるいくつかの問題に応用されており，例えば Griffin and Steel (2006) はノンパラメトリックモデルを財務データに適用し，棒折り事前分布における V_i の値を，

$$w_i(x) = \sum_{i=1}^{\infty} V_i(x) \prod_{j<i} (1 - V_j(x))$$

として，共変量 x に依存させている．$V_j(x) = V_j k(x, \tau_j)$ とするモデル化もいくつか提案されており，ここで $k(x, \tau_j)$ はカーネル関数 (kernel function) であり，$k(\tau_j, \tau_j) = 1$ である．$k(x, \tau_j)$ は x と τ_j 間の距離が大きくなると減少する．また，x が τ_j から遠く離れると $V_j(x)$ はゼロに近づき，そして混合ウェイトは小さくなる．これは要素が τ_j 周りの範囲においてのみ影響をもつことを許容している．別の特定化は Dunson and Park (2008) と Reich and Fuentes (2007) によって議論されている．もしある距離 r_j と距離測度 $|\cdot|$ に対して $|x - \tau_j| < r_j$ であるときに，$k(x, \tau_j) = 1$ となるならば，ある興味深い特別なケースが起こる (Griffin and Steel 2010; Chung and Dunson 2007).

4.5.1 応　　用

これらの手法について，Geweke and Keane (2007) は所得分布データに応用している．また，Villani et al. (2009) はアメリカ合衆国のインフレーションに，Geweke and Keane (2007), Villani et al. (2009) はストックリターンに，Griffin and Steel (2006) はファイナンス，そして Griffin and Steel (2010) は電力供給における規模の経済性についてモデルを適用している．

4.6　お　わ　り　に

4.6.1 ま　と　め

本章では，便利ではあるが手元のデータには当てはまらないような習慣的に設定される分布の仮定を使わない手法について議論した．本章ではこの問題に対する完全にパラメトリックな解決法についてレビューしている．そこではまず，確率分布の通常のクラスのパラメトリックな拡張によって構成される，より柔軟な分布の使用を紹介している．例えば非ガウスの（ガウス分布より厚い）裾と非対称性を許容することは容易

に実行でき，典型的な MCMC を用いた素直な計算戦略を導出した．もう1つのアプローチは混合モデリングの使用である．わずかばかり計算量のコストを犠牲にするが，これはとても柔軟な構造を導き出す．最後に，柔軟なパラメトリックモデルを多変量の文脈で提案した．しかしおそらく，これにはさらなる研究が必要である．実行の容易さ，そしてよく知られかつ容易に解釈される周辺分布を導き出すような，良好な理論的性質と十分な柔軟性を兼ね備える多変量分布の一般的なクラスを見つけることは簡単なことではない．もしかすると計量経済学においてコピュラ (copula) の使用がこのモデリングの問題にとって興味深いアプローチになる可能性がある．そのような手法は，周辺分布と依存関係とを別々にモデル化することを許容するもので，ファイナンスとリスクマネジメントの分野で広範囲に用いられている (Cherubini et al. 2004; McNeil et al. 2005)．しかし現在まで計量経済学のほかの分野ではほとんど用いられていない（Zimmer and Trivedi 2006 と Pitt et al. 2006 を参照）．

議論した2番目の手法はノンパラメトリックアプローチである．このようなモデルは計算面で非常に多くの手間を要する．しかしカバーする分布のクラスが非常に広いという理由で，パラメトリックモデルよりも大きな柔軟性をもつ．モデルの特定化と計算の実行に関して，多くの研究がなされており，同時にそれらはゆっくりではあるがベイズ計量経済学者のツールボックスの一部となり始めている．このノンパラメトリックアプローチは，モデルの他の部分に対するパラメトリック手法と組み合わせて用いることが多く，その場合いわゆるセミパラメトリックモデルを導出する．

回帰モデルの文脈では，基底展開とガウス過程事前分布の使用が回帰関数の柔軟な定式化を可能にする．この平均値関数の柔軟なモデリングは，回帰誤差項に対するノンパラメトリック手法と組み合わされることもある．

モデルのさらに一般的なクラスは，回帰関数と誤差項の分布の両者が共変量とともに柔軟に変化することを許容するものである．そのようなモデルは一般化された混合モデルとして表現され，そこでは重みとパラメータ値の両方が共変量に依存できる．有限混合モデルは近年 Geweke and Keane (2007) と Villani et al. (2009) によって議論されてきた．無限次元の混合モデルでも，さまざまなアイデアが提案されている (Gelfand et al. 2005; Griffin and Steel 2006; Dunson and Park 2008)．新しいモデリングと計算手法の開発，そしてこれら手法の応用モデリングへの組み込みは活発に研究がなされている領域である．それは，特に計量経済学において典型的な応用と同じくらい複雑なモデルのすべての側面が本質的には共変量とともに変化するモデルへの関心が確かに存在するためである．

4.6.2 利用可能なソフトウェア

これまでセミパラメトリックそしてノンパラメトリックな性質をもつ柔軟な手法の普及を阻んできた要因の1つは，そのような手法は計算実行が困難であると受け取られていたことにある．この受け止め方はおそらく幾分大げさかもしれないが，多くの

研究者と一部の実務家は自分が使用するコードを自分自身で書く傾向にあるというのもおおむね事実である．幸運なことに現在は，特定のモデルの実行用に設計された，誰でも使用できるソースコードが存在している．以下ではこのようなソフトウェアのいくつかを紹介する．

(i) bayesm： このパッケージは Rossi et al. (2005) に詳しく記載されている．また，本書の第 8 章において広範囲に使用されている R 用のパッケージであり，計量経済学で使用される多くの重要なモデルが含まれている．それらのほとんどはパラメトリックな性質のものであるが，密度推定と DP に基づいた階層多項ロジットモデルも含まれている．

(ii) DPpackage： Alejandro Jara によって書かれたパッケージであり，Jara (2007) にて検討されている．これもまた R 用のパッケージである．これは多くの興味深いモデルに対する事後シミュレーションを提供している．例えば，多変量密度推定，混合効果の線形モデルと一般化線形モデル (generalized linear models)，そして項目反応 (item-response) を基礎とするモデルなど，他にも多数実装している．このパッケージは DP だけでなくポリアの木 (Pólya trees)，そしてバーンシュタイン多項式 (Bernstein polynomials) に基づくモデルも含んでいる．

(iii) WinBUGS： これはギブスサンプリングを用いてベイズ推定を実行する比較的汎用性のあるソフトウェアであり，Lunn et al. (2000) に解説が記載されている．Congdon (2001) に基づいた棒折り表現 (4.27) の切断された表現（つまり $F(B) = \sum_{i=1}^{N} w_i \delta_{\theta_i}(B)$）を含むモデルの実行は http://www.mrc-bsu.cam.ac.uk/bugs/winbugs/examples/eye-tracking.txt において提供されている．このコードの主要な利点は，WinBUGS で提供される作業自由度の高い計算環境を使用することでコードを拡張できることである．一方で，コードは単に切断を考慮しているだけであり，完全無限混合は考慮していない．また，N が増加することで計算速度が低下することがある．

文　献

Albert, J., and Chib, S. (1993). "Bayesian Analysis of Binary and Polychotomous Response Data", *Journal of the American Statistical Association*, 88: 669–79.

Amoroso, L. (1925). "Ricerche intorno alla curva dei redditi", *Annali de Mathematica*, 2: 132–59.

Arnold, B. C., and Beaver, R. J. (2002). "Skewed Multivariate Models Related to Hidden Truncation and/or Selective Reporting (with discussion)", *Test*, 11: 7–54.

—— and Groeneveld, R. A. (1995). "Measuring Skewness with Respect to the Mode", *The American Statistician*, 49: 34–8.

Arratia, R., Barbour, A. D., and Tavaré, S. (1992). "Poisson Process Approximations for the Ewens Sampling Formula", *The Annals of Applied Probability*, 2(3): 519–35.

Azzalini, A. (1985). "A Class of Distributions which Include the Normal Ones", *Scandinavian Journal of Statistics*, **12**: 171–8.

4. 柔軟なモデリングとノンパラメトリックモデリング

—— and Capitanio, A. (1999). "Statistical Applications of the Multivariate Skew Normal Distribution", *Journal of the Royal Statistical Society, B* 61: 579–602.

—— —— (2003). "Distributions Generated by Perturbations of Symmetry with Emphasis on a Multivariate Skew-*t* Distribution", *Journal of the Royal Statistical Society, B* 65: 367–89.

—— and Dalla Valle, A. (1996). "The Multivariate Skew-normal Distribution", *Biometrika*, 83: 715–26.

Barnett, W., Geweke, J., and Wolfe, M. (1991). "Seminonparametric Bayesian Estimation of the Asymptotically Ideal Production Model", *Journal of Econometrics*, 49: 5–50.

Basu, S., and Chib, S. (2003). "Marginal Likelihood and Bayes Factors for Dirichlet Process Mixture Models", *Journal of the American Statistical Association*, **98**: 224–35.

Bauwens, L., and Laurent, S. (2005). "A New Class of Multivariate Skew Densities, with Application to Generalized Autoregressive Conditional Heteroscedasticity Models", *Journal of Business and Economic Statistics*, 23: 346–54.

Beckett, L., and Diaconis, P. (1994). "Spectral Analysis for Discrete Longitudinal Data", *Advances in Mathematics*, 103(1): 107–28.

Bensmail, H., Celeux, G., Raftery, A. E., and Robert, C. P. (1997). "Inference in Model-Based Cluster Analysis", *Statistics and Computing*, 7: 1–10.

Berger, J. O., and Bernardo, J. M. (1992a). "On the Development of the Reference Prior Method (with Discussion)", in J. M. Bernardo, J. O. Berger, A. P. Dawid and A. F. M. Smith (eds.), *Bayesian Statistics 4*, Oxford: Oxford University Press, 35–60.

—— —— (1992b). "Ordered Group Reference Priors with Application to the Multinomial Problem", *Biometrika*, 79: 25–37.

Bernardo, J. M., and Smith, A. F. M. (1994). *Bayesian Theory*, Chichester: Wiley.

Blackwell, D., and MacQueen, J. B. (1973). "Ferguson Distributions via Pólya Urn Schemes", *The Annals of Statistics*, 1: 353–5.

Branco, M. D., and Dey, D. K. (2001). "A General Class of Multivariate Skew-Elliptical Distributions", *Journal of Multivariate Analysis*, 79: 99–113.

Brown, P. J., Vannucci, M., and Fearn, T. (1998). "Multivariate Bayesian Variable Selection and Prediction", *Journal of the Royal Statistical Society, B* 60: 627–42.

Brunner, L. J. (1995). "Bayesian Linear Regression with Error Terms that have Symmetric Unimodal Densities", *Journal of Nonparametric Statistics*, 4: 335–48.

—— and Lo, A. Y. (1989). "Bayes Methods for a Symmetric Unimodal Density and its Mode", *Annals of Statistics*, 17: 1550–66.

Bush, C. A., and MacEachern, S. N. (1996). "A Semiparametric Bayesian Model for Randomised Block Design", *Biometrika*, 83: 275–85.

Casella, G., Mengersen, K. L., Robert, C. P., and Titterington, D. M. (2002). "Perfect Samplers for Mixtures of Distributions", *Journal of the Royal Statistical Society, B* 64: 777–90.

—— Robert, C. P., and Wells, M. T. (2004). "Mixture Models, Latent Variables and Partitioned Important Sampling", *Statistical Methodology*, 1: 1–18.

Celeux, G., Hurn, M., and Robert, C. P. (2000). "Computational and Inferential Difficulties with mixture posterior distributions", *Journal of the American Statistical Association*, 95: 957–70.

Chen, M. H., Shao, Q. M., and Ibrahim, J. G. (2000). *Monte Carlo Methods in Bayesian Computation*, New York: Springer.

Cherubini, U., Vecchiato, W., and Luciano, E. (2004). *Copula Methods in Finance*, Chichester: Wiley.

Chib, S., and Greenberg, E. (2009). "Additive Cubic Spline Regression with Dirichlet Process Mixture Errors", *Technical report*, Olin Business School, Washington University in St Louis.

—— and Hamilton, B. H. (2002). "Semiparametric Bayes Analysis of Longitudinal Data Treatment Models", *Journal of Econometrics*, **110**(1): 67–89.

Chipman, H., George, E. I., and McCulloch, R. E. (2001). "The Practical Implementation of Bayesian Model Selection", *Model selection*, vol. 38 of *IMS Lecture Notes Monograph Series*, Institute of Mathematical Statistics, Beachwood, OH, 65–134.

Chung, Y., and Dunson, D. B. (2007). "The Local Dirichlet Process", *Technical Report 07-04*, ISDS, Duke University.

Cifarelli, D. M., and Melilli, E. (2000). "Some New Results for Dirichlet Priors", *The Annals of Statistics*, **28**(5): 1390–413.

Congdon, P. (2001). *Bayesian Statistical Modelling*, Chichester: Wiley.

De Iorio, M., Muller, P., Rosner, G. L., and MacEachern, S. N. (2004). "An ANOVA Model for Dependent Random Measures", *Journal of the American Statistical Association*, 99: 205–15.

Denison, D. G. T., Holmes, C. C., Mallick, B. K., and Smith, A. F. M. (2002). *Bayesian Methods for Nonlinear Classification and Regression*, Chichester: Wiley.

Diaconis, P., and Kemperman, J. (1996). "Some New Tools for Dirichlet Priors", in J. M. Bernardo, J. O. Berger, A. P. David, and A. F. M. Smith (eds.), *Bayesian statistics 5*, Oxford: Oxford University Press 97–106.

DiCiccio, J., Kass, R. E., Raftery, A. E., and Wasserman, L. (1997). "Computing Bayes Factors by Combining Simulations and Asymptotic Approximations", *Journal of the American Statistical Association*, 92: 903–15.

Diebolt, J., and Robert, C. P. (1994). "Estimation of Finite Mixture Distributions through Bayesian Sampling", *Journal of the Royal Statistical Society, B* 56: 363–75.

Doss, H. (1994). "Bayesian Nonparametric Estimation for Incomplete Data via Successive Substitution Sampling", *The Annals of Statistics*, 22(4): 1763–86.

Dunson, D. B., and Park, J. H. (2008). "Kernel Stick-Breaking Processes", *Biometrika*, 95: 307–23.

Elal-Olivero, D., Gómez, H., and Quintana, F. (2009). "Bayesian Modeling Using a Class of Bimodal Skew-Elliptical Distributions", *Journal of Statistical Planning and Inference*, 139: 1484–92.

Escobar, M. D. (1994). "Estimating Normal Means with a Dirichlet Process Prior", *Journal of American Statistics Associations*, 89(425): 268–77.

—— and West, M. (1995). "Bayesian Density Estimation and Inference Using Mixtures", *Journal of the American Statistical Association*, 90(430): 577–88.

Everitt, B. S., and Hand, D. J. (1981). *Finite Mixture Distributions*, London: Chapman and Hall.

Fang, K. T., Kotz, S., and Ng, K. W. (1990). *Symmetric Multivariate and Related Distributions*, London: Chapman and Hall.

Feller, W. (1971). *An Introduction to Probability Theory and its Applications*, vol. 2, New York: Wiley.

Ferguson, T. S. (1973). "A Bayesian Analysis of some Nonparametric Problems", *The Annals of Statistics*, 1: 209–30.

Fernández, C., and Steel, M. F. J. (1998). "On Bayesian Modeling of Fat Tails and Skewness", *Journal of the American Statistical Association*, 93: 359–71.

—— —— (1999). "Reference Priors for the General Location-Scale Model", *Statistics and Probability Letters*, 43: 377–84.

—— —— (2000). "Bayesian Regression Analysis with Scale Mixtures of Normals", *Econometric Theory*, 16: 80–101.

Ferreira, J. T. A. S., and Steel, M. F. J. (2004). "Bayesian Multivariate Skewed Regression

Modelling with an Application to Firm Size", in M. G. Genton (ed.), *Skew-Elliptical Distributions and their Applications: A Journey beyond Normality*, Boca Raton, Fla.: CRC Chapman & Hall.

―――(2006). "A Constructive Representation of Univariate Skewed Distributions", *Journal of the American Statistical Association*, 101: 823–9.

―――(2007a). "Model Comparison of Coordinate-Free Multivariate Skewed Distributions with an Application to Stochastic Frontiers", *Journal of Econometrics*, 137: 641–73.

―――(2007b). "A New Class of Skewed Multivariate Distributions with Applications to Regression Analysis", *Statistica Sinica*, 17: 505–29.

Fonseca, T. C. O., Ferreira, M. A. R., and Migon, H. (2008). "Objective Bayesian Analysis for the Student-t Regression Model", *Biometrika*, 95: 325–33.

Fox, J. (1997). *Applied Regression Analysis, Linear Models, and Related Methods*, Thousand Oaks, Calif.: Sage.

Frühwirth-Schnatter, S. (2001). "Markov Chain Monte Carlo Estimation of Classical and Dynamic Switching and Mixture Models", *Journal of the American Statistical Association*, 96: 194–209.

―――(2006). *Finite Mixtures and Markov Switching Models*, New York: Springer.

―――and Kaufmann, S. (2008). "Model-Based Clustering of Multiple Time Series", *Journal of Business and Economic Statistics*, 26: 78–89.

Gelfand, A. E., Kottas, A., and MacEachern, S. N. (2005). "Bayesian Nonparametric Spatial Modeling with Dirichlet Process Mixing", *Journal of the American Statistical Association*, 100: 1021–35.

Genton, M. G., and Loperfido, N. (2005). "Generalized Skew-Elliptical Distributions and their Quadratic Forms", *Annals of the Institute of Statistical Mathematics*, 57: 389–401.

George, E. I., and McCulloch, R. E. (1993). "Variable Selection via Gibbs Sampling", *Journal of the American Statistical Association*, 88: 881–9.

Geweke, J. (1993). "Bayesian Treatment of the Independent Student-t Linear Model", *Journal of Applied Econometrics*, 8: S19–S40.

―――(2007). "Interpretation and Inference in Mixture Models: Simple MCMC Works", *Computational Statistics & Data Analysis*, 51: 3529–50.

―――and Keane, M. (2000). "An Empirical Analysis of Earnings Dynamics among Men in the PSID: 1968–1989", *Journal of Econometrics*, 96: 293–356.

―――(2007). "Smoothly Mixing Regressions", *Journal of Econometrics*, 138: 291–311.

Ghosal, S., Ghosh, J. K., and Ramamoorthi, R. V. (1999). "Posterior Consistency of Dirichlet Mixtures in Density Estimation", *The Annals of Statistics*, 27(1): 143–58.

―――and van der Vaart, A. (2007). "Posterior Convergence Rates of Dirichlet Mixtures at Smooth Densities", *The Annals of Statistics*, 35(2): 697–723.

Green, P. J. (1995). "Reversible Jump Markov Chain Monte Carlo Computation and Bayesian Model Determination", *Biometrika*, 82: 7H–32.

Griffin, J. E. (2010). "Default Priors for Density Estimation with Mixture Models", *Bayesian Analysis*, 5: 847–66.

―――and Steel, M. F. J. (2004). "Semiparametric Bayesian Inference for Stochastic Frontier Models", *Journal of Econometrics*, 123(1): 121–52.

―――(2006). "Order-Based Dependent Dirichlet Processes", *Journal of the American Statistical Association*, 101: 179–94.

―――(2008). "Flexible Mixture Modelling of Stochastic Frontiers", *Journal of Productivity Analysis*, 29: 33–50.

―――(2010). "Bayesian Nonparametric Modelling with the Dirichlet Process Regression Smoother", *Statistica Sinica*, 20: 1507–27.

Hirano, K. (2002). "Semiparametric Bayesian Inference in Autoregressive Panel Data Models", *Econometrica*, 70(2): 781–99.
Holmes, C. C., and Mallick, B. K. (1998). "Radial Basis Functions of Variable Dimension", *Neural Computation*, 10: 1217–33.
Ishwaran, H., and James, L. F. (2001). "Gibbs Sampling Methods for Stick-Breaking Priors", *Journal of the American Statistical Association*, 96: 161–73.
Jara, A. (2007). "Applied Bayesian Non- and Semi-parametric Inference using DPpackage", *Rnews*, 7(3): 17–26.
—— García-Zattera, M. J., and Lesaffre, E. (2007). "A Dirichlet Process Mixture Model for the Analysis of Correlated Binary Responses", *Computational Statistics & Data Analysis*, 51(11): 5402–15.
Jasra, A., Holmes, C. C., and Stephens, D. A. (2005). "Markov Chain Monte Carlo Methods and the Label Switching Problem in Bayesian Mixture Modelling", *Statistical Science*, 20: 50–67.
Jeffreys, H. (1961). *Theory of Probability*, 3rd edn., Oxford: Oxford University Press.
Jones, M. C. (2002). "Marginal Replacement in Multivariate Densities, with Application to Skewing Spherically Symmetric Distributions", *Journal of Multivariate Analysis*, 81: 85–99.
—— (2004). "Families of Distributions Arising from Distributions of Order Statistics (with Discussion)", *Test*, 13: 1–43.
Juárez, M., and Steel, M. F. J. (2010). "Model-Based Clustering of Non-Gaussian Panel Data Based on Skew-tDistributions", *Journal of Business and Economic Statistics*, 28: 52–66.
Kelker, D. (1970). "Distribution Theory of Spherical Distributions and a Location-Scale Parameter Generalization", *Sankhya*, 32: 419–30.
Kohn, R., Smith, M., and Chan, D. (2001). "Nonparametric Regression using Linear Combinations of Basis Functions", *Statistics and Computing*, 11: 313–22.
—— Wood, S. and Yau, P. (2003). "Bayesian Variable Selection and Model Averaging in High Dimensional Multinomial Nonparametric Regression", *Journal of Computational and Graphical Statistics*, 12: 23–54.
Koop, G. (2004). *Bayesian Econometrics*, Chichester: Wiley.
—— (2008). "Parametric and Nonparametric Inference in Equilibrium Job Search Models", in T. B. Fomby and R. C. Hill (eds.), *Advances in Econometrics*, vol. 23, Binglers, UK: Emerald.
—— and Poirier, D. J. (2004). "Bayesian Variants of some Classical Semiparametric Regression Techniques", *Journal of Econometrics*, 123: 259–82.
—— —— and Tobias, J. (2005). "Semiparametric Bayesian Inference in Multiple Equation Models", *Journal of Applied Econometrics*, 20: 723–47.
—— and Tobias, J. L. (2006). "Semiparametric Bayesian Inference in Smooth Coefficient Models", *Journal of Econometrics*, 134: 283–315.
Kottas, A., and Gelfand, A. E. (2001). "Bayesian Semiparametric Median Regression Modeling", *Journal of the American Statistical Association*, 96: 1458–68.
—— and Krnjajic, M. (2009). "Bayesian Semiparametric Modelling in Quantile Regression", *Scandinavian Journal of Statistics*, 36: 297–319.
—— Müller, P., and Quintana, F. (2005). "Nonparametric Bayesian Modeling for Multivariate Ordinal Data", *Journal of Computational and Graphical Statistics*, 14(3): 610–25.
Lange, K. L., Little, R. J. A., and Taylor, J. M. G. (1989). "Robust Statistical Modeling Using the T-Distribution", *Journal of the American Statistical Association*, 84: 881–96.
Leslie, D. S., Kohn, R., and Nott, D. J. (2007). "A General Approach to Heteroscedastic Linear Regression", *Statistics and Computing*, 17: 131–6.

Lijoi, A., Prünster, I., and Walker, S. G. (2005). "On Consistency of Nonparametric Normal Mixtures for Bayesian Density Estimation", *Journal of the American Statistical Association*, 100(472): 1292–6.
Liseo, B. (2004). "Skew-Elliptical Distributions in Bayesian Inference", in M. G. Genton (ed.), *Skew-Elliptical Distributions and their Applications: A Journey beyond Normality*, Boca Raton, Fla.: Chapman & Hall, 153–71.
Liu, J. S. (1996). "Nonparametric Hierarchical Bayes via Sequential Imputations", *The Annals of Statistics*, 24(3): 911–30.
Liu, M. C., and Tiao, G. C. (1980). "Random Coefficient First-Order Autoregressive Models", *Journal of Econometrics*, 13: 305–25.
Lunn, D. J., Thomas, A., Best, N., and Spiegelhalter, D. (2000). "WinBUGS—A Bayesian Modelling Framework: Concepts, Structure, and Extensibility", *Statistics and Computing*, 10: 325–37.
MacEachern, S. N. (1999). "Dependent Nonparametric Processes", *Proceedings of the Section on Bayesian Statistical Science*, American Statistical Association, 50–5.
Maronna, R. (1976). "Robust M-estimators of Multivariate Location and Scatter", *Annals of Statistics*, 4: 51–67.
McNeil, A., Frey, R., and Embrechts, P. (2005). *Quantitative Risk Management: Concepts, Techniques and Tools*, Princeton: Princeton University Press.
Meng, X. L., and Wong, W. H. (1996). "Simulating Ratios of Normalizing Constants via a Simple Identity: A Theoretical Exploration", *Statistica Sinica*, 6: 831–60.
Mitchell, T. J., and Beauchamp, J. J. (1988). "Bayesian Variable Selection in Regression", *Journal of the American Statistical Association*, 83: 1023–36.
Mouchart, M. (1976). "A Note on Bayes Theorem", *Statistica*, 36: 349–57.
Müller, P., and Quintana, F. A. (2004). "Nonparametric Bayesian Data Analysis", *Statistical Science. A Review Journal of the Institute of Mathematical Statistics*, 19(1): 95–110.
Nandram, B., and Petruccelli, J. D. (1997). "A Bayesian Analysis of Autoregressive Time Series Panel Data", *Journal of Business and Economic Statistics*, 15: 328–34.
O'Hagan, A., and Leonard, T. (1976). "Bayes Estimation Subject to Uncertainity about Parameter Constraints", *Biometrika*, 63: 201–3.
Papaspiliopoulos, O., and Roberts, G. O. (2008). "Retrospective Markov Chain Monte Carlo Methods for Dirichlet Process Hierarchical Models", *Biometrika*, 95(1): 169–86.
Pewsey, A. (2000). "Problems of Inference for Azzalini's Skew-Normal Distribution", *Journal of Applied Statistics*, 27: 859–70.
Phillips, D. B., and Smith, A. F. M. (1996). "Bayesian Model Comparison via Jump Diffusions", in W. R. Gilks, S. Richardson, and D. J. Spiegelhalter (eds.), *Markov Chain Monte Carlo in Practice*, Boca Raton, Fla.: Chapman & Hall, 215–40.
Pitman, J., and Yor, M. (1997). "The Two-Parameter Poisson-Dirichlet Distribution Derived from a Stable Subordinator", *The Annals of Probability*, 25(2): 855–900.
Pitt, M., Chan, D., and Kohn, R. (2006). "Efficient Bayesian Inference for Gaussian Copula Regression Models", *Biometrika*, 93: 537–54.
Quintana, F., Steel, M. F. J., and Ferreira, J. T. A. S. (2009). "Flexible Univariate Continuous Distributions", *Bayesian Analysis*, 4: 497–522.
Raftery, A. E. (1996). "Hypothesis Testing and Model Selection", in W. R. Gilks, S. Richardson, and D. J. Spiegelhalter (eds.), *Markov Chain Monte Carlo in Practice*, Boca Raton, Fla.: Chapman & Hall, 163–88.
—— Madigan, D., and Hoeting, J. A. (1997). "Bayesian Model Averaging for Linear Regression Models", *Journal of the American statistical Association*, 92: 179–91.
Rasmussen, C. E., and Williams, C. K. I. (2006). *Gaussian Processes for Machine Learning*,

Cambridge, Mass.: MIT Press.
Reich, B. J., and Fuentes, M. (2007). "A Multivariate Nonparametric Bayesian Spatial Framework for Hurricane Surface Wind Fields", *The Annals of Applied Statistics*, 1: 249–64.
Richardson, S., and Green, P. J. (1997). "On Bayesian Analysis of Mixtures with an Unknown Number of Components (with Discussion)", *Journal of the Royal Statistical Society, B* 59: 731–92.
Rossi, P. E., Allenby, G. M., and McCulloch, R. (2005). *Bayesian statistics and marketing*, Wiley Series in Probability and Statistics, Chichester: Wiley.
Ruppert, D., Wand, M. P., and Carroll, R. J. (2003). *Semiparametric Regression*, Cambridge: Cambridge University Press.
Sahu, S., Dey, D. K., and Branco, D. (2003). "A New Class of Multivariate Skew Distributions with Applications to Bayesian Regression Models", *Canadian Journal of Statistics*, 31: 129–50.
Sethuraman, J. (1994). "A Constructive Definition of Dirichlet Priors", *Statistica Sinica*, 4(2): 639–50.
Shiller, R. J. (1984). "Smoothness Priors and Nonlinear Regression", *Journal of the American Statistical Association*, 79: 609–15.
Shively, T., Kohn, R., and Wood, S. (1999). "Model Selection for Additive Nonparametric Regression with Data-Based Priors (with Discussion)", *Journal of the American Statistical Association*, 94: 777–805.
Smith, M., and Kohn, R. (1996). "Nonparametric Regression via Bayesian Variable Selection", *Journal of Econometrics*, 75: 317–44.
—— (1997). "A Bayesian Approach to Nonparametric Bivariate Regression", *Journal of the American Statistical Association*, 92: 1522–35.
Stephens, M. (2000a). "Bayesian Analysis of Mixture Models with an Unknown Number of Components—An Alternative to Reversible Jump Methods", *The Annals of Statistics*, 28: 40–74.
—— (2000b). "Dealing with Label Switching in Mixture Models", *Journal of the Royal Statistical Society, B* 62: 795–809.
Titterington, D. M., Smith, A. F. M., and Makov, U. E. (1985). *Statistical Analysis of Finite Mixture Distributions*, New York: Wiley.
Verdinelli, I., and Wasserman, L. (1995). "Computing Bayes Factors Using a Generalization of the Savage-Dickey Density Ratio", *Journal of the American Statistical Association*, 90: 614–18.
Villani, M., Kohn, R., and Giordani, P. (2009). "Regression Density Estimation Using Smooth Adaptive Gaussian Mixtures", *Journal of Econometrics*, 153: 155–73.
Walker, S. G., Damien, P., Laud, P. W., and Smith, A. F. M. (1999). "Bayesian Nonparametric Inference for Random Distributions and Related Functions (with Discussion)", *Journal of the Royal Statistical Society, B* 61: 485–527.
West, M. (1984). "Outlier Models and Prior Distributions in Bayesian Linear Regression", *Journal of the Royal Statistical Society, B* 46: 431–9.
Wood, S., and Kohn, R. (1998). "A Bayesian Approach to Robust Nonparametric Binary Regression", *Journal of the American Statistical Association*, 93: 203–13.
—— Shively, T., and Jiang, W. (2002). "Model Selection in Spline Nonparametric Regression", *Journal of the Royal Statistical Society, B* 64: 119–39.
Yatchew, A. (2003). *Semiparametric Regression for the Applied Econometrician*, Cambridge: Cambridge University Press.
Yau, P., and Kohn, R. (2003). "Estimation and Variable Selection in Nonparametric Heteroscedastic Regression", *Statistics and Computing*, 13: 191–208.

Zimmer, D. M., and Trivedi, P. K. (2006). "Using Trivariate Copulas to Model Sample Selection and Treatment Effects: Application to Family Health Care Demand", *Journal of Business and Economic Statistics*, 24: 63–76.

5

シミュレーションとMCMC法入門

5.1 はじめに

　本章では，目標分布（推定対象である確率分布：target distribution）からサンプルを発生させるモンテカルロ法について述べる．マルコフ連鎖モンテカルロ (MCMC) 法と呼ばれるこの方法は，マルコフ連鎖の定常分布が目標分布と一致するサンプルを発生させる方法であり，ベイズ統計学・計量経済学において複雑な事後分布の要約統計量を記述するために広く使われている．

　ここで，$p(\mathbf{y}|\boldsymbol{\theta})$ をサンプリング密度，$\pi(\boldsymbol{\theta})$ を事前密度，$\mathbf{y}$ を観測ベクトル，$\boldsymbol{\theta} = (\theta_1, \ldots, \theta_d) \in \Theta \subseteq \Re^d$ を未知パラメータとすると，その事後密度は

$$\pi(\boldsymbol{\theta}|\mathbf{y}) = \frac{p(\mathbf{y}|\boldsymbol{\theta})\pi(\boldsymbol{\theta})}{\int_\Theta p(\mathbf{y}|\boldsymbol{\theta})\pi(\boldsymbol{\theta})\,d\boldsymbol{\theta}} \propto p(\mathbf{y}|\boldsymbol{\theta})\pi(\boldsymbol{\theta})$$

で与えられる．この分布は多くの実問題で複雑な形状となる．その正規化項（周辺尤度：marginal likelihood）は

$$m(\mathbf{y}) = \int_\Theta p(\mathbf{y}|\boldsymbol{\theta})\pi(\boldsymbol{\theta})\,d\boldsymbol{\theta}$$

となり，これも同様に評価が難しい形状となる．そのため，解析的な方法，数値的求積法，古典的なモンテカルロ法などでは事後分布の分析は一般に不可能である．しかしながら実用上，これらの問題はMCMC法によって解決することができる．MCMC法は，マルコフ連鎖の定常分布が推定したい目標分布に一致するような状態空間 Θ 上のマルコフ列

$$\{\boldsymbol{\theta}^{(0)}, \boldsymbol{\theta}^{(1)}, \ldots, \boldsymbol{\theta}^{(g)}, \ldots\}$$

をシミュレーションにより発生させる方法である．そのような連鎖を構成する一般的な方法はメトロポリス–ヘイスティングス (Metropolis–Hastings) 法 (Metropolis et al. 1953; Hastings 1970) である．この方法はM–H法と呼ばれる．M–H法は，非常に柔軟かつ一般的な方法であり，ジーマンのギブスサンプリング法 (Geman and Geman 1984; Tanner and Wong 1987; Gelfand and Smith 1990) などの，ほとんどすべてのMCMC法の基礎となっている．また，MCMC法はTierney (1994)，Chib and Greenberg (1995) をはじめとして精力的に研究されており,Liu (2001),Chib (2001),Roberts and Rosenthal (2004),Robert and Casella (2004) ではその理論の要約や拡張がなされている.

マルコフ連鎖を定義付ける特徴は,将来の連鎖の値は現在の連鎖の値のみに依存する点にある.連鎖の過去と現在の値から与えられる連鎖列の $(g+1)$ 番目の要素の分布 $\boldsymbol{\theta}^{(g+1)}$ は $\boldsymbol{\theta}^{(g)}$ のみに依存し,1 ステップ遷移カーネル (transition kernal)

$$K(\boldsymbol{\theta}^{(g)}, A|\mathbf{y}) = \Pr\left(\boldsymbol{\theta}^{(g+1)} \in A|\mathbf{y}, \boldsymbol{\theta}^{(g)}\right)$$

によって表現される.ここで A は $\pi(\boldsymbol{\theta}|\mathbf{y})$ がサポートする任意の可測集合とする.また,g ステップ遷移カーネル $K^{(g)}(\boldsymbol{\theta}^{(0)}, A|\mathbf{y})$ を

$$K^{(g)}(\boldsymbol{\theta}^{(0)}, A|\mathbf{y}) = \Pr\left(\boldsymbol{\theta}^{(g)} \in A|\mathbf{y}, \boldsymbol{\theta}^{(0)}\right)$$

として定義する.MCMC 法の背後にあるアイデアは,どのような初期値 $\boldsymbol{\theta}^{(0)}$ からでも,その連鎖が g ステップ後に A に入っている確率が,g が大きくなるにつれて目標分布がサポートする A に入っている確率に収束する $K(\boldsymbol{\theta}, A|\mathbf{y})$ を構築することである.一度そのような $K(\boldsymbol{\theta}, A|\mathbf{y})$ が構築されると,連鎖列は以下のように再帰的なサンプリングによって得ることができる.

$$\boldsymbol{\theta}^{(1)} \sim K(\boldsymbol{\theta}^{(0)}, \cdot|\mathbf{y})$$
$$\boldsymbol{\theta}^{(2)} \sim K(\boldsymbol{\theta}^{(1)}, \cdot|\mathbf{y})$$
$$\vdots$$
$$\boldsymbol{\theta}^{(g+1)} \sim K(\boldsymbol{\theta}^{(g)}, \cdot|\mathbf{y})$$
$$\vdots$$

この連鎖は事後密度に収束するように構築したので,最初の十分大きな n_0 以降から G までの繰り返し

$$\{\boldsymbol{\theta}^{(n_0+1)}, \boldsymbol{\theta}^{(n_0+2)}, \ldots, \boldsymbol{\theta}^{(n_0+G)}\}$$

は,$\pi(\boldsymbol{\theta}|\mathbf{y})$ から抽出したサンプルとみなすことができる.最初の抽出サンプルから n_0 までの抽出は"バーンイン"(burn-in) 期間として,初期値の影響を消し去るために取り除かれる.

与えられた G が大きいと,そのサンプル $\{\boldsymbol{\theta}^{(n_0+1)}, \boldsymbol{\theta}^{(n_0+2)}, \ldots, \boldsymbol{\theta}^{(n_0+G)}\}$ は事後密度の代わりとして利用することができ,目標分布を要約することができる.例えば,$\pi(\boldsymbol{\theta}|\mathbf{y})$ がサポートする積分可能な実数値関数 $h(\boldsymbol{\theta})$ の期待値は,サンプル平均

$$\hat{h}_G = G^{-1} \sum_{g=1}^{G} h(\boldsymbol{\theta}^{(g)}) \tag{5.1}$$

から推定することができる（以降での計算に利用するサンプルはバーンイン期間を除いたサンプルとする）．マルコフ連鎖の大数の法則から，シミュレーションサンプルサイズ G が大きくなるにつれて，ほぼ確実に

$$\hat{h}_G \to \int_\Theta h(\boldsymbol{\theta})\pi(\boldsymbol{\theta}|\mathbf{y})d\boldsymbol{\theta}$$

となることがわかる．もちろん，そのサンプルは目標分布のその他の要約に利用できる．例えば，抽出されたサンプル $\boldsymbol{\theta}$ の l 番目の要素

$$\pi(\theta_l|\mathbf{y}) = \int \pi(\boldsymbol{\theta}|\mathbf{y})d\boldsymbol{\theta}_{-l}$$

は，θ_l の周辺事後分布を要約するために利用できる．ただし，

$$\boldsymbol{\theta}_{-l} = (\theta_1, \ldots, \theta_{l-1}, \theta_{l+1}, \ldots, \theta_d)$$

は $\boldsymbol{\theta}$ から θ_l を除いた要素を指す．これは，同時分布からパラメータベクトルのサンプルが得られた場合，そのサンプルの各要素は各周辺分布からのサンプルとなるためである．

　MCMC 法は強力な方法ではあるが，実際の応用には相当の注意と専門知識が必要である．実際，同じ目標分布のために複数の異なる遷移密度 $K(\boldsymbol{\theta}, \cdot|\mathbf{y})$ を構築することが可能である．そのような遷移密度の多くは強い相関をもつサンプルを生成してしまい，たとえ目標分布からの大きなサンプルを得ることができたとしても，狭い範囲の探索しか行うことができない．このような問題はパラメータ制約，リッジ，平坦領域探索，その他の複雑な要因の組合せを伴う高次元の問題で特に深刻となる．そのような問題は本書の第 7 章 Marco と Schorfeide で話題となる DSGE モデルでは標準的である．MCMC の手続きは第 3 章の Giordnani ら，第 9 章の金融時系列モデル (Jacquire and Polson)，第 8 章の階層モデル (Rossi and Allenby)，第 4 章のノンパラメトリック問題 (Griffin et al.)，第 6 章のカテゴリカル応答モデル (Li and Tobias) と，利用可能なデータとの関係が比較的複雑なモデルにおいて注意深く設計する必要がある．

5.1.1　本章の構成

　本章の構成は以下のとおりである．5.2 節では最新の MCMC 法を解説するための背景となる採択–棄却法と重点サンプリング法という 2 つの古典的なモンテカルロサンプリング法を概説する．5.3 節では M–H 法について説明し，M–H 法によるシミュレーションの正当性を証明するマルコフ連鎖理論に関連する話題を述べる．5.4 節ではいくつかの特定の話題，5.5 節では周辺尤度の計算方法，5.6 節では MCMC 法の応用例について述べる．

5.2 2種類の古典的サンプリング法

本節では，2つの古典的なモンテカルロ法について簡単に述べる．その方法は，提案密度 (proposal density) の考え方やランダム化ステップとも呼ばれる採択条件などの考え方は MCMC 法と共通である．ここで，提案密度とはサンプルの候補を発生させる確率密度関数であり，採択条件とはその候補を採択するための条件である．以降に述べる MCMC 法のように，その方法の信頼性や効率性は提案密度と目標密度の適合度に極めて大きく依存する．しかしながら，本節で説明する2つのモンテカルロ法は MCMC 法とは異なり，(分散低減法のために意図的に相関を導入しない限り) 目標密度からの独立なサンプルを生成するものとする．

5.2.1 採択–棄却法

採択–棄却法 (accept–reject method) は多くのソフトウェアとして提供されている一変量の乱数生成器の基礎となっている．この方法は候補サンプルを生成する提案密度 $q(\boldsymbol{\theta}|\mathbf{y})$ と定数 c によって特徴付けられ，すべての $\boldsymbol{\theta} \in \Theta$ に対して

$$\pi(\boldsymbol{\theta}|\mathbf{y}) \leq cq(\boldsymbol{\theta}|\mathbf{y})$$

となる．ここで，$c = \sup_{\theta \in \Theta}\{\pi(\boldsymbol{\theta}|\mathbf{y})/q(\boldsymbol{\theta}|\mathbf{y})\}$ である．π の正規化定数は定数 c に吸収されるため，その知識は必要ないことに注意しよう．採択–棄却法では，提案密度 q から発生された候補が確率 $\pi(\boldsymbol{\theta}|\mathbf{y})/\{cq(\boldsymbol{\theta}|\mathbf{y})\}$ で採択される．もしもその候補が棄却された場合は新しい候補を発生させる．そのプロセスを候補が採択されるまで繰り返す．採択された候補は π からの独立同一分布 (i.i.d.) のサンプルとなる．この方法の効率性は c に依存する．

> **アルゴリズム 5.1**（採択–棄却法）
> 1) 各繰り返しステップ $g(=1,\ldots,G)$,
> - 提案
> $$\boldsymbol{\theta}^{\dagger} \sim h(\boldsymbol{\theta}^{\dagger}); \quad \text{独立な } U \sim \text{Unif}(0,1)$$
> - 採択–棄却 $\boldsymbol{\theta}^{(g)} = \boldsymbol{\theta}^{\dagger}$ とする．
> $$U \leq \frac{\pi(\boldsymbol{\theta}^{\dagger}|\mathbf{y})}{cq(\boldsymbol{\theta}^{\dagger}|\mathbf{y})}$$
> とならなければ，提案へ戻る
> 2) 戻り値 $\{\boldsymbol{\theta}^{(g)}\}$．

採択–棄却法の背後にあるアイデアは図 5.1 により簡潔に説明できるだろう．$cq(\boldsymbol{\theta}|\mathbf{y})$ と x 軸との間の領域に二変量の乱数を発生させることを想像しよう．この領域内の 1

5.2 2種類の古典的サンプリング法

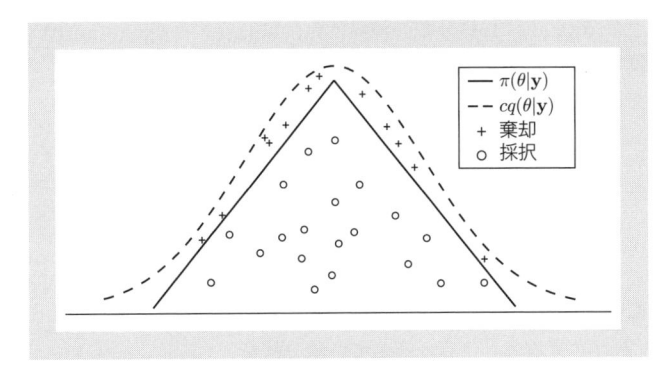

図 5.1 採択–棄却法
目標密度と x 座標の間にある点が採択される.

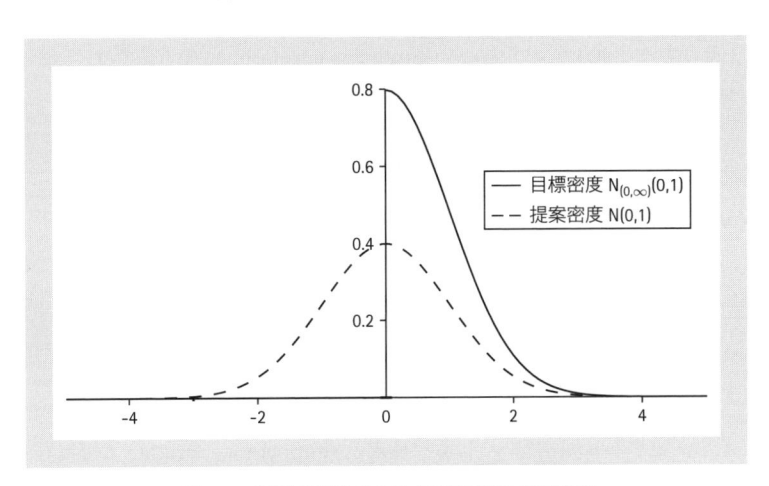

図 5.2 採択–棄却法のための目標密度と提案密度

点は $q(\boldsymbol{\theta}|\mathbf{y})$ からのサンプル $\boldsymbol{\theta}^{\dagger}$ によって x 軸を固定する. そして, $Ucq(\boldsymbol{\theta}^{\dagger})$ として y 軸も固定される. ここで $Ucq(\boldsymbol{\theta}^{\dagger}|\mathbf{y}) \leq \pi(\boldsymbol{\theta}^{\dagger}|\mathbf{y})$ ならば, その点は π の下側にあり採択される. そのアルゴリズムの正当性は以下のようになる.

例 5.1： 採択–棄却法は非正規的な領域に切断された目標密度をサンプリングするためにも利用される. このような場合は, 非切断的な分布からサンプル抽出を行う. そのサンプルが切断された領域内に入っている場合は採択される. そうでなければ, その領域内に入るまで, サンプル抽出を繰り返す. このアプローチの簡単な例として, $(0, \infty)$ で切断された標準正規分布（半正規分布）を考えよう. もしもこの提案分布が図 5.2 に示すような切断分布であるなら, $c = 2$ は明確である. しかしながら, $(0, \infty)$

の範囲では $2\mathcal{N}(\boldsymbol{\theta}|0,1)$ は目標分布の境界と完全に一致するが,$(-\infty,0)$ の範囲では,まったく一致しない.これは採択–棄却法によって切断分布からサンプリングを行う場合の一般的な問題である.

5.2.2 重点サンプリング

ここでは,積分値

$$I = \int_\Theta h(\boldsymbol{\theta})\pi(\boldsymbol{\theta}|\mathbf{y})d\boldsymbol{\theta}$$

の計算に興味があるとしよう.また,サンプリングが簡単で $\pi(\boldsymbol{\theta}|\mathbf{y})$ によく似た提案密度 $q(\boldsymbol{\theta}|\mathbf{y})$ が存在するとしよう.そして,積分値を

$$I = \frac{\int_\Theta h(\boldsymbol{\theta})p(\mathbf{y}|\boldsymbol{\theta})\pi(\boldsymbol{\theta})d\boldsymbol{\theta}}{\int_\Theta p(\mathbf{y}|\boldsymbol{\theta})\pi(\boldsymbol{\theta})d\boldsymbol{\theta}}$$

と書く.そうすると重点サンプリング (importance sampling) の方法では,I は $q(\boldsymbol{\theta}|\mathbf{y})$ に関する期待値の比として次式のように表現できる.

$$I = \frac{\mathbb{E}_q[h(\boldsymbol{\theta})p(\mathbf{y}|\boldsymbol{\theta})\pi(\boldsymbol{\theta})/q(\boldsymbol{\theta}|\mathbf{y})]}{\mathbb{E}_q[p(\mathbf{y}|\boldsymbol{\theta})\pi(\boldsymbol{\theta})/q(\boldsymbol{\theta}|\mathbf{y})]}$$

ここで $q(\boldsymbol{\theta}|\mathbf{y})$ からサンプリングした多数のサンプル $\{\boldsymbol{\theta}^{(1)},\ldots,\boldsymbol{\theta}^{(G)}\}$ を利用することで,

$$\hat{I} = G^{-1}\sum_{g=1}^G h(\boldsymbol{\theta}^{(g)})w(\boldsymbol{\theta}^{(g)},\mathbf{y})$$

$$w(\boldsymbol{\theta}^{(g)},\mathbf{y}) = \frac{p(\mathbf{y}|\boldsymbol{\theta}^{(g)})\pi(\boldsymbol{\theta}^{(g)})/q(\boldsymbol{\theta}^{(g)}|\mathbf{y})}{G^{-1}\sum_{l=1}^G p(\mathbf{y}|\boldsymbol{\theta}^{(l)})\pi(\boldsymbol{\theta}^{(l)})/q(\boldsymbol{\theta}^{(l)}|\mathbf{y})}, \quad g = 1,2,\ldots,G$$

として I を推定する.$w(\boldsymbol{\theta}^{(g)},\mathbf{y})$ は重要度重み (importance weight) と呼ばれる.この方法がうまく動作するためには(特に $\hat{I}$ が有限モンテカルロ分散をもつ場合),この重要度重みは $\boldsymbol{\theta}$ の関数として有界でなくてはならない.重点サンプリングは計量経済学の設定では Kloek and Van Dijk (1978) によって最初に議論された.その後,積分評価と近似誤差の詳細について Geweke (1989; 2005) によって与えられた.

SIR 法 (sampling importance re-sampling)　ここ十年ほど重点サンプリングの研究範囲は,目標密度自体のサンプリングへと拡大している.いま,

$$\pi(\boldsymbol{\theta}|\mathbf{y}) = \frac{\pi(\boldsymbol{\theta}|\mathbf{y})}{q(\boldsymbol{\theta}|\mathbf{y})}q(\boldsymbol{\theta}|\mathbf{y})$$

なので,$\{\boldsymbol{\theta}^{(1)},\ldots,\boldsymbol{\theta}^{(G)}\}$ が $q(\boldsymbol{\theta}|\mathbf{y})$ からのサンプルであるとすると,目標密度は以下の離散分布で表現できる.

$$\hat{\pi}(\boldsymbol{\theta}|\mathbf{y}) = w(\boldsymbol{\theta}^{(g)},\mathbf{y})\delta_{\boldsymbol{\theta}^{(g)}}(\boldsymbol{\theta})$$

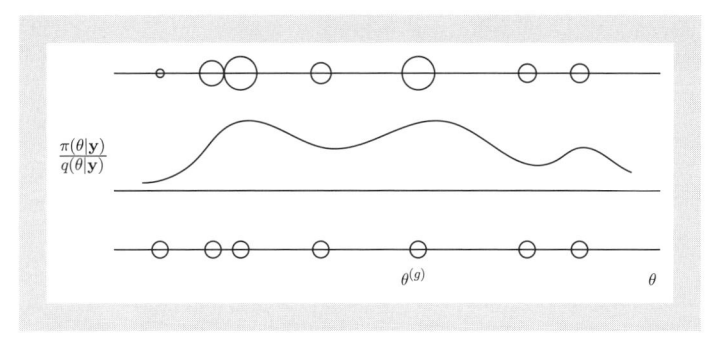

図 5.3 SIR 法
目標密度と提案密度の比に比例する確率で各粒子が重み付けられる.

ここで, $w(\boldsymbol{\theta}^{(g)}, \mathbf{y})$ は点 $\boldsymbol{\theta}^{(g)}$ での確率質量, $\delta_{\boldsymbol{\theta}^{(g)}}(\boldsymbol{\theta})$ は $\boldsymbol{\theta} = \boldsymbol{\theta}^{(g)}$ ならば 1, それ以外は 0 の値をとる指示関数である. 変量 $\boldsymbol{\theta}^{(g)}$ は "粒子" (particle) と呼ばれる.

この表現が与えられたとき, $\pi(\boldsymbol{\theta}|\mathbf{y})$ からの粒子 $\{\boldsymbol{\theta}^{*(1)}, \ldots, \boldsymbol{\theta}^{*(L)}\}$ (ただし, L は G よりとても小さい) は $\hat{\pi}(\boldsymbol{\theta}|\mathbf{y})$ からのサンプルとなる. これは要するに確率 $\{w(\boldsymbol{\theta}^{(g)}, \mathbf{y})\}$ での $\{\boldsymbol{\theta}^{(1)}, \ldots, \boldsymbol{\theta}^{(G)}\}$ の復元再サンプリングとなる.

$\hat{\pi}(\boldsymbol{\theta}|\mathbf{y})$ の下で, 任意の可測集合 A に対して

$$\Pr(\boldsymbol{\theta} \in A|\mathbf{y}) = \sum_{g=1}^{G} w(\boldsymbol{\theta}^{(g)}, \mathbf{y}) I[\boldsymbol{\theta}^{(g)} \in A]$$

$$\to \frac{\int_{\Theta} p(\mathbf{y}|\boldsymbol{\theta}) \pi(\boldsymbol{\theta}) / q(\boldsymbol{\theta}|\mathbf{y}) I[\boldsymbol{\theta} \in A] q(\boldsymbol{\theta}|\mathbf{y}) d\boldsymbol{\theta}}{\int_{\Theta} p(\mathbf{y}|\boldsymbol{\theta}) \pi(\boldsymbol{\theta}) / q(\boldsymbol{\theta}|\mathbf{y}) q(\boldsymbol{\theta}|\mathbf{y}) d\boldsymbol{\theta}}$$

$$= \frac{\int_{A} p(\mathbf{y}|\boldsymbol{\theta}) \pi(\boldsymbol{\theta}) d\boldsymbol{\theta}}{\int_{\Theta} p(\mathbf{y}|\boldsymbol{\theta}) \pi(\boldsymbol{\theta}) d\boldsymbol{\theta}} = \int_{A} \pi(\boldsymbol{\theta}|\mathbf{y}) d\boldsymbol{\theta}$$

となるため, この方法は動作する. Rubin (1988) はこの方法を sampling importance re-sampling や SIR 法と呼んでいる.

この方法は図 5.3 に表現できる. 図 5.3 はどのように粒子 $\boldsymbol{\theta}^{(g)}$ が目標密度と提案密度の比の重要度に比例した重みを与えられるかを示している.

SIR アプローチは粒子フィルタとして非線形状態空間モデルの中で非常に多く利用されている. 粒子フィルタは Kim et al. (1998) によって計量経済学に導入された. また, Del Moral et al. (2006) や Giordani et al. (本書の第 3 章) でも紹介されている.

5.3 メトロポリス–ヘイスティングスアルゴリズム

ここでは, 目標密度 $\pi(\boldsymbol{\theta}|\mathbf{y})$ のサンプリングに興味があるとしよう. ここで, $\boldsymbol{\theta}$ をパラメータベクトル, $\pi(\boldsymbol{\theta}|\mathbf{y})$ は連続密度関数とする. M–H アルゴリズムの背後にある

アイデアは, 扱いやすい遷移密度 $q(\boldsymbol{\theta}, \boldsymbol{\theta}^{\dagger}|\mathbf{y})$ をシミュレートし, マルコフ連鎖が正しい範囲に制限された分布をもつことを保証するように遷移密度を修正することにある. ここで $(\boldsymbol{\theta}, \boldsymbol{\theta}^{\dagger})$ は任意の 2 点である. $q(\boldsymbol{\theta}, \boldsymbol{\theta}^{\dagger}|\mathbf{y})$ は候補 (candidate) 発生密度や提案密度と呼ばれる.

M–H アルゴリズムを定義するため, $\boldsymbol{\theta}^{(g)}$ を現在の値とする. そして, その次の値 $\boldsymbol{\theta}^{(g+1)}$ を "提案 (proposal) ステップ" と "移動 (move) ステップ" の 2 つの手続きによって生成する.

> アルゴリズム 5.2 (メトロポリス–ヘイスティングス)
> 1) 初期化 $\boldsymbol{\theta}^{(0)}$
> 2) 各繰り返しに対して $g(=1, \ldots, n_0 + G)$,
> ●提案ステップ: $q(\boldsymbol{\theta}^{(g)}, \boldsymbol{\theta}|\mathbf{y})$ からの提案された候補 $\boldsymbol{\theta}^{\dagger}$ を抽出し, 採択確率や移動確率と呼ばれる以下の値を計算する.
>
> $$\alpha(\boldsymbol{\theta}^{(g)}, \boldsymbol{\theta}^{\dagger}|\mathbf{y}) = \min\left\{1, \frac{\pi(\boldsymbol{\theta}^{\dagger}|\mathbf{y})}{\pi(\boldsymbol{\theta}^{(g)}|\mathbf{y})} \frac{q(\boldsymbol{\theta}^{\dagger}, \boldsymbol{\theta}^{(g)}|\mathbf{y})}{q(\boldsymbol{\theta}^{(g)}, \boldsymbol{\theta}^{\dagger}|\mathbf{y})}\right\} \quad (5.2)$$
>
> ●移動ステップ:
>
> $$\boldsymbol{\theta}^{(g+1)} = \begin{cases} \boldsymbol{\theta}^{\dagger} & (\alpha(\boldsymbol{\theta}^{(g)}, \boldsymbol{\theta}^{\dagger}|\mathbf{y}) \text{ の確率で}) \\ \boldsymbol{\theta}^{(g)} & (1 - \alpha(\boldsymbol{\theta}^{(g)}, \boldsymbol{\theta}^{\dagger}|\mathbf{y}) \text{ の確率で}) \end{cases}$$
>
> 3) 最初の n_0 回のサンプルは捨て, G 個の部分サンプル $\boldsymbol{\theta}^{(n_0+1)}, \ldots, \boldsymbol{\theta}^{(n_0+G)}$ を保存する.

確率 $\alpha(\boldsymbol{\theta}^{(g)}, \boldsymbol{\theta}^{\dagger}|\mathbf{y})$ は事後密度 $\pi(\boldsymbol{\theta}|\mathbf{y})$ の正規化定数の知識は必要ないことに注意しよう. また, 提案密度が条件 $q(\boldsymbol{\theta}, \boldsymbol{\theta}^{\dagger}|\mathbf{y}) = q(\boldsymbol{\theta}^{\dagger}, \boldsymbol{\theta}|\mathbf{y})$ を満たすなら, $\alpha(\boldsymbol{\theta}^{(g)}, \boldsymbol{\theta}^{\dagger}|\mathbf{y})$ は

$$\min\left\{1, \frac{\pi(\boldsymbol{\theta}^{\dagger}|\mathbf{y})}{\pi(\boldsymbol{\theta}^{(g)}|\mathbf{y})}\right\}$$

として簡略化される. これは, 以降で述べるランダムウォーク (random walk) 型 M–H アルゴリズムの特徴である.

5.3.1 M–H アルゴリズムの導出

M–H アルゴリズムは可逆マルコフ連鎖のロジックから Chib and Greenberg (1995) によって導出された. その導出は M–H アルゴリズムの理解を容易にする.

はじめにいくつかの定義を与える. マルコフ遷移密度 $K(\boldsymbol{\theta}, \boldsymbol{\theta}^{\dagger}|\mathbf{y})$ はどの $(\boldsymbol{\theta}, \boldsymbol{\theta}^{\dagger})$ も目標分布のサポート下にあれば $\pi(\boldsymbol{\theta}|\mathbf{y})$ に対して可逆である.

$$\pi(\boldsymbol{\theta}|\mathbf{y})K(\boldsymbol{\theta}, \boldsymbol{\theta}^{\dagger}|\mathbf{y}) = \pi(\boldsymbol{\theta}^{\dagger}|\mathbf{y})K(\boldsymbol{\theta}^{\dagger}, \boldsymbol{\theta}|\mathbf{y}) \quad (5.3)$$

また, もしも連鎖が可逆であれば, それは不変量である. 不変性は

5.3 メトロポリス–ヘイスティングスアルゴリズム   193

$$\pi(\boldsymbol{\theta}^{\dagger}|\mathbf{y}) = \int K(\boldsymbol{\theta}, \boldsymbol{\theta}^{\dagger}|\mathbf{y}) \pi(\boldsymbol{\theta}|\mathbf{y}) d\boldsymbol{\theta} \tag{5.4}$$

の性質で表される.これは連鎖が収束した時点で,遷移密度からのサンプルの部分列 $\boldsymbol{\theta}^{\dagger}$ もまた目標密度からのサンプルとなることを意味する.可逆性が不変性を意味するのを見るために,式 (5.3) の両辺を $\boldsymbol{\theta}$ に関して積分する.すると,遷移密度の効力によって $\int K(\boldsymbol{\theta}^{\dagger}, \boldsymbol{\theta}|\mathbf{y}) d\boldsymbol{\theta} = 1$ なので,不変性の条件が導かれる.

ここで,提案密度 $q(\boldsymbol{\theta}, \boldsymbol{\theta}^{\dagger}|\mathbf{y})$ を導入したマルコフ連鎖を考えよう.そして,2 点 $(\boldsymbol{\theta}, \boldsymbol{\theta}^{\dagger})$ に対して,

$$\pi(\boldsymbol{\theta}|\mathbf{y}) q(\boldsymbol{\theta}, \boldsymbol{\theta}^{\dagger}|\mathbf{y}) > \pi(\boldsymbol{\theta}^{\dagger}|\mathbf{y}) q(\boldsymbol{\theta}^{\dagger}, \boldsymbol{\theta}|\mathbf{y}) \tag{5.5}$$

が成り立つと仮定しよう.これは,平たくいうと $\boldsymbol{\theta}$ から $\boldsymbol{\theta}^{\dagger}$ への移動は頻繁に起こるが,その逆方向への移動はあまり起こらないことを意味する.この状態は移動ステップにおける確率 $\alpha(\boldsymbol{\theta}, \boldsymbol{\theta}^{\dagger}|\mathbf{y})$ と $\alpha(\boldsymbol{\theta}^{\dagger}, \boldsymbol{\theta}|\mathbf{y})$ を導入することで,$\boldsymbol{\theta}$ から $\boldsymbol{\theta}^{\dagger}$ への移動を減らすことによって修正される.すなわち,

$$\pi(\boldsymbol{\theta}|\mathbf{y}) q(\boldsymbol{\theta}, \boldsymbol{\theta}^{\dagger}|\mathbf{y}) \alpha(\boldsymbol{\theta}, \boldsymbol{\theta}^{\dagger}|\mathbf{y}) = \pi(\boldsymbol{\theta}^{\dagger}|\mathbf{y}) q(\boldsymbol{\theta}^{\dagger}, \boldsymbol{\theta}|\mathbf{y}) \alpha(\boldsymbol{\theta}^{\dagger}, \boldsymbol{\theta}|\mathbf{y}) \tag{5.6}$$

である.ここで,$\alpha(\boldsymbol{\theta}^{\dagger}, \boldsymbol{\theta}|\mathbf{y})$ の確率が極めて 1 に近い場合に $\alpha(\boldsymbol{\theta}, \boldsymbol{\theta}^{\dagger}|\mathbf{y})$ について解くと,以下の式を得る.

$$\alpha(\boldsymbol{\theta}, \boldsymbol{\theta}^{\dagger}|\mathbf{y}) = \frac{\pi(\boldsymbol{\theta}^{\dagger}|\mathbf{y})}{\pi(\boldsymbol{\theta}|\mathbf{y})} \frac{q(\boldsymbol{\theta}^{\dagger}, \boldsymbol{\theta}|\mathbf{y})}{q(\boldsymbol{\theta}, \boldsymbol{\theta}^{\dagger}|\mathbf{y})}$$

式 (5.5) より,この値は 1 よりも小さい.一方,式 (5.5) の不等式が逆向きである場合は,$\alpha(\boldsymbol{\theta}, \boldsymbol{\theta}^{\dagger}|\mathbf{y}) = 1$ として同様の方法で式 (5.2) を導くことができる.

5.3.2 M–H 連鎖の遷移密度

M–H 連鎖の遷移密度 $K_{MH}(\boldsymbol{\theta}, \boldsymbol{\theta}^{\dagger}|\mathbf{y})$ は 2 つの構成要素をもつ.1 つは,$\boldsymbol{\theta}$ から移動するための構成要素

$$\alpha(\boldsymbol{\theta}, \boldsymbol{\theta}^{\dagger}|\mathbf{y}) q(\boldsymbol{\theta}, \boldsymbol{\theta}^{\dagger}|\mathbf{y})$$

であり,もう 1 つは,$\boldsymbol{\theta}$ に留まろうとする構成要素

$$r(\boldsymbol{\theta}|\mathbf{y}) = 1 - \int \alpha(\boldsymbol{\theta}, \boldsymbol{\theta}^{\dagger}|\mathbf{y}) q(\boldsymbol{\theta}, \boldsymbol{\theta}^{\dagger}|\mathbf{y}) d\boldsymbol{\theta}^{\dagger}$$

である.つまり,

$$K_{MH}(\boldsymbol{\theta}, \boldsymbol{\theta}^{\dagger}|\mathbf{y}) = \alpha(\boldsymbol{\theta}, \boldsymbol{\theta}^{\dagger}|\mathbf{y}) q(\boldsymbol{\theta}, \boldsymbol{\theta}^{\dagger}|\mathbf{y}) + \delta_{\boldsymbol{\theta}}(\boldsymbol{\theta}^{\dagger}) r(\boldsymbol{\theta}|\mathbf{y})$$

となる.ここで,$\boldsymbol{\theta}$ での $\delta_{\boldsymbol{\theta}}(\boldsymbol{\theta}^{\dagger})$ はディラック関数,$\boldsymbol{\theta}^{\dagger} \neq \boldsymbol{\theta}$ に対して $\delta_{\boldsymbol{\theta}}(\boldsymbol{\theta}^{\dagger}) = 0$,かつ,$\int \delta_{\boldsymbol{\theta}}(\boldsymbol{\theta}^{\dagger}) d\boldsymbol{\theta}^{\dagger} = 1$ である.もし必要なら,すべてのとり得る $\boldsymbol{\theta}$ の値に対して遷移密度の積分が 1 になることは簡単に確認できる.

以上の導出から，$K_{MH}(\boldsymbol{\theta},\boldsymbol{\theta}^\dagger|\mathbf{y})$ の第1項は可逆性条件を満たすことがわかる．第2項の可逆性条件は，

$$\pi(\boldsymbol{\theta}|\mathbf{y})\delta_{\boldsymbol{\theta}}(\boldsymbol{\theta}^\dagger)r(\boldsymbol{\theta}|\mathbf{y}) = \pi(\boldsymbol{\theta}^\dagger|\mathbf{y})\delta_{\boldsymbol{\theta}^\dagger}(\boldsymbol{\theta})r(\boldsymbol{\theta}|\mathbf{y})$$

の両辺が $\boldsymbol{\theta} = \boldsymbol{\theta}^\dagger$ のときに0ではないことから確認できる．このように，$K_{MH}(\boldsymbol{\theta},\boldsymbol{\theta}^\dagger|\mathbf{y})$ は可逆であり，不変である．

5.3.3 収束の性質

M–H アルゴリズムの理論的特性（特に，任意に設定された初期値からのエルゴード的振舞い）は，マルコフ連鎖の性質についての仮定を必要とする．その主な結果は Tierney (1994) によるものである．関連する用語の定義も Tierney (1994) に準拠する．

定理 5.1： マルコフ連鎖 $\{\boldsymbol{\theta}^{(g)}\}$ は π 既約 (π-irreducible) であり，不変分布 $\pi(\boldsymbol{\theta}|y)$ をもつとする．そのとき，$\pi(\boldsymbol{\theta}|y)$ は一意の不変分布である．もしも，その連鎖が π 既約，非周期的で不変分布が真であるならば，すべての $\boldsymbol{\theta}^{(0)}$ と可測集合 A に対して，$g \to \infty$ のとき

$$\left\| \Pr(\boldsymbol{\theta}^{(g)} \in A|\mathbf{y},\boldsymbol{\theta}^{(0)}) - \int_A \pi(\boldsymbol{\theta}|\mathbf{y})d\boldsymbol{\theta} \right\| \to 0$$

となる．ここで，$\|\cdot\|$ は全変動距離 (total variation distance) である．その連鎖がエルゴード的（π 既約，非周期的，ハリス再帰的 (Harris recurrent)）ならば，すべての $\int_\Theta |h(\boldsymbol{\theta})|\pi(\boldsymbol{\theta}|\mathbf{y})d\boldsymbol{\theta} < \infty$ となる関数 $h(\boldsymbol{\theta})$ と初期分布は

$$\hat{h}_G = G^{-1}\sum_{g=1}^{G} h(\boldsymbol{\theta}^{(g)}) \to \int_\Theta h(\boldsymbol{\theta})\pi(\boldsymbol{\theta}|\mathbf{y})d\boldsymbol{\theta} \text{ as } G \to \infty, \text{ a.s.}$$

となる．

これらの強力な結果は弱条件を保つ（例えば，Tierney 1994 によれば，提案密度が事後密度のサポート下で正であれば，その連鎖の π 既約性は満たされる．また，その連鎖が π 既約であり，一意の不変分布をもつような π をもち，遷移カーネルが π に関して絶対的に連続であるならばハリス再帰的である）．これらの結果は MCMC 法の基礎を与える．それは，与えられた目標分布と MCMC 遷移密度に対して，事後モーメント，事後確率，その他の目標分布の要約のシミュレーションによる一致推定量を与えるための遷移カーネルのサンプルパスを利用することを許す．

サンプルパス平均のための中心極限定理はより強い条件が必要となり，連鎖は一様エルゴード的である必要がある．不変分布 π を伴うエルゴード的連鎖は，非負境界をもつ実数値関数 $C(\cdot)$ と正の定数 $r < 1$ が存在し，どの $\boldsymbol{\theta}^{(0)}$, g, 可測集合 A に対して

$$\left\| K^{(g)}(\boldsymbol{\theta}^{(0)}, A|\mathbf{y}) - \int_A \pi(\boldsymbol{\theta}|\mathbf{y})d\boldsymbol{\theta} \right\| \leq C(\boldsymbol{\theta}^{(0)})r^g$$

ならば，エルゴード的である．そのとき，サンプル平均 $\hat{h}_G$ に対するエルゴード極限定理は以下のように与えられる．

定理 5.2： マルコフ連鎖 $\{\boldsymbol{\theta}^{(g)}\}$ が一様エルゴード的で不変分布 $\pi(\boldsymbol{\theta}|y)$ をもつと仮定する．そのとき $\int_\Theta h(\boldsymbol{\theta})^2 \pi(\boldsymbol{\theta}|\mathbf{y})d\boldsymbol{\theta} < \infty$ となる関数 $\pi(\boldsymbol{\theta}|y)$ と任意の初期分布に対して，そのサンプル平均 $\hat{h}_G$ はエルゴード極限定理

$$\sqrt{G}(\hat{h}_G - \mathrm{E}_\pi h) \xrightarrow{d} \mathcal{N}(0, \sigma_h^2)$$

を満足する．ここで，

$$\mathrm{E}_\pi h = \int_\Theta h(\boldsymbol{\theta})\pi(\boldsymbol{\theta}|\mathbf{y})d\boldsymbol{\theta},$$

$$\sigma_h^2 = \mathrm{Var}_\pi\bigl(h(\boldsymbol{\theta}^{(1)})\bigr) + 2\sum_{k=2}^\infty \mathrm{Cov}_\pi\bigl\{h(\boldsymbol{\theta}^{(1)}), h(\boldsymbol{\theta}^{(k)})\bigr\}$$

であり，添え字 π は不変分布に関して計算された期待値を示す．

5.3.4　数値的標準誤差と非効率性因子

$\hat{h}_G$ は $\mathrm{E}_\pi h$ をどのように推定しているかを理解するためには，$\mathrm{Var}(\hat{h}_G) = \sigma_h^2/G$ の計算が必要である．ここで σ_h^2 は定理5.2で登場した分散である．$\mathrm{Var}(\hat{h}_G)$ の平方根は数値的標準誤差と呼ばれる．$\mathrm{Var}(\hat{h}_G)$ を推定するための1つの効率的な方法は，バッチ平均 (Ripley 1987) による方法である．ここで，$Z_g = h(\boldsymbol{\theta}^{(g)})$, $g = 1, 2, \ldots, G$ とする．次に，データ $\{Z_1, Z_2, \ldots, Z_G\}$ を長さ m の k 個の重複しない平均が

$$B_i = m^{-1}(Z_{(i-1)m+1} + \ldots + Z_{im}), \quad i = 1, 2, \ldots, k$$

となるバッチに分割する．ここでは，バッチの大きさ m はバッチ平均の1次の系列相関が0.05より小さくなることが保障されるように選択する．これらのバッチ平均の平均は

$$\bar{B} = \frac{1}{k}\sum_{i=1}^k B_i$$

であり，当然，$\hat{h}_G$ と $\bar{B}$ のサンプル分散の推定量は

$$\mathrm{Var}\left(\bar{B}\right) = \frac{1}{k(k-1)}\sum_{i=1}^k (B_i - \bar{B})^2$$

となる．バッチ平均法では，この分散推定量は $\mathrm{Var}(\hat{h}_G)$ の推定量となると解釈される．Jones et al. (2006) では，k と m が G とともに増加すると，σ_h^2/G は一致推定量であることが示されている．

非効率性因子　　推定量 $\mathrm{Var}(\hat{h}_G)$ を得ることができたなら，数値計算と計算結果の評価に役立つ非効率性因子 (inefficiency factor) を

$$\mathrm{Ineff}(\hat{h}_G) = \frac{\mathrm{Var}(\hat{h}_G)}{s^2/G} \tag{5.7}$$

として定義する．ここで，s^2 は $\{Z_g\}$ のサンプル分散である．この非効率性因子は $\hat{h}_G$ の分散と独立サンプルの場合の $\hat{h}_G$ の分散との比である．この因子は，有効サンプルサイズや

$$\mathrm{ESS}(\hat{h}_G) = \frac{G}{\mathrm{Ineff}(\hat{h}_G)} \tag{5.8}$$

で定義される ESS の意味合いで解釈することができる．独立サンプルでは，非効率性因子は理論的に 1 となり，その有効サンプルサイズは G となる（MCMC サンプリングの典型例ではあるが）．非効率性因子が 1 より大きいとき，その有効サンプルサイズは G よりも小さくなる．

5.3.5 提案密度の選び方

提案密度を構成する方法は多数存在する．ここでは，実用上よく知られている 2 つの方法を考える．

ランダムウォーク提案密度　現在の値を $\boldsymbol{\theta}$ とすると，候補を

$$\boldsymbol{\theta}^\dagger = \boldsymbol{\theta} + \mathbf{z}$$

とする．ここで $\mathbf{z}$ は対称分布（例えば望ましい採択率になるように調整された平均 0，分散共分散行列 $\tau\mathbf{V}$ の多変量正規分布など）に従う．その分布の対称性から $q(\boldsymbol{\theta}, \boldsymbol{\theta}^\dagger|\mathbf{y}) = q(\boldsymbol{\theta}^\dagger, \boldsymbol{\theta}|\mathbf{y})$ であり，q の項がキャンセルされるため，M–H の移動確率は

$$\alpha(\boldsymbol{\theta}, \boldsymbol{\theta}^\dagger|\mathbf{y}) = \min\left\{1, \frac{\pi(\boldsymbol{\theta}^\dagger|\mathbf{y})}{\pi(\boldsymbol{\theta}|\mathbf{y})}\right\}$$

と単なる目標密度の関数として簡略化される．その様子は図 5.4 に示す．

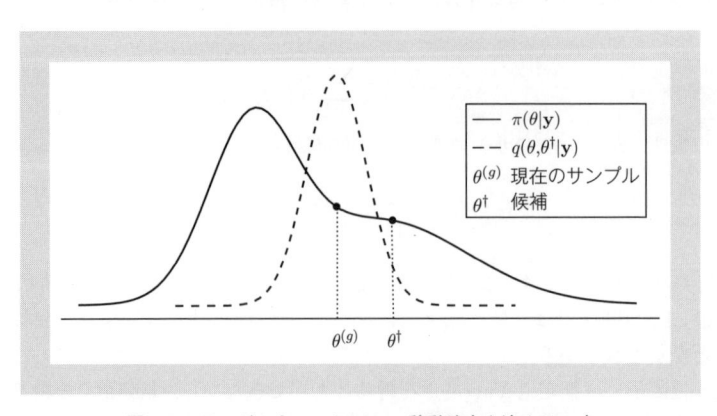

図 5.4　ランダムウォーク M–H：移動確率を決める 2 点

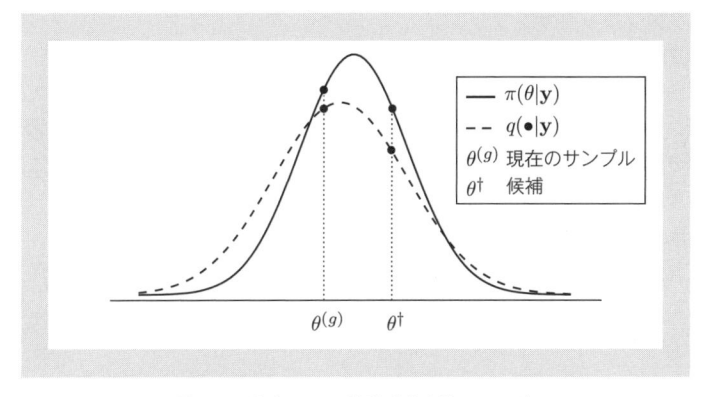

図 5.5 独立 M–H：移動確率を決める 4 点

ランダムウォーク M–H 提案密度は応用上非常によく用いられているが，$\boldsymbol{\theta}$ の次元が大きくなるとチューニングが難しくなる．そのような場合，合理的な採択率と事後分布の全領域の探索を保証する移動ステップを作り出すのは困難となる．

独立な提案密度 もう 1 つのよく知られた方法は $q(\boldsymbol{\theta}, \boldsymbol{\theta}^\dagger | \mathbf{y}) = q(\boldsymbol{\theta}^\dagger | \mathbf{y})$ と置く，独立 M–H 連鎖 (independence M–H chain) である (Tierney 1994)．この採択確率は以下のようになる．

$$\alpha(\boldsymbol{\theta}, \boldsymbol{\theta}^\dagger | \mathbf{y}) = \min\left\{1, \frac{\pi(\boldsymbol{\theta}^\dagger | \mathbf{y})}{\pi(\boldsymbol{\theta} | \mathbf{y})} \frac{q(\boldsymbol{\theta} | \mathbf{y})}{q(\boldsymbol{\theta}^\dagger | \mathbf{y})}\right\}$$

図 5.5 に示すように，これは目標密度の比と提案密度の比に関係する．

このような連鎖を実装する 1 つの方法は，提案密度を目標密度のモード (mode) に合うように調整することである．例えば，そのためには多変量正規分布や多変量 t 分布が利用可能で，その位置 (location) は目標密度のモードから，そのばらつき (dispersion) はヘッシアンの逆行列から計算できる (Chib and Greenberg 1994)．具体的にいうと，p はいくつかの多変量密度関数で，$q(\boldsymbol{\theta} | \mathbf{y}) = p(\boldsymbol{\theta} | \mathbf{m}, \mathbf{V})$ としたとき，その提案密度関数のパラメータは

$$\mathbf{m} = \max_{\boldsymbol{\theta}} \log \pi(\boldsymbol{\theta} | \mathbf{y}) \text{ and}$$

$$\mathbf{V} = \tau \left\{ -\frac{\partial^2 \log \pi(\boldsymbol{\theta} | \mathbf{y})}{\partial \boldsymbol{\theta} \partial \boldsymbol{\theta}'} \right\}^{-1}_{\boldsymbol{\theta} = \hat{\boldsymbol{\theta}}} \tag{5.9}$$

となる．ここで，τ は提案密度の裾が目標密度の裾よりも大きな値をとるように調整する必要があるチューニングパラメータである．上記のように，等号の必要条件は重点サンプリング法で必要となる．これは，調整 (tailored) M–H 連鎖と呼ばれる．

5.3.6 多重ブロックサンプリング

$\boldsymbol{\theta}$ の次元が大きいとき,一度に全パラメータについて目標密度のサンプリングを行うことは効率的ではない.パラメータを小さなグループやブロックに分けて,これらのブロックからサンプルする必要性が生じる.このアイデアを説明するために,$\boldsymbol{\theta}$ は $(\boldsymbol{\theta}_1, \boldsymbol{\theta}_2)$, $\boldsymbol{\theta}_k \in \Omega_k \subseteq \Re^{d_k}$ と分割されているとしよう.多くの問題では,このグループ分けはモデル構造に依存する.例えば回帰モデルでは,1つのブロックは回帰係数により構成され,もう1つのブロックは誤差分散により構成される.

それぞれの $\boldsymbol{\theta}_k$ に対する提案密度を

$$q_1(\boldsymbol{\theta}_1, \boldsymbol{\theta}_1^\dagger | \mathbf{y}, \boldsymbol{\theta}_2); \ q_2(\boldsymbol{\theta}_2, \boldsymbol{\theta}_2^\dagger | \mathbf{y}, \boldsymbol{\theta}_1)$$

とする.ただし,提案密度 q_k は残りのブロックの現在の値に依存するかもしれない.ランダムウォークや調整アルゴリズムの提案密度の場合は,単一のブロックの場合に類似している.また,

$$\alpha_1(\boldsymbol{\theta}_1, \boldsymbol{\theta}_1^\dagger | \mathbf{y}, \boldsymbol{\theta}_2) = \min\left\{1, \frac{\pi(\boldsymbol{\theta}_1^\dagger | \mathbf{y}, \boldsymbol{\theta}_2) q_1(\boldsymbol{\theta}_1^\dagger, \boldsymbol{\theta}_1 | \mathbf{y}, \boldsymbol{\theta}_2)}{\pi(\boldsymbol{\theta}_1 | \mathbf{y}, \boldsymbol{\theta}_2) q_1(\boldsymbol{\theta}_1, \boldsymbol{\theta}_1^\dagger | \mathbf{y}, \boldsymbol{\theta}_2)}\right\} \tag{5.10}$$

$$\alpha_2(\boldsymbol{\theta}_2, \boldsymbol{\theta}_2^\dagger | \mathbf{y}, \boldsymbol{\theta}_1) = \min\left\{1, \frac{\pi(\boldsymbol{\theta}_2^\dagger | \mathbf{y}, \boldsymbol{\theta}_1) q_2(\boldsymbol{\theta}_2^\dagger, \boldsymbol{\theta}_2 | \mathbf{y}, \boldsymbol{\theta}_1)}{\pi(\boldsymbol{\theta}_2 | \mathbf{y}, \boldsymbol{\theta}_1) q_2(\boldsymbol{\theta}_2, \boldsymbol{\theta}_2^\dagger | \mathbf{y}, \boldsymbol{\theta}_1)}\right\} \tag{5.11}$$

を互いのブロックで条件付けられたブロック $\boldsymbol{\theta}_k, k = 1, 2$ の移動確率として定義する.その条件付事後密度は

$$\pi(\boldsymbol{\theta}_1 | \mathbf{y}, \boldsymbol{\theta}_2), \ \pi(\boldsymbol{\theta}_2 | \mathbf{y}, \boldsymbol{\theta}_1)$$

となり,この関数は完全条件付密度 (full conditional density) と呼ばれる.ベイズ理論によって,完全条件付密度は同時事後密度に比例することが知られている.例えば,

$$\pi(\boldsymbol{\theta}_1 | \mathbf{y}, \boldsymbol{\theta}_2) \propto \pi(\boldsymbol{\theta}_1, \boldsymbol{\theta}_2 | \mathbf{y})$$

である.完全条件付密度の正規化定数は比の形でキャンセルされるため,式 (5.10) と式 (5.11) の移動確率は同時事後密度 $\pi(\boldsymbol{\theta}_1, \boldsymbol{\theta}_2 | \mathbf{y})$ のカーネルと等しくなる.そのとき多重ブロック M–H アルゴリズム (multiple-block M–H algorithm) では,他のブロックの最新の値によって与えられる移動確率をもつ M–H ステップを利用することで,アルゴリズムの1回の走査がそれぞれのブロックの更新によって完了する.よって,g 回目の繰り返しでは $\boldsymbol{\theta}_2^{(g)}$ が与えられた場合は,以下のステップで1回の走査を完了できる.

アルゴリズム 5.3(多重ブロック M–H)

1) 提案サンプル

$$\boldsymbol{\theta}_1^\dagger \sim q_1(\boldsymbol{\theta}_1^{(g)}, \boldsymbol{\theta}_1^\dagger | \mathbf{y}, \boldsymbol{\theta}_2^{(g)})$$

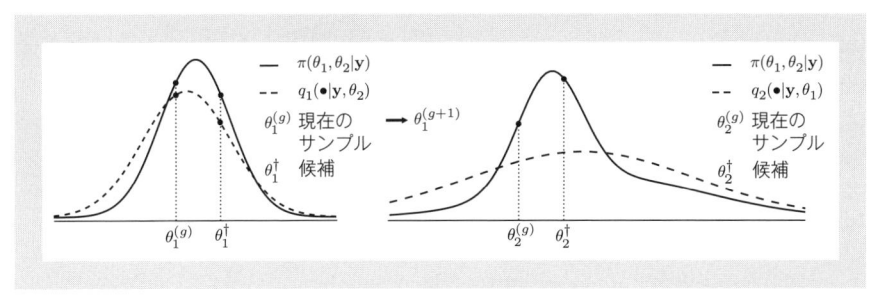

5.3 メトロポリス−ヘイスティングスアルゴリズム

図 5.6 多重ブロック M–H
左図は最初のブロック，右図は 2 番目のブロックの目標密度，提案密度，移動確率を決める各点．

移動確率
$$\alpha_1\big(\boldsymbol{\theta}_1^{(g)}, \boldsymbol{\theta}_1^\dagger | \mathbf{y},\, \boldsymbol{\theta}_2^{(g)}\big)$$
で $\boldsymbol{\theta}_1^{(g+1)}$ の生成，もしくは現サンプルの維持．

2) 最初のブロックの更新値を与え，提案サンプル
$$\boldsymbol{\theta}_2^\dagger \sim q_2\big(\boldsymbol{\theta}_2^{(g+1)}, \boldsymbol{\theta}_2^\dagger | \mathbf{y}, \boldsymbol{\theta}_1^{(g+1)}\big)$$

移動確率
$$\alpha_2\big(\boldsymbol{\theta}_2^{(g)}, \boldsymbol{\theta}_2^\dagger | \mathbf{y},\, \boldsymbol{\theta}_1^{(g+1)}\big)$$
で $\boldsymbol{\theta}_2^{(g+1)}$ の生成，もしくは現サンプルの維持

これらは図 5.6 に示す 2 つのステップを含む．

多重ブロック M–H 法によって生成されたマルコフ連鎖は，不変性は満たすが可逆性は満たさないことに注意しよう．しかし，局所可逆性（その概念は Chib and Jeliazkov 2001 を参照）は満たす．ハリス回帰的の仮定は Roberts and Rosenthal (2006) で取り上げられている．

ギブスサンプリング 多くの場合，完全条件付分布はわかりやすい形状であり，簡単にサンプリングできる．ここでは，完全条件付分布を多重ブロック M–H アルゴリズムでの提案分布として用いる．具体的には，
$$q_1\big(\boldsymbol{\theta}_1^{(g)}, \boldsymbol{\theta}_1^\dagger | \mathbf{y}, \boldsymbol{\theta}_2^{(g)}\big) = \pi\big(\boldsymbol{\theta}_1^\dagger | \mathbf{y}, \boldsymbol{\theta}_2^{(g)}\big),$$
$$q_2\big(\boldsymbol{\theta}_2^{(g+1)}, \boldsymbol{\theta}_2^\dagger | \mathbf{y}, \boldsymbol{\theta}_1^{(g+1)}\big) = \pi\big(\boldsymbol{\theta}_2' | \mathbf{y}, \boldsymbol{\theta}_1^{(g+1)}\big)$$

としよう．この選択を移動確率へ挿入できたなら，興味深い簡略化が起こる．例えば，最初のブロックに対して移動確率は
$$\alpha_1\big(\boldsymbol{\theta}_1^{(g)}, \boldsymbol{\theta}_1^\dagger | \mathbf{y},\, \boldsymbol{\theta}_2^{(g)}\big) = \min\left\{1, \frac{\pi(\boldsymbol{\theta}_1^\dagger|\,\mathbf{y}, \boldsymbol{\theta}_2^{(g)}) q_1(\boldsymbol{\theta}_1^\dagger, \boldsymbol{\theta}_1^{(g)}|\mathbf{y}, \boldsymbol{\theta}_2^{(g)})}{\pi(\boldsymbol{\theta}_1^{(g)}|\mathbf{y}, \boldsymbol{\theta}_2^{(g)}) q_1(\boldsymbol{\theta}_1^{(g)}, \boldsymbol{\theta}_1^\dagger|\mathbf{y}, \boldsymbol{\theta}_2^{(g)})}\right\}$$

$$= \min\left\{1, \frac{\pi(\boldsymbol{\theta}_1^\dagger|\mathbf{y},\boldsymbol{\theta}_2^{(g)})\pi(\boldsymbol{\theta}_1^{(g)}|\mathbf{y},\boldsymbol{\theta}_2^{(g)})}{\pi(\boldsymbol{\theta}_1^{(g)}|\mathbf{y},\boldsymbol{\theta}_2^{(g)})\pi(\boldsymbol{\theta}_1^\dagger|\mathbf{y},\boldsymbol{\theta}_2^{(g)})}\right\} = 1$$

として単純化できる．また，2番目のブロックも同様の方法で単純化できる．これは，提案サンプルが完全条件付密度から発生していれば，その提案候補は確率1で採択される．この特別な場合の多重ブロックM–Hアルゴリズムはギブスサンプリング(Gibbs sampling) と呼ばれる．

アルゴリズム 5.4（ギブスサンプリング）
- 各繰り返し $g(=1,\ldots,n_0+G)$ において，
  - $\pi(\boldsymbol{\theta}_1|\mathbf{y},\boldsymbol{\theta}_2^{(g)})$ から $\boldsymbol{\theta}_1^{(g+1)}$ を発生
  - $\pi(\boldsymbol{\theta}_2|\mathbf{y},\boldsymbol{\theta}_1^{(g+1)})$ から $\boldsymbol{\theta}_2^{(g+1)}$ を発生
- $\{\boldsymbol{\theta}^{(n_0+1)},\boldsymbol{\theta}^{(n_0+2)},\ldots,\boldsymbol{\theta}^{(n_0+G)}\}$ を戻り値とする．

メトロポリスを伴うギブス法　1つ以上の完全条件付分布は扱いやすい形状であるが，残りの完全条件付分布はそうではない場合がある．そのような場合，扱いやすい完全条件付分布をもつブロックは直接サンプル可能であり，そうでない完全条件付分布をもつブロックはM–Hステップによりサンプリングすることができる．そのようなアルゴリズムは"メトロポリスを伴うギブス(Metropolis-within-Gibbs)"と呼ばれ，多重ブロックM–H法の範囲内で十分に説明可能である．

一般の多重ブロック法　2つ以上のブロックをもつ多重ブロック法の拡張は単純である．原則として，多重ブロックM–Hを適用する場合，高い相関をもつパラメータの集合は1つのブロックとして扱うべきである．そうしなければ，目標密度のサポートをくまなく動く提案密度を構築することは難しいだろう．また，いくつかの問題では，ブロックの数を減らすこともできる．例えば，$\boldsymbol{\theta}_1,\boldsymbol{\theta}_2,\boldsymbol{\theta}_3$ は3つのブロックを表し，$\boldsymbol{\theta}_1|\mathbf{y},\boldsymbol{\theta}_3$ は扱いやすい分布とする．そのとき，ブロック $(\boldsymbol{\theta}_1,\boldsymbol{\theta}_2)$ は $\boldsymbol{\theta}_1|\mathbf{y},\boldsymbol{\theta}_3$ からの最初のサンプル $\boldsymbol{\theta}_1$ によって消去でき，続いて，$\boldsymbol{\theta}_2|\mathbf{y},\boldsymbol{\theta}_1,\boldsymbol{\theta}_3$ から $\boldsymbol{\theta}_2$ をサンプルできる．これは2つのブロックのMCMCアルゴリズムとなる．加えて，$\boldsymbol{\theta}_3$ を周辺化した $(\boldsymbol{\theta}_1,\boldsymbol{\theta}_2)$ をサンプルできれば，ブロックの数は1まで減らすことができる．

調整ランダム化ブロックM–H法　このような一般化にもかかわらず，ブロックの数の設定とブロックの要素の構成は常に簡単であるとは限らない．特に自然なグループ分けの方法が提案されていないDSGEモデルと無裁定期間構造モデル(arbitrage-free term structure model) のような非線形モデルの場合はそうである．不適切なグループ分けはマルコフ連鎖を混合させることで妥協できるので，Chib and Ramamurthy (2010) はブロックの数と構成を各繰り返しの中でランダム化する多重ブロックアルゴリズムの拡張を検討している．各繰り返しの中で互いのブロックの提案密度は調整により決められる．そのアルゴリズムを TaRB-MH(tailored randomized block M–H)アルゴリズムと呼ぶ．

アルゴリズム 5.5（TaRB-MH アルゴリズム）
1) 初期化 $\boldsymbol{\theta}^{(0)}$
2) 各繰り返し $g(=1,\ldots,n_0+G)$ において
  ● ランダム化：ランダムにブロックを生成 $(\boldsymbol{\theta}_{g,1},\boldsymbol{\theta}_{g,2},\ldots,\boldsymbol{\theta}_{g,p_g})$
  ● M–H: 各ブロックの提案密度がそのブロックの目標密度への調整によって求められている多重ブロック M–H アルゴリズムにより，ブロック $\boldsymbol{\theta}_{g,l}, l=1,\ldots,p_g$ をサンプリング.
3) 最初の n_0 回のサンプルは捨て，G の部分サンプル $\boldsymbol{\theta}^{(n_0+1)},\ldots,\boldsymbol{\theta}^{(n_0+G)}$ を保存する.

ブロックを固定した場合とランダム化した場合の M–H アルゴリズムは応用例の節で紹介する.

5.4 特別な話題

5.4.1 潜在変数を伴う MCMC サンプリング

サンプリングにおいて，潜在変数や補助変数の導入により目標分布を修正できることがある. このアイデアは欠損値問題の文脈ではデータ拡大 (data augmentation) と呼ばれている (Tanner and Wong 1987). 本章では述べないがスライスサンプリング (slice sampling) の方法では補助変数を導入している. 説明は Damien et al. (1999), Mira and Tierney (2002) に詳しい.

$\mathbf{z}$ は潜在変数のベクトル，$\pi(\boldsymbol{\theta},\mathbf{z}|\mathbf{y})$ は修正された目標分布としよう. すると多くの場合（具体例は Li と Tobias による本書の第 6 章），$\boldsymbol{\theta}$ の条件付分布（もしくは $\boldsymbol{\theta}$ の部分要素）は $\mathbf{z}$ により簡単に導出できる. $\boldsymbol{\theta}$ と $\mathbf{z}$ の多重ブロック M–H シミュレーションはサンプル

$$\left(\boldsymbol{\theta}^{(n_0+1)},\mathbf{z}^{(n_0+1)}\right),\ldots,\left(\boldsymbol{\theta}^{(n_0+M)},\mathbf{z}^{(n_0+M)}\right) \sim \pi(\boldsymbol{\theta},\mathbf{z}|\mathbf{y})$$

を抽出できるとしよう. この手続きが終了した時点で，抽出されたサンプル $\boldsymbol{\theta}$ は，本来の目的である $\pi(\boldsymbol{\theta}|\mathbf{y})$ からのサンプルとなっている.

このテクニックはトービット回帰モデル (Chib 1992), 二項順序カテゴリカル分類 (Albert and Chib 1993b), 隠れマルコフモデル (Chib 1996), 状態空間モデル (Carlin et al. 1992; Carter and Kohn 1994; Frühwirth-Schnatter 1994) に利用されている.

例 5.2： 二項プロビットモデルの場合，そのモデルは以下の形で書き表すことができる.

$$z_i|\beta \sim \mathcal{N}(\mathbf{x}_i'\beta, 1),$$
$$y_i = I[z_i > 0], \quad i \leq n,$$

$$\beta \sim \mathcal{N}_k(\beta_0, \mathbf{B}_0) \tag{5.12}$$

このとき,Albert and Chib (1993) のアルゴリズムは扱いやすい完全条件付分布

$$\beta|\mathbf{y}, \{z_i\}; \quad \{z_i\}|\mathbf{y}, \beta$$

からのサンプリングを行う.特に,潜在変数で条件付けられた β の分布は観測データと独立となり,$\{z_i\}$ により与えられる反応データを伴うガウス型線形回帰モデルと同じ形状となる.その形状は,平均 $\hat{\beta} = \mathbf{B}(\mathbf{B}_0^{-1}\beta_0 + \sum_{i=1}^n \mathbf{x}_i z_i)$,分散共分散行列 $\mathbf{B} = (\mathbf{B}_0^{-1} + \sum_{i=1}^n \mathbf{x}_i \mathbf{x}_i')^{-1}$ の多変量正規分布となる.次に,データで条件付けられた潜在クラスの分布とパラメータは

$$\{z_i\}|\mathbf{y}, \beta \stackrel{d}{=} \prod_{i=1}^n z_i|y_i, \beta$$

として n 個の独立な分布の集合に因数分解される.ここでは,各々の潜在クラスとパラメータはデータ y_i に依存する.また,分布 $z_i|y_i, \beta$ は y_i の値に依存して切断された $z_i|\beta$ の分布($y_i = 0$ ならば $z_i \leq 0$,$y_i = 1$ ならば $z_i > 0$)をもつ.つまり,$\text{TN}_{(a,b)}(\mu, \sigma^2)$ を正規分布 $N(\mu, \sigma^2)$ の範囲 (a,b) での切断正規分布とすると,z_i は $y_i = 0$ のとき $\text{TN}_{(-\infty, 0)}(\mathbf{x}_i'\beta, 1)$ からの,$y_i = 1$ のときは $\text{TN}_{(0, \infty)}(\mathbf{x}_i'\beta, 1)$ からのサンプルとなる.

5.5 密度関数の最高値の推定

完全条件付密度が利用できるなら,MCMC で出力されたサンプルは周辺事後密度を推定するために利用できる (Tanner and Wong 1987; Gelfand and Smith 1990).定義より,$\boldsymbol{\theta}_k$ の点 $\boldsymbol{\theta}_k^*$ での周辺密度は

$$\pi(\boldsymbol{\theta}_k^*|\mathbf{y}) = \int \pi(\boldsymbol{\theta}_k^*|\mathbf{y}, \boldsymbol{\theta}_{-k}) \pi(\boldsymbol{\theta}_{-k}|\mathbf{y}) d\boldsymbol{\theta}_{-k}$$

となる.ここで,$\boldsymbol{\theta}_{-k}$ は $\boldsymbol{\theta}$ から $\boldsymbol{\theta}_k$ を除いたパラメータである.既知の $\pi(\boldsymbol{\theta}_k^*|\mathbf{y}, \boldsymbol{\theta}_{-k})$ が与えられると,その周辺密度はサンプル平均

$$\hat{\pi}(\boldsymbol{\theta}_k^*|\mathbf{y}) = G^{-1} \sum_{g=1}^G \pi(\boldsymbol{\theta}_k^*|\mathbf{y}, \boldsymbol{\theta}_{-k}^{(g)})$$

により推定することができる.Gelfand and Smith (1990) ではこの方法を古典統計学におけるラオ–ブラックウェル定理との関連から,ラオ–ブラックウェル化法として言及している.Chib (1995) ではこの方法を 1 つ以上の残りのブロックにより条件付けられた $\boldsymbol{\theta}_k$ の事後密度を推定するための方法へ拡張している.

5.6 サンプラーの性能と診断

MCMC法の実装において，混合比とバーンインサイズを決めるためには，サンプリングアルゴリズムの性能を評価することも重要である．この話題に関しては，例えばCowles and Rosenthal (1998), Gamerman and Lopes (2006), Robert and Casella (2004), Fan et al. (2006), Diaconis et al. (2008) など多数の文献がある．

連鎖が収束しているかどうかはの判断は，実用上は出力されたサンプルに基づいてインフォーマルな方法で評価されている．例えば，自己相関をプロットしたり非効率性因子を調べることで評価している．自己相関の減衰が遅いと連鎖が混合しないという問題が起きる．提案されたサンプルの採択確率を調べることはM–Hマルコフ連鎖との関連から有益である．もしも採択確率が低いときはサンプルの粘性が高く，ゆっくりと不変分布へと近づいていく．

収束とは少し異なるが，Geweke (2004) ではコーディングエラーの評価について出力されたサンプルに基づいて取り扱っている．

5.7 周辺尤度の計算

ベイズ統計において周辺尤度の計算は非常に重要である (Robert 2001; Geweke 2005; Congdon 2006; Carlin and Louis 2008)．なぜなら，モデル間の比較に必要となるためである．

観測データに対して，サンプリング密度 $\{p(\mathbf{y}|\boldsymbol{\theta}_k, \mathcal{M}_k)\}$ と適切な事前密度 $\{\pi(\boldsymbol{\theta}_k|\mathcal{M}_k)\}$ によって定義される K 個のモデル $\mathcal{M}_1, \ldots, \mathcal{M}_K$ が存在する状況を考えよう．そして，その目的は異なるモデルに対するエビデンスをデータ中に見つけることである．ベイジアンアプローチではこの問題に対して，K 個のモデルそれぞれに事前確率 $\Pr(\mathcal{M}_k)$ を付与し，かつ，未知パラメータ $\boldsymbol{\theta}_k$ について周辺化されたデータで条件付けられた事後確率 $\{\Pr(\mathcal{M}_1|\mathbf{y}), \ldots, \Pr(\mathcal{M}_K|\mathbf{y})\}$ を見つけることで答えを与えている．具体的には，$\mathcal{M}_k$ の事後確率は

$$\Pr(\mathcal{M}_k|\mathbf{y}) = \frac{\Pr(\mathcal{M}_k)m(\mathbf{y}|\mathcal{M}_k)}{\sum_{l=1}^{K}\Pr(\mathcal{M}_l)m(\mathbf{y}|\mathcal{M}_l)}$$
$$\propto \Pr(\mathcal{M}_k)m(\mathbf{y}|\mathcal{M}_k), \quad k \leq K$$

によって与えられる．ここで，

$$m(\mathbf{y}|\mathcal{M}_k) = \int p(\mathbf{y}|\boldsymbol{\theta}_k, \mathcal{M}_k)\pi(\boldsymbol{\theta}_k|\mathcal{M}_k)d\boldsymbol{\theta}_k \tag{5.13}$$

はデータの周辺密度であり，$\mathcal{M}_k$ の周辺尤度と呼ばれる．簡単にいうと，$\mathcal{M}_k$ の事後確率は，$\mathcal{M}_k$ の事前確率と $\mathcal{M}_k$ の周辺尤度の積に比例する．モデルについてデータか

ら提供されるエビデンスは各モデルの事後確率を要約している.

事後確率は事後オッズ比

$$\frac{\Pr(\mathcal{M}_i|\mathbf{y})}{\Pr(\mathcal{M}_j|\mathbf{y})} = \frac{\Pr(\mathcal{M}_i)}{\Pr(\mathcal{M}_j)} \frac{m(\mathbf{y}|\mathcal{M}_i)}{m(\mathbf{y}|\mathcal{M}_j)}$$

の意味で要約されることがある.ここで,最初の項は $\mathcal{M}_i$ の $\mathcal{M}_j$ に対する事前オッズ,第 2 項は $\mathcal{M}_i$ の $\mathcal{M}_j$ に対するベイズファクター (Bayes factor) である.

ベイズ法を用いた研究を完成させるための一環として,周辺尤度を推定することが必要となる.事前密度のサンプリングと尤度 $p(\mathbf{y}|\boldsymbol{\theta}_k, \mathcal{M}_k)$ の平均化による周辺尤度推定の明らかな方法は,とても非効率になることが多い.なぜなら,事前密度が尤度の大きな範囲に集中していることはめったにないためである.そのため,他の方法で周辺尤度を推定する必要がある.Green (1995), Carlin and Chib (1995) はパラメータとモデルの同時サンプリングを利用した最初の方法である.Holmes and Mallick (2003), Dellaportas et al. (2006), Jasra et al. (2007) では最近の応用成果が記されている.これらの方法は変数選択 (Cottet et al. 2008; Lamnisos et al. 2009) に特に有効であるが,実装がとても困難になるだろう.そのため,ここでは Chib (1995) の方法に焦点を当て紹介する.この方法は一般的であり実装も簡単である.

表記を簡単にするため,モデルの番号 k は省略する.$m(\mathbf{y})$ は事後密度の正規化定数であるので,どの点 $\boldsymbol{\theta}^*$ に対しても

$$m(\mathbf{y}) = \frac{p(\mathbf{y}|\boldsymbol{\theta}^*)\pi(\boldsymbol{\theta}^*)}{\pi(\boldsymbol{\theta}^*|\mathbf{y})} \tag{5.14}$$

と書くことができる.一般にこの点 $\boldsymbol{\theta}^*$ は事後モードや事後平均などの大きな密度をもつ点が使われる.上記の式は対数変換した形式

$$\log m(\mathbf{y}) = \log p(\mathbf{y}|\boldsymbol{\theta}^*) + \log \pi(\boldsymbol{\theta}^*) - \log \hat{\pi}(\boldsymbol{\theta}^*|\mathbf{y}) \tag{5.15}$$

でも周辺尤度を計算できることを意味している.一般的には右辺の第 1 項と第 2 項は閉形式で利用可能である.$\hat{\pi}(\boldsymbol{\theta}^*|\mathbf{y})$ は事後密度の最高値 (ordinate) の推定量である.Chib (1995) では,その推定量の導出も示されている.

B 個のブロックをもつ MCMC シミュレーションを考えよう.$\boldsymbol{\Theta}_i = (\boldsymbol{\theta}_1, \ldots, \boldsymbol{\theta}_i)$ は 1 から i までのブロックの集合,$\boldsymbol{\Theta}^i = (\boldsymbol{\theta}_i, \ldots, \boldsymbol{\theta}_B)$ は i から B までのブロックの集合,$\mathbf{z}$ はサンプリングに含まれるすべての潜在変数としよう.このとき,

$$\pi(\boldsymbol{\theta}^*|\mathbf{y}) = \pi(\boldsymbol{\theta}_1^*|\mathbf{y}) \times \ldots \times \pi(\boldsymbol{\theta}_i^*|\mathbf{y}, \boldsymbol{\Theta}_{i-1}^*) \times \ldots \times \pi(\boldsymbol{\theta}_B^*|\mathbf{y}, \boldsymbol{\Theta}_{B-1}^*) \tag{5.16}$$

と書くことができる.ここで,

$$\pi(\boldsymbol{\theta}_i^*|\mathbf{y}, \boldsymbol{\Theta}_{i-1}^*) = \int \pi(\boldsymbol{\theta}_i^*|\mathbf{y}, \ \boldsymbol{\Theta}_{i-1}^*, \boldsymbol{\Theta}^{i+1}, \mathbf{z}) \, \pi(\boldsymbol{\Theta}^{i+1}, \mathbf{z}| \, \mathbf{y}, \boldsymbol{\Theta}_{i-1}^*) d\boldsymbol{\Theta}^{i+1} d\mathbf{z}$$

である.これは,$(\boldsymbol{\Theta}^{i+1}, \mathbf{z})$ についてのみ積分し,その値は $\boldsymbol{\Theta}_{i-1}^*$ に条件付けられてい

るため，縮約された条件付最高値 (reduced conditional ordinate) である．その最高値は，完全な MCMC や十分に設計された縮約 MCMC (reduced MCMC) の出力結果から互いの最高値を推定できる．

事例 1 各完全条件付密度の正規化定数が既知であるギブスサンプリングを考えよう．このとき，式 (5.16) の第 1 項はラオ–ブラックウェル化法により推定することができる．典型的な縮約された条件付最高値を推定するためには，完全条件付分布を構成するように縮約 MCMC を設定をする．

$$\left\{\pi(\boldsymbol{\theta}_i|\mathbf{y},\boldsymbol{\Theta}^*_{i-1},\boldsymbol{\Theta}^{i+1},\mathbf{z});\ \ldots;\ \pi(\boldsymbol{\theta}_B|\mathbf{y},\boldsymbol{\Theta}^*_{i-1},\boldsymbol{\theta}_i,\ldots,\boldsymbol{\theta}_{B-1},\mathbf{z});\ \pi(\mathbf{z}|\mathbf{y},\boldsymbol{\Theta}^*_{i-1},\boldsymbol{\Theta}^i)\right\} \tag{5.17}$$

ここでは，$\boldsymbol{\Theta}_{i-1}$ は $\boldsymbol{\Theta}^*_{i-1}$ と等しくなるよう設定される．MCMC の理論から，この連鎖からのサンプル $(\boldsymbol{\Theta}^{i+1},\mathbf{z})$ は分布 $\pi(\boldsymbol{\Theta}^{i+1},\mathbf{z}|\mathbf{y},\boldsymbol{\Theta}^*_{i-1})$ からのサンプルとなり，縮約された条件付最高値は $\boldsymbol{\Theta}^{i+1}$ と $\mathbf{z}$ サンプルより

$$\hat{\pi}(\boldsymbol{\theta}^*_i|\mathbf{y},\boldsymbol{\Theta}^*_{i-1}) = G^{-1}\sum_{g=1}^{G}\pi(\boldsymbol{\theta}^*_i|\mathbf{y},\boldsymbol{\Theta}^*_{i-1},\boldsymbol{\Theta}^{i+1,(g)},\mathbf{z}^{(g)})$$

の平均として推定される．(5.16) 内の分解で現れる互いの部分的な縮約された条件付最高値は同じ方法で推定される．また，周辺化された縮約された条件付最高値が与えられると，その対数周辺尤度は

$$\log \hat{m}(\mathbf{y}|) = \log p(\mathbf{y}|\boldsymbol{\theta}^*) + \log \pi(\boldsymbol{\theta}^*) - \sum_{i=1}^{B}\log \hat{\pi}(\boldsymbol{\theta}^*_i|\mathbf{y},\boldsymbol{\Theta}^*_{i-1}) \tag{5.18}$$

として利用できる．ここで，$p(\mathbf{y}|\boldsymbol{\theta}^*)$ は潜在的なデータ $\mathbf{z}$ を周辺化した密度関数である．

事例 2 次に，完全条件付密度の 1 つ以上の正規化定数がわからない場合の，M–H アルゴリズムについて考えよう．この場合，その事後最高値は Chib and Jeliazkov (2001) によって開発された方法で推定することができる．ここで，提案密度 $q(\boldsymbol{\theta}^{(g)},\boldsymbol{\theta}^\dagger|\mathbf{y})$ と移動確率

$$\alpha(\boldsymbol{\theta}^{(g)},\boldsymbol{\theta}^\dagger|\mathbf{y}) = \min\left\{1, \frac{\pi(\boldsymbol{\theta}^\dagger|\mathbf{y})q(\boldsymbol{\theta}^\dagger,\boldsymbol{\theta}^{(g)}|\mathbf{y})}{\pi(\boldsymbol{\theta}^{(g)}|\mathbf{y})q(\boldsymbol{\theta}^{(g)},\boldsymbol{\theta}^\dagger|\mathbf{y})}\right\}$$

をもつ H–M アルゴリズムによって 1 つのブロックの中でのサンプリングを行うとすると，その事後最高値は

$$\pi(\boldsymbol{\theta}^*|\mathbf{y}) = \frac{\mathbb{E}_1\left\{\alpha(\boldsymbol{\theta},\boldsymbol{\theta}^*|\mathbf{y})q(\boldsymbol{\theta},\boldsymbol{\theta}^*|\mathbf{y})\right\}}{\mathbb{E}_2\left\{\alpha(\boldsymbol{\theta}^*,\boldsymbol{\theta}|\mathbf{y})\right\}}$$

として与えられる．ただし，分子の期待値は分布 $\pi(\boldsymbol{\theta}|\mathbf{y})$ に，分母の期待値 $\mathbb{E}_2$ は提案密度 $q(\boldsymbol{\theta}^*,\boldsymbol{\theta}|\mathbf{y})$ に関するものである．これは，$\boldsymbol{\theta}^{(g)}$ を事後分布からのサンプルとすると，シミュレーション一致推定量は

$$\hat{\pi}(\boldsymbol{\theta}^*|\mathbf{y}) = \frac{G^{-1}\sum_{g=1}^{G}\alpha(\boldsymbol{\theta}^{(g)},\boldsymbol{\theta}^*|\mathbf{y})q(\boldsymbol{\theta}^{(g)},\boldsymbol{\theta}^*|\mathbf{y})}{J^{-1}\sum_{j=1}^{M}\alpha(\boldsymbol{\theta}^*,\boldsymbol{\theta}^{(j)}|\mathbf{y})} \quad (5.19)$$

として与えられる.そこでは,固定された $\boldsymbol{\theta}^*$ が与えられたうえで分母の $\boldsymbol{\theta}^{(j)}$ が $q(\boldsymbol{\theta}^*,\boldsymbol{\theta}|\mathbf{y})$ からサンプルされる.

一般に B 個のブロックでサンプリングが行われるとき,典型的な縮約された条件付最高値は,$\mathbb{E}_1$ を $\pi(\boldsymbol{\Theta}^i,\mathbf{z}|\mathbf{y},\boldsymbol{\Theta}_{i-1}^*)$ に関する期待値,$\mathbb{E}_2$ を積測度 $\pi(\boldsymbol{\Theta}^{i+1},\mathbf{z}|\mathbf{y},\boldsymbol{\theta}_i^*)$ $q_i(\boldsymbol{\theta}_i^*,\boldsymbol{\theta}_i|\mathbf{y},\boldsymbol{\Theta}_{i-1}^*,\boldsymbol{\Theta}^{i+1})$ に関する期待値とすると,

$$\pi(\boldsymbol{\theta}_i^*|\mathbf{y},\boldsymbol{\Theta}_{i-1}^*) = \frac{\mathbb{E}_1\left\{\alpha(\boldsymbol{\theta}_i,\boldsymbol{\theta}_i^*|\mathbf{y},\boldsymbol{\Theta}_{i-1}^*,\boldsymbol{\Theta}^{i+1},\mathbf{z})q_i(\boldsymbol{\theta}_i,\boldsymbol{\theta}_i^*|\mathbf{y},\boldsymbol{\Theta}_{i-1}^*,\boldsymbol{\Theta}^{i+1},\mathbf{z})\right\}}{\mathbb{E}_2\left\{\alpha(\boldsymbol{\theta}_i^*,\boldsymbol{\theta}_i|\mathbf{y},\boldsymbol{\Theta}_{i-1}^*,\boldsymbol{\Theta}^{i+1},\mathbf{z})\right\}}$$
(5.20)

で与えられる.その $\alpha(\boldsymbol{\theta}_i,\boldsymbol{\theta}_i^*|\mathbf{y},\boldsymbol{\Theta}_{i-1}^*,\boldsymbol{\Theta}^{i+1},\mathbf{z})$ は移動確率であり,その2つの期待値は縮約 MCMC の出力から推定される.

5.8 応 用 例

5.8.1 ジャンプ–拡散モデル

ここでは,MCMC 法の実際の応用として Chan and Wong (2006) の事例を紹介する.このモデルは下記のような MCMC がもつ興味深い一面が反映されている.

- 多重ブロック MCMC サンプリングにおいて,各ブロックが完全条件付分布から発生する候補によってアップデートされている.
- 周辺化によりサンプリングの効率が改善されている.
- 混合分布を利用している.
- サンプリングの単純化のために潜在変数を利用している.

ここで考えるモデルは,連続時間の投資利益が下式で与えられると仮定する.

$$d\log r_t = \mu dt + J_t dN_t + \sigma dW_t$$

ただし,

$$J_t|\boldsymbol{\theta} \sim \mathcal{N}(k,s^2)$$

はジャンプ成分,N_t は強度 (intensity) λ を伴うポアソン過程,W_t はウィーナー過程,

$$\boldsymbol{\theta} = (\mu,k,\sigma^2,s^2,\lambda)$$

はパラメータとする.

ここで,この過程は期間 $(i=0,1,\ldots,n)$ における n 個の等間隔の時点 $t_1,\ldots,t_n$ で観測されるとしよう.ただし,$t_{i+1}=t_i+\Delta$, $t_0=0$, $t_n=T$, $\Delta=T/n$ である.そうするとオイラー法により投資利益のモデルは次式で与えられる.

$$\log r_{t_{i+1}} - \log r_{t_i} = \mu\Delta + J_{t_i}(N_{t_{i+1}} - N_{t_i}) + \sigma(W_{t_{i+1}} - W_{t_i})$$

さらに，ポアソン過程とウィーナー過程の特性

$$\Delta N_t | \boldsymbol{\theta} \sim \mathcal{B}er(q)$$

試行の成功確率 $q = \lambda\Delta$ のベルヌーイ確率に加え，

$$\varepsilon_t | \boldsymbol{\theta} \sim \mathcal{N}(0, \sigma^2 \Delta)$$

の関係から，

$$y_t = \mu\Delta + J_t \Delta N_t + \varepsilon_t \tag{5.21}$$

と記述することができる．この仮定の下で

$$p(y_t | J_t, \Delta N_t, \boldsymbol{\theta}) = \mathcal{N}(y_t | \mu\Delta + J_t \Delta N_t, \sigma^2 \Delta) \tag{5.22}$$

である．式 (5.22) によりモデルが与えられると，サンプリング中に $\{J_t\}$ と $\{\Delta N_t\}$ を含んでいるため，事前分布と事後分布の解析に役立つ．しかしながら，J_t と ΔN_t は積の形で式中にあり，かつ，観測されないため，注意深くサンプリングをする必要がある．結果として，一方に条件付けられたもう片方のサンプリングは強い相関をもつ可能性が高い．その指摘は Chib et al. (2006) によって因子モデルの文脈で与えられ，J_t について周辺化された N_t をサンプルすることで解法が与えられた．また，J_t の周辺化は μ のサンプリングも手助けする．それは Chib and Carlin (1999) により，J_t をランダム効果の均衡とするパネルモデルの文脈で述べられている．よって，J_t を周辺化した y_t の分布は

$$p(y_t | \Delta N_t, \boldsymbol{\theta}) = \mathcal{N}(y_t | x_t' \boldsymbol{\beta}, V_t) \tag{5.23}$$

で与えられる．ただし，$\boldsymbol{\beta} = (\mu, k)'$，

$$x_t' = (\Delta, \Delta N_t),$$
$$V_t = \sigma^2 \Delta + s^2 \Delta N_t$$

である．ここで，$(\Delta N_t)^2 = \Delta N_t$ であるため，ΔN_t についての周辺化により y_t の密度関数は

$$\begin{aligned} p(y_t | \boldsymbol{\theta}) &= q p(y_t | \Delta N_t = 1, \boldsymbol{\theta}) + (1-q) p(y_t | \Delta N_t = 0, \boldsymbol{\theta}) \\ &= q \mathcal{N}(y_t | \mu\Delta + k, \sigma^2 \Delta + s^2) + (1-q) \mathcal{N}(y_t | \mu\Delta, \sigma^2 \Delta) \end{aligned}$$

として 2 つの正規分布の混合分布として表すことができる．よって，独立に分布する出力 $\mathbf{y} = (y_1, \ldots, y_n)$ が与えられたとき，その出力の同時分布は

$$p(\mathbf{y} | \boldsymbol{\theta}) = \prod_{t=1}^{n} \left\{ q \mathcal{N}(y_t | \mu\Delta + k, \sigma^2 \Delta + s^2) + (1-q) \mathcal{N}(y_t | \mu\Delta, \sigma^2 \Delta) \right\} \tag{5.24}$$

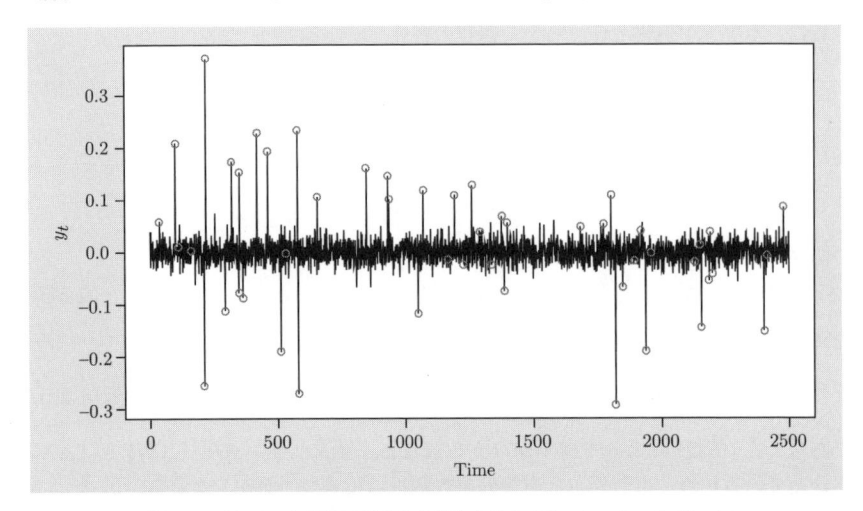

図 5.7 ジャンプ-拡散モデルから発生させたシミュレーションデータ
図中の丸はジャンプ成分を含む観測データ.

となる.この分布は混合分布であるが,"ラベルスイッチング"の問題は起こらない.なぜなら,第2項と明らかに異なる第1項の成分は確率 q で発生し,この確率 q は確率 $(1-q)$ よりも十分に小さいことが期待できるためである.このように,$\Delta N_t = 1$ である第1項と $\Delta N_t = 0$ である第2項では,データの確率分布が変化しない場合はラベルスイッチングは起こらない.

このモデルがどのように推定されるのかを見るために,モデルからデータを発生させてみよう.ここでは,$T = 10$(10年間),$\Delta = 1/250$(1年間に取引日が 250 日),$\mu = 0.08$(年 8% の利益率),$k = 0$,$s^2 = 0.15$,$\lambda = 5$(毎年平均5回のジャンプ),$\sigma = 0.3$(年次ボラティリティ30%)の仮定の下で,観測数 $n = 2500$ とし,シミュレーションを行う.その結果を図 5.7 に示す.

推定を行うために,下の事前分布を設定した.

$$\boldsymbol{\beta} = (\mu, k)' \sim \mathcal{N}_2(\boldsymbol{\beta}_0, \mathbf{B}_0)$$
$$\sigma^2 \sim \mathcal{IG}\left(\frac{\nu_0}{2}, \frac{\delta_0}{2}\right)$$
$$s^2 \sim \mathcal{IG}\left(\frac{\nu_{00}}{2}, \frac{\delta_{00}}{2}\right)$$
$$q \sim \mathcal{B}eta(a_0, b_0)$$

ただし,$\boldsymbol{\beta}_0 = (0.05, 0)$,$\mathbf{B}_0 = \mathrm{diag}(0.01, 0.01)$,$\nu_0 = 12$,$\delta_0 = 1$,$\nu_{00} = 4.889$,$\delta_{00} = 0.058$,$a_0 = 0.9$,$b_0 = 12.1$ である.この MCMC アルゴリズムは次の4つのブロックからなる.

1) $\pi(\boldsymbol{\beta}, q | \{y_t\}, \{\Delta N_t\}, \sigma^2, s^2)$ からのサンプル $(\boldsymbol{\beta}, q)$. (5.23) と $\boldsymbol{\beta}$ と q の事前分布の結合で, $\boldsymbol{\beta}$ と q は次式のように事後的に独立となる.

$$\pi(\boldsymbol{\beta}, q | \{y_t\}, \{\Delta N_t\}, \sigma^2, s^2) = \pi(\boldsymbol{\beta} | \{y_t\}, \{\Delta N_t\}, \sigma^2) \pi(q | \{\Delta N_t\})$$
$$= \mathcal{N}_2(\boldsymbol{\beta} | \hat{\boldsymbol{\beta}}, \mathbf{B}) \text{Beta}(q | a_0 + n_1, b_0 + (n - n_1))$$

ただし,

$$\mathbf{B} = \left(\mathbf{B}_0^{-1} + \sum_{t=1}^{n} x_t V_t^{-1} x_t' \right)^{-1}$$
$$\hat{\boldsymbol{\beta}} = \mathbf{B} \left(\mathbf{B}_0^{-1} \boldsymbol{\beta}_0 + \sum_{t=1}^{n} x_t V_t^{-1} y_t \right)$$

n_1 は ΔN_t の合計(サンプル中のジャンプの合計)である.

2) $t = 1, \ldots, n$ についての $\Delta N_t | y_t, \boldsymbol{\theta}$ からの ΔN_t のサンプル. ΔN_t は事前確率 q と $(1-q)$ でそれぞれ 0 か 1 の値をとるため, ベイズの定理によりその確率は

$$\Pr(\Delta N_t = 1 | y_t, \boldsymbol{\theta}) \propto q p(y_t | \Delta N_t = 1, \boldsymbol{\theta}) \propto q \mathcal{N}(y_t | \mu \Delta + k, \sigma^2 \Delta + s^2)$$
$$\Pr(\Delta N_t = 0 | y_t, \boldsymbol{\theta}) \propto (1-q) p(y_t | \Delta N_t = 0, \boldsymbol{\theta}) \propto (1-q) \mathcal{N}(y_t | \mu \Delta, \sigma^2 \Delta)$$

となる.

3) $\Delta N_t = 1$ のときの $J_t | y_t, \Delta N_t = 1, \boldsymbol{\theta}$ からのサンプル J_t. この分布は

$$y_t - \mu \Delta = J_t + \varepsilon_t$$

からの回帰として導出できる. この分布は

$$\mathcal{N}(\hat{J}_t, Q_t)$$

となる. ただし,

$$Q_t = \left(s^{-2} + (\sigma^2 \Delta)^{-1} \right)^{-1}$$
$$\hat{J}_t = Q_t \left(s^{-2} k + (\sigma^2 \Delta)^{-1} (y_t - \mu \Delta) \right)$$

である.

4) $(\sigma^2, s^2) | \{y_t\}, \{\Delta N_t\}, \{J_t\}, \boldsymbol{\beta}, q$ からのサンプル σ^2 と s^2. ベイズの定理から σ^2 と s^2 は独立であることは簡単にチェックできる.

$$\pi(\sigma^2, s^2 | \{y_t\}, \{\Delta N_t\}, \{J_t\}, \boldsymbol{\beta}, q) = \pi(\sigma^2 | \{y_t\}, \{\Delta N_t\}, \{J_t\}, \boldsymbol{\beta}) \pi(s^2 | \{J_t\}, \boldsymbol{\beta})$$
$$= \mathcal{IG}\left(\sigma^2 \middle| \frac{\nu_0 + n}{2}, \frac{\delta_0 + \frac{1}{\Delta} \sum (y_t - \mu \Delta - J_t \Delta N_t)^2}{2} \right)$$
$$\times \mathcal{IG}\left(s^2 \middle| \frac{\nu_{00} + n}{2}, \frac{\delta_{00} + \sum (J_t - k)^2}{2} \right)$$

表 5.1 ジャンプ–拡散モデルの事後要約統計量

	事前分布		事後分布				
	平均	標準偏差	平均	標準偏差	2.5% 点	97.5% 点	非効率性因子
μ	0.050	0.100	0.042	0.070	-0.095	0.177	1.000
k	0.000	0.100	0.016	0.024	-0.030	0.064	1.000
σ^2	0.100	0.050	0.091	0.003	0.086	0.096	1.000
$s2$	0.040	0.020	0.025	0.006	0.016	0.038	1.200
q	0.050	0.050	0.018	0.003	0.012	0.025	1.997

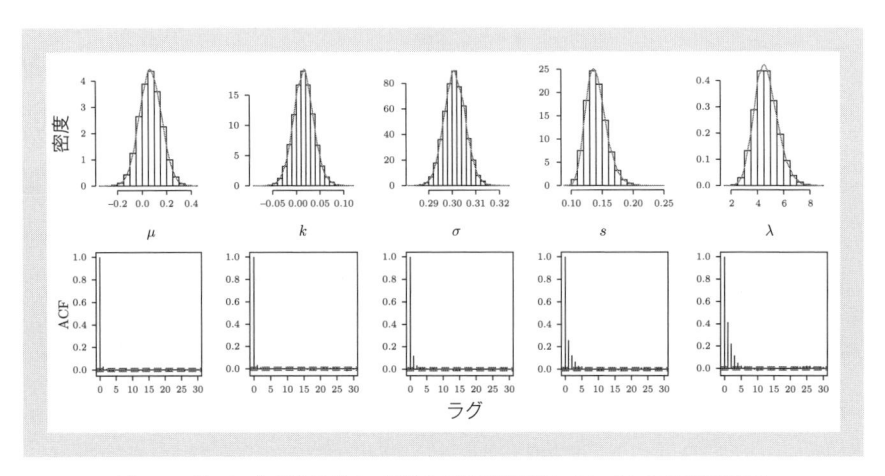

図 5.8 ジャンプ–拡散モデル：周辺化事後密度関数とサンプルの自己相関関数
$n_0 = 1000, G = 20,000$ での結果.

21,000 回の MCMC 反復を実行し，最初の 1000 ステップをバーンインとした．ここでは，サンプル平均，サンプル偏差，サンプルの 2.5% パーセンタイル点と 97.5% パーセンタイル点に要約する．これらは事後パラメータの MCMC 推定量である．また，サンプルの非効率性因子も計算する．その結果を表 5.1 に示す．表 5.1 から，この問題ではノイズにより μ の推定は難しいことがわかるが，設定した真値に近い推定値となっている．表の最終列の非効率性因子は小さく，サンプラーは仮想的に独立なサンプルと同じくらい混合していることがわかる．これは，カーネルスムージングにより計算され，図 5.8 の上の図により説明される．下の図はサンプルの自己相関関数である．

5.8.2 DSGE モデル

もう 1 つの事例として第 7 章で述べる DSGE モデルを紹介する．DSGE モデルの興味深い特徴は，このモデルを解くプロセスが複雑なため，閉形式で記述できない強

い非線形性の縮約モデルの中に構造的なパラメータが現れることである．この非線形性のため，パラメータ推定には多大なチャレンジを必要とする．ここで最尤法は，合理的なパラメータ推定量を求めることができるとは限らない．しかしながらベイジアンアプローチでは，頻度論的アプローチに代わって有効な方法を提示する．なぜなら，事前分布を利用することで，経済学的に意味のあるパラメータ空間の範囲に注意を集中することが可能なためである．

ここでは，Ireland (2004) のスケールの小さい DSGE モデルを考えよう．オリジナルの非線形モデルを定常状態の周辺での対数線形化 (Ireland 2004) は，下のシステム方程式によって表現される．

$$\hat{x}_t = \alpha_x \hat{x}_{t-1} + (1 - \alpha_x)\mathbb{E}_t\hat{x}_{t+1} - (\hat{r}_t - \mathbb{E}_t\hat{\pi}_{t+1}) + (1 - \omega)(1 - \rho_a)\hat{a}_t$$
$$\hat{\pi}_t = \beta\alpha_\pi\hat{\pi}_{t-1} + \beta(1 - \alpha_\pi)\mathbb{E}_t\hat{\pi}_{t+1} + \psi\hat{x}_t - \hat{e}_t$$
$$\hat{g}_t = \hat{y}_t - \hat{y}_{t-1} + \hat{z}_t$$
$$\hat{x}_t = \hat{y}_t - \omega\hat{a}_t$$
$$\hat{r}_t = \rho_r\hat{r}_{t-1} + \rho_\pi\hat{\pi}_t + \rho_g\hat{g}_t + \rho_x\hat{x}_t + \varepsilon_{r,t} \tag{5.25}$$

ここで，x_t, g_t, π_t, r_t, y_t は，それぞれ産出量ギャップ (output gap)，経済成長率 (output growth)，インフレーション (inflation)，名目金利 (nominal interest rate)，統計的にトレンドが除去された産出量を表す．また，^は定常状態や平均値からの各変数の対数偏差，$\mathbb{E}_t$ は合理的期待によって形成される経済圏の中のエージェントによる関係変数の期待値，$\hat{a}_t$ は選好の外生的シフト，$\hat{e}_t$ は生産コストの外生的シフト，$\hat{z}_t$ は技術力の外生的シフトを表す．これらの方程式は，先行 IS 曲線 (forward-looking IS curve)，ケインジアン–フィリップス曲線 (Keynesian Phillips curve)，産出量ギャップの成長率，修正テーラールール (modified Taylor rule) (1993) を表している．さらに，外生的な過程 $\hat{a}_t$, $\hat{e}_t$, $\hat{z}_t$ は

$$\hat{a}_t = \rho_a\hat{a}_{t-1} + \varepsilon_{a,t}$$
$$\hat{e}_t = \rho_e\hat{e}_{t-1} + \varepsilon_{e,t}$$
$$\hat{z}_t = \varepsilon_{z,t} \tag{5.26}$$

として独立に駆動して発展することを仮定する．このモデルのイノベーション (innovation) と呼ばれる $\boldsymbol{\varepsilon}_t = [\varepsilon_{a,t}, \varepsilon_{e,t}, \varepsilon_{z,t}, \varepsilon_{r,t}]'$ は多変量正規分布

$$\boldsymbol{\varepsilon}_t \sim \mathcal{N}_4(\mathbf{0}, \boldsymbol{\Omega}),$$
$$\boldsymbol{\Omega} = \mathrm{diag}(\sigma_a^2, \sigma_e^2, \sigma_z^2, \sigma_r^2)$$

に従うと仮定する．

経済成長率とインフレーションの定常状態値を決める非線形モデルの中のパラメー

タには z と π がある．加えて，β は，$\bar{r} = z\pi/\beta$ の関係から，短期名目金利の定常状態値を決定する．Ireland (2004) において，z, π, β の値は，それぞれデータ中の産出量ギャップ，インフレーション，名目金利の平均値を用いている．また，ψ と ρ_r はそれぞれ 0.10 と 1.00 に固定されている．残りのパラメータを

$$\boldsymbol{\theta} = (\omega, \alpha_x, \alpha_\pi, \rho_\pi, \rho_g, \rho_x, \rho_a, \rho_e, \sigma_a, \sigma_e, \sigma_z, \sigma_r)$$

と書く．その中のパラメータ $(\omega, \alpha_x, \alpha_\pi, \rho_\pi, \rho_g, \rho_x)$ は構造パラメータと呼ばれる ($\omega, \alpha_x, \alpha_\pi$ は 0〜1 の値をとると仮定され，ρ_π, ρ_g, ρ_x は 0 より大きい値をとる)．また，(ρ_a, ρ_e) も 0 から 1 の値をとると仮定する．ここで，$\mathcal{S}_L$ をこれらの線形制約を満たす $\mathcal{R}^{12}$ の部分空間とする．加えて，その部分空間はパラメータ群を解空間の決定性領域に制限する．その制約集合を $\mathcal{S}_L$ とする．また，分散パラメータ σ_i^2 は正値性と正定値性制約を満たす範囲 $\mathcal{S}_\Omega$ に入る．

さて，ある $\boldsymbol{\theta}$ の値が与えられたなら，そのモデル

$$\mathbf{s}_t = \mathbf{D}(\boldsymbol{\theta})\mathbf{s}_{t-1} + \mathbf{F}(\boldsymbol{\theta})\boldsymbol{\varepsilon}_t, \tag{5.27}$$

$$\mathbf{s}_t = [\hat{y}_t, \hat{r}_t, \hat{\pi}_t, \hat{g}_t, \hat{x}_t, \hat{a}_t, \hat{e}_t, \hat{z}_t, \mathbb{E}_t\hat{\pi}_{t+1}, \mathbb{E}_t\hat{x}_{t+1}]'$$

は，外生変数内のマルコフ過程を生成する決定性制約に従い解かれると仮定しよう．また，行列 $\mathbf{D}(\boldsymbol{\theta})$ と $\mathbf{F}(\boldsymbol{\theta})$ は数値解により得られるモデルパラメータの陰関数である．

ここで用いるデータは，1980〜2003 年の定常状態や平均値から得られた，経済成長率 $\hat{g}_t$，インフレーション $\hat{\pi}_t$，短期名目金利 $\hat{r}_t$ の対数偏差の時系列である．観測方

表 5.2 Ireland (2004) のモデルにおける TaRB-MH アルゴリズムによる事後分布のサンプリング結果

パラメータ	事前分布		事後分布			
	平均	標準偏差	平均	数値的標準誤差	90% 区間	非効率性因子
ω	0.20	0.10	0.1089	0.0010	[0.0381,0.2036]	5.2791
α_x	0.10	0.05	0.0778	0.0006	[0.0186,0.1669]	2.7625
α_π	0.10	0.05	0.0807	0.0009	[0.0184,0.1819]	4.9731
ρ_π	0.30	0.10	0.5522	0.0023	[0.3341,0.7767]	4.1913
ρ_g	0.30	0.10	0.3747	0.0011	[0.2751,0.4867]	3.9146
ρ_x	0.25	0.0625	0.2001	0.0016	[0.1108,0.3134]	9.2058
ρ_a	0.85	0.10	0.9310	0.0008	[0.8814,0.9662]	15.013
ρ_e	0.85	0.10	0.8674	0.0016	[0.7582,0.9555]	9.7198
$10000\sigma_a^2$	30.00	30.00	15.7994	0.3784	[6.0171,38.228]	15.814
$10000\sigma_e^2$	0.08	1.00	0.0068	0.0000	[0.0041,0.0107]	6.2913
$10000\sigma_z^2$	5.00	15.00	0.7633	0.0030	[0.4785,1.1145]	3.1988
$10000\sigma_r^2$	0.50	2.00	0.0969	0.0005	[0.0635,0.1443]	6.3380

注意：表中の結果は初期値に事前平均を使用しているが，その結果は初期値にほとんど影響を受けない．

程式は次式となる.

$$\underbrace{\begin{bmatrix} \hat{g}_t \\ \hat{\pi}_t \\ \hat{r}_t \end{bmatrix}}_{\mathbf{y}_t} = \underbrace{\begin{bmatrix} 0 & 0 & 0 & 1 & 0 & 0 & 0 & 0 & 0 & 0 \\ 0 & 0 & 1 & 0 & 0 & 0 & 0 & 0 & 0 & 0 \\ 0 & 1 & 0 & 0 & 0 & 0 & 0 & 0 & 0 & 0 \end{bmatrix}}_{\mathbf{B}} \mathbf{s}_t \tag{5.28}$$

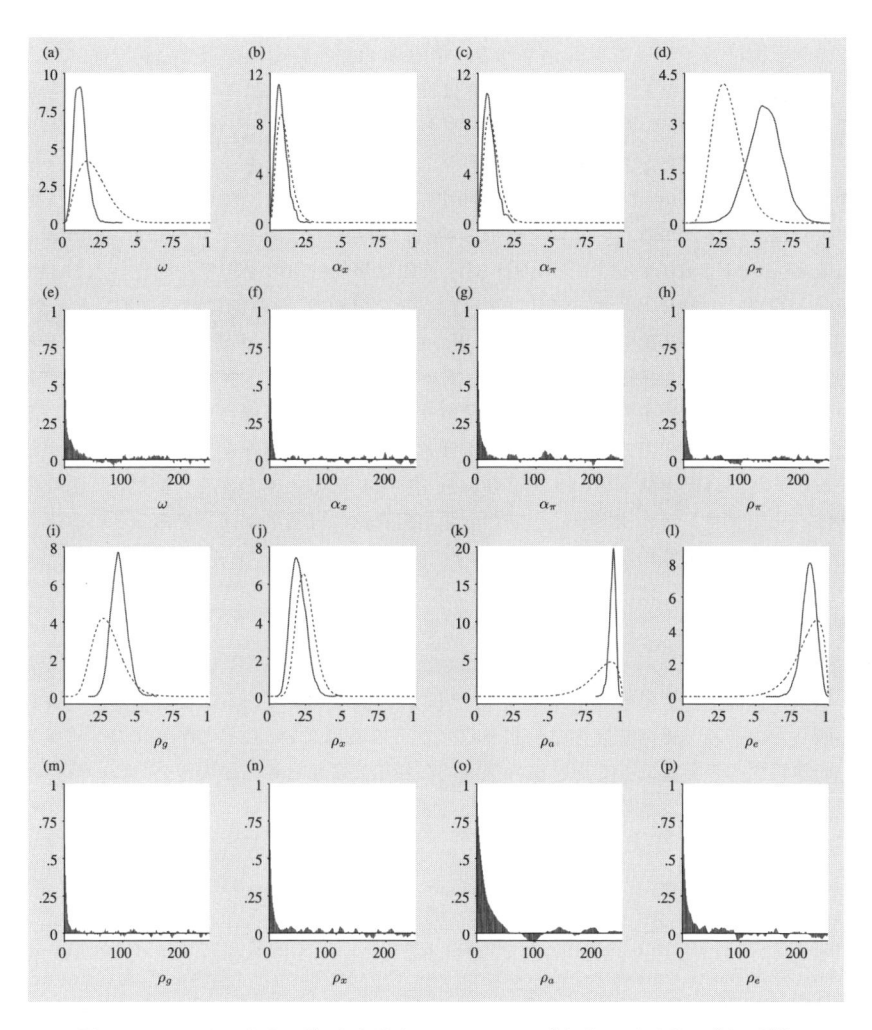

図 5.9　Ireland (2004) のモデルにおける TaRB-MH アルゴリズムによるサンプリング結果：周辺化した事前–事後分布のプロットと構造パラメータと自己回帰パラメータの自己相関関数

この状態空間表現が与えられたなら，その尤度は通常のカルマンフィルタ (Kalman filter) によって計算することができる．このモデルを完成させるためには，各パラメータの事前分布を特定する必要がある．利用した事前分布を表 5.2 に示す．

ここでは，尤度と事前分布の結合から得られる事後分布に興味がある．Chib and Ramamurthy (2010) の TaRB-MH アルゴリズムを利用して事後分布を要約している．上記で述べたとおり，このアルゴリズムではパラメータ群は M–H アルゴリズムによって各ブロックの中でアップデートされる．しかし，ブロックの数と構成はすべての MCMC 反復でランダム化される．第 3 章の提案密度の選択の文脈で述べたように，各ブロックの M–H 法の提案密度は目標分布への調整によって順に得ることができる．つまり，その提案密度は，自由度が 15，位置がモード，ばらつきが負のヘッシアンの逆行列である多変量スチューデントの t 分布の形をもつ．この問題では，焼きなまし法 (simulated annealing) を利用することができる（焼きなまし法とは，通常の勾配法の実装が難しい場合の強力な統計的最適化法である．詳しくは Chib and Ramamurthy 2010 を参照)．TaRB-MH 連鎖は事前分布の平均で初期化し，11,000 回の MCMC の繰り返しサンプリングを行った．最初の 1000 回はバーンインとした．

事後分布の要約を表 5.2 に示す．この表からわかるように，非効率性因子はほとんど 1 桁台であり，連鎖がとてもよく混合していることがわかる．図 5.9 に，このモデルの事前分布と事後分布のプロットと構造パラメータと自己回帰パラメータを示す．ほとんどのパラメータで，尤度関数が事前分布がもつ以上の情報を与えていることがわかる．また，自己相関が短いラグで 0 に近づいていることもわかる．MCMC 法の成功は，サンプリングの初期値にかかわらず，実質的には結果が同一であるという事実によって明らかにされる．

5.9 おわりに

ベイズ統計学と計量経済学にとって，MCMC 法が重要であることは本章の内容から明らかである．その重要性は誇張されすぎることはない．ここ 20 年間のベイジアンの注目すべき発展は MCMC 法の革新的な使用によるところが大きい．この章では十分にそのことを確かめることができた．

文　献

Albert, J. H., and Chib, S. (1993a), "Bayes Inference via Gibbs Sampling of Autoregressive Time Series Subject to Markov Mean and Variance Shifts," *Journal of Business and Economic Statistics*, 11, 1–15.

―― (1993b), "Bayesian Analysis of Binary and Polychotomous Response Data," *Journal of the American Statistical Association*, 88: 669–79.

Carlin, B. P. and Chib, S. (1995), "Bayesian Model Choice via Markov Chain Monte Carlo

Methods," *Journal of the Royal Statistical Society, Series B*, 57: 473–84.
—— and Louis, T. (2008), *Bayes and Empirical Bayes Methods for Data Analysis*, 3rd edn., Boca Raton, Fla.: Chapman & Hall.
Polson, N. G., and Stoffer, D. (1992), "A Monte Carlo Approach to Nonnormal and Nonlinear State-Space Modelling," *Journal of the American Statistical Association*, 87: 493–500.
Carter, C. K., and Kohn, R. (1994), "On Gibbs Sampling for State-Space Models," *Biometrika*, 81: 541–53.
Chan, N. H., and Wong, H. Y. (2006), *Simulation Techniques in Financial Risk Management*, New York: John Wiley and Sons.
Chib, S. (1992), "Bayes Inference in the Tobit Censored Regression Model," *Journal of Econometrics*, 51: 79–99.
—— (1995), "Marginal Likelihood from the Gibbs Output," *Journal of the American Statistical Association*, 90: 1313–21.
—— (1996), "Calculating Posterior Distributions and Modal Estimates in Markov Mixture Models," *Journal of Econometrics*, 75: 79–97.
—— (2001), "Markov Chain Monte Carlo Methods: Computation and Inference," in J. J. Heckman and E., Leamer (eds.), *Handbook of Econometrics*, vol. 5, Amsterdam: North-Holland, 3569–649.
—— and Carlin, B. (1999), "On MCMC Sampling in Hierarchical Longitudinal Models," *Statistics and Computing*, 9: 17–26.
—— and Greenberg, E. (1994), "Bayes Inference in Regression Models with ARMA (p,q) Errors," *Journal of Econometrics*, 64: 183–206.
—— (1995), "Understanding the Metropolis-Hastings Algorithm," *The American Statistician*, 49: 327–35.
Chib, S. and Jeliazkov, I. (2001), "Marginal Likelihood from the Metropolis-Hastings Output," *Journal of the American Statistical Association*, 96: 270–81.
Nardari F., and Shephard, N. (2006), "Analysis of High Dimensional Multivariate Stochastic Volanility Models," *Journal of Econometrics*, 134: 341–71.
—— and Ramamurthy, S. (2010), "Tailored Randomized-block MCMC Methods with Application to DSGE Models," *Journal of Econometrics*, 155: 19–38.
Congdon, P. (2006), *Bayesian Statistical Modelling*, 2nd edn., Chichester: John Wiley & Sons.
Cottet, R., Kohn, R. J., and Nott, D. J. (2008), "Variable Selection and Model Averaging in Semiparametric Overdispersed Generalized Linear Models," *Journal of the American Statistical Association*, 103: 661–71.
Cowles, M. K. and Rosenthal, J. S. (1998), "A Simulation Approach to Convergence Rates for Markov Chain Monte Carlo Algorithms," *Statistics and Computing*, 8: 115–24.
Damien, P., Wakefield, J., and Walker, S. (1999), "Gibbs Sampling for Bayesian Nonconjugate and Hierarchical Models by Using Auxiliary Variables," *Journal of the Royal Statistical Society Series B—Statistical Methodology*, 61: 331–44.
Del Moral, P., Doucet, A., and Jasra, A. (2006), "Sequential Monte Carlo Samplers," *Journal of the Royal Statistical Society Series B—Statistical Methodology*, 68: 411–36.
Dellaportas, P., Friel, N., and Roberts, G. O. (2006), "Bayesian Model Selection for Partially Observed Diffusion Models," *Biometrika*, 93: 809–25.
Diaconis, P., Khare, K., and Saloff-Coste, L. (2008), "Gibbs Sampling, Exponential Families and Orthogonal Polynomials," *Statistical Science*, 23: 151–78.
Fan, Y., Brooks, S. P., and Gelman, A. (2006), "Output Assessment for Monte Carlo Simulations via the Score Statistic," *Journal of Computational and Graphical Statistics*, 15: 178–206.

Frühwirth-Schnatter, S. (1994), "Data Augmentation and Dynamic Linear Models," *Journal of Time Series Analysis*, 15: 183–202.

Gamerman, D., and Lopes, H. F. (2006), *Markov Chain Monte Carlo: Stochastic Simulation for Bayesian Inference*, 2nd edn., Boca Raton, Fla.: Chapman and Hall/CRC.

Gelfand, A. E., and Smith, A. F. (1990), "Sampling-Based Approaches to Calculating Marginal Densities," *Journal of the American Statistical Association*, 85: 398–409.

Geman, S., and Geman, D. (1984), "Stochastic Relaxation, Gibbs Distribution and the Bayesian Restoration of Images," *IEEE Transactions, PAMI*, 6: 721–41.

Geweke, J. (1989), "Bayesian Inference in Econometric Models Using Monte Carlo Integration," *Econometrica*, 57: 1317–39.

—— (2004), "Getting it Right: Joint Distribution Tests of Posterior Simulators," *Journal of the American Statistical Association*, 99: 799–804.

—— (2005), *Contemporary Bayesian Econometrics and Statistics*, Hoboken, NJ: John Wiley & Sons.

Green, P. J. (1995), "Reversible Jump Markov chain Monte Carlo Computation and Bayesian Model Determination," *Biometrika*, 82: 711–32.

Hastings, W. K. (1970), "Monte-Carlo Sampling Methods Using Markov Chains and their Applications," *Biometrika*, 57: 97–109.

Holmes, C. C., and Mallick, B. K. (2003), "Generalized Nonlinear Modeling with Multivariate Free-Knot Regression Splines," *Journal of the American Statistical Association*, 98: 352–68.

Ireland, P. N. (2004), "Technology Shocks in the New Keynesian Model," *The Review of Economics and Statistics*, 86: 923–36.

Jasra, A., Stephens, D. A., and Holmes, C. C. (2007), "Population-Based Reversible Jump Markov Chain Monte Carlo," *Biometrika*, 94: 787–807.

Jones, G. L., Haran, M., Caffo, B. S., and Neath, R. (2006), "Fixed-Width Output Analysis for Markov Chain Monte Carlo," *Journal of the American Statistical Association*, 101: 1537–47.

Kim, S., Shephard, N., and Chib, S. (1998), "Stochastic Volatility: Likelihood Inference and Comparison with ARCH Models," *Review of Economic Studies*, 65: 361–93.

Kloek, T., and Van Dijk, H. K. (1978), "Bayesian Estimates of Equation System Parameters: An Application of Integration by Monte Carlo," *Econometrica*, 46: 1–20.

Lamnisos, D., Griffin, J. E., and Steel, M. F. J. (2009), "Transdimensional Sampling Algorithms for Bayesian Variable Selection in Classification Problems with Many More Variables than Observations," *Journal of Computational and Graphical Statistics*, 18: 592–612.

Liu, J. S. (2001), *Monte Carlo Strategies in Scientific Computing*, New York: Springer.

Metropolis, N., Rosenbluth, A. W., Rosenbluth, M. N., Teller, A. H., and Teller, E. (1953), "Equations of State Calculations by Fast Computing Machines," *Journal of Chemical Physics*, 21: 1087–92.

Mira, A., and Tierney, L. (2002), "Efficiency and Convergence Properties of Slice Samplers," *Scandinavian Journal of Statistics*, 29: 1–12.

Ripley, B. D. (1987), *Stochastic Simulation*, New York: Wiley.

Robert, C. P. (2001), *The Bayesian Choice*, 2nd edn., New York: Springer Verlag.

—— and Casella, G. (2004), *Monte Carlo Statistical Methods*, 2nd edn., New York: Springer Verlag.

Roberts, G. O. and Rosenthal, J. S. (2004), "General State Space Markov Chains and MCMC Algorithms," *Probability Surveys*, 1: 20–71.

—— (2006), "Harris Recurrence of Metropolis-within-Gibbs and Trans-dimensional Markov Chains," *Annals of Applied Probability*, 16: 2123–39.

Rubin, D. B. (1988), "Using the SIR Algorithm to Simulate Posterior Distributions," in J. M. Bernardo, M. H. DeGroot, D. V. Lindley, and A. F. M. Smith (eds), *Bayesian Statistics 3*, Oxford: Oxford University Press, 395–402.

Tanner, M. A., and Wong, W. H. (1987), "The Calculation of Posterior Distributions by Data Augmentation (with Discussion)," *Journal of the American Statistical Association*, 82: 528–50.

Taylor, J.B. (1993), "Discretion versus Policy Rules in Practice," *Carnegie-Rochester Conference Series on Public Policy*, 39: 195–214.

Tierney, L. (1994), "Markov Chains for Exploring Posterior Distributions," *Annals of Statistics*, 22: 1701–28.

III 応用

6

ミクロ計量経済学におけるベイズ法

6.1 はじめに

　本章はミクロ経済学でよく登場するモデルのベイズ分析入門として役立つことを目的としている．以下では，様々なモデルのマルコフ連鎖モンテカルロ法 (Markov chain Monte Carlo (MCMC) method) を用いた事後シミュレーション (posterior simulation) における手順を適度に詳しく説明し，応用ミクロ計量経済学の分野でベイズ推測を"どのように"実行するかを幅広く取り上げる．その際，この分野におけるモデル推定のために，頻度論者 (frequentist) の立場による既存手法ではなく，"なぜ"ベイズアプローチを選んでも良いのかについて議論する．この問いに対する我々の答えは理論に根ざしたものではなく，むしろ，実用性の立場から，経済学的に重要で，興味を引く対象に関する有限標本に基づく点推定値を計算したり事後分布を導出するために，事後分布からのシミュレーションを使うことが容易である側面を強調する．

　本章における説明は Koop (2003), Lancaster (2004), Geweke (2005), Koop et al. (2007) などの近年出版されたベイズ計量経済学のテキストと同程度の水準である．事実，読者は本章を本書における他のより専門的な章への入門とみなすこともできるだろう．例えば，本章の分析の多くは正規分布からデータが生成されるという仮定の下で説明されるが，第 4 章で Griffin らはそのような制限的な仮定を緩めた柔軟な代替案を提供している．さらに，第 8 章で Rossi と Allenby もまた本章で説明する基礎的な階層モデルや多項選択モデルの枠組みにおけるデータ生成分布やパラメータの事前分布に関する仮定のいくつかを緩めて，マーケティングの分野における応用分析でそのようなモデルが有用であることを説明している．しかし，本章ではミクロ計量経済学全般という広い領域を取り扱うので，1 つのモデルに関する説明は，十分に詳しいというよりは概して簡潔である．その代わりに，必要に応じて基本的手法をさらに発展させた研究に関する参考文献を読者に提供する．

　本章は，分析例を用いながら説明するという方針で進める．これは，取り上げるモデルの多くで，MCMC 法を適用する手順を説明するための実証分析の事例を提示するということである．ほとんどの事例では，考察されるモデルに特化したデータセットを用いる．ただし，いくつかの異なるモデルの推定ではボディマス指数（body mass index，以下では BMI）と賃金に関する共通のデータセットを使う．最後に，本章で扱うすべての分析例には MATLAB のプログラムが用意されており，関心をもつ読者はそのプログラムをモデルの検証や精緻化，そしてさらなる改良のために利用できる[*1]．

本章の構成は以下のとおりである．6.2 節では線形モデルを考察する．正規線形回帰モデルの説明から始め，関心の対象となるパラメータや変数の周辺事後分布，条件付事後分布，および事後予測分布を導出する．誤差項のパラメトリックな分散不均一性 (parametric heteroscedasticity) を許容したり，モデルに構造変化点を導入するといった，基本モデルに対する一般化もまた議論し，"理想的"条件の下での標準的な線形回帰モデルの枠組みから離れて分析を行う場合に対応するために，どのように MCMC 法を適用できるかを説明する．その後，階層線形モデルの考察や二変量同時方程式モデルにおける説明変数の内生性の問題への対処法の説明へと移る．6.3 節ではプロビット (probit)，ロジット (logit)，トービット (tobit) および順序プロビット (ordered probit) モデルを含む，一変量（非線形）潜在変数モデルのための事後シミュレーションの手法とその分析例を説明する．6.4 節ではこれらの手法を多変量のケースへと拡張し，処置効果モデル (treatment effects model) や多項プロビット (multinomial probit) および多変量プロビット (multivariate probit) モデルを用いた分析を行う．最後に，6.5 節では継続期間 (duration) データの分析に使える基本的なベイズアプローチを簡潔に説明し，6.6 節でまとめを述べて本章を終わる．

6.2 線形モデル

線形回帰モデルはミクロ計量経済学において中心的役割を果たす．したがって，ベイズミクロ計量経済学の概説をこのモデルの考察から始めることにする．まず，理想的な条件下での線形回帰モデルにおけるベイズ推測の議論から始める．線形モデルを十分に理解することはそれ自体が間違いなく有用であるし，その分析から学んだことは，6.3 節や 6.4 節で登場する，分析に合わせて定義された潜在データ (latent data) に関して線形となる一般化されたモデルの推定の際にもまた有用であることがわかるだろう．

6.2.1 線形回帰モデルのベイズ分析

上記の一般化を議論する前に，まず

$$y_i = \boldsymbol{x}_i \boldsymbol{\beta} + u_i, \quad u_i | \boldsymbol{X}, \sigma^2 \overset{\text{i.i.d.}}{\sim} \mathcal{N}(0, \sigma^2), \quad i = 1, 2, \ldots, n \quad (6.1)$$

という形式の標準的な回帰モデルを考えよう．ここで，$\boldsymbol{x}_i$ は $1 \times k$ の共変量ベクトル，y_i は分析対象となるスカラー変数，$\boldsymbol{\beta}$ と σ^2 はそれぞれ $k \times 1$ の回帰係数パラメータ

[*1] プログラムは以下のウェブサイトから入手可能である．
http://web.ics.purdue.edu/~jltobias/handbook.html

6.2 線形モデル

ベクトルと分散パラメータである. 共変量ベクトル $\boldsymbol{x}_i$ は

$$X \equiv \begin{bmatrix} \boldsymbol{x}_1 \\ \boldsymbol{x}_2 \\ \vdots \\ \boldsymbol{x}_n \end{bmatrix}$$

と行列にまとめられる. このモデルの尤度は (6.1) に基づき導出され, モデルの定式化は β と σ^2 のパラメータに関する事前分布を選ぶことで完成する. ここでは, 正則事前分布 (proper priors)

$$\beta | \sigma^2 \sim \mathcal{N}\left(\boldsymbol{\mu_\beta}, \sigma^2 \boldsymbol{V_\beta}\right) \tag{6.2}$$

$$\sigma^2 \sim IG\left(\frac{a}{2}, b\right) \tag{6.3}$$

を選ぶことにする. すなわち, 回帰係数に対しては条件付正規分布を, 分散パラメータには逆ガンマ分布を事前分布として用いる[*2]. ハイパーパラメータである $\boldsymbol{\mu_\beta}, \boldsymbol{V_\beta}, a$, および b は既知であり, 分析者が選択する.

事前分布に関しては, (6.2), (6.3) の場合のように, 同一の分布族に属する事後分布を導く共役な (conjugate) 分布がよく選択される. これは主に計算上扱いやすいという理由からである. 例えば, Bernardo and Smith (1994) や Poirier (1995) を参照のこと. 共役事前分布を採用することで"仮想的な"データを分析に追加しているとみなすこともできる. 現実のデータに追加的なデータを組み合わせるのとまったく同じ要領で, "仮想的な"データを組み合わせるのである. したがって, 共役事前分布によって分析者は事前分布がもつ情報を, 同等なデータがもつ情報の観点から直接的に評価することができる. これは, 事前分布が推定結果にもたらす影響に関する懸念を潜在的には軽減できることから, データ分析を実際に行う上で有用な結果である.

事前分布の種類が決まったら, そのハイパーパラメータを選択しなければならない. もし過去の研究の知見が利用可能ならば, それに基づいてこの決定を行うことが潜在的には可能である. そのような情報が存在しない場合には, 分析者が観測不可能なパラメータに関する事前の信念 (prior belief) をもつことは一般に困難かもしれないが, 事前分布が事前予測分布 (prior predictive distribution) $p(\boldsymbol{y}) = \int p(\boldsymbol{y}|\beta,\sigma^2) p(\beta,\sigma^2) d\beta d\sigma^2$ に対してもつ含意については分析者が知っていることもあるだろうから, この含意を考えてみることは有用なエクササイズになろう. 上記の式において $\boldsymbol{y} = (y_1 \quad y_2 \quad \cdots \quad y_n)'$ であり, $p(\boldsymbol{y})$ の計算については今後さらに議論することになる. 最後に, 実際の分析で非正則事前分布 (improper prior) を使うという誘惑にかられることもあるかもしれない. 事前分布の影響をなくしてデータ自身に完全に語らせることに最も近いように

[*2] 本章では本書の一般的な用法に従い, 逆ガンマ分布の記法を以下のとおりとする.
$x \sim IG(c,d) \Rightarrow p(x) \propto x^{-(c+1)} \exp(-d/x), c > 0, d > 0, x > 0$ このとき, $c > 1$ の場合, $E(x) = d(c-1)^{-1}$ が成立し, $c > 2$ の場合, $\mathrm{Var}(x) = d^2[(c-1)^2(c-2)]^{-1}$ が成立する.

思えるからである．しかし，そうすることに問題がないわけではない．なぜなら，その場合には周辺尤度 (marginal likelihood) が一般的には明確に定義できず，非正則事前分布がパラメータの関数に対して予想外に情報をもち得て，いわゆる周辺化の逆説 (marginalization paradox) が起こり得るからである．本章では，共役（または条件付共役）事前分布を採用し，限られた紙幅の中で事前分布の選択については考えず，実際の分析とそこで用いる事後シミュレーションに焦点を当てる．事前分布の選択に関心をもつ読者は，もちろん自身の事前分布を特定化し，著者が提供するプログラムを若干修正して，分析結果がどのように変化するのかを確認してもよい．

a. 周辺事後分布，条件付事後分布，および事後予測分布

ベイズの定理により，事前分布と尤度関数を掛け合わせると，基準化のための比例定数を省略した同時事後分布を得る．この一般的な結果を線形回帰モデルに適用すると，以下のとおりとなる．

$$p(\boldsymbol{\beta}, \sigma^2|\boldsymbol{y}) \propto p(\boldsymbol{\beta}, \sigma^2) p(\boldsymbol{y}|\boldsymbol{\beta}, \sigma^2) \tag{6.4}$$

ただし，この式では説明変数行列 $\boldsymbol{X}$ に関する条件付けは明示していない．(6.4) は本項で説明する線形回帰モデルの場合にあわせたものだが，モデルのパラメータに関する事後分布を形成するために事前分布と尤度関数を掛け合わせているので，ベイズ学習の一般的な過程をもまた簡潔に表している．パラメータの数が少ない場合には，(6.4)の右辺を図示し，事前の信念がデータによってどのように更新されるかを視覚化することができる．パラメータベクトルの次元が非常に低い場合には，シンプソンの公式 (Simpson's rule) やガウス求積法 (Gaussian quadrature) のような数値積分の標準的な手法を用いて (6.4) の基準化定数を近似し，正則な同時事後分布の密度関数を描くことができる．

しかし，パラメータ空間の次元が高くなり，事後分布の構造が簡潔でなくなると，事後分布の形状における興味を引く特徴を視覚化することはかなり難しくなり，標準的な手法を用いた基準化定数の直接的な計算はもはや不可能となる．しかし，本書の多くの章で述べられるように，(6.4) からシミュレーションを行い，取り出した値を分析者が関心をもつ計測可能な対象の事後分布を計算するために使うことはしばしば可能である．

ここで説明する線形回帰モデルの場合には，事前分布 (6.2)，(6.3) が尤度関数とうまく組み合わさり，分析に必要なすべての事後分布は解析的に導出できるので，そのような数値的手法は必要でない．このことを確認するために，関心があるのは回帰係数 $\boldsymbol{\beta}$ であるとしよう[3]．この場合，分析者は回帰係数ベクトルの各要素に関する事後

---

[3] 研究結果として，少なくとも係数の事後平均と標準偏差をまとめた表を報告するのが学界における慣習であり，本章においてもその慣習に従うつもりだが，係数パラメータ自体からすべてがわかることは稀である．この後の項で説明する例では，関心の対象となるのは一般にパラメータの関数であり，事後シミュレーションがそのような対象に関する推測のためにどのくらい容易に利用できるかを説明する．

平均や事後標準偏差といった事後分布に関する要約統計を報告するだろう.

この方向へ進むために,条件付事後密度 $p(\boldsymbol{\beta}|\sigma^2,\boldsymbol{y})$ を考えよう.その密度関数が (6.4) における同時事後密度 $p(\boldsymbol{\beta},\sigma^2|\boldsymbol{y})$ と比例することに注目し,$\boldsymbol{\beta}$ に関して平方完成することで

$$\boldsymbol{\beta}|\sigma^2,\boldsymbol{y} \sim \mathcal{N}\left(\boldsymbol{\mu}_{\boldsymbol{\beta}|\boldsymbol{y}}, \sigma^2 \boldsymbol{V}_{\boldsymbol{\beta}|\boldsymbol{y}}\right) \tag{6.5}$$

を得る.例えば,Lindley and Smith (1972) を参照.ただし,

$$\boldsymbol{V}_{\boldsymbol{\beta}|\boldsymbol{y}} = \left(\boldsymbol{X}'\boldsymbol{X} + \boldsymbol{V}_{\boldsymbol{\beta}}^{-1}\right)^{-1}, \qquad \boldsymbol{\mu}_{\boldsymbol{\beta}|\boldsymbol{y}} = \boldsymbol{V}_{\boldsymbol{\beta}|\boldsymbol{y}}\left(\boldsymbol{X}'\boldsymbol{y} + \boldsymbol{V}_{\boldsymbol{\beta}}^{-1}\boldsymbol{\mu}_{\boldsymbol{\beta}}\right) \tag{6.6}$$

である.しかし,この密度関数が σ^2 に依存していることは,観測できない変数へのそのような条件付けを必要としない $\boldsymbol{\beta}$ に関する事後統計を報告するのが普通なので,あまり望ましくない.これに対するベイズ分析の対処法は明快であり,局外パラメータ (nuisance parameter) を周辺化して,以下のように数式から取り除けば良い.

$$p(\boldsymbol{\beta}|\boldsymbol{y}) = \int_0^\infty p(\boldsymbol{\beta}|\sigma^2,\boldsymbol{y})p(\sigma^2|\boldsymbol{y})d\sigma^2 \tag{6.7}$$

積分内の第 1 項は (6.5) によって決まっているので,あとは分散パラメータの周辺事後密度 $p(\sigma^2|\boldsymbol{y})$ を計算すれば良い.このためには,まず (6.4) における同時事後分布 $p(\boldsymbol{\beta},\sigma^2|\boldsymbol{y})$ を $\boldsymbol{\beta}$ について平方完成する.結果として得られる 2 次形式が $\boldsymbol{\beta}$ に関する多変量正規分布のカーネルの一部であるとわかるので,$\boldsymbol{\beta}$ を局外パラメータとして積分で周辺化すれば良い.そうすることで,

$$\sigma^2|\boldsymbol{y} \sim IG\left(\frac{n+a}{2}, \tilde{b}\right) \tag{6.8}$$

を得る.ただし,

$$\tilde{b} = \left[b + \frac{1}{2}\bigl(SSE + (\boldsymbol{\mu}_{\boldsymbol{\beta}} - \hat{\boldsymbol{\beta}})'[\boldsymbol{V}_{\boldsymbol{\beta}} + (\boldsymbol{X}'\boldsymbol{X})^{-1}]^{-1}(\boldsymbol{\mu}_{\boldsymbol{\beta}} - \hat{\boldsymbol{\beta}})\bigr)\right] \tag{6.9}$$

および

$$\hat{\boldsymbol{\beta}} \equiv (\boldsymbol{X}'\boldsymbol{X})^{-1}\boldsymbol{X}'\boldsymbol{y}, \qquad SSE \equiv (\boldsymbol{y} - \boldsymbol{X}\hat{\boldsymbol{\beta}})'(\boldsymbol{y} - \boldsymbol{X}\hat{\boldsymbol{\beta}}) \tag{6.10}$$

である.数式 (6.8) は,逆ガンマ分布に関する既知の性質を使うことで分散パラメータ σ^2 の周辺事後分布の要約統計を計算するために利用できる.よって,それ自体が関心の対象となる.数式 (6.5) と (6.8) から,事前分布と事後分布が同じ分布族であることがわかり,最初に述べたように事前分布 (6.2), (6.3) は共役である.ここでの目的のために,(6.8) を (6.7) に代入して,必要な積分を行うと,$\boldsymbol{\beta}$ の周辺事後分布を以下のとおり求めることができる[*4)].

[*4)] 本書における記法と整合的になるように多変量 t 分布の記法を定める.具体的には,$k \times 1$ のベクトル x について $\boldsymbol{x} \sim t(\boldsymbol{\mu}, \boldsymbol{V}, \nu)$ と記すことは以下を意味する.$p(x) \propto [\nu + (\boldsymbol{x} - \boldsymbol{\mu})'V(\boldsymbol{x} - \boldsymbol{\mu})]^{-(k+\nu)/2}$

$$\beta|y \sim t(\mu_{\beta|y}, [2\tilde{b}V_{\beta|y}]^{-1}, n+a) \tag{6.11}$$

これは $n+a>1$ の場合に存在する平均ベクトル $\mu_{\beta|y}$ と $n+a>2$ の場合に存在する分散共分散行列 $(n+a-2)^{-1}2\tilde{b}V_{\beta|y} = E(\sigma^2|y)V_{\beta|y}$ をもつ多変量 t 分布である．ただし，$\mu_{\beta|y}$ と $V_{\beta|y}$ は (6.6) において定義されている．パラメータ $\tilde{b}$ は逆ガンマ分布の第2パラメータとして (6.9) において定義されている．(6.11) の密度関数は事後平均，事後標準偏差，ある損失関数を最小化する最適値，および区間推定値または回帰係数パラメータ β に関連したその他の分析対象を計算するために使うことができる．例えば，Poirier (1995) の 6, 9 章を参照のこと．

推定の他には，予測とモデル比較のために線形回帰モデルの枠組みを使いたい場合も多い．後者に関しては，周辺尤度がよく計算され（例えば，Chib による本書の第5章を参照のこと），ベイズファクター (Bayes factor) や事後モデル確率 (posterior model probability) が，モデル比較や複数のモデルによる事後予測からモデル平均 (model average) を行うために，報告される．(6.2), (6.3) の事前分布とデータが正規分布から生成されるモデルをあわせて，データ y の周辺密度を以下のように解析的に求めることができる（例えば，Poirier 1995）．

$$y \sim t(X\mu_\beta, [2b(I_n + XV_\beta X')]^{-1}, a) \tag{6.12}$$

数式 (6.12) は，観測されたデータ y^o で評価したとき，周辺尤度となり，モデル比較，モデル選択，モデル平均のために利用できる．第5章において Chib は周辺尤度の計算や実際の使用に関して詳しく説明している．関心のある読者はそれを参照してほしい．

予測に関して，モデル (6.1) からの生成が仮定される推定に使ってない未知のデータ

$$y_f = x_f\beta + u_f, \quad u_f|X, x_f, \sigma^2 \sim \mathcal{N}(0, \sigma^2) \tag{6.13}$$

について考えてみよう．共変量ベクトル x_f の値を所与とした y_f の事後予測密度 (posterior predictive density) は

$$p(y_f|x_f, y) = \int_{-\infty}^{\infty} \cdots \int_{-\infty}^{\infty} \int_0^{\infty} p(y_f|x_f, \beta, \sigma^2) p(\beta, \sigma^2|y) d\sigma^2 d\beta \tag{6.14}$$

と表すことができる．ここで，共変量 x_f とパラメータの β と σ^2 を所与とすると，未知の結果 y_f は過去の結果 y とは独立であることに注意する．(6.11) を導出するために使ったのと類似した方法により，y_f の事後予測分布を以下のとおり求めることができる．

$$y_f|x_f, y \sim t(x_f\mu_{\beta|y}, [2\tilde{b}(1 + x_f V_{\beta|y} x_f')]^{-1}, n+a) \tag{6.15}$$

これを未知の結果に関する点予測，区間予測またはその他の予測に使うことができる．ここまでに説明したことを実際の分析においてどのように利用するかを次の例を使って説明しよう．

b. 賃金データの分析例

上記の最も簡単なモデルに関するベイズ分析における計算の手順を説明するために，1993年におけるアメリカ合衆国の白人男性に関するサンプル数 $n=1645$ のデータを用いる．このデータは，National Longitudinal Survey of Youth (NLSY) から入手したものであり，これらの回答者全員の賃金に関する情報を含む．用いる従属変数は，1993年に受け取った時間当たり賃金（1993年のドル換算）の自然対数である．分析において回帰式右辺の共変量として使うのは修学年数，テストの得点，両親の修学年数および兄弟姉妹の数というその他の人口動態データである．テストの得点は，1980年の夏から秋にかけて NLSY の参加者に対して実施された一連のテストにおける得点から作成したもので，標本平均0，標本分散が1となるように標準化されている．

$\boldsymbol{\beta}$ と σ^2 の周辺事後分布は解析的に導出可能であるが，ここではシミュレーションに基づく手法を採用し，同時事後分布 $p(\boldsymbol{\beta}, \sigma^2|\boldsymbol{y})$ からサンプリングを行うことにする．そして，サンプリングの結果を，関心をもつ計測可能な対象の事後分布を計算するために使う．同時事後分布からのサンプリングには，まず分散パラメータの周辺事後分布 $p(\sigma^2|\boldsymbol{y})$ である (6.8) からサンプリングし，続いて回帰パラメータの条件付事後分布 $p(\boldsymbol{\beta}|\sigma^2, \boldsymbol{y})$ である (6.5) からサンプリングする合成法を用いる．これを25,000回繰り返し，同時事後分布 $p(\boldsymbol{\beta}, \sigma^2|\boldsymbol{y})$ から取り出した25,000組の i.i.d. (independent and identically distributed) サンプルを生成する．モンテカルロシミュレーションを使うのは，パラメータ $\boldsymbol{\beta}$ および σ^2 に関する単純な事後統計に加えて，

$$\Delta(\boldsymbol{\beta}, \sigma^2; \boldsymbol{x}_l, \boldsymbol{x}_h) = \exp\left(\boldsymbol{x}_h\boldsymbol{\beta} + \frac{\sigma^2}{2}\right) - \exp\left(\boldsymbol{x}_l\boldsymbol{\beta} + \frac{\sigma^2}{2}\right) \quad (6.16)$$

という経済的に意味のある（非線形の）時間当たり賃金のギャップに関する事後統計を簡単に計算できるからである．

数式 (6.16) は，属性 $\boldsymbol{x}_h$ の人と属性 $\boldsymbol{x}_l$ の人の間の期待賃金ギャップを表す．実際に計算するに当たっては，高学歴グループの $\boldsymbol{x}_h$ と低学歴グループの $\boldsymbol{x}_l$ を2つの共変量ベクトルとして用いる．ただし，両方の共変量ベクトルにおける学歴以外の残りの変数の値は標本平均に固定する．以下では，大学を卒業した人と高校を卒業した人の賃金ギャップおよび大学院博士課程修了者と高校を卒業した人の賃金ギャップに特に注目する．第1のケースでは，$\boldsymbol{x}_h$ における修学年数を16年とし，第2のケースでは20年とする．高卒の比較対象グループについては，両方のケースにおいて $\boldsymbol{x}_l$ における修学年数を12年と設定する．

ここで，事後シミュレーションにより (6.16) のような指標の計算が容易に行えることは注目に値する．なぜなら，デルタ法 (delta method) やブートストラップ法 (bootstrap method) を用いて，頻度論者の立場からこの指標の統計的推測を行うのはかなり困難であるように思えるからである．これに対して，例えば，(6.16) の点推定値（事後平均）は

表 6.1 賃金データの分析に関する事後統計

変数/パラメータ	事後平均	事後標準偏差
切片項	1.79	0.102
修学年数	0.044	0.007
テストの得点	0.096	0.017
母親の修学年数	0.003	0.006
父親の修学年数	0.007	0.005
兄弟姉妹の数	0.004	0.006
大卒/高卒の賃金ギャップ	2.51	0.406
院修了/高卒の賃金ギャップ	5.51	0.971

$$\hat{\Delta}(\boldsymbol{x}_l, \boldsymbol{x}_h) = \frac{1}{R}\sum_{r=1}^{R}\Delta(\boldsymbol{\beta}^{(r)}, \sigma^{2,(r)}; \boldsymbol{x}_l, \boldsymbol{x}_h) \tag{6.17}$$

によって,容易に計算できる.ただし,この式において,$\boldsymbol{\beta}^{(r)}$ と $\sigma^{2,(r)}$ は同時事後分布から r 番目のシミュレーションで取り出された値を表し,R は総シミュレーション回数を表す.(6.16) の事後標準偏差の点推定値もまた,モンテカルロ法によって同様の方法で計算できる.

表 6.1 は 2 つのケースの賃金ギャップ Δ と回帰係数に関する事後分布の要約統計をまとめたものである.これらの結果は,事前分布のパラメータを $a = 6$,$b = 1$,$\boldsymbol{\mu_\beta} = \boldsymbol{0}_k$,および $\boldsymbol{V_\beta} = 10\boldsymbol{I}_k$ と定め,正則だが適度に非報知な (uninformative) 事前分布を用いて計算されている.

表 6.1 における変数の事後平均の符号が正であるのは,理論的予想と整合的であり,その水準は合理的に見える.特に,修学年数とテストの得点が賃金に対して重要な影響を与えていることが明らかである.平均して(1993 年のドル換算で)高校を卒業した人と比較して,4 年制大学を卒業した人は 1 時間当たり約 2.51 ドル多く稼いでいるし,博士の学位を取得した人は 1 時間当たり約 5.51 ドル多く稼いでいる.

単に平均の差に注目するだけでなく,賃金の事後予測分布を導出することもできる.これを説明するために,図 6.1A には仮説的に設定した 2 人の異なる人物——高卒でその他は"平均的な"(つまり,その他の共変量は標本平均に定めた)人物と大卒でその他は同様に平均的な人物——の時間当たり賃金に関する事後予測密度を描いている.

$w_f = \exp(y_f)$ を,属性 $\boldsymbol{x}_f$ をもつ未知の人または推定に用いなかった人の時間当たり賃金としよう.図 6.1A は

$$\begin{aligned}&p(w_f|\boldsymbol{x}_f, \boldsymbol{y}) \\ &= \int_{-\infty}^{\infty}\cdots\int_{-\infty}^{\infty}\int_{0}^{\infty} p(w_f|y_f)p(y_f|\boldsymbol{x}_f, \boldsymbol{\beta}, \sigma^2)p(\boldsymbol{\beta}|\sigma^2, \boldsymbol{y})p(\sigma^2|\boldsymbol{y})d\sigma^2 d\boldsymbol{\beta}\end{aligned}$$
$$\tag{6.18}$$

に注目することで描くことができる.ただし,上記の数式では重要でない情報は確率

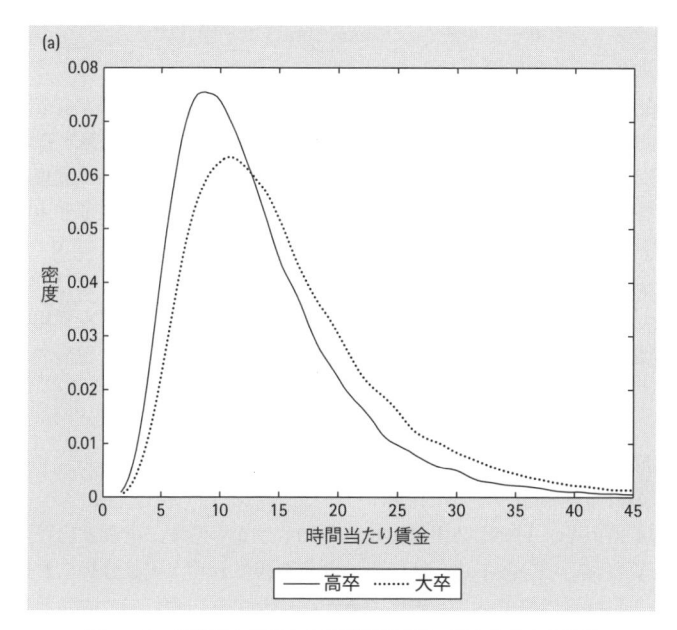

図 6.1A　時間当たり賃金の事後予測密度：高卒と大卒の比較

の条件付けで明示していない．

(6.18) における多重積分を計算するのは困難に見えるかもしれないが，予測密度からのサンプリングを使うことでそれが可能であることを，ここで強調するのは有益だろう．$p(\sigma^2|\boldsymbol{y})$ と $p(\boldsymbol{\beta}|\sigma^2, \boldsymbol{y})$ からのシミュレーションはまず (6.8) から σ^2 をサンプリングし，続いてそれを使って条件付けを更新してから (6.5) より $\boldsymbol{\beta}$ をサンプリングすることで行われる．r 回目のシミュレーションにおけるこの事後サンプルを $(\sigma^{2,(r)}, \boldsymbol{\beta}^{(r)})$ と記すことにする．

対数賃金のサンプル $y_f^{(r)}$ は $y_f^{(r)} = \boldsymbol{x}_f \boldsymbol{\beta}^{(r)} + \sigma^{(r)} z$（ただし，$z \sim \mathcal{N}(0,1)$）として，(6.13) における正規分布に基づくデータ生成モデルから計算される．最後に，時間当たり賃金のサンプル $w_f^{(r)}$ は，その条件付分布は退化してある点に集まること，すなわち $p(w_f|y_f) = I(w_f = \exp[y_f])$ を所与として，対数賃金の値 $y_f^{(r)}$ を指数に戻して計算される（$w_f = \exp[y_f]$）．ここで $I(\cdot)$ は括弧内の条件が真ならば $I(\cdot) = 1$，それ以外の場合は $I(\cdot) = 0$ となる指示関数である．上記の手続きにより，時間当たり賃金に関する事後予測密度からの一連のサンプルを生成できる．したがって，(6.18) からのサンプリングにはモデル推定のために既に作成したプログラムの他に追加的プログラムが少し必要となるだけであり，積分の変数変換や大標本を前提とした近似は不要である．

このような手順に従って，事後予測密度 (6.18) から 25,000 回サンプリングを行い，

取り出したサンプルをカーネル法 (kernel method) で平滑化することで,図 6.1A における高卒と大卒の人物の時間当たり賃金に関する事後予測密度が描かれている.これらの計算において修学年数以外の全変数は標本平均の値に固定している.この事後シミュレーションは,事後予測分布における平均や標準偏差などを直接計算するのにもまた使える.また,貧困である確率のようなその他の経済的に重要な指標の計算にも使える(例えば,Geweke and Keane 2000).以下では,この指標を簡潔に取り上げよう.上記の分析結果に基づき計算すると,$\Pr(w_f < \$5|\boldsymbol{y}, Ed = 12, X_{-Ed} = \overline{X}_{-Ed}) \approx 0.05$ および $\Pr(w_f < \$5|\boldsymbol{y}, Ed = 16, X_{-Ed} = \overline{X}_{-Ed}) \approx 0.025$ を得る.ここで,Ed は修学年数を表し,X_{-c} は c 以外のすべての変数を表す.また,$\overline{X}$ は標本平均である.ただし,正規雇用の人が貧困と判定される閾値と整合的な時間当たり賃金の近似値を 5 ドルとした[*5].

6.2.2 線形モデルにおける分散不均一性

頻度論者の計量経済学の理論と応用において分散不均一性は重要なテーマであり,大学院レベルのテキストでは必ず説明があるにもかかわらず,それと比較するとベイズ計量経済学において分散不均一性はあまり重要視されず,実証分析においてそれが考慮されることは例外的である.頻度論者とベイジアンにおいてこの問題に対する扱いが異なる理由はいろいろとあり得るが,ベイズ計量経済学で分散不均一性があまり注目されていないのはかなり奇妙であり,潜在的には厄介な問題である.

もちろん,分散不均一性の問題はベイジアンにまったく無視されてきたわけではない.例えば,Poirier (2008) は Lancaster (2003) に基づき,OLS の分散共分散行列に関する White (1980) の不均一性に頑強な推定 (heteroscedasticity-robust estimation) をベイジアンの枠組みに取り込もうとしている[*6].分散関数の柔軟なモデル化のためにベイズの手法を採用したいという異なる視点から,Yau and Kohn (2003) は平均関数と分散関数の両方でスプライン (spline) を用いた正規線形回帰モデルの分析を行い,分散関数において重要な変数を決めるために,変数選択を行っている.Leslie et al. (2007) もまた関連したアプローチを提示し,誤差分布をノンパラメトリックにモデル化するが,平均関数と分散関数はパラメトリックに特定化し,変数選択により,両方の関数において適切な共変量を選んでいる.Villani et al. (2007) は Geweke and Keane (2007) による平滑化混合回帰モデル (smoothly mixing regression model) と

[*5] アメリカ合衆国の国勢調査局 (US Census Bureau) は,18 歳未満の子供 1 人と大人 1 人で構成される 2 人の家計に対する 1993 年の年収ベースで貧困を判定する閾値として 9960 ドルを報告している.この値に基づき,正規雇用労働者の年間労働時間を 2000 時間として,時間当たり賃金に関する近似的な閾値を 5 ドルと定めた.これは簡便な計算であり,その他には特に当該家計に所得の源泉がないことを仮定した結果である.

[*6] 興味深いことに,以下に引用する Poirier (2008) の冒頭の文章は課題をうまく提示している.「研究者にとって,頻度論者の手法をベイジアンの立場で再考することは,その手法がどのように,そしてどういう場合に機能するかを十分に理解するために,しばしば有益である.」

類似したアプローチに基づき，分散不均一性に対してノンパラメトリックにモデル化する方法を提示している．

これらの論文は，分散不均一性に関するベイジアンによる価値ある貢献であるが，ベイジアンの応用分析では誤差項の分散に条件付均一性の仮定を採用するのがまだ普通のようである．このことを念頭に，以下の項ではこの仮定を一般化し乗法的でパラメトリックな形式の分散不均一性を許容する場合を説明する．このようなモデル化が十分に柔軟でない場合には，読者はより上級な手法を扱う上記の文献を参照してほしい．

a. 事後シミュレーション

分散不均一性を伴う線形モデルを扱うための最初の一歩として，以下のとおり定式化されたモデルの分析を考える．

$$y_i = \boldsymbol{x}_i \boldsymbol{\beta} + \epsilon_i, \quad \epsilon_i | \boldsymbol{X}, \boldsymbol{Z}, \boldsymbol{\alpha} \overset{ind}{\sim} \mathcal{N}[0, \exp(\boldsymbol{z}_i \boldsymbol{\alpha})] \tag{6.19}$$

ここでは，$\boldsymbol{z}_i$ には切片項が含まれており，$\boldsymbol{z}_i$ は $\boldsymbol{x}_i$ と同一の可能性もあるが，潜在的には異なっていても良い．数式 (6.19) で表されるモデルに次の事前分布を課し，定式化を完成させる．

$$\boldsymbol{\beta} \sim \mathcal{N}(\boldsymbol{\mu}_{\boldsymbol{\beta}}, \boldsymbol{V}_{\boldsymbol{\beta}}) \tag{6.20}$$

$$\boldsymbol{\alpha} \sim \mathcal{N}(\boldsymbol{\mu}_{\boldsymbol{\alpha}}, \boldsymbol{V}_{\boldsymbol{\alpha}}) \tag{6.21}$$

事前分布の (6.20) と (6.21) を (6.19) から導出される尤度関数と組み合わせて，以下の事後分布を得る．

$$p(\boldsymbol{\alpha}, \boldsymbol{\beta}|\boldsymbol{y}) \propto p(\boldsymbol{\beta})p(\boldsymbol{\alpha}) \left[\prod_{i=1}^{n} \exp(\boldsymbol{z}_i \boldsymbol{\alpha})\right]^{-1/2} \exp\left(-\frac{1}{2} \sum_{i=1}^{n} \frac{(y_i - \boldsymbol{x}_i \boldsymbol{\beta})^2}{\exp(\boldsymbol{z}_i \boldsymbol{\alpha})}\right) \tag{6.22}$$

この事後分布からサンプリングするために，メトロポリスステップを伴うギブスアルゴリズム (Metropolis-within-Gibbs algorithm) を提案する．詳しくは Chib による本書第 5 章を参照のこと[*7]．

まず，$\boldsymbol{\beta}$ の条件付事後分布が

$$\boldsymbol{\beta}|\boldsymbol{\alpha}, \boldsymbol{y} \sim \mathcal{N}\left(\boldsymbol{D}_{\boldsymbol{\beta}} \boldsymbol{d}_{\boldsymbol{\beta}}, \boldsymbol{D}_{\boldsymbol{\beta}}\right) \tag{6.23}$$

であることを確認しよう．ただし，

$$\boldsymbol{D}_{\boldsymbol{\beta}} = \left(\boldsymbol{X}'\boldsymbol{W}^{-1}\boldsymbol{X} + \boldsymbol{V}_{\boldsymbol{\beta}}^{-1}\right)^{-1}, \quad \boldsymbol{d}_{\boldsymbol{\beta}} = \boldsymbol{X}'\boldsymbol{W}^{-1}\boldsymbol{y} + \boldsymbol{V}_{\boldsymbol{\beta}}^{-1}\boldsymbol{\mu}_{\boldsymbol{\beta}} \tag{6.24}$$

および

$$\boldsymbol{W} = \boldsymbol{W}(\boldsymbol{\alpha}) \equiv diag\{\exp(\boldsymbol{z}_i \boldsymbol{\alpha})\} \tag{6.25}$$

である．$\boldsymbol{\alpha}$ の条件付事後分布からのサンプリングに際しては，(6.22) より，

[*7] Tanizaki and Zhang (2001) が類似した分析を行っている．

$$p(\boldsymbol{\alpha}|\boldsymbol{\beta},\boldsymbol{y}) \propto p(\boldsymbol{\alpha})\left[\prod_{i=1}^{n}\exp(\boldsymbol{z}_i\boldsymbol{\alpha})\right]^{-1/2}\exp\left(-\frac{1}{2}\sum_{i=1}^{n}\frac{(y_i-\boldsymbol{x}_i\boldsymbol{\beta})^2}{\exp(\boldsymbol{z}_i\boldsymbol{\alpha})}\right) \quad (6.26)$$

が成立するが，これはよく知られた確率分布の密度関数の形状ではない．そこで，ランダムウォークメトロポリスステップを伴うギブスアルゴリズムを用いて，(6.26) よりサンプリングを行うことにする．具体的には，まず候補値 $\boldsymbol{\alpha}^*$ を多変量正規分布による提案分布 (proposal distribution)

$$\boldsymbol{\alpha}^* \sim \mathcal{N}(\boldsymbol{\alpha}^{(r)}, c^2\boldsymbol{\Sigma}_{\boldsymbol{\alpha}}) \quad (6.27)$$

からサンプリングする．ここで，上添字 (r) は r 回目のサンプリングでの $\boldsymbol{\alpha}$ の現在値であることを示している．この手法を実行する際には，尺度行列 (scale matrix) $\boldsymbol{\Sigma}_{\boldsymbol{\alpha}}$ と"チューニングパラメータ" c^2 を選ぶ必要がある．後者は，分散パラメータのサンプリングをこの手法で行うに当たって，シミュレーションにおけるパラメータ系列の混合の程度を最適化するために設定する．Harvey (1976) に従い，尺度行列を選ぶに当たってまず

$$\frac{\epsilon_i^2}{\exp(\boldsymbol{z}_i\boldsymbol{\alpha})} \equiv \nu_i, \qquad \nu_i \sim \chi_1^2 \quad (6.28)$$

が成立することに注目する．これより，$\boldsymbol{\beta}$ を所与とすると $\log\epsilon_i^2$ は既知となるので，$\boldsymbol{\alpha}$ の点推定値は $\log\epsilon_i^2$ を $\boldsymbol{z}_i$ に回帰すれば得られることが示唆される[*8]．また，この回帰式から得られる分散共分散行列

$$\boldsymbol{\Sigma}_{\boldsymbol{\alpha}} = 4.93(\boldsymbol{Z}'\boldsymbol{Z})^{-1} \quad (6.29)$$

を $\boldsymbol{\Sigma}_{\boldsymbol{\alpha}}$ として使うのが合理的である．ここでの 4.93 という値は $\log\nu_i$ の分散の近似値である．候補値 $\boldsymbol{\alpha}^*$ は提案分布から生成され，以下の確率で採択される．

$$\min\left\{1, \frac{p(y|\boldsymbol{\alpha}=\boldsymbol{\alpha}^*,\boldsymbol{\beta}=\boldsymbol{\beta}^{(r)})p(\boldsymbol{\alpha}^*)}{p(y|\boldsymbol{\alpha}=\boldsymbol{\alpha}^{(r)},\boldsymbol{\beta}=\boldsymbol{\beta}^{(r)})p(\boldsymbol{\alpha}^{(r)})}\right\} \equiv \min\left\{1, \exp[g(\boldsymbol{\alpha}^*,\boldsymbol{\alpha}^{(r)},\boldsymbol{\beta}^{(r)})]\right\} \quad (6.30)$$

ただし，

$$\begin{aligned}g(\boldsymbol{\alpha}^*,\boldsymbol{\alpha}^{(r)},\boldsymbol{\beta}^{(r)}) = -\frac{1}{2}\Big[&\boldsymbol{\iota}_n'\boldsymbol{Z}(\boldsymbol{\alpha}^*-\boldsymbol{\alpha}^{(r)}) \\&+ \sum_i(y_i-\boldsymbol{x}_i\boldsymbol{\beta}^{(r)})^2\left(\exp(-\boldsymbol{z}_i\boldsymbol{\alpha}^*)-\exp(-\boldsymbol{z}_i\boldsymbol{\alpha}^{(r)})\right) \\&+ (\boldsymbol{\alpha}^*-\boldsymbol{\mu}_{\boldsymbol{\alpha}})'\boldsymbol{V}_{\boldsymbol{\alpha}}^{-1}(\boldsymbol{\alpha}^*-\boldsymbol{\mu}_{\boldsymbol{\alpha}})\end{aligned}$$

[*8] 実際には，まず $\boldsymbol{\beta}$ の初期値を得るために，y_i を $\boldsymbol{x}_i$ に回帰する OLS を実行することで MCMC を始める．次に，上記のとおりに $\log\epsilon_i^2$ を $\boldsymbol{z}_i$ に回帰して $\boldsymbol{\alpha}$ の初期値を得る．その際には，切片項として 1.27 を加える．このような切片項の調整を行うのは，自由度 1 の χ^2 分布に従う確率変数の対数である $\log\nu_i$ の平均が約 -1.27 であり，ゼロではないからである．

$$-(\boldsymbol{\alpha}^{(r)} - \boldsymbol{\mu}_\alpha)' \boldsymbol{V}_\alpha^{-1} (\boldsymbol{\alpha}^{(r)} - \boldsymbol{\mu}_\alpha) \Big] \tag{6.31}$$

である．ここで，ι_n は全要素が 1 である $n \times 1$ のベクトルである．候補値 $\boldsymbol{\alpha}^*$ が採択されると，$\boldsymbol{\alpha}$ の値が更新され，$\boldsymbol{\alpha}^{(r+1)} = \boldsymbol{\alpha}^*$ となり，それ以外の場合は，シミュレーションの連鎖は現在の値に留まり，$\boldsymbol{\alpha}^{(r+1)} = \boldsymbol{\alpha}^{(r)}$ である．

b．賃金データの分析例：パラメトリックな分散不均一性の導入

上記のアルゴリズムを用いて，6.2.1 項 b. の賃金データに対して分散不均一性を考慮した回帰モデルを推定しよう．$\boldsymbol{x}_i$ に含まれるすべての共変量は，$\boldsymbol{z}_i$ にも含まれるとする．条件付事後分布 (6.23) および (6.26) より，継起的にサンプリングを行ってモデルを推定する．100,000 回のシミュレーションのうち，最初の 10,000 回分をバーンイン期間 (burn-in period) として捨てて，推定には使わない．事前分布のハイパーパラメータは $\boldsymbol{\mu}_\beta = \boldsymbol{\mu}_\alpha = \mathbf{0}_k$ および $\boldsymbol{V}_\beta = \boldsymbol{V}_\alpha = 100 I_k$ とする．

チューニングパラメータ c^2 は $1/2$ に設定する．試行錯誤してこの値に定めたが，結果的にはメトロポリス–ヘイスティング (Metropolis–Hastings：M–H) ステップにおける採択率は 23% であった．これはランダムウォーク連鎖の採択率が 25% に近いとき，パラメータの次元が大きい問題において目標となる事後分布をうまく構築できるという Gelman et al. (1996) や Koop（2003; 5.5.2 項）にある経験則にだいたい適っている．もちろん，もし i.i.d. サンプリングが可能なら得られるであろう結果と比較した場合の精度と同様に，異なる c^2 を選ぶと変化するシミュレーションベースの推定値の数値的な精度に関心をもつべきである．このために，表 6.2 ではその他の c^2 の値に対する非効率性因子 (inefficiency factor) も掲載している．非効率性因子に関する詳細は，Chib による本書の第 5 章を参照してほしい．具体的には，説明のために $c^2 \in \{0.1, 0.5, 1\}$ の場合を考えている．表に示されているように，採択率が 25% となるように調整すると，非効率性因子はこの 3 つの中では最も低くなり，サンプリングの効率は最も高くなる．$c^2 = 0.5$ の場合に採択率 25% に最も近づく．$c^2 = 0.1$ と $c^2 = 1$ の場合には採択率はそれぞれ 56% と 10% である．回帰パラメータ $\boldsymbol{\beta}$ の事後平均に関する推定値の精度については，c の選択に概して影響を受けておらず，精度の水準は仮に i.i.d. サンプリングができたなら，それと同じだけサンプリングする場合に得た水準とほぼ同じである．しかし，$\boldsymbol{\alpha}$ の事後平均に関するシミュレーションベースの推定値の数値的精度は，$c^2 = 0.5$ の場合の非効率性因子が 20 前後なので，i.i.d. サンプリングの下で得られる精度と比較して相対的には低い[*9]．

$\boldsymbol{\beta}$ と $\boldsymbol{\alpha}$ の事後平均と標準偏差もまた表 6.2 に掲載している．表 6.1 に掲載した結果と比較して，回帰パラメータの事後平均と標準偏差は少しだけ変化しているが，修学

[*9] この結果は，MCMC に基づく $\boldsymbol{\alpha}$ の推定値の数値的標準誤差 (numerical standard error) は i.i.d. サンプリングの下で得られる数値的標準誤差の約 $4.64 \approx \sqrt{21.5}$ 倍であることを意味する．言い方を変えると，m 回の i.i.d. サンプリングで得られる $\boldsymbol{\alpha}$ の事後平均の推定値と同等の数値的な精度を達成するには，$M \approx 21.5m$ 回のサンプリングを行う必要があるということである．

年数とテストの得点以外は対数賃金の変動を説明するのに重要な役割を果たしていないことには変わりはない.

6.2.1 項 b. における分散均一性を仮定したモデルのように,様々な賃金ギャップの事後分布もまた検証できるが,その際には分散不均一性を踏まえる必要がある.具体的には,

$$\Delta(\boldsymbol{\beta}, \boldsymbol{\alpha}; \boldsymbol{x}_l, \boldsymbol{x}_h, \boldsymbol{z}_l, \boldsymbol{z}_h) = \exp\left(\boldsymbol{x}_h \beta + \frac{\exp(\boldsymbol{z}_h \alpha)}{2}\right) - \exp\left(\boldsymbol{x}_l \beta + \frac{\exp(\boldsymbol{z}_l \alpha)}{2}\right) \tag{6.32}$$

として,6.2.1 項 b. と同じ設定で Δ の事後平均と標準偏差を計算する.表 6.2 より,賃金ギャップの点推定値は分散不均一性を考慮する場合,表 6.1 の場合と比較して増加していることがわかる.

最後に,図 6.1B において,分散不均一性を考慮した回帰モデルで得られる時間当たり賃金の事後予測密度と図 6.1A に掲載した分散均一性の下での結果を重ねて描く.図からわかるように,高卒の場合の賃金の事後予測密度は分散不均一性を考慮しても

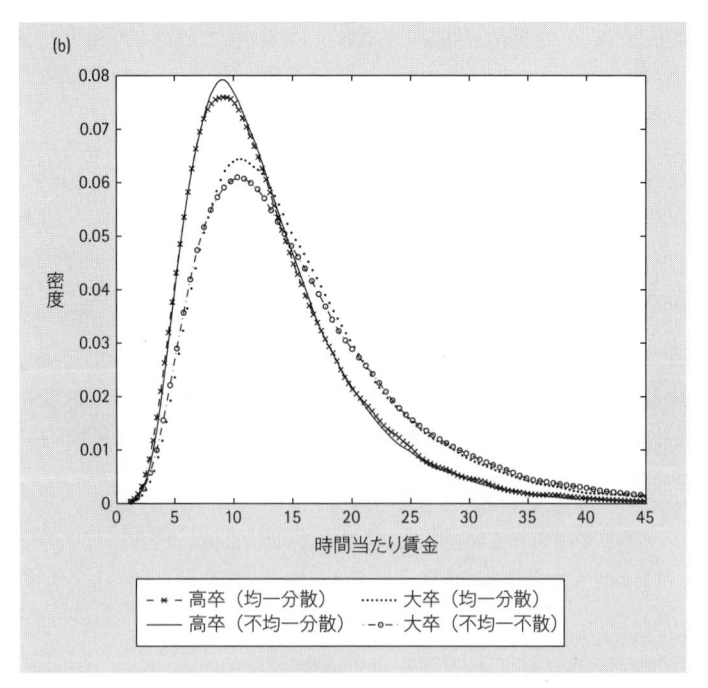

図 6.1B　時間当たり賃金の事後予測密度:高卒と大卒の比較
(均一分散と不均一分散の場合)

6.2 線形モデル

表 6.2 不均一分散を考慮した賃金データの分析に関する事後統計

変数	β パラメータ						α パラメータ					
	事後平均	事後標準偏差	非効率性因子 (c^2)				事後平均	事後標準偏差	非効率性因子 (c^2)			
			0.1	0.5	1				0.1	0.5	1	
切片項	1.79	0.103	1.12	1.18	1.19		−1.97	0.287	33.83	21.52	28.27
修学年数	0.045	0.007	1.09	1.05	1.02		0.047	0.019	34.92	21.56	30.80
テストの得点	0.094	0.017	1.10	1.16	1.15		−0.009	0.048	34.00	21.59	30.45
母親の修学年数	0.002	0.006	1.03	1.04	1.05		−0.012	0.016	30.58	19.97	28.37
父親の修学年数	0.007	0.005	1.01	1.02	1.00		0.012	0.013	32.27	22.07	28.57
兄弟姉妹の数	0.004	0.007	1.01	1.00	1.00		0.007	0.019	31.20	20.16	28.46
大卒/高卒の賃金ギャップ	2.97	0.47									
院修了/高卒の賃金ギャップ	6.77	1.22									

しなくてもほとんど違いはない.しかし,大卒については高卒の場合と同様にこれら2つの曲線はかなり類似しているが,分散不均一性を考慮した方が事後予測密度の分散が増加していることがわかる.6.2.1項b.の場合と同様に,貧困確率を計算して比較すると,$\Pr(w_f < \$5 \,|\, \boldsymbol{y}, Ed = 12, X_{-Ed} = \overline{X}_{-Ed}) = 0.047$ より,高卒グループの場合にはほとんど同じであることがわかるが,$\Pr(w_f < \$5 \,|\, \boldsymbol{y}, Ed = 16, X_{-Ed} = \overline{X}_{-Ed}) = 0.032$ より,大卒グループの場合は少し大きくなっていることがわかる.

6.2.3 構造変化を伴う線形モデル

前項では,古典的線形回帰モデルの標準的な仮定を緩める場合でも MCMC 法は比較的容易に使えることを説明した.その他の直接的な拡張としては,$\boldsymbol{\beta}$ の要素に不等号制約を課す分析(例えば,Geweke 1996b)や見かけ上無関係な回帰モデル (seemingly unrelated regression (SUR) Model) のような多変量線形モデルの分析(例えば,Zellner 1962 や Percy 1992)があるが,本章ではこれらの拡張については議論しない.代わりに,未知の構造変化点を1つ伴う線形回帰モデルを用いて,別の方向での一般化を考える.この方向でのモデルの一般化はしばしば時系列計量経済学の分野で行われる (Geweke and Terui 1993).標準的線形モデルの一般化というテーマを離れても,本項で説明する手法は例えば回帰関数のジャンプや非線形性を許容するために,またはノンパラメトリック回帰(例えば,Smith and Kohn 1996)に関するその他の関連した手法を理解するための足掛かりとして,ミクロ経済学の応用分析において重要である.なぜなら,結果として導出される事後シミュレータは,ここで説明するものとかなり類似しているからである.

以下では少し記号の使い方を変えて,分析対象の変数 $y_t, t = 1, 2, \cdots, T$ を

$$y_t | \boldsymbol{\alpha}, \boldsymbol{\theta}, \sigma^2, \lambda, \boldsymbol{X}_{1,(\lambda)}, \boldsymbol{X}_{2,(\lambda)} \sim \begin{cases} \mathcal{N}(\boldsymbol{x}_t \boldsymbol{\alpha}, \sigma^2), & (t \leq \lambda \text{ のとき}) \\ \mathcal{N}(\boldsymbol{x}_t \boldsymbol{\theta}, \sigma^2), & (t > \lambda \text{ のとき}) \end{cases} \quad (6.33)$$

と表す.ただし,時点 t における特性を表す $\boldsymbol{x}_t$ は $1 \times k$ のベクトルであり,$\boldsymbol{X}_{j,(\lambda)}$,$j = 1, 2$ は各"レジーム"の共変量データを以下のとおり集めたものである.

$$\boldsymbol{X}_{1,(\lambda)} \equiv \begin{bmatrix} \boldsymbol{x}_1 \\ \boldsymbol{x}_2 \\ \vdots \\ \boldsymbol{x}_\lambda \end{bmatrix}, \quad \boldsymbol{X}_{2,(\lambda)} \equiv \begin{bmatrix} \boldsymbol{x}_{\lambda+1} \\ \boldsymbol{x}_{\lambda+2} \\ \vdots \\ \boldsymbol{x}_T \end{bmatrix} \quad (6.34)$$

パラメータ λ は変化点を表し,時点 λ までの期間はある回帰式が y を生成するが,時点 λ を過ぎると新しい回帰式が y を生成する.簡単化のために,また次項での応用分析を考慮して,各レジームにおける誤差分散は同一であると仮定する.

$\boldsymbol{\beta} = [\boldsymbol{\alpha}' \ \boldsymbol{\theta}']'$ および σ^2 に関する事前分布は,それぞれ (6.2) および (6.3) と同一である.変化点 λ は整数値であり,そのサポートにおいて,各離散値が等確率で起こ

ると仮定する事前分布を設定する．例えば，指示関数を使って

$$p(\lambda) = \frac{1}{T-1} I(\lambda \in \{1, 2, \ldots, T-1\}) \tag{6.35}$$

と定式化できる．これは，少なくとも1つの観測値が各レジームに属しているという制約を課している．

a. 事後シミュレーション

数式 (6.33) における時点 t の回帰式を行列形式にまとめると，

$$y = X_{(\lambda)}\beta + \epsilon, \qquad \epsilon | X, \lambda, \sigma^2 \sim N(\mathbf{0}, \sigma^2 I_n) \tag{6.36}$$

と書き表すことができる．$X_{(\lambda)}$ はブロック対角行列 (block diagonal matrix) であり，$X_{1,(\lambda)}$ はその行列の左上ブロック，$X_{2,(\lambda)}$ は右下のブロックである．このモデルの仮定より，パラメータの同時事後分布は

$$p(\beta, \sigma^2, \lambda | y) \propto p(\beta|\sigma^2) p(\sigma^2) p(\lambda) \phi(y|X_{(\lambda)}\beta, \sigma^2 I_n) \tag{6.37}$$

と表すことができる．Chin Choy and Broemeling (1980) の結果を踏まえて，6.2.1項 b. で議論した，合成法を用いて上記の同時事後分布から直接にサンプリングを行う．これは $p(\lambda|y)$, $p(\sigma^2|\lambda, y)$ および $p(\beta|\sigma^2, \lambda, y)$ からこの順にサンプリングを行うことで達成できる．

この中の最初のステップに関しては，

$$p(\lambda|y) \propto p(\lambda) |D_{(\lambda)}|^{-1/2} \left[b + \frac{1}{2}(y - X_{(\lambda)}\mu_\beta)' D_{(\lambda)}^{-1} (y - X_{(\lambda)}\mu_\beta) \right]^{-(n+a)/2} \tag{6.38}$$

となる．ただし，

$$D_{(\lambda)} \equiv I_n + X_{(\lambda)} V_\beta X'_{(\lambda)} \tag{6.39}$$

である．λ の事前分布は離散型確率分布なので，それぞれの $\lambda \in \{1, 2, \ldots, T-1\}$ について，数式 (6.38) を使って（基準化されていない）値を計算し，それらすべてを合計した値で各値を割ることで，これらを基準化する．結果として導かれた離散型の分布からサンプリングを行う[*10]．条件付事後分布 $p(\sigma^2|\lambda, y)$ は (6.8) と同一である．ただし，X を $X_{(\lambda)}$ に置き換え，その際には，シミュレーションの各回で2つのレジームへの振り分けを行って $X_{(\lambda)}$ を構成してから再計算しなければならないことに注意する．同様に，$p(\beta|\lambda, \sigma^2, y)$ は (6.5) および (6.6) で与えられる．ただし，ここでも X を $X_{(\lambda)}$ に置き換えることに注意する．

[*10] このステップにおいて，n 次元行列 $D_{(\lambda)}$ の逆行列と行列式をそのまま計算することを避けるために，以下の公式 $D_{(\lambda)}^{-1} = I_n - X[X'X + V_\beta^{-1}]^{-1}X'$ および $|D_{(\lambda)}| = |V_\beta||V_\beta^{-1} + X'X|$ を活用する．

b. アメリカ合衆国における年次気温データの分析例

以下では，アメリカ合衆国の年次気温データを用いて，変化点モデルの使い方を説明する．具体的には，アメリカにおける 1895〜2006 年までの期間のデータ数 $n = 112$ の年次気温データに関する情報を用いる．この例を説明するに際して，著者である我々は気候変動の科学に関して，どちらかといえばあまり知識をもたないことを告白しなければならない．地球温暖化の理論を支持する，あるいはそれに疑問を投げかけるためにではなく，読者がこの項で考察するモデルの一般性や有用性とともにシミュレーション手法で比較的簡単にそのパラメータの推定が可能であることを評価してほしいと願って，この例を提示する．

上記の期間における気温のパターンは1つの構造変化時点をもつと仮定し，この変化時点がいつか，その変化の大きさはどのくらいかを調べることにする．このモデルは単純なので，これがアメリカの気温変化を正確に記述しているとはいえないかもしれないが，変化点を伴う同様のモデルは，Ivanov and Evtimov (2010) や Stockwell and Cox (2009) のように，この分野における他の研究者によって考察されているし，経済学者（例えば，Fomby and Vogelsang 2002）によっても，変化点を潜在的に伴う類似したモデル (Vogelsang and Franses 2005) が考察されていることは注目に値する．上で説明した変化点を伴うモデルを，使用するデータに対応させて簡略化したのが以下の定式化である．

$$y_t = \beta_0 + \beta_1 t + \beta_2 (t - \lambda)_+ + \epsilon_t, \qquad t = 1, 2, \ldots, T \qquad (6.40)$$

$$= \boldsymbol{x}_{t,\lambda} \boldsymbol{\beta} + \epsilon_t, \qquad \epsilon_t | \boldsymbol{X}, \lambda, \sigma^2 \overset{\text{i.i.d.}}{\sim} \mathcal{N}(0, \sigma^2) \qquad (6.41)$$

これを全ての t についてまとめて行列を使って表すと，数式 (6.36) と同一の形式である

$$\boldsymbol{y} = \boldsymbol{X}_{(\lambda)} \boldsymbol{\beta} + \epsilon, \qquad \epsilon | \boldsymbol{X}, \lambda, \sigma^2 \sim N(\boldsymbol{0}, \sigma^2 \boldsymbol{I}_n) \qquad (6.42)$$

となる．ただし，

$$z_+ \equiv \max\{0, z\}, \quad \boldsymbol{x}_{t,\lambda} = [1 \ t \ (t-\lambda)_+], \quad \boldsymbol{\beta} = \begin{bmatrix} \beta_0 \\ \beta_1 \\ \beta_2 \end{bmatrix}, \quad \boldsymbol{X}_{(\lambda)} \equiv \begin{bmatrix} \boldsymbol{x}_{1,\lambda} \\ \boldsymbol{x}_{2,\lambda} \\ \vdots \\ \boldsymbol{x}_{T,\lambda} \end{bmatrix} \qquad (6.43)$$

である．この定式化は λ 年の前後で，年の経過とともに気温が変化する速度が異なることを許容するが，年の経過と無関係な気温の非連続的な変化は許容しない．そのような非連続性的な変化が起こった可能性はあり得るが，ここではこの可能性を考えず，年と平均気温の間の関係を平滑な関数で表すことにする．さらに，変化点が複数ある可能性やレジーム間で誤差分散が異なる可能性は考慮しないことにする．複数の変化点を

伴うモデルに関する研究としては，例えば，Chib (1998) や Koop and Potter (2007) がある．最後に，構造変化年を $\lambda \in \{3, 4, \ldots, T-3\}$ の範囲に制限し，この範囲内で等確率に構造変化が起こるという事前確率を設定する．また，その他のパラメータの事前分布については

$$\begin{bmatrix} \beta_0 \\ \beta_1 \\ \beta_2 \end{bmatrix} \sim \mathcal{N} \left[\begin{pmatrix} 52 \\ 0 \\ 0 \end{pmatrix}, \sigma^2 \begin{pmatrix} 10 & 0 & 0 \\ 0 & 10 & 0 \\ 0 & 0 & 10 \end{pmatrix} \right] \tag{6.44}$$

$$\sigma^2 \sim IG(3, 1) \tag{6.45}$$

と設定する．6.2.3 項 a. におけるサンプリング手法を採用し，10,000 回シミュレーションを行って同時事後分布 (6.37) からサンプリングし，それを使って計算した結果を図 6.2 や図 6.3 に表した．

図 6.2 には，年と平均気温の関係を表す回帰関数の事後平均を描いている．このために，同時事後分布からのシミュレーションの各回における値を使って条件付平均関数 (conditional mean function) $\boldsymbol{X}_{(\lambda)}\boldsymbol{\beta}$ を計算している．これらの関数を集めて平均をとると，事後平均を求めることができる．それが原データとともに図の中に描かれている．このアプローチは変化点の位置に関する不確実性を考慮し，変化点の位置を点推定値として条件付けて推定する頻度論者の手法とは異なり，$\boldsymbol{X}_{(\lambda)}\boldsymbol{\beta}$ の事後平均はなめらかで，必ずしも"屈曲"しないことは注目に値する．繰り返しになるが，事後

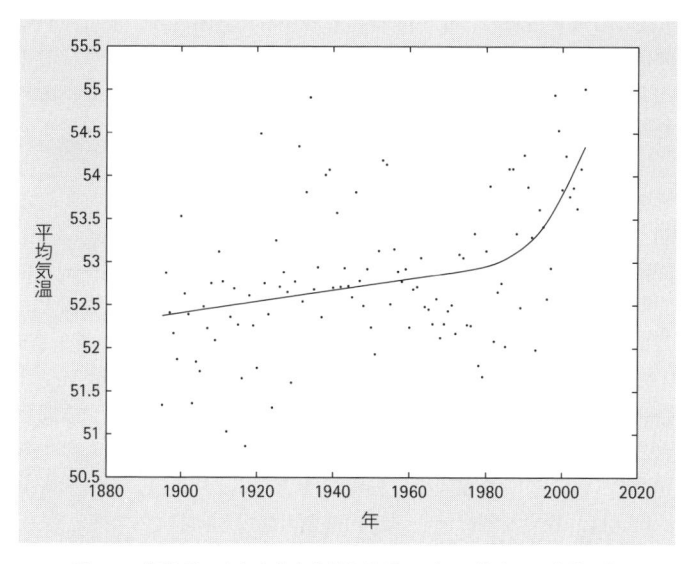

図 **6.2** 気温データと変化点を伴う線形モデルで推定した事後平均

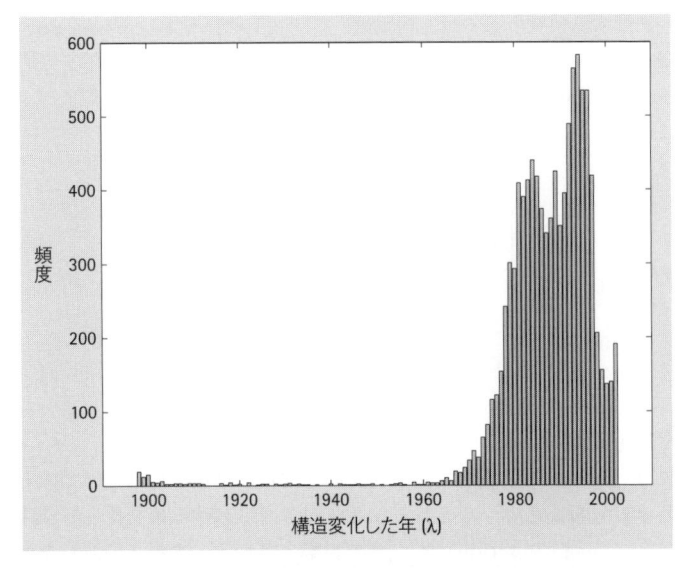

図 6.3 構造変化した年に関する事後分布

シミュレーションを使い，関心をもつ対象を計算するとき，変化時点の位置に関する不確実性を容易に考慮できることは強調する価値がある．

図 6.3 には構造変化年 λ に関する周辺事後分布が描かれている．この図から 1970 年以降に気温の構造変化が起こり，1990 年代後半にその可能性が最も高いことが示唆され，一様事前分布が更新されたことがはっきりとわかる．この結果は地球（あるいは少なくともアメリカ合衆国）の温暖化に関する仮説と広い意味で整合性をもつ示唆的な証拠を提供している．

6.2.4 階層線形モデル

National Longitudinal Survey of Youth (NLSY), Panel Study of Income Dynamics (PSID) および Survey of Income and Program Participation (SIPP) などの応用研究でよく使われる多くのデータセットは特定の集団における個人の行動や結果または反応をある期間にわたって追跡して記録しており，その性質上縦断的 (longitudinal) である．その他，クラスタリング (clustering) によって特徴付けられる類似した構造のデータセットもある．このタイプのデータでは，直面する問題でデータが生成される仕組みを所与とすると，特定のグループ内における個人が生み出す結果は互いに相関しやすい．したがって，分析ではこのことを考慮したモデルを用いるべきである．例えば，賃金水準は同一家計内の個人間で相関しやすいし，学生の達成度テストの得点は同じ学校内の生徒間で相関しやすい．本項では，このようなタイプの

データに適用できる階層モデルを考察する.

ベイズ分析における階層モデルの既存研究は，階層事前分布を使用した Lindley and Smith (1972) や Smith (1973) を端緒として豊富に存在する．最近のベイズ計量経済学のテキストは応用研究における階層モデルの重要性を強調している（例えば，Geweke 2005: 3.1 節や Rossi et al. 2005: 5 章および Koop et al. 2007: 12 章）．Geweke (2005) はマルチレベル（すなわち階層）事前分布を使うモデルと通常の事前分布を用いる潜在変数モデルの関連に注目しているし，Rossi et al. (2005) は，このようなタイプの分析において個人レベルのパラメータは主要な関心事となり得るので，単純に局外パラメータとして，周辺化して問題から取り除くべきでないと注意を促している．本章の後半では，Geweke and Keane (2001) に従って，有名な一変量および多変量の非線形モデルを包括的な階層構造を伴うモデルとして統一的に扱う．この項における目的は，これまでの項で説明した線形回帰モデルの枠組みを，上記のタイプのデータに存在する相関パターンに適応させて一般化する方法を簡潔に説明することである．基本的な階層モデルを以下のとおり定式化しよう．

$$y_{it} = \beta_{0i} + \boldsymbol{x}_{it}\boldsymbol{\beta}_{1i} + \epsilon_{it}, \quad i = 1, 2, \ldots, n, \quad t = 1, 2, \ldots, T_i \tag{6.46}$$

これは，

$$y_{it} = \boldsymbol{z}_{it}\boldsymbol{\beta_i} + \epsilon_{it} \tag{6.47}$$

とも表せる．ただし，$\boldsymbol{z}_{it} = [1\ \boldsymbol{x}_{it}]$ および $\boldsymbol{\beta}_i = [\beta_{0i}\ \boldsymbol{\beta}'_{1i}]'$ である．上記の定式化では，添字 i は構成単位（あるいは"個人"）i が生み出す結果を識別し，添字 t は典型的には時間を識別するものとして解釈される．この定式化は，切片項と傾きの両方において，個人レベルの異質性を許容している．このレベルの一般性は見たところ妥当に思えるが，やや珍しいかもしれない．というのも，応用ミクロ計量経済学における多くの既存研究は傾きについては同質性を課し（すなわち，$\boldsymbol{\beta}_{1i} = \boldsymbol{\beta}_1$ を仮定し），個人レベルの切片項にのみ異質性を許容することで十分であるとみなしているからである．そのような分析は，ここで説明する分析の特殊例とみなせる．最後に，ここではアンバランスパネル (unbalanced panel) データとなる一般ケースも考えるが，結果変数や共変量の欠損値を補完してモデルに含めるといった関連する論点には触れない．

個人レベルのパラメータが共通の確率分布から取り出されると仮定し，モデルに構造を加えよう．このために

$$\boldsymbol{\beta}_i | \boldsymbol{\beta}, \boldsymbol{\Sigma} \overset{\text{i.i.d.}}{\sim} G(\boldsymbol{\beta}, \boldsymbol{\Sigma}) \tag{6.48}$$

という形式の事前分布を設定する．この分布における各個人に共通のパラメータ $\boldsymbol{\beta}$ と $\boldsymbol{\Sigma}$ はデータから推測を試みる分析対象である．モデルは $\boldsymbol{\beta}$ と $\boldsymbol{\Sigma}$ および誤差分散パラメータ σ^2 に事前分布を設定することで完成する．

上記の定式化は，(6.48) のような分布を選好の異質性を特徴付ける"母集団分布 (population distribution)"として指定する頻度論者のランダム効果 (random effects) ア

プローチにとても類似しているように見える．しかし，この種のモデルに対するベイジアンアプローチとは異なり，頻度論者の観点からは個人レベルのパラメータ $\boldsymbol{\beta}_i$ は通常，局外パラメータとみなされて積分して条件付尤度から除かれる．しかし，多くの応用研究では $\boldsymbol{\beta}_i$ は分析対象として興味深く，そのような状況ではベイズ分析の手法がとりわけ魅力的になる．なぜなら個人レベルのパラメータは，事後シミュレータを実行する過程において，サンプリングにより入手できるからである．また，(6.48) の形式の事前分布を採用すると $\boldsymbol{\beta}_i$ の推定の際にある種の縮約 (shrinkage) が起こり，標準的な固定効果 (fixed effects) を使ったモデル化で起こる過剰適合に関する懸念を減らすのにも役立つ．上記のモデルでは，(6.48) におけるパラメータと変数 $\boldsymbol{x}_{it}$ の間の独立性を仮定している．ただし，この定式化を一般化してこれらの間の相関をモデル化することはできる．

a. 事後シミュレーション

階層モデルのポイントを理解することに集中するために，個人レベルの誤差項の分布を $\epsilon_{it}|\boldsymbol{Z},\sigma^2 \overset{\text{i.i.d.}}{\sim} \mathcal{N}(0,\sigma^2)$ と仮定する．個人ごとに異なる分散パラメータを設定したり，誤差項の分布を正規分布と仮定しない場合へのモデルの拡張は，必要に応じて可能である．パラメータの事前分布は以下のとおり設定する．

$$\boldsymbol{\beta}_i | \boldsymbol{\beta}, \boldsymbol{\Sigma}_{\boldsymbol{\beta}} \overset{\text{i.i.d.}}{\sim} \mathcal{N}(\boldsymbol{\beta}, \boldsymbol{\Sigma}_{\boldsymbol{\beta}}), \qquad i=1,2,\ldots,n \tag{6.49}$$

$$\boldsymbol{\beta} \sim \mathcal{N}(\boldsymbol{\mu}_{\boldsymbol{\beta}}, \boldsymbol{V}_{\boldsymbol{\beta}}) \tag{6.50}$$

$$\boldsymbol{\Sigma}_{\boldsymbol{\beta}}^{-1} \sim W\left([\kappa \boldsymbol{R}]^{-1}, \kappa\right) \tag{6.51}$$

$$\sigma^2 \sim IG\left(\frac{a}{2}, b\right) \tag{6.52}$$

ここで，W はウィシャート分布を意味する[*11]．このとき，このモデルに関する全パラメータの同時事後分布は

$$p\left(\{\boldsymbol{\beta}_i\}_{i=1}^n, \boldsymbol{\beta}, \boldsymbol{\Sigma}_{\boldsymbol{\beta}}^{-1}, \sigma^2 | \boldsymbol{y}\right) \propto p(\sigma^2) p(\boldsymbol{\beta}) p(\boldsymbol{\Sigma}_{\boldsymbol{\beta}}^{-1}) \prod_{i=1}^{n} \left[\phi\left(\boldsymbol{y}_i | \boldsymbol{Z}_i \boldsymbol{\beta}_i, \sigma^2 \boldsymbol{I}_{T_i}\right) \phi(\boldsymbol{\beta}_i | \boldsymbol{\beta}, \boldsymbol{\Sigma}_{\boldsymbol{\beta}})\right]$$
$$\tag{6.53}$$

となる．ただし，$\boldsymbol{y}_i = [y_{i1}\ y_{i2}\ \cdots\ y_{iT_i}]'$, $\boldsymbol{y} = [\ \boldsymbol{y}_1'\ \ \boldsymbol{y}_2'\ \ \cdots\ \ \boldsymbol{y}_n'\ ]'$ であり，$\boldsymbol{Z}_i$ は同様の方法で，$\{\boldsymbol{z}_{it}\}_{t=1}^{T_i}$ を $T_i \times k$ の行列になるようにまとめたものである．また $\boldsymbol{\beta}_i$ は $k \times 1$ のパラメータベクトルである．

Chib and Carlin (1999) のように，複数のパラメータをまとめてサンプリングするブロッキングステップ (blocking step) を採用して，この同時事後分布からサンプリン

[*11] 本章では，ウィシャート分布の記法を以下のとおりとする．
$\boldsymbol{H} \sim W_k(\boldsymbol{A}, \nu) \Rightarrow p(\boldsymbol{H}) \propto |\boldsymbol{H}|^{(\nu-k-1)/2} \exp[-(1/2)tr(\boldsymbol{A}^{-1}\boldsymbol{H})]$ ただし，$\boldsymbol{A}$ は $k \times k$ の行列である．

グを行う．すなわち，まず $p(\boldsymbol{\beta}|\boldsymbol{\Sigma}_{\boldsymbol{\beta}}^{-1},\sigma^2,\boldsymbol{y})$ からサンプリングを行い，続いて一連の条件付事後分布 $p(\boldsymbol{\beta}_i|\boldsymbol{\beta},\boldsymbol{\Sigma}_{\boldsymbol{\beta}}^{-1},\sigma^2,\boldsymbol{y})$ から独立にサンプリングすることで条件付同時事後分布 $p(\{\boldsymbol{\beta}_i\}_{i=1}^n,\boldsymbol{\beta}|\boldsymbol{\Sigma}_{\boldsymbol{\beta}}^{-1},\sigma^2,\boldsymbol{y})$ からシミュレーションを行う枠組みを提案する．このように $\boldsymbol{\beta}$ と $\{\boldsymbol{\beta}_i\}$ のサンプリングは，同時分布は周辺分布と条件付分布へ分解できるという事実を活用して1つのブロックで行う．重要なことだが，$\boldsymbol{\beta}_1,\boldsymbol{\beta}_2,\ldots,\boldsymbol{\beta}_n$ のサンプリングは，他のステップを介在させずに，$\boldsymbol{\beta}$ のサンプリングに続いて，すぐに行われなければならない．このサンプリング手法は誤差項の分散パラメータと個人の回帰係数ベクトルに関する分布の分散共分散行列の逆行列に関する条件付事後分布からのサンプリングをあわせることで完成する．

ここで，

$$\boldsymbol{y}_i|\boldsymbol{\beta},\boldsymbol{\Sigma}_{\boldsymbol{\beta}}^{-1},\sigma^2 \overset{\text{i.n.d.}}{\sim} \mathcal{N}\left(\boldsymbol{Z}_i\boldsymbol{\beta},\sigma^2\boldsymbol{I}_{T_i}+\boldsymbol{Z}_i\boldsymbol{\Sigma}_{\boldsymbol{\beta}}\boldsymbol{Z}_i'\right), \qquad i=1,2,\ldots,n \quad (6.54)$$

という関係が成立することに注目すると，

$$\boldsymbol{\beta}|\boldsymbol{\Sigma}_{\boldsymbol{\beta}}^{-1},\sigma^2,\boldsymbol{y} \sim \mathcal{N}(\boldsymbol{D}_{\boldsymbol{\beta}}\boldsymbol{d}_{\boldsymbol{\beta}},\boldsymbol{D}_{\boldsymbol{\beta}}) \quad (6.55)$$

を導くことができる．ただし，

$$\boldsymbol{D}_{\boldsymbol{\beta}} \equiv \left[\left(\sum_i \boldsymbol{Z}_i'[\sigma^2\boldsymbol{I}_{T_i}+\boldsymbol{Z}_i\boldsymbol{\Sigma}_{\boldsymbol{\beta}}\boldsymbol{Z}_i']^{-1}\boldsymbol{Z}_i\right) + \boldsymbol{V}_{\boldsymbol{\beta}}^{-1}\right]^{-1} \quad (6.56)$$

および

$$\boldsymbol{d}_{\boldsymbol{\beta}} = \left(\sum_i \boldsymbol{Z}_i'[\sigma^2\boldsymbol{I}_{T_i}+\boldsymbol{Z}_i\boldsymbol{\Sigma}_{\boldsymbol{\beta}}\boldsymbol{Z}_i']^{-1}\boldsymbol{y}_i\right) + \boldsymbol{V}_{\boldsymbol{\beta}}^{-1}\boldsymbol{\mu}_{\boldsymbol{\beta}} \quad (6.57)$$

である．(6.55) から取り出した $\boldsymbol{\beta}$ で条件付けると，条件付事後分布 $p(\{\boldsymbol{\beta}_i\}|\boldsymbol{\beta},\boldsymbol{\Sigma}_{\boldsymbol{\beta}}^{-1},\sigma^2,\boldsymbol{y})$ から取り出したサンプルは条件付同時事後分布 $p(\{\boldsymbol{\beta}_i\}_{i=1}^n,\boldsymbol{\beta}|\boldsymbol{\Sigma}_{\boldsymbol{\beta}}^{-1},\sigma^2,\boldsymbol{y})$ からのサンプルになる．(6.53) を詳しく調べると，$\boldsymbol{\beta}_i$ はそれぞれ事後的には条件付独立であることがわかる．したがって，$\boldsymbol{\beta}_i$ に関してはそれぞれの条件付事後分布から独立にサンプリングできる．具体的には，

$$\boldsymbol{\beta}_i|\boldsymbol{\beta},\boldsymbol{\Sigma}_{\boldsymbol{\beta}}^{-1},\sigma^2,\boldsymbol{y} \overset{\text{i.n.d.}}{\sim} \mathcal{N}\Big([\boldsymbol{Z}_i'\boldsymbol{Z}_i/\sigma^2+\boldsymbol{\Sigma}_{\boldsymbol{\beta}}^{-1}]^{-1}(\boldsymbol{Z}_i'\boldsymbol{y}_i/\sigma^2+\boldsymbol{\Sigma}_{\boldsymbol{\beta}}^{-1}\boldsymbol{\beta}),$$
$$[\boldsymbol{Z}_i'\boldsymbol{Z}_i/\sigma^2+\boldsymbol{\Sigma}_{\boldsymbol{\beta}}^{-1}]^{-1}\Big) \quad (6.58)$$

より，$\boldsymbol{\beta}_i$, $i=1,2,\ldots,n$ のサンプリングを独立に行うことができる．最後に，$T=\sum_{i=1}^n T_i$ とすると，誤差分散パラメータ σ^2 の条件付事後分布

$$\sigma^2|\boldsymbol{\beta}_1,\boldsymbol{\beta}_2,\ldots,\boldsymbol{\beta}_n,\boldsymbol{y} \sim IG\left(\frac{T+a}{2},\left[b+\frac{1}{2}\sum_{i=1}^n\sum_{t=1}^{T_i}(y_{it}-\boldsymbol{z}_{it}\boldsymbol{\beta}_i)^2\right]\right) \quad (6.59)$$

を得る．また，分散共分散行列の逆行列 $\boldsymbol{\Sigma}_{\boldsymbol{\beta}}^{-1}$ の条件付事後分布は

$$\boldsymbol{\Sigma}_{\boldsymbol{\beta}}^{-1}|\boldsymbol{\beta},\boldsymbol{\beta}_1,\boldsymbol{\beta}_2,\cdots,\boldsymbol{\beta}_n,\boldsymbol{y} \sim W\left(\left[\sum_{i=1}^{n}(\boldsymbol{\beta}_i-\boldsymbol{\beta})(\boldsymbol{\beta}_i-\boldsymbol{\beta})' + \kappa\boldsymbol{R}\right]^{-1}, n+\kappa\right)$$
(6.60)

である.この正規階層線形モデルの事後シミュレータは (6.55),(6.58),(6.59),および (6.60) より,順番に繰り返しサンプリングを行うことで,実行される.

b. 階層線形モデルに関する 2 つの分析例

階層モデルの実際の推定方法を示すために,説明に役立つ分析例を 2 つ紹介する.第 1 の分析例は,Gelfand et al. (1990) のデータを利用した MCMC の分野ではよく知られた例である.ただし,分析結果それ自体はあまり魅力的ではない.Gelfand et al. (1990) によるこの重要な研究は実証研究においてギブスサンプリングがもたらす便益を明らかにした.第 2 の分析例は,読者の興味をより引くものであると願うが,1 クラス当たりの生徒数が生徒の達成度に与える影響に関連したものである.

分析例 1 第 1 の分析例では,30 匹のネズミについて,それぞれの体重を誕生してから 5 つの異なる時点において,具体的には 8 日後から 36 日後まで 7 日ごとに測ったデータを使用する.結果変数 y_{it} はネズミ i の誕生後 t 日目の体重を g 単位で表したものである.x_{it} はその測定日を表し,すべての i,j に対して $x_{it} = x_{jt}$ が成立する.

事前分布のパラメータは

$$\boldsymbol{\mu}_{\boldsymbol{\beta}} = \begin{bmatrix} 100 \\ 15 \end{bmatrix}, \quad \boldsymbol{V}_{\boldsymbol{\beta}} = \begin{bmatrix} 40^2 & 0 \\ 0 & 100 \end{bmatrix}, \quad a=6, \quad b=40, \quad \kappa=5,$$
$$\boldsymbol{R} = \begin{bmatrix} 100 & 0 \\ 0 & .25 \end{bmatrix}$$
(6.61)

と定める.表 6.3 は,この分析例に関する一部のパラメータの事後平均と標準偏差を掲載している.

推定結果は"平均的な"ネズミの誕生時の体重は約 106.6 g であり,1 日経つと平均

表 6.3 分析例 1 に関する一部のパラメータの事後統計

パラメータ	事後平均	事後標準偏差
$\beta_{Intercept}$	106.6	2.33
β_{Slope}	6.18	0.108
$\boldsymbol{\Sigma}_{\boldsymbol{\beta}}(1,1)$	124.7	42.00
$\boldsymbol{\Sigma}_{\boldsymbol{\beta}}(2,2)$	0.277	0.087
$\boldsymbol{\Sigma}_{\boldsymbol{\beta}}(1,2)/\sqrt{\boldsymbol{\Sigma}_{\boldsymbol{\beta}}(1,1) \times \boldsymbol{\Sigma}_{\boldsymbol{\beta}}(2,2)}$	-0.126	0.210
$\beta_{0,5}$	90.73	5.50
$\beta_{0,30}$	106.62	5.15
$\beta_{1,5}$	6.43	0.229
$\beta_{1,30}$	6.13	0.214

して約 6.2g 体重が増えることを示唆する．表の 5 行目は個体レベルの切片項と傾きパラメータの相関係数を表す．この相関係数の事後平均は負であり，この値は誕生時の体重が重いネズミは，誕生時の体重が軽いネズミよりも成長率が低い傾向にあるという"キャッチアップ"の程度を示している．表下部の 4 行は 5 番目と 30 番目のネズミに関する係数の事後平均と標準偏差を表している．この結果は"データ全体"における一般的傾向と整合的であり，5 番目のネズミは 30 番目のネズミより誕生時において小さいが，成長率は高いことがわかる．

ここで用いた事後シミュレータは，その過程において各ネズミの β_i を事後分布からサンプリングするので，個体レベルのパラメータの比較について分析者が関心をもつ指標が容易に計算できることもまた注目に値する．例えば，$\Pr(\beta_{1,5} > \beta_{1,30}|\boldsymbol{y}) \approx 0.84$ という事後確率を計算できるので，5 番目のネズミは 30 番目のネズミより成長が速いことが合理的に説得力をもって示される．このような指標は実際の分析において，特に階層モデルを他のより興味深いことへの探求に使う場合には，たいへん役立つであろう．例えば，Geweke et al. (2003) は階層モデルにおける個体レベルのパラメータの推定値を病院の実績に関するランク付けや評価のために使っているし，Aitkin and Longford (1986)，Laird and Louis (1989) および Li and Tobias (2005) は学校の実績を比較するために，それらを使っている．クロスセクションでの"効率性"を評価するために，個体レベルのパラメータに片側分布 (one–sided distribution) がよく採用される確率フロンティアモデル (stochastic frontier model) もまたとても類似した構造と目的を共有している（例えば，Koop et al. 1997 および Koop and Steel 2001）．これらの応用研究において，個体レベルのパラメータに関する事後シミュレーションは極めて価値があり，興味深く重要な経済問題に取り組むために使うことができる．

分析例 2 第 2 の分析例では，Krueger (1998) と Krueger and Whitmore (2001) に従い，STAR プロジェクトで収集されたデータを分析するために，階層線形モデルを適用する．ここで，STAR は Student/Teacher Achievement Ratio を表す．STAR プロジェクトはアメリカ合衆国のテネシー州で行われた実験で，生徒を少人数クラス，通常人数クラス，および補助教師を伴う通常人数クラスという 3 つのタイプのクラスのうちの 1 つに無作為に割当てるというものだった．この実験に参加する資格を有するためには，3 タイプのクラスすべてが各学校において実現できるように，各学校は少なくとも学年ごとに 3 つのクラスをもつほどに十分大きくなければならなかった．この分析例で使ったデータはアンバランスパネルデータであり，いくつかの学校には学年に 4 クラス以上のクラスがあり（ただし全学校には少なくとも 3 クラスはある），あるタイプに定められたクラスにおけるの生徒数はデータの中で常に一定とは限らない（例えば，いくつかの少人数クラスには 15 人の生徒がいるが，他の少人数クラスでは 16 人いる場合もある）．分析に使う従属変数は，生徒の達成度に関する測定結果であり，具体的には STAR プロジェクトに参加した生徒の国語と算数のテストのパーセ

ンタイルスコアの平均である．処置変数 (treatment variables) は2つあり，少人数クラスへの割当てを示すダミー変数と補助教師を伴う通常人数クラスへの割当てを示すダミー変数である．したがって，効果を測る基準となるのは標準クラスへの割当てである．

ここで使用する STAR プロジェクトのデータには，アメリカ合衆国の義務教育の1年目に当たる幼稚園の時期にプロジェクトに参加した合計 5726 人の生徒が在籍した 79 の参加学校が含まれる．これはアンバランスパネルデータであり，各学校の生徒数は同じではない．ここでは，幼稚園の期末に測定された達成度指標に焦点を当て，学校（ここでは幼稚園）間における処置の影響に関する異質性を考察する．したがって，数式 (6.47) のモデルをこの分析例に当てはめる場合，i は学校を表し，t は時間ではなく，ある学校内における生徒を表す．

事前分布のパラメータは

$$\boldsymbol{\mu}_\beta = \begin{bmatrix} 0 \\ 0 \\ 0 \end{bmatrix}, \quad \boldsymbol{V}_\beta = \begin{bmatrix} 10^6 & 0 & 0 \\ 0 & 10^6 & 0 \\ 0 & 0 & 10^6 \end{bmatrix}, \quad a = 6, \quad b = 3, \quad \kappa = 6$$

$$\boldsymbol{R} = \begin{bmatrix} 1 & 0 & 0 \\ 0 & 1 & 0 \\ 0 & 0 & 1 \end{bmatrix}$$

と定める．

表 6.4 の推定結果からわかるように，少人数クラスに割当てられると，テストの平均点がパーセンタイルスコアで 5.48 ポイントだけ平均的に高くなる．一方，補助教師を伴う標準クラスへの割当ては標準クラスへの割当てと比較して，平均的には大きな改善が見られない．また，1 クラス当たりの生徒数を削減することの効果は (6.49) における $\boldsymbol{\Sigma}_\beta$ の (2,2) 要素の平方根に関する事後平均の値が 10.6 であることに反映さ

表 6.4 分析例 2 に関する一部のパラメータの事後統計

パラメータ	事後平均	事後標準偏差	$\Pr(\cdot > 0 \mid \boldsymbol{y})$
β_0 （切片項）	51	1.82	1
β_1 （少人数クラス）	5.48	1.44	1
β_2 （補助付標準クラス）	0.311	1.26	0.596
$\sqrt{\sigma^2}$	22.9	0.221	1
$\sqrt{\boldsymbol{\Sigma}_\beta(1,1)}$	15.2	1.32	1
$\sqrt{\boldsymbol{\Sigma}_\beta(2,2)}$	10.6	1.24	1
$\sqrt{\boldsymbol{\Sigma}_\beta(3,3)}$	8.93	1.14	1
$\boldsymbol{\Sigma}_\beta(1,2)/\sqrt{\boldsymbol{\Sigma}_\beta(1,1) \times \boldsymbol{\Sigma}_\beta(2,2)}$	-0.454	0.111	0.000125
$\boldsymbol{\Sigma}_\beta(1,3)/\sqrt{\boldsymbol{\Sigma}_\beta(1,1) \times \boldsymbol{\Sigma}_\beta(3,3)}$	-0.483	0.111	0.000125
$\boldsymbol{\Sigma}_\beta(2,3)/\sqrt{\boldsymbol{\Sigma}_\beta(2,2) \times \boldsymbol{\Sigma}_\beta(3,3)}$	0.548	0.118	1

れているように，学校間で大きなばらつきがあることは注目に値する．これらの値と(6.49) の正規分布の特徴をあわせて考えると，事後シミュレーションが直接的に明らかにしているように，学校によっては少人数クラスに割当てるられることにより，達成度が下がる効果があることが示されている．

また，表 6.4 下部の 3 行より β_i の要素間の相関は極めて強いことがわかる．少人数クラスと補助教師を伴う標準クラスの間の正の相関 (0.548) は，少人数クラスから便益を得る可能性が最も高い傾向にある学校は，補助教師を伴う標準クラスでも相対的に大きな便益を得る学校であることを示唆する．さらに，学校ごとの係数において切片項と少人数クラスへの割当ての間と，切片項と補助を伴う標準クラスへの割当ての間に，かなり強い負の相関が見てとれる（それぞれ，-0.454 と -0.483）．この結果に対しては，標準クラスでの生徒の成績が低い（高い）学校は，少人数クラスや補助を伴う標準クラスにすることで，最も多く（最も少なく）便益を得る学校であるという解釈が理に適っているように思える．階層モデルをこのデータに適用することで，学校間にかなり大きな異質性があることを明らかにするだけでなく，1 クラスの人数を変更することによって最も影響を受ける学校を明確にできることがわかる．

上記の 2 つの分析例とその考察は，階層線形モデルへのベイジアンアプローチを十分に詳しく説明するのではなく，簡潔に紹介することを意図したものである．この手法は，6.3 節や 6.4 節で説明する二値または多値選択モデルを含む非線形モデルに容易に拡張可能である．さらに，最近の研究は特に個体レベルのパラメータのモデル化における確率分布に関する様々な仮定を緩めることを模索している．例えば，本書第 8 章の Rossi と Allenby による説明を参照のこと．最後に，階層モデルでは時間を通じて不変な共変量を階層モデルの中間階層である β_i のモデル化の際に考慮したり，ϵ_{it} の自己相関を許容するようなさらに一般的な誤差構造を考慮できることに注意する．例えば，より複雑な動的な二値選択モデルにおけるこのような事項の扱いに関してはChib and Jeliazkov (2006) を参照のこと．

6.2.5 線形モデルにおける内生性

内生的説明変数の問題への対処はミクロ計量経済分析の実際において中心的な課題である．内生性に関するテキストにおける議論やそれを伴う応用分析のほとんどは，事実上頻度論者の観点からのものであり，操作変数 (instrumental variable：IV) や 2 段階最小二乗法 (two stage least squares：2SLS) などの推定における手続きに関心を集中している．一方，Drèze (1976), Drèze and Richard (1983), Geweke (1996a), Kleibergen and Zivot (2003), Hoogerheide et al. (2007b), Sims (2007) およびConley et al. (2008) のような研究は，この問題に対するベイジアンの観点からの重要な貢献である．この問題が重要であることは，ベイジアンの観点からの最新のテキストの多く（Lancaster 2004: 8 章; Rossi et al. 2005: 7 章; Koop et al. 2007: 14 章）や，本書における別の箇所（例えば，Rossi と Allenby による第 8 章）においても，か

なり詳しく扱われていることからわかる．さらに，ベイジアンの観点からの数多くの応用分析があり，そこでは様々な異なるモデルにおいて内生性の問題に対処するために MCMC 法が容易に適応可能であることがよく強調されている．例えば，Li (1998), Geweke et al. (2003), Munkin and Trivedi (2003), Deb et al. (2006), Kline and Tobias (2008), Chib et al. (2009) を参照のこと．

以下では，線形回帰モデルにおける内生性の問題を議論する．特に，説明変数のうちの 1 つが内生変数であるケースを取り扱う．この設定はやや制限的だが，高次元の内生性の問題に対応する一般化も容易なので，極端に制限的なわけではない．さらに，Chernozhukov and Hansen (2008) による最近の研究は，このケースがこの分野で受け入れられている標準的なモデルであることを示しており[*12]，分析の出発点として適している．

次のモデルを考えよう．

$$y_i = \alpha_0 + \alpha_1 x_i + \boldsymbol{w}_i \boldsymbol{\alpha}_2 + \epsilon_i \tag{6.62}$$

$$x_i = \beta_0 + \boldsymbol{z}_i \boldsymbol{\beta}_1 + u_i \tag{6.63}$$

ただし，

$$\begin{bmatrix} \epsilon_i \\ u_i \end{bmatrix} \bigg| \boldsymbol{W}, \boldsymbol{Z} \overset{\text{i.i.d.}}{\sim} \mathcal{N}\left[\begin{pmatrix} 0 \\ 0 \end{pmatrix}, \begin{pmatrix} \sigma_\epsilon^2 & \sigma_{\epsilon u} \\ \sigma_{\epsilon u} & \sigma_u^2 \end{pmatrix}\right] \equiv \mathcal{N}(\boldsymbol{0}, \boldsymbol{\Sigma})$$

である．外生変数については，$\boldsymbol{w}_i$ は y_i と x_i の構造型方程式 (6.62) に含まれ，$\boldsymbol{z}_i$ は x_i の誘導型方程式に含まれる．以下で示されるように，これらの 2 つの組の変数の間には重複があり得る（実際の分析では常にそうである）が，識別のためには $\boldsymbol{z}_i$ をまとめた行列である $\boldsymbol{Z}$ の少なくとも 1 つの列が $\boldsymbol{w}_i$ をまとめた行列の $\boldsymbol{W}$ には含まれないことが必要である．

$\boldsymbol{\theta}$ がモデルの全パラメータをまとめたベクトルであるとすると，誤差項の同時分布を

$$p(\epsilon_i, u_i | \boldsymbol{\theta}) = p(\epsilon_i | u_i, \boldsymbol{\theta}) p(u_i | \boldsymbol{\theta}) \tag{6.64}$$

と書き表すことができる．(ϵ_i, u_i) から (y_i, x_i) へ変数変換する際のヤコビアンは 1 であることに注意すると，

$$p(y_i, x_i | \boldsymbol{\theta}) = \phi\left(y_i \bigg| \alpha_0 + \alpha_1 x_i + \boldsymbol{\alpha}_2 \boldsymbol{w}_i + \frac{\sigma_{\epsilon u}}{\sigma_u^2}(x_i - \beta_0 - \boldsymbol{\beta}_1 \boldsymbol{z}_i), \sigma_\epsilon^2 (1 - \rho_{\epsilon u}^2)\right)$$
$$\times \phi(x_i | \beta_0 + \boldsymbol{\beta}_1 \boldsymbol{z}_i, \sigma_u^2) \tag{6.65}$$

を得る．ただし，$\rho_{\epsilon u} \equiv \sigma_{\epsilon u}/(\sigma_\epsilon \sigma_u)$ である．

[*12] Chernozhukov and Hansen (2008) は，1999 年から 2004 年の期間に，*American Economic Review* (AER), *Quarterly Journal of Economics* (QJE), および *Journal of Political Economy* (JPE) に掲載された論文のうち，108 の論文が線形モデルにおいて操作変数法を採用しており，この中の 91 の論文が内生的説明変数は 1 つと仮定して，分析結果を報告していることを明らかにしている．

6.2 線形モデル

ここですぐに分析に進まずに,この方程式モデルにおけるパラメータの識別について議論することは有意義である.このために,まず外生変数の組が両方の方程式で共通である場合,すなわち $z_i = w_i$ の場合を考えよう.この場合,(6.65) は

$$p(y_i, x_i | \boldsymbol{\theta})$$
$$= \phi\left(y_i \bigg| \left[\alpha_0 - \beta_0 \frac{\sigma_{\epsilon u}}{\sigma_u^2}\right] + \left[\alpha_1 + \frac{\sigma_{\epsilon u}}{\sigma_u^2}\right] x_i + \left[\boldsymbol{\alpha}_2 - \boldsymbol{\beta}_1 \frac{\sigma_{\epsilon u}}{\sigma_u^2}\right] w_i, \sigma_\epsilon^2 (1 - \rho_{\epsilon u}^2)\right)$$
$$\times \phi(x_i | \beta_0 + \boldsymbol{\beta}_1 z_i, \sigma_u^2) \tag{6.66}$$

となる.この数式を確認すると,尤度は以下のとおりパラメータに関するちょうど7つのブロックで構成される関数であることがわかる.

$$\beta_0, \quad \boldsymbol{\beta}_1, \quad \sigma_u^2, \quad \psi_0 = \left[\alpha_0 - \beta_0 \frac{\sigma_{\epsilon u}}{\sigma_u^2}\right], \quad \psi_1 = \left[\alpha_1 + \frac{\sigma_{\epsilon u}}{\sigma_u^2}\right],$$
$$\boldsymbol{\psi}_2 = \left[\boldsymbol{\alpha}_2 - \boldsymbol{\beta}_1 \frac{\sigma_{\epsilon u}}{\sigma_u^2}\right], \qquad \psi_3 = \sigma_\epsilon^2 (1 - \rho_{\epsilon u}^2) \tag{6.67}$$

一方,推定したいのは $\boldsymbol{\theta}$ に含まれる8つのブロックで構成される以下の"構造"パラメータである.

$$\alpha_0, \quad \alpha_1, \quad \boldsymbol{\alpha}_2, \quad \beta_0, \quad \boldsymbol{\beta}_1, \quad \sigma_u^2, \quad \sigma_\epsilon^2, \quad \sigma_{\epsilon u} \tag{6.68}$$

結果として,(6.67) における7つのブロックは尤度関数によって識別されるが,(6.68) に含まれるすべての構造パラメータは識別されない.実際の分析で最も注目される"因果効果 (causal effect)"を表す α_1 は,(6.62) と (6.63) に登場する外生変数の組が同一である場合,識別されないパラメータとなることに注意しよう.

モデルに仮定を置くことで,(6.62),(6.63) のような定式化でパラメータの識別を達成できるが[13],最もよく使われるのは,Z には W に含まれない列が少なくとも1つ存在するという仮定である.すなわち,直面する問題を十分に理解すると,w_i には含まれない z_i における変数(または"操作変数")を見つけることができ,識別や推定のために活用できる.(6.65) から,そのような除外制約 (exclusion restriction)

---

[13] "キッチンシンク"アプローチ ("kitchen sink" approach) はそのような仮定の1つである.このアプローチでは,多数の共変量を (6.62) に含め,それらが ϵ と x を無相関にする,あるいは少なくとも近似的には無相関にするのに十分であると考える.(6.65) より,$\sigma_{\epsilon u} = 0$ のとき,上記の方程式モデルは再帰的システム (recursive system) になり,(6.62) は単一の方程式として推定できることがわかる.この仮定の含意は,コウルズ委員会 (the Cowles Commission) によってはじめて注目された.Christ (1994) はここで用いたモデルやその他のモデルに関するコウルズ委員会の計量経済学の分野における初期の貢献に関する素晴らしい概説である.$\sigma_{\epsilon u} = 0$ という制約やその含意は,例えば VAR モデルにおけるパラメータの識別において,今日でも依然として意義がある.識別問題に対する上記の対処法は,応用分析を行う大多数の研究者には通常は受け入れられない.なぜなら,彼らは操作変数法が識別問題に対する唯一の答えであり,因果の影響を抽出できる唯一の手段であるとみなしているからである.しかしときには,この対処法に賛同する論文査読者が1人(あるいは2人ないし3人)見つかることもある.Dearden et al. (2002) は丁寧に考察された優れた例である.実際にはあまり使用されないが,方程式間にパラメータ制約を課して識別問題に対処することもある.

が識別のために活用できることが以下のとおりわかる．パラメータ $\boldsymbol{\beta}_1$ は x に関する誘導型の周辺密度より識別可能であり，条件付密度 $\phi(y|x)$ における $\boldsymbol{w}$ に含まれない z の要素にかかる係数は $-[\sigma_{\epsilon u}/\sigma_u^2]\boldsymbol{\beta}_1$ となる．これら 2 つの情報をまとめると，観測できない交絡 (unobserved confounding) に起因する比率 $\sigma_{\epsilon u}/\sigma_u^2$ の識別が可能になる．この比率がわかれば，(6.65) から明らかなように，因果効果 α_1 やモデルのその他のパラメータがすべて識別可能になる．上記の議論から識別の手段としての操作変数の価値がわかり，操作変数が弱い場合には α_1 を $\sigma_{\epsilon u}/\sigma_u^2$ から分離するのが潜在的に困難になることもまた示唆される．6.2.5 項 c. の分析では，このような弱操作変数に関する問題を取り扱う．

a. 事後シミュレーション

(6.62) と (6.63) をベクトルや行列にまとめて表すと，

$$\begin{bmatrix} y_i \\ x_i \end{bmatrix} = \begin{bmatrix} 1 & x_i & \boldsymbol{w}_i & 0 & \boldsymbol{0} \\ 0 & 0 & \boldsymbol{0} & 1 & \boldsymbol{z}_i \end{bmatrix} \begin{bmatrix} \alpha_0 \\ \alpha_1 \\ \boldsymbol{\alpha}_2 \\ \beta_0 \\ \boldsymbol{\beta}_1 \end{bmatrix} + \begin{bmatrix} \epsilon_i \\ u_i \end{bmatrix} \quad (6.69)$$

または

$$\tilde{\boldsymbol{y}}_i = \tilde{\boldsymbol{X}}_i \boldsymbol{\beta} + \tilde{\boldsymbol{\epsilon}}_i \quad (6.70)$$

となる．$\tilde{\boldsymbol{y}}_i$, $\tilde{\boldsymbol{X}}_i$, $\boldsymbol{\beta}$ および $\tilde{\boldsymbol{\epsilon}}_i$ の定義は (6.69) と (6.70) の対応関係から明らかだろう．ここでは以下の事前分布を使うことにする．

$$\boldsymbol{\beta} \sim \mathcal{N}(\boldsymbol{\mu}_{\boldsymbol{\beta}}, \boldsymbol{V}_{\boldsymbol{\beta}}) \quad (6.71)$$

$$\boldsymbol{\Sigma}^{-1} \sim W\left[(\kappa \boldsymbol{R})^{-1}, \kappa\right] \quad (6.72)$$

この設定により，内生的説明変数を伴う線形モデルの事後シミュレータを容易に導出できる．具体的には，以下の 2 つの条件付事後分布から繰り返しサンプリングする，2 ブロックで構成される単純なギブスサンプラーを使うことができる．

$$\boldsymbol{\beta} | \boldsymbol{\Sigma}, \boldsymbol{y}, \boldsymbol{x} \sim \mathcal{N}(\boldsymbol{D}_{\boldsymbol{\beta}} \boldsymbol{d}_{\boldsymbol{\beta}}, \boldsymbol{D}_{\boldsymbol{\beta}}) \quad (6.73)$$

ただし，

$$\boldsymbol{D}_{\boldsymbol{\beta}} = \left(\boldsymbol{V}_{\boldsymbol{\beta}}^{-1} + \sum_{i=1}^{n} \tilde{\boldsymbol{X}}_i{}' \boldsymbol{\Sigma}^{-1} \tilde{\boldsymbol{X}}_i\right)^{-1}, \quad \boldsymbol{d}_{\boldsymbol{\beta}} = \boldsymbol{V}_{\boldsymbol{\beta}}^{-1} \boldsymbol{\mu}_{\boldsymbol{\beta}} + \sum_{i=1}^{n} \left(\tilde{\boldsymbol{X}}_i{}' \boldsymbol{\Sigma}^{-1} \tilde{\boldsymbol{y}}_i\right) \quad (6.74)$$

および

$$\boldsymbol{\Sigma}^{-1} | \boldsymbol{\beta}, \boldsymbol{y}, \boldsymbol{x} \sim W\left(\left[\sum_{i=1}^{n} \tilde{\boldsymbol{\epsilon}}_i \tilde{\boldsymbol{\epsilon}}_i{}' + \kappa \boldsymbol{R}\right]^{-1}, n + \kappa\right) \quad (6.75)$$

である．このモデルの事後シミュレータは (6.73) と (6.75) から繰り返しサンプリングすることで進行する．これを見た読者は，上記のサンプリングの枠組みと説明変数に内生変数がない標準的な SUR モデルによる分析で使われるサンプリングの枠組みとの関連に気づき，おそらく戸惑うだろう．そして，なぜ内生性の問題をもつこのモデルのシミュレータが内生性の問題を伴わない 2 変数の SUR モデルに関する本質的に同一のシミュレータに帰着するのかと問いたくなるかもしれない．このような関連性は変数変換のヤコビアンが 1 であることに決定的に依存している．そして，この結果は再帰的ではない同時方程式モデルでは得られないことに注意しなければならない．

b. BMI データの分析例

上記の手法を実際の分析に応用する方法を説明するために，Kline and Tobias (2008) によるモデルを簡略化したものを考えよう．この研究では，British Cohort Study という 1970 年の 4 月 5 日から 4 月 11 日の間にイギリスで生まれたすべての人々で構成される群 (cohort) に関するパネル調査から抽出されたデータが用いられている．このデータには人口動態に関する通常の変数や受け取った賃金とともに調査参加者の身長と体重に関する情報も含まれる．さらに，ある時点における調査項目では調査参加者の両親の身長と体重に関する情報も含まれる．これらの変数により，体重 (kg 単位) を身長 (m 単位) の二乗で割ることで定義される BMI を回答者およびその両親について計算できる．

分析では回答者が 29 歳の頃の時間当たり賃金に注目して，結果変数として使う．さらに，男性のみに分析対象を限定する．そして，BMI が時間当たり賃金 (の対数) に与える"因果"効果を推定するという主要な目的にあわせてモデルを設計する．これは労働経済学の分野でこれまでよく注目を集めてきた問題である．その他の制御変数として，回答者が 10 歳のときの家計の収入と回答者が大卒であるかどうかを表すダミー変数を使う．算出された両親の BMI は，子供 (回答者) の BMI に関する操作変数 (除外制約) として用いる．最終的に残ったデータ数は $n = 2561$ である[*14]．

推定された係数の事後平均と標準偏差は表 6.5 に掲載されている．推定に際しては事前分布のハイパーパラメータを $\boldsymbol{\mu_\beta} = 0$, $\boldsymbol{V_\beta} = 10 I_k$, $\kappa = 5$ および $\boldsymbol{R} = I_2$ と設定した．

表 6.5 に掲載された結果は，Kline and Tobias (2008) による分析結果とおおむね整合的である．まず，用いた操作変数は BMI のばらつきを説明する重要な変数であり，シミュレーションから $\Pr(\beta_{1,MomBMI} > 0, \beta_{1,DadBMI} > 0 | \boldsymbol{y}, \boldsymbol{x}) = 1$ であることがわかるので，親の BMI が高くなるとその子供の BMI も高くなることが明らかとなっている．さらに，BMI と賃金の関係は負であり，BMI が 1 ポイント増えると，約 4.1% だけ時間当たり賃金が減る．最後に，観測できない要因の役割もまた重要で

[*14] 残念ながら，このデータセットはアクセスが制限されているため，本章の応用分析に関するウェブサイト上では利用可能ではない．

表 6.5 BMI データの分析に関するパラメータの事後統計

変数	事後平均	事後標準偏差
賃金方程式		
切片項	2.96	0.215
BMI	−0.041	0.008
家計収入	0.001	0.0001
大卒	0.244	0.024
BMI 方程式		
切片項	15.10	0.670
家計収入	0.0003	0.001
大卒	−0.599	0.172
母親の BMI	0.176	0.018
父親の BMI	0.259	0.020
その他のパラメータ		
σ_ϵ^2	0.200	0.011
σ_u^2	11.22	0.305
$\rho_{\epsilon u}$	0.342	0.057

あり，$\rho_{\epsilon u} > 0$ である強力な証拠が示されている．Kline and Tobias (2008) は仕事に対する努力と健康の間にトレードオフがあること，すなわちデータからは直接観測できないが，仕事に打ち込む人（おそらく高い賃金を得ている人）は定期的な運動やバランスのとれた食生活の維持などの健康への投資を犠牲にしていることが ϵ と u の間の正の相関を生み出しているのではないかと議論している．

c. 弱操作変数に関する若干のコメント

本章の読者は知っているかもしれないが，弱操作変数 (weak instruments) や過剰な弱操作変数 (many weak instruments) の問題に対して最近大きな注目が集まっている．Hoogerheide et al. (2007a) はベイジアンの観点からこの問題に対処した最近の素晴らしい研究である．この問題に対する大きな関心は Bound et al. (1995) による Angrist and Krueger (1991) の研究に対する批判によって引き起こされた．Angrist and Krueger (1991) は，操作変数を用いた多くの研究のための道を開き，経済学において自然実験 (natural experiments) が重視されるきっかけとなった．この分野の歴史を概説することや頻度論者の立場からの最近の研究の展開をまとめることがここでの目的ではない．しかし，ベイズアプローチもまた弱操作変数に関わる"問題"の影響を受け，そのような操作変数の存在が事後推測に対して潜在的には重大な影響をもたらすことを指摘したい．

この点を人工的に生成した2つのデータを用いた検証を通して明らかにする．具体的には，まず (6.62)，(6.63) を簡略化した以下のモデルから $n = 1000$ のデータを生

成する[*15].

$$y_i = \alpha_0 + \alpha_1 x_i + \epsilon_i \tag{6.76}$$
$$x_i = \beta_0 + \beta_1 z_i + u_i \tag{6.77}$$

ただし,$z_i \overset{\text{i.i.d.}}{\sim} \mathcal{N}(0,1)$, $\sigma_\epsilon = \sigma_u = 1$ および $\rho_{xy} = 0.5$ として,観測できない交絡を適度に伴うデータを作る[*16].β_1 に関しては 2 つの異なる値の $\beta_1 = 0.01$ と $\beta_1 = 1$ を設定して,2 つの異なるデータセットを生成する.そして,操作変数が"弱い"か"強い"かによってパラメータの同時事後分布の形状にどのような影響があるかを検証する.操作変数にこのようなラベルをつけることを正当化するために,まず (6.77) における誘導型方程式のパラメータの真値に基づく **R** 二乗値は,$\text{Var}(z) = 1$ および $\sigma_\epsilon = \sigma_u = 1$ を所与とすると,

$$\frac{\beta_1^2}{\beta_1^2 + 1} \tag{6.78}$$

と表すことができることに注意しよう.したがって,この設定で弱操作変数を用いる場合,この **R** 二乗値は約 0.0001 であるが[*17]強い操作変数の場合には 1/2 となる.

この検証の結果は図 6.4 と図 6.5 に表されている.詳しく考察する前に,まず (6.67) において $\alpha_1 + \sigma_{\epsilon u}/\sigma_u^2$ として得られる x から y への"総効果 (total effect)"に関する推測は操作変数の質に影響を受けないことに注意しよう.具体的には,この総効果パラメータの事後平均(標準偏差)は,弱操作変数と強操作変数のケースでそれぞれ 1.23 (0.027) と 1.26 (0.028) となる.したがってサンプル数が等しい場合,操作変数の強さとは独立に x から y への総効果を計測できる.

しかし,図 6.4 と図 6.5 より,操作変数が強くなることが,"因果"効果 α_1 を観測できない交絡に起因する効果 $\sigma_{\epsilon u}/\sigma_u^2$ から分離するのをどのように助けるかがわかる.図 6.4 は強操作変数の場合の結果を表す.この同時事後分布の密度関数はデータを生成する際に用いたパラメータ値 $\alpha_1 = 0.75$(左側の軸)と $\sigma_{\epsilon u}/\sigma_u^2 = 0.5$(右側の軸)周辺にほぼ集中していることは注目に値する.

図 6.5 は弱操作変数の場合の結果を表す.第 1 に,この事後密度が描かれている範囲が大変広く,図 6.4 の場合と比較して,この事後密度が大変拡散していることがわかる.第 2 に,事後密度の尾根部分が $\alpha_1 + \sigma_{\epsilon u}/\sigma_u^2 = 1.25$ で(おおよそ)与えられる線上に沿っていることが見てとれる.弱操作変数が存在する場合でも,x から y への総効果の識別はうまくいくが,この効果を"因果"効果と観測できない交絡から生じる効果に分離することはかなり困難である.

[*15) ここでの目的は同じサンプル数の多くのデータセットを生成して推定方法の標本特性を再現することではない.追求したい点はこの(十分に大きな)サンプルからなる 1 つのデータセットによって説明できることである.

[*16) 表 6.6 にデータを生成するために使った全パラメータ値が掲載されている.

[*17) この値は小さすぎるように思えるかもしれないが,Angrist and Krueger (1991) のデータを使った教育的達成度を 1 年のうちのどの四半期に生まれたかで回帰するモデルから得られる **R** 二乗値とほぼ同じである.

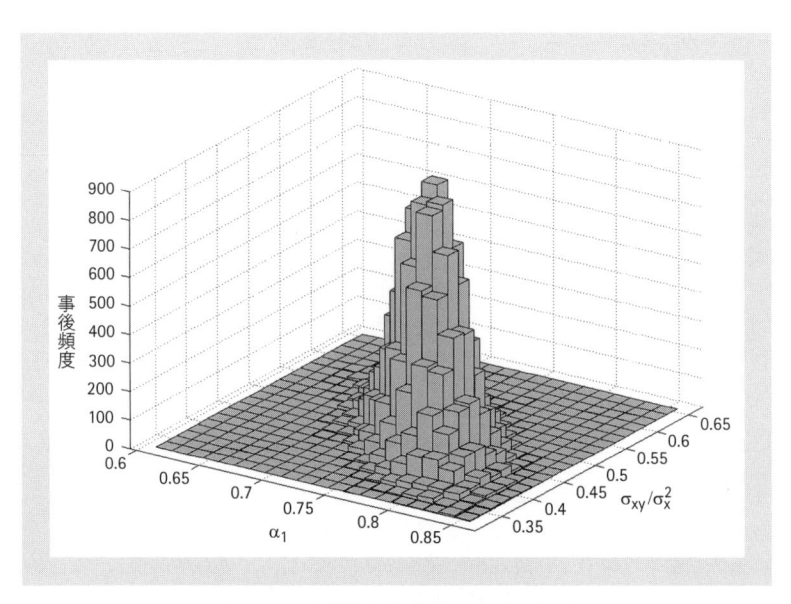

254   6. ミクロ計量経済学におけるベイズ法

図 6.4 同時事後分布（強操作変数の場合）

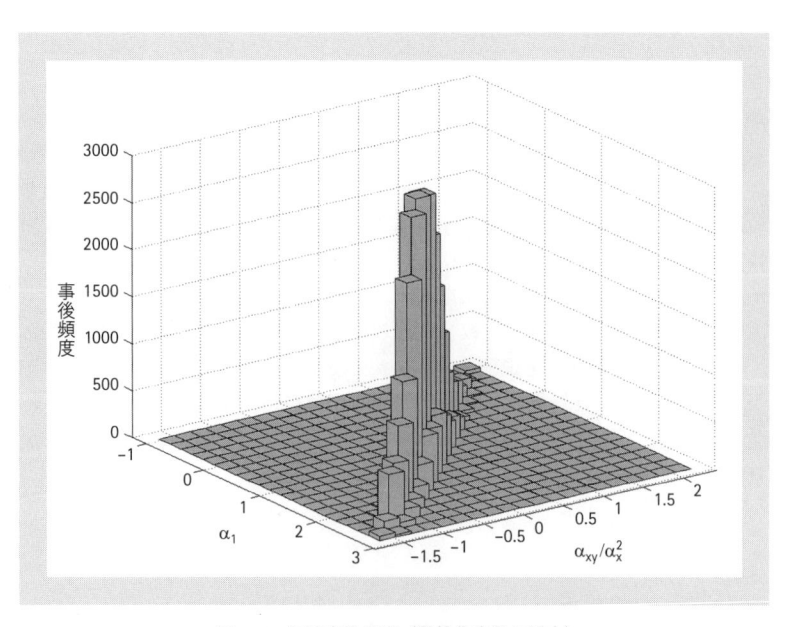

図 6.5 同時事後分布（弱操作変数の場合）

6.2 線形モデル

表 6.6 人工データ分析に関するパラメータの事後平均：操作変数の質と事前分布の影響比較

	真の値	強操作変数, P1	強操作変数, P2	弱操作変数, P1	弱操作変数, P2
α_0	2.00	2.02	2.00	1.59	0.553
α_1	0.750	0.728	0.710	0.338	-0.725
β_0	-1.00	-1.07	-1.07	-0.984	-0.982
β_1	1.00 or 0.010	0.968	0.945	-0.016	0.004
σ_ϵ^2	1.00	1.05	1.08	1.79	4.53
σ_u^2	1.00	1.07	1.08	0.912	0.913
$\rho_{\epsilon u}$	0.500	0.500	0.514	0.601	0.886

人工データを用いた検証の最後として弱操作変数が存在する場合の事前分布の役割を説明する．この目的のために，サンプル数 $n = 200$ の 2 つの異なるデータセットを生成する．データ生成は本項でこれまで用いたのと同一の手順に従い，弱い操作変数と強い操作変数のケースを分析するための別個のデータセットを用意する．ただし，これまでの分析とは異なり，2 つの異なる事前分布をも考慮し，弱操作変数と強操作変数のデータセットのそれぞれの推定でこの両方の事前分布を用いる．事前分布のパラメータのうち，$\kappa = 3$，$R = I_2$，および $V_\beta = I_4$ はすべての検証において不変である．しかし，β の事前分布の平均パラメータについては，1 つの設定（P1 と記す）では $\mu_\beta = [0\ 0\ 0\ 0]'$ とし，もう 1 つの設定（P2 と記す）は $\mu_\beta = [0\ -3\ 0\ 0]'$ とする．したがって，この 2 つの事前分布の設定は α_1 の平均を変え，P1 の場合は α_1 が 0 の周りに集まり，P2 の場合は -3 の周りに集まる．ここでの目的は，事前分布の設定をこのように変更することが事後分布に結果としてどのように影響するかを調べること，中でも弱操作変数のデータセットと強操作変数のデータセットにおける影響の差異を調べることである．弱操作変数の場合に事前分布が問題となりそうなことは図 6.5 が既に示唆していた．

表 6.6 からわかるように，強操作変数の場合には，パラメータの事後平均はデータを生成するのに用いたパラメータの真の値にかなり近い．事前に予想されたことだが，強操作変数の場合に α_1 の事前平均を（P1 の 0 から P2 の -3 に）変更すると α_1 の事後平均を低くする効果がある．ただし，その効果は極端に大きいというわけではない．これに対して，弱操作変数の場合にはパラメータの事後平均はデータを生成するのに用いたパラメータの真の値によく一致しているとはいえず，α_1 の事後平均は（P1 か P2 かで）その符号の正負さえ変わる．どちらにおいても真値の 0.75 からかなり離れた値となっており，事前分布の設定は推定結果にかなり大きな影響をもつことがわかる．

上記の表では示されていないが，事後シミュレーションにおける各パラメータ系列の混合時間もまた操作変数の質によって強い影響を受ける．強操作変数のケースでは，非効率性因子はすべてのパラメータについて 4 以下であり，いくつかのパラメータで

はほぼ 1 である．これはギブスサンプラーによるシミュレーションが本質的には事後分布からの i.i.d. サンプリングと同等の精度であることを示唆する．これに対して，弱操作変数のケースでは，(6.76) の回帰係数パラメータと分散パラメータ，および $\rho_{\epsilon u}$ に関する非効率性因子は 1000 を超えていた．このことは，事後分布からの n 回の i.i.d. サンプリングによって可能となる数値的精度を達成するには，$1000n$ 回を上回るギブスサンプラーによるシミュレーションが必要となることを示している．

6.3　非線形階層モデル

本節では適切に定義された潜在データに関して線形である様々な一変量非線形モデルにおける事後シミュレーションを説明する．このタイプの簡単で広く普及している多くのモデルの構造や，結果として導出される事後シミュレータは階層構造を使って統一的に扱うことができる．ここでは，そのような一般的な定式化を行う．Geweke and Keane (2001) と Geweke (2005) は広範な潜在変数モデルを，同様な手法で統一的に扱っている．まず $\boldsymbol{\theta} = [\boldsymbol{\beta}' \ \boldsymbol{\alpha}' \ \sigma^2]'$ として，以下のような代表的な**一変量潜在線形モデル** (univariate latent linear model) を考えよう．

$$p(\boldsymbol{\theta}) = p(\boldsymbol{\alpha})p(\boldsymbol{\beta})p(\sigma^2) \tag{6.79}$$

$$z_i|\boldsymbol{X}, \boldsymbol{\theta} \stackrel{\text{i.n.d.}}{\sim} \mathcal{N}(\boldsymbol{x}_i\boldsymbol{\beta}, \sigma^2), \qquad i=1,2,\ldots,n \tag{6.80}$$

$$y_i = g(z_i, \boldsymbol{\alpha}), \qquad i=1,2,\ldots,n \tag{6.81}$$

数式 (6.79) はモデルのパラメータ $\boldsymbol{\theta}$ に関する事前分布を特定化している．この数式で表されるように，本節を通してこれらのパラメータ間の事前分布に独立性を仮定する．数式 (6.80) は分析者には部分的にしか観測できない潜在変数の生成について記述している．モデルのポイントを理解するために，今後の議論を通して，この潜在変数は条件付正規分布に従うとする．ただし，この正規性の仮定は緩めることができ，実際の分析ではしばしばそうされる．以下では特定のモデルにおいて，この仮定を一般化した研究の参考文献を挙げる．最後に，y_i は関数 $g(z_i, \boldsymbol{\alpha})$ を通して，潜在データおよびパラメータと関連付けられた観測結果 (observed outcome) を表す．

データ拡大法 (data augmentation) (例えば，Tanner and Wong 1987 や Albert and Chib 1993a を参照) を利用して，このモデルの事後シミュレーションを行うために，まず潜在データとパラメータの同時事後分布を以下のように表すことから始めよう．

$$p(\boldsymbol{z}, \boldsymbol{\theta}|\boldsymbol{y}) \propto p(\boldsymbol{\theta})p(\boldsymbol{z}|\boldsymbol{\theta})p(\boldsymbol{y}|\boldsymbol{z}, \boldsymbol{\theta}) \tag{6.82}$$

$$= p(\boldsymbol{\theta})\prod_{i=1}^{n} \phi(z_i|\boldsymbol{x}_i\boldsymbol{\beta}, \sigma^2)I\big[y_i = g(z_i, \boldsymbol{\alpha})\big] \tag{6.83}$$

6.3 非線形階層モデル

ただし, $z = [z_1 \ z_2 \ \cdots \ z_n]'$, $y = [y_1 \ y_2 \ \cdots \ y_n]'$ である. また, $I(\cdot)$ は括弧内の条件が真ならば $I(\cdot) = 1$, それ以外の場合は $I(\cdot) = 0$ となる指示関数である. 次にギブスサンプラーに基づく事後シミュレータにより, α, σ^2, β および z に関する条件付事後分布から継起的にサンプリングを行うことを考える. β と σ^2 の事前分布に関してはそれぞれ $\beta \sim \mathcal{N}(\mu_\beta, V_\beta)$ と $\sigma^2 \sim IG(a/2, b)$ の仮定を置き, α の事前分布に関しては仮定を置かずに, 以下の条件付事後分布を導出できる.

$$\beta | z, \sigma^2, y \sim \mathcal{N}\big(\big[X'X/\sigma^2 + V_\beta^{-1} \big]^{-1} [X'z/\sigma^2 + V_\beta^{-1} \mu_\beta], \\ \big[X'X/\sigma^2 + V_\beta^{-1} \big]^{-1} \big) \tag{6.84}$$

$$\sigma^2 | \beta, z, y \sim IG\left(\frac{n+a}{2}, \left[b + \frac{1}{2} \sum_{i=1}^{n} (z_i - x_i \beta)^2 \right] \right) \tag{6.85}$$

$$p(z_i | \beta, \alpha, y) \propto \phi(z_i | x_i \beta, \sigma^2) I\big[z_i \in \{ z_i : y_i = g(z_i, \alpha) \} \big] \tag{6.86}$$

$$p(\alpha | z, y) \propto p(\alpha) \prod_{i=1}^{n} I\big[y_i = g(z_i, \alpha) \big] \tag{6.87}$$

モデルは潜在データ z に関しては線形回帰モデルとなっているので, パラメータ β と σ^2 の条件付事後分布は 6.2.1 項で導出したものとよく似ていることがわかり, (6.84) と (6.85) より潜在データの計算上の価値が明らかとなる. (6.86) の条件付事後分布からもまた容易にサンプリングできる. というのは, これは各 z_i を α と y_i で定義された領域 (間隔) で切断された正規分布 $\mathcal{N}(x_i \beta, \sigma^2)$ から独立にサンプリングすることに相当するからである.

以降の項では, 上記の構造を使うと, ベイズアプローチにおいてプロビットモデル, トービットモデルおよび順序プロビットモデルを含む有名な計量経済モデルが統一的に扱えることを解説する. まず, 二値選択モデルから始めよう.

6.3.1 二値選択モデル

二値選択モデル (binary choice model) では, 数式 (6.79)~(6.81) において, α は使わず, σ^2 は識別のために 1 に固定される. したがって, 二値選択問題における事後シミュレーションは (6.84) および (6.86) からのサンプリングのみで構成される. さらに, 数式 (6.81) は以下のとおり特定化される.

$$y_i = I(z_i > 0), \qquad i = 1, 2, \ldots, n \tag{6.88}$$

a. プロビットモデル

プロビットモデルでは, 潜在データは (6.80) のように条件付正規分布に従うとされる. したがって, Albert and Chib (1993a) が述べるように, その事後シミュレーションでは, まず $\sigma^2 = 1$ を仮定した条件付事後正規分布 (6.84) から β をサンプリングし, 次に, 以下の式に従って潜在データを独立にサンプリングする.

$$z_i|\boldsymbol{y},\boldsymbol{\beta} \sim \begin{cases} \mathcal{TN}_{(0,\infty)}(\boldsymbol{x}_i\boldsymbol{\beta},1), & (y_i = 1 \text{のとき}) \\ \mathcal{TN}_{(-\infty,0]}(\boldsymbol{x}_i\boldsymbol{\beta},1), & (y_i = 0 \text{のとき}) \end{cases}, \quad i=1,2,\ldots,n \quad (6.89)$$

ここで,$x \sim \mathcal{TN}_{(a,b)}(\mu,\sigma^2)$ は x が平均 μ,分散 σ^2 の正規分布を区間 (a,b) に切断した分布に従うことを表す.この切断分布の密度関数は区間 (a,b) では上記の正規分布の形状を保持し,その外ではゼロとなっている.そして,正則な確率分布となるために基準化定数が定められている.この切断正規分布からサンプリングするのに,繰り返し $\mathcal{N}(\boldsymbol{x}_i\boldsymbol{\beta},1)$ からサンプリングして,区間 (a,b) 以外から発生したサンプルは捨てる方法も可能ではあるが,この方法はかなり非効率的である.しかし,目的とする切断正規分布である (6.89) からのサンプリングは,逆変換法 (the method of inversion) を用いて,直接的に行うことが可能である.このために,区間 $(0,1)$ の一様分布から取り出されたサンプル

$$u \sim U(0,1)$$

を用いる.このサンプルを使って,以下の式に従う変数 w を生成する.

$$w = \mu + \sigma\Phi^{-1}\left(\Phi\left(\frac{a-\mu}{\sigma}\right) + u\left[\Phi\left(\frac{b-\mu}{\sigma}\right) - \Phi\left(\frac{a-\mu}{\sigma}\right)\right]\right) \quad (6.90)$$

ただし,$\Phi(\cdot)$ は標準正規分布の累積分布関数を表す.このとき,簡単な計算で $w \sim \mathcal{TN}_{(a,b)}(\mu,\sigma^2)$ が成立することを示せる.

この結果をプロビットモデルにおける潜在データの事後シミュレーションに適用する場合,$y_i=1$ のとき $a=0$ および $b=\infty$ であり,したがって $\Phi([b-\boldsymbol{x}_i\boldsymbol{\beta}]/\sigma)=1$ となる.同様に,$y_i=0$ のとき $a=-\infty$ および $b=0$ であり,したがって $\Phi([a-\boldsymbol{x}_i\boldsymbol{\beta}]/\sigma)=0$ となる.このように,プロビットモデルのギブスサンプラーは,多変量正規分布である $\boldsymbol{\beta}$ の条件付事後分布からのサンプリングと独立した切断正規分布である潜在データの条件付事後分布からのサンプリングという 2 つのステップで構成される[*18].

b. ロジットモデル

ロジットモデルは二値データに対して(ほぼ間違いなく)最もよく使われるモデルであり,以下のように特定化される.

$$\Pr(y_i=1|\boldsymbol{x}_i,\boldsymbol{\beta}) = \frac{\exp(\boldsymbol{x}_i\boldsymbol{\beta})}{1+\exp(\boldsymbol{x}_i\boldsymbol{\beta})} \quad (6.91)$$

ロジットモデルを推定するためのベイズの手法は多くあるが,ここではその中からいくつかの方法を説明する.

[*18] Holmes and Held (2006) がブロッキングステップを使った以下の代替案を提案している.まず $\boldsymbol{\beta}$ を周辺化して潜在変数にかかわる数式から取り除き,$\boldsymbol{z}$ に関する多変量正規分布を導出する.次に,$\boldsymbol{z}$ の各要素を一変量の条件付切断正規分布からサンプリングする.ここで,その分布の平均は $\boldsymbol{z}$ のその他すべての要素に依存し,$\boldsymbol{z}$ の新たな要素がサンプリングされるごとに更新されなければならない.この方法は,事後シミュレーションにおけるパラメータ系列の混合を改善する可能性があるが,実際に使われることは稀である.というのも (6.84) と (6.89) を使うより簡単な方法でも事後シミュレーションにおいてパラメータ系列は適度に混合するからである.

6.3 非線形階層モデル

議論の連続性のために，まず (6.79)～(6.81) のフレームワークがロジットモデルに対応するためにどのように拡張されるかを確認する．ロジットモデルでも $\sigma^2 = 1$ と固定し，α は使わない．さらに，パラメータベクトル θ を $\theta = [\beta'\,\lambda']$ に広げる．新しいパラメータ λ は尺度混合変数 (scale mixing variables) であり，誤差分散へこれを追加すると，データ生成モデルを正規分布以外へ拡張できる．このパラメータの役割を説明するために，少し寄り道して以下の線形モデルを考えよう．

$$y_i = x_i\beta + \epsilon_i, \qquad \epsilon_i | X, \lambda, \sigma^2, \overset{\text{i.n.d.}}{\sim} \mathcal{N}(0, \lambda_i \sigma^2)$$

ただし

$$\lambda_i | \lambda_0 \overset{\text{i.i.d.}}{\sim} G(\lambda_0)$$

であり，λ_i はハイパーパラメータ λ_0 に規定されるある事前分布 G に従う．これまでの研究（例えば，Andrews and Mallows 1974; Carlin and Polson 1991; Geweke 1993; Koop et al. 2007: 15 章）で示されたように，異なる事前分布 G を選択して，λ について周辺化することで正規分布以外のデータ生成モデルができる．具体的には，$\lambda_i \sim IG(\nu/2, \nu/2)$ を仮定すると，$p(y|\beta, \sigma^2)$ はスチューデントの t 分布によるデータ生成モデルとなり，$\lambda_i \sim Exp(2)$ （平均が 2 の指数分布）を仮定すると，$p(y|\beta, \sigma^2)$ は二重指数分布によるデータ生成モデルになる．

λ_i がコルモゴロフの距離統計量 (Kolmogorov distance statistic) の漸近分布に従うという類似した構造を仮定すると $p(y|\beta, \sigma^2 = 1)$ はロジスティック分布に従う．潜在変数を用いて表現した二値選択モデルに適用すると，

$$z_i | \beta, \lambda_i \overset{\text{i.n.d.}}{\sim} \mathcal{N}(x_i\beta, 4\lambda_i^2), \qquad i = 1, 2, \ldots, n \quad (6.92)$$

と表現できる．ここで，λ_i は独立なコルモゴロフ距離統計量の漸近分布

$$p(\lambda_i) = 8 \sum_{k=1}^{\infty} (-1)^{k+1} k^2 \lambda_i \exp(-2k^2 \lambda_i^2), \qquad \lambda_i > 0, \quad i = 1, 2, \ldots, n \quad (6.93)$$

を事前分布としてもつ．以下では，この方法でなぜロジットモデルができるのかを，混合変数 λ_i に関して周辺化した潜在変数 z_i の密度関数を導出することで，簡潔に説明する[*19]．このために，まず積分と級数の順序を交換できることを前提とし，λ_i の添字 i を表記を簡略化するために外すと，

$$p(z_i | x_i, \beta)$$
$$= \int_0^{\infty} (2\pi 4\lambda^2)^{-1/2} \exp\left(-\frac{1}{8\lambda^2}(z_i - x_i\beta)^2\right) \left[8 \sum_{k=1}^{\infty} (-1)^{k+1} k^2 \lambda \exp(-2k^2 \lambda^2)\right] d\lambda \quad (6.94)$$

[*19] ラプラス変換に基づく詳しい説明については Andrews and Mallows (1974) や Stefanski (1991) を参照のこと．

$$= 4(2\pi)^{-1/2} \sum_{k=1}^{\infty} (-1)^{k+1} k^2 \int_0^{\infty} \exp\left[-\frac{1}{2}\left(\frac{1}{4}(z_i - \boldsymbol{x}_i\boldsymbol{\beta})^2 \lambda^{-2} + 4k^2\lambda^2\right)\right] d\lambda \tag{6.95}$$

が導かれる．上記の数式内の積分は

$$\int_0^{\infty} \exp\left(-\frac{1}{2}[a^2u^2 + b^2u^{-2}]\right) du = \left(\frac{\pi}{2a^2}\right)^{1/2} \exp(-|ab|) \tag{6.96}$$

が成立することに注意すると，簡略化できる (Andrews and Mallows 1974: 式 2.2)．上記の公式を活用して (6.95) を簡略化すると，潜在変数 z_i の密度関数は

$$p(z_i|\boldsymbol{x}_i, \boldsymbol{\beta}) = \sum_{k=1}^{\infty} (-1)^{k+1} k \exp\left(-k|z_i - \boldsymbol{x}_i\boldsymbol{\beta}|\right) \tag{6.97}$$

という別の級数で表現できる．この数式を評価する準備として，$(1+x)^{-1}$ は $\sum_{k=0}^{\infty} (-1)^k x^k$ (ただし $|x| < 1$) と級数で表現できることに注意する．この数式の両辺を微分すると

$$(1+x)^{-2} = \sum_{k=1}^{\infty} (-1)^{k+1} k x^{k-1} \tag{6.98}$$

を得る．この結果を $x = \exp(-|z_i - \boldsymbol{x}_i\boldsymbol{\beta}|)$ と置いて，数式 (6.97) に適用すると，潜在変数 z_i に関するロジスティック分布の密度関数

$$p(z_i|\boldsymbol{x}_i, \boldsymbol{\beta}) = \frac{\exp(-|z_i - \boldsymbol{x}_i\boldsymbol{\beta}|)}{[1 + \exp(-|z_i - \boldsymbol{x}_i\boldsymbol{\beta}|)]^2} = \frac{\exp[-(z_i - \boldsymbol{x}_i\boldsymbol{\beta})]}{(1 + \exp[-(z_i - \boldsymbol{x}_i\boldsymbol{\beta})])^2} \tag{6.99}$$

を得る．

上記の議論からどのような仕組みでロジスティック分布が尺度混合正規分布 (scale mixture of normals) で表現できるのか，またどのように MCMC 法が (6.79)～(6.81) の一般的枠組みを使ったモデルの推定に使えるのかがわかる．$\boldsymbol{\beta}$ と $\boldsymbol{z}$ の条件付事後分布からのサンプリングはプロビットモデルの場合と同様であるが，ロジットモデルの計算の場合には混合変数 $\boldsymbol{\lambda}$ の条件付事後分布からのサンプリングも必要となる．Chen and Dey (1998) はスチューデントの t 分布を用いたロジスティック分布の近似を使い，$\lambda_i^2, i = 1, 2, \ldots, n$ を最適に選択した逆ガンマ分布による提案分布からサンプリングすることを提案している．さらに，彼らは M–H ステップで必要となる (6.93) の無限級数に関する効率的な計算手続きについても議論している．Holmes and Held (2006) もまたこのアプローチによるロジットモデルの推定方法を考察している．ただし，彼らは混合変数 $\boldsymbol{\lambda}$ のサンプリングのために一般化逆ガウス分布 (generalized inverse Gaussian distribution) を提案分布に使う棄却サンプリング (rejection sampling) を用いている．しかし，どちらのアプローチにおいても，必要な計算を実行するのは簡単ではなく，これら手法は実際の分析ではあまり使われていない．

二値ロジット（および多項ロジット）モデルの推定に関する第 2 のアプロー

チは Frühwirth-Schnatter and Frühwirth (2007) によるものである．関連して，Tüchler (2008) が変数選択についての拡張を行っている．彼らは，McFadden (1974) によって示された，ロジットモデルの尤度関数は誤差項がタイプ I 極値分布に従うと仮定した潜在変数に関する枠組みから導かれることを確認することから議論を始めている．具体的には，選択肢 $y_i = 0$ からの効用（これを z_{i0} と記す）がタイプ I 極値分布に従うと仮定され（識別のために共変量は設定されない），選択肢 $y_i = 1$ からの効用は（共変量を含み），

$$z_{i1} = \boldsymbol{x}_i\boldsymbol{\beta} + \epsilon_i, \quad p(\epsilon_i) = \exp\left[-\epsilon_i - \exp(-\epsilon_i)\right] \tag{6.100}$$

で与えられる．Frühwirth-Schnatter and Frühwirth (2007) のアイデアは，Chib et al. (2002) と類似しており，(6.100) に含まれるサンプリングが容易ではないタイプ I 極値分布を，ほぼ同一だがサンプリングがより容易な有限混合正規分布で近似するというものである．混合モデルに関するより詳しい議論については，例えば，Griffin らによる本書の第 4 章を参照のこと．具体的には，誤差項の確率密度関数を近似的に

$$p(\epsilon_i) \approx \sum_{r=1}^{10} w_r \phi(\epsilon_i; m_r, s_r^2) \tag{6.101}$$

と表す．ただし，各成分のウェイト $\{w_r\}_{r=1}^{10}$，平均 $\{m_r\}_{r=1}^{10}$ および分散 $\{s_r^2\}_{r=1}^{10}$ については混合近似分布と極値分布の間のカルバック–ライブラー距離 (Kullback–Leibler distance) を最小化するように選択する．これらのパラメータの最適値は Frühwirth-Schnatter and Frühwirth (2007) の表 1 に掲載されているので，スペースを節約するためにここでは省略する．

この置き換えにより，選択肢 $y_i = 1$ の（近似された）潜在効用の密度関数は

$$p(z_{i1}|\boldsymbol{\beta}) = \sum_{r=1}^{10} w_r \phi(z_{i1}; \boldsymbol{x}_i\boldsymbol{\beta} + m_r, s_r^2) \tag{6.102}$$

となる．このような混合分布の推定にはデータ拡大法を使って，成分指示変数 (component indicator variables) $\{r_i\}_{i=1}^n$ を未知のパラメータとしてモデルに加えるのが有効である．ただし，$r_i = j$ は混合分布の j 番目の要素である平均が $\boldsymbol{x}_i\boldsymbol{\beta} + m_j$ で，分散 s_j^2 の正規分布から z_{i1} がサンプリングされることを意味する．この場合，タイプ I 極値分布が 10 個の正規分布を使って近似されるので j は 1 から 10 までの値をとる．形式的に表現すると，

$$z_{i1}|\boldsymbol{\beta}, r_i \overset{\text{i.n.d.}}{\sim} \mathcal{N}(\boldsymbol{x}_i\boldsymbol{\beta} + m_{r_i}, s_{r_i}^2), \quad \Pr(r_i = j) = w_j, \quad j = 1, 2, \ldots, 10$$

となる．上記の数式に基づき，成分指示変数を未知パラメータに加えたロジットモデルの事後分布は以下のとおり導出される．

$$p(\boldsymbol{z}_1, \boldsymbol{z}_0, \boldsymbol{\beta}, \boldsymbol{r}|\boldsymbol{y}) \propto p(\boldsymbol{\beta}, \boldsymbol{r})p(\boldsymbol{z}_1, \boldsymbol{z}_0|\boldsymbol{\beta}, \boldsymbol{r})p(\boldsymbol{y}|\boldsymbol{z}_1, \boldsymbol{z}0, \boldsymbol{\beta}, \boldsymbol{r}) \tag{6.103}$$

$$= p(\boldsymbol{\beta}) \prod_{i=1}^{n} \left[\left(\sum_{j=1}^{10} I(r_i = j) w_j \right) \phi(z_{i1}; \boldsymbol{x}_i \boldsymbol{\beta} + m_{r_i}, s_{r_i}^2) p(z_{i0}) \right.$$
$$\left. \times [I(y_i = 0) I(z_{i0} \geq z_{i1}) + I(y_i = 1) I(z_{i0} < z_{i1})] \right]$$

ただし,$p(z_{i0})$ はタイプ I 極値分布の確率密度であり,z_{i0} は選択肢 $y_i = 0$ からの潜在効用を表す.実際には,この潜在変数を事後シミュレーションにおいてサンプリングする必要はない.ただし,その値は間接的には z_1 のサンプリングに影響する.

$\boldsymbol{\beta}$ の事前分布に正規分布 $\boldsymbol{\beta} \sim \mathcal{N}(\boldsymbol{\mu_\beta}, \boldsymbol{V_\beta})$ を仮定すると,$\boldsymbol{\beta}$ のサンプリングは近似された条件付事後分布から以下のとおり行えることがすぐにわかる.

$$\boldsymbol{\beta} | \boldsymbol{z}_1, \boldsymbol{z}_0, \boldsymbol{r}, \boldsymbol{y} \sim \mathcal{N}(\boldsymbol{D_\beta d_\beta}, \boldsymbol{D_\beta}) \qquad (6.104)$$

ただし

$$\boldsymbol{D_\beta} = \left(\boldsymbol{X}' \boldsymbol{\Sigma}^{-1} \boldsymbol{X} + \boldsymbol{V_\beta}^{-1} \right)^{-1}, \qquad \boldsymbol{d_\beta} = \boldsymbol{X}' \boldsymbol{\Sigma}^{-1} \tilde{\boldsymbol{y}} + \boldsymbol{V_\beta}^{-1} \boldsymbol{\mu_\beta}$$

であり,ここでは $\boldsymbol{\Sigma} \equiv diag\{s_{r_i}^2\}$,$\tilde{\boldsymbol{y}} \equiv \boldsymbol{y} - \boldsymbol{m}$,$\boldsymbol{m} \equiv [m_{r_1} \ m_{r_2} \ \cdots \ m_{r_n}]'$ を表す.

成分指示変数は以下の離散的な条件付事後分布から独立にサンプリングされる.

$$\Pr(r_i = j | \boldsymbol{z}_1, \boldsymbol{z}_0, \boldsymbol{\beta}, \boldsymbol{y}) \propto \frac{w_j}{s_j} \phi \left(\frac{z_{i1} - \boldsymbol{x}_i \beta - m_j}{s_j} \right), \quad j = 1, 2, \ldots, 10 \quad (6.105)$$

潜在データ $\boldsymbol{z}_1$ については,Frühwirth-Schnatter and Frühwirth (2007) はロジットモデルの近似でない元の定式化に戻り,簡単な変数変換により,$\exp(-z_{i0}) \sim Exp(1)$ や $\exp(-z_{i1}) \sim Exp(\lambda_i)$ の関係が成立することに注目している.ただし,Exp は指数分布を表し,$\lambda_i \equiv \exp(\boldsymbol{x}_i \boldsymbol{\beta})$ である.$\exp(\cdot)$ は指数関数を表す.

$y_i = 1$ のとき,観測結果は潜在データに対して $z_{i0} < z_{i1}$ またはこれと同値な $\exp(-z_{i0}) > \exp(-z_{i1})$ という制約を課す.したがって,この場合には $\exp(-z_{i1})$ は指数分布から独立にサンプリングされた2つ値の最小値であり,

$$\exp(-z_{i1}) \sim Exp(1 + \lambda_i) \quad (y_i = 1 \text{のとき}) \qquad (6.106)$$

が成立する.$y_i = 0$ のときには,$\exp(-z_{i0}) \leq \exp(-z_{i1})$ という制約が課される.上記の場合と同様に考えると,$\exp(-z_{i1})$ は指数分布から独立にサンプリングされた2つ値の合計となり,

$$\exp(-z_{i1}) = x_{1i} + x_{2i}, \ x_{1i} \sim Exp(1 + \lambda_i), \ x_{2i} \sim Exp(\lambda_i) \quad (y_i = 0 \text{のとき})$$
$$(6.107)$$

が成立する.まとめると,データ拡大法を伴うロジットモデルの事後シミュレーションは (6.104) および (6.105) からサンプリングし,続いて潜在効用ベクトル $\boldsymbol{z}_1$ をサン

プリングするために (6.106) および (6.107) を用いるという手順で行われる．この手法では各ステップとも標準的な分布からサンプリングすれば良いので，データ分析を実践する人にとって魅力的なアルゴリズムである．

これらとは別に，ロジットモデルを推定するための M–H アルゴリズムを伴う事後シミュレーションがある．これを説明するために，まずロジットモデルに関する対数尤度のヘッシアン (Hessian) は

$$\mathcal{H} = -\boldsymbol{X}'\boldsymbol{A}\boldsymbol{X} = -\sum_{i=1}^{n} \boldsymbol{x}_i' \Lambda_i (1-\Lambda_i) \boldsymbol{x}_i \tag{6.108}$$

と表現できることに注意しよう．ここで，$\boldsymbol{X}$ は共変量データをまとめた $n \times k$ の行列であり，また $\Lambda_i = \exp(\boldsymbol{x}_i \boldsymbol{\beta})/(1+\exp(\boldsymbol{x}_i \boldsymbol{\beta}))$ である．さらに，$\boldsymbol{A}$ は $n \times n$ の対角行列であり，$\Lambda_i(1-\Lambda_i)$ が対角項 (i,i) に配置されている．このヘッシアンは M–H ステップで使う提案分布の尺度を定めるのに使われる．例えば，ランダムウォーク M–H アルゴリズムでは

$$\boldsymbol{\beta}^* \sim \mathcal{N}\big(\boldsymbol{\beta}^{(r)}, -c^2 \mathcal{H}^{-1}\big) \tag{6.109}$$

を提案分布として使う．ここで，c^2 はチューニングパラメータであり，M–H ステップにおける非効率性因子を最小化するように選ばれる．

パラメータの現在値 $\boldsymbol{\beta}^{(r)}$ と (6.109) からサンプリングされた候補値 $\boldsymbol{\beta}^*$ を所与として，以下の確率で $\boldsymbol{\beta}^{(r)}$ から $\boldsymbol{\beta}^*$ へ事後シミュレーションにおける連鎖が推移する．

$$\min\{1, p_r\} \tag{6.110}$$

ただし

$$p_r = \exp\Bigg[\log p(\boldsymbol{\beta}^*) - \log p(\boldsymbol{\beta}^{(r)}) \\ + \sum_{i=1}^{n} \left(y_i \log\left[\frac{\Lambda_i^*}{\Lambda_i^{(r)}}\right] + (1-y_i)\log\left[\frac{1-\Lambda_i^*}{1-\Lambda_i^{(r)}}\right]\right)\Bigg] \tag{6.111}$$

であり，Λ_i^* と $\Lambda_i^{(r)}$ はそれぞれ連鎖における候補値と現在値で評価した個人 i のロジット予測確率を表し，$\log p(\boldsymbol{\beta}^*) - \log p(\boldsymbol{\beta}^{(r)})$ は事前密度の対数差を表す．

この M–H アルゴリズムを実行するには，$\boldsymbol{A}$ とそれに続いてヘッシアン $\mathcal{H}$ を計算するために，$\boldsymbol{\beta}$ の初期値を必要とする．これについては，多くのソフトウェアパッケージにより手軽に計算できるロジットモデルの最尤法による推定値 (MLE) をそのまま使える．

MLE の計算を必要としない別の方法としては，$\boldsymbol{\beta}$ に関して見当をつけて，例えば $\boldsymbol{\beta} = 0$ とし，すべての i について $\Lambda_i = 1/2$ から始めて，上記の M–H アルゴリズムを実行することがあり得る．十分な回数のシミュレーションを行い，アルゴリズムを止めて $\boldsymbol{\beta}$ の事後平均を計算し，それに基づいて $\boldsymbol{A}$ と $\mathcal{H}$ を更新する．このプロセス

を計算される事後平均が安定するまで繰り返せば良い.この項における分析例ではこの手法を用いてロジットモデルを推定する.ロジットモデルの尤度関数が厳密な凹関数なので,上記の M–H 法は特にデータ数が十分に大きい場合にはうまく機能する.

c. その他のリンク関数

プロビットとロジットは二値選択モデルの中で最も広く使われているが,これら以外に候補となるモデルがないわけではない.それどころか場合によっては上記のモデルは過度に制限的となる可能性もある.例えば,

$$\Pr(y_i = 1|\boldsymbol{x}_i, \boldsymbol{\beta}) = 1 - \exp[-\exp(\boldsymbol{x}_i\boldsymbol{\beta})] \tag{6.112}$$

と定式化される相補 log–log リンクモデル (complementary log–log link model) ではそのリンク関数は非対称であり,6.3.1 項 b. の最後に説明したロジットモデルのための M–H アルゴリズムと類似した手法で推定することができる.歪正規リンク (skew-normal links) を含む,その他の非対称リンクモデルの説明は Chen et al. (1999) にあり,Basu and Mukhopadhyay (2000) はこの方向でのさらなる可能性を探求している.また,Geweke and Keane (2000) には有限混合正規分布に基づく二値選択モデルの説明がある.

d. BMI データの分析例:二値選択モデルの適用

再び,6.2.5 項 b. で使った British Cohort Study のデータを利用した分析を行う.ここでは,回答者が肥満かどうかに注目して,BMI が 30 を超えていることを肥満とする医学的定義を用いて二値の結果変数を設定する.共変量としては,両親の BMI,回答者が既婚かどうか,大卒かどうか,定期的に運動をしているかどうかを表すダミー変数を用いる.事前分布は $\boldsymbol{\beta} \sim \mathcal{N}(0, 100\boldsymbol{I}_6)$ とする.

このデータに対して,プロビットモデルの推定を 6.3.1 項 a. で説明したアルゴリズムで行う.ロジットモデルおよび相補 log–log モデルの推定もまた行う.ロジットモデルについては,$\boldsymbol{\beta} = \boldsymbol{0}$,$c^2 = 2$ を初期値として $\boldsymbol{\beta} = \boldsymbol{0}$ で評価したヘッシアンの計算を行う.事後シミュレーションを 10,000 回行い,その中の最後の 5000 回分のサンプルに基づいて $\boldsymbol{\beta}$ の事後平均を計算する.続いて,更新された事後平均に基づきヘッシアンを再計算し,c は 1 に定める.そしてさらに 25,000 回サンプリングを行う.事後平均を更新して上記のプロセスを再度実行し,この 3 度目の事後シミュレーションにおける最初の 1000 回分を捨てた後の 24,000 回分のサンプルに基づき,事後統計を最終的に計算する.相補 log–log モデルの推定についても以下の提案分布からサンプリングして,上記のロジットモデルの推定と類似した手順で実行する.

$$\boldsymbol{\beta}^* \sim \mathcal{N}\big(\boldsymbol{\beta}^{(r)}, c^2(\boldsymbol{X}'\boldsymbol{D}\boldsymbol{X})^{-1}\big) \tag{6.113}$$

ここで,$\boldsymbol{D}$ は対角行列であり,

$$\left(y_i \frac{\exp(-\exp(\boldsymbol{x}_i\boldsymbol{\beta}))\exp(\boldsymbol{x}_i\boldsymbol{\beta})}{1 - \exp(-\exp(\boldsymbol{x}_i\boldsymbol{\beta}))} - (1-y_i)\exp(\boldsymbol{x}_i\boldsymbol{\beta})\right)^2 \tag{6.114}$$

6.3 非線形階層モデル

表 6.7 二値選択モデルを用いた BMI データの分析：限界効果の事後統計と対数周辺尤度

変数	プロビット		ロジット		相補 Log-Log	
	事後平均	事後標準偏差	事後平均	事後標準偏差	事後平均	事後標準偏差
母親の BMI	0.010	0.002	0.009	0.002	0.008	0.002
父親の BMI	0.011	0.002	0.010	0.002	0.009	0.002
既婚	0.022	0.012	0.022	0.011	0.021	0.010
大卒	−0.016	0.016	−0.017	0.016	−0.018	0.016
定期的な運動	−0.003	0.016	−0.004	0.015	−0.003	0.014
対数周辺尤度	−928.93		−936.55		−936.22	

を (i,i) 要素としてもつ．つまり，相補 log–log モデルでは，提案分布の分散共分散行列として情報行列の逆行列に関する Berndt, Hall, Hall, and Hausman (BHHH) 推定値 (Berndt et al. 1974) を c^2 で尺度化したものを使う．

表 6.7 には，3 つのモデルに関する各変数の限界効果の事後平均と標準偏差を掲載している．これらの限界効果を計算する際には連続変数である両親の BMI にはその標本平均を使う．二値共変量の限界効果は，他の共変量を平均または 1 に固定してこの共変量が 0 と 1 の場合の予測確率を計算し，その差として計算する．これらのモデルを比較するために，対数周辺尤度もまた計算している．プロビットモデルについては Chib (1995) の方法を用いた．ロジットモデルや相補 log–log モデルについては推定に M–H アルゴリズムを使うステップがあるので，Chib and Jeliazkov (2001) の手法を用いて計算した．

この表の結果は，事前の予想と整合的で理にかなっている．母または父の BMI が 1 だけ増加するとその子供が肥満になる確率が約 1% 高まる．既婚の人は（そうでない人と比べて）2% 程度肥満になりやすいし，大卒の人は（そうでない人と比べて）2% をやや下回る程度に肥満になりにくい．得られた結果はどのモデルにおいても類似しているが，対数周辺尤度の観点からは，データはプロビットモデルを支持している．

6.3.2 トービットモデル

トービットモデルは打ち切りデータ (censored data) に対して広く使われる定式化である．Chib (1992) がこのモデルの推定のために MCMC 法を使うベイジアンの手法を初めて提案した．ゼロを単一の打ち切り点 (censoring point) とする基本的なトービットモデルの定式化は α は使わずに (6.81) を

$$y_i = \max\{0, z_i\} \qquad (6.115)$$

と特定化することで，(6.79)〜(6.81) の枠組みに当てはめることができる．このように，トービットモデルの事後シミュレータはとても簡単である．回帰パラメータ β と分散パラメータ σ^2 は (6.84) と (6.85) からそれぞれ直接サンプリングできる．潜在

データ z_i については，数式 (6.86) と (6.115) を組み合わせて，

$$z_i = D_i y_i + (1 - D_i) w_i \tag{6.116}$$

と定義することで，サンプリングできる．ただし，$D_i = I(y_i > 0)$ および

$$w_i \stackrel{\text{i.n.d.}}{\sim} \mathcal{TN}_{(-\infty, 0)}(\boldsymbol{x}_i \boldsymbol{\beta}, \sigma^2), \quad i = 1, 2, \ldots, n \tag{6.117}$$

である．つまり，w_i は観測されたデータが $y_i = 0$ の場合にのみ (6.117) の切断正規分布からサンプリングすればよい．未知の打ち切り点や両側の打ち切りを許容するようなトービットモデルの一般化は，この基本モデルを直接的に拡張すれば可能である．

6.3.3 順序選択モデル

順序プロビットモデルもまた，よく使われるミクロ計量経済モデルであり，(6.79)〜(6.81) の枠組みを適用できる．順序プロビットモデルの場合，分散パラメータは $\sigma^2 = 1$ と固定し，$\boldsymbol{\alpha}$ は閾値 (threshold) または区切点 (cutpoint) を表すパラメータとしてモデルの中で推定される．具体的には，$y_i \in \{1, 2, \ldots, J\}$ と定式化する．これは例えば，ある特定の発言に対する同意や不同意の程度を表すような序数として解釈できる離散的な変数である．

順序プロビットモデルの場合，(6.81) は

$$y_i = j, \quad (\alpha_j < z_i \leq \alpha_{j+1}, \quad j = 1, 2, \ldots, J \text{ のとき}) \tag{6.118}$$

となる．切片項を表すパラメータは $\boldsymbol{x}_i$ の中に含まれており，区切点に対して，標準的な識別条件 $\alpha_1 = -\infty$，$\alpha_2 = 0$ および $\alpha_{J+1} = \infty$ が課される．

a. 事後シミュレーション

このモデルの事後シミュレーションには，Albert and Chib (1993a) が示したように，標準的なギブスサンプラーを使うことができる．回帰パラメータ $\boldsymbol{\beta}$ は $\sigma^2 = 1$ として (6.84) を使ってサンプリングできる．潜在データは (6.86) と (6.118) を組み合わせてできる以下の切断正規分布からサンプリングできる．

$$z_i | \boldsymbol{\beta}, \boldsymbol{\alpha}, \boldsymbol{y} \stackrel{\text{i.n.d.}}{\sim} \mathcal{TN}_{(\alpha_{y_i}, \alpha_{y_i+1})}(\boldsymbol{x}_i \boldsymbol{\beta}, 1) \tag{6.119}$$

区切点ベクトルの要素 α_j は，非正則事前分布 $p(\boldsymbol{\alpha}) \propto c$ を使う場合，以下の条件付事後分布からサンプリングできる．

$$\alpha_j | \boldsymbol{\alpha}_{-j}, \boldsymbol{z}, \boldsymbol{y} \sim U \left[\max \{ \alpha_{j-1}, \{ z_i : y_i = j - 1 \} \}, \min \{ \alpha_{j+1}, \{ z_i : y_i = j \} \} \right] \tag{6.120}$$

上記のアルゴリズムから実際にサンプリングしてもパラメータの系列は混合するのに時間がかかる．Cowles (1996) はこの問題に取り組み，潜在データ $\boldsymbol{z}$ を積分で周辺化し（すなわち，順序プロビットの尤度関数を直接使って），区切点 $\boldsymbol{\alpha}$ をサンプリング

6.3 非線形階層モデル

し，次に潜在データをその条件付事後分布からサンプリングするという手順で，$\boldsymbol{\alpha}$ と $\boldsymbol{z}$ を1つのブロッキングステップとしてサンプリングすることを提案している．これは，区切点のサンプリングのために一連の切断正規分布が使われる M–H ステップとしてなされる．Nandram and Chen (1996) もまたこの問題を探求し，パラメータの変換に基づく事後シミュレーションを議論している．

彼らが行ったパラメータ変換 (reparameterization) の意味を理解し，それを行う動機付けのために，簡単化して $J = 3$ を仮定しよう．すなわち，未知の区切点は1つのみであり，これを α と記して以下のとおりパラメータ変換を行う．

$$\boldsymbol{\delta} = \frac{\boldsymbol{\beta}}{\alpha}, \quad \sigma = \frac{1}{\alpha}, \quad \tilde{z}_i = \frac{z_i}{\alpha} \tag{6.121}$$

このパラメータ変換により，本質的には同一なモデル

$$\tilde{z}_i = \boldsymbol{x}_i \boldsymbol{\delta} + \nu_i, \quad \nu_i | \boldsymbol{X}, \sigma \stackrel{\text{i.i.d.}}{\sim} \mathcal{N}(0, \sigma^2) \tag{6.122}$$

$$y_i = \begin{cases} 1, & (\tilde{z}_i \leq 0 \text{ のとき}) \\ 2, & (0 < \tilde{z}_i \leq 1 \text{ のとき}) \\ 3, & (\tilde{z}_i > 1 \text{ のとき}) \end{cases} \tag{6.123}$$

を得る．さらに，$\boldsymbol{\beta}$ と $\boldsymbol{\alpha}$ に非正則事前分布 $p(\boldsymbol{\beta}, \boldsymbol{\alpha}) \propto c$ を採用すると，パラメータ変換したモデルの同時事後分布は以下のとおりとなる．

$$p(\boldsymbol{\delta}, \sigma^2, \tilde{\boldsymbol{z}} | \boldsymbol{y}) \propto \sigma^{-n} \prod_{i=1}^{n} \exp\left(-\frac{1}{2\sigma^2}[\tilde{z}_i - \boldsymbol{x}_i \boldsymbol{\delta}]^2\right) I(\tilde{\alpha}_{y_i} < \tilde{z}_i \leq \tilde{\alpha}_{y_i+1}) \tag{6.124}$$

ここで，パラメータ変換後にはすべての $\tilde{\alpha}_{y_i}$ は既知であることに注意する．$\boldsymbol{\beta}$ と $\tilde{\boldsymbol{z}}$ の条件付事後分布は，それぞれ (6.84) に $\boldsymbol{V}_{\boldsymbol{\beta}}^{-1} = 0$ を適用した分布と (6.86) に境界がすべて既知である条件付サポート $I(\tilde{\alpha}_{y_i} < \tilde{z}_i^* \leq \tilde{\alpha}_{y_i+1})$ を適用した分布になる．パラメータ変換後の分散パラメータは

$$\sigma^2 | \boldsymbol{\delta}, \tilde{\boldsymbol{z}}, \boldsymbol{y} \sim IG\left(\frac{n}{2}, \left[\frac{1}{2}(\tilde{\boldsymbol{z}} - \boldsymbol{X}\boldsymbol{\delta})'(\tilde{\boldsymbol{z}} - \boldsymbol{X}\boldsymbol{\delta})\right]\right) \tag{6.125}$$

に基づき，サンプリングされる．事後シミュレーションが収束した後の各回の繰り返しにおいて，元のモデルのパラメータである α と $\boldsymbol{\beta}$ を計算して求めることができる．結果変数が三値より多い場合については，Nandram and Chen (1996) はパラメータ変換後でも未知の区切点からサンプリングするために M–H アルゴリズムを利用することを提案している．そのアルゴリズムでは，隣接する区切点の差をディリクレ分布を提案分布として1つのステップでサンプリングする．この分野に対するその他の貢献としては，Chen and Dey (2000)，Albert and Chib (2001) および Graves et al. (2008) などがある．これらの中で最初と最後の文献は多変量の順序変数，正規性からの逸脱などの関連する一連の問題を取り扱っている．

表 6.8 順序プロビットモデルを用いた BMI データの分析：パラメータと限界効果の事後統計

変数	事後平均	事後標準偏差	両親の BMI 低下による限界効果		
			カテゴリー	事後平均	事後標準偏差
切片項	−2.89	0.220			
母親の BMI	0.051	0.006	$y=1$	0.150	0.011
父親の BMI	0.067	0.008			
既婚	0.214	0.041	$y=2$	−0.097	0.008
大卒	−0.169	0.051			
定期的な運動	0.026	0.058	$y=3$	−0.053	0.005
α	1.29	0.034			

b. BMI データの分析例：順序プロビットモデルの適用

順序プロビットモデルに関する推定の実際について説明するために，British Cohort Study のデータを再び用いることにする．ここでは，体重のカテゴリーを"正常"($y=1$)，"太り気味"($y=2$)，および"肥満"($y=3$) の 3 つに分ける．1 番目のカテゴリーは BMI が 25 未満[20]として定義する．2 番目のカテゴリーは BMI が 25 以上で 30 以下，3 番目のカテゴリーは BMI が 30 を超える場合として定義する．

6.3.1 項 d. での分析で使ったのと同じ共変量を採用し，上で説明したパラメータ変換を行う．また，β と α には非正則事前分布を設定する．サンプリングは 2500 回実行し，最初の 500 回をバーンイン期間として捨てる．

表 6.8 には，モデルの係数に関する事後平均と標準偏差に加えて，右側 3 列に関心をもつ特定の効果に関する事後平均と標準偏差も掲載している．ここで考えたのは，両親の BMI が一標準偏差だけ下がると BMI の各カテゴリーに属する確率がどのように変化するかという効果である．手順としては，まず母親の BMI と父親の BMI にはその標本平均を使い，残りの共変量は 1 に固定して BMI の各カテゴリーに属する予測確率を計算する．次に，母親の BMI と父親の BMI の値をそれぞれの標本平均より一標準偏差だけ低くし（残りの共変量はまた 1 に固定して），同様の計算を繰り返し，これらの差を計算する．表 6.8 の右側 2 列に両親の BMI が一標準偏差だけ変化した場合の各カテゴリーに属する確率の変化に関する事後平均と標準偏差を掲載している．これより，両親の BMI のこのような低下はその子供が標準体重になる確率を 15% 高め，肥満気味の確率を 9.7%，肥満の確率を 5.3% 減らすことがわかる．

---

[20] "やせ気味"というカテゴリーを定義することも可能ではあるが，BMI が 19 未満の人はデータの中に約 1% しかおらず，このカテゴリーを加える必要はないと判断した．

6.4 多変量潜在変数モデル

前節での考察を踏まえて,ここでは多変量潜在変数モデルについて考察する.まず一般的な多変量潜在変数モデルの枠組みを導入し,この枠組みで表すことができる特定のモデルについて議論する.念頭にある基本モデルは (6.79)〜(6.81) をそのまま多変量へと一般化したモデルであり, $\boldsymbol{\theta} = [\boldsymbol{\beta}'\, vec(\boldsymbol{\Sigma})']'$ と置いて以下のとおり表す[*21].

$$p(\boldsymbol{\theta}) = p(\boldsymbol{\beta})p(\boldsymbol{\Sigma}^{-1}) \tag{6.126}$$

$$\boldsymbol{z}_i|\boldsymbol{X}, \boldsymbol{\theta} \stackrel{\text{i.n.d.}}{\sim} \mathcal{N}(\boldsymbol{X}_i\boldsymbol{\beta}, \boldsymbol{\Sigma}), \quad i=1,2,\ldots,n \tag{6.127}$$

$$\boldsymbol{y}_i|\boldsymbol{z}_i = g(\boldsymbol{z}_i), \quad i=1,2,\ldots,n \tag{6.128}$$

事前分布を表す (6.126) において,$\boldsymbol{\beta}$ については多変量正規分布 $\boldsymbol{\beta} \sim \mathcal{N}(\boldsymbol{\mu_\beta}, \boldsymbol{V_\beta})$ を,$\boldsymbol{\Sigma}^{-1}$ についてはウィシャート分布 $\boldsymbol{\Sigma}^{-1} \sim W([\kappa \boldsymbol{R}]^{-1}, \kappa)$ を用いる.

このモデルの推定にギブスサンプラーを用いることを念頭に置くと,以下の条件付事後分布を導出できる.

$$\boldsymbol{\beta}|\boldsymbol{\Sigma}, \boldsymbol{Z}, \boldsymbol{y} \sim \mathcal{N}(\boldsymbol{D_\beta d_\beta}, \boldsymbol{D_\beta}) \tag{6.129}$$

$$\boldsymbol{D_\beta} \equiv \left[\left(\sum_{i=1}^n \boldsymbol{X}_i' \boldsymbol{\Sigma}^{-1} \boldsymbol{X}_i\right) + \boldsymbol{V_\beta}^{-1}\right]^{-1}$$

$$\boldsymbol{d_\beta} \equiv \left(\sum_{i=1}^n \boldsymbol{X}_i' \boldsymbol{\Sigma}^{-1} \boldsymbol{z}_i\right) + \boldsymbol{V_\beta}^{-1}\boldsymbol{\mu_\beta} \tag{6.130}$$

$$\boldsymbol{\Sigma}^{-1}|\boldsymbol{\beta}, \boldsymbol{Z}, \boldsymbol{y} \sim W\left(\left[\sum_{i=1}^n (\boldsymbol{z}_i - \boldsymbol{X}_i\boldsymbol{\beta})(\boldsymbol{z}_i - \boldsymbol{X}_i\boldsymbol{\beta})' + \kappa \boldsymbol{R}\right]^{-1}, n + \kappa\right) \tag{6.131}$$

$$p(\boldsymbol{z}_i|\boldsymbol{\beta}, \boldsymbol{\Sigma}, \boldsymbol{y}) \propto \phi(\boldsymbol{z}_i|\boldsymbol{X}_i\boldsymbol{\beta}, \boldsymbol{\Sigma}) I[\boldsymbol{z}_i \in \{\boldsymbol{z}_i : \boldsymbol{y}_i = g(\boldsymbol{z}_i)\}], \quad i=1,2,\ldots,n \tag{6.132}$$

数式から自ずと明らかだが,この枠組みは SUR モデルにおけるサンプリングのためのギブスアルゴリズムにもなっていることに注意しよう.標準的な SUR モデルでは結果変数は完全に観測されるので,潜在データは登場しない(すなわち $\boldsymbol{y}_i = \boldsymbol{z}_i$).事後シミュレーションにおいては (6.129) からの $\boldsymbol{\beta}$ のサンプリングと (6.131) からの $\boldsymbol{\Sigma}^{-1}$ のサンプリングのみを実行すれば良い.SUR モデルには潜在データが登場しないが,

---

[*21] ここでは多変量順序変数モデルについては扱わない.この方向での詳しい議論については,例えば Graves et al. (2008) を参照のこと.

それでもこの枠組みの特殊ケースとして，その事後シミュレーションを表現できることに注目するのは有意義である．

今後の議論で示されるが，上記のモデルは一般化トービット (generalized tobit)[*22]，多項プロビット，多変量プロビットといったモデルを特別な場合に含むほど十分に一般的である．ただし，これらの重要なミクロ計量経済学モデルでは Σ に対してパラメータ識別のために異なる制約が課される．それゆえ，Σ^{-1}（またはこの行列を構成する要素）に関するサンプリングの手順はモデルによって異なる．さらに，(6.128) における潜在変数から結果変数へのリンクもまたモデルによって変わるので，潜在変数 z_i に関するサンプリングの手順もまた以下で考察するモデルによって変化する．しかし，β に関する条件付事後分布からのサンプリングはすべての場合について，各モデルにおいて適切に定義された潜在データと共変量のデータを用いて，(6.129) に従って行われる．

6.4.1　ハードル/サンプルセレクションモデル

6.3.2 項の単純なトービットモデルは，結果変数がゼロとなる場合の要因とそれが正となる場合にその大きさを決める要因を区別して扱えないことでしばしば批判される．結果変数がゼロとなるかどうかを決める別のプロセスをもつようにモデルの構造を精緻化すればそのような懸念を軽減し，モデルのパフォーマンスを一般的に改善できる．一般にハードルモデル (hurdle model) またはサンプルセレクションモデル (sample selection model) と呼ばれる以下のモデルは，van Hasselt (2008) によってベイズ法の観点から詳細に研究されており，上記の水準でトービットモデルを一般化したものである．

$$z_{i1} = r_i \alpha + u_{i1} \quad (6.133)$$

$$z_{i2} = w_i \delta + u_{i2} \quad (6.134)$$

ただし，

$$u_i = \begin{bmatrix} u_{i1} \\ u_{i2} \end{bmatrix} \Big| R, W, \Sigma \stackrel{\text{i.i.d.}}{\sim} \mathcal{N}\left(0, \begin{bmatrix} 1 & \sigma_{12} \\ \sigma_{12} & \sigma_2^2 \end{bmatrix}\right) \equiv \mathcal{N}(0, \Sigma) \quad (6.135)$$

および

$$y_i = \exp[z_{i2}] I(z_{i1} > 0) \quad (6.136)$$

である．上記の定式化は単一方程式のトービットモデルとは異なり，2 つの潜在変数をもつ方程式を伴う．数式 (6.136) は潜在変数と結果変数の間の関係を定め，ハード

[*22] Amemiya (1985) は 5 つの異なるタイプの一般化トービットモデルを列挙し，頻度論者の観点から各モデルの推測について議論している．以下では，Amemiya の分類の中でタイプ 2 であるハードルモデル (hurdle model) やタイプ 5 の潜在結果モデル (potential outcomes model) の事後シミュレーションについて議論するが，5 つの一般化トービットモデルすべての推定についてここで説明するのと類似した手法が適用できることにも注意しよう．

ルモデルにおける各潜在変数の役割を明らかにしている．具体的には，z_{i1} は (6.133) において結果変数が $y_i = 0$ または $y_i \neq 0$ となることを決める．潜在変数の z_{i1} が正となるならば，観測される非ゼロの結果変数は (6.134) から生成される z_{i2} を使って $\exp[z_{i2}]$ で与えられる[*23]．標準的なトービットモデルと同様に，z_{i1} が正でない場合には，観測される y_i はゼロと定める．

上記のモデルは $\boldsymbol{z}_i = [z_{i1}\ z_{i2}]'$，$\boldsymbol{\beta} = [\boldsymbol{\alpha}'\ \boldsymbol{\delta}']'$ および

$$\boldsymbol{X}_i = \begin{bmatrix} \boldsymbol{r}_i & \boldsymbol{0} \\ \boldsymbol{0} & \boldsymbol{w}_i \end{bmatrix} \tag{6.137}$$

と設定することで，(6.126)〜(6.128) で表される多変量の枠組みにそのまま当てはまる．したがって，ギブスサンプリングのアルゴリズムは $\boldsymbol{\Sigma}^{-1}$ と $\boldsymbol{z}_i$ のサンプリングをハードルモデルに対応して調整することで，(6.129)〜(6.132) に従って構成できる．回帰パラメータ $\boldsymbol{\beta}$ の事後シミュレーションはここでの共変量と潜在データの定義を所与として，(6.129) をそのまま使って実行できる．$\boldsymbol{\Sigma}^{-1}$ のサンプリングは $\boldsymbol{\Sigma}$ の (1,1) 要素への制約があるので，少し複雑になる．すなわち，事前分布にこの制約を課すため，$\boldsymbol{\Sigma}^{-1}$ の条件付事後分布はもはやウィシャート分布にならない．

この問題に対処するための $\boldsymbol{\Sigma}^{-1}$ のサンプリング（実際には本節のすべてのモデルの分散共分散行列のサンプリング）に関する1つの方法は，この制約を無視し，識別されないパラメータ空間からのサンプリングを実行してその結果をそのまま使って事後的に関心をもつ識別できるパラメータ $\boldsymbol{\alpha}/\boldsymbol{\Sigma}_{(1,1)}$，$\boldsymbol{\delta}$，$\rho_{12}$ および σ_2^2（ただし，ρ_{12} は u_1 と u_2 の相関係数）に焦点を当てて計算することである．このアプローチは McCulloch and Rossi (1994) および Rossi et al. (2005) によって擁護されており，彼らは識別されないパラメータ空間からサンプリングすることが事後分布の計算を簡単にし，また事後シミュレーションにおける各パラメータ系列の混合を改善すると述べている．この方法を使う場合には，$\boldsymbol{\Sigma}^{-1}$ のサンプリングは (6.131) にそのまま従う．

識別されるパラメータを直接扱う別の方法では，まず u_{i2} を u_{i1} で条件付けて

$$u_{i2} = \sigma_{12} u_{i1} + \nu_i, \qquad \nu_i \sim \mathcal{N}(0, \sigma_\nu^2) \tag{6.138}$$

と表す．ただし，$\sigma_\nu^2 = \sigma_2^2 - \sigma_{12}^2$ であり，ν_i と u_{i1} は独立であるとする．したがって，ハードルモデルは

$$z_{i1} = \boldsymbol{r}_i \boldsymbol{\alpha} + u_{i1} \tag{6.139}$$

$$z_{i2} = \boldsymbol{w}_i \boldsymbol{\delta} + \sigma_{12} u_{i1} + \nu_i \tag{6.140}$$

と書き直すことができる．潜在データ $\boldsymbol{z}$ のことを脇におくと（このサンプリングについては第1の方法においてもまだ説明していないことに注意），この識別されるパラ

[*23] 指数の項は観測される結果が正となることを保証するために導入される．これはまた，(6.134) における潜在的な結果変数 z_{i2} が対数線形モデルで定式化されている多くの応用研究とも整合的である．

メータを使うモデルにおける事後シミュレーションはパラメータを $\boldsymbol{\beta}$, σ_{12} および σ_ν^2 の 3 つのブロックに分けて順番にサンプリングを繰り返すことで行われる.このために,これらのパラメータに関する事前分布 $\sigma_\nu^2 \sim IG(a/2, b)$, $\sigma_{12} \sim \mathcal{N}(\mu_{12}, V_{12})$ および $\boldsymbol{\beta} \sim \mathcal{N}(\boldsymbol{\mu_\beta}, \boldsymbol{V_\beta})$ が用いられる.この中の最初の 2 つの事前分布は (6.126) における $\boldsymbol{\Sigma}^{-1}$ に関するウィシャート分布にとって代わる.最後に,σ_ν^2 に関する事前分布を逆ガンマ分布とすることで $\sigma_\nu^2 > 0$ となる制約が課され,その結果 $\boldsymbol{\Sigma}$ が正値定符号となることに注意する.

これまでに述べたように,回帰パラメータ $\boldsymbol{\beta}$ は (6.129) を用いてサンプリングする.分散と共分散のパラメータについては

$$\sigma_\nu^2 | \boldsymbol{\beta}, \boldsymbol{z}, \sigma_{12}, \boldsymbol{y} \sim IG\left(\frac{n+a}{2}, \left[b + \frac{1}{2}\sum_{i=1}^n (z_{i2} - \boldsymbol{w}_i \boldsymbol{\delta} - \sigma_{12} u_{i1})^2\right]\right) \quad (6.141)$$

および

$$\sigma_{12} | \boldsymbol{\beta}, \boldsymbol{z}, \sigma_\nu^2, \boldsymbol{y} \sim \mathcal{N}(D_{12} d_{12}, D_{12}) \quad (6.142)$$

によりサンプリングする.ただし,

$$D_{12} = \left(\boldsymbol{u}_1' \boldsymbol{u}_1 / \sigma_\nu^2 + V_{12}^{-1}\right)^{-1}, \qquad d_{12} = \boldsymbol{u}_1' \boldsymbol{u}_2 / \sigma_\nu^2 + V_{12}^{-1} \mu_{12} \quad (6.143)$$

である.上記の表現において,$\boldsymbol{u}_j = [u_{1j}\ u_{2j}\ \cdots\ u_{nj}]'$,$j = 1, 2$ は誤差ベクトルを表し,これは $\boldsymbol{z}$ と $\boldsymbol{\beta}$ を所与とすると,既知となる.

次に,潜在データ $\boldsymbol{z}_i$ のサンプリングについて説明する.これは上記の 2 つの方法のどちらにも使える.まず $y_i > 0$ であるとしよう.この観測された結果から $z_{i1} > 0$ および $z_{i2} = \log(y_i)$ が成立することがわかる.この場合,z_{i2} のサンプリングは自明である(その事後分布は y_i を所与として,1 点に退化する).また z_{i1} は以下の一変量切断正規分布からサンプリングできる.

$$\begin{aligned} z_{i1} | \boldsymbol{\beta}, \boldsymbol{\Sigma}, \boldsymbol{y} \sim \mathcal{TN}_{(0,\infty)} & \left[\boldsymbol{r}_i \boldsymbol{\alpha} + \frac{\sigma_{12}}{\sigma_\nu^2 + \sigma_{12}^2}(\log y_i - \boldsymbol{w}_i \boldsymbol{\delta}), \left(1 - \frac{\sigma_{12}^2}{\sigma_\nu^2 + \sigma_{12}^2}\right)\right], \\ & i \in \{i : y_i > 0\} \end{aligned} \quad (6.144)$$

次に $y_i = 0$ の場合を考えよう.このとき,$z_{i1} \leq 0$ となることがわかるが,潜在的な(対数の)結果変数 z_{i2} に関する情報は何もわからない.この場合,潜在データ $\boldsymbol{z}_i = [z_{i1}\ z_{i2}]'$ に関する二変量の条件付事後分布から直接的にサンプリングする.このためには,まず z_{i1} を切断正規分布

$$z_{i1} | \boldsymbol{\beta}, \boldsymbol{\Sigma}, \boldsymbol{y} \sim \mathcal{TN}_{(-\infty, 0]}(\boldsymbol{r}_i \alpha, 1), \quad i \in \{i : y_i = 0\} \quad (6.145)$$

からサンプリングし,次にその値で条件付けて z_{i2} を条件付正規分布

$$z_{i2} | \boldsymbol{\beta}, \boldsymbol{\Sigma}, \boldsymbol{y} \sim \mathcal{N}\left[\boldsymbol{w}_i \boldsymbol{\delta} + \sigma_{12}(z_{i1} - \boldsymbol{r}_i \boldsymbol{\alpha}), \sigma_2^2 - \sigma_{12}^2\right], \quad i \in \{i : y_i = 0\} \quad (6.146)$$

からサンプリングすれば良い．ハードルモデルの事後シミュレーションは，(6.129) および (6.144)〜(6.146) と，識別できるパラメータ空間を使うか識別できないパラメータ空間を使うかに依存して，(6.131) または (6.141), (6.142) を用いることで実行できる．このモデルの場合，識別できるパラメータを直接扱ってもアルゴリズムはそれほど複雑でなく，そこでサンプリングされる系列の混合に関する性質も相対的にはそれほど悪くならない．最後に，ハードルモデルの推定に事後シミュレーションを使うと，モデルのパラメータ推定という狭い目標を超えて，政策的に注目される事象の効果を容易に計算できることに注意しよう．例えば，上記のシミュレーションはある共変量の値や複数の共変量の値が変化したとする仮説で y_i がゼロである確率にどのような影響を与えるかとか，そのような変化が y の分布全体にどのような影響をもつかといったことを分析して要約するのに使うことができる．このような計算では，モデルのパラメータに関する非線形関数を伴うので，我々の見るところ，頻度論者の観点では実行することが比較的困難であるが，ベイズ法の観点からはその計算は容易であるから，ベイズアプローチが"難しい"という懸念を和らげるのに寄与するかもしれない．この点は，本章においてあまり強調されていないが，これまでに議論した非線形モデルや，これから議論する多変量非線形モデルのすべてに当てはまることは注目に値する．

6.4.2 非線形モデルにおける内生性

6.2.5 項の分析では連続型の結果変数を伴う線形モデルの枠組みで説明変数の内生性について考察した．実際には，変数の内生性に関する問題は連続型の結果変数をもつモデルに限定されるわけではない．この問題は離散型，順序型または打ち切りを伴う結果変数のデータを伴うモデルでもよく生じる[*24]．しかし残念ながら，そのようなデータを分析する研究者は線形モデルを採用し，非線形モデルの定式化を避けることもある．適切な計量経済学的手法ではなく，熟知しておりその扱いが容易な操作変数法 (IV) や 2 段階最小二乗法 (2SLS) を用いて線形モデルを分析するのである．

本項では，内生的な説明変数をもつ特定の非線形モデルにおける事後シミュレーションを説明する．読み進めればわかるが，ここで説明するモデルの事後シミュレータは 6.2.5 項で説明した線形の結果変数を伴うモデルの事後シミュレータよりも少し複雑なだけである．したがって，ここで説明する手法が線形モデルで用いられた手法よりも本質的に難しいということはない．

a. 内生的な二値変数を伴う事後シミュレーション

ここで考察すべき様々なモデルが存在するが，特定のモデルを十分に理解することに集中しよう．ただし，取り上げるモデルは結果変数も潜在変数であったり，内生的説明変数が打ち切りを伴ったり，順序型変数であったりする場合にも一般化できるこ

[*24] ベイズ分析の例としては，例えば Li (1998), Geweke et al. (2003), Chib (2003) を参照のこと．

とにあらかじめ注意しておく．以下では，内生的なダミー変数を伴う標準的なモデル

$$z_{i1} = \boldsymbol{r}_i\boldsymbol{\alpha} + u_{i1} \tag{6.147}$$

$$y_i = \alpha_0 + \alpha_1 D_i + \boldsymbol{s}_i\boldsymbol{\alpha}_2 + u_{i2} \tag{6.148}$$

を考える．ただし

$$D_i = I(z_{i1} > 0) \tag{6.149}$$

である．観測されるのは連続型結果変数である y_i と二値をとる処置変数 D_i である．後者は (6.147) における潜在変数に基づき生成されるとする．実際の分析では，α_1 は二値変数 D_i の y_i に対する"因果"効果 ("causal" impact) としてよく関心の対象となる．処置効果に関するベイズ推定の詳細については Chamberlain による本書の第 1 章を参照のこと．しかし，観察データを使ってこの因果効果を調べることは容易な課題ではない．というのも，個人は自分の意思で処置のグループ (treatment regimes) に入るので，u_1 と u_2 の間の相関が発生するからである．頻度論者の観点からはこの相関があることで，(6.148) のみを用いて α_1 を最小二乗法で推定すると，偏りがあり，一致性をもたない推定結果を導くことになる．研究課題を十分に理解して，上記のような理論的な事項へ関心をもつと，観測できない要因間の相関を考慮することが必要となる．したがって，(6.135) と同様に，モデルにおける観測できない交絡の役割をとらえる σ_{12} を伴う二変量正規分布の仮定をここでも置く．

(6.147)〜(6.149) で構成されるモデルの事後シミュレーションは前項で説明したハードルモデルのそれとほぼ同一である．これら 2 つのモデルの間の関係を明確にするために，$\boldsymbol{w}_i = [1 \ D_i \ \boldsymbol{s}_i]$ および $\boldsymbol{\delta} = [\alpha_0 \ \alpha_1 \ \boldsymbol{\alpha}_2]'$ を定義する．すると，潜在データと観測データの間のリンクはこのモデルを (6.128) に適用して，

$$y_i = z_{i2}, \qquad D_i = I(z_{i1} > 0) \tag{6.150}$$

と簡潔に表すことができる．$\boldsymbol{\beta}$ に関する事後サンプリングは (6.129) を使って行うことができる．識別されるパラメータ空間からサンプリングする場合，(パラメータ変換した) $\boldsymbol{\Sigma}$ の要素は (6.141)，(6.142) と同様にサンプリングできる．潜在変数 z_{i1}, $i = 1, 2, \ldots, n$ は独立に以下の式に従ってサンプリングする．

$$z_{i1}|\boldsymbol{\beta}, \boldsymbol{\Sigma}, \boldsymbol{y}, \boldsymbol{D}$$
$$\sim \begin{cases} \mathcal{TN}_{(0,\infty)}\left(\boldsymbol{r}_i\boldsymbol{\alpha} + \frac{\sigma_{12}}{\sigma_\nu^2+\sigma_{12}^2}[y_i - \alpha_0 - \alpha_1 - \boldsymbol{s}_i\boldsymbol{\alpha}_2], 1 - \rho_{12}^2\right), & (D_i = 1 \text{ のとき}) \\ \mathcal{TN}_{(-\infty,0]}\left(\boldsymbol{r}_i\boldsymbol{\alpha} + \frac{\sigma_{12}}{\sigma_\nu^2+\sigma_{12}^2}[y_i - \alpha_0 - \boldsymbol{s}_i\boldsymbol{\alpha}_2], 1 - \rho_{12}^2\right), & (D_i = 0 \text{ のとき}) \end{cases}$$
$$\tag{6.151}$$

まとめると，ダミー変数による処置効果を伴うモデルの事後シミュレータは (6.129)，(6.141)，(6.142) および (6.151) によって構成される．

b. 計数データモデルに関する分析例

実際上，内生性の問題を伴う多くのモデルが，(6.126)〜(6.128) の枠組みにきちんと当てはまる．この枠組みに当てはまらない，注目すべき例外は計数データを結果変数にもつモデルで，本章ではこれまで取り上げてこなかった．しかし，ミクロ計量経済データの分析において，このモデルは重要である．上記の理由により，以下では計数データを結果変数としてもち，内生的な説明変数を伴うモデルを説明し，その枠組みを使って計数データに関する応用分析を行う．このような場合の事後シミュレーションは，残念ながら標準的なギブスステップのみでは実行できない．その代わりに必要なサンプリングを行うために M–H サブステップを利用する必要がある．

ここで用いる分析例は Lakdawalla et al. (2006) の研究に由来する[*25]．彼らは HIV 陽性の患者が Highly Active AntiRetroviral Therapy (HAART) を受けることが，その患者のその後の性的パートナーの数にどのように影響するかを研究している．彼らはそのような処置により，それを受けた患者の健康と寿命が一般的には改善するが，そのことがさらに処置を受けた人の性的行動に潜在的に影響を与える可能性があることに注意を促している．さらには，この治療に反応して性的活動が顕著に増加するならば，HAART により社会厚生が低下する可能性さえある．なぜなら，健康を改善する処置を受けることが HIV 陽性の患者の性的活動を活発にして，HIV 陰性の人々が感染するリスクが増加するかもしれないからである．

以下では，Lakdawalla et al. (2006) の定式化とは少し異なるベイズ法の枠組みを提案する．

$$y_i|\boldsymbol{\beta}, \epsilon_i \overset{\text{i.n.d.}}{\sim} Po[\exp(d_i\beta_0 + \tilde{\boldsymbol{x}}_i\boldsymbol{\beta}_1 + \epsilon_i)] \tag{6.152}$$

$$z_i = \boldsymbol{w}_i\boldsymbol{\gamma} + u_i \tag{6.153}$$

$$d_i = I(z_i > 0) \tag{6.154}$$

$$\begin{pmatrix} \epsilon_i \\ u_i \end{pmatrix} \bigg| \boldsymbol{X}, \boldsymbol{W} \overset{\text{i.i.d.}}{\sim} N\left[\begin{pmatrix} 0 \\ 0 \end{pmatrix}, \begin{pmatrix} \sigma_\epsilon^2 & \sigma_{\epsilon u} \\ \sigma_{\epsilon u} & \sigma_u^2 = 1 \end{pmatrix}\right] \equiv \mathcal{N}(\boldsymbol{0}, \boldsymbol{\Sigma}) \tag{6.155}$$

このモデルでは，個人 i の性的パートナーの数 y_i はその個人に特有の要因 ϵ_i で条件付けて，平均 $\exp(\boldsymbol{x}_i\boldsymbol{\beta} + \epsilon_i)$ のポアソン分布に従うと定式化されている．ただし，$\boldsymbol{x}_i = [d_i\ \tilde{\boldsymbol{x}}_i]$ および $\boldsymbol{\beta} = [\beta_0\ \boldsymbol{\beta}_1']'$ である．共変量ベクトル $\boldsymbol{x}_i$ は個人間の性的パートナー数の違いを説明するのに役立ち，それには二値変数 d_i が含まれる．これは HAART による治療を受けるかどうかの意思決定を表し，潜在的には内生変数になり得る．この潜在的な内生性へ関心をもつために，健康状態が悪化している，あるいは既に悪い人々はこのようなセラピーを探し求め，それを受ける気になりやすいが，リスクのある性的活動を控える可能性があることに目を向けよう．この可能性は $\sigma_{\epsilon u}$ を通して $\boldsymbol{u}$

[*25] 我々にデータを提供してくれた著者に心から感謝する．

と ϵ の間の相関を許容することでモデル化されている.さらには,モデルに ϵ_i を加えたことが,ポアソン分布では分散と平均が等しいという制限的な仮定を緩めている.このような混合ポアソン–対数正規分布 (Poisson-lognormal mixture) を採用することで過剰分散 (overdispersion) を許容するモデルとなっていることに注意しよう.

HAART の処置を受けることは二値の結果変数として表されるので,データ拡大法を使って,尤度関数に $d_i = 1$ の場合には $z_i > 0$,その他の場合 $z_i \leq 0$ となる潜在変数 z_i を導入する.この治療を受けるという意思決定に影響を与えるほとんどの共変量は性的パートナーの数という計数の観測結果にもまた影響を与えるが,Lakdawalla et al. (2006) に従い,州レベルの HIV 陽性の個人に対する公的保険の利用可能性の違いを操作変数として有効に使う.これは州政府が定めるメディケイド (Medicaid) の有資格者となるための 2 つの条件に関連する.1 つ目はメディケイドの有資格者となるために医療費を所得から控除できるプログラム (medically needy program) において,控除できるのが連邦政府が定める貧困を判定する所得の閾値(貧困線)の何 % までかを表す "医療が必要な貧困者を判定する閾値 (medically needy threshold)" である.2 つ目はメディケイドの有資格者となることができる補足的保障所得 (Supplemental Security Income:SSI) 受給資格に関する州政府が定める所得の閾値が,連邦政府のガイドラインである貧困線 (Federal Poverty Line:FPL) の 75% より 10 ポイント低い 65% であるかどうかを表すダミー変数である.これらの 2 変数は w_i には含めるが,x_i からは除外する.ベイズ分析を進めるために,事前分布を $\beta \sim \mathcal{N}(\mu_\beta, V_\beta)$,$\gamma \sim \mathcal{N}(\mu_\gamma, V_\gamma)$ および $p(\Sigma^{-1}) \propto f_W(\Sigma^{-1}|[\kappa R]^{-1}, \kappa)I(\sigma_u^2 = 1)$ と設定する.ただし,$I(\sigma_u^2 = 1)$ は Σ の (2,2) 要素は識別のために 1 に固定することを表している.

Chib et al. (1998) と Munkin and Trivedi (2003) に従い,ϵ_i,β,z_i,γ および Σ^{-1} の同時事後分布から,これらのパラメータを M–H ステップを伴うギブスアルゴリズムで繰り返しサンプリングする.ϵ_i の条件付事後分布は以下のとおり表すことができる.

$$p(\epsilon_i|\Xi_{-\epsilon_i}, y, d) \propto \exp[-\exp(x_i\beta + \epsilon_i)][\exp(\epsilon_i)]^{y_i}$$
$$\times \exp\left\{-\frac{1}{2(\sigma_\epsilon^2 - \sigma_{\epsilon u}^2)}[\epsilon_i - \sigma_{\epsilon u}(z_i - w_i\gamma)]^2\right\} \quad (6.156)$$

ここで,Ξ_{-x} は x 以外のパラメータを意味する.ϵ_i は (6.156) がよく知られた形状ではないので,それから直接サンプリングできないが,M–H ステップを使うことはできる.具体的には,そのステップでの候補値は $\ln p(\epsilon_i|\Xi_{-\epsilon_i}, y, d)$ のモードを中心とする,尺度パラメータと自由度がそれぞれ $(\nu\omega V_{\hat{\epsilon}_i})^{-1}$ および ν である t 分布からサンプリングする.これを実行するに当たっては,モードで評価した $\ln p(\epsilon_i|\Xi_{-\epsilon_i}, y, d)$ の二階微分の逆数にマイナスを掛けた値を $V_{\hat{\epsilon}_i}$ に用い,ν と ω の両方をチューニングパラメータとする.このとき,候補値 ϵ_i^* は確率

$$\min\left\{\frac{p(\epsilon_i^*|\Xi_{-\epsilon_i},\boldsymbol{y},\boldsymbol{d})q(\epsilon_i^{(t-1)})}{p(\epsilon_i^{(t-1)}|\Xi_{-\epsilon_i},\boldsymbol{y},\boldsymbol{d})q(\epsilon_i^*)},1\right\}$$

で採択される．ただし，$(t-1)$ の上添字は連鎖の現在値を意味し，$q(\cdot)$ は提案分布の密度関数を意味する．また，類似した M–H ステップ使って，パラメータベクトル $\boldsymbol{\beta}$ をサンプリングできる．その条件付事後分布は以下のとおりとなる．

$$p(\boldsymbol{\beta}|\Xi_{-\boldsymbol{\beta}},\boldsymbol{y},\boldsymbol{d}) \propto \exp\left[-\frac{1}{2}(\boldsymbol{\beta}-\boldsymbol{\mu}_{\boldsymbol{\beta}})'\boldsymbol{V}_{\boldsymbol{\beta}}^{-1}(\boldsymbol{\beta}-\boldsymbol{\mu}_{\boldsymbol{\beta}})\right]\prod_{i=1}^{n}\exp[-\exp(\boldsymbol{x}_i\boldsymbol{\beta}+\epsilon_i)]$$
$$\times [\exp(\boldsymbol{x}_i\boldsymbol{\beta}+\epsilon_i)]^{y_i} \qquad (6.157)$$

$\boldsymbol{\beta}$ のサンプリングに使われる提案密度は位置パラメータが $\hat{\boldsymbol{\beta}} = \arg\max \ln p(\boldsymbol{\beta}|\Xi_{-\boldsymbol{\beta}},\boldsymbol{y},\boldsymbol{d})$ で，尺度パラメータが $(\mu\tau\boldsymbol{V}_{\hat{\boldsymbol{\beta}}})^{-1}$ そして自由度が μ の多変量 t 分布である．ここでも，モードで評価した $\ln p(\boldsymbol{\beta}|\Xi_{-\boldsymbol{\beta}},\boldsymbol{y},\boldsymbol{d})$ に関するヘッシアンの逆行列にマイナスを掛けたものを $\boldsymbol{V}_{\hat{\boldsymbol{\beta}}}$ として用い，τ と μ をチューニングパラメータとする．

潜在データ $\boldsymbol{z}$ は i ごとに独立に

$$z_i|\Xi_{-z_i},\boldsymbol{y},\boldsymbol{d} \sim \begin{cases} \mathcal{TN}_{(-\infty,0]}\left(\boldsymbol{w}_i\boldsymbol{\gamma}+\sigma_{\epsilon u}\sigma_{\epsilon}^{-2}\epsilon_i,1-\sigma_{\epsilon u}^2\sigma_{\epsilon}^{-2}\right), & (d_i=0 \text{ のとき}) \\ \mathcal{TN}_{(0,\infty)}\left(\boldsymbol{w}_i\boldsymbol{\gamma}+\sigma_{\epsilon u}\sigma_{\epsilon}^{-2}\epsilon_i,1-\sigma_{\epsilon u}^2\sigma_{\epsilon}^{-2}\right), & (d_i=1 \text{ のとき}) \end{cases}$$
$$(6.158)$$

からサンプリングされる．$\boldsymbol{\gamma}$ の条件付事後分布は以下の正規分布である．

$$\boldsymbol{\gamma}|\Xi_{-\boldsymbol{\gamma}},\boldsymbol{y},\boldsymbol{d} \sim \mathcal{N}(\boldsymbol{D}_{\boldsymbol{\gamma}}\boldsymbol{d}_{\boldsymbol{\gamma}},\boldsymbol{D}_{\boldsymbol{\gamma}}) \qquad (6.159)$$

ただし，

$$\boldsymbol{D}_{\boldsymbol{\gamma}} = [\boldsymbol{W}'\boldsymbol{W}(1-\sigma_{\epsilon u}^2\sigma_{\epsilon}^{-2})^{-1}+\boldsymbol{V}_{\boldsymbol{\gamma}}^{-1}]^{-1} \qquad (6.160)$$

$$\boldsymbol{d}_{\boldsymbol{\gamma}} = [\boldsymbol{W}'(\boldsymbol{z}-\sigma_{\epsilon u}\sigma_{\epsilon}^{-2}\boldsymbol{\epsilon})(1-\sigma_{\epsilon u}^2\sigma_{\epsilon}^{-2})^{-1}+\boldsymbol{V}_{\boldsymbol{\gamma}}^{-1}\boldsymbol{\mu}_{\boldsymbol{\gamma}}] \qquad (6.161)$$

であり，既に表記として用いているが，$\boldsymbol{W}$，$\boldsymbol{z}$ および $\boldsymbol{\epsilon}$ は i についてまとめた行列・ベクトルである．

$\boldsymbol{\Sigma}^{-1}$ のサンプリングについては，(6.141)，(6.142) で記述されたパラメータ変換を再び用いる．ただし，ここでは，対角要素の σ_u^2 を固定した条件付の逆ウィシャート分布から直接サンプリングする Nobile (2000) のアルゴリズムを使う．この条件付事後分布は以下のとおり表すことができる．

$$p(\boldsymbol{\Sigma}^{-1}|\Xi_{-\boldsymbol{\Sigma}},\boldsymbol{y},\boldsymbol{d})$$
$$\propto f_W\left(\boldsymbol{\Sigma}^{-1}\Big|\left[\kappa R+[\ \boldsymbol{\epsilon}\ \boldsymbol{z}-\boldsymbol{W}\boldsymbol{\gamma}\ ]'[\ \boldsymbol{\epsilon}\ \boldsymbol{z}-\boldsymbol{W}\boldsymbol{\gamma}\ ]\right]^{-1},n+\kappa\right)I(\sigma_u^2=1)$$
$$(6.162)$$

表 6.9 内生性を伴う計数データモデルを用いた HAART データの分析：パラメータの事後統計

変数	$E(\beta|D)$	$\text{Std}(\beta|D)$	$\Pr(\beta > 0|D)$
パートナー数の決定方程式			
年齢	-0.0464	0.00549	0
非白人	-0.133	0.1	0.0913
女性	-0.584	0.107	0
高卒でない	-0.608	0.154	0.00015
高卒	-0.676	0.14	0
2 年制大学卒	-0.4	0.139	0.00321
州別の 1 人当たり所得	0.063	0.035	0.965
州別の都市居住率	-0.0225	0.0129	0.0411
州別の堕胎率	0.0228	0.00954	0.991
同性愛を認めない人の州別比率	-5.05	1.44	0.000513
週に数回祈りを捧げる人の州別比率	7.0	1.96	1
HAART の処置を受けた	1.31	0.313	0.999
HAART 方程式			
年齢	0.000701	0.00413	0.567
非白人	-0.212	0.0745	0.00206
女性	-0.15	0.0766	0.025
高卒でない	-0.263	0.119	0.0128
高卒	-0.136	0.112	0.113
2 年制大学卒	-0.126	0.111	0.128
州別の 1 人当たり所得	-0.0534	0.027	0.0234
州別の都市居住率	0.0267	0.0098	0.997
州別の堕胎率	-0.0172	0.00731	0.00925
同性愛を認めない人の州別比率	2.64	1.4	0.969
週に数回祈りを捧げる人の州別比率	-2.95	1.84	0.0546
医療が必要な貧困者を判定する州別の閾値	0.00416	0.00173	0.992
SSI 受領資格が FPL の 65% より大きい州に住む	0.115	0.156	0.772
分散共分散行列			
分散 σ_ϵ^2	1.74	0.228	1
共分散 σ_{eu}	-0.912	0.19	0

このアルゴリズムを用いた推定結果は表 6.9 に掲載されている．白人でない人，女性，教育を受けた年数が少ない人は HAART をあまり受けず，性的パートナーの数が少ないことがわかる．さらに，HAART による処置は性的行動に正の強い影響をもつことがわかる．具体的に述べると，この処置を受けることで性的パートナー数は平均的に約 $[\exp(1.31) - 1] \times 100\% = 271\%$ 増加することを推定結果は示唆している．データ中のパートナー数の平均は 2.16 人なので，この限界効果からこの処置を受けた個人のパートナー数が 5.85 人増えることがわかる．用いた 2 つの操作変数の中では，"医療が必要な貧困者を判定する閾値" が実証的に重要であり，対応する事後分布においてその係数が正である確率は 1 に近い．この結果は，上記のプログラムを通してメディ

ケイドの有資格者となる個人がこの処置を選択することが多くなりそうなことを示唆する. 誤差項 ϵ_i の分散の事後平均は約 1.74 であり, 条件付ポアソン分布でモデル化したパートナー数について過分散が起こっていることを示唆する. ϵ_i と u_i の共分散の推定値からパートナー数と治療を受けることに影響を与える観測できない要因は負に相関しており, 健康状態が悪い人はリスクのある性的行動に消極的であるが, 治療法をより積極的に探すという説と整合的であることがわかる. これらの結果は Lakdawalla et al. (2006) で報告されている結果と定性的には類似している. ただし, ここでのモデルとアプローチは彼らの場合と少し異なる. 最後に, 正規混合分布による近似に基づく計数データの結果変数に対する別の事後シミュレーションが Frühwirth-Schnatter et al. (2009) で提案されていることを指摘しておく.

6.4.3 処置効果モデル

前項のモデルを一般化して**反事実的** (counterfactual) または**潜在的** (potential) といえる結果を明示的に考察しよう. これは個人が, 処置に関してもし実際に行ったのとは異なる意思決定を行ったならば, 経験したはずの結果である. (6.126)〜(6.128) のモデルと整合的なように, このモデルを 3 つの潜在変数を伴う方程式のシステムとして以下のとおり表す[*26)].

$$z_{i2} = \boldsymbol{w}_i \boldsymbol{\theta} + u_{i2} \qquad (6.163)$$
$$z_{i1} = \boldsymbol{x}_i \boldsymbol{\beta}_1 + u_{i1} \qquad (6.164)$$
$$z_{i0} = \boldsymbol{x}_i \boldsymbol{\beta}_0 + u_{i0} \qquad (6.165)$$

ただし

$$D_i(\boldsymbol{w}_i) = I(z_{i2} > 0) = I(\boldsymbol{w}_i \boldsymbol{\theta} + u_{i2} > 0) \qquad (6.166)$$
$$y_i = D_i z_{i1} + (1 - D_i) z_{i0} \qquad (6.167)$$

および

$$\begin{bmatrix} u_{i2} \\ u_{i1} \\ u_{i0} \end{bmatrix} \bigg| \boldsymbol{X}, \boldsymbol{W}, \boldsymbol{\Sigma} \sim \mathcal{N}\left(\begin{bmatrix} 0 \\ 0 \\ 0 \end{bmatrix}, \begin{bmatrix} 1 & \sigma_{21} & \sigma_{20} \\ \sigma_{21} & \sigma_1^2 & \sigma_{10} \\ \sigma_{20} & \sigma_{10} & \sigma_2^2 \end{bmatrix} \right) \equiv \mathcal{N}(\boldsymbol{0}, \boldsymbol{\Sigma}) \quad (6.168)$$

である. 数式 (6.166) および (6.167) は潜在結果モデル (potential outcomes model) において観測データと潜在データの間のリンクを表す. 数式 (6.163) は処置に関する意思決定を表し, その限界分析は 6.3.1 項 a. におけるプロビット分析の場合と同一である. 数式 (6.164) および (6.165) は処置を受けるかどうかで分かれる各レジームにおける結果 (または潜在的な結果) を記述している. 例えば, もし $D_i = 1$ ならば, 処置を受けた場合の結果 z_{i1} は観測されるが, 処置を受けない場合の結果 z_{i0} は観測

[*26)] 共変量は処置を受けるかどうかに応じて変わり得るが, 以下ではモデルの表記においてこのことを考えない.

されない．逆に，$D_i = 0$ のときは，処置を受けない場合の結果 z_{i0} は観測されるが，処置を受けた場合の結果 z_{i1} は観測されない．

本節におけるこれまでのモデルと同様に，このモデルも各個人について変数とパラメータを $\boldsymbol{z}_i = [z_{i2}\ z_{i1}\ z_{i0}]'$，$\boldsymbol{\beta} = [\boldsymbol{\theta}'\ \boldsymbol{\beta}_1'\ \boldsymbol{\beta}_0']'$ および

$$\boldsymbol{X}_i = \begin{bmatrix} \boldsymbol{w}_i & 0 & 0 \\ 0 & \boldsymbol{x}_i & 0 \\ 0 & 0 & \boldsymbol{x}_i \end{bmatrix} \tag{6.169}$$

としてベクトルと行列の形式でまとめることができる．したがって，潜在結果モデルにおける事後シミュレーションを行う場合，これまでに学んだことを活用できる．パラメータベクトル $\boldsymbol{\beta}$ は (6.129) よりサンプリングでき，共分散行列の逆行列 $\boldsymbol{\Sigma}^{-1}$ はもし，$\boldsymbol{\Sigma}$ の (1,1) 要素を 1 に固定するなら，Nobile (2000) の手法を用いて，(6.131) よりサンプリングできる．その他には，識別されないパラメータ空間で事後シミュレーションを行い，サンプリングした結果をその後に加工して識別されるパラメータに注目する方法もある．2 つの潜在データは個人別にサンプリングしなければならない．第 1 に，z_{i2} の潜在的な値は D_i の観測値に依存して制限がついた条件付サポートをもつ一変量切断正規分布から各個人についてサンプリングされる．第 2 に，(欠損した) 潜在的な結果もまた各個人について (6.127) で定義される条件付正規分布をここでのモデルにあわせてサンプリングされる．この手順はこれまでに説明したモデルと同様であり，詳細は Koop et al. (2007) の 225〜229 ページで説明されているので，ここでは省略する．

潜在結果モデルの枠組みでしばしば関心の対象となるパラメータは処置を受けることの利得（または損失）$z_{i1} - z_{i0}$ に関連したものであることが多い．この分野で最も注目を集めるパラメータには，平均処置効果 (Average Treatment Effect：ATE)

$$ATE(\boldsymbol{\beta}, \boldsymbol{x}) = \boldsymbol{x}(\boldsymbol{\beta}_1 - \boldsymbol{\beta}_0) \tag{6.170}$$

処置群での処置効果 (the effect of Treatment on the Treated：TT)

$$TT(\boldsymbol{\beta}, \boldsymbol{x}, \boldsymbol{w}, D(\boldsymbol{w}) = 1) = \boldsymbol{x}(\boldsymbol{\beta}_1 - \boldsymbol{\beta}_0) + (\rho_{21}\sigma_1 - \rho_{20}\sigma_0)\frac{\phi(\boldsymbol{w}\boldsymbol{\theta})}{\Phi(\boldsymbol{w}\boldsymbol{\theta})} \tag{6.171}$$

および局所的平均処置効果 (Local Average Treatment Effect：$LATE$)

$$\begin{aligned}LATE(\boldsymbol{\beta}, \boldsymbol{x}, \boldsymbol{w}, \tilde{\boldsymbol{w}}, D(\boldsymbol{w})&=0, D(\tilde{\boldsymbol{w}})= 1) \\ &= \boldsymbol{x}(\boldsymbol{\beta}_1 - \boldsymbol{\beta}_0) + (\rho_{21}\sigma_1 - \rho_{20}\sigma_0)\left(\frac{\phi(\tilde{\boldsymbol{w}}\boldsymbol{\theta}) - \phi(\boldsymbol{w}\boldsymbol{\theta})}{\Phi(\tilde{\boldsymbol{w}}\boldsymbol{\theta}) - \Phi(\boldsymbol{w}\boldsymbol{\theta})}\right)\end{aligned} \tag{6.172}$$

がある．ただし，ρ_{jk} は u_j と u_k の間の相関パラメータを表す．$\phi(\cdot)$ と $\Phi(\cdot)$ はそれぞれ標準正規分布の密度関数と累積分布関数を表す．

ATE は処置を受けることの平均利得（または損失），TT は（属性 $\boldsymbol{w}$ を所与とし

て）処置を実際に受ける人が処置から得る平均利得（または損失）そして $LATE$ は w では処置を受けなかったが，$\tilde{w}$ なら処置を受けるであろう人が処置から得る平均利得（または損失）を表す．Imbens and Angrist (1994) は $LATE$ を導入し，それを"承諾者"のサブグループ（"compliers" subgroup）に属する人，すなわち操作変数の存在（または不在）を通して処置を受けるかどうかの意思決定が操作されうる人々に対する処置の効果と解釈している．例えば，ベトナム戦争時代の徴兵召集に関する Angrist (1990) の研究は，抽選で徴兵召集されたが，さもなくば軍に入隊しなかったであろう人々の兵役に就くことからの所得に関する平均利得（または損失）を $LATE$ により推定できることを示した．処置の効果が個人によって異なる場合，異なる操作変数は異なる $LATE$ を定義する．Angrist (1990) の分析では，自発的に軍に入隊した人々に関しては兵役がその人たちの退役後の所得に与える影響について何もわからない．Heckman et al. (2001; 2003) は，様々なモデル設定の下で共変量に依存しない処置効果について議論したり，処置効果の漸近分布を導出するなど，この方向でのさらなる分析を行っている．また，本書の第 1 章で Chamberlain はベイズアプローチによる処置効果のモデル化に関して，さらに詳しく議論している．

上記の効果は x や w の特定の値で評価できる．また，$\boldsymbol{\beta}$ や $\boldsymbol{\Sigma}$ の事後シミュレーションの結果はこれらの効果に関する事後分布を求め，それを特徴付けるために使うことができる．または，これらの効果が x や w の値に依存しないように平均化することもできる（例えば，Chib and Jacobi 2007）．

上に列挙した処置効果からわかることが興味を引くのは確かであるが，いくぶん限定的でもある．それらは異なるグループに対する様々な処置が与える平均的な影響を要約しているだけである．$\mathrm{Var}(z_1 - z_0)$ や $z_1 - z_0$ の分位点といったその他の指標もまた興味深いが，この分野ではほとんど注目されていない．

このように分析の焦点が限定される理由はレジーム間の共分散パラメータ σ_{10} と関係がある．このモデルに関する以下の尤度関数において，

$$L(\boldsymbol{\beta}, \boldsymbol{\Sigma}; \boldsymbol{y}, \boldsymbol{D}) = \prod_{\{i:D_i=1\}} p(D_i = 1, y_i^{(1)}) \prod_{\{i:D_i=0\}} p(D_i = 0, y_i^{(0)}) \quad (6.173)$$

$y_i^{(j)} = z_{ij}$ より，このパラメータは尤度関数に含まれず，したがって識別されないことがわかる．つまり，観測結果はレジーム 0 かレジーム 1 のどちらかに所属するが，決して両方に所属することはない．したがって，尤度関数は σ_{10} に関する直接的な情報をもっていない．しかし，処置の利得 $z_1 - z_0$ に関する多くの性質はレジーム間共分散 σ_{10} に依存しており，研究者はさらなる分析を行い，そこからわかることを述べたいのだが，通常は上で取り上げたような識別可能な指標に焦点を絞ることを余儀なくされる．

しかし，上で説明したモデルを使ってシミュレーションに基づく事後推測を行うとき，σ_{10} に関する事後シミュレーションが行われるので，よく取り上げられる処置効果

以外にも分析の焦点を拡大することが潜在的には可能となる．Vijverberg (1993) は σ_{10} に関する学習の可能性にはじめて注目した．Koop and Poirier (1997) はこの発想を精緻化し，正規分布モデルに関するギブスサンプリングのアルゴリズムを構築した．Chib and Hamilton (2000) はレジーム間共分散をゼロと設定してこの問題を扱い，この制約下での正規分布以外の様々なモデルに関する事後シミュレータを導出し，実際にそれをデータに適用している．Poirier and Tobias (2003) および Li et al. (2004) は σ_{10} に関する学習の特徴をさらに分析している．Σ は正値定符号でなければならないので，彼らはこの条件を使って，識別されない相関係数 ρ_{10} の条件付サポートは以下の区間となることを示した．

$$\rho_{10}|\rho_{21},\rho_{20} \in \left(\rho_{21}\rho_{20} - [(1-\rho_{21}^2)(1-\rho_{20}^2)]^{1/2}, \rho_{21}\rho_{20} + [(1-\rho_{21}^2)(1-\rho_{20}^2)]^{1/2}\right) \tag{6.174}$$

つまり，データから識別できる相関係数 ρ_{21} と ρ_{20} の値がわかるので，上記のサポートに関する制約から，ρ_{10} に関する学習が可能となる．しかし，この学習の程度は著しく制限されている．というのは，上記の境界内における事後分布の形状は，識別できない相関係数に関する条件付事前分布のそれにすぎないからである．にもかかわらず，上記のサポートの境界は有益な情報を提供する可能性がある．観測できない交絡の影響が大きく，レジーム間の相関に関する事前の信念を更新する役目を果たし，分析者が平均的な処置効果以外の指標を特徴付けることを潜在的には可能にする場合には特にそうである．この問題に関する最近の研究である Chib (2007) は，潜在的な結果ではなく観測データの尤度関数を使うと事後シミュレーションにおけるパラメータ系列の混合を改善し，分析者が識別されない相関パラメータへの対処を考えなくても良いことを示している．

6.4.4 多項プロビットモデル

多項プロビット (MNP) モデルもまた (6.126)～(6.128) の枠組みにそのまま当てはめることができる．例えば，Geweke et al. (1994; 1997) または Train (2003: 5章) とそこでの引用文献を参照のこと．MNP モデルでは，個人は J だけある選択肢の中から 1 つを選ぶ．y_i を個人 i の選択に関する観測結果とし，すべての選択肢を $y_i \in \{0, 1, \ldots, J-1\}$ とまとめよう．

MNP モデルは，(6.127) によって生成される多変量の潜在変数を，各選択肢からの効用とみなして定式化する確率効用の枠組みから導出される．当然ながら，各効用に共通の定数を加えたり，それを定数倍しても個人によって選択された観測結果に影響はないので，効用は水準と尺度の両方に関して基準化する必要がある．水準の基準化の問題は，通常はある基準となる選択肢（ここでは $j=0$）と比較した効用の差を考えることで達成される．このように効用の差に焦点を当てることで，モデルの次元は J から $J-1$ へと下がる．以下では，そのような効用の差に関する分析に (6.126)～

(6.128) を適用する.本書の第 8 章で Rossi と Allenby は,次項で考察する多変量プロビットモデルとともに,MNP モデルについてさらに詳しく考察している.関連して,多項ロジット (multinomial logit: MNL) モデルや混合ロジット (mixed logit) モデルもまたこのタイプのデータを分析するためによく使われるが,ここではこれらのモデルの考察は行わない.これらのモデルの詳しい説明については,Rossi et al.(2005: 3 章 11 節,5 章) や Train (2003) を参照してほしい.

MNP モデルにおける尺度の基準化に関しては,これまでの議論と同様に,いくつかの方法がある.まず,$(J-1) \times (J-1)$ の分散共分散行列 $\boldsymbol{\Sigma}$ の対角項を基準化することが考えられる.この場合,$\boldsymbol{\Sigma}^{-1}$ の条件付事後分布は対角項が 1 に固定されたウィシャート分布となる.McCulloch et al.(2000) は簡単なギブスステップに基づいた $\boldsymbol{\Sigma}$ の要素のサンプリングを可能にする,上記の制限付の分散共分散行列に関するパラメータ変換について議論している.Nobile (2000) もまた対角項に制約を加えたウィシャート分布から直接サンプリングできるアルゴリズムを提案している.最後に,Imai and van Dyk (2005) は MNP モデルにおけるパラメータ識別のための尺度設定に対処し,事後シミュレーションにおける各系列の混合を改善するための代替的な方法として,周辺化データ拡大法 (marginal data augmentation) を導入している.これらすべてのアプローチは,識別されるパラメータ空間に基づくサンプリングを行うために適用可能である.

別の方法として,上記の制限を考慮せずに標準的なウィシャート分布を $\boldsymbol{\Sigma}^{-1}$ の事前分布として採用し,$\boldsymbol{\Sigma}^{-1}$ に関する標準的な条件付事後分布を導くことも可能である.識別可能なパラメータはそのようなサンプリングの結果から計算できる.このアプローチでは,サンプリングを行うために"既製の"手順を使うことが可能であり,計算が簡潔になりパラメータ系列の混合に関する性質が改善される.

次に,MNP モデルにおける潜在データのサンプリングについて説明する.$\boldsymbol{z}_i = [z_{i1}\ z_{i2}\ \cdots\ z_{iJ-1}]'$ は (6.127) における潜在効用ベクトルであり,基準効用との差として表される.(6.128) における MNP モデルのためのリンク関数は以下のとおりとなる.

$$y_i = \begin{cases} 0, & (\max\{z_{il}\}_{l=1}^{J-1} \leq 0 \text{ のとき}) \\ j, & (\max\{z_{il}\}_{l=1}^{J-1} = z_{ij} > 0 \text{ のとき}) \end{cases} \quad (6.175)$$

したがって,各 $\boldsymbol{z}_i$ の条件付事後分布は個人間で独立となり,上記の制約により定義される領域における切断正規分布となる.

このような多変量切断正規分布から直接的にサンプリングすることはできないが,Geweke (1991) は代替的方法を提供しており,McCulloch and Rossi (1994) はそれを MNP モデルで使用できるように工夫している.彼らは各 z_{ij} の条件付事後分布は,(6.175) における制約を通して定義される条件付サポートをもつ一変量切断正規分布であることに注目する.したがって,この場合潜在変数ベクトル $\boldsymbol{z}_i$ の各要素について

この一変量切断正規分布から一連のサンプルを生成するために，プロビットモデルの推定と類似した手法を応用できる．例えば，個人 i によって選択肢 0 が選ばれたなら，各 z_{ij} は非正の領域内に制限される．同様に，個人 i によって $j \neq 0$ が選ばれたなら，z_{ij} は正でかつその他の z_{il} と同じかそれより大きいという条件を満たす領域に制限される．したがって，潜在データのサンプリングの手順は以下のとおりである．まず，(6.127) における $J-1$ 次元多変量正規分布から導かれる各 z_{ij} の条件付正規分布における期待値と分散の式を求め，個人 i の観測された選択結果を所与として z_{ij} の条件付サポートへの制約を決める．そして，結果として導かれる一変量切断正規分布からサンプリングを行う．この過程は z_i の各要素に対して（またすべての i に対して）繰り返される．その際には，直前にサンプリングされた z_{il} の値が z_i の次の要素の条件付期待値と分散を計算する際に使われることに注意しよう．最後に，ここまで議論してきた MNP モデルのサンプリング手法とは離れるが，Keane (1992) が示したように MNP モデルのパラメータの識別はかなり脆弱となり得ることに言及しておくのは有意義だろう．

6.4.5 多変量プロビットモデル

多変量プロビット (MVP) モデル（例えば，Chib and Greenberg 1998）はその構造が前項の多項プロビットモデルとかなり類似しており，6.4 節におけるモデルを統合的に扱う階層的な潜在変数モデルで表現できる．MVP モデルでは，個人は引き続き J 個の異なる代替案から選択を行う．ただし，その中から 1 つだけを選択しなければならないわけではない．さらには，分析者が観測できない要因によりこれらの選択の間に相関が発生するかもしれず，そのことが個別にではなく同時に複数の観測結果に影響する要因を考察することを動機付ける．

MVP モデルの分析のために，$\boldsymbol{y}_i = [y_{i1}\ y_{i2}\ \cdots\ y_{iJ}]'$, $y_{ij} \in \{0,1\}$ $(\forall i,j)$ および

$$\boldsymbol{X}_i = \begin{bmatrix} \boldsymbol{x}_{i1} & 0 & \cdots & 0 \\ 0 & \boldsymbol{x}_{i2} & \cdots & 0 \\ \vdots & \vdots & \ddots & \vdots \\ 0 & 0 & \cdots & \boldsymbol{x}_{iJ} \end{bmatrix}, \quad \boldsymbol{\beta} = \begin{bmatrix} \boldsymbol{\beta}_1 \\ \boldsymbol{\beta}_2 \\ \vdots \\ \boldsymbol{\beta}_J \end{bmatrix} \tag{6.176}$$

と表記する．ここで，共変量は個人および選択肢の両方に依存して異なり得るし，選択肢ごとに係数パラメータも異なることを許容したモデルを設定している．これらの仮定の前半は，実際に正しいかもしれないし，そうでないかもしれないが，どちらにしてもモデルやその事後シミュレーションの構築に大きな影響はない．(6.128) を MVP モデルに適用すると，プロビットモデルの場合と類似した一連の制約

$$y_{ij} = I(z_{ij} > 0), \quad j = 1, 2, \ldots, J \tag{6.177}$$

に帰着する．MVP モデルにおける識別問題は，(6.177) における観測結果の性質を考

慮すると，MNP モデルのそれとは少し異なる．具体的に述べると，仮に (6.127) における潜在変数に関するモデルで，それを説明する（誤差項を含む）要因に対角行列 C を掛けても，観測結果が生じる確率は変化せず，

$$\Pr(\boldsymbol{Y}_i = \boldsymbol{y}_i | \boldsymbol{\beta} = \boldsymbol{\beta}_0, \boldsymbol{\Sigma} = \boldsymbol{\Sigma}_0) = \Pr(\boldsymbol{Y}_i = \boldsymbol{y}_i | \boldsymbol{\beta} = \tilde{\boldsymbol{\beta}}, \boldsymbol{\Sigma} = \boldsymbol{C}\boldsymbol{\Sigma}_0\boldsymbol{C}') \quad (6.178)$$

が成立する．ここで，$\tilde{\boldsymbol{\beta}}$ は各 $\boldsymbol{\beta}_{0j}$ に $\boldsymbol{C}$ の (j,j) 要素を掛けることで定義されている．つまり，各潜在変数の尺度を変更しても，観測データの尤度関数は変化しない．

Chib and Greenberg (1998) は MVP モデルのベイズ分析を行っている．そこでは，制約を置いた相関係数行列を分散共分散行列 $\boldsymbol{\Sigma}$ の代わりに使い（したがって，識別できるパラメータを直接に扱い），その相関係数行列からのサンプリングに特化した M–H ステップを提案している．別の方法として，Edwards and Allenby (2003) や Rossi et al. (2005) は識別されないパラメータ空間を用い，標準的な確率分布からのサンプリングのみで実行できる方法を採用することを推奨している．具体的には，彼らは制限を置かない $\boldsymbol{\Sigma}$ を用いることを提案している．回帰パラメータ $\boldsymbol{\beta}$ は (6.129) からサンプリングされ，分散共分散行列の逆行列は (6.131) からサンプリングされる．そして，各潜在ベクトル $\boldsymbol{z}_i$ は (6.177) によるサポートへの制約を加えた多変量切断正規分布からサンプリングされる．したがって，Geweke (1991) のアルゴリズムが適用可能であり，各 $z_{ij}, j = 1, 2, \ldots, J$ は一変量切断正規分布からサンプリングされる．

Edwards and Allenby (2003) におけるアプローチでは識別問題を扱うために，事後シミュレーションの結果を識別できるパラメータを求めるために後で加工する．通常は，$\boldsymbol{C}$ を対角項が $\{\sigma_{j,j}^{-1/2}\}$ の $J \times J$ 対角行列とし，識別できる回帰パラメータと分散共分散行列としてそれぞれ $\boldsymbol{C}\boldsymbol{\beta}$ と $\boldsymbol{C}\boldsymbol{\Sigma}\boldsymbol{C}'$ を計算することが必要となる．MVP モデルにおける事後シミュレーションに対するこのアプローチでは，標準的な確率分布からのサンプリングのみが必要であり，サンプリングされる各パラメータ系列の混合が改善されるので，容易に使えて便利だという魅力がある．

6.5 継続期間モデル

応用ミクロ計量経済分析では継続期間データがよく使用される．ベイズ法の観点からの応用分析には失業期間 (Lancaster 1979; Li 2006)，雇用期間 (Campolieti 1997) および再建を目指す倒産状態の期間 (Li 1999) に関する考察などがある．経済データへの応用分析において，注目すべき特徴はこのような変数が状態に依存し，ある期間が終わる確率は個人（企業）がその期間内に留まった時間の長さに依存する可能性があることである．

継続期間データのモデル化では対象となる継続期間の長さ T を連続型確率変数として，その確率密度関数を $f(t)$ とする方法がある．この場合，累積分布関数 $F(t)$ は $F(t) = \text{Prob}(T < t) = \int_0^t f(u)du$ と表現できる．また，T が時点 t まで継続する確

率である生存関数 (survivor function) は 1 から累積分布関数を引いて

$$S(t) = \text{Prob}(T \geq t) = 1 - \text{Prob}(T < t) = 1 - F(t)$$

と表現できる．継続期間データのモデル化に関する多くの応用分析において，分析の関心はハザード関数 (hazard function) $\lambda(t) = f(t)/S(t)$ を軸に展開する (Cox 1972)．これは時点 t まであるイベントの期間が継続したことを条件として，ちょうど時点 t でその期間が長さ T で終わる瞬時的確率 (instantaneous probability) である．このハザード関数は特に注目を引き，研究者はそれをモデルの"基礎"に据え，そこから生存関数や密度関数を導く．$\Lambda(t) = \int_0^t \lambda(u)du$ を累積ハザード関数とすると，$S(t) = \exp[-\Lambda(t)]$ や $f(t) = \exp[-\Lambda(t)]\lambda(t)$ が成立することが容易に示せる．

継続期間データのベイズ分析を行うために，(条件付で) 互いに独立な継続期間の確率変数 T に関する観測値が n だけあるとしよう．それらを $t_1, t_2, \cdots, t_n$ と記す．このモデルの尤度関数は

$$p(\boldsymbol{y}|\boldsymbol{\Xi}) = \prod_{i=1}^n \exp[-\Lambda(t_i)]\lambda(t_i)$$

である．ただし，$\boldsymbol{y} = [t_1\ t_2\ \cdots\ t_n]'$ はデータ，$\boldsymbol{\Xi}$ はすべてのパラメータをまとめたベクトルである．もしハザード関数が時間を通して一定，すなわち $\lambda(t) = \lambda$ であるなら，累積ハザード関数は $\Lambda(t) = \lambda t$ となり，尤度関数は $p(\boldsymbol{y}|\boldsymbol{\Xi}) = \prod_{i=1}^n \exp(-\lambda t_i)\lambda$ となる．この場合，パラメータ λ のみが尤度関数に現れる．これはデータが指数分布から生成される場合の尤度関数であり，ガンマ分布

$$p(\lambda) = f_G(a, b) = b^{-a}\Gamma(a)^{-1}\lambda^{a-1}\exp(-\lambda b^{-1})$$

が λ の共役事前分布となることが知られている．つまり，λ の事前分布にこの分布を採用すると，その事後分布もまたガンマ分布となる．

$$p(\lambda|\boldsymbol{y}) = f_G\left(a + n, \left(b^{-1} + \sum_{i=1}^n t_i\right)^{-1}\right)$$

この方法は，ハザード率が一定という仮定に基づいており，かなり制限的である．より柔軟な別の方法では，ハザード率は適切に区切った短い期間の間は一定だが，期間をまたがると潜在的には異なり得ると定式化する．具体的には，分析対象期間を K 個の短い期間に分割し，ハザード関数は各期間内では一定だが，異なる期間では変化すると定式化する (例えば，Holford 1976)．つまり，ハザードは期間 1 では $\lambda = \lambda_1$，期間 2 では $\lambda = \lambda_2$ であり，以下同様に続く．

ハザードの設定に対応して，継続期間 t_i もまた K 個の短期間，$t_{i1}, t_{i2}, \cdots, t_{iK}$ に分割する．また，どれかの期間において t_i が終了することを示すために，$d_{i1}, d_{i2}, \cdots, d_{iK}$ を用いる．例えば，長さ 1 の短期間ごとに分けるとして，t_i が第 4 期間の中間点で終

わるなら，$t_{i1} = t_{i2} = t_{i3} = 1$，$t_{i4} = \frac{1}{2}$，$t_{i5} = t_{i6} = \cdots = t_{iK} = 0$ であり，d_{i4} のみ $d_{i4} = 1$ となり，その他すべては $d_{ik} = 0$ となる．上記の設定に従う，区分一定なベースラインハザードをもつ尤度関数は

$$p(\boldsymbol{y}|\boldsymbol{\Xi}) = \prod_{i=1}^{n} \exp\left(-\sum_{k=1}^{K} \lambda_k t_{ik}\right) \prod_{k=1}^{K} \lambda_k^{d_{ik}}$$

となる．ハザード率が一定の場合と同様に，区分ハザードに共通のガンマ分布

$$\lambda_k \overset{\text{i.i.d.}}{\sim} G(a, b), \qquad k = 1, 2, \ldots, K$$

を事前分布として選ぶと，λ_k の事後分布は

$$\lambda_k | \boldsymbol{y} \overset{\text{i.n.d.}}{\sim} G\left(a + \sum_{i=1}^{n} d_{ik}, \left(b^{-1} + \sum_{i=1}^{n} t_{ik}\right)^{-1}\right), \qquad k = 1, 2, \ldots, K$$

となる．

6.5.1 離散時間アプローチ

ときには，継続期間 t_i が正確にはいつ終わるかわからないが K だけある複数の期間のうち，例えば，$k = 4$ 番目の期間内に終わることがわかる場合がある．離散時間モデルはこのようなタイプのデータに使うことができる (Campolieti 1997)．$\Phi(\gamma_k)$ を t_i が，期間 $k-1$ までは続いたという条件の下で，期間 k の間は継続する確率を表すとしよう．ここで，$\Phi(\cdot)$ は標準正規分布の累積分布関数を表し，γ_k は連続時間モデルにおける λ_k に類似したそれぞれの期間に特定的なパラメータを表す．$s_{i1}, s_{i2}, \cdots, s_{iK}$ を期間 k の間に分析対象のイベントが継続するかどうかを示す変数とする．例えば，継続期間 t_i が第 4 期間に終わるなら，$s_{i1} = s_{i2} = s_{i3} = 1$ および $s_{i4} = s_{i5} = \cdots = s_{iK} = 0$ となる．この離散時間モデルの尤度関数は

$$p(\boldsymbol{y}|\boldsymbol{\gamma}) = \prod_{i=1}^{n} \prod_{k=1}^{K} \Phi(\gamma_k)^{s_{ik}} [1 - \Phi(\gamma_k)]^{d_{ik}}$$

である．ただし，連続時間モデルでの定義と同様に，d_{ik} は継続期間 t_i が期間 k 内で終わるかどうかを示す変数である．期間特定的なパラメータ γ_k の事前分布としては正規分布 $\mathcal{N}(\mu_\gamma, V_\gamma)$ がよく使われる．

Albert and Chib (1993a; 1993b) や Campolieti (1997) によると，パラメータ γ_k に関する事後分布からのサンプリングのためにデータ拡大法を伴うギブスサンプラーを使用できる．各継続期間 t_i および，それが継続したり，終了したりする t_i 内の短期間 k に関する尤度関数には，データ拡大法を使って潜在変数 $y_{ik} = \gamma_k + \epsilon_{ik}$ が加えられる．ただし，$\epsilon_{ik} \overset{\text{i.i.d.}}{\sim} \mathcal{N}(0, 1)$ であり，t_i が期間 k 以降に続くなら $y_{ik} > 0$，期間 k で終わるなら $y_{ik} \leq 0$ となる．

このモデルの事後シミュレータは以下の2つのステップで構成されるギブスサンプラーである.第1のステップでは,y_{ik} が,もし t_i が期間 k 以降に続くなら,$\mathcal{TN}_{(0,\infty)}(\gamma_k, 1)$ からサンプリングされ,期間 k で終わるなら,$\mathcal{TN}_{(-\infty,0]}(\gamma_k, 1)$ からサンプリングされる.第2のステップでは,γ_k が $\mathcal{N}(D_k d_k, D_k)$ からサンプリングされる.ただし,

$$D_k = \left[V_\gamma^{-1} + \sum_{i=1}^n I(s_{ik} = 1 \text{ or } d_{ik} = 1) \right]^{-1}$$

$$d_k = V_\gamma^{-1} \mu_\gamma + \sum_{i=1}^n I(s_{ik} = 1 \text{ or } d_{ik} = 1) y_{ik}$$

である.

6.5.2 その他の一般化

継続期間モデルはデータがもつ特性に対応するために様々な方向に拡張可能である.ときには近接している期間のベースラインハザードが互いに類似するように定式化することが合理的になることもある.したがって,区分一定なベースラインハザードに平滑事前分布 (smoothing prior) を課すのは自然なことである.離散時間モデルへの応用としては,Campolieti (2000) を参照のこと.例えば,隣接した期間のベースラインハザードの一階差分に事前分布 $\lambda_{k+1} - \lambda_k \sim \mathcal{N}(0, \eta)$ を課すことができる.η の値を小さく設定すると,より強力な事前情報をベースラインハザードに課すことになり,ベースラインハザードの推定値がより滑らかになる.ベースラインハザードの推定値の滑らかさは高次の階差にもまた依存しており,ベースラインハザード間における高次の階差を使って事前分布を設定することも可能である.

右側打ち切り (right censoring) は継続期間データによくある別の特徴である.期間 K の終わりで打ち切りが起こり,継続期間 t_i はその時点までしか観測できないとしよう.もし,t_i が期間 K 以降で終わるなら,継続期間が終わるタイミングは観測されない.これまで議論してきた尤度関数がこの問題に機械的に対処できるのは重要なことである.もし継続期間 t_i の観測が期間 K の期末で打ち切られ,t_i がその時点を超えて続くなら,期間の終了を示す変数 $d_{i1}, d_{i2}, \cdots, d_{iK}$ はすべてゼロになることに注意しよう.この場合,連続時間モデルでは,t_i の尤度関数は $\exp(-\sum_{k=1}^K \lambda_k t_{ik})$ となり,これは期間 K の期末時点における生存確率に対応する.離散時間モデルでは,尤度関数は $\prod_{k=1}^K \Phi(\gamma_k)^{s_{ik}}$ となり,これもまた期間 K まで継続して生存する確率を表す.

継続期間モデルの分析におけるその他のよく知られた結果として,ハザードにおける異質性を考慮しないことが,期間依存 (duration dependence) 推定における識別問題をもたらすことが挙げられる.ハザード率における個人間の異質性は時間を通じて変化する観測される特性によって説明可能である.比例ハザード分析の枠組み (Cox 1972) に従い,時間とともに変化する共変量である $1 \times j$ のベクトル $\boldsymbol{x}_{ik}$ を継続期間

モデルに導入しよう.連続時間モデルでは,t_i が期間 k 内で終わるハザード率はベースラインハザード λ_k に比例する.これは $\lambda_{ik} = \exp(\boldsymbol{x}_{ik}\boldsymbol{\beta})\lambda_k$ と表され,$\boldsymbol{\beta}$ はハザード率への共変量 $\boldsymbol{x}_{ik}$ の影響を表す $j \times 1$ のベクトルである.このような時変共変量に対応した尤度関数は

$$p(\boldsymbol{y}|\boldsymbol{\Xi}) = \prod_{i=1}^n \exp\left[-\sum_{k=1}^K \exp(\boldsymbol{x}_{ik}\boldsymbol{\beta})\lambda_k t_{ik}\right] \prod_{k=1}^K [\exp(\boldsymbol{x}_{ik}\boldsymbol{\beta})\lambda_k]^{d_{ik}}$$

となる.離散時間モデルでは,尤度関数における $\Phi(\gamma_k)$ を $\Phi(\gamma_k + \boldsymbol{x}_{ik}\boldsymbol{\beta})$ に置き換えることで時変共変量をモデルに組み込むことができる.

時変共変量をモデルに導入することは上記の識別問題に対処するための試みである.しかし,ハザードにおける異質性が観測可能な共変量だけで完全に説明できることは稀である.したがって,個人間のハザードにおける観測できない異質性をモデルに導入することもまた重要である.比例ハザードの定式化において観測できる異質性を導入したのと同じ方法で,観測できない異質性をハザード関数に導入することができる.連続時間モデルでは,ハザード関数を $\lambda_{ik} = \exp(\boldsymbol{x}_{ik}\boldsymbol{\beta})\eta_i\lambda_k$ に変更すれば良い.ただし,η_i は観測できない個人レベルの異質性を表す.

η_i はガンマ分布 $\eta_i|v \overset{\text{i.i.d.}}{\sim} G(v, v^{-1})$ に従うとよく定式化される(例えば,Lancaster 1979).この場合,期待値は 1 で分散は v^{-1} となる.離散時間モデルでは,個人レベルのランダム効果の影響をハザード関数に反映させるために,継続確率を $\Phi(\gamma_k + \boldsymbol{x}_{ik}\boldsymbol{\beta} + \alpha_i)$ に変更すれば良い.異質性パラメータに関してよく使われる簡潔な仮定は $\alpha_i \overset{\text{i.i.d.}}{\sim} \mathcal{N}(0, \sigma^2)$ である.あるいは,Campolieti (2001) のように,ディリクレ過程事前分布 (Dirichlet process prior) を使って,観測されない異質性をより柔軟にノンパラメトリックに定式化することもできる.最後に,継続期間データはときには階層をもった形式で現れる (Guo and Rodriguez 1992; Sastry 1997; Bolstad and Manda 2001; Li 2007).例えば,同じ世帯や同じ都市などに集まった個人に関する何らかの継続期間データを観測する場合がある.そのような場合,比例ハザードによるアプローチを使って,様々な階層のレベルでハザードにおける観測できない異質性を取り込むことができる.次項では,継続期間モデルの分析例を紹介する.

6.5.3 高校在学期間の分析例

ここでは,High School and Beyond Longitudinal Survey データを使って高校中退に関する意思決定のタイミングを分析した Li (2007) のモデルを修正して取り上げる.Li (2007) によって推定されたモデルは個人,学校,州レベルにおけるハザード率の異質性を考慮している.ここでは議論を簡単にするために,より単純なモデルを考えて個人レベルの異質性をもたらす要因のみをモデル化し,同じ学校の学生や同じ州内に住む人に起こり得る相関は無視する.連続時間モデルを採用し,個人 i が月 k に高校を中退するハザードを $\lambda_{ik} = \exp(\boldsymbol{x}_{ik}\boldsymbol{\beta})\eta_i\lambda_k$ と定義する.ここで,$\boldsymbol{x}_{ik}$ は個人レ

表 6.10 継続期間モデルを用いた高校中退に関する分析：パラメータと限界効果の事後統計

変数/パラメータ	$E(\beta\|D)$	$\text{Std}(\beta\|D)$	$P(\beta > 0\|D)$	限界効果
女性	-0.14	0.0709	0.0201	-12.8
マイノリティ	-0.186	0.0824	0.00962	-16.7
家計の所得 (\$10,000)	-0.0524	0.0368	0.0674	-5.04
基準年のテストの得点	-0.838	0.0446	0	-56.7
父親の修学年数	-0.0505	0.0107	0	-4.92
母親の修学年数	-0.0771	0.0122	0	-7.41
兄弟姉妹の数	0.0947	0.0206	1	9.95
中退が認められる年齢以上	0.654	0.112	1	93.6
分散パラメータ (v^{-1})	0.929	0.13	1	

ベルの共変量を表す $1 \times j$ ベクトルであり，$\eta_i \overset{\text{i.i.d.}}{\sim} G(v, v^{-1})$ はハザード関数における個人 i のランダム効果を表す．また，λ_k は月 k における区分一定なベースラインハザードである．このモデルの尤度関数は以下のとおりとなる．

$$p(\boldsymbol{y}|\boldsymbol{\Xi}) = \prod_{i=1}^{n} \left[v^v \Gamma(v)^{-1} \eta_i^{v-1} \exp(-\eta_i v) \right.$$
$$\left. \times \exp\left[-\sum_{k=1}^{K} \exp(\boldsymbol{x}_{ik}\boldsymbol{\beta})\eta_i \lambda_k t_{ik}\right] \prod_{k=1}^{K} [\exp(\boldsymbol{x}_{ik}\boldsymbol{\beta})\eta_i \lambda_k]^{d_{ik}} \right]$$

事前分布は $\boldsymbol{\beta} \sim \mathcal{N}(\boldsymbol{\mu_\beta}, \boldsymbol{V_\beta})$，$\lambda_k \overset{\text{i.i.d.}}{\sim} G(a_\lambda, b_\lambda)$，$v \sim G(a_v, b_v)$ とし，そのハイパーパラメータは $\boldsymbol{\beta_0} = \boldsymbol{0}$，$\boldsymbol{V_\beta} = 1000\boldsymbol{I_j}$，$a_\lambda = a_v = 0.01$ および $b_\lambda = b_v = 100$ と設定する．

M–H ステップを伴うギブスアルゴリズムを同時事後分布からのサンプリングに使う．パラメータの $\{\lambda_k\}_{k=1}^{K}$ と $\{\eta_i\}_{i=1}^{n}$ は，ギブスステップを使って順番にそれぞれ

$$\lambda_k | \boldsymbol{y}, \{\eta_i\}_{i=1}^{n}, \boldsymbol{\beta} \overset{\text{i.n.d.}}{\sim} G\left(a_\lambda + \sum_{i=1}^{n} d_{ik}, \left[b_\lambda^{-1} + \sum_{i=1}^{n} \exp(\boldsymbol{x}_{ik}\boldsymbol{\beta})\eta_i t_{ik} \right]^{-1} \right)$$

$$\eta_i | \boldsymbol{y}, \{\lambda_k\}_{k=1}^{K}, v, \boldsymbol{\beta} \overset{\text{i.n.d.}}{\sim} G\left(v + \sum_{i=1}^{n} d_{ik}, \left[v + \sum_{i=1}^{n} \exp(\boldsymbol{x}_{ik}\boldsymbol{\beta})\lambda_k t_{ik} \right]^{-1} \right)$$

からサンプリングする．v と $\boldsymbol{\beta}$ の条件付事後分布はよく知られた確率分布でないため，直接的にサンプリングできない．これらのパラメータについては，M–H ステップを採用する．

表 6.10 には事後分布の要約統計とともに共変量 x_j の 1 単位の増加がもたらす高校中退ハザードの変化率である共変量の限界効果 $[\exp(\beta_j) - 1] \times 100$ を掲載している．推定結果は，義務教育に関する法律で中退が認められる年齢以上になると中退ハザードは 93.6% 増加することを示している．また，親の所得が\$10,000 増えると中退

ハザードは 5.04% 減少するし，分散パラメータ v^{-1} の推定値は中退ハザードにおける個人間の観測できない異質性がかなり大きいことを示している

6.6 お わ り に

本章では，ミクロ経済学でよく扱われる多くのモデルに対するベイズアプローチによる推定について解説した．包括的ではないが，本章で考察した多くのモデルは最も広く使われており，データ分析を実際に行う人が直面する多くのデータタイプや計量経済学上の問題に対応するために役立てることができる．完全に柔軟とはいえないが，ほぼすべての事後シミュレータはデータが条件付正規分布から生成されるという前提で構築されているので，その基礎的枠組みを拡張した既存研究を紹介したり，基礎的枠組みの事後シミュレータが拡張された枠組みのシミュレータにおいてその一部として使える MCMC 法の "モジュラー性" にも言及した．すなわち，既存の事後シミュレータは例えば，尺度混合分布や混合正規分布のクラスへデータ生成モデルを拡張する場合にも活用でき，サンプリングの手法は採用するモデルにかかわらず既存の場合とほぼ同様である (Geweke and Keane 2001). 最後に，本章では様々なモデルのための実データを使った分析例を提供した．また，そのためのプログラムを関心をもつ人がその内容を調べ，精緻化し，さらに修正できるように公開している.

文 献

Aitkin, M., and Longford, N. (1986). "Statistical Modeling Issues in School Effectiveness Studies". *Journal of the Royal Statistical Society, Series A*, 149: 1–43.

Albert, J., and Chib, S. (1993a). "Bayesian Analysis of Binary and Polychotomous Response Data". *Journal of the American Statistical Association*, 88: 669–79.

―――― (1993b). "A Practical Bayes Approach for Longitudinal Probit Regression Models with Random Effects". Technical Report, Department of Mathematics and Statistics, Bowling Green State University.

―――― (2001). "Sequential Ordinal Modeling with Applications to Survival Data". *Biometrics*, 57: 829–36.

Amemiya, T. (1985). *Advanced Econometrics*. Cambridge Mass: Harvard University Press.

Andrews, D. F., and Mallows, C. L. (1974). "Scale Mixtures of Normal Distributions". *Journal of the Royal Statistical Society, Series B*, 36: 99–102.

Angrist, J. D. (1990). "Lifetime Earnings and the Vietnam Era Draft Lottery: Evidence from Social Security Administrative Records". *American Economic Review*, 80: 313–36.

―― and Krueger, A. (1991). "Does Compulsory School Attendance Affect Schooling and Earnings?". *Quarterly Journal of Economics*, 106: 979–1014.

Basu, S., and Mukhopadhyay, S. (2000). "Bayesian Analysis of Binary Regression Using Symmetric and Asymmetric Links". *Sankhya*, 62, Series B, Pt. 3: 372–87.

Bernardo, J., and Smith, A. F. M. (1994). *Bayesian Theory*. Chichester: John Wiley & Sons.

Berndt, E., Hall, B., Hall, R., and Hausman, J. (1974). "Estimation and Inference in Nonlinear Structural Models". *Annals of Social Measurement*, 3:653–65.

Bolstad, W. M., and Manda, S. O. (2001). "Investigating Child Mortality in Malawi Using Family and Community Random Effects: A Bayesian Analysis". *Journal of the American Statistical Association*, 96: 12–19.

Bound, J., Jaeger, D., and Baker, R. (1995). "Problems with Instrumental Variables Estimation when the Correlation Between the Instruments and the Endogenous Regressors is Weak". *Journal of the American Statistical Association*, 90: 443–50.

Campolieti, M. (1997). "Bayesian Estimation of Duration Models: An Application of the Multiperiod Probit Model". *Empirical Economics*, 22: 461–80.

—— (2000). "Bayesian Estimation and Smoothing of the Baseline Hazard in Discrete Time Duration Models". *Review of Economics and Statistics*, 82/4: 685–694.

—— (2001). "Bayesian Semiparametric Estimation of Discrete Duration Models: An Application of the Dirichlet Process Prior". *Journal of Applied Econometrics*, 16/1: 1–22.

—— (2003). "On the Estimation of Hazard Models with Flexible Baseline Hazards and Nonparametric Unobserved Heterogeneity". *Economics Bulletin*, 3/24: 1–10.

Carlin, B. P., and Polson, N. G. (1991). "Inference for Nonconjugate Bayesian Models Using the Gibbs Sampler". *Canadian Journal of Statistics*, 19: 399–405.

Chen, M-H. and Dey, D. (1998). "Bayesian Modeling of Correlated Binary Responses via Scale Mixture of Multivariate Normal Link Functions". *Sankhya*, 60, Series A, Pt. 3: 322–43.

—— —— (2000). "Bayesian Analysis for Correlated Ordinal Data Models", in D. K. Dey, S. K. Ghosh, and B. K. Mallick (eds.), *Generalized Linear Models: A Bayesian Perspective*, New York: Marcel Dekker, 133–57.

—— —— and Shao, Q. (1999). "A New Skewed Link Model for Dichotomous Quantal Response Data". *Journal of the American Statistical Association*, 94: 1172–86.

Chernozhukov, V., and Hansen, C. (2008). "The Reduced Form: A Simple Approach to Inference with Weak Instruments". *Economics Letters*, 100: 68–71.

Chib, S. (1992), "Bayes Inference in the Tobit Censored Regression Model". *Journal of Econometrics*, 51: 79–99.

—— (1995). "Marginal Likelihood from the Gibbs Output". *Journal of the American Statistical Association*, 90: 1313–21.

—— (1998). "Estimation and Comparison of Multiple Change-Point Models". *Journal of Econometrics*, 86: 221–41.

—— (2003). "On Inferring Effects of Binary Treatments with Unobserved Confounders (with discussion)", in J. M. Bernardo, M. J. Bayarri, J. O. Berger, A. P. Dawid, D. Heckerman, A. F. M. Smith, and M. West (eds.), *Bayesian Statistics 7*, Oxford: Oxford University Press, 66–84.

—— (2007), "Analysis of Treatment Response Data without the Joint Distribution of Potential Outcomes". *Journal of Econometrics*, 140: 401–12.

—— and Carlin, B. P. (1999). "On MCMC Sampling in Hierarchical Longitudinal Models", *Statistics and Computing*, 9: 17–26.

—— and Greenberg, E. (1998). "Analysis of Multivariate Probit Models". *Biometrika*, 85: 347–61.

—— —— (2007). "Semiparametric Modeling and Estimation of Instrumental Variable Models". *Journal of Computational and Graphical Statistics*, 16: 86–114.

—— —— and Jeliazkov, I. (2009). "Estimation of Semiparametric Models in the Presence of Endogeneity and Sample Selection". *Journal of Computational and Graphical Statistics*, 18: 321–48.

—— —— and Winkelmann, R. (1998). "Posterior Simulation and Bayes Factors in Panel Count Data Models". *Journal of Econometrics*, 86: 33–54.

—— and B. Hamilton (2000). "Bayesian Analysis of Cross Section and Clustered Data Treatment Models". *Journal of Econometrics*, 97: 25–50.

—— and Jacobi, L. (2007). "Modeling and Calculating the Effect of Treatment at Baseline

from Panel Outcomes". *Journal of Econometrics*, 140: 781–801.
—— and Jeliazkov, I. (2001). "Marginal Likelihood from the Metropolis-Hastings Output". *Journal of the American Statistical Association*, 96: 270–81.
—— —— (2006). "Inference in Semiparametric Dynamic Models for Binary Longitudinal Data". *Journal of the American Statistical Association*, 101: 685–700.
—— Nardair, F., and N. Shephard (2002). "Markov Chain Monte Carlo Methods for Stochastic Volatility Models". *Journal of Econometrics*, 108: 281–316.
Chin Choy, J. H. and Broemeling, L. D. (1980). "Some Bayesian Inferences for a Changing Linear Model". *Technometrics*, 22/1: 71–8.
Christ, C. F. (1994). "The Cowles Commission's Contributions to Econometrics at Chicago, 1939–1955". *Journal of Economic Literature* 32: 30–59.
Conley, T., Hansen, C., McCulloch, R., and Rossi, P. (2008). "A Semi-Parametric Bayesian Approach to the Instrumental Variable Problem". *Journal of Econometrics*, 144: 276–305.
Cowles, M. K. (1996). "Accelerating Monte Carlo Markov Chain Convergence for Cumulative-link Generalized Linear Models". *Statistics and Computing*, 6: 101–111.
Cox, D. R. (1972). "Regression Models and Life-Tables". *Journal of the Royal Statistical Society, Series B*, 34/2: 187-220.
Dearden, L., Ferri, J., and Meghir, C. (2002). "The Effect of School Quality on Educational Attainment and Wages". *Review of Economics and Statistics*, 84: 1–20.
Deb, P., Munkin, M. K., and Trivedi, P. K. (2006). "Bayesian Analysis of the Two-Part Model with Endogeneity: Application to Health Care Expenditure". *Journal of Applied Econometrics*, 21: 1081–99.
Drèze, J. H. (1976). "Bayesian Limited Information Analysis of the Simultaneous Equations Model". *Econometrica*, 44: 1045–75.
—— and Richard, J.-F. (1983). "Bayesian Analysis of Simultaneous Equation Systems", in Z. Griliches and M.D. Intriligator (eds.), *Handbook of Econometrics*, vol. 1. Amsterdam: Narth-Holland.
Edwards, Y. D. and Allenby, G. M. (2003). "Multivariate Analysis of Multiple Response Data". *Journal of Marketing Research*, 40: 321–34.
Fomby, T. M., and Vogelsang, T. J. (2002). "The Application of Size-Robust Trend Analysis to Global-Warming Temperature Series". *Journal of Climate*, 15: 117–23.
Frühwirth-Schnatter, S. and Frühwirth, R. (2007). "Auxiliary Mixture Sampling with Applications to Logistic Models." *Computational Statistics & Data Analysis*, 51: 3509–28.
—— —— Held, L. and Rue, H. (2009). "Improved Auxiliary Mixture Sampling for Hierarchical Models of non-Gaussian Data". *Statistics and Computing*, 19: 479–492.
Gelfand, A. E., Hills, S. E., Racine-Poon, A., and Smith, A. F. M. (1990). "Illustration of Bayesian Inference in Normal Data Models Using Gibbs Sampling". *Journal of the American Statistical Association*, 412: 972–85.
Gelman, A., Roberts, G. O., and Gilks, W. R. (1996). "Efficient Metropolis Jumping Rules", in J. M. Bernardo, J. O. Berger, A. P. Dawid, and A. F. M. Smith (eds.), *Bayesian Statistics 5*, Oxford: Oxford University Press, 599–607.
Geweke, J. (1991). "Efficient Simulation from the Multivariate Normal and Student-t Distributions Subject to Linear Constraints", in E. M. Keramidas (ed.), *Computing Science and Statistics: Proceedings of the Twenty-Third Symposium on the Interface*, Fairfax, Va.: Interface Foundation of North America, Inc., 571-8, working paper version in PDF format at http://www.censoc.uts.edu.au/pdfs/geweke_papers/gp_47.pdf
—— (1993). "Bayesian Treatment of the Independent Student-t Linear Model". *Journal of Applied Econometrics*, 8: S19–S40.
—— (1996a). "Bayesian Reduced Rank Regression in Econometrics". *Journal of Econometrics*, 75: 121–46.
—— (1996b). "Bayesian Inference for Linear Models Subject to Linear Inequality Constraints",

in W. O Johnson, J. C. Lee, and A. Zellner (eds.), *Modeling and Prediction: Honoring Seymour Geisser*, New York: Springer-Verlag, 248–63.
—— (2005). *Contemporary Bayesian Econometrics and Statistics*, New York: Wiley.
—— Gowrisankaran, G., and Town, R. J. (2003). 'Bayesian Inference for Hospital Quality in a Selection Model'. *Econometrica*, 71: 1215–38.
—— and Keane, M. (2000). "An Empirical Analysis of Income Dynamics among Men in the PSID: 1968–1989". *Journal of Econometrics*, 96: 293–356.
—— —— (2001). "Computationally Intensive Methods for Integration in Econometrics", in J. J. Heckman and E. Leamer (eds.), *Handbook of Econometrics*, vol. 5, Amsterdam, North-Holland.
—— —— (2007). "Smoothly Mixing Regressions". *Journal of Econometrics*, 138: 252–91.
—— —— and Runkle, D. (1994). "Alternative Computational Approaches to Inference in the Multinomial Probit Model". *Review of Economics and Statistics*, 76: 609–32.
—— —— —— (1997). "Statistical Inference in the Multinomial Multiperiod Probit Model". *Journal of Econometrics*, 80: 125–66.
—— and Terui, N. (1993). "Bayesian Threshold Autoregressive Models for Nonlinear Time Series". *Journal of Time Series Analysis*, 14: 441–54.
Guo, G., and Rodriguez, G. (1992). "Estimating a Multivariate Proportional Hazards Model for Clustered Data Using the EM Algorithm, with an Application to Child Survival in Guatemala". *Journal of the American Statistical Association*, 87: 969–76.
Harvey, A. C. (1976). "Estimating Regression Models with Multiplicative Heteroscedasticity". *Econometrica*, 44: 461–5.
Heckman, J. J., Tobias, J. L., and Vytlacil, E. (2001). "Four Parameters of Interest in the Evaluation of Social Programs". *Southern Economic Journal*, 68: 210–23.
—— —— —— (2003). "Simple Estimators for Treatment Parameters in a Latent-Variable Framework". *Review of Economics and Statistics*, 85: 748–55.
Holford, T. R. (1976). "Life Tables with Concomitant Information". *Biometrics*, 32/3: 587–97.
Holmes, C. C., and Held, L. (2006). "Bayesian Auxiliary Variable Models for Binary and Multinomial Regression". *Bayesian Analysis*, 1: 146–68.
Hoogerheide, L. F., Kleibergen, F., and van Dijk, H. K. (2007a). "Natural Conjugate Priors for the Instrumental Variables Regression Model Applied to the Angrist-Krueger Data". *Journal of Econometrics*, 138: 63–103.
—— Kaashoek J. F., and van Dijk, H. K. (2007b). "On the Shape of Posterior Densities and Credible Sets in Instrumental Variable Regression Models with Reduced Rank: An Application of Flexible Sampling Methods Using Neural Networks". *Journal of Econometrics*, 139: 154–80.
Imai, K. and van Dyk, D. A. (2005). "A Bayesian analysis of the Multinomial Probit Model using Marginal Data Augmentation." *Journal of Econometrics*, 124: 311–334.
Imbens, G. W., and Angrist, J. D. (1994). "Identification and Estimation of Local Average Treatment Effects". *Econometrica*, 62: 467–75.
Ivanov, M. A., and Evtimov, S. N. (2010). "1963: The Break Point of the Northern Hemisphere Temperature Trend during the Twentieth Century". *International Journal of Climatology*, 30/11: 1738–46.
Jeliazkov, I., Graves, J., and Kutzbach, M. (2008). "Fitting and Comparison of Models for Multivariate Ordinal Outcomes", in S. Chib, W. Griffiths, G. Koop, and D. Terrell, (eds.), *Advances in Econometrics*, vol. 23, Bingley: Finerald, 115–56.
Keane, M. (1992). "A Note on Identification in the Multinomial Probit Model". *Journal of Business and Economic Statistics*, 10: 193–200.
Kleibergen, F., and Zivot, E. (2003). "Bayesian and Classical Approaches to Instrumental Variable Regression". *Journal of Econometrics*, 114: 29–72.

Kline, B. and Tobias, J. L. (2008). "The Wages of BMI: Bayesian Analysis of a Skewed Treatment-Response Model with Nonparametric Endogeneity". *Journal of Applied Econometrics*, 23: 767–93.

Koop, G. (2003). *Bayesian Econometrics*, Chichester John Wiley and Sons.

—— Osiewalski, J., and Steel, M. (1997). "Bayesian Efficiency Analysis through Individual Effects: Hospital Cost Frontiers". *Journal of Econometrics*, 76: 77–105.

—— and Poirier, D. J. (1997). "Learning about the Across-Regime Correlation in Switching Regression Models". *Journal of Econometrics*, 78: 217–227.

—— Poirier, D. J. and Tobias, J. (2007). *Bayesian Econometric Methods*, Cambridge: Cambridge University Press.

—— and Potter, S. (2007). "Estimation and Forecasting in Models with Multiple Breaks". *Review of Economic Studies*, 74: 763–89.

—— and Steel, M. (2001). "Bayesian Analysis of Stochastic Frontier Models", in B. Baltagi (ed.), *A Companion to Theoretical Econometrics*, Malden, Mass. Blackwell Publishers, 520–37.

Krueger, A. (1998). "Reassessing the View that American Schools are Broken". *FRBNY Economic Policy Review*, March, 29–43.

—— and Whitmore, D. (2001). "The Effect of Attending a Small Class in the Early Grades on College-Test Taking and Middle School Test Results: Evidence from Project STAR". *Economic Journal*, 111: 1–28.

Laird, N. M. and Louis T. A. (1989). "Empirical Bayes Ranking Methods". *Journal of Educational and Behavioral Statistics*, 14: 29–46.

Lakdawalla, D., Sood, N., and Goldman, D. (2006). "HIV Breakthroughs and Risky Sexual Behavior". *Quarterly Journal of Economics*, 121: 1063–102.

Lancaster, T. (1979). "Econometric Methods for the Duration of Unemployment". *Econometrica*, 47/4: 939–56.

—— (2003). "A Note on Bootstraps and Robustness", unpublished manuscript, Brown University.

—— (2004). *An Introduction to Modern Bayesian Econometrics*, Malden, Mass. Blackwell Publishing.

Leslie, D. S., Kohn, R., and Nott, D. J. (2007). "A General Approach to Heteroscedastic Linear Regression". *Statistics and Computing*, 17: 131–46.

Li, K. (1998). "Bayesian Inference in a Simultaneous Equation Model with Limited Dependent Variables". *Journal of Econometrics*, 85: 387–400.

—— (1999). "Bayesian Analysis of Duration Models: An Application to Chapter 11 Bankruptcy". *Economics Letters*, 63/3: 305–12.

Li, M. (2006). "High School Completion and Future Youth Unemployment: New Evidence from High School and Beyond". *Journal of Applied Econometrics*, 21/1: 23–53.

—— (2007). "Bayesian Proportional Hazard Analysis of the Timing of High School Dropout Decisions". *Econometric Reviews*, 26/5: 529–56.

—— Poirier, D. J., and Tobias, J. L. (2004). "Do Dropouts Suffer from Dropping Out? Estimation and Prediction of Outcome Gains in Generalized Selection Models". *Journal of Applied Econometrics*, 19: 203–25.

—— and Tobias, J. L. (2005). "Bayesian Modeling of School Effects Using Hierarchical Models with Smoothing Priors". *Studies in Nonlinear Dynamics and Econometrics*, 9/3, Article 4.

Lindley, D. V. and Smith, A. F. M. (1972). "Bayes Estimates for the Linear Model". *Journal of the Royal Statistical Society, Series B*, 34: 1–41.

McCulloch, R. E., Polson, N. G., and Rossi, P. E. (2000). "A Bayesian Analysis of the Multino-

mial Probit Model with Fully Identified Parameters". *Journal of Econometrics*, 99: 173–93.
—— and Rossi, P. (1994). "An Exact Likelihood Analysis of the Multinomial Probit Model". *Journal of Econometrics*, 64: 207–40.
McFadden, D. (1974). "Conditional Logit Analysis of Qualitative Choice Behavior", in P. Zarembka, (ed.), *Frontiers in Econometrics*, New York: Academic Press, 105–42.
Munkin, M. K., and Trivedi, P. K. (2003). "Bayesian Analysis of a Self-Selection Model with Multiple Outcomes Using Simulation-Based Estimation: An Application to the Demand for Healthcare". *Journal of Econometrics*, 114: 197–220.
—— —— (2008). "Bayesian Analysis of the Ordered Probit Model with Endogenous Selection". *Journal of Econometrics*, 143: 334–48.
Nandram, B., and Chen, M.-H. (1996). "Reparameterizing the Generalized Linear Model to Accelerate Gibbs Sampler Convergence". *Journal of Statistical Computation and Simulation*, 54: 129–44.
Nobile, A. (2000). "Comment: Bayesian Multinomial Probit Models with a Normalization Constraint". *Journal of Econometrics*, 99: 335–45.
Percy, D. (1992). "Prediction for Seemingly Unrelated Regressions". *Journal of the Royal Statistical Society, Series B*, 54: 243–52.
Poirier, D. (1995). *Intermediate Statistics and Econometrics: A Comparative Approach*, Cambridge, Mass: MIT Press.
—— (2008). "Bayesian Interpretations of Heteroskedastic Consistent Covariance Estimators Using the Informed Bayesian Bootstrap", working paper, University of California, Irvine.
—— and Tobias, J. L. (2003). "On the Predictive Distributions of Outcome Gains in the Presence of an Unidentified Parameter". *Journal of Business and Economic Statistics*, 21: 258–68.
Rossi, P. E., Allenby, G. M., and McCulloch, R. (2005). *Bayesian Statistics and Marketing*, Chichester: Wiley.
Sastry, N. (1997). "A Nested Frailty Model for Survival Data, with an Application to the Study of Child Survival in Northeast Brazil". *Journal of the American Statistical Association*, 92: 426–35.
Sims, C. (2007). "Thinking about Instrumental Variables", available online at http://sims.princeton.edu/yftp/IV/.
Smith, A. F. M. (1973). "A General Bayesian Linear Model". *Journal of the Royal Statistical Society Series B*, 35: 67–75.
Smith, M., and Kohn, R. (1996). "Nonparametric Regression Using Bayesian Variable Selection". *Journal of Econometrics*, 75: 317–43.
Stefanski, L. A. (1991). "A Normal Scale Mixture Representation of the Logistic Distribution". *Statistics and Probability Letters*, 11/1, 69–70.
Stockwell, D. R. B., and Cox, A. (2009). "Structural Break Models of Climatic Regime-Shifts: Claims and Forecasts," working paper available at http://arxiv.org/abs/0907.1650.
Tanizaki, H., and Zhang, X. (2001). "Posterior Analysis of the Multiplicative Heteroscedasticity Model". *Communications in Statistics, Theory and Methods*, 30: 855–74.
Tanner, M., and Wong, W. (1987). "The Calculation of Posterior Distributions by Data Augmentation". *Journal of the American Statistical Association*, 82: 528–40.
Train, K. E. (2003). *Discrete Choice Methods with Simulation*, Cambridge: Cambridge University Press.
Tüchler, R. (2008). "Bayesian Variable Selection for Logistic Models using Auxiliary Mixture Sampling". *Journal of Computational and Graphical Statistics*, 17: 76–94.
van Hasselt, M. (2008). "Bayesian Inference in a Sample Selection Model", working paper, Department of Economics, University of Western Ontario.

Vijverberg, W. (1993). "Measuring the Unidentified Parameter of the Extended Roy Model of Selectivity". *Journal of Econometrics*, 57: 69–89.

Villani, M., Kohn, R., and Giordani, P. (2007). "Nonparametric Regression and Density Estimation Using Smoothly Varying Normal Mixtures", Sveriges Riksbank Working Paper Series, No. 211.

Vogelsang, T. J., and Franses, P. H. (2005). "Are Winters Getting Warmer?". *Environmental Modelling & Software*, 20: 1449–55.

White, H. (1980). "A Heteroscedasticity-Consistent Covariance Matrix Estimator and a Direct Test for Heteroscedasticity". *Econometrica*, 48: 817–38.

Yau, P., and Kohn, R. (2003). "Estimation and Variable Selection in Nonparametric Heteroscedastic Regression". *Statistics and Computing*, 13: 191–208.

Zellner, A. (1962). "An Efficient Method of Estimating Seemingly Unrelated Regressions and Test for Aggregation Bias". *Journal of the American Statistical Association*, 57: 348–68.

7

ベイズ統計によるマクロ計量経済分析

7.1 はじめに

　マクロ計量経済分析の目的の1つは現実のマクロ経済問題に対して数量的な解答を与えることである．国内総生産 (GDP) がこれからの2四半期で続けて減少するか否かといった問いに対しては，一変量の時系列モデルにおける系列相関を調べることによって解答できる．一方，景気循環の主たる原動力は何かといった問いに対しては，多変量時系列モデルの構造的な誤差項を識別可能とするため，少なくとも最小限の制約が解答に必要である．こうした制約は理論的な検討の結果として得られる．結局，マクロ計量経済学者は，金融政策や財政政策といった経済政策の変化に応じて経済主体がどのように自らの行動を修正するかを予測できるような，精緻化された理論モデルを必要とするという課題に直面している．

7.1.1　推測と意思決定における難題

　マクロ計量経済学者は，正確な解答を出すのに必要な観測値が不足してしまう場面に不幸にもしばしば出遭う．問題によっては高次元の実証モデルが必要とされる．例えば国内景気循環の分析では，大規模なマクロ経済変数と金融関連変数の横断面データから情報を処理する．国際的な連動性に関する研究では，パラメータを高度に定式化した多国間に関するベクトル自己回帰モデル（vector autoregressive model，以後，VAR モデル）を用いる．高次元のモデルが適用されるべきなのは，例えば経済政策の変化によってパラメータが時間とともに変化（時変）すると考えられる場合である．標本情報だけではモデルのパラメータを推定し，モデルの含意に対して示唆を与えるような鋭い推測を行うことが難しい場合が多い．他の場合には非常に細かくパラメータを定式化した実証モデルを必ずしも必要としないが，自明でなかったり，実証分析を扱う文献において論争中の識別制約が必要とされる．例えば，フェデラルファンドレートの予想外の下落に対する，産出高 (output) とインフレの量的な反応について，

[*0)] この章で記述されている見解はニューヨーク連邦準備銀行あるいは連邦準備システムの見解とは無関係である．Ed Herbst と Maxym Kryshko は素晴らしい研究補助をしてくれた．我々は Giorgio Primiceri, Dan Waggoner と Tao Zha からのコメントの他，本書の編集者である John Geweke, Gary Koop と Herman van Dijk から寄せられた意見に対して感謝している．

7.1 はじめに

その大きさをうまく掴めないままである.したがって実証分析からの発見または予測と結びついた不確実性を詳細に記録することが科学的な研究で最も重要である.

多くのマクロ経済学者は動的確率一般均衡 (dynamic stochastic general equilibrium: DSGE) モデルのような高度な理論的統一性を備えたモデルを強く好んでいる.これらのモデルによれば,経済主体の意思決定ルールは経済主体の選好パターンと生産技術に関する仮定のほか,異時点間の最適化問題,合理的期待ならびに競争的均衡といった基本原理から導き出される.このことが現実に意味することは,経済主体の行動を記述する方程式の関数形およびパラメータが最適化条件と均衡条件によって厳しい制約を受けていることである.したがって,理論的一貫性をもつ実証モデルの尤度関数は,理論的な根拠のないモデルの尤度関数よりも多くの制約を受ける.データによって理論的な根拠のないモデルが支持される場合や,理論的な根拠のないモデルから一層正確な予測が出される場合に,難題が生じる.しかし,個々の経済政策を分析する際には理論的に筋の通ったモデルが必要とされる.

7.1.2 ベイズ統計学による分析はどう役立つのか

ベイズ推測では,事前分布は尤度関数に含まれている標本情報によって更新され,事後分布が形成される.したがって事前分布が標本以外の情報に基づいている場合,ベイズ統計学は異なる情報源からの情報を統合して,マクロ計量経済分析に対してより明確な推測を行うための理想的な枠組みを提供する.情報集合をこうして組み合わせることは,特に 7.4 節の DSGE モデルを推測する中で顕著に使用されている.ベイズ統計学を用いた DSGE モデルの推測は報知事前分布を通じて,標本情報とは (少なくともほぼ) 独立な広範囲のデータソースを用いて実行される.これらのデータソースには,ミクロ計量経済学のパネル研究の成果が含まれている可能性がある.ここには尤度関数に含まれないマクロ経済変数の集計された弾力性あるいはその長期平均に関する情報が豊富にある.ここで考えている DSGE モデルはあまりにも定式化されすぎているため,マクロ経済変数の循環変動を説明できないので上記のデータソースを利用する.

多くのマクロ計量経済モデルがパラメータを過剰に用いて定式化されている.例えば,7.5 節にある時変係数 VAR (vector autoregressions with time-varying coefficients) モデルおよび 7.6 節で検討される多国間 VAR モデルが挙げられる.現実に得られる標本では常に,モデルの係数を決めるための情報が不足しており,非常に不正確な推測そして散漫な予測分布しか得られない.時変係数モデルの場合,係数は少ない頻度ではあるが大幅に変動する可能性を有する,あるいは頻繁であるが小幅にしか変動しないという仮定の下で推測することがしばしば要請される.そのような仮定を設けるには,モデルのパラメータの系列を確率過程に従うものとして扱えば良い.この確率過程は当然,尤度関数によって更新可能な事前分布に他ならない.

パラメータ数が多い VAR モデルのパラメータ数を減らすため,当然多くの係数を

ゼロとするか,あるいは1つの係数が複数の説明変数と関連しているという制約を課す.残念ながら,そのような"強い"制約によって,いくつかのスピルオーバー効果が取り除かれる.これは望ましくないであろう.概念的には,"弱い"制約を加える方が有効である.それは望ましい制約の下で中心化されているものの,ゼロでない小さな値の分散を有する確率分布を係数に仮定することで簡単に組み込める.こうした事前分布の中で,重要かつ実証的に成功した例が 7.2 節で議論するミネソタ (Minnesota) 事前分布である.

標本情報が極端に不足するケースが構造 (structural) VAR モデルで起きるが,この点は 7.2 節で詳しく議論する.構造 VAR モデルは,尤度関数に含まれる誘導形パラメータと尤度関数に含まれない直交行列 Ω を用いて定式化される.したがって,Ω は標本情報に基づいて識別できない.この場合,誘導形パラメータを条件とした Ω の条件付分布は標本情報によって更新されないので,その条件付事後分布は条件付事前分布に一致してしまう.識別問題は DSGE モデルでも起きる.一般に,誘導形パラメータと識別不能なパラメータの同時事前分布が正則である限り,これは確率関数の合計が 1 となることを意味し,同時事後分布も正則である.この意味で,ベイズ統計学の枠組みにおいて識別できないことは概念上の問題とならない.しかしながらこれにより難題が引き起こされる.その結果,事前分布のどの部分が尤度関数によって更新されないかを記述すること,そして事前分布の定式化に対してこの部分がとても敏感であると認識すること,この2つがとても重要になる.

総産出高,インフレ率および利子率といった変数の将来の観測値に関する予測分布は,マクロ経済の予測と政策決定にとって重要である.これらの予測分布はパラメータを推定する際の不確実性と構造ショックの実現に関する不確実性を説明する際に必要である.ベイズ統計学の枠組みの中ではショックとパラメータが確率変数として対称的に扱われるので,この不確実性の2つの原因を同時に説明することは概念的に簡単である.実証分析において多重性を有する理論的そして実践的な枠組みを考慮することが研究者に要求される場合,ベイズ統計学に基づく解析方法では,研究者がまず競合しあうモデルに確率を割り振った後で,データを用いてこれらの確率を更新できる.本章において,経済的な意味が潜在的に異なる,様々なタイプの VAR モデル (7.2 節と 7.3 節) および DSGE モデル (7.4 節) を扱う.事後モデル確率 (posterior model probability) が手許にあるので,モデルの推測と決定はモデル平均 (model averages) に基づいて行われる (7.7 節).

経済主体が以前に観察されたことのない非現実的な経済政策の下でどのように振舞うだろうかという予測には,かなりの理論的一貫性を有する実証モデルを必要とする.7.4 節で検討する DSGE モデルは1つの例である.前述したように,実際のところ,事後モデル確率によればしばしば VAR モデルのようなより柔軟で,構造的でない時系列モデルが支持される.それにもかかわらず,ベイズ統計学に基づく方法は,構造化された計量経済モデルを,より高度にパラメータが定式化された参照モデルと結び

つける有用な道具一式を提供してくれる．例えば，理論的一貫性を有する DSGE モデルと緩やかに結びついた制約を利用して，より柔軟な参照モデル (reference model) の事前分布を中心化する．この考えは 7.4 節においてより詳細に説明される．

7.1.3 本章の概要

本章の全体を通じ，マクロ経済時系列の共変動を捉えることができる多変量モデルを強調してゆく．7.2 節において誘導形 (reduced-form) VAR モデルと構造 VAR モデルを区別しつつ，VAR モデルを検討し始める．誘導形 VAR モデルは，本質的にベクトル時系列の自己共分散の特性を要約したものであり，多変量時系列の予測に使用することもできる．マクロ経済の現実の実証分析により役立つのはいわゆる構造 VAR モデルである．構造 VAR モデルの場合，イノベーションは 1 期先の予測誤差に対応するのではなく，構造ショックとして解釈される．構造 VAR モデルに関する多くの文献は，金融政策ショック，すなわち金融政策の予想外の変化の伝達に関する研究に集中している．様々な識別スキーム (identification schemes) およびそれらの意味について検討した後に，7.2 節の残りの部分を，制約付きの VAR モデルあるいは過剰識別された VAR モデルの推測といった高度なトピックの議論に当てる．実証的な説明として，四変量 VAR モデルを用いて金融政策における予想外の変化の影響の大きさを計測する．

7.3 節において，長期動学に対して明示的な制約を与えた VAR モデルを検討する．多くのマクロ経済時系列は確率的トレンドモデルによって適切に記述される．しかし，これらの確率的トレンドは多くの場合，いくつかの時系列に共通なものである．例えば，多くの国々では，総消費と投資の比率（あるいは対数の差）は定常である．この観察結果は，新古典派成長モデルでしばしば利用されるタイプのモデルと整合的である (King et al. 1988)．このモデルでは外生的な技術進歩はランダムウォークモデルに従う．特性多項式の固有値のいくつかが 1 であるという制約を与えることによって，VAR モデルの中にこのような共通トレンドを課すことができる．Engle and Granger (1987) が共和分の概念を普及させた後，固有値制約をもつ VAR モデルはベクトル誤差修正モデル (vector error correction models：VECM) と呼ばれ，応用研究において広く利用されている．頻度論者 (frequentist) による非定常時系列モデルの分析では異なる統計分析ツールを必要とするが，Sims and Uhlig (1991) に指摘されたように，尤度関数の形は自己回帰モデルの単位根の存在に強く影響されない．それにもかかわらず，ベイズ統計学に関する文献では，VECM を分析する方法の改善に関する論争が活発に展開された．ほとんどの論争は事前分布の定式化に関するものである．我々はアメリカ合衆国の生産と投資データの実証分析モデルにおいて利用する事前分布に焦点を当てる．我々の事前分布は新古典派成長モデルの均斉成長経路 (balanced-growth-path) から得られる含意に基づいている．しかし，我々は以下のような一連の重要な文献についても検討する．そうした文献では，追加情報を組み込む道具として事前分布を使

用する代わりに，パラメータ空間の非楕円領域において共和分モデルの尤度関数を調整して，平滑化するために事前分布を用いる．

現代の動的マクロ経済理論では，ベクトル自己回帰過程の方程式間に対してかなり厳しい制約が課されている．7.4 節では，DSGE モデルのベイズ推定を扱う．DSGE モデルは通常，次の 2 種類のモデルを含む幅の広いクラスを指す．その 1 つは King et al. (1988) で議論された標準的な新古典派成長モデルであり，そしてもう 1 つは Christiano et al. (2005) で展開され，実質と名目にかかわる多数の摩擦を含む金融モデルである．これらのモデルの共通点は，選好と技術が既に定式化された上で，決定ルールが異時点間の最適化問題の解によって決まることである．さらに，経済主体が潜在的に直面する不確実性として，例えば全要素生産性あるいは中央銀行が設定した名目金利の不確実性が挙げられる．この不確実性は，外生の確率過程，技術を変動させるショック，あるいは中央銀行の利子率フィードバックルールからの予想外の乖離をもたらすショックによって生成される．外生的ショックについて定式化された分布を条件として，DSGE モデルにより産出高，消費，投資およびインフレのような内生変数の同時確率分布が導出される．多くの DSGE モデルを用いた実証分析ではベイズ統計学による推定方法が適用される．7.4 節では，線形化された DSGE モデルと非線形の DSGE モデルの推測を議論するとともに，DSGE モデルの実証上の当てはまり度を評価する様々なアプローチを概説する．実例として，アメリカ合衆国の産出高と労働時間数データを用いた，単純な確率的成長モデルを推定する．

マクロ経済変数の動的特性は時間とともに変化する．これらの変動は景気循環に固有の非線形性を反映しているかもしれない．つまり，これらの変動が新しい経済政策の導入または新しい組織の設立によって引き起こされている可能性がある．そのような変動は，7.5 節で議論される時変パラメータ (time-varying parameters：TVP) をもつ計量経済モデルによって捉えることができる．したがって，我々は VAR モデルを 7.2 節で，時変パラメータを用いた DSGE モデルを 7.4 節で検討する．そこでは，パラメータが潜在的に非定常な自己回帰の運動法則に従って変動するモデルと，状態が有限なマルコフスイッチング (Markov-switching：MS) 過程に従ってパラメータが変動するモデルを区別している．時変係数が DSGE モデルに導入されると，複雑さが増す．均衡の運動法則を解く場合，経済主体はパラメータが時変することを知っているので，自分の意思決定ルールを調整していくことを考慮しなければならない．

情報技術の急速な発達に伴い，マクロ経済学者は大量の横断面データおよび時系列データに接して処理することができるようになっている．計量経済のモデリングにおいて重要な挑戦的課題はパラメータの増加を回避することである．大標本の下で倹約的な実証モデルを構築する方法はいくつかある．我々は制約付高次元 VAR モデルと動的因子モデル (dynamic factor model：DFM) を検討する．後者のモデルでは，変数間の共変動が比較的少数の共通因子によって生じると仮定する．それらの共通因子は DSGE モデルにおいて経済のもっとも重要な状態変数であると解釈される．また，

それらは一般に観測されず，ベクトル自己回帰の運動法則に従う．7.6節でいわゆるデータが大量に得られる環境下の実証モデルを検討する．

本章の各節において，VAR モデルのラグ次数，DSGE モデルの多様な伝達メカニズムの重要性，係数の時変性の存在あるいは動的因子モデルの因子数といったモデルの定式化に関する不確実性を扱う予定である．モデルに不確実性がある場合のベイズ統計学に基づくモデル選択，さらに一般化して意思決定を 7.7 節で扱う．

最後に表記方法について説明する．観測値あるいは確率変数 $\{y_{t_0}, \ldots, y_{t_1}\}$ の系列を表示するために $Y_{t_0:t_1}$ を使用する．曖昧さが発生しない限り時間を表す添字を時々省略し，$Y_{1:T}$ を Y と記述する．θ はしばしば一般的なパラメータベクトルとして用い，$p(\theta)$ は事前分布の密度，$p(Y|\theta)$ は尤度関数を表し，そして $p(\theta|Y)$ は事後密度関数を表す．i.i.d. は独立かつ同一の分布に従うことを略記するものである．p 変量正規分布は $N_p(\mu, \sum)$ によって表示する．また，$p \times q$ の行列 X が行列値正規分布 (matricvariate Normal distribution) $MN_{p \times q}(M, Q \otimes P)$ に従うという場合，$p(X|M, Q, P) \propto \exp\{-\frac{1}{2}tr[Q^{-1}(X-M)'P^{-1}(X-M)]\}$ ならば，$vec(X) \sim N_{pq}(vec(M), Q \otimes P)$ となることを意味する．ここで，$\otimes$ はクロネッカー積，$vec(\cdot)$ は行列の列を積み重ねるというベクトル化の演算子，また $tr[\cdot]$ はトレース化の演算子である．$p(\sum|S,\nu) \propto |\sum|^{-(\nu+q+1)/2} \exp\{-\frac{1}{2}tr[\sum^{-1}S]\}$ なら，$q \times q$ の行列 $\sum$ は逆ウィシャート分布に従うこととなり，$IW_q(S, \nu)$ と記す．混乱の恐れがない限り，添字の p と q を省略する．もし $X|\Sigma \sim MN_{p \times q}(M, \Sigma \otimes P)$ が行列値正規分布に従い，また $\Sigma \sim IW_q(S, \nu)$ が逆ウィシャート分布をもつなら，$(X, \Sigma) \sim MNIW(M, P, S, \nu)$ と記述する．単位行列を I で表し，必要に応じて次元を示す添字を使用する．$tr[A]$ は正方行列 A のトレース，$|A|$ はその行列式である．また，$vec(A)$ は A をベクトル化する演算子を表し，$\|A\| = \sqrt{tr[A'A]}$ と置く．もし A がベクトルである場合，$\|A\| = \sqrt{A'A}$ はその長さを表す．行列 A の第 j 列 (行) を表示するのに $A_{(\cdot j)}$ ($A_{(j \cdot)}$) を使用する．最後に $\mathcal{I}\{x \geq a\}$ は，$x \geq a$ ならば 1，それ以外は 0 を返す指示関数である．

7.2 ベクトル自己回帰モデル

一見したところ，VAR モデルは一変量自己回帰モデルを単純に多変量へと一般化しただけのように見える．しかしよく見ると，それは現代のマクロ経済学において重要な実証分析のツールの 1 つとなっていることがわかる．Sims (1980) は 1960 年代から発展してきた大規模なマクロ計量経済モデルを VAR モデルに置き換えるべきと提案した．その理由は，マクロ計量経済モデルには信じられない制約が課されており，これらの制約は，今日の選択が経済主体の明日の効用に与える影響を考慮するという考え方と大きく食い違うからである．それ以来，VAR モデルはマクロ経済予測や政策分析に使用され，景気循環変動の要因を探ることに利用されたほか，現代の動的マク

ロ経済理論を評価するときのベンチマークを提供している．実際に，7.4 節では VAR モデルが多くの DSGE モデルにおける均衡の運動法則をよく近似できることが明らかになる．本節の残り部分は以下のように構成される．7.2.1 項で誘導形 VAR モデルの尤度関数を導出する．7.2.2 項では，ダミーの（仮の）観測値 (dummy observations) をどう利用して事前分布を構築するのかを議論する他，広く用いられているミネソタ事前分布を概説する．7.2.3 項では決定的トレンドからの乖離に関する誘導形 VAR モデルを考える．7.2.4 項は，例えば金融政策の予想外の変化といった，特別な経済上の意味を有する構造ショックの関数としてイノベーションが記述されるような構造 VAR モデルを取り扱う．最後に 7.2.5 項ではさらに文献を読むための示唆を与える．

7.2.1 誘導形 VAR モデル

VAR モデルは多変量時系列の同時点における動的特性を捉えるための線形時系列モデルである．図 7.1 は，アメリカ合衆国 1964 年第 1 四半期～2006 年第 4 四半期における 3 つの重要な四半期マクロ経済時系列を示している．これらの時系列は，実質 GDP の線形時間トレンドからの乖離を % 表示したもの，GDP デフレーターから算定された年率表示のインフレ率，および実効フェデラルファンドレートであり，セン

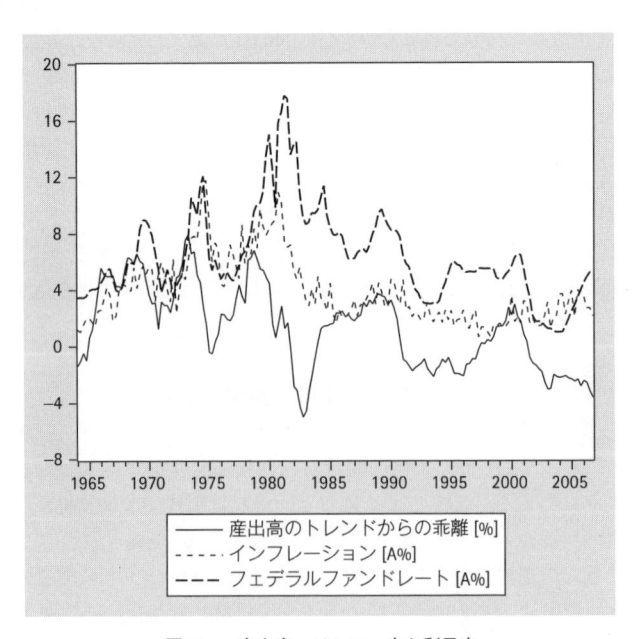

図 7.1　産出高，インフレ率と利子率

アメリカ合衆国 1964 年第 1 四半期～2006 年第 4 四半期のデータを示している．産出高は線形の決定的トレンドからの乖離を % 表示したもの；インフレ率と利子率は年度値に調整済みである ($A\%$)．

トルイス連邦準備銀行が管理しているデータベース FRED から得られる．続いて図7.1 の 3 つの時系列を用いて，VAR モデルによる分析を説明する．y_t は $\mathbb{R}^n$ 空間における $n \times 1$ の確率変数ベクトルである．数値例では $n=3$ としている．y_t の展開式は p 階差分方程式

$$y_t = \Phi_1 y_{t-1} + \ldots + \Phi_p y_{t-p} + \Phi_c + u_t \tag{7.1}$$

によって記述される．u_t が特別な経済的な意味をもたず，単に 1 期先の予測誤差であるので，(7.1) を VAR(p) モデルの誘導形表現とする．

過去の情報を条件とした y_t の条件付分布を特徴付けるため，u_t の分布を仮定する必要がある．y_t の条件付分布が以下の正規分布であると仮定して話を進める．

$$u_t \sim \text{i.i.d.} N(0, \Sigma) \tag{7.2}$$

いま，観測値の系列 $y_1, \ldots, y_T$ の同時確率分布を特徴付ける．$k = np + 1$ そして，$k \times n$ の行列 $\Phi = [\Phi_1, \ldots, \Phi_p, \Phi_c]'$ と定義しておく．係数行列 Φ と Σ および $Y_{1-p:0}$ を条件とした $Y_{1:T}$ の同時密度はパラメータの関数として取り扱うことによって，(条件付) 尤度関数と呼ばれる．それは以下のように分解することが可能である．

$$p(Y_{1:T}|\Phi, \Sigma, Y_{1-p:0}) = \prod_{t=1}^{T} p(y_t|\Phi, \Sigma, Y_{1-p:t-1}) \tag{7.3}$$

VAR モデルが以下のような行列表示の多変量線形回帰モデルとして記述できるとき，条件付尤度関数は簡潔に記述することができる．

$$Y = X\Phi + U \tag{7.4}$$

ここで，$T \times n$ の行列 Y と U および $T \times k$ の行列 X がそれぞれ

$$Y = \begin{bmatrix} y_1' \\ \vdots \\ y_T' \end{bmatrix}, \quad X = \begin{bmatrix} x_1' \\ \vdots \\ x_T' \end{bmatrix}, \quad x_t' = [y_{t-1}', \ldots, y_{t-p}', 1], \quad U = \begin{bmatrix} u_1' \\ \vdots \\ u_T' \end{bmatrix} \tag{7.5}$$

と定義される．表記法を少し濫用することになるが，$p(Y_{1:T}|\Phi, \Sigma, Y_{1-p:0})$ を $p(Y|\Phi, \Sigma)$ と略記する．

$$\begin{aligned} p(Y|\Phi, \Sigma) &\propto |\Sigma|^{-T/2} \exp\left\{-\frac{1}{2} tr[\Sigma^{-1} \hat{S}]\right\} \\ &\quad \times \exp\left\{-\frac{1}{2} tr[\Sigma^{-1} (\Phi - \hat{\Phi})' X' X (\Phi - \hat{\Phi})]\right\} \end{aligned} \tag{7.6}$$

ただし，

$$\hat{\Phi} = (X'X)^{-1}X'Y, \quad \hat{S} = (Y - X\hat{\Phi})'(Y - X\hat{\Phi}) \tag{7.7}$$

であるとともに，$\hat{\Phi}$ は Φ の最尤推定量 (MLE)，$\hat{S}$ は残差の平方和で構成される行列である．非正則な事前確率 $p(\Phi, \Sigma) \propto |\Sigma|^{-(n+1)/2}$ と尤度関数を組み合わせれば，事後分布がただちに次式のように導かれる．

$$(\Phi, \Sigma)|Y \sim MNIW(\hat{\Phi}, (X'X)^{-1}, \hat{S}, T-k) \tag{7.8}$$

多変量の正規線形回帰モデルの詳細な導出については，Zellner (1971) で見ることができる．この事後分布からのサンプルは直接モンテカルロ・サンプリングすることで容易に得られる．

> **アルゴリズム 7.1**（**VAR** モデルのパラメータの事後分布からの直接的なモンテカルロ・サンプリング）:
> $s = 1, \ldots, n_{sim}$ について：
> 1) $IW(\hat{S}, T-k)$ からサンプル $\Sigma^{(s)}$ を生成する．
> 2) 条件付分布 $MN(\hat{\Phi}, \Sigma^{(s)} \otimes (X'X)^{-1})$ からサンプル $\Phi^{(s)}$ を生成する．

実行する際の重要な課題は係数行列 Φ の次元に関係している．図7.1で描かれたデータについて考えてみる．標本は172個の観測値からなる．そしてラグ次数 $p = 4$ の各 VAR モデルの方程式にはそれぞれ13個の回帰係数がある．標本を1982年以後の期間に限定する場合，米国連邦準備制度理事会議長ポール・ボルカー下のディスインフレーション後の標本の大きさは96個に減少する．さて，1982年以後のデータを用いてアメリカ合衆国とユーロ圏の2ヵ国の VAR モデルを推定することを考えてみる．このときパラメータの数は2倍になる．報知事前分布によって標本情報の欠如を補うことができるので，以下では，前述の非正則な事前分布を用いない手法について議論する．

7.2.2 ダミーの観測値とミネソタ事前分布

事前分布はダミーの観測値を用いて簡単に表すことができる．この洞察は少なくとも Theil and Goldberger (1961) の論述に遡れる．これらのダミーの観測値は，他の国々の実際の観測値，マクロ経済モデルのシミュレートにより生成された観測値，あるいは内省から生成されたものである．T^* 個のダミーの観測値を行列 Y^* および X^* に集めておき，VAR モデルの尤度関数を用いて，ダミーの観測値をパラメータ Φ, Σ と関係付ける．(7.8) の導出と同じ方法で，積 $p(Y^*|\Phi, \Sigma) \cdot |\Sigma|^{-(n+1)/2}$ が Φ と Σ の事前分布である $MNIW(\underline{\Phi}, (X^{*'}X^*)^{-1}, \underline{S}, T^* - k)$ と解釈できることが導出される．ここで，$\underline{\Phi}$ と $\underline{S}$ はともに，(7.7) の中の $\hat{\Phi}$ と $\hat{S}$ の式で Y, X を Y^*, X^* に置き換えることによって得られる．$T^* > k+n$，また $X^{*'}X^*$ が逆行列を有するとすれば，事前分布は正則である．いま，$\bar{T} = T + T^*$，$\bar{Y} = [Y^{*'}, Y']'$，$\bar{X} = [X^{*'}, X']'$ とし，$\bar{\Phi}, \bar{S}$ が (7.7)

の $\hat{\Phi}, \hat{S}$ と類似しているなら, (Φ, Σ) の事後分布は, $MNIW(\bar{\Phi}, (\bar{X}'\bar{X})^{-1}, \bar{S}, \bar{T}-k)$ であることが導出される. したがって, ダミーの観測値を使用することで共役事前分布が導出される. 事後分布が事前分布と同じ分布族に属している場合, 事前分布と尤度は共役である.

VAR モデルの文献で広く利用されている事前分布がいわゆる, ミネソタ事前分布である. これは Litterman (1980) と Doan et al. (1984) に遡る. 我々の説明では, 構造 VAR モデルよりも誘導形 VAR モデルに焦点を当てている点を除いて, Sims and Zha (1998) の最近の記述に従っている. 前述した例で検討してみる. y_t は図 7.1 で描かれている産出高のトレンドからの乖離, インフレ, 利子率で構成されている. 三変数はすべてかなり持続的である. 実際, これらの系列の一つ一つの振舞いは 1982 年以降の利子率を除いて, $y_{i,t} = y_{i,t-1} + \eta_{i,t}$ と記述されるランダムウォーク過程でうまく記述できる. ミネソタ事前分布の背後にある考え方は, y_t の各成分がランダムウォークに振舞うことを意味する値で Φ の分布を中心化することである. 簡便さのためランダムウォークによる近似が採用されることもあれば, 他の表現で置き換えられることもある. 例えばいくつかの系列が, 定常性を生み出すように変換されたためにほんのわずかな自己相関しか有さないならば—産出高の対数値が産出高の成長率に変換されるように—, i.i.d. で近似することが選ばれるであろう. 7.4 節において DSGE モデルの制約が事前分布の構築にどう利用されるかを議論する.

ミネソタ事前分布は, Φ の分布を直接特定すること, あるいは逆にダミーの観測値を通じて Φ の分布を特定することによって得られる. 以下の理由により, 後者のやり方を追求する. Φ の全要素についてその事前分布の平均と分散を選ぶことはかなり簡単であるが, 行列 Φ の要素間の相関に対する確信を引き出すことは難しい傾向にある. Φ には, $nk(nk-1)/2$ 個の要素がある. 同時にこれらの相関係数を 0 に仮定することは, 内生変数の y_t が極めて非合理的な動学に従うことを意味するパラメータの組合せに対して確率の大部分を割当てる事前分布へと潜在的につながっている. ダミーの観測値を利用することにより, パラメータ間に信頼できる相関関係を導入することにとって節約的な方法が提供される.

ミネソタ事前分布は一般にいくつかのハイパーパラメータを条件とした上で定式化される. $Y_{-\tau:0}$ をプレサンプル (presample) とする. そして $\underline{y}$ と $\underline{s}$ は平均と標準偏差を要素とする n 次元の列ベクトルとする. 残ったハイパーパラメータは 5 次元の列ベクトル λ の中に積み重ねられ, その要素を λ_i と記す. 次に Y^* と X^* の列を定式化する. 説明を簡単にするため, $n=2, p=2$ と仮定する. ダミーの観測値は回帰モデル (7.4) から生成されたものと考えられる. Φ_1 の事前分布をダミーの観測値と (7.4) を用いて説明する. 説明のため, ダミーの観測値を (7.4) へ代入する.

$$\begin{bmatrix} \lambda_1 \underline{s}_1 & 0 \\ 0 & \lambda_1 \underline{s}_2 \end{bmatrix} = \begin{bmatrix} \lambda_1 \underline{s}_1 & 0 & 0 & 0 & 0 \\ 0 & \lambda_1 \underline{s}_2 & 0 & 0 & 0 \end{bmatrix} \Phi + \begin{bmatrix} u_{11} & u_{12} \\ u_{21} & u_{22} \end{bmatrix} \quad (7.9)$$

(7.2) で示された分布に関する仮定に従えば，U の列は正規分布に従っている．したがって (7.9) の最初の行は以下のように記述できる．

$$\lambda_1 \underline{s}_1 = \lambda_1 \underline{s}_1 \phi_{11} + u_{11}, \quad 0 = \lambda_1 \underline{s}_1 \phi_{21} + u_{12}$$

そして以下のように解釈できる．

$$\phi_{11} \sim \mathcal{N}(1, \Sigma_{11}/(\lambda_1^2 \underline{s}_1^2)), \quad \phi_{21} \sim \mathcal{N}(0, \Sigma_{22}/(\lambda_1^2 \underline{s}_1^2))$$

ここで，ϕ_{ij} は Φ の (i,j) 要素であり，Σ_{ij} は Σ の (i,j) 要素である．上述したようにハイパーパラメータの λ_1 は事前分布の幅を制御している[*1)]．Φ_2 の事前分布はダミーの観測値を用いた次式から導出する．

$$\begin{bmatrix} 0 & 0 \\ 0 & 0 \end{bmatrix} = \begin{bmatrix} 0 & 0 & \lambda_1 \underline{s}_1 2^{\lambda_2} & 0 & 0 \\ 0 & 0 & 0 & \lambda_1 \underline{s}_2 2^{\lambda_2} & 0 \end{bmatrix} \Phi + U \quad (7.10)$$

ここでハイパーパラメータの λ_2 は，$l^{-\lambda_2}$ に比例する y_{t-l} の係数の事前分布の標準偏差を測るのに利用される．共分散行列 Σ の事前分布は y_t のプレサンプルの分散を対角要素にもつ行列で中心化されている．そしてこの事前分布は (7.11) の観測値を λ_3 回積み重ねて得られる．

$$\begin{bmatrix} \underline{s}_1 & 0 \\ 0 & \underline{s}_2 \end{bmatrix} = \begin{bmatrix} 0 & 0 & 0 & 0 & 0 \\ 0 & 0 & 0 & 0 & 0 \end{bmatrix} \Phi + U \quad (7.11)$$

ダミーの観測値の残った集合によって，切片 Φ_c の事前分布が得られる．そして係数間の事前の相関関係も得られる．これらは，多くの応用マクロ経済学者の考え方と整合的である単位根や共和分になりやすい．これらによって VAR モデルの予測精度は改善される傾向にある．Doan et al. (1984) で紹介された，係数を合計した値に制約を課す (sums-of-coefficients) ダミーの観測値から，$y_{i,t}$ のラグ付変数が $\underline{y}_i$ の水準にあるとき，他の変数の値に関係なく，同じ値である $\underline{y}_i$ が $y_{i,t}$ の良い予測値になることが多いという見方が得られる．このとき以下のような関係が満たされている．

$$\begin{bmatrix} \lambda_4 \underline{y}_1 & 0 \\ 0 & \lambda_4 \underline{y}_2 \end{bmatrix} = \begin{bmatrix} \lambda_4 \underline{y}_1 & 0 & \lambda_4 \underline{y}_1 & 0 & 0 \\ 0 & \lambda_4 \underline{y}_2 & 0 & \lambda_4 \underline{y}_2 & 0 \end{bmatrix} \Phi + U \quad (7.12)$$

Sims (1993) で提案された，ともに持続性のある値をとるという制約を課すダミーの観測値 (co-persistence dummy obsevations) は y_t のすべてのラグ付変数が $\underline{y}$ の水準にある場合，y_t はその水準を持続する傾向にあるという見方を反映している．つまり次式のようになる．

[*1)] 回帰モデル，$y_t = \phi_1 x_{1,t} + \phi_2 x_{2,t} + u_t$, $u_t \sim$ i.i.d.$N(0,1)$ を検討してみよう．そして，$x_{j,t}$ の標準偏差を s_j と表記する．$\tilde{\phi}_j = \phi_j s_j$ そして $\tilde{x}_{j,t} = x_{j,t}/s_j$ と定義するならば，変換されたパラメータは同じスケールをもった説明変数と相互に作用しあう．$\tilde{\phi}_j \sim \mathcal{N}(0, \lambda^2)$ と仮定するならば，$\phi_j \sim \mathcal{N}(0, \lambda^2/s_j^2)$ である．ダミーの観測値の定義に表れる s_j の項はこのスケールを調整する．

$$\begin{bmatrix} \lambda_5 \underline{y}_1 & \lambda_5 \underline{y}_2 \end{bmatrix} = \begin{bmatrix} \lambda_5 \underline{y}_1 & \lambda_5 \underline{y}_2 & \lambda_5 \underline{y}_1 & \lambda_5 \underline{y}_2 & \lambda_5 \end{bmatrix} \Phi + U \quad (7.13)$$

こうした考えの強さは λ_4 と λ_5 で制御されている．これらの2種類のダミーの観測値によって，与えられた式の中にある，切片を含むすべての係数に対する事前の考えの中に相関関係も加えられた．

VAR モデルの推定はハイパーパラメータの選び方に強く影響される．$\lambda = 0$ の場合，すべてのダミーの観測値は 0 となり，VAR モデルは非正則な事前分布の下で推定される．λ の要素が大きいほど，より大きなウェイトが尤度関数よりもミネソタ事前分布の様々な成分に対して与えられる．実証分析の観点から，周辺尤度関数

$$p_\lambda(Y) = \int p(Y|\Phi, \Sigma) p(\Phi, \Sigma|\lambda) d(\Phi, \Sigma) \quad (7.14)$$

に基づいて λ を選択する経験ベイズアプローチ (empirical Bayes approach) が，予測と同様に推測の場合もうまく機能する傾向にある．T^* 個のダミーの観測値に基づいて事前分布を構築する場合，$MNIW$ 分布の正規化定数を利用して，解析可能な周辺尤度関数が次式で得られる（Zellner 1971 を参照）．

$$p_\lambda(Y) = (2\pi)^{-nT/2} \frac{|\bar{X}'\bar{X}|^{-\frac{n}{2}} |\bar{S}|^{-\frac{\bar{T}-k}{2}}}{|X^{*\prime}X^*|^{-\frac{n}{2}} |S^*|^{-\frac{T^*-k}{2}}} \frac{2^{\frac{n(\bar{T}-k)}{2}} \prod_{i=1}^n \Gamma[(\bar{T}-k+1-i)/2]}{2^{\frac{n(T^*-k)}{2}} \prod_{i=1}^n \Gamma[(T^*-k+1-i)/2]} \quad (7.15)$$

前述したとおり，$\bar{T} = T^* + T$, $\bar{Y} = [Y^{*\prime}, Y']'$, $\bar{X} = [X^{*\prime}, X']'$ とし，ハイパーパラメータ $(\bar{y}, \bar{s}, \lambda)$ はダミーの観測値 X^* と Y^* によって定義される．そして S^* ($\bar{S}$) は (7.7) の $\hat{S}$ の式で Y と X を Y^* と X^* に置き換えることで得られる．7.2.4 項では，このハイパーパラメータを実際に選択する方法が説明される．我々は周辺尤度関数 $p_\lambda(Y)$ を最大化する λ という制約条件を課す代わりに，λ の事前分布を定式化し，階層ベイズモデルで一般に行われるとおり，ハイパーパラメータを積分除外することができる．7.7 節で選択あるいは平均化についてさらに詳細に論じられる．

ダミーの観測値を用いた事前分布の潜在的な欠点は，1つの事前分布を設定してしまえばすべての方程式が強制的に対称形として扱われねばならないことである．いいかえれば，すべての方程式において係数の事前共分散行列が，強制的に $(X^{*\prime}X^*)^{-1}$ に比例せざるを得なくなる．例えば，産出高の方程式中のラグ付きのインフレーション項の係数の事前分散が，ラグ付利子率の係数の事前分散より 10 倍大きい場合，この事前分散はインフレーションの方程式および利子率の方程式においても 10 倍大きくならなければならない．この制約を緩める方法，あるいはミネソタ事前分布を実現する他のアプローチ（例えば，他の VAR モデルの事前分布）は，Kadiyala and Karlsson (1997) で議論されている．

7.2.3 第 2 の誘導形 VAR モデル

(7.1) の誘導形 VAR モデルは，切片を含む形で定式化されている．VAR モデルが定常であれば，切片によって y_t の無条件平均が表わされる．しかし，この無条件平均は自己回帰係数 $\Phi_1,\ldots,\Phi_p$ にも依存する．また，例えば Villani (2009) のように以下の表現を用いて誘導形 VAR モデルを代替的に記述できる．

$$y_t = \Gamma_0+\Gamma_1 t+\tilde{y}_t, \quad \tilde{y}_t = \Phi_1\tilde{y}_{t-1}+\cdots+\Phi_p\tilde{y}_{t-p}+u_t, \quad u_t \sim \text{i.i.d.}N(0,\Sigma) \quad (7.16)$$

ここで，Γ_0 と Γ_1 は n 次元の列ベクトルである．最初の式の $\Gamma_0+\Gamma_1 t$ は y_t の決定的トレンドを表す．その次にある $\tilde{y}_t$ の運動法則は決定的トレンド周辺の確率的な変動を表す．この変動は定常あるいは非定常のいずれの可能性もある．(7.16) という代替的な定式化では，決定的トレンド周りのボラティリティの持続性に関する確信から決定的トレンド成分に関する確信が簡潔に分離されている．

$\Phi = [\Phi_1,\ldots,\Phi_p]'$, $\Gamma = [\Gamma_1',\Gamma_2']'$ と定義する．また $\tilde{Y}(\Gamma)$ は $(y_t - \Gamma_0 - \Gamma_1 t)'$ を行とする $T\times n$ の行列，$\tilde{X}(\Gamma)$ は $[(y_{t-1}-\Gamma_0-\Gamma_1(t-1))',\ldots,(y_{t-p}-\Gamma_0-\Gamma_1(t-p))']$ を行とする $T\times(pn)$ の行列である．そこで，(7.16) にかかわる条件付尤度関数は

$$p(Y_{1:T}|\Phi,\Sigma,\Gamma,Y_{1-p:0}) \tag{7.17}$$
$$\propto |\Sigma|^{-T/2}\exp\left\{-\frac{1}{2}tr\left[\Sigma^{-1}(\tilde{Y}(\Gamma)-\tilde{X}(\Gamma)\Phi)'(\tilde{Y}(\Gamma)-\tilde{X}(\Gamma)\Phi)\right]\right\}$$

となる．したがって，Γ を条件とした Φ と Σ の条件付事前分布が $MNIW$ 分布である限り，$(\Phi,\Sigma)|\Gamma$ の事後分布は $MNIW$ 分布の形となる．

L を $L^j y_t = y_{t-j}$ となるようなラグ演算子とする．この演算子を使用すると，(7.16) は以下のように書き換えられる．

$$\left(I - \sum_{j=1}^{p}\Phi_j L^j\right)(y_t - \Gamma_0 - \Gamma_1 t) = u_t$$

ここで，$L^j t = t - j$ に留意して，

$$z_t(\Phi) = \left(I - \sum_{j=1}^{p}\Phi_j L^j\right)y_t, \quad W_t(\Phi) = \left[\left(I - \sum_{j=1}^{p}\Phi_j\right), \left(I - \sum_{j=1}^{p}\Phi_j L^j\right)t\right]$$

と定義する．したがって，$z_t(\Phi) = W_t(\Phi)\Gamma + u_t$ であり，尤度関数は以下のように書き換えられる．

$$p(Y_{1:T}|\Phi,\Sigma,\Gamma,Y_{1-p:0}) \tag{7.18}$$
$$\propto \exp\left\{-\frac{1}{2}\sum_{t=1}^{T}(z_t(\Phi)-W_t(\Phi)\Gamma)'\Sigma^{-1}(z_t(\Phi)-W_t(\Phi)\Gamma)\right\}$$

したがって，Φ と Σ を条件とした Γ の条件付事前分布が行列値正規分布である限り，

Γ の（条件付）事後分布も正規分布であることは簡単に確認できる．事後推測はギブスサンプリングによって行うことができる．この推測はマルコフ連鎖モンテカルロ (Markov chain Monte Carlo：MCMC) のアルゴリズムの応用例であり，本書の第 5 章で Chib が詳細に議論している．

> **アルゴリズム 7.2（VAR モデルのパラメータの事後分布からのギブスサンプリング）：**
> $s = 1, \ldots, n_{sim}$ について：
> 1) $(\Phi, \Sigma)|(\Gamma^{(s-1)}, Y)$ の $MNIW$ 分布からサンプル $(\Phi^{(s)}, \Sigma^{(s)})$ を生成する．
> 2) $\Gamma|(\Phi^{(s)}, \Sigma^{(s)}, Y)$ の正規分布からサンプル $\Gamma^{(s)}$ を生成する．

(7.1) と (7.16) の VAR モデルのわずかな違いを説明するため，2 つの一変量 AR(1) プロセスについて特殊ケースを考える．

$$y_t = \phi_1 y_{t-1} + \phi_c + u_t, \qquad u_t \sim \text{i.i.d.} N(0,1) \tag{7.19}$$

$$y_t = \gamma_0 + \gamma_1 t + \tilde{y}_t, \quad \tilde{y}_t = \phi_1 \tilde{y}_{t-1} + u_t, \quad u_t \sim \text{i.i.d} N(0,1) \tag{7.20}$$

$|\phi_1| < 1$ の場合，AR(1) 過程は 2 つとも定常である．(7.20) で特徴付けられた 2 番目の過程は，時間の線形関数であるトレンドの周りの定常変動とみなせる．一方，1 番目の過程は定数の平均の周りの変動にほかならない．$\phi_1 = 1$ の場合，モデル (7.19) における ϕ_c の意味が大きく変わる．その原因は，このパラメータが y_t の長期平均を決めるのではなく，単位根過程のドリフトを捉えるからである．Schotman and van Dijk (1991) は，もし実証分析の目的が仮説 $\phi_1 = 1$ を支持する根拠を示すことならば，(7.20) のモデルの方が魅力的となるケースを示している[*2)]．潜在過程の初期水準 $\tilde{y}_0$ が観測できないので，$\phi_1 = 1$ の場合，(7.20) における γ_0 は識別不可能である．したがって，実際には (7.20) の γ_0 に正則な事前分布を設定することが望ましい．

実証分析では，研究者がしばしばパラメータを独立なものとして扱い，モデル (7.19) に事前分布 $\phi_1 \sim U[0, 1-\xi]$, $\phi_c \sim N(\underline{\phi}_c, \lambda^2)$ を与える．次の議論において定常性を保証するために，$\xi > 0$ と仮定する．$I\!E[y_t] = \phi_c/(1-\phi_1)$ であるから，ϕ_1 と ϕ_c の事前分布は次の意味合いをもつ．つまり ϕ_c が所与の場合，$\phi_1 \longrightarrow 1-\xi$ となるにつれて，母集団平均 $I\!E[y_t]$ の事前平均と事前分散は（その絶対値が）増大する．その結果，この事前分布によってかなり散漫な y_t の分布が作り出される．そして，この分布は事前にもっともらしいと思われる y_t の値に集中していない．

データが過度に散漫な分布に従うという問題を回避するため，モデル (7.20) のパラメータは独立である—例えば，$\phi_1 \sim U[0, 1-\xi]$, $\gamma_0 \sim N(\underline{\gamma}_0, \lambda^2)$, $\gamma_1 = 0$— として扱う．この場合，ϕ_1 がどんな値であっても，$I\!E[y_t]$ の事前分布は平均 $\underline{\gamma}_0$, 分散が λ^2 となる．モデル (7.19) を用いた分析を好む一方で，事前には信じ難いデータの分布について

[*2)] Giordani ら（本書の第 3 章）は (7.20) のいわゆる中心化された定式化によって MCMC アルゴリズムの効率性が高められることを説明している．

関心をもつ研究者にとっては，7.2.2項で議論された，ともに持続性のある値をとるという制約のあるダミーの観測値による方法は役立つ．これらのダミーの観測値を用いれば，ϕ_1 を条件とする y_t の母平均の事前分布の予想は，$I\!E[y_t]|\phi_1 \sim N(\underline{y}, (\lambda_5(1-\phi_1))^{-2})$ となる．$I\!E[y_t]$ の分布の幅は自己回帰係数に依存するが，少なくともその位置は ϕ_1 に関係なく $\underline{y}$ に中心化される．

7.2.4 構造 VAR モデル

　誘導形 VAR モデルはデータの自己共分散の特性を要約し，有効な予測ツールとして提供されるが，このモデルには経済的な意味を与える能力が欠けている．(7.1) で定式化した VAR モデルに経済的な意味を与える 2 つの方法を考える．まず，(7.1) に行列 A_0 を左辺から掛けて，動的同時方程式モデルへ変換することによって，この方程式を，例えば金融政策上のルールや，貨幣需要方程式，総供給方程式，または総需要方程式として解釈することができる．だから，これらの方程式に対するショックを金融政策のショックあるいは総供給と需要のイノベーションと解釈できる．金融政策のルールによって中央銀行の経済状態に対する系統的な行動が捉えられている限り，金融政策のショックが他のイノベーションと直交していると仮定することは自然であろう．さらに一般化して，研究者は総供給方程式へのショックと総需要方程式へのショックが互いに独立しているとしばしば仮定する．

　経済的な意味を VAR モデルに与える第 2 の方法は，VAR モデルと現代の動的確率一般均衡 (DSGE) モデルの密切な関係を利用することである．DSGE モデルでは，金融政策上のルールが適切に定義されているかもしれないが，総需要関数あるいは総供給関数の概念は不明瞭である．7.4 節でわかるように，これらのモデルは経済主体の選好と生産技術の両面から定式化されている．経済主体の意思決定問題の最適解は均衡の概念と結びついていることから，モデルの内生変数が自己回帰の運動法則に従うことが導き出される．技術，選好，金融政策あるいは財政政策に対するショックが経済変動を作り出す．これらのショックは一般的に互いに独立であると仮定される．この独立性を仮定する理由の 1 つを以下に示す．多くの研究者は，マクロ経済変数間で観察される共変動を，相関関係のある外生的ショックよりも適切に定式化された経済波及のメカニズムによって再現することこそ DSGE モデルの目的であると考えているからである．したがって，この種の動学マクロ経済理論によって示唆されることは (7.1) の 1 期先予測誤差 u_t が，技術や選好および政策に関する直交しあう基本的なイノベーションの関数であるということである．

　要するに，構造 VAR モデルを，各方程式がそれぞれの特別な構造上の解釈をもっている動的同時方程式モデル，あるいは予測誤差が前述した基本的なイノベーションと明確に結びついている自己回帰モデルとみなすことができる．我々は 7.2.4 項 a. で後者の見解を受け入れる一方，b. では前者の解釈を行う．

7.2 ベクトル自己回帰モデル

a. 誘導形のイノベーションと構造ショック

初歩的な数式演算によって，構造 VAR モデルを識別するために追加的な制約を課す必要のあることがわかる．ϵ_t を分散が 1 で相互に直交する構造ショックで構成されるベクトルとする．1 期先予測誤差を構造ショックの一次結合として以下のように表す．

$$u_t = \Phi_\epsilon \epsilon_t = \Sigma_{tr} \Omega \epsilon_t \tag{7.21}$$

ここで，Σ_{tr} は非負の対角要素をもつ，一意な下三角形コレスキー因子である．また，Ω は $n \times n$ の直交行列である．2 番目の等式は u_t の共分散行列が存在することを保証する．すなわち，Φ_ϵ は $\Sigma = \Phi_\epsilon \Phi_\epsilon'$ という制約を満たさなければならない．したがって，この構造 VAR モデルは誘導形パラメータ Φ と Σ（あるいはそのコレスキー因子 Σ_{tr}）および直交行列 Ω により定式化される．データとパラメータの同時分布は次式で与えられる．

$$p(Y, \Phi, \Sigma, \Omega) = p(Y|\Phi, \Sigma) p(\Phi, \Sigma) p(\Omega|\Phi, \Sigma) \tag{7.22}$$

Y の分布は共分散行列 Σ のみに依存し，分解した $\Sigma_{tr} \Omega \Omega' \Sigma_{tr}'$ に依存しない．だから構造 VAR モデルの尤度関数は，$p(Y|\Phi, \Sigma)$ によって表される．(7.6) の誘導形 VAR モデルの尤度関数と同じである．識別問題はまさにこの尤度関数において Ω がないことが原因で生じる．

事後分布の計算に対して識別問題が与える影響を議論することから始める．同時密度を Ω で積分することにより

$$p(Y, \Phi, \Sigma) = p(Y|\Phi, \Sigma) p(\Phi, \Sigma) \tag{7.23}$$

が得られる．したがって，誘導形パラメータの事後分布の計算は識別不能な行列 Ω の存在に影響されない．Ω の条件付事後密度は以下のように計算することができる．

$$p(\Omega|Y, \Phi, \Sigma) = \frac{p(Y, \Phi, \Sigma) p(\Omega|\Phi, \Sigma)}{\int p(Y, \Phi, \Sigma) p(\Omega|\Phi, \Sigma) d\Omega} = p(\Omega|\Phi, \Sigma) \tag{7.24}$$

ゆえに識別できないパラメータ Ω の条件付分布はデータによって更新されない．これは，一部分しか識別されていないモデルをベイズ推定する際によく知られている特性である．これについては，例えば，Kadane (1974), Poirier (1998) および Moon and Schorfheide (2009) を参照されたい．同時事後分布 $p(\Phi, \Sigma, \Omega|Y)$ からのサンプルの生成は原則として以下の 2 段階を経る必要のあることがすぐに導出される．

アルゴリズム 7.3（構造 VAR モデルの事後分布からのサンプラー）：
$s = 1, \ldots, n_{sim}$ について：
1) 事後分布 $p(\Phi, \Sigma|Y)$ からサンプル $(\Phi^{(s)}, \Sigma^{(s)})$ を生成する．
2) 条件付事前分布 $p(\Omega|\Phi^{(s)}, \Sigma^{(s)})$ からサンプル $\Omega^{(s)}$ を生成する．

驚くことではないが，構造 VAR モデルに関する多くの文献では，$p(\Omega|\Phi, \Sigma)$ の適切な

選択についての議論に限定されている．ほとんどの文献の著者は Ω の事前分布として独断的に決める事前分布 (dogmatic prior) を使用する．この事前分布の場合，Ω の条件付分布は，誘導形パラメータが与えられると，一点分布に退化する．Ω の事前分布は一般に識別スキームと関係する．なぜかといえば，Ω が与えられた場合，予測誤差 u_t と構造ショック ϵ_t の関係は一意に決まるからである．詳細なサーベイは Cochrane (1994) と Christiano et al. (1999) および Stock and Watson (2001) で見られる．

これまでの文献で記載された様々な識別スキームを紹介するため，ここで定数項をもたない簡単な二変量 VAR(1) モデルで検討してみよう．つまり，$n=2$，$p=1$ および $\Phi_c = 0$ である．この本項の残りの部分では，Φ_1 のすべての固有値の絶対値が 1 未満であると仮定する．こうした固有値に対する制約によって，VAR モデルが次数 ∞ の移動平均モデル (MA(∞))

$$y_t = \sum_{j=0}^{\infty} \Phi_1^j \Sigma_{tr} \Omega \epsilon_t \tag{7.25}$$

に書き換えられることは保証される．そこで，偏微分の系列

$$\frac{\partial y_{t+j}}{\partial \epsilon_t} = \Phi_1^j \Sigma_{tr} \Omega, \qquad j = 0, 1, \ldots \tag{7.26}$$

をインパルス応答関数と呼ぶ．さらに，マクロ経済学者はいわゆる分散分解にしばしば関心をもっている．分散分解は y_t の特定要素の全変動にそれぞれの構造ショックがどのくらい寄与しているかを測るものである．定常な二変量 VAR(1) モデルでは，(無条件の) 共分散行列が次式で与えられる．

$$\Gamma_{yy} = \sum_{j=0}^{\infty} \Phi_1^j \Sigma_{tr} \Omega \Omega' \Sigma_{tr}' (\Phi^j)'$$

行列 $\mathcal{I}^i$ は (i,i) 要素が 1，他の要素がすべて 0 であると仮定しよう．この場合，第 i 番目の構造ショックから y_t の分散への貢献は以下のように記述できる．

$$\Gamma_{yy}^{(i)} = \sum_{j=0}^{\infty} \Phi_1^j \Sigma_{tr} \Omega \mathcal{I}^{(i)} \Omega' \Sigma_{tr}' (\Phi^j)' \tag{7.27}$$

したがって，i 番目のショックによって説明された $y_{j,t}$ の分散の割合は $[\Gamma_{yy}^{(i)}]_{(jj)}/[\Gamma_{yy}]_{(jj)}$ で表される．同様に，h 期先予測誤差の共分散行列 $\sum_{j=0}^{h} \Phi_1^j \Sigma (\Phi^j)'$ に基づいて分散分解を構築することができる．事後分布からのサンプル (output of posterior sampler, アルゴリズム 7.3) を簡単に後処理できるので，ベイズ統計学の枠組みで VAR モデルのパラメータの非線形変換を取り扱うのは簡単である．(7.26) あるいは (7.27) を用いて，$s = 1, \ldots, n_{sim}$ の三変数 $(\Phi^{(s)}, \Sigma^{(s)}, \Omega^{(s)})$ の各セットは，インパルス応答関数あるいは分散分解のために必要な事後分布からのサンプルに換えられる．これらのサンプルに基づいて，事後分布のモーメントおよび信頼集合 (credible sets) の計算も簡

7.2 ベクトル自己回帰モデル

単にできる.

$n = 2$ のとき,直交行列 Ω は角度 φ とパラメータ $\xi \in \{-1, 1\}$ により簡単に特徴付けられる.

$$\Omega(\varphi, \xi) = \begin{bmatrix} \cos\varphi & -\xi\sin\varphi \\ \sin\varphi & \xi\cos\varphi \end{bmatrix} \tag{7.28}$$

ただし,$\varphi \in (-\pi, \pi]$ である.上の行列の各列はそれぞれ $\mathbb{R}^2$ 空間における長さ 1 のベクトルを表し,2 つのベクトルは直交している.Ω の行列式は ξ に等しい.ここで,$\Omega(\varphi) = -\Omega(\varphi + \pi)$ に注目してほしい.したがって,2 つのベクトルを 180 度回転させることによって両方のショックに対するインパルス応答の符号が簡単に変わる.また,$\xi = 1$ から $\xi = -1$ へ変更することで,第 2 のショックに対するインパルス応答の符号が変わる.ここで Φ と Σ を条件にして Ω に制約を与える,3 つの異なる識別スキームを以下で考える.

例 7.1（短期の識別）: y_t は産出高のトレンドからの乖離 $\tilde{y}_t$ とフェデラルファンドレート R_t で構成され,ベクトル ϵ_t は技術進歩へのイノベーション $\epsilon_{z,t}$ と金融政策へのイノベーション $\epsilon_{R,t}$ で構成されているとする.つまり,$y_t = [\tilde{y}_t, R_t]'$ と $\epsilon_t = [\epsilon_{z,t}, \epsilon_{R,t}]'$ である.情報構造に対して制約を課すことで識別できる.例えばこれまでの文献に従えば,Boivin and Giannoni (2006b) は民間部門が金融ショックに同時点で反応しないと若干強めに仮定している.この仮定は (7.28) の φ と ξ を以下のように設定することで実現できる.(i) $\varphi = 0$, $\xi = 1$, (ii) $\varphi = 0$, $\xi = -1$, (iii) $\varphi = \pi$, $\xi = 1$, (iv) $\varphi = \pi$, $\xi = -1$ である.文献の中では,例えば拡張的な金融政策と技術的なショックに対する反応を考慮することによって,インパルス応答の方向を正規化するのが普通である.拡張的な金融政策は衝撃に対して利子率を下げるショックとして定義される.$\Sigma_{22}^{tr} \geq 0$ なので,(ii) と (iii) の場合は,金融政策によるショックに反応して利子率が下落する.同様に $\Sigma_{11}^{tr} \geq 0$ なので,(i) と (ii) の場合は,技術進歩のイノベーション $\epsilon_{z,t}$ に反応して産出高が上昇する.したがって識別と正規化の制約を課した後,対角要素が 1 と -1 である (ii) の対角行列 Ω は事前分布 $p(\Omega|\Phi, \Sigma)$ で評価した確率が 1 である.Ω に対するこのような制約は短期の識別スキームと一般的に呼ばれている.短期の識別スキームは独創的な研究である Sims (1980) において利用されている.

例 7.2（長期の識別）: y_t はインフレ率 π_t と産出高の変化率で構成されるとしよう.つまり $y_t = [\pi_t, \Delta \ln \tilde{y}_t]'$ である.前例のように景気変動は金融政策と技術のショックによって生み出されると仮定し続ける.ベクトル ϵ_t については要素の順番を入れ替えて $\epsilon_t = [\epsilon_{R,t}, \epsilon_{z,t}]'$ とする.いま,以下の識別制約を利用する.つまり金融政策ショックの予想外の変化によって産出高が長期にわたり上昇しないことを利用する.金融政策ショックに対する産出高の対数値の長期の反応は成長率の反応を ∞ 個合計した $\sum_{j=0}^{\infty} \partial \Delta \ln \tilde{y}_{t+j} / \partial \epsilon_{R,t}$ によって得ることができる.定常性の仮定は $\sum_{j=0}^{\infty} \Phi_1^j = (I - \Phi_1)^{-1}$ を意味するので,ここで計算したい長期の反応は,次式で与

えられる．

$$[(I-\Phi_1)^{-1}\Sigma_{tr}]_{(2.)}\Omega_{(.1)}(\varphi,\xi) \tag{7.29}$$

ただし $A_{(.j)}$ ($A_{(j.)}$) は行列 A の j 番目の列（行）である．この識別スキームは例えば Nason and Cogley (1994) や Schorfheide (2000) などで利用されてきた．直交行列 Ω を得るため，(7.29) が 0 となるように φ と ξ を決めなければならない．$\Omega(\varphi,\xi)$ の列は直交正規ベクトルで構成されているので，$[(I-\Phi_1)^{-1}\Sigma_{tr}]'_{(2.)}$ に垂直であると同時に長さが 1 のベクトルとして $\Omega_{(.1)}(\varphi,\xi)$ を見つけねばならない．ξ が Ω の第 1 列に影響を与えていないことに注目しよう．ξ は 2 番目のショックに対する応答によって符号を変えるだけである．(7.29) の長期の応答を 0 にする φ として $\bar{\varphi}$ があると仮定する．さらにベクトル $\Omega_{(.1)}(\bar{\varphi},\xi)$ を 180 度回転することによって，(7.29) の長期の応答が 0 になる 2 番目の角度 φ を見つけることができる．したがって例 7.1 と同様に，金融政策によるショックが産出高に与える，(7.29) で示される長期効果が 0 となるような (φ,ξ) の 4 種類の組合せを見つけることができる．応答関数の形はこれらの組合せのそれぞれで同じであるが，符号は異なるであろう．

拡張的な技術ショック（長期的に産出水準が上昇）と拡張的な金融政策によるショック（短期的に利子率が下落）の効果を考えることによって，例 7.1 と同じような正規化を利用できる．この正規化を行うためには，(φ,ξ) の 4 種類の組合せから 1 つを選択しなければならない．Φ と Σ と関係なく，$\varphi=0, \xi=-1$ を用いた例 7.1 と違って，ここでは (φ,ξ) の選択が Φ と Σ に依存している．しかしながら一度正規化すると $p(\Omega|\Phi,\Sigma)$ は一点分布のままである．長期の識別スキームは最初，Blanchard and Quah (1989) によって用いられ，二変量 VAR モデルの供給の誤差項と需要の誤差項を識別するのに用いられた．動学体系内でショックが与える長期効果は本質的に計測しづらいので，長期の識別スキームで識別された構造 VAR モデルを用いると，しばしばインパルス応答関数を不正確にしか推定できなかったり，推定結果がラグの長さの選び方や観測値の事前のフィルタリングに対してとても敏感になる．この点は Sims (1980) に遡る．そして構造 VAR モデルにおける詳細な議論は Leeper and Faust (1997) に見出すことができる．最近，長期の制約の有用性が Chrstiano et al. (2007) や Chari et al. (2008) の論文の中で論じられてきた．

例 7.3（符号制約）： これまでのとおり $y_t=[\pi_t,\Delta\ln\tilde{y}_t]'$ と $\epsilon_t=[\epsilon_{R,t},\epsilon_{z,t}]'$ と定義する．前述した 2 つの例において，$\Omega|(\Phi,\Sigma)$ に対する事前分布は退化していた．Faust (1998)，Canova and DeNicolo (2002) と Uhlig (2005) は Ω を独断的に選ばないことを提案している．金融政策のショックによってインフレーションと産出高が衝撃と同じ方向に動くと仮定することによって，インパルス応答の方向だけが制約を受けると仮定する．さらに金融政策ショックが拡張的つまり産出高は上昇すると正規化する．正式には，これは $\Sigma_{tr}\Omega_{(.1)}(\varphi,\xi)\geq 0$ を意味し，符号制約の識別スキームと呼ばれる．符号制約は，（単集合でない）集合を導出するという点でインパルス応答だけを部分的

に識別することが後から明らかになる．$\Sigma_{11}^{tr} \geq 0$ なので，(7.28) とインフレに対する応答への符号制約によって，$\varphi \in (-\pi/2, \pi/2]$ という結論を導き出すことができる．$\Sigma_{22}^{tr} \geq 0$ でもあるから，産出に対する応答への不等号制約は φ の下限を明確にすることに利用できる．

$$\Sigma_{21}^{tr}\cos\varphi + \Sigma_{22}^{tr}\sin\varphi \geq 0 \quad \text{は} \quad \varphi \geq \underline{\varphi}(\Sigma) = \arctan\left(-\Sigma_{21}^{tr}/\Sigma_{22}^{tr}\right) \text{ を意味する．}$$

技術進歩のショックが拡張的であると正規化することによってパラメータ ξ は Σ と φ を条件として決められる．ベイズ推定するため，現在，研究者は $[\underline{\varphi}(\Sigma), \pi/2]$ という区間上のサポートで $\varphi|\Sigma$ を定式化しなければならないとともに，$\xi|(\varphi, \Sigma)$ の事前分布も定式化しなければならない．実際，研究者は $\varphi|\Sigma$ の事前分布としてしばしば一様分布を選択してきた．この点についてはこの後で詳細に論じる．

短期そして長期の識別スキームの場合，ベイズ推定することは簡単である．$\Omega^{(s)}$ が $(\Phi^{(s)}, \Sigma^{(s)})$ の関数として直接計算されるアルゴリズム 7.3 を単純化したものが利用可能である．(Φ, Σ, Ω) の 3 つのそれぞれについて，(7.26) と (7.27) を適切に一般化すればインパルス応答用あるいは分散分析用のサンプルとしてパラメータのサンプルを置き換えることができる．手許にあるサンプルを用いて，平均，メジアン，標準偏差，信頼集合の周辺事後分布の特徴を近似的に得ることができる．後で示す実証例を含めて，多くの応用例で研究者は 1 つの特定のショック，例えば金融政策ショックに対して n 次元のベクトル y_t がどう反応するかだけに関心をもっている．この場合，前述した式の中の Ω を，ベクトルが 1 単位の長さをもつ Ω の第 1 列 $\Omega_{(.1)}$ と置き換えさえすれば良い．

インパルス応答の信頼集合は，応答の平均あるいはメジアンの上下に，誤差区間の帯 (band) として一般に描かれる．インパルス応答関数は多次元から構成されるものであると心に留めておくことは重要である．しかしながら，文献で一般に報告される誤差区間の帯の位置は点別に判断されねばならない．すなわち，決められた期間における決められたショックに対する特定の変数の応答について信頼集合は定められる．異なる期間における応答間の相関を説明しようと努力する中で，Sims and Zha (1999) は信頼区間を計算する方法を提案した．信頼区間の帯が応答の共分散行列の主成分の中の最初のいくつかに依存するように計算するのである．

条件付分布 $p(\Omega|\Phi, \Sigma)$ からサンプリングしなければならないので，符号制約付の構造 VAR モデルのベイズ推定はより複雑である．何人かの著者，例えば Uhlig (2005) は，1 つの特別なショックだけに着目し，行列 Ω の 1 つの列だけをパラメータ化する．他の著者は，Peersman (2005) のように，n 種類ショック，つまりフルセットで計算する．現実に，符号制約は衝撃を与えた時点だけでなく，かなり長い期間 (longer horizons) $j > 0$ にも課される．多くの研究者は一様分布を $\Omega|(\Phi, \Sigma)$ の条件付事前分布として利用する．行列 Ω 内の任意の r 列は $\mathbb{R}^n$ の r 次元部分空間に対する直交基底

と解釈できる．これらの部分空間の集合は Stiefel 多様体と呼ばれ，$\mathcal{G}_{r,n-r}$ と表示される．したがって，Ω の（複数列の）事前分布の定式化はある Stiefel 多様体上で確率を考えることとみなすことができる．共和分空間上で事前確率を考える場合にも，同様の問題が生じる．7.3.3 項でもっと広範囲な議論を行う．一様分布は $\mathbb{R}^n$ の正規直交変換に対して不変な唯一の分布として定義することができる (James 1954)．$n = 2$ の場合，この一様分布は (7.28) において $\varphi \sim U(-\pi, \pi]$ と置くことで得られる．例 7.3 の場合には，区間を $[-\varphi(\Sigma), \pi/2]$ に制約することにより得られる．$n > 2$ の場合の符号制約付構造 VAR モデルに関するベイズ推測アルゴリズムの詳細については，例えば Uhlig (2005) と Rubio–Ramirez et al. (2010) で見ることができる．

実例 7.1： 産出高，インフレ率，利子率および実質貨幣残高の四変量 VAR(4) モデルを考える．データはセントルイス連邦準備銀行のデータベース FRED から得られる．データベース内における各変数の標識記号は括弧の中に示されている．1 人当たり産出高は，実質 GDP (GDPC96) $\div$ 文民人口 (civilian noninstitutional population：CNP16OV) で定義される．1 人当たり産出高の自然対数をとり，1959 年第 1 四半期 ～2006 年第 4 四半期までのデータに OLS（最小二乗推定法）を適用することによって決定的トレンドを抽出する[*3]．線形トレンドからの乖離は 100 を掛けて，パーセンテージに変換する．インフレ率は GDP デフレーター (GDPDEF) の対数値の差分で定義され，さらに 400 を掛けて年率のパーセンテージ表示する．名目利子率の尺度は 1 四半期内のフェデラルファンドレート (FEDFUNDS) の平均に相当する．スウィープ調整済み (sweep-adjusted) M2 貨幣残高を四半期の名目 GDP で割ることで流通速度の逆数を得る．その後，流通速度の逆数の対数値から線形トレンドを取り除き，トレンドからの乖離に 100 を掛ける．最後に，トレンドを取り除いた 1 人当たり実質 GDP の測度を加え，実質貨幣残高が得られる．事後推測に使用された標本は 1965 年第 1 四半期～2005 年第 1 四半期の間に限定してある．

7.2.2 項に述べた，ダミーの観測値を用いたミネソタ事前分布をハイパーパラメータ $\lambda_2 = 4, \lambda_3 = 1, \lambda_4 = 1, \lambda_5 = 1$ に設定した上で使用する．事前分布の分散を制御するため，λ_1 として 5 つの値を検討する．これらの 5 つの値の可能性として同じ事前確率を指定し，(7.15) を用いて周辺尤度 $p_\lambda(Y)$ を計算する．分析の結果は表 7.1

表 7.1 ミネソタ事前分布におけるハイパーパラメータ選択

λ_1	0.01	0.10	0.50	1.00	2.00
$\pi_{i,0}$	0.20	0.20	0.20	0.20	0.20
$\ln p_\lambda(Y)$	−914.35	−868.71	−888.32	−898.18	−902.43
$\pi_{i,T}$	0.00	1.00	0.00	0.00	0.00

[*3] この決定的トレンドも VAR モデルの定式化の中に組み入れられる．しかしながら，この実例では，(i) 産出高だけから決定的トレンドを除去し，それ以外の変数から除去しないことに加え，(ii) アルゴリズム 7.1 のほか，特定の方程式に固有のパラメータ制約を認めない周辺尤度 (7.15) を用いることを希望した．

にまとめてある．ハイパーパラメータの事後確率は $\lambda_1 = 0.1$ でほぼ退化した分布となっている．この後の分析はハイパーパラメータの値をこれらの値に設定した上で行われる．

7.2.2 項の最初に記述したとおり，$\hat{S}$ と $\hat{\Phi}$ および X を適切に修正することで，アルゴリズム 7.1 を用いて誘導形パラメータ Φ と Σ の事後分布からサンプルを生成することができる．金融政策ショックの動学的応答を見るため，例 7.3 に述べられていた符号制約アプローチを使用する．特に，収縮的金融政策ショックによってインパクトを与えた当期およびその 1 期後の名目利子率は上がると仮定する．この 2 期間中に，政策ショックはさらにインフレ率と実質貨幣残高を低下させる．1 つのショックだけを見ているので，直交行列 Ω の最初の列に焦点を当てる．ベクトル $\Omega_{(.1)}$ の事前分布を，このベクトルによって張られた空間が適切な Stiefel 多様体上で一様分布に従うことを意味するように定式化する．この一様分布は (Φ, Σ) を条件とした符号制約を強化するために切断されている．したがって，アルゴリズム 7.3 のステップ 2) は，Ω の提案分布からのサンプルの中で符号制約が満たされないサンプルを棄却する採択サンプラー (acceptance sampler) を用いて実行される．提案分布からのサンプル $\tilde{\Omega}$ は，$Z \sim N(0, I)$ をサンプリングした後，$\tilde{\Omega} = Z / \|Z\|$ と計算することで得られる．

インパルス応答関数の事後平均と信頼集合が図 7.2 に描いてある．事後平均の推定値によれば，標準偏差 1 つ分のショックを与えるとその時点で利子率は 40 ベースポイント上昇する．これを受けて，(年間) インフレ率は 30 ベースポイント下落し，実

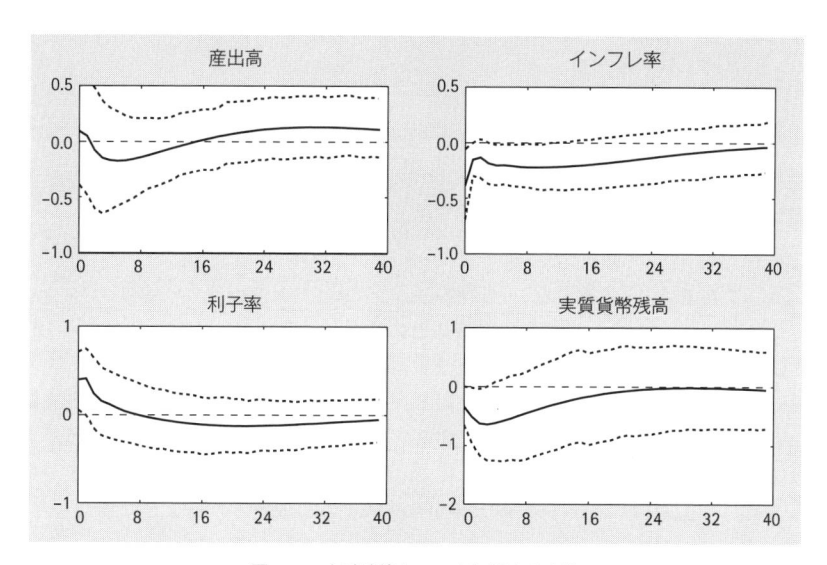

図 7.2 金融政策ショックに対する応答
VAR(4) モデルを用いた 1 標準偏差の金融政策ショックの 90% 信頼区間の帯と事後平均を示す．

質貨幣残高は 0.4% 下落する．産出高の応答の事後平均はわずかに正値であるが，有意水準 90% の信頼集合は -50 から約 60 ベースポイントの間に広がる．これはベクトル $\Omega_{(.1)}$ に独断的でない事前分布を仮定した場合，金融政策の予想外の変化が与える実質効果の大きさと符号に，本質的な不確実性があることを示している．

b. 構造 VAR モデルの別のパラメータ化

誘導形 VAR モデルの 1 期先予測誤差を，直交しあう構造ショックの線形関数で表すことによって，構造 VAR モデルを提案した．(7.1) の両側に左辺から $\Omega' \Sigma_{tr}^{-1}$ を掛け，$A_0' = \Omega' \Sigma_{tr}^{-1}$, $A_j = \Omega' \Sigma_{tr}^{-1} \Phi_j$, $j = 1, \ldots, p$, $A_c = \Omega' \Sigma_{tr}^{-1} \Phi_c$ とすると，次式が得られる．

$$A_0' y_t = A_1 y_{t-1} + \ldots + A_p y_{t-p} + A_c + \epsilon_t, \quad \epsilon_t \sim \text{i.i.d.} N(0, I) \qquad (7.30)$$

ベイジアン構造 VAR モデルにかかわる文献にある実証分析の多くは上述した代替的な定式化（例えば，Sims and Zha 1998 を参照）に基づいて行われる．(7.30) の利点は係数が直接，経済活動上の意味を有していることである．例えば，A_0 に識別制約を課すことにより，(7.30) の最初の方程式を中央銀行の金融政策ルールに対応させることができる．つまり，$\epsilon_{1,t}$ は期待された政策からの予想外の乖離に対応する．

(7.30) をベイズ統計学に基づいて分析することに関する詳細な議論は Sims and Zha (1998) に記述されている．(7.5) と同様に，$x_t' = [y_{t-1}', \ldots, y_{t-p}', 1]$ であり，Y と X がそれぞれ行 y_t' と x_t' を行とする行列としよう．さらに，E は列 ϵ_t' を行とする $T \times n$ の行列を表す．最後に，$A = [A_1, \ldots, A_p, A_c]'$ を定義することで，(7.30) を多変量回帰式として以下のように記述できる．

$$Y A_0 = X A + E \qquad (7.31)$$

その尤度関数は以下のとおりである．

$$p(Y | A_0, A) \propto |A_0|^T \exp \left\{ -\frac{1}{2} tr[(Y A_0 - X A)'(Y A_0 - X A)] \right\} \qquad (7.32)$$

$|A_0|^T$ は E を Y へ変換することに関連したヤコビアンの行列式である．A_0 を条件とした尤度関数は A の 2 次関数であることに注意しよう．これは事前分布を適切に選択すると，A の事後分布が行列値正規分布となることを意味している．

Sims and Zha (1998) は尤度関数と同じクロネッカー構造を有する事前分布を提案したので，$nk \times nk$ の行列を逆行列化する必要なく，数値計算上の高い効率性をもつと評価できる事後分布が導出される．特に，同時事前密度を $p(A_0) p(A | A_0)$ と分解できること，そして A の条件付事前分布が以下のように仮定されることは都合が良い．

$$A | A_0 \sim MN\left(\underline{A}(A_0), \lambda^{-1} I \otimes \underline{V}(A_0)\right) \qquad (7.33)$$

ここで，平均の行列 $\underline{A}(A_0)$ と共分散行列 $\underline{V}(A_0)$ は潜在的に A_0 の関数であり，λ は

事前共分散行列を測るハイパーパラメータである．例えば，行列 $\underline{A}(A_0)$ と $\underline{V}(A_0)$ は 7.2.2 項で提示されたダミーの観測値によって構築することができる．

$$\underline{A}(A_0) = (X^{*\prime}X^*)^{-1}X^{*\prime}Y^*A_0, \quad \underline{V}(A_0) = (X^{*\prime}X^*)^{-1}$$

尤度関数 (7.32) と事前分布 (7.33) を組み合わせて，条件付行列値正規分布に従う A の事後分布を導く．

$$A|A_0, Y \sim MN\left(\bar{A}(A_0), I \otimes \bar{V}(A_0)\right) \tag{7.34}$$

ただし，

$$\bar{A}(A_0) = \left(\lambda \underline{V}^{-1}(A_0) + X'X\right)^{-1} \left(\lambda \underline{V}^{-1}(A_0)\underline{A}(A_0) + X'YA_0\right)$$

$$\bar{V}(A_0) = \left(\lambda \underline{V}^{-1}(A_0) + X'X\right)^{-1}$$

A_0 の事後分布の定式化は事前密度 $p(A_0)$ の形に依存する．事前分布は一般的に正規化と識別制約を含んでいる．Robertson and Tallman (2001) で分析された構造 VAR モデルを，そのような制約を課した例として以下に示す．

例 7.4： y_t は工業製品価格指数 (PCOM)，M2，フェデラルファンドレート (R)，補間法で推定した月次実質 GDP ($\tilde{y}$)，消費者物価指数 (CPI) および失業率 (U) から構成されていると仮定する．Robertson and Tallman (2001) で使用される A_0' に対する除外制約は表 7.2 に要約されている．表中の行はそれぞれ，行の左側に名前が書かれた行動方程式に対応している．最初の方程式は情報市場を表す．2 番目の方程式は金融政策ルールである．3 番目の方程式は貨幣需要を記述している．残りの 3 つの方程式は，経済の生産部門の特徴を示している．表中の記載事項からは，金融政策ルール (MP) の式へ同時に含まれる変数がフェデラルファンドレート (R) と M2 であると示される．この構造 VAR モデルは過剰識別される．というのも，$n=6$ のこの構造

表 7.2　A_0' の識別制約

	PCOM	M2	R	Y	CPI	U
Inform	×	×	×	×	×	×
MP	0	×	×	0	0	0
MD	0	×	×	×	×	0
Prod	0	0	0	×	0	0
Prod	0	0	0	×	×	0
Prod	0	0	0	×	×	×

表中各行はそれぞれ，行の左側につけられたラベルの行動方程式を表す．情報市場方程式 (Inform)，金融政策ルール方程式 (MP)，貨幣需要方程式 (MD) および経済の生産部門の特徴を示す 3 つの方程式 (Prod) である．列ラベルは観測変数を表している：工業製品価格指数 (PCOM)，通貨供給量 (M2)，フェデラルファンドレート (R)，実質 GDP(Y)，消費者物価指数 (CPI) および失業率 (U) である．記載事項が 0 の場合は係数集合が 0 であることを表す．

VAR モデルの 1 期先予測誤差の共分散行列が原則として 21 個の自由な要素をもつ一方, 行列 A_0 には 18 の自由な要素しかないからである. 過剰識別制約が課されたにもかかわらず, この体系を一層正規化する必要がある. 内生変数の分布を変更することなく各方程式 $i=1,\ldots,n$ の係数に -1 を掛けることができる. 通常の正規化手法では, A_0 の対角要素がすべて負でないことが必要とされる. 実際には, 事後分布からのサンプラーを後処理することによってこの正規化を実行できる. $(A_0', A_1, \ldots, A_p, A_c)$ のすべてのサンプルに対して, $A_{0,ii} < 0$ ならば, 各行列の i 行に -1 を掛ける. 事後分布が A_0 の対角成分の各々に対する事後分布のサポートが 0 から十分に離れている場合, この正規化は有効である. そうでなければ, この正規化によって, 他のパラメータが双峰分布となる可能性もある.

Waggoner and Zha (2003) は条件付 A_0 行列のサンプルを生成するため, 効率的な MCMC アルゴリズムを開発した. 説明上の目的で, $A|A_0$ の事前分布は (7.33) の形式をとると仮定する. ただし, ある行列 $\underline{M}$ に対しては $\underline{A}(A_0) = \underline{M}A_0$ という制約を課す. さらに前述したダミーの観測値の事前分布のように, $\underline{V}(A_0) = \underline{V}$ として A_0 に依存しないという制約を課す. これで A_0 の周辺尤度関数は次式で表せる.

$$p(Y|A_0) = \int p(Y|A_0,A)p(A|A_0)dA \propto |A_0|^T \exp\left\{-\frac{1}{2}tr[A_0'\bar{S}A_0]\right\} \quad (7.35)$$

ここで, $\bar{S}$ はデータと $\underline{M}$ および $\underline{V}$ の関数である. Waggoner and Zha (2003) は A_0 の中で制約を課された列を $A_{0(.i)} = U_i b_i$ と記述する. ここで, b_i は $q_i \times 1$ ベクトル, q_i は $A_{0(.i)}$ の中で制約を受けない要素の個数, U_i は正規直交な (orthonormal) 列ベクトルで構成される $n \times q_i$ の行列である. $b_i \sim N(\underline{b}_i, \underline{\Omega}_i)$ が i に関して互いに独立であるという仮定の下で次式が得られる.

$$p(b_1,\ldots,b_n|Y) \propto |[U_1 b_1, \ldots, U_n b_n]|^T \exp\left\{-\frac{T}{2}\sum_{i=1}^n b_i' S_i b_i\right\} \quad (7.36)$$

ここで, $S_i = U_i'(\bar{S} + \underline{\Omega}_i^{-1})U_i$ と A_0 は b_i から生成することもできる. いま, 条件付密度関数 $b_i|(b_1,\ldots,b_{i-1},b_{i+1},\ldots,b_n)$:

$$p(b_i|Y,b_1,\ldots,b_{i-1},b_{i+1},\ldots,b_n) \propto |[U_1 b_1, \ldots, U_n b_n]|^T \exp\left\{-\frac{T}{2}b_i' S_i b_i\right\}$$

を考える. b_i が行列式の中にも入っているので, 条件付分布は正規分布ではない. b_i の分布を特徴付けるには追加のステップがいくつか必要である. V_i を $V_i' S_i V_i = I$ を満たす $q_i \times q_i$ の行列とする. また, $j \neq i$ について, ベクトル $U_j b_j$ に垂直な $n \times 1$ のベクトルを w と表し, $w_1 = V_i' U_i' w / \|V_i' U_i' w\|$ と定義する. 次に $w_1, \ldots, w_{q_i}$ が $\mathbb{R}^{q_i}$ の直交基底となるように $w_2, \ldots, w_{q_i}$ を選ぶ. そうすると, パラメータ $\beta_1, \ldots, \beta_{q_i}$ を導入できる上, ベクトル b_i を以下のように w_j の線形結合として再パラメータ化することができる.

$$b_i = V_i \sum_{j=1}^{q_i} \beta_j w_j \qquad (7.37)$$

w_j の正規直交性により，β_j の条件付事後分布が以下のように記述されることを確かめることができる．

$$p(\beta_1, \ldots, \beta_{q_i}|Y, b_1, \ldots, b_{i-1}, b_{i+1}, \ldots, b_n) \qquad (7.38)$$
$$\propto \left(\sum_{j=1}^{q_i} |[U_1 b_1, \ldots, \beta_j V_i w_j, \ldots, U_n b_n]| \right)^T \exp\left\{ -\frac{T}{2} \sum_{j=1}^{q_i} \beta_j^2 \right\}$$
$$\propto |\beta_1|^T \exp\left\{ -\frac{T}{2} \sum_{j=1}^{q_i} \beta_j^2 \right\}$$

最後の行が導出される理由は，$w_2, \ldots, w_{q_i}$ が $U_j b_j$ $(j \neq i)$ で張られた空間に落ちるからである．したがって，すべての β_j は互いに独立であり，β_1 はガンマ分布に従い，$\beta_j, 2 \leq j \leq q_i$ は正規分布に従う．A_0 の事後分布からのサンプルはギブスサンプリングにより得られる．

> **アルゴリズム 7.4（構造 VAR モデルのギブスサンプラー）**：
> $s = 1, \ldots, n_{sim}$ について：
> 1) 次のように $(A^{(s-1)}, Y)$ を条件としてサンプル $A_0^{(s)}$ を生成する．
> $i = 1, \ldots, n$ について，$(b_1^{(s)}, \ldots, b_{i-1}^{(s)}, b_{i+1}^{(s-1)}, \ldots, b_n^{(s-1)})$ を条件として (7.38) から $\beta_1, \ldots, \beta_{q_i}$ を生成する．(7.37) に従って $b_i^{(s)}$ を定義し，$A_{0(.i)}^{(s)} = U_i b_i^{(s)}$ とする．
> 2) $(A_0^{(s)}, Y)$ を条件として (7.34) の行列値正規分布からサンプル $A^{(s)}$ を生成する．

7.2.5　VAR モデルに関するさらなるトピック

近年，VAR モデルをベイズ統計学に基づいて分析する文献では広範な問題が検討される一方で，ここでの説明は決して網羅的でない．時変係数をもつ VAR モデルおよび因子拡張 (factor-augmented) VAR モデルを含む VAR モデルをベイズ統計学に基づいて分析したことにかかわる詳細なサーベイは，Koop and Korobilis (2010) に記述されている．予測を目的として VAR モデルを利用することに関心をもっている読者は，変数の一部分の将来の経路をできるだけ条件として，そのような予測を効率的に計算するアルゴリズムを Waggoner and Zha (1999) で見つけることができる．Rubio-Ramirez et al. (2008) において (7.30) のタイプの VAR モデルの大域的識別 (global identification) 条件が提供されている．我々の説明は VAR モデルのイノベーションが均一であるという仮定に基づいていた．GARCH タイプの不均一分散への拡張は，例えば Pelloni and Polasek (2003) において見られる．Uhlig (1997) は確率的

ボラティリティを有する VAR モデルに対するベイズ的アプローチを提案する．7.5 節では確率的ボラティリティを有する VAR モデルについて議論する．

7.3　階数減少制約付 VAR モデル

総産出高，消費および投資のような多くの経済時系列は明瞭なトレンドを示し，そのトレンドが強い持続性を有するとしばしば報告されている．同時に，マクロ経済時系列 (潜在的には対数変換後の系列) の一次結合が，定常であるように見えることは以前から認識されてきた．この例として，消費–産出高の比あるいは投資–産出高の比といったいわゆる，グレート比 (great ratios) を挙げておく（Klein and Kosobud 1961 を参照されたい）．図 7.3 の左側には，セントルイス連邦準備銀行のデータベース FRED から得られたアメリカ合衆国の 1965〜2006 年の名目 GDP と名目総投資の対数値を描いてある．右側には，投資–産出高の比の対数値を示してある．この比率はまったく一定でないが，明確なトレンドも示していない．そして，変動は一見したところ平均回帰的である．非定常な経済時系列の特定の一次結合が定常であるように見えるという観察結果によって，共和分分析に関する多くの文献が 1980 年代の中頃から書き始められた．例えば，Engle and Granger (1987)，Johansen (1988)，Johansen (1991)，Phillips (1991) を参照されたい．

もっと数式的にいえば，一変量の自己回帰過程 $\phi(L)y_t = u_t$ の動的な振舞いは特性多項式 $\phi(z)$ の根に大きく依存する．ここで，$\phi(L) = 1 - \sum_{j=1}^{p} \phi_j L^j$，$L$ はラグ演算子である．最小根が 1 で，他のすべての根が単位円の外部にある場合，y_t は非定常である．一階差分 $\Delta y_t = (1-L)y_t$ をとることにより定常となるので，単位根過程はしばしば 1 次和分過程と呼ばれ，I(1) と表記される．一変量 I(1) 時系列の線形結合が定

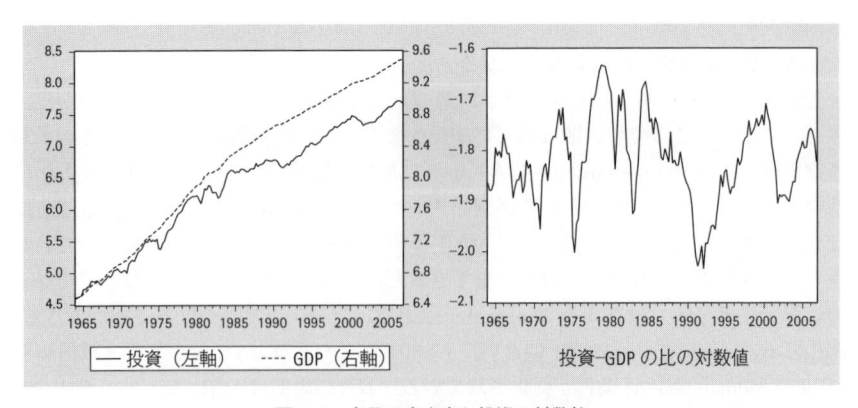

図 7.3　名目の産出高と投資の対数値
この図は 1964 年第 1 四半期〜2006 年第 4 四半期のアメリカ合衆国のデータを描いている．

常になる場合，これらの時系列は共和分に従うといわれる．共和分とは，適当に線形結合することによって除去できる共通の確率的トレンドを時系列が有することを意味する．7.4 節では，そのような共和分関係が DSGE モデルの枠組みの中でどのように発生するかを議論する．7.3.1 項では，その特性多項式の固有値の中のいくつかを 1 とする制約により，VAR モデルに共トレンド (co-trending) 制約を課すことができる．これからいわゆる VECM が導出される．このモデルは，階数減少 (reduced-rank，階数落ち) 回帰モデルの形をとる．こうした制約を課した VAR モデルは応用マクロ経済学において有用かつ実証的に成功した分析道具となった．7.3.2 項では，様々な事前分布の下で共和分体系をベイズ推定することを論じる．

7.3.1　共和分制約

(7.1) で定式化された誘導形 VAR モデルを検討する．等式の両辺から y_{t-1} を引くことで，次式が得られる．

$$\Delta y_t = (\Phi_1 - I)y_{t-1} + \Phi_2 y_{t-2} + \ldots + \Phi_p y_{t-p} + \Phi_c + u_t, \quad u_t \sim \text{i.i.d.} N(0, \Sigma) \quad (7.39)$$

$j = 1, \ldots, p-1$ に対して，$\Pi_j = -\sum_{i=j+1}^{p} \Phi_p$ を定義し，さらに $\Pi_c = \Phi_c$ を定義する．これで，(7.39) は以下のように書き直すことができる．

$$\Delta y_t = \Pi_* y_{t-1} + \Pi_1 \Delta y_{t-1} + \ldots + \Pi_{p-1} \Delta y_{t-p+1} + \Pi_c + u_t \quad (7.40)$$

ここで，$\Pi_* = -\Phi(1)$ そして，$\Phi(z) = I - \sum_{j=1}^{p} \Phi_j z^j$ である．

$\Phi(z)$ は VAR モデルの特性多項式である．VAR モデルが単位根を有するのであれば，つまり $|\Phi(1)| = 0$ であれば，行列 Π_* は階数減少している．Π_* の階数 r が $r < n$ であれば，$\Pi_* = \alpha \beta'$ と再パラメータ化できる．ただし，α と β は $n \times r$ のフルランクの行列である．この再パラメータ化によって，Engle and Granger (1987) で研究された，いわゆるベクトル誤差修正あるいはベクトル均衡修正 (VECM) 表現

$$\Delta y_t = \alpha \beta' y_{t-1} + \Pi_1 \Delta y_{t-1} + \ldots + \Pi_{p-1} \Delta y_{t-p+1} + \Pi_c + u_t \quad (7.41)$$

が得られる．

注意すべき点をいくつか整理しておく．α と β を用いた Π_* のパラメータ化が唯一つではないことが容易に確認される．任意の正則な $r \times r$ 行列 A について，$\Pi_* = \alpha A A^{-1} \beta' = \tilde{\alpha} \tilde{\beta}'$ を満たすような $\tilde{\alpha}$ と $\tilde{\beta}$ を定義できるからである．そして行列 α と β に加えて，$\alpha' \alpha_\perp = 0$ と $\beta' \beta_\perp = 0$ を満たす $n \times (n-r)$ のフルランクの行列 $\alpha_\perp$ と $\beta_\perp$ を定義することは有用である．$\Phi(z) = 0$ の根が単位円の外にあるとともに $\alpha'_\perp \beta_\perp$ がフルランクの行列であれば，(7.41) は y_t が以下のように表現できることを意味する（グレンジャーの表現定理）：

$$y_t = \beta_\perp (\alpha'_\perp \Gamma \beta_\perp)^{-1} \alpha'_\perp \sum_{\tau=1}^{t} (u_\tau + \Pi_c) + \Psi(L)(u_t + \Pi_c) + P_{\beta_\perp} y_0 \quad (7.42)$$

$\Gamma = I - \sum_{j=1}^{p-1} \Pi_j$ である.そして $P_{\beta_\perp}$ は $\beta_\perp$ で張られた空間への射影行列であり,$\Psi(L)u_t = \sum_{j=0}^{\infty} \Psi_j u_{t-j}$ は定常な線形過程である.これで,r 個の線形結合 $\beta' y_t$ が定常であることはただちに導かれる.β の列は共和分ベクトルと呼ばれる.また,y_t は $(n-r)$ 個の共通な確率的トレンドを有している.その共通のトレンドは $(\alpha'_\perp \Gamma \beta_\perp)^{-1} \alpha'_\perp \sum_{\tau=1}^{t} (u_\tau + \Pi_c)$ で表すことができる.詳細な説明は,例えば Johansen (1995) のモノグラフで見ることができる.

y_t が GDP と投資の対数値で構成されるなら,図 7.3 による視覚的な分析によって,共和分ベクトル β は $[1,-1]'$ に近い値であることがわかる.したがって,モデル (7.41) により,産出高と投資の成長率は投資と産出高の比の対数値ばかりでなく,成長率のラグ付変数の関数としてモデル化すべきである.この例で $\beta_\perp$ は 2×1 のベクトル,$(\alpha'_\perp \Gamma \beta_\perp)^{-1} \alpha'_\perp \sum_{\tau=1}^{t} (u_\tau + \Pi_c)$ はスカラーであるから,(7.42) によって産出高と投資が共通な確率トレンドをもつという事実が強調される.本節の残りの部分で,VECM をベイズ統計学に基づいて数式的に分析することに焦点を当てる.Π_* の事前分布を定式化する様々なアプローチを検討し,事後推測を行うためにギブスサンプラーについて議論する.現実に,研究者は含めるべきラグ次数に関する不確実性および共和分関係の個数に関する不確実性に直面する.モデル選択および平均化アプローチ (averaging approaches) の議論は 7.7 節に残しておく.

7.3.2 β の事前分布として正規分布を用いた場合のベイズ推定

行列 $\Pi = [\Pi_1, \ldots, \Pi_{p-1}, \Pi_c]'$ を定義し,$u_t \sim N(0, \Sigma)$ と仮定する.(7.41) を検討すると,α と β を条件として,VECM は多変量線形正規回帰モデルに変形されることがわかる.特に,$(\Pi, \Sigma)|(\alpha, \beta)$ が $MNIW$ 分布に従うのであれば,事後分布 $(\Pi, \Sigma)|(Y, \alpha, \beta)$ も $MNIW$ 分布に従うことがすぐにわかる.これは 7.2 節の計算に従うとすぐに導出できる.VECM の事後分布からサンプルを生成するギブスサンプラーは一般に次の手順で行う.

アルゴリズム 7.5(VECM のギブスサンプラー):

$s = 1, \ldots, n_{sim}$ について:
1) 事後分布 $p(\Pi, \Sigma | \Pi_*^{(s-1)}, Y)$ からサンプル $(\Pi^{(s)}, \Sigma^{(s)})$ を生成する.
2) 事後分布 $p(\Pi_* | \Pi^{(s)}, \Sigma^{(s)}, Y)$ からサンプル $\Pi_*^{(s)}$ を生成する.

その後の説明を単純化するため,本項の残りの部分では,Π と Σ を条件とした $\Pi_* = \alpha \beta'$ の推測に焦点を当てる(アルゴリズム 7.5 のステップ 2)).そのため,単純化された以下のモデルを検討する.

$$\Delta y_t = \Pi_* y_{t-1} + u_t, \qquad \Pi_* = \alpha \beta', \qquad u_t \sim \text{i.i.d.} N(0, \Sigma) \qquad (7.43)$$

ただし,Σ は既知とする.前述したように回帰モデルを行列形式で表すと便利である.$\Delta Y = X \Pi'_* + U$ が成り立つように,ΔY,X および U はそれぞれ $\Delta y'_t$,y'_{t-1} およ

7.3 階数減少制約付 VAR モデル

び u'_t を列にもつ $T \times n$ の行列を表す.

本項では,独立な事前分布 $p(\alpha)$ と $p(\beta)$ を検討する.事前分布は一様分布でも正規分布でも構わない.Geweke (1996) では階数減少回帰モデルの推測を研究するためにこうした事前分布を利用した.この項の全体にわたって,$\beta' = [I_{r \times r}, B'_{r \times (n-r)}]$ と正規化する.ゆえに β の事前分布は B の事前分布によって決まる.この正規化のため,これらの変数の各々が少なくとも 1 つの共和分関係に属するように,y_t の要素を順番に並べる必要がある.この正規化を導入した結果については後で議論する.

産出高と投資の実例において共和分係数 B の事前分布を -1 で中心化させることは有益であるとわかる.これは,プレサンプルにおいて投資と産出高の比が安定していたという証拠,あるいは消費と産出高を同じ率で増加させる均斉成長経路に従って工業化経済が発展するという経済理論の考え方を反映している.7.4 節で均斉成長経路のこうした性質を備えた DSGE モデルを議論する.簡潔さのため,この種の事前分布を均斉成長経路事前分布 (balanced-growth-path priors) と呼ぶ.α の報知事前分布は,経済がショックのない状態の均斉成長経路へ復帰する速度に対する考え方に基づいて構築される.

初期観測値と共分散行列 Σ(両方とも後では表記から省略される)を条件として,尤度関数は以下のように記述される.

$$p(Y|\alpha, \beta) \propto |\Sigma|^{-T/2} \exp\left\{-\frac{1}{2} tr[\Sigma^{-1}(\Delta Y - X\beta\alpha')'(\Delta Y - X\beta\alpha')]\right\} \quad (7.44)$$

次に,尤度関数 (7.44) に基づいて,α と β の条件付事後分布を導出する.α の事後分布から議論を始める.$\tilde{X} = X\beta$ と定義すると,次式が得られる.

$$p(\alpha|Y, \beta) \propto p(\alpha) \exp\left\{-\frac{1}{2} tr[\Sigma^{-1}(\alpha \tilde{X}' \tilde{X} \alpha' - 2\alpha \tilde{X}' \Delta Y)]\right\} \quad (7.45)$$

したがって,$vec(\alpha')$ の事前分布が正規分布である限り,$vec(\alpha')$ の事後分布は多変量正規分布である.事前分布が尤度関数と同じクロネッカー構造をもつならば,事後分布は行列値正規分布である.

β の条件付事前分布の導出はさらに面倒である.$\beta' = [I, B']$ という分割に一致するように $X = [X_1, X_2]$ と分割すると,階数減少回帰モデルは,

$$\Delta Y = X_1 \alpha' + X_2 B \alpha' + U$$

と書き直すことができる.$Z = \Delta Y - X_1 \alpha'$ と定義したので,以下のように記述できる.

$$Z = X_2 B \alpha' + U \quad (7.46)$$

B の右辺から α' を掛けると分析が複雑になる.次のステップは α' 項を取り除くために提案されたものである.行列 $C = [\alpha(\alpha'\alpha)^{-1}, \alpha_\perp]$ を (7.46) の右側から掛けることで,みせかけの回帰

$$[\tilde{Z}_1, \tilde{Z}_2] = X_2[B, 0] + [\tilde{U}_1, \tilde{U}_2] \tag{7.47}$$

が得られる．ただし，

$$\tilde{Z}_1 = Z\alpha(\alpha'\alpha)^{-1}, \quad \tilde{Z}_2 = Z\alpha_\perp, \quad \tilde{U}_1 = U\alpha(\alpha'\alpha)^{-1}, \quad \tilde{U}_2 = U\alpha_\perp$$

である．$\tilde{Z}_2$ の式を簡単に取り除けないことに注意する必要がある．$\tilde{Z}_2$ を通じて $\tilde{U}_2$ に関する情報が得られる．そして間接的に $\tilde{U}_1$ に関する情報も得られる．この結果，B の推測の精度も上がる．一般的に，$\tilde{\Sigma} = C'\Sigma C$ とする．また，$\tilde{U} = [\tilde{U}_1, \tilde{U}_2]$ に応じて行列 $\tilde{\Sigma}$ を分割する．$\tilde{Z}_2$ を条件とした $\tilde{Z}_1$ の平均と分散がそれぞれ，$(\tilde{\Sigma}_{12}\tilde{\Sigma}_{22}^{-1}\tilde{Z}_2 + X_2 B)$ と $\tilde{\Sigma}_{1|2} = \tilde{\Sigma}_{11} - \tilde{\Sigma}_{12}\tilde{\Sigma}_{22}^{-1}\tilde{\Sigma}_{21}$ である．$\tilde{Z}_{1|2} = \tilde{Z}_1 - \tilde{\Sigma}_{12}\tilde{\Sigma}_{22}^{-1}\tilde{Z}_2$ と定義すると，

$$p(B|Y, \alpha) \propto p(\beta(B)) \exp\left\{-\frac{1}{2}tr\left[\tilde{\Sigma}_{1|2}^{-1}(\tilde{Z}_{1|2} - X_2 B)'(\tilde{Z}_{1|2} - X_2 B)\right]\right\} \tag{7.48}$$

を得ることができる．したがって，B の事前分布が一様分布か正規分布であるなら，α を所与とした B の条件付事後分布は正規分布となる．

> **アルゴリズム 7.6**（正規分布を事前分布とした場合の単純 **VECM** のギブスサンプラー）：
> $s = 1, \ldots, n_{sim}$ について：
> 1) (7.45) の $p(\alpha|\beta^{(s-1)}, Y)$ からサンプル $\alpha^{(s)}$ を生成する．

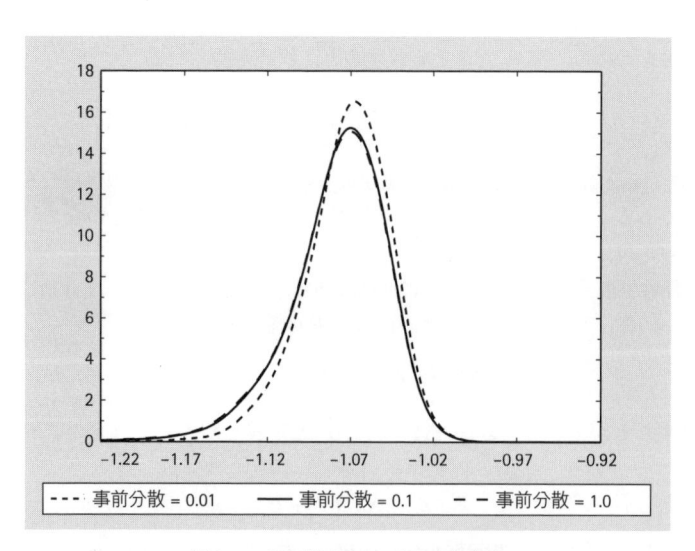

図 **7.4** 共和分パラメータの事後密度

この図は，$\beta = [1, B]'$ の B について，3 つの事前分布 $B \sim N(-1, 0.01)$，$B \sim N(-1, 0.1)$，$B \sim N(-1, 1)$ に対応する事後密度をカーネル近似したものである．

7.3 階数減少制約付 VAR モデル

2) (7.48) の $p(B|\alpha^{(s)}, Y)$ からサンプル $B^{(s)}$ を生成し，$\beta^{(s)} = [I, B^{(s)'}]'$ と置く．

実例 7.2： (7.41) において $p = 4$ とした VECM と，(7.42) の移動平均による表現を用いて，図 7.3 に描かれているアメリカ合衆国における投資と GDP データから共通トレンドを取り出す．以下の形をした非正則な事前分布を用いる．

$$p(\Pi, \Sigma, \alpha, B) \propto |\Sigma|^{-(n+1)/2} \exp\left\{-\frac{1}{2\lambda}(B-(-1))^2\right\}$$

ただし，$\lambda \in \{0.01, 0.1, 1\}$ である．共和分ベクトル $\beta = [1, B]'$ の事前分布は均斉成長経路上の値 $[1, -1]'$ で中心化される．事後分布からのサンプルは，ギブスサンプラーにより生成される．その際，アルゴリズム 7.5 のステップ 2) をアルゴリズム 7.6 の 2 つのステップに置き換える．B の事後密度が，事前分布の分散 λ を 3 通りに変えて，図 7.4 に描かれている．事後分布は λ の 3 つの選択肢すべてについて類似しており，これらのデータが共和分関係に関して十分な情報を有していることが示される．3 種類の事前分布から導出された B の事後分布であるが，それぞれの平均は約 -1.07 で

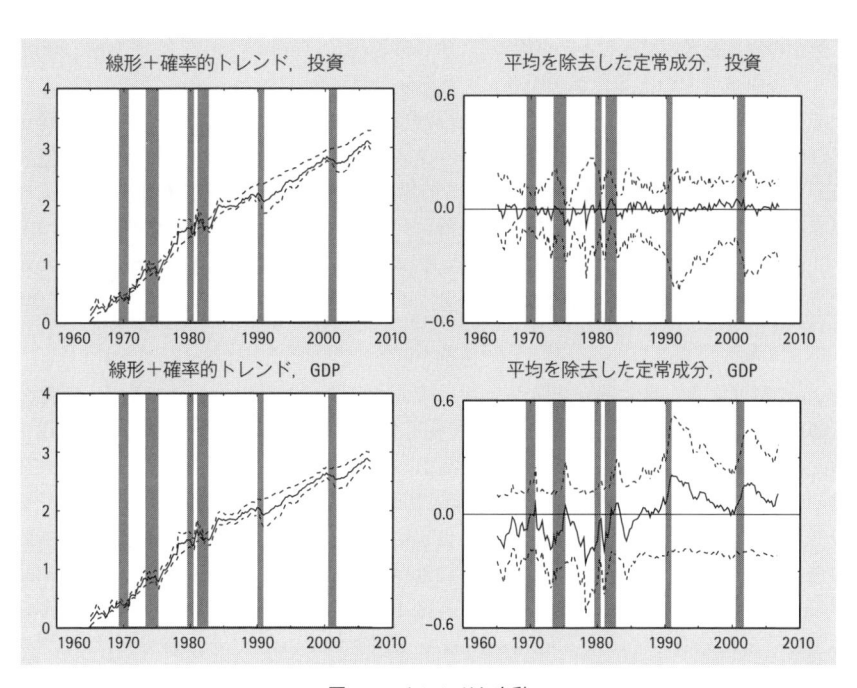

図 7.5 トレンドと変動

この図では，投資と産出高に関する対数値の共通トレンドおよびトレンドからの乖離について事後平均（実線）と 90% 信頼区間（点線）を示す．影をつけた垂直な帯は NBER が公表する景気後退期を示す．

ある．分布のほとんどは -1 より小さい区間にあり，均斉成長経路の制約が若干成立しないことを示す．$\lambda = 0.10$ と置いて導出した事後分布からのサンプルを用いて，図 7.5 には，名目総投資の対数値と名目 GDP の対数値を，共通トレンドそしてこのトレンドの周りの定常な変動に分解した結果が描かれている．図の左側には各時系列の共通トレンド $\beta_\perp (\alpha'_\perp \Gamma \beta_\perp)^{-1} \alpha'_\perp \sum_{\tau=1}^{t} (u_t + \Pi_c)$ を示してある．一方，図の右側には平均を除去した定常成分 $\Psi(L)u_t$ を示してある．垂直な帯は全米経済研究所 (NBER) が公表した景気後退期を示す．

7.3.3 ベイズ統計学を用いた共和分モデルに関するさらなる研究

共和分体系のベイズ統計学に基づいた分析は活発な研究領域であり続けており，その詳細なサーベイは Koop et al. (2006) によって提供されている．続いて，この文献に含まれる 2 つの流れを考察する．第 1 の流れでは，(7.41) の行列 β の列が $\mathbb{R}^n$ 上の 1 つの部分空間の特徴を表すものと考えられるべきと指摘するとともに，β の事前分布が複数の部分空間上にまたがる事前分布であると指摘している．2 番目の流れでは，事前分布を用いて完全非楕円のパラメータ空間において共和分モデルの尤度関数が調整あるいは平滑化される．

第 1 の流れを考察することから始める．Strachan and Inder (2004) と Villani (2005) は，β の事前分布の定式化が $\mathbb{R}^n$ の r 次元部分空間集合（Grassmann 多様体 $\mathcal{G}_{r,n-r}$）上で事前確率を考えることに等しいと強調する．この部分空間は 7.2.4 項 a. で構造 VAR モデルを議論した際に既に現れている．ここでの議論は $n=2$ と $r=1$ と置いて，産出高–投資の例に焦点を当てる．この場合，Grassmann 多様体は $\mathbb{R}^2$ 空間内の原点を通るすべての線によって構成される．共和分ベクトル β の縦座標の中の 1 つを 1 に正規化する代わりに，その長さを 1 に正規化し，極座標でそれを表現することができる．理由は今後，明らかとなるが，以下のように置こう．

$$\beta(\varphi) = [\cos(-\pi/4 + \pi(\varphi - 1/2)), \sin(-\pi/4 + \pi(\varphi - 1/2))]', \quad \varphi \in (0,1]$$

$\beta(\varphi)$ に関連する 1 次元部分空間が $\lambda \beta(\varphi)$ で表される．ただし $\lambda \in \mathbb{R}$ である．実証分析の事例では，共和分ベクトル $[1, -1]'$ で中心化された均斉成長経路事前分布を利用する．このベクトルは $\beta(1/2)$ で張られた空間に含まれている．したがって，均斉成長経路の制約に従って中心化される事前分布を生成するため，φ の確率分布としてベータ分布を選べる．つまり，$\varphi \sim B(\gamma, \gamma)$ と仮定する．$\gamma \gg 1$ の場合，事前分布は独断的に決められている．γ を大きい方から 1 に近づけると，分布は一層散漫になる．実は，$\gamma = 1$ なら，$\varphi \sim U(0,1]$ である．また $\beta(\varphi)$ に関連する部分空間は Grassmann 多様体上で一様に分布している（James 1954 を参照されたい）．この一様分布は，$\mathbb{R}^n$ の直交正規変換グループの下で不変となる唯一の分布と定義される．$n=2$ のとき，このグループは (7.28) で定式化された直交行列の集合である．この直交行列は $\beta(\varphi)$ が原点近傍で張る部分空間を回転させる．Villani (2005) は Grassmann 多様体上の一

7.3 階数減少制約付 VAR モデル

様分布を，共和分体系を分析する際の参照事前分布 (reference prior) として使用することを提案した．また，一般化された n と r について，順序に関する正規化 (ordinal normalization) $\beta' = [I, B']$ を用いて，α と β の事後分布を導出した．

Strachan and Inder (2004) は順序に関する正規化に対して非常に批判的である．なぜなら，$\beta' = [I, B']$ の中の B に関するフラットで明らかに無情報な事前分布にとって，線形正規化が不適切な領域近くの共和分空間は望ましいからである．これは，最初の r 個の変数の中にどの共和分ベクトルにも現れない変数があることを意味する．代わりに，彼らは $\beta'\beta = I$ に従って β を正規化することを提案するとともに，β に関連した Grassmann 多様体上で報知事前分布と散漫事前分布を構築する方法を開発することを提案する．

これから正則性 (regularization) に関する研究へ移ろう．Kleibergen and van Dijk (1994) と Kleibergen and Paap (2002) は VECM の尤度関数の非正則性を修正することに事前分布を使用する．これらの非正則性は，順序を示した正規化 $\beta' = [I, B']$ の下の α と B の局所識別不可能性 (local nonidentifiability) によって引き起こされる．共和分関係 $\beta' y_{t-1}$ に対する負荷行列 α がゼロに近づくにつれて，B は識別不能になる．共和分関係の事前情報が少ないことを示すため，前に議論した情報が非常に豊かな，均斉成長経路事前分布をフラットな事前分布 $p(B)$（$\propto$ 定数）に置き換えると，$\alpha = 0$ の場合に B の条件付事後分布は不正則であり，その密度の積分は無限大になる．この事前分布の下で，α の周辺事後密度は以下のように記述できる．

$$p(\alpha|Y) \propto p(\alpha) \int p(Y|\alpha, B) dB$$

$\int p(Y|B, \alpha = 0) dB$ は $\alpha = 0$ における周辺密度を決定するので，α の事後分布はゼロ近辺の値をとりやすい傾向にある．この場合，共和分関係は不十分にしか識別されない．

Kleibergen and Paap (2002) は以下に示す代替法を提案した．出発点は $n \times n$（いまの時点で）の非制約行列 Π'_* の特異値分解である．これは以下の形をとる．

$$\Pi'_* = VDW' = \begin{bmatrix} V_{11} & V_{12} \\ V_{21} & V_{22} \end{bmatrix} \begin{bmatrix} D_{11} & 0 \\ 0 & D_{22} \end{bmatrix} \begin{bmatrix} W'_{11} & W'_{21} \\ W'_{12} & W'_{22} \end{bmatrix} \quad (7.49)$$

ここで，V と W は $n \times n$ の直交行列，D は $n \times n$ の対角行列である．小行列 V_{11}，D_{11} および W_{11} は $r \times r$．その他の小行列の大きさは全体のサイズに応じて決まる．Π'_* の階数に関係なく，行列を以下のように分割できることが確認されている．

$$\Pi'_* = \begin{bmatrix} V_{11} \\ V_{21} \end{bmatrix} D_{11} \begin{bmatrix} W'_{11} & W'_{21} \end{bmatrix} + \begin{bmatrix} V_{12} \\ V_{22} \end{bmatrix} D_{22} \begin{bmatrix} W'_{12} & W'_{22} \end{bmatrix}$$
$$= \beta\alpha' + \beta_\perp \Lambda \alpha'_\perp \quad (7.50)$$

ここで，$\beta = \begin{bmatrix} I \\ B \end{bmatrix}$, $B = V_{21} V_{11}^{-1}$, $\alpha' = V_{11} D_{11} [W'_{11}, W'_{21}]$ である．

事前密度が便利な関数形となるため行列 Λ を以下のように選ぶ。

$$\Lambda = (V_{22}'V_{22})^{-1/2}V_{22}D_{22}W_{22}'(W_{22}W_{22}')^{-1/2}$$

最後に，行列 $\beta_\perp'$ と $\alpha_\perp'$ はそれぞれ，$\beta_\perp' = M_\beta[V_{12}'\ V_{22}']$ と $\alpha_\perp' = M_\alpha[W_{12}'\ W_{22}']$ の形をとる。ここで，M_α と M_β は (7.50) の 2 番目の式が成立するように選ばれている。$\Lambda=0$ の場合，(7.50) の無制約行列 Π_*' の階数が r に下がり，よく知られた表現 $\Pi_*' = \beta\alpha'$ が得られる。

彼らは r 個の共和分関係による階数減少を無視して，Π_* にフラットな事前分布を仮定することから始める，つまり $p(\Pi_*) \propto$ 定数とする。そして $\Lambda = 0$ と与えた上で Π_* の条件付分布を導出する。さらに興味のあるパラメータ α と B の分布を得るために，最後に変数変換を利用する。したがって，次式が得られる。

$$p(\alpha, B) \propto |J_{\Lambda=0}(\Pi_*(\alpha, B, \Lambda))| \propto |\beta'\beta|^{(n-r)/2}|\alpha\alpha'|^{(n-r)/2} \tag{7.51}$$

ここで，$J_{\Lambda=0}(\Pi_*(\alpha, B, \Lambda))$ は Π_* と (α, B, Λ) の間の写像に関するヤコビアンである。この事前分布は，$\alpha \to 0$ のとき，その密度が消え (vanishes)，$\int p(Y|\alpha, B)dB$ の発散を和らげる性質をもつ。事後シミュレータ (posterior simulator) を実行する上での詳細は Kleibergen and Paap (2002) に記述されている。

7.4 動的確率一般均衡モデル

DSGE モデルは広いクラスの動的マクロ経済モデルを指し，そのクラスには King et al. (1988) で検討された標準的な新古典派成長モデルから，Christiano et al. (2005) によって開発された，実質と名目の変数間の様々な摩擦が存在する金融モデルまでが含まれる。それらモデルに共通の特徴がある。それは，経済主体の意思決定ルールが，選好と技術に対して仮定を設けた上で，異時点間の最適化問題を解くことによって導出されることである。さらに，経済主体は全要素生産性に潜んでいる不確実性，あるいは中央銀行に設定される名目金利の抱える不確実性に直面する点も共通である。例えば技術の変化，あるいは中央銀行の利子率フィードバックルールからの予想外の乖離を生じさせる外生的な確率過程から，この不確実性は生まれる。

外生的ショックの分布にかかわる仮定を条件とすれば，DSGE モデルによって，産出高，消費，投資およびインフレーションといったモデルの内生変数の同時確率分布が与えられる。ベイズ統計学の枠組みでは，DSGE モデルにおける構造パラメータの事前分布を事後分布へ更新することにこの尤度関数が利用できる。この事後分布は現実の推測および意思決定における基礎となる。DSGE モデルは，パラメータとモデルの両方にかかわる不確実性を考慮に入れており，景気循環の変動要因とマクロ経済に対するショック伝播の研究，重要なマクロ経済変数の予測分布の導出および経済政策の厚生効果の分析など多様な実証分析に利用できる。

7.4 動的確率一般均衡モデル

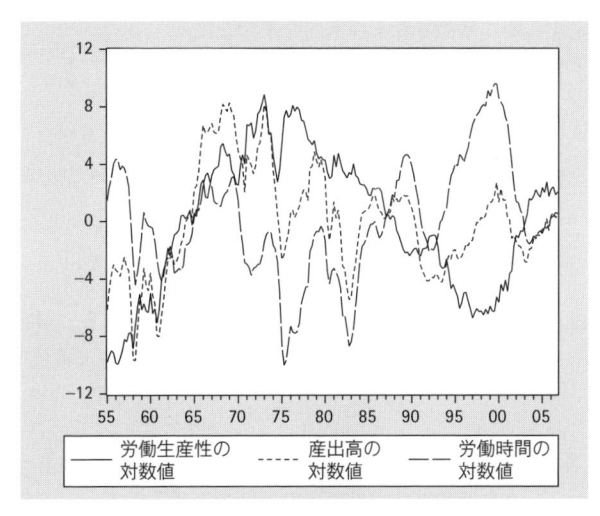

図 7.6 総産出高，労働時間と労働生産性

産出高と労働生産性は決定的トレンドからの乖離を％表示したもの．労働時間は平均からの乖離を表す．標本期間は 1955 年第 1 四半期〜2006 年第 4 四半期である．

本節の残り部分は以下のように構成される．7.4.1 項ではプロトタイプの DSGE モデルを示す．モデルの解析解や状態空間表現を 7.4.2 項で検討する．線形化された DSGE モデルのパラメータのベイズ推定は 7.4.3 項で議論される．不確定性 (indeterminacies) あるいは確率的ボラティリティを伴うモデルへの拡張および非線形の技法を用いて解かれるモデルへの拡張はそれぞれ，7.4.4 項と 7.4.5 項および 7.4.6 項で検討される．7.4.7 項では，DSGE モデルの性能を報告するとともに，それらを VAR モデルのような制約が少ないモデルと比較する様々な方法について議論する．最後に，7.4.8 項においていくつかの実証研究について簡潔に議論する．DSGE モデルの推定および評価に関する，ベイズ統計学に基づいた技法の詳細なサーベイは An and Schorfheide (2007a) に記述されている．

7.4.1 プロトタイプの DSGE モデル

図 7.6 において戦後のアメリカ合衆国における総産出高の対数値，労働時間および労働生産性の対数値が描かれている．データに関する正確な定義は Rios-Rull et al. (2009) に記述されている．産出高と労働生産性については，線形トレンドからの乖離がパーセンテージ表示されている．これらの時系列に潜んでいる動的な関係を捉えようとする最も単純な DSGE モデルは，新古典派の確率的成長モデルである．このモデルに従えば，この 3 つの時系列において観測された変動の主な要因は全要素生産性の外生的変化である．この項の中で，産出高と労働時間の観測値に基づいて確率的成

長モデルを推定する際に議論される技術的な事項を説明する．

ここで扱うモデルは代表的家計と完全競争的企業から構成される．一連の予算制約

$$C_t + I_t \leq W_t H_t + R_t K_t$$

の下で，代表的家計は消費 C_t と労働時間 H_t を用いて生涯効用の割引期待値を最大化する．

$$I\!\!E_t \left[\sum_{s=0}^{\infty} \beta^{t+s} \left(\ln C_{t+s} - \frac{(H_{t+s}/B_{t+s})^{1+1/\nu}}{1+1/\nu} \right) \right] \quad (7.52)$$

家計は労働所得 $W_t H_t$ を受け取る．ここで，W_t は時間給である．家計は資本ストック K_t を所有し，R_t の率で企業に貸し出す．資本は次式に従って蓄積する．

$$K_{t+1} = (1-\delta)K_t + I_t \quad (7.53)$$

ここで，I_t は投資，δ は減価償却率である．家計は割引率 β を使用する．また，B_t は労働供給のショックと解釈可能な外生的な選好の変化 (preference shifter) である．B_t が増加する場合，労働時間に伴って増える不効用が減少する．最後に，ν は総労働供給の弾力性である．家計の最適化問題に伴う一階の条件は消費のオイラー方程式と労働供給条件によって次式のとおりに与えられる．

$$\frac{1}{C_t} = \beta I\!\!E \left[\frac{1}{C_{t+1}}(R_{t+1}+(1-\delta)) \right] \quad \text{そして} \quad \frac{1}{C_t} W_t = \frac{1}{B_t}\left(\frac{H_t}{B_t}\right)^{1/\nu} \quad (7.54)$$

企業は資本を借り，労働サービスを雇用し，以下のコブ–ダグラス型の技術に従って最終財を生産する．

$$Y_t = (A_t H_t)^\alpha K_t^{1-\alpha} \quad (7.55)$$

確率過程 A_t は外生的な労働拡大型の技術進歩 (labor-augmenting technological progress) を表す．企業は静的な利益最大化問題を解き，賃金と資本の賃貸料がそれぞれ労働と資本の限界生産物と等しくなるように労働と資本を選ぶ．

$$W_t = \alpha \frac{Y_t}{H_t}, \quad R_t = (1-\alpha)\frac{Y_t}{K_t} \quad (7.56)$$

均衡とは，(i) 代表的家計が効用を最大化し，企業が与えられた価格で利益を最大化する，(ii) 以下に示すように市場が清算される．こうした状況下での価格と数量の系列である．

$$Y_t = C_t + I_t \quad (7.57)$$

このモデルの説明を終えるため，2つの外生過程の運動法則を定式化する．技術の対数値は次式に従って変化する．

$$\ln A_t = \ln A_0 + (\ln \gamma)t + \ln \tilde{A}_t, \quad \ln \tilde{A}_t = \rho_a \ln \tilde{A}_{t-1} + \sigma_a \epsilon_{a,t}, \quad \epsilon_{a,t} \sim \text{i.i.d.} N(0,1) \quad (7.58)$$

7.4 動的確率一般均衡モデル

そして, $\rho_a \in [0,1]$ である. $0 \leq \rho_a < 1$ ならば, 技術の対数値の過程はトレンド定常である. $\rho_a = 1$ ならば, $\ln A_t$ はドリフトをもつランダムウォーク過程である. 外生的な労働供給の変動は定常な AR(1) 過程に従うと仮定する.

$$\ln B_t = (1 - \rho_b)\ln B_* + \rho_b \ln B_{t-1} + \sigma_b \epsilon_{b,t}, \quad \epsilon_{b,t} \sim \text{i.i.d.} N(0,1) \quad (7.59)$$

そして, $0 \leq \rho_b < 1$ である. 外生の過程を初期化するため, $t = -\tau$ のとき,

$$\ln \tilde{A}_{-\tau} = 0, \qquad \ln B_{-\tau} = 0$$

であると仮定する. 合理的期待に基づいた差分方程式 (7.53) から (7.59) までの解によって, 内生変数 Y_t, C_t, I_t, K_t, H_t, W_t と R_t の運動法則が決まる.

技術の対数値の過程 $\ln A_t$ によって, 産出高, 消費, 投資, 資本および賃金に共通なトレンドが導出される. その後, 定常状態の近くで動学を局所近似することによってモデルを解くので, 以下のようにモデルの変数からトレンドを除去しておくことは役に立つ.

$$\tilde{Y}_t = \frac{Y_t}{A_t}, \quad \tilde{C}_t = \frac{C_t}{A_t}, \quad \tilde{I}_t = \frac{I_t}{A_t}, \quad \tilde{K}_{t+1} = \frac{K_{t+1}}{A_t}, \quad \tilde{W}_t = \frac{W_t}{A_t} \quad (7.60)$$

トレンド除去された変数は平均回帰的である. このため対数線形値から大きな乖離が生じて近似解が不正確となる確率は限定される. 時期の表記方法の慣習に従い, K_{t+1} は t 期末から $t+1$ 期首の間の資本を表すとともに, 時点 t 以前のショックの関数である. そこで, A_t を用いて K_{t+1} のトレンドを除去する. トレンド除去された変数を用いて (7.53)〜(7.57) を以下のように書き直すことは簡単である.

$$\frac{1}{\tilde{C}_t} = \beta I\!\!E\left[\frac{1}{\tilde{C}_{t+1}}e^{-a_{t+1}}(R_{t+1} + (1-\delta))\right], \quad \frac{1}{\tilde{C}_t}\tilde{W}_t = \frac{1}{B_t}\left(\frac{H_t}{B_t}\right)^{1/\nu} (7.61)$$

$$\tilde{W}_t = \alpha \frac{\tilde{Y}_t}{H_t}, \quad R_t = (1-\alpha)\frac{\tilde{Y}_t}{\tilde{K}_t}e^{a_t}$$

$$\tilde{Y}_t = H_t^\alpha \left(\tilde{K}_t e^{-a_t}\right)^{1-\alpha}, \quad \tilde{Y}_t = \tilde{C}_t + \tilde{I}_t, \quad \tilde{K}_{t+1} = (1-\delta)\tilde{K}_t e^{-a_t} + \tilde{I}_t$$

確率過程 a_t は以下のように定義される.

$$a_t = \ln \frac{A_t}{A_{t-1}} = \ln \gamma + (\rho_a - 1)\ln \tilde{A}_{t-1} + \sigma_a \epsilon_{a,t} \quad (7.62)$$

この対数比は常に定常である. その理由は, $\rho_a = 1$ なら, $\ln \tilde{A}_{t-1}$ が消えるからである. 最後に, DSGE モデルのパラメータを積み重ね, ベクトル θ と名付ける.

$$\theta = [\alpha, \beta, \gamma, \delta, \nu, \ln A_0, \rho_a, \sigma_a, \ln B_*, \rho_b, \sigma_b]' \quad (7.63)$$

イノベーション $\epsilon_{a,t}$ と $\epsilon_{b,t}$ の標準偏差をゼロとすれば, モデルの表す経済は決定的なものになり, トレンド除去された変数で記述される定常状態を有する. この定常状

態は θ の関数である．例えば，資本のレンタル料，資本-産出高の比，投資-産出高の比はそれぞれ次式で与えられる．

$$R_* = \frac{\gamma}{\beta} - (1-\delta), \quad \frac{\tilde{K}_*}{\tilde{Y}_*} = \frac{(1-\alpha)\gamma}{R_*}, \quad \frac{\tilde{I}_*}{\tilde{Y}_*} = \left(1 - \frac{1-\delta}{\gamma}\right)\frac{\tilde{K}_*}{\tilde{Y}_*} \quad (7.64)$$

確率的な環境においては，たとえ基礎をなす技術ショックが非定常であっても，トレンド除去された変数は定常な運動法則に従う．さらに，$\rho_a = 1$ ならば，(7.60) に従って，$\ln Y_t$, $\ln C_t$, $\ln I_t$, $\ln K_{t+1}$，また $\ln W_t$ の各ペアの差をとることによって得られる多くの共和分関係がこのモデルによって生成される．

7.4.2 モデルの解と状態空間形

均衡条件 (7.59), (7.61) と (7.62) の解によって，構造パラメータベクトル θ と対応関係のあるモデルの内生変数の確率分布が導出される．このモデルの尤度関数はベイズ推定に利用できる．DSGEモデルをベイズ統計学に基づいて分析することを議論する前に，モデルの解に関するいくつかの注意点を記述しておこう．ほとんどのDSGEモデルにおいて，経済主体の異時点間の最適化問題はベルマン方程式を用いて再帰的に記述される．一般に，最適化問題に関連する評価関数と政策関数は状態変数と制御変数について非線形であり，最適化問題を解くには数値的な技法が必要とされる．DSGEモデルの解は以下のように記述できる．

$$s_t = \Phi(s_{t-1}, \epsilon_t; \theta) \quad (7.65)$$

ここで，s_t は適切に定義された状態変数，ϵ_t は構造ショックのイノベーションを積み重ねてできたベクトルである．

さしあたり，非線形モデルの解と1次近似の相違を無視し，対数線形化の技法によってDSGEモデルの均衡運動法則が近似されるという仮定の下で進める．変数 X_t ($\tilde{X}_t$) が定常状態 X_* ($\tilde{X}_*$) を有するなら，$\hat{X}_t = \ln X_t - \ln X_*$ ($\hat{X}_t = \ln \tilde{X}_t - \ln \tilde{X}_*$) とする．新古典派成長モデル (7.61) の対数線形化された均衡条件は，線形期待差分方程式に関する以下に示す体系で与えられる．

$$\hat{C}_t = I\!E_t\left[\hat{C}_{t+1} + \hat{a}_{t+1} - \frac{R_*}{R_* + (1-\delta)}\hat{R}_{t+1}\right] \quad (7.66)$$

$$\hat{H}_t = \nu \hat{W}_t - \nu \hat{C}_t + (1+\nu)\hat{B}_t, \quad \hat{W}_t = \hat{Y}_t - \hat{H}_t,$$

$$\hat{R}_t = \hat{Y}_t - \hat{K}_t + \hat{a}_t, \quad \hat{K}_{t+1} = \frac{1-\delta}{\gamma}\hat{K}_t + \frac{\tilde{I}_*}{\tilde{K}_*}\hat{I}_t - \frac{1-\delta}{\gamma}\hat{a}_t,$$

$$\hat{Y}_t = \alpha \hat{H}_t + (1-\alpha)\hat{K}_t - (1-\alpha)\hat{a}_t, \quad \hat{Y}_t = \frac{\tilde{C}_*}{\tilde{Y}_*}\hat{C}_t + \frac{\tilde{I}_*}{\tilde{Y}_*}\hat{I}_t,$$

$$\hat{A}_t = \rho_a \hat{A}_{t-1} + \sigma_a \epsilon_{a,t}, \quad \hat{a}_t = \hat{A}_t - \hat{A}_{t-1}, \quad \hat{B}_t = \rho_b \hat{B}_{t-1} + \sigma_b \epsilon_{b,t}$$

多くの技法が線形の合理的期待モデルを解くことに利用できる（例えば，Sims 2002b

を参照されたい).経済学者は,発散する解が基本的な動的最適化問題に関する横断条件を満たさないことを曖昧に正当化しつつ,(7.66) に現れる内生変数が非発散運動法則に従うことを保証する解に焦点を当てる.新古典派成長モデルの場合,その解は以下の形である.

$$s_t = \Phi_1(\theta)s_{t-1} + \Phi_\epsilon(\theta)\epsilon_t \tag{7.67}$$

体系の行列 Φ_1 と Φ_ϵ は DSGE モデルのパラメータベクトル θ の関数である.また,s_t は t 期末の資本ストック $\hat{K}_{t+1}$,2 つの外生的過程 $\hat{A}_t$ と $\hat{B}_t$ の 3 つの要素で構成される.他の内生変数,$\hat{Y}_t, \hat{C}_t, \hat{I}_t, \hat{H}_t, \hat{W}_t$ と $\hat{R}_t$ は s_t の線形関数として表すことができる.

すべての DSGE モデルと同じく,線形化された新古典派成長モデルは明らかに事実と異なる含意をいくつか有する.変動が 2 つの外生的撹乱項 $\hat{A}_t$ と $\hat{B}_t$ によって生成されるので,モデルが 2 個を超える変数により構成されると,その尤度関数は退化する.モデルから,労働分配率のような変数の線形結合 $l\hat{s}h = \hat{H}_t + \hat{W}_t - \hat{Y}_t$ は一定であると予測される.これはデータと明らかに一致しない.この問題を対処するため,いわゆる測定誤差 (Sargent 1989; Altug 1989; Ireland 2004),あるいは追加的ショック (Leeper and Sims 1994; 最近では Smets and Wouters 2003) がモデルに追加されてきた.後の実例では,外生的ショックの回数と一致するよう,観測値ベクトル y_t の次元を $n = 2$ に限定する.我々の観測方程式は以下の形である.

$$y_t = \Psi_0(\theta) + \Psi_1(\theta)t + \Psi_2(\theta)s_t \tag{7.68}$$

方程式 (7.67) と (7.68) は線形化された DSGE モデルの状態空間表現を表している.イノベーション ϵ_t が正規分布に従う場合,尤度関数はカルマンフィルタから得ることができる.それは Giordani ら(本書の第 3 章)で詳細に述べられる.

後の実証的な例では y_t を GDP と労働時間の対数値で構成する.この場合,(7.68) は次式となる.

$$\begin{bmatrix} \ln GDP_t \\ \ln H_t \end{bmatrix} = \begin{bmatrix} \ln Y_0 \\ \ln H_* \end{bmatrix} + \begin{bmatrix} \ln \gamma \\ 0 \end{bmatrix} t + \begin{bmatrix} \hat{Y}_t + \hat{A}_t \\ \hat{H}_t \end{bmatrix}$$

ここで,$Y_0 = Y_* A_0$ である.そして,H_* と Y_* はそれぞれ労働時間と産出高の定常状態である.変数 $\hat{A}_t, \hat{Y}_t$ および $\hat{H}_t$ は s_t の線形関数である.例えば DSGE モデルをトレンド除去済みのモデル変数 $\hat{Y}_t$ について解く場合であっても,技術から生成されたトレンド $(\ln \gamma)t + \hat{A}_t$ が上述した観測方程式に入ることに注意されたい.したがって,トレンドを除去していない実質 GDP の対数値を観測値として使うことができるとともに,産出高の水準に関して利用可能な情報から技術成長率 γ およびその持続性 ρ_a を知ることができる.

この項では産出高および労働時間の動学に焦点を当てるが,産出高と投資に関するモデルの観測方程式を吟味することは有益である.GDP デフレーターを利用して図

7.3 の中で描かれた 2 つの時系列を名目から実数へ変換すれば，以下のように記述できる．

$$\begin{bmatrix} \ln GDP_t \\ \ln I_t \end{bmatrix} = \begin{bmatrix} \ln Y_0 \\ \ln Y_0 + (\ln \tilde{I}_* - \ln \tilde{Y}_*) \end{bmatrix} + \begin{bmatrix} \ln \gamma \\ \ln \gamma \end{bmatrix} t + \begin{bmatrix} \hat{A}_t + \hat{Y}_t \\ \hat{A}_t + \hat{I}_t \end{bmatrix}$$

この表現では技術過程 $\hat{A}_t$ によって作り出された産出高と投資に共通なトレンドが強調される．$\rho_a = 1$ なら，(7.66) 最後の行は $\hat{A}_t$ がランダムウォーク過程に従い，非定常な動学となることを意味する．この場合，モデルから以下の共和分関係が示唆される．

$$\begin{bmatrix} -1 & 1 \end{bmatrix} \begin{bmatrix} \ln GDP_t \\ \ln I_t \end{bmatrix} = \ln \left[\frac{(1-\alpha)(\gamma - 1 + \delta)}{\gamma/\beta - 1 + \delta} \right] + \hat{I}_t - \hat{Y}_t$$

たとえ $\rho_a = 1$ であっても，$\hat{Y}_t$ と $\hat{I}_t$ がともに定常であることを思い出してみよう．7.3.2 項で，共和分ベクトルに対する我々の報知事前分布を正当化するためにこのモデルの含意を使用した．対照的に，実例 7.1 で報告された共和分ベクトルの事後推定値によって，DSGE モデルの均斉成長経路からの含意が過度に限定的であることが示唆される．実際に，そのようなモデルの欠点によって，技術以外のショックに関連する自己回帰係数の事後分布が 1 の近くに集中して分布する可能性もある．

7.4.3 ベイズ推定

　DSGE のベイズ推定に関する多くの文献では報知事前分布が好まれるが，これは独断的に決める事前分布を用いて望むような結果を得ていると解釈されるべきではない．逆に，事前分布の導出に関する基本的な考え方は尤度関数に含まれない他の情報源を使用することである．つまり，情報が本当に正確ならば小さな分散の事前分布を使用することが望ましい．情報が不確かな場合，もっと散漫な事前分布を利用すべきである．最も重要なことは選択した事前分布が適切に反映されることである．
　具体的に，新古典派成長モデルを標本期間 1955〜2006 年にわたる総産出高と労働時間のデータに基づいて推定すると仮定する．尤度関数に使われるデータとほぼ独立であるとともに，事前分布の導出に利用できる情報の重要な源が 3 つある．つまり，(i) 標本期間 1955〜2006 年の産出高および労働時間以外のマクロ経済時系列からの情報，(ii) 例えば労働供給の決定に関して多くの情報を含むミクロレベルの観測値，(iii) 1955 年以前の産出高と時間に関する観測値を含むマクロ経済データである．最初に情報源 (i) を検討しよう．(7.64) により，実質金利，資本–産出高の比および投資–産出高の比の長期平均が，α，β および δ に関する情報を豊富に有することは明白である．さらに，パラメータ α はモデル中の労働分配率と等しい．これらの変数のどれも直接に尤度関数に入らないので，事前分布を通じてこの情報を組み込むことは賢明である．パラメータ ρ_a，ρ_b，σ_a および σ_b は，産出高と労働時間の持続性および変動性に暗黙の影響を与える．したがって，これらのパラメータの事前分布は産出高と労働時間

の目に見えない動学が標本期間前のデータからの証拠（すなわち情報源 (iii) からの情報）とおおまかに調和するように選ばれる．Del Negro and Schorfheide (2008) においてこの種の事前分布を自動的に作り出す方法が提示される．最後に，労働供給弾力性—情報源 (ii) の例—のミクロ計量経済学的な推定値は，Frisch 弾力性 ν の事前分布を定式化することに利用できる．ν によって，集計レベルにおける労働時間の変化のほとんどが広範囲の周辺部 (extensive margin) すなわち失業と雇用の間を移動する個人によるものであるという事実が説明される．

DSGE モデルのパラメータベクトル θ が (7.67) と (7.68) に示される体系内の行列 $\Psi_0, \Psi_1, \Psi_2, \Phi_1$, または Φ_ϵ との間に非線形な関係を有するため，θ の要素の周辺分布と条件付分布はよく知られている確率分布族に属さない．今まで，θ の事後分布からのサンプルを生成するため最も一般に用いられている手法は Schorfheide (2000) と Otrok (2001) で説明されている．ランダムウォーク–メトロポリス (random–walk Metropolis：RWM) アルゴリズム，あるいは DeJong et al. (2000) で提案しされた重点サンプラー (importance sampler) である．基本的な RWM アルゴリズムは次の形である．

> **アルゴリズム 7.7（DSGE モデルを推定するためのランダムウォーク–メトロポリス (RWM) アルゴリズム）:**
> 1) 数値計算法を用いた最適化ルーチンによって対数事後密度を最大化し，その最大値は定数 $\ln p(Y|\theta) + \ln p(\theta)$ で与えられる．θ の事後モードを $\tilde{\theta}$ で表す．
> 2) $\tilde{\Sigma}$ は，数値的に計算可能な事後モード $\tilde{\theta}$ において計算された（負値）ヘッセ行列の逆行列である．
> 3) $N(\tilde{\theta}, c_0^2 \tilde{\Sigma})$ からサンプル $\theta^{(0)}$ を生成する．つまり初期値を直接指定する．
> 4) $s = 1, \ldots, n_{sim}$ について，提案分布 $N(\theta^{(s-1)}, c^2 \tilde{\Sigma})$ からサンプル ϑ を生成する．$\theta^{(s-1)}$ からのジャンプ ($\theta^{(s)} = \vartheta$) は確率 $\min\{1, r(\theta^{(s-1)}, \vartheta|Y)\}$ で採択され，それ以外の場合には棄却される ($\theta^{(s)} = \theta^{(s-1)}$)．ただし $r(\theta^{(s-1)}, \vartheta|Y)$ は以下のとおりである．
> $$r(\theta^{(s-1)}, \vartheta|Y) = \frac{p(Y|\vartheta)p(\vartheta)}{p(Y|\theta^{(s-1)})p(\theta^{(s-1)})}$$

尤度を高い精度で評価できる場合，ステップ 1) の最大化は，勾配を利用して最適化する数値計算のルーチンによって実行できる．事後分布の密度は一般的に大域的に凹でないので，最適化は多くの場合に簡単にできない．したがって，事前分布から抽出された複数の初期値を用いて最適化ルーチンを始めて，複数の初期値において最も高い事後分布の密度を与える値を $\tilde{\theta}$ にすることが望ましい．

尤度の評価には一般的に次の 3 つのステップが含まれる．(i) 定常状態の計算，(ii) 線形な合理的期待体系を解くこと，そして (iii) 線形状態空間モデルの尤度関数をカ

ルマンフィルタによって評価すること，である．新古典派の確率的成長モデルの場合，定常状態の計算は自明であるが，より複雑な DSGE モデルの場合は数値計算式で解く必要がある．定常状態の計算における不正確さはすべて尤度関数の不正確な評価につながり，勾配を利用して最適化する尤度関数の評価方式が非実用的になる．Chib and Ramamurthy (2010) はステップ 1) で焼きなまし法 (simulated annealing algorithm) を使うことを推奨する．いくつかの応用例の中で，事前平均のような合理的な初期値を選ぶことによってステップ 1)~3) をスキップし，ステップ 4) で対角線要素が DSGE モデルのパラメータの分散と等しく，非対角要素が 0 であるような行列に $\bar{\Sigma}$ を置き換えることが有益であることがわかった．

実証分析者の経験に基づけば，アルゴリズム 7.7 は事後分布の密度関数が単峰の場合に効果的に作動する傾向が見られる．基準化因子 (scale factor) c_0 によってマルコフ連鎖のモードと初期値の距離の期待値が制御される．調整パラメータ (tuning parameter) c は一般的に 50% 位の棄却率となるように選ばれる．この場合，初期値を適切に変えることで 100,000~1,000,000 回のサンプリングによって関心のある特性値（例えば事後平均，メジアン，標準偏差，信頼集合）に非常に近い値を与える連鎖が得られる．An and Schorfheide (2007b) は双峰の事後分布を扱うために混合推移 (transition mixture) を用いるハイブリッド MCMC アルゴリズムについて記述した．最近，Chib and Ramamurthy (2010) は多重ブロック・ギブス内メトロポリス (multiblock Metropolis-within-Gibbs) アルゴリズムを開発した．このアプローチではパラメータをランダムにいくつかのブロックへグループ分けする．その結果，得られるマルコフ連鎖の持続性は劇的に下がる．さらに，単純ブロック RWM アルゴリズムと比較して，事後サンプラーの効率性が改善される．詳細な議論は Chib（本書の第 5 章）に掲載されている．

実例 7.3： 我々の実証例の事前分布を表 7.3 の最初の 5 列に要約していこう．アメリカ合衆国経済分析局によって公表された国民所得と生産統計 (National Income and Product Account：NIPA) のデータに基づいて，α と β および δ の事前平均を，労働分配率の 0.66 と投資-産出高比の約 25% および年間利子率の 4% と一致するように選ぶ．この選択によって，四半期データで分析すると，$\underline{\alpha} = 0.66, \underline{\beta} = 0.99$ および $\underline{\delta} = 0.025$ が得られる．文献によく見られるように，独断的に決める事前分布を β と α に使用すると決めた．これらのパラメータを固定値とすることは一般的に以下の理由で正当化される．特殊なデータの定義を採用するという条件の下で，NIPA データから計算した関連する長期平均によって定常状態をかなり正確に計測できると思われる．この定常状態の計測結果は β と δ といったパラメータの情報を抽出することに利用でき，結果的に事前分散を減少させる．独断的に決める事前分布を利用することによって，分散の小さい事前分布を（かなりよく）近似できると思われる．例示のために，α に小さい分散をもつ事前分布を使用する．ゆえに，α の事前分布は標準偏差が

7.4 動的確率一般均衡モデル

表 7.3 DSGE モデルのパラメータの事前分布と事後分布

パラメ	領域	事前分布			事後分布			
ータ名					決定的トレンド		確率的トレンド	
		分布	母数1	母数2	平均	90% 信頼区間	平均	90% 信頼区間
α	$[0,1)$	ベータ	0.66	0.02	0.65	[0.62,0.68]	0.65	[0.63,0.69]
ν	IR^+	ガンマ	2.00	1.00	0.42	[0.16,0.67]	0.70	[0.22,1.23]
$4\ln\gamma$	IR	正規分布	0.00	0.10	.003	[.002,.004]	.004	[.002,.005]
ρ_a	IR^+	ベータ	0.95	0.02	0.97	[0.95,0.98]	1.00	
σ_a	IR^+	逆ガンマ	0.01	4.00	.011	[.010,.012]	.011	[.010,.012]
ρ_b	IR^+	ベータ	0.80	0.10	0.98	[0.96,0.99]	0.98	[0.96,0.99]
σ_b	IR^+	逆ガンマ	0.01	4.00	.008	[.007,.008]	.007	[.006,.008]
$\ln H_*$	IR	正規分布	0.00	10.0	-0.04	$[-0.08,0.01]$	-0.03	$[-0.07,0.02]$
$\ln Y_0$	IR	正規分布	0.00	100	8.77	[8.61,8.93]	8.39	[7.93,8.86]

母数1と母数2はベータ分布,ガンマ分布および正規分布の平均と標準偏差を表す.一様分布の場合にはサポートの上限と下限を表す.逆ガンマ分布の場合は s と ν を表す.ここで,$p_{IG}(\sigma|\nu,s) \propto \sigma^{-\nu-1}e^{-\nu s^2/2\sigma^2}$ である.モデルの確率的成長版を推定するため,$\rho_a = 1$ とする.パラメータは $\beta = 0.99$ と $\delta = 0.025$ に固定する.

0.02 のベータ分布に従うと仮定する.

モデルの振舞いを示す重要なパラメータは労働供給の弾力性である.Rios-Rull et al. (2009) で論じたように,もっともらしいと事前に思われる値はかなり変化する.中年白人男子に基づいたミクロレベルの推定値は 0.2 であり,各家計の選好がわずかしか違わない状況での均斉成長を考えると 2.0 を示唆し,広範な周辺部に沿って労働時間が変化する Rogerson (1988) のモデルでは $\nu = \infty$ となった.我々は事前分布として平均2と標準偏差1となるガンマ分布を使用する.技術ショックパラメータの事前分布は平均成長率のものと比べてかなり散漫である.これは全要素生産性の系列相関が 0.91〜0.99 であり,ショックの標準偏差が各四半期で 1% であることを示唆している.我々の事前分布は選好ショックが技術ショックよりわずかながら持続的でないことを示唆する.最後に,位置パラメータ $\ln Y_0$(これは $\ln A_0$ を変換したものである)および $\ln H_*$ に対して独断的でない事前分布を使用する.

表 7.3 の最初の数列で定式化される分布は周辺分布である.実証分析の例で行うように,同時事前分布は一般的に θ の各要素の周辺分布の積を計算することで得られる.この代わりは,構造パラメータの一部分を,例えば R_*, lsh_*, $\tilde{I}_*/\tilde{K}_*$, $\tilde{K}_*/\tilde{Y}_*$ で置き換えて,これらの様々な定常状態に対する考えが独立であるとみなすことである.Del Negro and Schorfheide (2008) では,定常状態および自己共分散に対する考えが反映されている関数 $f(\theta)$ に,θ の各要素の周辺分布によって構築された初期事前分布 $\tilde{p}(\theta)$ を掛けることが提案された.この関数はモデルに現れない変数の長期平均を,定常状態の誤差付きの観測値と解釈し,y_t のプレサンプルの自己共分散を母集団の自己共分散と解釈することから生成される.例えば,$lsh_*(\theta)$ は θ の関数としてモデルから推測さ

れる (model-implied) 労働分配率，$\hat{lsh}$ は戦後アメリカ合衆国の労働分配率の標本平均とする．そして，$\ln f(\theta)$ は $-(lsh_*(\theta) - \hat{lsh})^2/(2\lambda)$ と定義される．ここで λ は労働分配率に対する信頼の強さを反映している．最終的に，事前分布は $p(\theta) \propto \tilde{p}(\theta) f(\theta)$ の形をとる．

事前分布は1955～2006年までの総産出高と労働時間の四半期データに基づいて更新される．図7.6と異なり，産出高の時系列から決定的トレンドを取り除かない．RWMアルゴリズムを用いて確率的成長モデルのパラメータの事後分布から100,000個のサンプルを生成する．スケールパラメータ (scaled parameter) の提案密度は棄却率が約50%となるように $c = 0.5$ を選ぶ．事後分布からのサンプリングの結果，計算された事後平均および90%の信頼区間は表7.3の最後の4列に要約されている．ここで2通りのモデルを考える．決定的トレンドの場合は技術ショックの自己相関パラメータが $[0, 1)$ 区間に存在するという制約の下で推定される．一方，確率的トレンドの場合は同パラメータを1に固定する．α の事前分布はかなり集中した分布なので，本質的にはデータによって α の分布は更新されない．労働供給の弾力性の事後分布の平均を上述した2通りのモデルについて計算すると，それぞれ0.42と0.70であり，Rios-Rull et al. (2009) で報告された推定範囲と整合的である．これらの比較的小さな ν の値は労働時間のほとんどの変動が労働供給ショックによることを示唆する．推定されたショックの自己相関は約0.97である．また，ショックに対するイノベーションの標準偏差は，技術ショックの場合に1.1%であり，選好ショックの場合に0.7%である．γ を対数変換した値を使用したが，それは経済の四半期の平均成長率と解釈することができ，0.3%～0.4%であると推定される．$\ln H_*$ および $\ln Y_0$ の推定値は2つの時系列の水準を捉える．一度，事後分布からサンプルが生成されれば，それらは構造ショックに対する反応のように関心のある別の物へと変換できる．

7.4.4 拡張I：不確定性

線形の合理的期待体系は複数の安定解をもつことがある．これは不確定性と呼ばれる．中央銀行がインフレーションを長期的目標値から乖離しなくするように十分強硬な行動をとらないかぎり，このような不確定性が発生する可能性もあるので，不確定な均衡解を認めるDSGEモデルは多くの文献で注目されている．有力な論文Clarida et al. (2000) では戦後のアメリカ合衆国のデータに基づいて利子率フィードバックルールを推定した．また，1979年以前のデータを用いて推定された政策ルールによって，名目価格の硬直性を伴うDSGEモデルの場合，不確定な均衡動学が導出されることを明らかにした．不確定性の存在によってベイズ推測がいくぶん複雑になることはLubik and Schorfheide (2004) で詳細に述べられている．

次の単純な例を考える．y_t がスカラーであり，期待を含んだ差分方程式を満たすと仮定する．

$$y_t = \frac{1}{\theta} I\!E_t[y_{t+1}] + \epsilon_t, \qquad \epsilon_t \sim \text{i.i.d.} N(0,1),\ \theta \in (0,2] \tag{7.69}$$

ここで，θ はスカラーの構造パラメータであると解釈される．一方，$\theta > 1$ の場合，内生変数 y_t の運動法則は一意な安定均衡解として，

$$y_t = \epsilon_t \tag{7.70}$$

で表せることが確認できる．他方，$\theta \leq 1$ の場合は，ARMA(1,1) 過程よりも広いクラスの解が得られる．

$$y_t = \theta y_{t-1} + (1+M)\epsilon_t - \theta \epsilon_{t-1} \tag{7.71}$$

ここで，スカラーパラメータ $M \in \mathbb{R}$ は (7.69) のすべての定常解を特徴付けるために使われる．M は θ で特徴付けた経済主体の嗜好および技術と完全に無相関である．しかし，それは $\theta \leq 1$ の場合に y_t の運動法則に影響を与える．マクロ経済学者の観点からみると M が不確定性を捉える．θ に基づくだけでは，y_t の運動法則が一意に決定されない．

計量経済学者の観点から，この補助パラメータ M を導入して，尤度関数を構築する必要がある．この尤度関数は以下の特徴がある．(7.70) から，$\theta > 1$ の場合，すべてのパラメータが均衡の運動法則に含まれないので，尤度関数は完全に平坦である (θ および M の値に応じて変化しない)．$\theta \leq 1$ および $M = 0$ の場合，ARMA(1,1) 過程の (7.71) の自己回帰移動平均多項式の根が消える (cancel) ので，尤度関数は θ に応じて変化しない．$\theta \leq 1$ および $M \neq 0$ の場合，尤度関数が曲線関係を有している．ベイズ統計学の枠組みでは尤度関数がこうした不規則な形をしていることは概念的な難題とならない．原則として，θ および M の適切な事前分布を組み合わせることで事後分布が得られる．しかしながら，より現実的に応用する場合，事後分布からのサンプリングにはさらなる注意が必要である．Lubik and Schorfheide (2004) は確定性と不確定性の境界ラインに沿ってパラメータ空間を Θ_D と Θ_I に分ける（モデル (7.69) の場合，$\Theta_D = (1,2]$，$\Theta_D = [0,1]$）．そして部分空間を個別のモデルとして扱い，各部分空間の事後分布から別々にサンプルを生成する．さらに，周辺尤度関数を用いて Θ_D と Θ_I の事後確率を得る．

7.4.5 拡張 II：確率的ボラティリティ

戦後のアメリカ合衆国の GDP データにおける最も目立った特徴の 1 つは 1984 年前後に産出高が成長する際のボラティリティが低下したことである．この現象は大いなる安定 (great moderation) と名付けられ，さらに他の多くの工業先進国においても顕著に見られる．Justiniano and Primiceri (2008) では，このボラティリティ低下の原因を追究するために，(7.67) の構造ショック ϵ_t のボラティリティが時間とともに確率的に変化するようにした．彼らは標準偏差の対数値が自己回帰過程に従うという定式化を採用した．これに代わって大いなる安定の特徴を捉えることができるアプロー

チは，ショックの標準偏差がマルコフスイッチングに従うモデルである（7.5節を参照されたい）．

確率的成長モデルの場合は，例えば技術ショック $\epsilon_{a,t}$ に注目する．前の (7.58) では $\epsilon_{a,t} \sim N(0,1)$ を仮定したが，ここでは

$$\epsilon_{a,t} \sim N(0, v_t^2), \quad \ln v_t = \rho_v \ln v_{t-1} + \eta_t, \quad \eta_t \sim \text{i.i.d.} N(0, \omega^2) \quad (7.72)$$

と仮定する．Justiniano and Primiceri (2008) は自分達の DSGE モデルの対数線形化された均衡条件から得た線形の合理的期待体系を解くとともに，外生的構造ショックの確率的ボラティリティを特徴付ける方程式によって線形解を増やした．彼らのアプローチでは (7.67) を利用するが，そのショックベクトル ϵ_t の要素 $\epsilon_{a,t}$ は (7.72) に従って変動する．以下のギブスサンプラーが事後分布からサンプルを生成するために使用される．

> **アルゴリズム 7.8（確率的ボラティリティを有する DSGE モデルのギブス内メトロポリスサンプラー）：**
>
> $s = 1, \ldots, n_{sim}$ について：
>
> **1)** $(\theta | v_{1:T}^{(s-1)}, Y)$ を条件としてサンプル $\theta^{(s)}$ を生成する．系列 $v_{1:T}^{(s-1)}$ を所与として，状態空間モデルの尤度関数をカルマンフィルタで評価する．その結果，アルゴリズム 7.7 に記述した RWM ステップを用いてサンプル $\theta^{(s)}$ を生成できる．
>
> **2)** Cater and Kohn (1994) のシミュレーション平滑化 (simulation smoother) を用い，$(\theta^{(s)}, v_{1:T}^{(s-1)}, Y)$ を条件としてサンプル $\epsilon_{a,1:T}^{(s)}$ を生成する．Giordani ら（本書の第3章）を参照されたい．
>
> **3)** $(v_{1:T}^{(s-1)}, Y)$ を条件として，(7.72) の $\ln v_t$ の AR(1) の運動法則から得た逆ガンマ分布に従う事後分布からサンプル $(\rho_v^{(s)}, \omega^{(s)})$ を生成する．
>
> **4)** $(\epsilon_{a,1:T}^{(s)}, \rho_v^{(s)}, \omega^{(s)}, Y)$ を条件としてサンプル $v_{1:T}^{(s)}$ を生成する．(7.72) は非線形の状態空間モデルとして解釈できることに注意されたい．ただし，$\epsilon_{a,t}$ は観測変数であり，v_t は潜在状態 (latent state) の変数である．確率的ボラティリティの系列に関するサンプルを生成する平滑化アルゴリズムは Jacquier (1994) および Kim et al. (1998) で発展し，Jacquier and Polson（本書の第9章）と Giordani ら（本書の第3章）で議論されている．

Justiniano and Primiceri (2008) の実証モデルでは，計算を容易にするため，DSGE モデル自身の非線形性から生じる高次の動学を無視する．次項で見るように，ベイズ推測は非線形の技法で DSGE モデルを解くよりも難しい．

7.4.6 拡張 III：一般化非線形 DSGE モデル

確率的成長モデルの均衡条件 (7.61) から見られるように，DSGE モデルは本来，非線形である．それにもかかわらず，アメリカ合衆国のような国またはユーロ圏につい

7.4 動的確率一般均衡モデル

て,景気循環変動の規模がわかっていると,多くの研究者は均衡の動学が線形の状態空間体系によってうまく近似できると主張する.しかしながら,新興市場諸国でしばしば見られるように,経済システムが大きなショックを受けるとき,あるいは分析の目的が資産評価の含意の研究または消費者厚生の研究であるときには,この線形近似の信頼性が低下する.粗収益 $R_{j,t}$ をもたらす任意の資産 j の場合,線形化された消費オイラー方程式は,

$$\hat{C}_t = I\!\!E_t \left[\hat{C}_{t+1} + \hat{a}_{t+1} - \hat{R}_{j,t+1} \right] \tag{7.73}$$

と記述されることが簡単に示される.これはすべての資産が同じ期待収益を生むことを意味する.したがって,対数線形近似には,(資産の価格付けへの応用において)リスクプレミアムが消えるという望ましくない特徴がある.

非線形モデルを解く技法を利用すると,2つの理由からベイズ推定の実行が複雑になる.第1に,非線形解を得るにはより多くの計算が必要である.DSGE モデルの推定を扱う文献で最も一般的な推定アプローチは2次オーダー摂動法 (second-order perturbation methods) を使用することである.DSGE モデルの解き方の比較は Aruoba et al. (2004) に記述されている.第2に,状態空間モデルの状態遷移方程式および観測方程式が両方とも非線形であるので,尤度関数の評価はかなり面倒になる.したがって,(7.67) と (7.68) は (7.65) と次式で置き換えられる.

$$y_t = \Psi(s_t; \theta) \tag{7.74}$$

Fernandez-Villaverde and Rubio-Ramirez (2007; 2008) において DSGE モデルの尤度関数を評価する際の粒子フィルタの利用方法が示された.粒子フィルタに関する詳細な記述は Giordani ら(本書の第3章)で提供される.

非線形 DSGE モデルのベイズ分析は現在研究が活発に行われている領域の1つであり,まだ完全に解決されていない多くの困難に直面している.前に説明した確率的成長モデルで粒子フィルタを利用するために,研究者は (7.74) に観測誤差を導入しなければならない.$\{s_{t-1}^{(i)}\}_{i=1}^N$ は $p(s_{t-1}|Y_{1:t-1}, \theta)$ を近似した経験分布から得た粒子の集合であると仮定する.観測方程式に誤差がない場合,提案された粒子 $\tilde{s}_t^{(i)}$ は以下の2式を満たす必要がある.

$$y_t = \Psi(\tilde{s}_t^{(i)}; \theta) \tag{7.75}$$
$$\tilde{s}_t^{(i)} = \Phi(s_{t-1}^{(i)}, \epsilon_t^{(i)}; \theta) \tag{7.76}$$

$\tilde{s}_t^{(i)}$ を連続分布からサンプリングする場合,(7.75) が満たされる確率はゼロである.したがって,観測誤差がないなら,$\tilde{s}_t^{(i)}$ を離散分布からサンプリングする必要がある.まず,(7.76) を (7.75) に代入して $\tilde{s}_t^{(i)}$ を除去できるので,方程式 $y_t = \Psi(\Phi(s_{t-1}^{(i)}, \epsilon; \theta); \theta)$ における ϵ のすべての実数解 $\tilde{\epsilon}$ を見つけることができる.$\tilde{\epsilon}$ を用いれば,$\tilde{s}_t^{(i)}$ の分布のサポート点 (support points) を $\Phi(s_{t-1}^{(i)}, \tilde{\epsilon}; \theta)$ として得ることができる.実際に,非線

形方程式が複数解をもつ可能性があるので,実行できなくないとしてもこの計算は困難である.

我々の確率的成長モデルの中では DSGE モデルを修正したものにあたる観測方程式 (7.74) に誤差 $\eta_t \sim N(0, \Sigma_\eta)$ が加えられると,(7.75) は次式のように変わる.

$$y_t = \Psi(\tilde{s}_t^{(i)}; \theta) + \eta_t \tag{7.77}$$

$\eta_t = y_t - \Psi(\tilde{s}_t^{(i)}; \theta)$ とすると,この方程式は任意の $\tilde{s}_t^{(i)}$ に対して解くことができる.粒子フィルタが効率的に実行されるのは,$N\tilde{s}_t^{(i)}$ の大部分が Σ_η に比べて小さな値である η_t と結びついている状態である.観測誤差が実証モデルを定式化する中の一部であるとして取り扱う研究者もいる—Sargent (1989), Altug (1989), Ireland (2004) による初期の業績が当てはまる.この場合に重要なのは,観測誤差の標準偏差がゼロに近づくにつれて粒子フィルタの性能が低下するのを避けるため,観測誤差の標準偏差の大きさに下限を設ける必要があることに気づくことである.

7.4.7 DSGE モデルの評価

DSGE モデルを用いた実証的研究の重要な側面の1つは適合度(当てはまり具合)の評価である.我々は次の3つのアプローチを区別する.第1に,研究者は,凸型の投資調整費用を仮定することで,確率的成長モデルの適合度が改善されるかを評価することに関心をもつであろう.調整費用が含まれるモデルと含まれないモデルに対して計算された事後オッズはこうした評価をする際に役立つ.第2に,DSGE モデルによってデータの顕著な特性をどの程度捉えられるかを検討する.例えば,確率的成長モデルの場合,データから観測された産出高と労働時間の相関をモデルによって捉えられるか否かを調べることができる.このタイプの評価は予測チェック (predictive checks) を用いて実行できる.最後に,研究者は1つあるいは複数の DSGE モデルを,VAR モデルのようなより柔軟な参照モデルと比較したいであろう.これらのために,3つの方法を以下で考える.このような比較をすることによって,特定の DSGE モデルがデータに潜んである重要な特性を捉えているかどうかを吟味することができる.これらの方法によって様々な DSGE モデルの定式化を二者択一的に評価できる.

a. 事後オッズ

ベイズ統計学の枠組みでは,研究者が様々な競合するモデルに確率を割り振る.これらの確率は以下に示すとおり,周辺尤度比を通じて更新される.

$$\frac{\pi_{i,T}}{\pi_{j,T}} = \frac{\pi_{i,0}}{\pi_{j,0}} \times \frac{p(Y|\mathcal{M}_i)}{p(Y|\mathcal{M}_j)} \tag{7.78}$$

ここで,$\pi_{i,0}$ ($\pi_{i,T}$) はモデル $\mathcal{M}_i$(パラメータ $\theta_{(i)}$ をもつ)に対する事前(事後)確率である.そして

$$p(Y|\mathcal{M}_i) = \int p(Y|\theta_{(i)}, \mathcal{M}_i) p(\theta_{(i)}) d\theta_{(i)} \tag{7.79}$$

7.4 動的確率一般均衡モデル

は周辺尤度関数である．事後オッズの比較において重要な難題は高次元の積分を含む周辺尤度の計算である．DSGE モデルのパラメータの事後分布からのサンプルを RWM アルゴリズムを用いて生成する場合，周辺尤度の近似値を数値計算によって得るために Geweke (1999) および Chib and Jeliazkov (2001) が提案した方法を使用できる．事後オッズに基づいたモデルの比較は DSGE モデルを扱う文献においてかなり普及している．例えば，Rabanal and Rubio-Ramirez (2005) では事後オッズを用いて小規模のニューケインジアン DSGE モデルの中で価格および賃金の硬直性の重要性を評価した．Smets and Wouters (2007) では，事後オッズを用いて中規模のニューケインジアン DSGE モデルの中で実質と名目の間にある様々な摩擦の重要性を判断した．7.4.7 項では事後確率に基づいてモデル選択およびモデル平均について詳細な議論を行う．

実例 7.4： 我々は前に 2 通りの新古典派確率的成長モデルを推定した．それは，トレンド定常な技術過程を有する成長モデルと差分定常な外生的な生産性過程を有する成長モデルである．両者の対数周辺密度 $\ln p(Y|\mathcal{M}_i)$ はそれぞれ 1392.8 と 1395.2 である．2 つの定式化に対する事前確率を同じにすれば，この 2 つの周辺密度から差分定常な定式化の事後確率がほぼ 90% であることが示唆される．

b. 予測チェック

ベイズ分析における予測チェックの役割に関する一般的な議論は Lancaster (2004), Geweke (2005; 2007) で見られる．予測チェックは DSGE モデルのパラメータ θ の事前分布あるいは事後分布を用いて実行できる．$Y_{1:T}^*$ を長さ T の仮定的な標本とする．時間 t の情報集合 $\mathcal{F}_t$ に基づく，$Y_{1:T}^*$ の予測分布は次式のとおりである．

$$p(Y_{1:T}^*|\mathcal{F}_t) = \int p(Y_{1:T}^*|\theta) p(\theta|\mathcal{F}_t) d\theta \tag{7.80}$$

そして，事前情報を表すのに $\mathcal{F}_0$，標本 $Y_{1:T}$ を含む事後情報集合を表すのに $\mathcal{F}_T$ を用いる．予測分布からのサンプルは 2 段階を経て得られる．最初に，$p(\theta|\mathcal{F}_t)$ からパラメータのサンプル $\tilde{\theta}$ を生成する．次に，$\tilde{\theta}$ を条件として DSGE モデルから観測値 $Y_{1:T}^*$ の軌跡 (trajectory) をシミュレートする．産出高と労働時間の標本相関係数のように関心のある標本モーメントの予測分布を近似的に得るため，シミュレートされた軌跡を，関心のある標本統計量 $\mathcal{S}(Y_{1:T}^*)$ へ変換する．最後に，実際のデータに基づいて統計量 $\mathcal{S}(Y_{1:T})$ の値を計算し，その結果が推定された予測分布の裾の中でどれくらい中心から離れているかを調べる．$\mathcal{S}(Y_{1:T})$ が裾の端に遠く偏っている場合，モデルによってデータの観測されたパターンを説明するのは難しいと判断する．

事前の予測チェックの目的はモデルがデータの目立った特徴を捉えることができるかどうか判断することである．正式な事後推測の方法を開発しなくても，事前の予測分布によってモデルの含意が伝わるので，事前の予測チェックはモデルを開発する初

期段階で非常に有用となり得る.Canova (1994) において技術ショックだけによって成長する確率的成長モデルからの含意を評価するために事前の予測チェックが最初に使用された.事前の予測分布は周辺尤度と密接な関係がある.$t=0$ の場合に,(7.79) と (7.80) を比較すると 2 つの表現が同一であることがわかる.事前の予測チェックを用いて,ベイズモデルによって観測値へ事前に割当てられた密度が高いか低いかを評価する.高次元データ行列 Y を低次元の統計量 $\mathcal{S}(Y)$ に置き換えることにより,この方法は簡単に理解されている.

事後の予測チェックにおいてパラメータの分布 $p(\theta|\mathcal{F}_T)$ は観測値 $Y_{1:T}$ に依存する.そのコアにおいて事後の予測チェックが頻度論における特定化の検定のように機能する.$\mathcal{S}(Y_{1:T})$ が推定されたモデルの予測分布の裾(あるいは低密度区間)に存在するならば,モデルの信頼性は低い.Chang et al. (2007) では,事後の予測チェックを用いて,この項で分析したのと似た確率的成長モデルによって,観察された労働時間の持続性が捉えられるか否かが判断される.

c. 参照モデルとしての VAR モデル

VAR モデルはかなり複雑にパラメータ化されたモデルを評価する際の基準を提供するので,DSGE モデルの評価に重要な役割を果たしている.ここでは VAR モデルを使って DSGE モデルを評価する 3 つのアプローチを考察する.

モーメントのモデル: Geweke (2010) は多くの DSGE モデルが過度に様式化されている結果,尤度を用いた推定に用いられる,データ Y の現実の分布を提示できないと指摘した.代わりに,これらのモデルは,背後にある母集団のモーメントを捉えるように構築されている.例えば,産出高の成長と労働時間のボラティリティおよび,この二変数間の相関係数である.我々は母集団モーメントをベクトル φ に集める.φ は DSGE モデルのパラメータ θ の関数である.したがって,θ の事前分布は母集団の特性に対してモデル独自の分布を与えるものであり,$p(\varphi|\mathcal{M}_i)$ と表される.同時に,研究者は VAR モデルをデータを記述するのに向いている参照モデル $\mathcal{M}_0$ と考える.そしてこれを用いて φ を予測する.$p(\varphi|Y,\mathcal{M}_0)$ は VAR モデルから得られる母集団特性の事後分布とする.Geweke (2010) は,

$$\frac{\pi_{1,0}\int p(\varphi|\mathcal{M}_1)p(\varphi|Y,\mathcal{M}_0)d\varphi}{\pi_{2,0}\int p(\varphi|\mathcal{M}_2)p(\varphi|Y,\mathcal{M}_0)d\varphi} \tag{7.81}$$

が参照モデル $\mathcal{M}_0$ を条件とした,$\mathcal{M}_1$ 対 $\mathcal{M}_2$ のオッズ比として解釈されることを示した.φ の予測密度について DSGE モデル $\mathcal{M}_1$ と VAR モデル $\mathcal{M}_0$ の間で過度な部分的重複がある場合,(7.81) の分子は大きい.この比率は,DeJong et al. (1996) で提案された,信頼区間が部分重複することの基準を明確な形にしたものである.そして DSGE モデルにおける資産価格付け上の含意を検討するといった目的のために使用されてきた.実際に,密度 $p(\varphi|\mathcal{M}_i)$ および $p(\varphi|Y,\mathcal{M}_0)$ は,φ のサンプルを用いて計算したカーネル密度の推定値によって近似できる.φ のサンプルは DSGE モデルと

7.4 動的確率一般均衡モデル

VAR モデルのパラメータのそれぞれのサンプルを変換することによって得られる.

損失関数に基づいた評価: Schorfheide (2000) は DSGE モデルを損失関数に基づいて評価するためにベイズ統計学の枠組みを提案した. Geweke (2010) の枠組みの中で示されたように,研究者は 2 つの DSGE モデルで,モデルのパラメータ θ の変形である母集団モーメント φ の集合を捉える能力に差があるかに関心をもっている. Geweke (2010) と異なり, DSGE モデルによってデータ Y の確率分布が与えられると仮定する. 2 つの DSGE モデル $\mathcal{M}_1$ と $\mathcal{M}_2$, さらに参照モデル $\mathcal{M}_0$ として役立つ VAR モデルがあると仮定する. 分析の第一歩は,各モデル独自の事後予測分布 $p(\varphi|Y, \mathcal{M}_i)$ および事後モデル確率 $\pi_{i,T}$, $i = 0, 1, 2$ の計算である. 第 2 に, 3 つのモデルを平均することによって φ の予測密度を計算する.

$$p(\varphi|Y) = \sum_{i=0,1,2} \pi_{i,T} p(\varphi|Y, \mathcal{M}_i) \tag{7.82}$$

例えば, DSGE モデル $\mathcal{M}_1$ が適切に定式化され,高い事後確率が得られる場合,予測分布は $\mathcal{M}_1$ に大きく依存する. しかしながら, DSGE モデルの何れにも適合しない場合,予測密度は VAR モデルに大きく依存する. 第 3 に,損失関数 $L(\hat{\varphi}, \varphi)$ を例えば $L(\hat{\varphi}, \varphi) = \|\hat{\varphi} - \varphi\|^2$ と定式化し, φ の点予測 $\hat{\varphi}$ をその下で評価する. DSGE モデルごとに,予測 $\hat{\varphi}_{(i)}$ は各 DSGE モデル固有の事後分布を用いて計算した期待損失を最小化するように計算される.

$$\hat{\varphi}_{(i)} = \mathrm{argmin}_{\tilde{\varphi}} \int L(\tilde{\varphi}, \varphi) p(\varphi|Y, \mathcal{M}_i) d\varphi, \qquad i = 1, 2$$

最後に,事後分布を用いて計算した期待損失 $\int L(\hat{\varphi}_{(i)}, \varphi) p(\varphi|Y) d\varphi$ によって, DSGE モデル $\mathcal{M}_1$ と $\mathcal{M}_2$ を比較できる. この事後分布を用いて計算した期待損失は,参照モデルおよびすべての DSGE モデルの予測を平均することで得た,全体の事後分布 (7.82) を用いて計算する. このやり方では, DSGE モデルが不適切に定式化されると,評価が損失関数に依存する. しかし, DSGE モデルのうちの 1 つが 1 に近い事後確率をもつ場合,モデルの評価は実際上損失関数に依存しない.

DSGE-VAR モデル: Ingram and Whiteman (1994) に基づいて, Del Negro and Schorfheide (2004) は,事前分布に関する以下のような分布族を構築することによって DSGE モデルと VAR モデルを結びつけた. この事前分布の族は, DSGE モデルが VAR モデルの係数を表すという制約をおおよそ満たす領域へいくぶん強めに集中する事前分布で構成される. このようなモデルは DSGE–VAR モデルと呼ばれる. 出発点は方程式 (7.1) で定式化された VAR モデルである. y_t が定常であるようにデータが変換されていると仮定し, $I\!E_\theta^D[\cdot]$ はパラメータ θ を用いて定式化した DSGE モデルにおける期待値とする. また,自己共分散行列を以下のように定義する.

$$\Gamma_{XX}(\theta) = I\!E_\theta^D[x_t x_t'], \quad \Gamma_{XY}(\theta) = I\!E_\theta^D[x_t y_t']$$

DSGE モデルの VAR モデルによる近似は，DSGE モデルのパラメータと VAR モデルのパラメータを関連付ける以下の制約式から得ることができる．

$$\Phi^*(\theta) = \Gamma_{XX}^{-1}(\theta)\Gamma_{XY}(\theta), \quad \Sigma^*(\theta) = \Gamma_{YY}(\theta) - \Gamma_{YX}(\theta)\Gamma_{XX}^{-1}(\theta)\Gamma_{XY}(\theta) \quad (7.83)$$

DSGE モデルに対して誤った定式化をしてしまう可能性を説明するため，$\Phi^*(\theta)$ と $\Sigma^*(\theta)$ に中心化されているものの，制約関数から Φ および Σ が乖離することを認める以下の事前分布を使用する．

$$\Phi, \Sigma | \theta \sim MNIW\left(\Phi^*(\theta), [\lambda T \Gamma_{XX}(\theta)]^{-1}, \lambda T \Sigma^*(\theta), \lambda T - k\right) \quad (7.84)$$

この事前分布は，パラメータ θ を用いて定式化された DSGE モデルから生成された $T^* = \lambda T$ 個の人工的な観察値を標本と考えて計算された事後分布と解釈することができる．ここで，λ はハイパーパラメータ，T は現実の標本の大きさを表す．

次のステップは誘導形 VAR モデルを構造 VAR モデルへ変えることである．DSGE モデルに従って 1 期先予測誤差 u_t は構造ショック ϵ_t の関数である．つまり，$u_t = \Sigma_{tr}\Omega\epsilon_t$ である．この点については (7.21) を参照されたい．$A_0(\theta)$ は DSGE モデルに従って ϵ_t が y_t へ同時点で与える影響である．QR 分解によって，構造ショックの y_t に対する初期の応答が一意に分解される．

$$\left(\frac{\partial y_t}{\partial \epsilon_t'}\right)_{DSGE} = A_0(\theta) = \Sigma_{tr}^*(\theta)\Omega^*(\theta) \quad (7.85)$$

ここで，$\Sigma_{tr}^*(\theta)$ は下三角行列，$\Omega^*(\theta)$ は直交行列である．逆に VAR モデルにおいて ϵ_t が y_t に与える初期の衝撃は次式で与えられる．

$$\left(\frac{\partial y_t}{\partial \epsilon_t'}\right)_{VAR} = \Sigma_{tr}\Omega \quad (7.86)$$

DSGE-VAR モデルを識別するため，その共分散行列 Σ の三角化を維持したまま，(7.86) における回転行列 Ω を (7.85) に現れた関数 $\Omega^*(\theta)$ に置き換える．定式化の誤りがない場合，DSGE モデルおよび DSGE-VAR モデルにおいてすべてのショックに対するインパルス応答がほぼ一致するように，回転行列を選ぶ．イノベーションの共分散行列とは反対に，定式化の誤りが主として動学にある場合，識別作業は VAR モデルの事後の短期応答と DSGE モデルの事後の短期応答を少なくとも質的に結びつけることと解釈できる．

最後のステップは DSGE モデルのパラメータ θ の事前分布の定式化である．その手順は DSGE モデルを直接推定するときに使用されたのと同じ方法である．したがって，以下の階層モデルが得られる．この場合，$\Omega|\theta$ の分布は $\Omega^*(\theta)$ における一点分布になると理解される．

$$p_\lambda(Y, \Phi, \Sigma, \theta) = p(Y|\Phi, \Sigma)p_\lambda(\Phi, \Sigma|\theta)p(\Omega|\theta)p(\theta) \quad (7.87)$$

Φ と Σ は簡単に積分除去できるので，まず θ の周辺事後分布からサンプルを生成する．その次に θ を条件とした (Φ, Σ) の条件付分布からサンプルを生成する．ここから以下のアルゴリズムが導出される．

> **アルゴリズム 7.9（DSGE-VAR モデルの事後サンプリング）：**
> 1) $p_\lambda(\theta|Y) \propto p_\lambda(Y|\theta)p(\theta)$ を既知として，$s = 1,\ldots, n_{sim}$ についてアルゴリズム 7.7 を用いて θ の事後分布から $\theta^{(s)}$ のサンプル系列を生成する．周辺尤度 $p_\lambda(Y|\theta)$ は (7.15) を少し修正することで得られる．さらに，$\Omega^{(s)} = \Omega^*(\theta^{(s)})$ を計算する．
> 2) $s = 1,\ldots, n_{sim}$ について，$\theta^{(s)}$ を既知として，$MNIW$ 分布である条件付事後分布からサンプル $(\Phi^{(s)}, \sum^{(s)})$ を生成する．$MNIW$ 分布は 7.2.2 項の (7.8) を修正することで得られる．

DSGE-VAR モデルの実証分析におけるパフォーマンスは DSGE モデルに課した制約へ置いたウェイトに大きく依存するので，λ を選択する際にデータ駆動 (data-driven) 型の方法を検討することは有益である．ミネソタ事前分布の場合のように，λ を選択するときの自然な基準は以下に示す周辺データ密度 (marginal data density) である．

$$p_\lambda(Y) = \int p_\lambda(Y|\theta)p(\theta)d\theta \tag{7.88}$$

計算上の理由で，ハイパーパラメータは有限の格子 Λ 上にしかないと限定しておく．各格子点に同じ大きさの事前確率を割り振る場合，正規化された $p_\lambda(Y)$ は λ の事後確率と解釈できる．Del Negro et al. (2007) は λ の事後確率によって DSGE モデルの当てはまり度が得られると主張している．大きな λ に高い事後確率が割り振られていることは，モデルが適切に定式化され，大きなウェイトが該当する制約に置かれていることを意味している．ここで，

$$\hat{\lambda} = \text{argmax}_{\lambda \in \Lambda} \, p_\lambda(Y) \tag{7.89}$$

を定義する．$p_\lambda(Y)$ が λ の中間的な値，例えば，0.5 から 2 の間で頂点に達するならば，DSGE-VAR($\hat{\lambda}$) モデルと DSGE モデルのインパルス応答を比較することで DSGE モデルの誤った定式化に関する重大な洞察が与えられ得る．DSGE-VAR アプローチは VAR モデルを用いた経済予測および金融政策分析を改善する目的で設計された．この枠組みは Del Negro et al. (2007) においてモデルの評価と比較のためのツールとして利用された．さらに Del Negro and Schorfheide (2009) において，DSGE モデルを用いて政策分析する際に誤って定式化する可能性がある場合のツールとしても使用された．

7.4.8 応用研究における DSGE モデル

DSGE モデルを用いた実証分析の多くはベイズ統計学を用いて行われた．文献が広範囲にわたるとともに急速に増加しているので，我々は実証的な研究に関するサーベイを書こうとは思わない．代わりに，いくつか重要な貢献に光を当て，ベイズ統計学による分析方法が DSGE モデルを推定する文献の増加に対してどのように貢献してきたかを論じる．DSGE モデルのベイズ推定に関して早期に公表された論文として DeJong et al. (2000)，Schorfheide (2000) および Otrok (2001) が挙げられる．Smets and Wouters (2003) には DSGE モデルが新古典派成長モデルを基盤に構築されたことが記述されている．彼らは新古典派成長モデルが過去に提案された後，消費の習慣形成，資本の調整コスト，可変因子の利用，名目の価格と賃金の硬直性，財政支出と金融政策の行動ルール，様々な外生的なショックを考慮することによって充実してきたことを述べた．さらに，DSGE モデルの時系列でみた当てはまり具合を報告するとともに，VAR モデルと比較可能な，重要なマクロ経済変数ベクトルの予測パフォーマンスを示した．事後オッズ比による比較ではしばしば VAR モデルが支持されるが，理論的一貫性およびモデルの含意を説明する際の容易さという点において，DSGE モデルは魅力的な対抗馬である．

ベイズ統計学に基づいた方法が急速に採用された理由の 1 つは，事前分布の使用を通じて標本以外の情報を組み込む能力があるからである．標本以外の情報とは尤度関数に含まれないデータを意味している．Smets and Wouters (2003) とそれ以後の論文で使用した多くの事前分布はかなり豊富な情報を含むものである．また，過去 5 年にわたってこうした文献では，標本以外の利用可能な情報という点から事前分布の定式化を体系的に記述することにかなりの注意を払うようになった．純粋に計算面から見るとこの種の事前情報によって，しばしば事後密度の形が平坦になる傾向がある．それにより事後シミュレータのパフォーマンスが改善される．一度，パラメータのサンプルが得られれば，それらを関心のある目的へ容易に変換することができる．例えば，Justiniano et al. (2008) は投資固有の技術ショックの相対的な重要性を研究した結果，重要なマクロ経済変数における景気循環変動の中でこれらのショックによって説明される部分についてその事後分布を提案した．

こうした文献の大部分において，観察された景気循環変動を説明するのに役立つ様々な伝播メカニズムについて，その重要性を評価することが試みられている．ベイズ統計学の事後モデル確率は競合するモデルの定式化を比較するために広く利用される．例えば，Rabanal and Rubio-Ramirez (2005) では，賃金と価格の硬直性の相対的な重要性を比較した．頻度論に基づく標準的な尤度比検定と異なり，対象モデルの定式化が入れ子になっていなくても，事後オッズは適用可能である．例えば，粘着的賃金を備えた DSGE モデルと硬直価格を備えた DSGE モデルが比較可能である．

名目的な硬直性を備えた DSGE モデルは金融政策の分析に広く使用されている．この分析は 2 つの部分から構成される．1 つは，合理的期待の解が一意かつ安定的とな

ることを保証するとともに自己達成的な期待 (self-fulfilling expectations) を抑えるように政策ルールの係数の範囲を決めることである．もう1つは，代表的な経済主体の厚生を最大化する，あるいはインフレーションと産出高ギャップのボラティリティの間の凸結合を最小化する利子率フィードバックルールのパラメータを選ぶことである．つまり，経済の中にある潜在的な状態変数と政策手段の間にあって厚生を最大化させる写像を見つけることである．これらの政策上の最適化問題の解決策は嗜好と技術に関する未知パラメータに常に依存する．ベイズ統計学の枠組みでは，厚生の事後期待を最大化することによって，研究者と政策決定者はパラメータの不確実性を考慮に入れることができる．これに関する良い研究事例は Levin et al. (2005) の論文である．例えば Adolfson et al. (2007) と Edge et al. (2009) で示されたように，いくつかの中央銀行ではマクロ経済予測用ツールとして DSGE モデルを採用している．この節で述べたとおり，ベイズ統計学に基づく方法の重要な利点は，パラメータの不確実性と将来の外生的ショックの実現値に関する不確実性の両方を反映させた上でマクロ経済変数の将来の経路に対する予測分布を示すことである．

7.5 時変パラメータモデル

前節で提示された諸モデルのパラメータは時変しないと仮定されている．これは経済関係が安定している状況をモデル化することを意味している．図7.7に，1960～2006年のアメリカ合衆国における GDP デフレーターの四半期ごとの変化率を描いてある．GDP デフレーターの変化率を，中央銀行によって設定されたターゲット部分，そしてこのターゲット部分の周囲に見られる確率的な変動，の2つに分けることができるという見方を採用してみる．図7.7から，アメリカ合衆国の金融史に対する3つの見方が提示される．第一に，ターゲットとしたインフレ率が1960～2006年の間，本質的に一定であるという考え方である．ただし，数回だけ中央銀行が現実のインフレーションをターゲットから乖離させてしまった時期があると考える．1970年代がその一例である．別の解釈は1970年代を通じて連邦準備制度理事会が失業とインフレーションの間にある明確なトレードオフを利用しようとして，徐々にターゲットを上方に変更しようとしたという考え方である．しかしながら1980年代初頭，長期のフィリップス曲線は実質的に垂直となり，高いインフレーションによって経済が大きく歪んでしまった．ポール・ボルカー議長の下で連邦準備制度理事会はターゲットインフレーション率を下げる，つまりディスインフレにすることを決めた．ゆっくりと変化する自己回帰過程によって，あるいは2.5%のターゲットと7.5%のターゲット間をシフトするレジームスイッチ過程によって，ターゲットであるインフレ率が時間とともに変化することは捉えられる．

本節では経済の構造変化を捉えることが可能なモデルを検討する．こうしたモデルのパラメータは，多変量自己回帰過程に従って時間とともに徐々に変化する（7.5.1

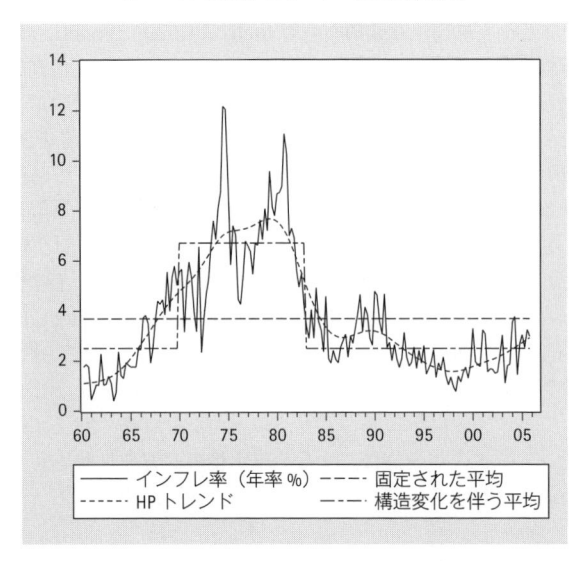

図 7.7 インフレーションそしてインフレーションのトレンドの尺度

インフレーションは GDP デフレーターの対数値の四半期ごとの変化として計測されており，年率 % に換算するため 400 を掛けている．標本期間は 1960 年の第 1 四半期から 2005 年の第 4 四半期である．HP トレンドは Hodorick–Prescott フィルタを用いて計算したトレンドである（平滑化パラメータ $\lambda = 1600$）．

項）か，マルコフスイッチングモデルあるいは構造変化モデルのように急激に変化する（7.5.2 項）．この後に検討するモデルは状態空間形で記述可能なものである．そのモデルのベイズ推定に必要な技術的な知識の多くは Giordani ら（本書の第 3 章）に記述されている．7.5.3 項では，マクロ経済学の実証分析の文献で利用されている時変パラメータ (time-varying parameters：TVP) モデルに焦点を当てて，その特定分野への応用について議論する．重要なクラスの非線形時系列モデルは他にもある．例えば，潜在状態変数ではなく観測変数と直接結びついてパラメータが変化する閾値 VAR モデル（例えば Geweke 1993; Koop and Potter 1999）がある．しかし紙面の制約のため，本章でこれらのモデルを扱わない．

7.5.1 パラメータが自己回帰過程に従うモデル

この後の議論の多くは，自己回帰的な運動法則に従ってパラメータが変化する VAR モデルに当てられる．時変パラメータが DSGE モデルに取り入れられるときは必ず，さらに複雑となる．モデルが理論的に整合的であるためには，モデルの中に登場する主体は時間とともに係数が変化することも知っていると仮定しなければならない．例えば，金融政策のルールの中のパラメータが変化することを知った上で，自らの期待

7.5 時変パラメータモデル

を形成し，意思決定することが仮定されねばならない．したがって時変パラメータを導入することによって DSGE モデルの均衡の運動法則の解はとても複雑となり，非線形の状態空間モデルを推定することが必要になる（7.5.1 項 b.）．

a. VAR モデル

係数が時変する VAR モデルはおよそ 20 年前（例えば Sims 1993 を参照せよ）にベイジアンの手法で推定されたが，マクロ経済学の実証分析において現在，同モデルが広く利用されているのは，Cogley and Sargent (2002) によるところが大きい．彼らは，1990 年代に MCMC が大きく進展したことを利用してモデルを推定している．彼らは係数が単位根過程に従う VAR モデルを推定している．彼らの研究が行われた動機であるが，7.5.2 項で検討する Sims and Zha (2006) のマルコフスイッチングアプローチと競うためばかりでなく，アメリカ合衆国ならびに他の国々の景気が時間とともにその特徴を変えていくということが報告されたことに関心を抱いたことである．

Cogley and Sargent (2002) は，インフレーション，失業，利子率の三変数からなる VAR モデルを用いてアメリカ合衆国のインフレーションの持続性が時間とともに変化するかについて調査し始めた．誘導形によって定式化することの根本的な理由であるが，政策立案者および/あるいは民間部門の経済主体が経済の様々な動きについて徐々に学習し，最終的にそれらの動きに順応するというモデルによって与えられる（Sargent 1999 を参照せよ）．中央銀行は金融政策の有効性に対する見方を変化させるという観点からターゲット・インフレーション率を調整するであろう．一方，経済主体は政策の変更を徐々にしか知ることができない．各時点において調整が徐々にしか進まない場合，こうした状況は係数が各時点で変化するモデルによって捉えられる．Cogley and Sargent (2002) の研究は Sims (2002a) によって批判された．彼らの VAR モデルはボラティリティが時変しないため，動学のメカニズムが変化するという結論が出やすいように偏ってしまうことを Sims (2002a) は指摘したのである．そこで Cogley and Sargent (2005b) では，ボラティリティが時変するように自らのモデルを変更して過去の研究に対する批判に対処した．その後，我々がその後に提案した TVPVAR モデルでは条件付平均と分散のパラメータがドリフトをもって変化するように拡張されている．

(7.1) の誘導形 VAR モデルを検討してみよう．便宜上，(7.1) を以下に再記述しておく．

$$y_t = \Phi_1 y_{t-1} + \ldots + \Phi_p y_{t-p} + \Phi_c + u_t$$

ここで $x_t = [y'_{t-1}, \ldots, y'_{t-p}, 1]'$ そして $\Phi = [\Phi_1, \ldots, \Phi_p, \Phi_c]'$ と定義しよう．さらに $X_t = I_n \otimes x_t$ そして $\phi = vec(\Phi)$ と定義する．この結果，VAR モデルは以下のように記述できる．

$$y_t = X'_t \phi_t + u_t \tag{7.90}$$

上記の式では固定係数のベクトル ϕ が定数から時変する ϕ_t へ置き換えられている．パ

ラメータ ϕ_t がランダムウォークに従っていると仮定する.

$$\phi_t = \phi_{t-1} + \nu_t, \qquad \nu_t \sim \text{i.i.d.} N(0, Q) \tag{7.91}$$

共分散行列 Q が対角行列であると仮定するとともに,パラメータのイノベーション部分 ν_t が VAR モデルのイノベーション部分である u_t と相関関係をもたないと仮定する. u_t も正規分布に従う確率変数であると仮定するが,ここでは 7.2 節と異なりその分散は時変すると仮定する.

$$u_t \sim N(0, \Sigma_t), \qquad \Sigma_t = B^{-1} H_t (B^{-1})' \tag{7.92}$$

Σ_t の構成要素であるが,行列 B は対角要素に 1 が入った下三角行列である.そして H_t は対角要素が $h_{i,t}^2$ の対角行列である.対角要素の $h_{i,t}^2$ は以下の幾何ランダムウォークに従っている.

$$\ln h_{i,t} = \ln h_{i,t-1} + \eta_{i,t}, \qquad \eta_{i,t} \sim \text{i.i.d.} N(0, \sigma_i^2) \tag{7.93}$$

DSGE モデルにおいてショックに対するイノベーションの分散を時変させるため,この形の確率的ボラティリティモデルは 7.4.5 項でも利用されていることに注意されたい.

Q と σ_i の事前分布はそれぞれ,VAR モデルの係数に関する期間ごとのドリフトの大きさに対する予想,そして VAR モデルのイノベーションのボラティリティの変化に対する予想を表すために用いられる.現実には,y_t の短期と中期の動学が ϕ_t と H_t のランダムウォークによって圧倒されないよう,(7.91) と (7.93) のショックが十分小さくなることを保証する事前分布が選ばれる. ϕ_0, Q, B, σ_i の事前分布が共役的であるならば,事後推測に以下のようなギブスサンプラーを利用できる.

> アルゴリズム 7.10 (**TVPVAR** モデルのパラメータを推定するためのギブスサンプラー):
>
> $s = 1, \ldots, n_{sim}$ について:
>
> 1) $B^{(s-1)}$, $H_{1:T}^{(s-1)}$, $Q^{(s-1)}$, $\sigma_1^{(s-1)}, \ldots, \sigma_n^{(s-1)}$, Y を条件とした分布からサンプル $\phi_{1:T}^{(s)}$ を生成する. (7.90) と (7.91) によって y_t の状態空間表現が与えられる.したがって Giordani ら(本書の第 3 章)に記述されている,Carter and Kohn (1994) で展開されたアルゴリズムを用いてサンプル $\phi_{1:T}$ は生成可能である.
>
> 2) $\phi_{1:T}^{(s)}$, $H_{1:T}^{(s-1)}$, $Q^{(s-1)}$, $\sigma_1^{(s-1)}, \ldots, \sigma_n^{(s-1)}$, Y を条件とした分布からサンプル $B^{(s)}$ を生成する.VAR モデルのパラメータである ϕ_t を条件とすると,(7.90) のイノベーションは既知となる. (7.92) に従うと,Bu_t は分散 H_t の正規分布に従う.
>
> $$Bu_t = H_t^{\frac{1}{2}} \epsilon_t \tag{7.94}$$
>
> ただし,ϵ_t は標準正規分布に従う確率変数を要素とするベクトルである.したがって共役事前分布の下で B の事後分布からサンプリングする上での問題は (7.30) の

構造 VAR モデルの A_0 の事後分布からサンプリングする上での問題と同じである。詳細は 7.2.4 項 b. に記述されている。

3) $\phi_{1:T}^{(s)}$, $B^{(s)}$, $Q^{(s-1)}$, $\sigma_1^{(s-1)}, \ldots, \sigma_n^{(s-1)}$, Y を条件とした分布からサンプル $H_{1:T}^{(s)}$ を生成する。ϕ_t と B を条件とすると、(7.94) の i 番目の式は $z_{i,t} = B_{(i,)} u_t \sim N(0, h_{i,t}^2)$ と記述できる。これは (7.72) と同じである。したがって 7.4.5 項と同じように Jacquier et al. (1994) あるいは Kim et al. (1998) のアルゴリズムを利用してサンプル系列 $h_{i,t:T}$ を生成できる。

4) $\phi_{1:T}^{(s)}$, $B^{(s)}$, $H_{1:T}^{(s)}$, $\sigma_1^{(s-1)}, \ldots, \sigma_n^{(s-1)}$, Y を条件とする、(7.91) で導出される適当な逆ウィシャート分布からサンプル $Q^{(s)}$ を生成する。

5) $\phi_{1:T}^{(s)}$, $B^{(s)}$, $H_{1:T}^{(s)}$, $Q^{(s)}$, Y を条件とする、(7.93) で導出される適当な逆ガンマ分布からサンプル $\sigma_1^{(s)}, \ldots, \sigma_n^{(s)}$ を生成する。

VAR モデルの回帰係数の初期値ベクトル ϕ_0 について、Cogley and Sargent (2002) と Cogley and Sargent (2005b) は $\phi_0 \sim N(\underline{\phi}_0, \underline{V}_0)$ を事前分布として利用した。$\underline{\phi}_0$ と $\underline{V}_0$ は、プレサンプルを用いるとともにフラットな事前分布を仮定して、係数が時変しない VAR モデルの係数をベイズ推定した値である。Del Negro (2003) は過剰適合問題 (problem of overfitting) を少しでも解決するため、Cogley と Sargent よりも小さな分散を有する縮約事前分布 (shrinkage prior) を利用することを唱えた。各時点 t において VAR モデルの係数 ϕ_t と結びついた特性多項式のすべての根が単位円の外側にあるという制約を課すと、我々はいまここで説明しないが、複雑な問題が発生する。Koop and Potter (2008) では、そのような制約をどう課せばよいのかについて効率良く議論されている。

Primiceri (2005) は、上述した TVPVAR モデルを拡張して、同時点間の分散共分散行列 B の中にある 0 でない非対角要素がランダムウォーク過程に従うようにした。下三角行列 B_t によって構造ショックが識別されると仮定するならば、こうしたモデリングによって 7.2.4 項で議論した固定係数であると同時に $\Omega = I$ である構造 VAR モデルは TVP という環境下の構造 VAR モデルへと一般化される。Primiceri (2005) は利子率、インフレーション、失業へ構造 TVPVAR モデルを応用して、戦後アメリカ合衆国における時間とともに変化する金融政策のルールを推定した。Del Negro (2003) では、構造モデルのパラメータ、つまり (7.30) の構造 VAR モデルのパラメータが時変するという、別の接近法が示唆された。しかし最終的に (7.90) で定式化された VAR モデルに共和分の制約まで課さなかった。TVP 共和分モデルのベイズ流の分析は Koop et al. (2008) に記述されている。

b. ドリフトするパラメータをもつ DSGE モデル

7.4.1 項で紹介された確率的成長モデルを思い出してみる。家計の目的関数を以下のように変更すると仮定しよう。

$$I\!E_t\left[\sum_{s=0}^{\infty}\beta^{t+s}\left(\ln C_{t+s}-\frac{(H_{t+s}/B)^{1+1/\nu}}{1+1/\nu}\right)\right] \tag{7.95}$$

もともとの目的関数である (7.52) は，(7.95) を一般化したものと解釈することができる．労働に伴う不効用に作用するパラメータは (7.95) において定数 B であるが，(7.52) では時変する B_t へ置き換えてある．しかし 7.4.1 項で DSGE モデルを議論する際に，時変するパラメータについて言及しなかった．B_t を労働供給あるいは選好に対するショックと考えていたにすぎない．したがって上式の中の時変するパラメータは B_t とまったく別のショックである．

DSGE モデルが (7.66) のように対数線形化されているならば，すべての構造ショック（つまり時変係数）は均衡条件の中に追加的に記述される．例えば選好へのショックは労働供給関数の中で以下のように表される．

$$\hat{H}_t = \nu\hat{W}_t - \nu\hat{C}_t + (1+\nu)\hat{B}_t \tag{7.96}$$

(7.52) と (7.95) の固定フリッシュ弾力性 (constant Frisch elasticity) ν を時変する過程 ν_t へ置き換えることを想像してみる．均衡条件を対数線形近似すると，時変する弾力性 ν_t は (7.96) の中で追加的な加法ショックとして記述される．したがって定常状態における比率 H_*/B_* が 1 でないならば，ν_t は B_t からの動学的な効果の中で見分けられない．定常状態における比率 H_*/B_* が 1 であるならば，ν_t は一階の動学に対して何の影響も与えない．追加的なショックあるいは時変するパラメータが識別可能であるためには，対数線形近似による解法を非線形な解法に置き換えることが重要である．Fernandez-Villaverde and Rubio-Ramirez (2008) は，Smet and Wouters (2003) が推定した固定係数の DSGE モデルの 1 つのバージョンを取り上げて，中央銀行の金利政策を決定する係数と，経済における価格と賃金の硬直性の強さを決定する係数が時変するように拡張した．典型的な金融政策のもたらすショック，そしてインフレターゲットからの乖離に対する中央銀行の反応を変えるショックの 2 つがもたらす様々な影響を捉えるため，例えば，2 次オーダー摂動法を用いてモデルを解き，粒子フィルタを利用して尤度関数を近似した．時変する自己回帰係数をもつ DSGE モデルにかかわるトピックは 7.4.6 項で本格的に扱われている．

7.5.2 パラメータがマルコフスイッチングに従うモデル

パラメータが時変する時系列モデルの中で，マルコフスイッチング (MS) モデルは自己回帰係数がゆっくりと変化するモデルの対抗馬である．MS モデルによって時系列の動学の中の突然の変化を捉えることが可能である．図 7.7 に描かれている，時間とともに変化するターゲットインフレ率に対する 2 つの異なる表現を思い起こしてみる．ターゲットの経路の中で水平な直線をつないだ経路は，MS モデルによって生成することが可能であるが，前項のパラメータがゆっくり変化するモデルでは生成でき

7.5 時変パラメータモデル

ない．VAR モデルの中で MS に従う係数について議論を始め，その後で MS に従うパラメータをもった DSGE モデルの推定を検討する．

a. マルコフスイッチング VAR モデル

MS モデルは Hamilton(1989) のお蔭で経済学の世界で広く利用されてきた．Hamilton(1989) は GDP の変化率を拡張期と収縮期で別個に動学化するために，MS を利用した．(7.1) で定式化された誘導形 VAR モデルの係数をレジームスイッチさせることから始めた．誘導形 VAR モデルを多変量線形回帰モデルの表現方法に従って以下のように記述する．

$$y'_t = x'_t \Phi(K_t) + u'_t, \qquad u_t \sim \text{i.i.d.} N(0, \Sigma(K_t)) \qquad (7.97)$$

ただし，Φ と x_t は 7.2.1 項と同じ定義にする．前と異なり，係数ベクトル Φ は K_t の関数である．ここで K_t は，時変しない推移確率を備えた M 種類の状態に関する離散マルコフ過程に従う．

$$\pi_{lm} = P[K_t = l \mid K_{t-1} = m], \qquad l, m \in \{1, \ldots, M\}$$

単純化のため，状態の種類 M が 2 であり，そして $\Phi(K_t)$ と $\Sigma(K_t)$ のすべての要素は制約なしで同時にスイッチすると仮定する．

状態 $K_t = l$ の場合の VAR モデルのパラメータ行列の値を $\Phi(l)$ と $\Sigma(l)$ とそれぞれ記述する．ただし，$l = 1, 2$ である．$\Phi(l)$ と $\Sigma(l)$ の事前分布が $MNIW$ 分布であると共に，レジームスイッチの確率 π_{11} と π_{22} の事前分布が独立なベータ分布であると仮定するならば，この単純な MSVAR モデルの事後推測は以下に示すギブスサンプラーを用いて行える．

アルゴリズム 7.11（制約なしの **MSVAR** モデルのギブスサンプラー）：

$s = 1, \ldots, n_{sim}$ について：

1) $K_{1:T}^{(s-1)}$, $\pi_{11}^{(s-1)}$, $\pi_{22}^{(s-1)}$, Y を条件としてサンプル $\Phi^{(s)}(l)$ と $\Sigma^{(s)}(l)$ を生成する．$\mathcal{T}_l$ は $K_t = l, l = 1, 2$ となる時点を要素とする集合である．共役事前分布の場合，$\Phi(l)$ と $\Sigma(l)$ の事後分布は $MNIW$ 分布である．この事後分布は回帰モデル $y'_t = x'_t \Phi(l) + u_t, u_t \sim N(0, \Sigma(l)), t \in \mathcal{T}_l$ から得られる．

2) $\Phi^{(s)}(l)$, $\Sigma^{(s)}(l)$, $\pi_{11}^{(s-1)}$, $\pi_{22}^{(s-1)}$, Y を条件としてサンプル $K_{1:T}^{(s)}$ を生成する．サンプルの生成に当たっては，Carter and Kohn (1994) のアプローチを変形したものを利用する．これは Giordani ら（本書の第 3 章）に詳細が記述されている．

3) $\Phi^{(s)}(s)$, $\Sigma^{(s)}(s)$, $K_{1:T}^{(s)}$, Y を条件としてサンプル $\pi_{11}^{(s)}$, $\pi_{22}^{(s)}$ を生成する．推移確率と K_1 の分布の関係を無視するならば，$\pi_{11}^{(s)}$, $\pi_{22}^{(s)}$ の事後分布はベータ分布になる．K_1 がマルコフ連鎖の定常分布に従っているならば，ベータ分布をメトロポリスステップにおける提案分布として利用できる．

$\pi_{22} = 1$ と $\pi_{12} = 0$ という条件を課すと，(7.97) のモデルは状態 2 が最終状態となる変化点モデルになる[*4]．そのようなモデルは，構造変化がせいぜい 1 回しか起きないものの，何時起きるかが不明な構造変化モデルとみなせる．Kim and Nelson (1999a) は変化点モデルを利用して，戦後のアメリカ合衆国における GDP が安定に向けて成長する際に構造変化が生じていたのかを検証した．このモデルは，状態の個数を増やすとともに推移確率に適当な制約を課すことによって，いくつかの構造変化点を有するモデルに一般化できる．Chopin and Pelgrin (2004) は，標本期間に現実に発生した状態変化の回数と，状態ごとのパラメータを同時に推定する方法を検討した．Koop and Potter (2007; 2009) は様々なタイプの事前分布の下で構造変化点を事後推測する方法を開発した．Koop et al. (2009) は，構造変化モデルに従ってパラメータが変化する Primiceri (2005) の枠組みを修正することを検討し，アメリカ合衆国における金融政策の伝達経路が時間とともに変化することを研究した．

多変量モデルの場合，係数行列が状態間で独立であると事前に仮定した，(7.97) で記述される制約なしの MSVAR モデルには，係数が大量にある．そのため，パラメータへの制約によって標本情報の欠如が補われる．例えば Paap and van Dijk (2003) は 7.2.3 項で利用されている VAR モデルを新しく定式化することから始めている．7.2.3 項の VAR モデルでは決定的トレンドと自己回帰的なトレンドからの偏差によって y_t を記述している．彼らはトレンドだけが以下の MS 過程の影響を受けるという制約を新たに課している．

$$y_t = y_t^* + \Gamma_0(K_t) + \tilde{y}_t, \quad \tilde{y}_t = \Phi_1 \tilde{y}_{t-1} + \cdots + \Phi_p \tilde{y}_{t-p} + u_t, \quad u_t \sim \text{i.i.d.} N(0, \Sigma) \tag{7.98}$$

ただし，

$$y_t^* = y_{t-1}^* + \Gamma_1(K_t)$$

である．このモデルは拡張期と収縮期における成長率の違いを捉えるとともに，アメリカ合衆国の総産出高と総消費の動学を同時に捉えている．

これまでパラメータが MS に従う誘導形 VAR モデルに焦点を当ててきた．Sims and Zha (2006) は (7.30) で与えられている構造 VAR モデルに MS を組み込んで，

$$y_t' A_0(K_t) = x_t' A(K_t) + \epsilon_t', \quad \epsilon_t \sim \text{i.i.d.} N(0, I) \tag{7.99}$$

へと拡張した．ϵ_t は直交する構造ショックで構成されるベクトルである．x_t は 7.2.1 項と同様に定義される．著者は $k \times n$ の行列 $A(K_t)$ を $D(K_t) + G A_0(K_t)$ と再パラメータ化する．ただし，行列 G は，$n \times n$ の単位行列が最初の n 行に配置され，それより下の行の要素は 0 とする $k \times n$ の行列である．したがって次式が得られる．

$$y_t' A_0(K_t) = x_t'(D(K_t) + G A_0(K_t)) + \epsilon_t' \tag{7.100}$$

[*4] さらに一般化して，状態が M 種類の場合は $\pi_{MM} = 1$ と $\pi_{j+1,j} + \pi_{jj} = 1$ を制約として課す．

$D(K_t) = 0$ ならば誘導形 VAR モデルの係数は $\Phi = A(K_t)[A_0(K_t)]^{-1} = G$ で与えられ，ミネソタ事前分布（7.2.2 項を参照されたい）から推測されるように，y_t の要素はランダムウォーク過程に従う．大雑把にいえば，$D(K_t)$ の事前分布を 0 を中心とした分布にするならば，誘導形 VAR モデルの事前分布はランダムウォーク表現を中心としたものになる．

パラメータの急増を避けるために Sims and Zha (2006) は状態間をまたぐ変数 $D(K_t)$ に制約を課している．第 j 式の変数 i について l 期のラグをとった変数の係数が $d_{i,j,l}$ である．制約としてさらに $d_{i,j,l}(K_t) = \delta_{i,j,l}\lambda_{i,j}(K_t)$ を課す．この定式化によって，$D(K_t)$ のシフトは方程式あるいは変数に依存するが，ラグには依存しないこととなる．彼らは MSVAR モデルを推定するのに以下の仮定を設ける．(i) 金融政策のルールに関係する係数だけがマルコフ過程に従って状態間で変化する，(ii) 民間部門を示す式の係数だけがスイッチする，(iii) イノベーションの分散（分散不均一性を有する）を暗黙に制御する係数だけが変化する．(7.100) のパラメータを推定するためのギブスサンプラーはアルゴリズム 7.4 と同 7.11 を組み合わせて総合化することで得られる．これらの詳細は Sims et al. (2008) に記述されている．

b. マルコフスイッチする係数を有する DSGE モデル

DSGE モデルに MS 効果を組み込んだ論文が増えている．(7.61) で示される，我々の確率的成長モデルにおける非線形の均衡条件について検討してみる．マルコフスイッチする回帰係数を最も精密にそして一般性をもって扱うことの中には，ベクトル θ を潜在的な状態 K_t の関数となったベクトル $\theta(K_t)$ に置き換えること，そして θ が時変することを説明する一方で非線形モデルを解くことが含まれる．解の導出と尤度関数の計算はとても難しいので，(7.66) で記述される線形化されたモデルの回帰係数にマルコフスイッチングを導入したモデルを扱う文献では，様々な便法に焦点を当ててきた．

Sims (2002b) に従うと，DSGE モデルの線形化された均衡条件は以下の標準形で記述される．

$$\Gamma_0(\theta)x_t = C(\theta) + \Gamma_1(\theta)x_{t-1} + \Psi(\theta)\epsilon_t + \Pi(\theta)\eta_t \tag{7.101}$$

7.4 節で提示された確率的成長モデルの場合，θ は (7.63) で定義され，ベクトル x_t は以下のように定義される．

$$x_t = \left[\hat{C}_t, \hat{H}_t, \hat{W}_t, \hat{Y}_t, \hat{R}_t, \hat{I}_t, \hat{K}_{t+1}, \hat{A}_t, \hat{a}_t, \hat{B}_t, I\!\!E_t[\hat{C}_{t+1}], I\!\!E_t[\hat{a}_{t+1}], I\!\!E_t[\hat{R}_{t+1}]\right]'$$

ベクトル η_t は 1 期先の合理的な予測を行ったことに伴う予測誤差で構成されている．

$$\eta_t = \left[(\hat{C}_t - I\!\!E_{t-1}[\hat{C}_t]), (\hat{a}_t - I\!\!E_{t-1}[\hat{a}_t]), (\hat{R}_t - I\!\!E_{t-1}[\hat{R}_t])\right]'$$

そして ϵ_t は外生的なショックを表すイノベーションを積み重ねたベクトル $\epsilon_t = [\epsilon_{a,t}, \epsilon_{b,t}]'$ である．少し面倒ではあるが，このように定義することで，(7.101) のような標準形で

(7.66) を簡単に書き直すことができる．我々の確率的成長モデルを含め，多くの応用例で，7.4.2項のように観測変数 y_t を x_t の線形関数（下式参照）として簡潔に記述することができるよう x_t を定義できる．

$$y_t = \Psi_0(\theta) + \Psi_1(\theta)t + \Psi_2(\theta)x_t \tag{7.102}$$

DSGE モデルのパラメータである θ を隠れマルコフ過程 K_t の関数 $\theta(K_t)$ と記述することによって，MS を線形化された DSGE モデルに組み入れることが可能である．

Schorfheide (2005) が検討したのは，MS を組み込んだ線形な合理的期待の枠組みの特殊なケースである．というのも彼の分析において，隠れマルコフ過程 K_t は中央銀行がターゲットとしているインフレ率（高位あるいは低位にしかならない）にしか影響を与えないからである．7.5.2項 a. と同じ表記法を用いるとともに，状態の個数 M を2とし，状態の推移確率を π_{lm} と記述する．パラメータベクトル $\theta(K_t)$ を，隠れマルコフ過程 K_t の影響を受けない θ_1，そして K_t に依存して，$\theta_2(l), l=1,2$ という値になる $\theta_2(K_t)$，に分割して得られる合理的期待体系は以下のように記述できる．

$$\Gamma_0(\theta_1)x_t = C(\theta_1, \theta_2(K_t)) + \Gamma_1(\theta_1)x_{t-1} + \Psi(\theta_1)\epsilon_t + \Pi(\theta_1)\eta_t \tag{7.103}$$

そしてこの体系は Sims (2002b) で提案されたアルゴリズムによって解くことが可能である．その解は特殊形であり，以下に示すとおりである．

$$y_t = \Psi_0 + \Psi_1 t + \Psi_2 x_t, \quad x_t = \Phi_1 x_{t-1} + \Phi_\epsilon[\mu(K_t) + \epsilon_t] + \Phi_0(K_t) \tag{7.104}$$

ただし，Φ_0 と μ だけはマルコフ過程 K_t（$\theta_2(K_t)$ を通じて間接的に）に依存するが，行列 Ψ_0, Ψ_1, Ψ_2, Φ_1, Φ_ϵ は依存しない．合理的期待体系の中の行列が DSGE モデルのパラメータ θ_1 と $\theta_2(K_t)$ の関数となっていることを前提として，(7.104) において（線形）MS 状態空間モデルが定義されている．Kim and Nelson (1999b) で議論されている，x_t と K_t によって同時に積分するフィルタリング法に従って，Schorfheide(2005) は θ_1, $\theta_2(1)$, $\theta_2(2)$ と推移確率 π_{11}, π_{22} だけに依存する尤度の近似値を計算している．この尤度関数は事後推論を行うためにアルゴリズム 7.7 の中で利用されている．

Schorfheide (2005) の分析が限定的なことは明らかである．例えばインフレ率と産出高がターゲットから乖離した際，それに対する中央銀行の反応が1980年頃に変化したかという点について数多くの議論が積み重ねられてきた．1980年代にマクロ経済の変動性が減少したことの説明として，インフレがターゲットから乖離した際に中央銀行がかなり強く反応したことも候補に挙がっている．MS 合理的期待モデルの中にこの説明を取り込むには，(7.101) の切片ばかりではなくその傾きが状態の変化に伴い変化することが必要となる．したがって Davig and Leeper (2007) と Farmer et al. (2009) によって書かれたその後の論文は，標準的な合理的期待モデルの中のすべての行列がスイッチする精巧なモデルである．

$$\Gamma_0(\theta(K_t))x_t = C(\theta(K_t)) + \Gamma_1(\theta(K_t))x_{t-1} + \Psi(\theta(K_t))\epsilon_t + \Pi(\theta(K_t))\eta_t$$

この一般化された MS 線形合理的期待モデルに対するすべての解の特徴を調べること，そして一意な安定解が存在する条件の特徴を調べることは継続的な研究課題である．

7.5.3 ベイジアン TVP モデルの応用

ベイジアン TVP モデルは，マクロ経済予測を含む，関心のあるいくつかの論点に応用されてきた．例えば Sims (1993) や Cogley et al. (2005) が応用例として挙げられる．さて1つの特別な論点，つまりアメリカ合衆国におけるインフレーションの振舞いが 20 世紀の最後の四半世紀で変化したかについて議論することに焦点を当てたい．さらに変化した場合には，インフレーションの振舞いに影響を与えるという点で，金融政策が重要な役割を果たしたかについても焦点を当てたい．当然，大いなる安定の原因とその大きさに関する議論と並行してこの議論は展開した．大いなる安定とは，1984 年頃の景気循環の変動性が減少したことであり，Kim and Nelson (1999a) や McConnell and Perez-Quiros (2000) によって最初に報告された．産出高の振舞いの変化の原因が何—ショック，金融政策，その他の構造変化—であろうとも，これらの原因はインフレの振舞いに影響を与えるであろう．

TVPVAR モデルをベイズ推定することによって (7.90) の誘導形の係数 ϕ_t の事後推定値が得られる．1960~2000 年の間の様々な期間における ϕ_t の推定値を利用して，Cogley and Sargent (2002) は自分達の VAR モデルに基づいたインフレーションのスペクトルを計算し，インフレーションの変動性と持続性がアメリカ合衆国において劇的に変化した証拠として用いた．Cogley and Sargent (2005b) において，自分達の 2002 年の実証研究がショックの変動性が時変することに対して頑健であることを示し，金融政策のルール変更がインフレーションの振舞いの変化の原因の1つになっていると論じている．推定された構造 TVPVAR モデルに基づいて，Primiceri(2005) は金融政策が 1980 年代以降確かに変化してきたが，これらの変化がそれ以外の経済に与える影響は小さいと論じた．ボルカー以降の時代において，インフレーションと景気循環の変動性が低くなったことの主たる原因はショックの変動性が時間とともに変化したことであると主張した．Sims and Zha (2006) は MSVAR モデルを用いて推定を行い，1980 年以前と以後で金融政策のルールを示すパラメータが異なるという仮説が支持されないことを発見した．逆に彼らは，民間部門の振舞いが変化した証拠と，ショックの分散不均一性が重要であるという証拠を提示した．同様に符号制約を用いて識別される，自己回帰部分の係数が時変する VAR モデルを用いて分析したところ，Canova and Gambetti (2009) は金融政策が 1980 年代初期以降インフレーションに対してより強く反応するようになっているという証拠を見出すことがほとんどできなかった．Cogley and Sbordone (2008) は過去 40 年間のニューケインジアンフィリップス曲線の安定性を評価するために TVPVAR モデルを利用している．

非線形の DSGE モデルを推定する際，数値計算上の困難があるため，時変係数を伴う DSGE モデルに基づいた実証研究は現在のところあまり公刊されていない．2

つの有名な例外は 7.4.5 項で議論された Justiniano and Primiceri (2008) そして Fernandez-Villaverde and Rubio-Ramirez (2008) である．後者の論文はインフレ率がターゲットレートから乖離するのに反応して，1980 年以降アメリカ合衆国の中央銀行がかなり積極的に利子率を変更してきたという証拠を提示している．彼らは物価変動の頻度の推定値が時間とともに減少してきたことも発見した．この頻度は彼らが採用した Calvo の枠組みの中では外生的と捉えられている．

7.6 データが大量に得られる環境下のモデル

これからは大規模なクロスセクションと時系列の次元を有するデータセットに対するモデルの推論へ移る．7.2 節の VAR(p) モデルを検討してみる．

$$y_t = \Phi_1 y_{t-1} + \ldots + \Phi_p y_{t-p} + \Phi_c + u_t, \quad u_t \sim \text{i.i.d.} N(0, \Sigma), \ t = 1, \ldots, T$$

y_t は n 次元の列ベクトルである．明示されてこなかったが，これまでの分析は，データにおける時系列の次元 T が，クロスセクションの次元 n よりもはるかに大きい状況に合わせて構築されてきた．例えば実例 7.1 において時系列の次元はおおよそ $T = 160$ であり，クロスセクションの次元は $n = 4$ である．しかし本節では T/n の比率が比較的小さい，できるだけ 5 未満の応用例に焦点を当てる．

高次元 VAR モデルは，特定の国のマクロ経済指標の大規模なクロスセクションデータ，例えば，GDP，その構成要素，産業生産，雇用と補償に関する指標，住居の新規発注戸数，資本財の新規発注量，物価指数，利子率，消費者信頼指標などを用いた応用分析で役に立つ．上記のデータセットを用いた分析例は Stock and Watson (1999; 2002) で見かけることができる．大規模な VAR モデルは多国間の計量経済学的なモデリングにおいてもしばしば採用されている．例えば OECD 加盟国間の国際的な景気循環を研究するためには，y_t が，20 ヵ国から 30 ヵ国の，総産出高，消費，投資，雇用で構成される．その結果，クロスセクションの次元 n は 80 を超えてしまう．

一般に本節で検討するモデルの場合，パラメータを決定するための標本情報が不足している．その結果，不正確な推測と散漫な予測分布となってしまう．パラメータへ厳しいあるいは緩やかな制約を課すために事前分布を利用して，予測精度を上げることができる．厳しい制約の中には，VAR モデルの係数を 0 にするという制約も含まれている．例えば，G7 各国の産出データを用いて国際的な景気循環を研究した Stock and Watson (2005) では，ある国の GDP 成長率に関する式の中にその国以外の国の GDP 成長率を貿易額で加重平均した値だけを入れるという制約を課している．逆に，VAR モデルの多くの係数に対して，とても情報量が豊富で，退化していない事前分布を利用できる場合もある．これこそ緩やかな制約の意味するものである．7.6.1 項では両方のタイプの制約について論じている．最後に，たぶん潜在的な性質を有する，因子と呼ばれる変数で構成される低次元のベクトルがあり，y_t を構成する要素の間の

すべての共変動はこのベクトルに支配されている．y_t はこのベクトルの関数と，相互に独立に変化する，いわゆる，固有の成分で構成されるベクトル ξ_t の和として表すことができる．そのような状況では，ベクトル y_t の全要素間にわたる動的な関係よりも，因子の変化，その変化に伴い観測変数 y_t が受ける影響，一変量の独自成分の変化をパラメータ化する必要だけがある．因子モデル (factor model) については 7.6.2 項で説明される．

7.6.1　制約付の高次元 VAR モデル

VAR モデルの係数に対して厳しい制約を直接課すことから始める．以前のように k 次元の列ベクトルとして $x_t = [y'_{t-1}, \ldots, y'_{t-p}, 1]'$ を，$k \times n$ の行列として $\Phi = [\Phi_1, \ldots, \Phi_p, \Phi_c]'$ を定義する．ただし，$k = np + 1$ である．さらに $kn \times n$ の行列 $X_t = I_n \otimes x_t$ と kn 次の列ベクトル $\phi = vec(\Phi)$ を定義する．その結果，VAR モデルを以下のように記述することが可能である．

$$y_t = X'_t \phi + u_t, \qquad u_t \sim \text{i.i.d.} N(0, \Sigma) \tag{7.105}$$

ϕ に関する制約を組み込むために，以下の式を加えて VAR モデルを再パラメータ化する．

$$\phi = M\theta \tag{7.106}$$

θ は κ ($\ll nk$) 次元の列ベクトルである．そして $nk \times \kappa$ の行列 M によって VAR モデルの係数 ϕ とそれより低い次元のパラメータベクトル θ を結びつける制約が作り出されている．行列 M の要素は既知である．行列 M によって，例えば第 i 方程式にある第 j 変数の l 期のラグ付変数の係数は式特有のパラメータ，変数特有のパラメータ，ラグ特有のパラメータを合計するように定式化することもできる．なぜなら θ は $n + n + p$ 個の式特有/変数特有/ラグ特有のパラメータで構成され，行列 M は ϕ の各要素と関係のある θ の要素を選び出す，0 と 1 の指標行列だからである．ϕ のいくつかの要素が 0 になるように行列 M を定式化することも可能である．その結果，VAR モデルに含まれる n 本の式のそれぞれからいくつかの説明変数が除かれる．ϕ と θ は線形関係であるから，θ の事前分布として正規分布そして Σ の事前分布として逆ウィシャート分布を仮定して，この制約付きの VAR モデルをベイズ推定することは簡単である．

階層化されたモデルを構築することによって，(7.106) の厳しい制約を緩めることができる．そのモデルでは，ϕ の事前分布が θ を条件とした分布であり，もちろんその分散は 0 でない．数式で表せば以下のとおりである．

$$\phi = M\theta + \nu, \qquad \nu \sim N(0, V) \tag{7.107}$$

ただし，V は $nk \times nk$ の共分散行列 V を有する nk 次元の列ベクトルである．パラメータとデータの結合分布は以下のように分解できる．

$$p(Y,\phi,\theta) = p(Y|\phi)p(\phi|\theta)p(\theta) \qquad (7.108)$$

ここでいくつかの注意を並べておこう．第 1 に (7.108) は，7.4.7 項 c. で議論された DSGE-VAR モデルと同じ形をしている．ただし，かなり複雑化した VAR モデルで DSGE モデルを近似する代わりに，上式では単純な線形制約 $M\theta$ が平均となる，θ を条件とした ϕ の事前分布を考えている．第 2 に，(7.108) は 7.2.2 項で議論したミネソタ事前分布も入れ子にしている．この事前分布は行列 M, $\underline{\theta}$, V を適切に選んだ上，$\underline{\theta}$ で退化させた θ の事前分布を用いることで得られる．第 3 に，ϕ の事前分布の共分散行列 V の選択は実際に推定する上でとても重要である．ミネソタ事前分布で DSGE-VAR モデルを推定する場合，この共分散行列を低次元のハイパーパラメータベクトル λ を用いて表現する．なお，λ は $\|\lambda\| \longrightarrow \infty$ ($\|\lambda\| \longrightarrow 0$) につれて $\|V(\lambda)\| \longrightarrow 0$ ($\|V(\lambda)\| \longrightarrow \infty$) となるという性質を満たす．適切に選んだ格子上の周辺尤度関数 $p_\lambda(Y)$ を最大化する λ を V のハイパーパラメータとして用いることを勧める．

最終的にハイパーパラメータ λ を大きくすることによって，ϕ の事後平均の推定値と制約 $M\theta$ の乖離を小さくすることが可能であるから，ϕ のベイズ推定量は縮約推定量としばしば呼ばれる．De Mol et al. (2008) は，我々の表記法では $V = \Sigma \otimes (I_k/\lambda^2)$ の形となる共分散行列 V について検討した．そして彼らは，これらの縮約推定量と，後述する因子モデルから得られる条件付平均関数 (conditional mean function) の推定量の間に強い結びつきがあることを示した．縮約推定量を適切に選んで用いると，多くの説明変数を用いて計算されたベイズ予測量の予測精度は，説明変数 x_t の主成分の中で大きいもののいくつかに y_t を回帰させたことで得られる予測量の精度と同等であることを彼らは実証的に報告した．この方法は因子モデルに関する文献でしばしば実行されている．

Canova and Ciccarelli (2009) では $M\theta$ によって記述される制約付部分空間と ϕ の乖離が各時点で変化することを認めている．最終的に ϕ が時変することを認め，数式としては次式のように記述する．

$$\phi_t = M\theta + \nu_t, \qquad \nu_t \sim \text{i.i.d.} N(0,V) \qquad (7.109)$$

推定を簡単にするため，制約 $M\theta$ からの乖離を表す ν_t は時点間で独立であると仮定される．実際，確率的な乖離を表す ν_t は VAR モデルのイノベーションである u_t と結びつけられる．その結果，ベイズ推定することがかなり簡単なモデルとなる．(7.109) を (7.105) へ代入することで以下の体系を得ることができる．

$$y_t = (X_t'M)\theta + \zeta_t \qquad (7.110)$$

説明変数 $X_t'M$ は $n \times \kappa$ の行列であるから，説明変数の加重平均を基本的に含んでいる．その加重の仕方は行列 M の各列の値で決まる．確率変数ベクトル ζ_t は $\zeta_t = X_t'\nu_t + u_t$

と記述されている．そして x_t に y_t のラグ付変数が含まれているから，ζ_t は条件付共分散 $X_t'VX_t+\Sigma$ をもったマルチンゲール差分 (Martingale difference) の系列を形成している．$V=\Sigma\otimes(I_k/\lambda^2)$ という形の事前共分散を選択するならば，ζ_t の共分散行列は $(1+(x_t'x_t)/\lambda^2)\Sigma$ へ変形される．その結果，尤度関数は以下のような簡便な形になる（初期の観測値 $Y_{-p+1:0}$ は所与とする）．

$$p(Y_{1:T}|\theta,\lambda) \propto \prod_{t=1}^{T}\Bigl[\bigl|(1+(x_t'x_t)/\lambda^2)\Sigma\bigr|^{-1/2} \qquad (7.111)$$
$$\times \exp\left\{-\frac{1}{2(1+(x_t'x_t)/\lambda^2)}(y_t-X_t'M\theta)'\Sigma^{-1}(y_t-X_t'M\theta)\right\}\Bigr]$$

そして θ と Σ に共役事前分布を仮定してベイズ推定するのは簡単である．

Canova and Ciccarelli (2009) は，ベクトル θ が時変するとともに単純な自己回帰運動に従うと仮定することによって，(7.109) をさらに一般化した．こうしたさらに一般的な環境の下でベイズ推定を行う方法について詳細に議論している．彼らは時変係数 θ_t を潜在因子ベクトルとして解釈している．つまり，次項で記述される因子モデルの設定と関係付けるように設定している．多国間を扱う VAR モデルによる応用分析の場合，y_t が各国特有の変数のラグ付変数の関数となるよう，行列 M は選ばれる．例えば，産出高の変化のラグ付きの値を各国間で平均した値や失業率のラグ付きの値を各国間で平均した値である．y_t の要素の変化の多くがクロスセクショナルに計算した平均の変化を原因とするものであるならば，様々な国の景気循環は統合され，ほぼ同じ方向に変化する．Canova and Ciccarelli (2009) はこの枠組みを用いて，G7 各国間の景気循環の収束について研究した．

7.6.2 動的因子モデル

因子モデルでは，できるだけ大規模なクロスセクションの観測値の動的な振舞いを記述する際に，共変動を説明するごく少数の共通な成分の合計と，各系列の独自の動学を捉える系列独自の成分の合計として記述する．因子モデルは長期間にわたり，計量経済学者の分析道具の1つであり続けた．例えば Sargent and Sims (1977) と Geweke (1977) が考案した観測不可能な指標に関するモデルが挙げられる．そして Stock and Watson (1989) の貢献によって，このクラスのモデルに対してマクロ経済学者の間で新たな関心が生まれた．予測を目的として，因子モデルを用いて大規模なクロスセクションのマクロ経済に関する時系列データから情報が引き出されている．動的因子モデル (DFM) の推定に Stock and Watson (1989) は最尤法を用いているが，Geweke and Zhou (1996) と Otrok and Whiteman (1998) はベイズ推定を用いている．我々が考えている DFM の基本モデルは 7.6.2 項 a. で，事後推測は 7.6.2 項 b. で紹介されている．いくつかの応用例は 7.6.2 項 c. で論じられている．最後に 7.6.2 項 d. で，基本的な DFM を様々に拡張したモデルを紹介している．

a. 基本的な定式化

DFM は n 個の観測変数 $y_{i,t}$, $i=1,\ldots,n$ の動学を観測不可能な 2 つの成分の合計へと分解する.

$$y_{i,t} = a_i + \lambda_i f_t + \xi_{i,t}, \qquad t=1,\ldots,T \tag{7.112}$$

ここでは f_t はすべての観測変数に共通な因子を成分とする κ 次元の列ベクトルである. $\xi_{i,t}$ は各 i に特有な独自の過程である. さらに a_i は定数であり, λ_i は $y_{i,t}$ を因子 f_t と結びつける負荷量で構成される κ 次元の行ベクトルである. さらに因子は次数 q のベクトル自己回帰過程に従っている.

$$f_t = \Phi_{0,1} f_{t-1} + \ldots + \Phi_{0,q} f_{t-q} + u_{0,t}, \qquad u_{0,t} \sim \text{i.i.d.} N(0, \Sigma_0) \tag{7.113}$$

ただし, Σ_0 と $\Phi_{0,j}$ は $\kappa \times \kappa$ の行列であり, $u_{0,t}$ はイノベーションで構成される κ 次元の列ベクトルである. 因子の運動法則を記述するパラメータ行列を表す際には下付き添字の 0 を利用する. 独自成分 $\xi_{i,t}$ は次数 p_i の自己回帰過程に従う.

$$\xi_{i,t} = \phi_{i,1} \xi_{i,t-1} + \ldots + \phi_{i,p_i} \xi_{i,t-p_i} + u_{i,t}, \qquad u_{i,t} \sim \text{i.i.d.} N(0, \sigma_i^2) \tag{7.114}$$

すべてのリードとラグにおいてイノベーション $u_{i,t}$ は各 i の間で独立であるとともに, 因子の運動法則式の中にあるイノベーション $u_{0,t}$ とも独立である. これらの直交性の仮定は因子モデルを識別する上で重要である. これらの直交性は, データに含まれるすべての共変動が因子から生み出されているということを意味しているからである.

制約をさらに課さなければ, 潜在的な因子と DFM の係数行列を識別できない. $u_{0,t}$ ばかりでなく, (7.112) と (7.113) の f_t とそのラグ付変数に $\kappa \times \kappa$ の逆行列化が可能な行列 H を掛けても, ベクトル λ_i と行列 $\Phi_{0,j}$ に H^{-1} を掛けても, 観測変数の確率分布が変わらないからである. 因子を正規化して識別可能にするために DFM のパラメータに制約を課す方法はいくつか存在する. 3 つの特殊な例を以下で示す. これらの例では, Σ_0 および, 最初の κ 個の負荷量ベクトルを積み重ねた行列 $\Lambda_{1,\kappa}$ に制約を課す.

$$\Lambda_{1,\kappa} = \begin{bmatrix} \lambda_1 \\ \vdots \\ \lambda_\kappa \end{bmatrix}$$

$i > \kappa$ の場合, 負荷量ベクトル λ_i には常に何の制約も課されていない.

例 7.5： Geweke and Zhou (1996) は $\Lambda_{1,\kappa}$ を下三角行列とする制約を課し, 以下のように定める.

$$\Lambda_{1,\kappa} = \Lambda_{1,\kappa}^{tr} = \begin{bmatrix} X & 0 \cdots 0 & 0 \\ \vdots & \ddots & \vdots \\ X & X \cdots X & X \end{bmatrix} \tag{7.115}$$

ここで X は制約の課されていない要素を表し，0 はゼロ制約を表している．(7.115) の制約に従うと，因子 $f_{2,t}$ が $y_{1,t}$ に影響を与えない．そして因子 $f_{3,t}$ が $y_{1,t}$ と $y_{2,t}$ に影響を与えない，…(以下同様)と解釈される．しかしこれらのゼロ制約だけでは識別にとって十分でない．というのも因子，したがって行列 $\Phi_{0,j}$ と Σ_0 は逆行列化が可能な $\kappa \times \kappa$ の任意の下三角行列 H_{tr} を両側から掛けることによって観測変数の確率分布を変えることなく変換される場合もあるからである．この変換によって，因子のイノベーションは $H_{tr}u_{0,t}$ になる．Σ_0 はコレスキー分解によって一意に得られる下三角行列 $\Sigma_{0,tr}$ とその転置行列の積として記述されるので，$H_{tr} = \Sigma_{0,tr}^{-1}$ を選択することにより，因子のイノベーションを独立な標準正規分布に従う確率変数ベクトルにすることができる．この正規化を実行するためには，

$$\Sigma_0 = I_\kappa \qquad (7.116)$$

と置きさえすれば良い．最終的に因子の符号は正規化される必要がある．$\lambda_{i,i}$, $i = 1, \ldots, \kappa$ を $\Lambda_{1,\kappa}$ の対角要素としよう．符号の正規化 (sign normalization) は以下の制約によって実現される．

$$\lambda_{i,i} \geq 0, \qquad i = 1, \ldots, \kappa \qquad (7.117)$$

したがって (7.115)，(7.116) と (7.117) の 3 つが識別制約条件を表している．

例 7.6： 前の例における正規化から始め，(7.115) の $\Lambda_{1,\kappa}^{tr}$ の対角要素を用いた対角行列 H を因子に掛けてから，負荷量に H^{-1} を掛けるとする．この変換によって，$\Lambda_{1,\kappa}$ を対角要素に 1 が並ぶ下三角行列に限定するとともに，Σ_0 を非負の要素をもった対角行列にするという正規化が実現する．$\Lambda_{1,\kappa}$ の対角要素の 1 も符号の正規化にとって重要である．$\lambda_{i,i} = 1$, $i = 1, \ldots, \kappa$ という正規化をすると，因子 $f_{i,t}$ は $y_{i,t}$ に 1 単位もの影響を与えることになるので，潜在的に危険が存在する．例えば，因子が 1 つしか存在しない上，$y_{1,t}$ が自分以外のすべての観測変数と相関をもたない場合を想像してみる．$\lambda_{1,1} = 1$ を課すことにより，他の負荷量ばかりでなくその因子についても誤った推測をしてしまう可能性がある．

例 7.7： 例 7.5 における正規化から始め，H を (7.115) の $\Lambda_{1,\kappa}^{tr}$ に置き換えてから因子に掛けた後，負荷量に H^{-1} を掛けるとする．この変換によって，$\Lambda_{1,\kappa}$ を単位行列に限定する一方で，Σ_0 を制約のない共分散行列にする正規化が実現する．例 7.6 と同様に，$\Lambda_{1,\kappa}$ の対角要素の 1 は符号の正規化にとって重要である．

最後になるが，過剰識別制約 (overidentifying restrictions) を課すことは魅力的であると知られている．具体性を出すため，アメリカ合衆国の各州の産出高の間の共変動を研究するのに因子モデルを用いる場合を考えてほしい．ちなみに $y_{i,t}$ は時点 t の

第 i 州の産出高に対応する．さらに因子数 κ を 3 と仮定する．$f_{1,t}$ は国家規模の景気循環，$f_{2,t}$ は東部地域，$f_{3,t}$ は西部地域に影響を与える因子と解釈されている．この場合，第 i 州が地域 $j=2,3$ に属していないならば，$\lambda_{i,j}=0$ という条件を課すことができる．

b. 事前分布と事後分布

DFM のベイズ推定について書き進める．表記法を単純化するため，(7.114) のラグの長さがすべての方程式で共通である $(p_i = p)$ とともに，$q \leq p+1$ というケースだけを取り扱う．本章ですでに行ったように，$Y_{t_0:t_1}$ は $\{y_{t_0}, \ldots, y_{t_1}\}$，$F_{t_0:t_1}$ は $\{f_{t_0}, \ldots, f_{t_1}\}$ をそれぞれ表す．(7.112) に $1 - \phi_{i,1}L - \cdots - \phi_{i,p}L^p$ を右から掛けてみる．ただし，L はラグ演算子である．この場合の擬似差分観測方程式 (quasi-differenced measurement equation) は以下のとおりである．

$$y_{i,t} = a_i + \lambda_i f_t + \phi_{i,1}(y_{i,t-1} - a_i - \lambda_i f_{t-1}) + \cdots \qquad (7.118)$$
$$+ \phi_{i,p}(y_{i,t-p} - a_i - \lambda_i f_{t-p}) + u_{i,t}, \qquad t = p+1, \ldots, T$$

(7.118) に現れるパラメータを $\theta_i = [a_i, \lambda_i, \sigma_i, \phi_{i,1}, \ldots, \phi_{i,p}]'$ と記述する．そして (7.113) の因子の運動法則に現れるパラメータを θ_0 と記述する．データとパラメータと潜在因子の結合分布は以下のように記述できる．

$$p(Y_{1:T}, F_{0:T}, \{\theta_i\}_{i=1}^n, \theta_0) \qquad (7.119)$$
$$= \left[\prod_{t=p+1}^{T} \left(\prod_{i=1}^{n} p(y_{i,t}|Y_{i,t-p:t-1}, F_{t-p:t}, \theta_i) \right) p(f_t|F_{t-q:t-1}, \theta_0) \right]$$
$$\times \left(\prod_{i=1}^{n} p(Y_{i,1:p}|F_{0:p}, \theta_i) \right) p(F_{0:p}|\theta_0) \left(\prod_{i=1}^{n} p(\theta_i) \right) p(\theta_0)$$

(7.119) の右辺にある因数分解された式を得るために，$(Y_{1:t-1}, F_{0:t}, \theta_i)$ を条件とした $y_{i,t}$ の分布が，$Y_{i,t-p:t-1}$ だけを通じてラグ付観測変数に依存していると同時に，$F_{t-p:t}$ だけを通じて因子に依存していることを利用する．さらに $(Y_{1:t-1}, F_{0:t-1}, \theta_0)$ を条件とした f_t の分布が $F_{t-q:t-1}$ だけの関数であることも利用する．$p(y_{i,t}|Y_{i,t-p:t-1}, F_{t-p:t}, \theta_i)$ と $p(f_t|F_{t-q:t-1}, \theta_0)$ の分布はそれぞれ (7.118) と (7.113) から簡単に導出できる．

(7.119) の $p(Y_{i,1:p}|F_{0:p}, \theta_i)$ は，因子を条件とした，最初の p 個の観測値の確率分布を表している．$p(Y_{i,1:p}|F_{0:p}, \theta_i)$ の分布は以下のとおりである．

$$\begin{bmatrix} y_{i,1} \\ \vdots \\ y_{i,p} \end{bmatrix} \bigg| (F_{0:p}, \theta_i) \sim N\left(\begin{bmatrix} a_i + f_1 \\ \vdots \\ a_i + f_p \end{bmatrix}, \Sigma_{i,1:p}(\theta_i) \right) \qquad (7.120)$$

行列 $\Sigma_{i,1:p}(\theta_i)$ は $[\xi_{i,1}, \ldots, \xi_{i,p}]'$ の共分散行列である．$\Sigma_{i,1:p}(\theta_i)$ は，ある $\tau > 0$ に対

7.6 データが大量に得られる環境下のモデル

して $\xi_{i,-(\tau+1)} = \cdots = \xi_{i,-(\tau+p)} = 0$ を仮定することによって (7.114) の自己回帰の運動法則から導出される．事前分布のサポート部分にあるすべての θ_i について，$\xi_{i,t}$ の運動法則が定常であるならば，$\tau = \infty$ と設定することが可能であり，$\Sigma_{i,1:p}$ は独自のショックの無条件分布における共分散行列となる．導出の詳細については Otrok and Whiteman (1998) を参考にされたい．因子の初期分布 $p(F_{0:p}|\theta_0)$ は (7.113) を用いて同様の方法で得られる．

残った項である $p(\theta_i)$ と $p(\theta_0)$ は θ_i と θ_0 の事前分布を表している．事前分布として一般的な共役事前分布を選ぶ（例えば Otrok and Whiteman 1998 を参考にされたい）．特に定数項 a_i と負荷量 λ_i の事前分布は正規分布であり，それぞれ $N(\underline{a}_i, \underline{V}_{a_i})$，$N(\underline{\lambda}_i, \underline{V}_{\lambda_i})$ と記述される．もし $\lambda_{i,i}$, $i = 1, \ldots, \kappa$ が，例 7.5 のときと同じように因子の符号の不確定性 (sign-indeterminacy) を解決するために，非負という制約を課されているならば，(7.117) の非負制約を課すため，λ_i の事前分布の密度に，指標関数 $\mathcal{I}\{\lambda_{i,i} \geq 0\}$ を掛ける必要がある．因子の自己回帰係数と独自のショックに対する事前分布は正規分布である．$\phi_0 = [vec(\Phi_{0,1})', \ldots, vec(\Phi_{0,q})']'$ を定義するとともに，Σ_0 が単位行列と等しくなるように正規化されると仮定する．ϕ_0 の事前分布を $N(\underline{\phi}_0, \underline{V}_{\phi_0})$ と仮定する．同様に $\phi_i = [\phi_{i,1}, \ldots, \phi_{i,p}]'$ の事前分布を $N(\underline{\phi}_i, \underline{V}_{\phi_i})$ と仮定する．f_t と ξ_i の自己回帰の運動法則にかかわる特性多項式のすべての根が単位円の外側にあるとは限らなくするパラメータを取り除くために，いくつかの応用において ϕ_0 (ϕ_i) の事前分布の一部分を削除することが望ましいようである．最後に独自成分の誤差項 u_{it} のボラティリティ σ_i の事前分布として逆ガンマ分布を選ぶことができる．

事後分布からのサンプルを生成するためにギブスサンプラーを利用できる．このサンプラーの基本的な構造はかなり単純であるが，その細部には複雑な点もある．この点については，例えば Otrok and Whiteman (1998) で見ることが可能である．因子を所与とすれば，式 (7.112) は誤差項が $AR(p)$ 過程に従う線形正規回帰モデルである．事後密度は以下の形となる．

$$p(\theta_i | F_{0:T}, \theta_0, Y_{1:T}) \propto p(\theta_i) \left(\prod_{t=p+1}^{T} p(y_{i,t} | Y_{i,t-p:t-1}, F_{t-p:t}, \theta_i) \right) p(Y_{i,1:p} | F_{0:p}, \theta_i) \tag{7.121}$$

共役事前分布の下，右辺の最初の 2 項は，正規–逆ガンマ分布の密度に対応する．最後の項は $AR(p)$ に従う誤差項過程の初期化の影響を反映している．この項の対数は θ_i の 2 次関数でない．(7.121) という確率分布からのサンプルは Chib and Greenberge (1994) の方法で生成することができる．

$\lambda_{i,i}$, $i = 1, \ldots, \kappa$ の事前分布に指標関数 $\mathcal{I}\{\lambda_{i,i} \geq 0\}$ が含まれているならば，$\lambda_{i,i} < 0$ の場合に θ_i のサンプルを捨てるという採択サンプラーを利用できる．負荷量の事前分布が $\lambda_{i,i} \geq 0$, $i = 1, \ldots, \kappa$ に限定されていないものの，0 を挟んで対称であるならば，(制約のない) ギブスサンプラーからのサンプルを後処理することによって符号

の不確定性を解決することができる．ギブスサンプラーから生成した $\lambda_{i,i} < 0$ を満たす $(\{\theta_i\}_{i=1}^n, \theta_0, F_{0:T})$ のサンプルの場合，i 番目の因子の符号を変えるとともに，i 番目の因子に関する n 個すべての観測変数の負荷量の符号を変える．Hamilton et al. (2007) では符号の正規化および，他のモデルにおける正規化に関連する事項が詳細に論じられている．(7.112) の誤差 $\xi_{i,t}$ は i について独立であるから，サンプリングは各 i で 1 回実行される．そのため計算上のコストはクロスセクションの大きさと比例することとなる．

因子を所与とした場合，(7.113) の係数 θ_0 の事後分布は上記のステップを多変量へと一般化することで得られる．その確率密度は以下のように記述できる．

$$p(\theta_0 | F_{0:T}, \{\theta_i\}_{i=1}^n, Y_{1:T}) \propto \left(\prod_{t=p+1}^T p(f_t | F_{t-p:t-1}, \theta_0) \right) p(\theta_0) p(F_{0:p} | \theta_0) \quad (7.122)$$

右辺第 1 項は VAR(q) モデルの条件付尤度関数に対応しており，この点については 7.2 節で徹底的に分析されている．θ_0 の事前分布が共役事前分布である場合，$\Sigma_0 = I$ となるよう DFM が正規化されているならば，あるいは，Σ_0 に制約が課されないとともに，Σ_0 が多変量正規密度に対応しているならば，最初の 2 項は $MNIW$ 分布の密度と比例する．最後の項は初期の因子である $f_0, \ldots, f_p$ の確率密度関数を捉えている．したがって θ_0 は，例えば $MNIW$ 分布から直接サンプリングされることはあり得ない．θ_i の場合のように，Chib and Greenberg(1994) で提案された方法を変形した上で θ_0 のサンプリングに使うことが可能である．

ギブスサンプラーの第 3 ブロックでは，$(\{\theta_i\}_{i=1}^n, \theta_0, Y_{1:T})$ を条件として因子 $F_{0:T}$ をサンプリングする．ベイズ統計学を利用して DFM を推定することを説明した文献には 2 つのアプローチが記述されている．まず Otrok and Whiteman(1998) では観測量 $Y_{1:T}$ と因子 $F_{0:T}$ の結合正規分布 $p(Y_{1:T}, F_{0:T} | \{\theta_i\}_{i=1}^n, \theta_0)$ を系統立てて導出している．さらに，多変量正規分布の条件付平均と条件付共分散に関する公式を用いて，事後分布 $p(F_{0:T} | \{\theta_i\}_{i=1}^n, \theta_0, Y_{1:T})$ を導出している[*5]．このアプローチでは T 次元の行列を逆行列にするので，長期の時系列データの場合，計算上のコストが大きくなる．別の方法は DFM を線形状態空間の形にしてから，Giordani ら（本書の第 3 章）が記述しているように，潜在状態の分布からサンプリングする Carter and Kohn (1994) のアルゴリズムを適用することである．クロスセクションの次元を n にしたまま，状態ベクトルの次元が増えることを避けるために，AR(p) 過程に従う $\xi_{i,t}$ を状態ベクトルから除き，(7.112) の代わりに擬似差分観測方程式 (7.118) を利用すると便利である．

DFM を，i.i.d. の観測誤差をもった状態空間形および，VAR(1) モデルに従う状態遷移方程式へ変形する方法について，これから詳細に記述する．表記を簡単にするため，因子 f_t がスカラーの変数 ($\kappa = 1$) であると今後は仮定する．すべての i について

[*5] $X = [X_1', X_2']'$ が $N(\mu, \Sigma)$ に従って分布しているならば，$X_1 | X_2$ は $N(\mu_1 + \Sigma_{12} \Sigma_{22}^{-1}(X_2 - \mu_2), \Sigma_{11} - \Sigma_{12} \Sigma_{22}^{-1} \Sigma_{21})$ に従って分布する．ただし，μ と Σ の分割方法は X の分割方法と一致する．

(7.118) を積み重ねると,以下の観測方程式が得られる.

$$\left(I_n - \sum_{j=1}^{p}\tilde{\Phi}_j L^j\right)\tilde{y}_t = \left(I_n - \sum_{j=1}^{p}\tilde{\Phi}_j\right)\tilde{a} + \Lambda^*\tilde{f}_t + \tilde{u}_t, \qquad t=p+1,\ldots,T \quad (7.123)$$

ただし,L は時間に関するラグ演算子であり,$\tilde{y}_t = [y_{1,t},\ldots,y_{n,t}]'$,$\tilde{a} = [a_1,\ldots,a_n]'$,$\tilde{u}_t = [u_{1,t},\ldots,u_{n,t}]'$ である.$\tilde{\Phi}_j$ は $\phi_{1,j},\ldots,\phi_{n,j}$ を要素とする $n \times n$ の対角行列である.そして,

$$\Lambda^* = \begin{bmatrix} \lambda_1 & -\lambda_1\phi_{1,1} & \ldots & -\lambda_1\phi_{1,p} \\ \vdots & & \ddots & \vdots \\ \lambda_n & -\lambda_n\phi_{n,1} & \ldots & -\lambda_n\phi_{n,p} \end{bmatrix}$$

である.擬似差分のため,観測方程式 (7.123) の確率変数 $\tilde{u}_t$ は i.i.d. である.$(p+1)$ 次元の列ベクトル $\tilde{f}_t$ は潜在状態を集めたものであり,$\tilde{f}_t = [f_t,\ldots,f_{t-p}]'$ と定義されている.状態遷移方程式は (7.113) にある因子の運動法則の式を以下に示すコンパニオンフォームで表すことによって得られる.

$$\tilde{f}_t = \tilde{\Phi}_0 \tilde{f}_{t-1} + \tilde{u}_{0,t} \quad (7.124)$$

ただし,$\tilde{u}_{0,t} = [u_{0,t},0,..,0]'$ は i.i.d. の $(p+1)$ 次元の確率列ベクトル,$\tilde{\Phi}_0$ は $(p+1) \times (p+1)$ の行列である.

$$\tilde{\Phi}_0 = \begin{bmatrix} [\Phi_{0,1}, \ldots, \Phi_{0,q}, 0_{1\times(p+1-q)}] \\ I_p \qquad 0_{p\times 1} \end{bmatrix} \quad (7.125)$$

(7.123) は $t = 1$ ではなく $t = p+1$ から始まるので,条件分布 $p(F_{0:p}|Y_{1:p},\{\theta_i\}_{i=1}^n,\theta_0)$ を用いて Carter and Kohn (1994) のアルゴリズムの中のフィルタリングのステップを初期化する必要がある.上述したようにこの条件付分布は,多変量正規分布の条件付平均と条件付共分散に関する公式を結合分布 $p(F_{0:p},Y_{1:p}|\{\theta_i\}_{i=1}^n,\theta_0)$ に応用することで得られる.Del Negro and Otrok (2008) に初期化のための式が掲載されている.ギブスサンプリングは以下のように要約することができる.

アルゴリズム **7.12**(**DFM の事後分布からのサンプリング**):
$s = 1,\ldots,n_{sim}$ について:
1) $(F_{0:T}^{(s-1)},\theta_0^{(s-1)},Y_{1:T})$ を条件とした (7.121) からサンプル $\theta_i^{(s)}$ を生成する.$i = 1,\ldots,n$ のそれぞれに対してこの作業は独立に実行できる.
2) $(F_{0:T}^{(s-1)},\{\theta_i^{(s)}\}_{i=1}^n,Y_{1:T})$ を条件とした (7.122) からサンプル $\theta_0^{(s)}$ を生成する.
3) $(\{\theta_i^{(s)}\}_{i=1}^n,\theta_0^{(s)},Y_{1:T})$ を条件としてサンプル $F_{0:T}^{(s)}$ を生成する.

条件付事後分布の詳細については省略してある.厳密な導出は本章の参考文献に記述

されている．最後となるが，因子数 κ を決定する問題について論じてこなかった．原則として DFM では，因子数 κ が異なる DFM を別のモデルと考え，因子数の決定をモデル選択やモデル平均の問題として扱う．その詳細は 7.7 節で論じることになっている．現実に DFM の周辺尤度の計算は，事後モデル確率を評価するのに必要であるが，数値計算上，難しい．Lopes and West (2004) は，因子が i.i.d. に従う静学的な因子モデルの周辺尤度の計算について論じている．彼らも MCMC を用いた推定方法を検討している．彼らは因子数を未知パラメータとして扱い，他のすべてのパラメータと一緒にサンプリングする．

c. 動的因子モデルの応用

景気循環は国際的に見てどのくらい統合されているのであろうか．世界各国は景気循環の同時性という点で見た場合，地域をまたいだ各国間（例えばフランスとアメリカ合衆国）よりも地域内の各国間（例えばヨーロッパの諸国間）の方が統合されているのであろうか．共変動の強さは，貿易上や金融上の結びつきが深まるにつれて大きく変化してきたのであろうか．これらは，動的因子モデルを用いてどちらが正しいかを調べる場合に，すべて自然な疑問として生じる．この解明に Kose et al. (2003) は取り組んできた．著者達は 60ヵ国について 30 年間にわたる産出高，投資額と消費額の年次のパネルデータを用いて DFM を推定した．このモデルには，世界の景気循環を捉える世界因子，および地域固有の循環（例えばラテンアメリカ）を捉える地域因子，そして国固有の循環を捉える国因子を組み込んである．これらの因子は互いに独立に変化すると仮定されている．彼らは国際的な景気循環の共変動が有意なものであることを発見した．例えば，G7 諸国の産出高を分散分解すると，世界の循環と国固有の循環が産出高の成長率の分散を同じ程度説明できるという点において，世界の循環は国固有の循環と平均して同じくらい重要である．驚くことではないが，(G7 諸国と違って) 世界の平均的な国にとっては国固有の循環が，世界の循環よりもはるかに重要である．地域の循環は特に重要でない．このことは，地域内での統合が地域間ほど高度でないことを示している．

住宅価格の研究は因子モデルに関する興味深い応用研究の 1 つである．住宅価格は国にかかわる重要な成分と地域にかかわる重要な成分を含んでいる．前者は一国の状態（例えば金融政策や一国の景気循環に対するスタンス）と結びついており，後者は地域の景気循環と当該地域のそれ以外の状態（例えば人口移動や人口統計）と結びついている．Del Negro and Otrok (2007) は動的因子モデルを適用して，アメリカ合衆国の地域ごとの住宅価格を研究した．

地域あるいは国に属さない系列に対して，地域あるいは国固有の因子の負荷量を 0 にするという制約を課すことによってこうした因子が識別されるモデルを，ベイズ統計学の枠組みで推定するのはとても簡単である．しかしそのような制約をもったモデルにおいて主成分をノンパラメトリックな推定方法によって推定するのは難しい．さ

7.6 データが大量に得られる環境下のモデル 375

らにベイズ統計学を用いると，Kose et al. (2003) の場合のように，たとえ一国当たりの系列数が少なくても，国の因子を推定できる．しかし，ノンパラメトリックな方法を用いて小規模なクロスセクションデータから生まれる不確実性の特徴を描くのは難しい．

d. 拡張そして別のアプローチ方法

上述した基本的な DFM を拡張する 4 つのモデルについて簡単に議論する．これらの拡張とは，因子拡張 VAR モデル，時変パラメータを備えた DFM，階層化 DFM，DSGE モデルと DFM を組み合わせたハイブリットなモデルである．

因子拡張 VAR モデル： Bernanke et al. (2005) は因子拡張 VAR モデル（以後，FAVAR モデル）と呼ばれるクラスを提案した．これは標準的な因子モデルを 2 つの点で手直ししたものである．第 1 に FAVAR モデルではフェデラルファンドレートのような追加的な観測変数 $y_{0,t}$ を観測方程式に組み入れることが可能となる．数式で表すと以下のとおりである．

$$y_{i,t} = a_i + \gamma_i y_{0,t} + \lambda_i f_t + \xi_{i,t}, \quad i=1,\ldots,n, \quad t=1,\ldots,T \quad (7.126)$$

ただし，$y_{0,t}$ と γ_i はそれぞれ m 次元の列ベクトルと行ベクトルである．第 2 に観測可能なベクトル $y_{0,t}$ と観測不可能な因子 f_t はともに次数 q のベクトル自己回帰過程に従うと仮定されている．

$$\begin{bmatrix} f_t \\ y_{0,t} \end{bmatrix} = \Phi_{0,1} \begin{bmatrix} f_{t-1} \\ y_{0,t-1} \end{bmatrix} + \ldots + \Phi_{0,q} \begin{bmatrix} f_{t-q} \\ y_{0,t-q} \end{bmatrix} + u_{0,t}, \quad u_{0,t} \sim \text{i.i.d.} N(0, \Sigma_0) \quad (7.127)$$

これこそが FAVAR モデルという名前になった理由である．$\Phi_{0,j}$ は $(\kappa+m)\times(\kappa+m)$ の行列である．イノベーションベクトルである $u_{0,t}$ は平均 0，分散 Σ_0 の正規分布に従うと仮定されている．ただし，分散共分散行列 Σ_0 はもはや対角行列であると限定していない．独自成分の $\xi_{i,t}$ は (7.114) に従って変化し，その運動法則のイノベーション $u_{i,t}$ は $N(0,\sigma_i^2)$ に従うと仮定されている．さらにイノベーション $u_{i,t}$ は i について独立であると仮定されるとともに，$u_{i,t}$ はすべての時点において $u_{0,t}$ と独立であると仮定される．識別可能とするために，Bernanke et al. (2005) では，(i) λ_i の最初の κ 個を積み重ねて作った $\kappa\times\kappa$ の行列が I_κ に等しい（例 7.7 と同様），(ii) γ_i の最初の κ 個を積み重ねて作った $\kappa\times m$ の行列の要素は 0 である，と仮定する．

FAVAR モデルの魅力は，因子分析と 7.2.4 項で記述した構造 VAR 分析を結びつけられることである．特に (7.21) のように，誘導形ショックのベクトル $u_{0,t}$ が構造ショックのベクトル $\epsilon_{0,t}$ と以下の関係を有すると仮定できる．

$$u_{0,t} = \Sigma_{0,tr}\Omega_0\epsilon_{0,t} \quad (7.128)$$

ただし，$\Sigma_{0,tr}$ は Σ_0 をコレスキー分解して一意に得られる下三角行列のコレスキー

因子であり，対角要素は非負である．Ω_0 は任意の直交行列である．Bernanke et al. (2005) ではこのモデルを適用してアメリカ合衆国における金融政策のショックの影響を研究した．例 7.1 のように Ω_0 が対角行列であるという短期の識別スキームを課すことによって，金融政策のショックを識別した．この識別方法は中央銀行が因子に含まれる情報に同時点で反応することを意味している．逆に，金融政策の予想外の変更が 1 期間のラグをおいた後でしか因子に影響を与えられないことを意味している．

少なくとも原則として FAVAR モデルは本項 b. に記述されているツールを直接応用することで推定できる．因子が所与であれば，(7.126) と (7.127) のパラメータの事後分布を得ることは簡単である．同様に状態空間表示における，観測方程式として (7.126) を用いるとともに，遷移方程式として (7.127) の VAR モデルの最初の κ 個の式を用いることにより，因子をサンプリングできる．

時変パラメータ: 7.5 節で見たように VAR モデルのパラメータを変動させることが有効であると考えられるのと同じ理由で，因子モデルのパラメータを時変するようにしたい．例えば各国間の共変動は金融上そして貿易上の統合が進んだ結果として変化してきた．つまり金融面での取決め（通貨連合 (monetary unions) や固定為替制度から変動為替制度への変更など）のために変化してきた．Del Negro and Otrok (2008) は標準的な因子モデルを 2 通りの方法で変更して，時変パラメータ DFM を構築した．第 1 に負荷量が時変するように変更した．この特徴によって共通因子に対する個々の系列の感度が変化する．第 2 のイノベーションは因子と固有ショックの運動法則に確率的ボラティリティを導入することである．2 番目の特徴によって，共通因子と固有ショックの相対的な重要性が変化する．負荷量とボラティリティは，Cogley and Sargent (2005b) と同じように，ドリフトなしのランダムウォークに従って変化している．Del Negro and Otrok (2008) は，大いなる安定が国特有の原因あるいは国際的な原因のいずれによるものなのかを判断しようとして，このモデルを適用して国際的な景気循環の時変的な特質について研究した．Mumtaz and Surico (2008) は因子の運動法則の中に時変性を導入し（他のパラメータには導入しない），各国間のインフレデータの研究に利用した．

階層化された因子: Ng et al. (2008) は本項 a. で概説したのとは異なる戦略でモデル化を追求している．彼らのアプローチは因子モデルに関する階層的な集合を構築することを必要とする．階層は集計のレベルによって決まる．具体的にいうと，国際的な景気循環の研究—前節で議論した応用研究—の場合，集計に関する 3 つのレベルとは国，地域そして世界である．最も集計されていない因子—つまり国レベルの因子—だけが観測方程式 (7.112) に現れる．そして国レベルの因子は，次のレベルで集計された因子—つまり地域レベルの因子—が共通因子となる因子モデルに従って変化している．同様に地域レベルの因子は，世界レベルの因子が共通成分となる因子モデルに従って変化している．このアプローチは Kose et al. (2007) が利用しているものよりも節約的である．

DSGE と DFM を組み合わせたハイブリットなモデル： Boivin and Giannoni (2006a) は，DSGE モデルの状態変数を潜在因子と同一視してモデル化した DSGE–DFM を推定している．したがって，因子の動学は DSGE モデルから推測される制約に従い，以下の式に従う．

$$f_t = \Phi_1(\theta_{DSGE})f_{t-1} + \Phi_\epsilon(\theta_{DSGE})\epsilon_t \tag{7.129}$$

ベクトル f_t は DSGE モデルに関係する状態変数の最小集合で構成され，θ_{DSGE} は構造的 DSGE モデルのパラメータベクトルである．7.4 節で分析した単純な確率的成長モデルでは，このベクトルに 2 つの外生的な過程ばかりでなく資本ストックも含まれている．したがって (7.129) は (7.112) の形をした観測方程式と結びついている．DSGE-DFM の場合，潜在因子に対して経済学的に明確な解釈を与えることが可能であるので，負荷量 λ_i の事前分布を導き出すのは原則としてはるかにやさしい．例えば $y_{i,t}$ が GDP の対数値に対応すると仮定するのである．確率的成長モデルを解くことで GDP の対数値と DSGE モデルの状態変数の関数関係が与えられる．この関係は λ_i の事前分布を中心化することに利用できる．こうした事前分布を特定する方法の詳細については Kryshko (2010) に記述されている．

以前のように $\theta_i = [a_i, \lambda_i, \sigma_i, \phi_{i,1}, \ldots, \phi_{i,p}]'$, $i = 1, \ldots, n$ と定義しよう．DSGE-DFM は，ギブスサンプリング内にメトロポリス法を組み込んだギブス内メトロポリスサンプラーを用いて推定できる．この場合，

(i) $(F_{1:T}, \theta_{DSGE}, Y_{1:T})$ を所与とした $\{\theta_i\}_{i=1}^n$ の条件付事後分布，

(ii) $(\{\theta_i\}_{i=1}^n, \theta_{DSGE}, Y_{1:T})$ を所与とした $F_{1:T}$ の条件付事後分布，

(iii) $(\{\theta_i\}_{i=1}^n, Y_{1:T})$ を所与とした θ_{DSGE} の条件付事後分布

の順にそれぞれから繰り返しサンプリングする．ステップ (i) とステップ (ii) はアルゴリズム 7.12 のステップ 1) とステップ 3) に似ている．一方，ステップ (iii) はアルゴリズム 7.7 で記述されているランダムウォーク—メトロポリスステップの修正版を用いれば実行できる．詳細は Boivin and Giannoni (2006a) と Kryshko (2010) に記述されている．

Boivin and Giannoni (2006a) は DSGE-DFM を用いて，総産出高，消費，投資，労働時間，賃金，インフレーション，利子率といった DSGE モデルの変数を多くの観測変数，つまり雇用，労働慣行，賃金率，物価インフレなどの多くの現実の尺度と結びつける．多くの（ノイズを含む）現実の尺度を用いることによって—測定誤差が近似的に独立であれば—研究者は DSGE モデルに用いる変数のより正確な尺度を得ることができる．したがって，経済を動かすショックばかりでなく，DSGE モデルのパラメータおよび経済の状態変数を正確に推定することができる．Kryshko (2010) は DSGE-DFM の因子によって張られた空間が制約のない DFM から抽出された因子によって張られた空間と似ていることを報告している．さらに DSGE-DFM を用いて，(7.129) のベクトル ϵ_t の要素である，技術と金融政策における予想外の変化が大規模

なクロスセクションのマクロ経済変数に与える影響を研究している.

7.7 モデルの不確実性

数多くの VAR モデルと DSGE モデルは,モデル間で政策上の含意に大きな違いが出るように構築された上で対決させられてきた. これらの数多くのモデルによって, モデルの不確実性という問題はマクロ計量経済学において耳目を集める問題となった. さらに細かくいうと,VAR モデルの場合,政策ルールと構造ショックを識別するのに適切な制約が明確でないだけでなく,ラグの長さや共和分関係の個数についても明確でないという不確実性が存在する. DSGE モデルの場合,価格硬直性,賃金硬直性,情報の摩擦,あるいは金融の摩擦のいずれが景気循環変動を理解する際に数量面で重要なのかについて,研究者は確信をもてていないという不確実性がある. また DSGE モデルによって金融政策と財政政策をいつ計画すべきかがわかるようになるべきである. 時変パラメータモデルにおいて計測困難な係数が増加している点から見て,実証モデルにおけるそのような特徴の重要性は明らかにされていない. DFM を利用する研究者にとって,クロスセクションのマクロ経済変数間あるいは財政変数間の共変動を捉えるのに必要な因子数は一般に明確でない.

ベイズ統計学の枠組みでは,データとパラメータの結合分布としてモデルは正式に定義される. したがって尤度関数 $p(Y|\theta_{(i)}, \mathcal{M}_i)$ と事前密度 $p(\theta_{(i)}|\mathcal{M}_i)$ はモデル $\mathcal{M}_i$ の定式化の一部である. モデルの不確実性は概念的にいえばパラメータの不確実性と違わない. このことは以下の例で説明される.

例 7.8: 2つの(入れ子の)モデルを考えてみよう.

$$\mathcal{M}_1 : y_t = u_t, \qquad u_t \sim \text{i.i.d.} N(0,1)$$
$$\mathcal{M}_2 : y_t = \theta_{(2)} x_t + u_t, \quad u_t \sim \text{i.i.d.} N(0,1), \quad \theta_{(2)} \sim N(0,1)$$

$\mathcal{M}_1$ は $\mathcal{M}_2$ の回帰係数 $\theta_{(2)}$ が 0 であると仮定したモデルである. ベイズ統計学に基づく分析では 2 つのモデルに確率を与え,その確率を $\pi_{i,0}$ と表記する. $\mathcal{M}_1$ に対しては事前確率 $\pi_{1,0} = \lambda$ を割当てる. この場合,$\mathcal{M}_1$ と $\mathcal{M}_2$ を混合したモデルは以下のモデル $\mathcal{M}_0$ と等しい.

$$\mathcal{M}_0: \quad y_t = \theta_{(0)} x_t + u_t, \quad u_t \sim \text{i.i.d.} N(0,1), \ \theta_{(0)} \sim \begin{cases} 0, & \text{確率 } \lambda \\ N(0,1), & \text{確率 } 1-\lambda \end{cases}$$

原則としてモデルの不確実性がパラメータの不確実性として表現できるのに十分なほど大きなパラメータ空間上で事前分布を構築することを試みる. しかし上記の例から明らかなこととして,上記の事前分布では次元が低い方の部分空間に対して 0 以外の確率を割当てねばならない. このことによって事後分布の計算は複雑となる. した

がって本章で検討する多くの応用例では，そのようなアプローチは実用的でない．一方，大きな包含 (encompassing) モデルの制約版をモデル自身と考えることは有益である．ラグの長さが $p = 1, \ldots, p_{max}$ で共和分ランク $r = 1, \ldots, n$ の VAR モデル，あるいは制約のない状態空間モデルの入れ子にすべてできる線形化された DSGE モデルの集合がこのモデルの例として挙げられる．

本節の残りは以下のような構成である．7.7.1 項では，事後モデル確率の計算について論じた後，事後モデル確率を用いて，モデルの集合の中からモデルを選択することについて論じる．最初にモデルを選択してから，選択したモデルに基づいて分析するよりも，複数のモデルを平均するとともに，意思決定の際にモデルの不確実性を明示的に考慮する方が望ましい．様式化された最適な金融政策の例を用いて，7.7.2 項でこの点を強調する．マクロ経済への多くの応用例，特に DSGE モデルに基づいた応用例において，ある定式化では事後モデル確率が実質的に 1 となり，それ以外の定式化では確率が 0 となってしまい，事後モデル確率が過度に決定的な値となることがしばしばある．個々の研究の中でこの重要な確率は計算されるが，この確率によって，様々な研究で報告される結論とモデルの序列の多様性を整合的に説明することは難しい．したがってこの確率はある意味で信用し難い．事後モデル確率が信用し難い値になり得るという点からすると，意思決定者は自らの決定をより確固としたものにしがちである．これらの問題は 7.7.3 項で論じられる．

7.7.1 事後モデル確率とモデル選択

$\mathcal{M}_1$ から $\mathcal{M}_M$ で表記される M 個のモデルの集合を考えてみる．各モデルはパラメータベクトル $\theta_{(i)}$，$\theta_{(i)}$ の正則な事前密度 $p(\theta_{(i)}|\mathcal{M}_i)$，そして事前モデル確率 $\pi_{i,0}$ を備えている．事後モデル確率は次式で与えられる．

$$\pi_{i,T} = \frac{\pi_{i,0} p(Y_{1:T}|\mathcal{M}_i)}{\sum_{j=1}^{M} \pi_{j,0} p(Y_{1:T}|\mathcal{M}_j)}, \quad p(Y_{1:T}|\mathcal{M}_i) = \int p(Y_{1:T}|\theta_{(i)}, \mathcal{M}_i) p(\theta_{(i)}|\mathcal{M}_i) d\theta_{(i)} \quad (7.130)$$

$p(Y_{1:T}|\mathcal{M}_i)$ は周辺尤度，つまりモデル $\mathcal{M}_i$ におけるデータの密度である．尤度関数 $p(Y_{1:T}|\theta_{(i)}, \mathcal{M}_i)$ と事前密度 $p(\theta_{(i)}|\mathcal{M}_i)$ がすべてのモデルに対して適切に正規化されている限り，事後モデル確率は適切に定義される．任意のモデル $\mathcal{M}_i$ に対して次式が成り立つので，

$$\ln p(Y_{1:T}|\mathcal{M}_i) = \sum_{t=1}^{T} \ln \int p(y_t|\theta_{(i)}, Y_{1,t-1}, \mathcal{M}_i) p(\theta_{(i)}|Y_{1,t-1}, \mathcal{M}_i) d\theta_{(i)} \quad (7.131)$$

上記の対数周辺尤度は 1 期先予測スコアの合計であると解釈可能である．(7.131) の右辺の項は 1 期先の予測密度 $p(y_t|Y_{1,t-1}, \mathcal{M}_i)$ を分解した式である．y_t の予測を行う際，上記のように分解することによって，パラメータ $\theta_{(i)}$ の推定が時点 $t-1$ の情報に基づいて行われるという事実が強調される．観測された y_t に対して予測分布によっ

て低い密度しか割り当てられない場合は必ず，予測スコアが低い．事後モデル確率あるいはオッズ比を利用してモデル比較について一般的な議論をすることは本章の範囲を超える．この点については Kass and Raftery (1995) にサーベイが掲載されている．次にマクロ計量経済学的な応用にとって重要ないくつかの事項に光を当てていく．

7.2.2 項（ミネソタ事前分布におけるハイパーパラメータの選択）と 7.4.3 項（DSGE モデルの事前分布の導出）において，事前分布が現実にしばしばプレサンプル（あるいはトレーニングサンプル）の情報に基づいていると簡潔に述べられている．時系列モデルの観測値は自然な順番をもっているので，$Y_{1:T^*}$ をプレサンプルとみなし，$p(\theta|Y_{1:T^*})$ をこのプレサンプルの情報を含む θ の事前分布とみなす．$Y_{1:T^*}$ を条件として，$Y_{1:T^*}$ の後の観測値 $Y_{T^*+1:T}$ の周辺尤度関数は次式で与えられる．

$$p(Y_{T^*+1:T}|Y_{1:T^*}) = \frac{p(Y_{1:T})}{p(Y_{1:T^*})} = \int p(Y_{T^*+1:T}|Y_{1:T^*},\theta)p(\theta|Y_{1:T^*})d\theta \quad (7.132)$$

$p(Y_{T^*+1:T}|Y_{1:T^*})$ はしばしば予測（周辺）尤度と呼ばれる．事前モデル確率もプレサンプル $Y_{1:T^*}$ の情報を反映するように調整されているならば，$p(Y_{T^*+1:T}|Y_{1:T^*})$ は事後モデル確率を計算する際に (7.130) の周辺尤度と置き換えることができる．前と同様に $p(\theta|Y_{1:T^*})$ が正則な密度であることは重要である．VAR モデルの場合，正則な事前分布はダミーの観測値 Y^* と X^* をプレサンプルの観測値に置き換えることで得られる．予測周辺尤度を用いて事後モデル確率を計算している論文の 2 つの例として，Schorfheide (2000) と Villani (2001) が挙げられる．Schorfheide (2000) では多くの VAR モデルと DSGE モデルに対して事後オッズを計算している．そして Villani (2001) では事後オッズを用いて VAR モデルにおけるラグの長さと共和分ランクの制約を評価している．予測尤度に関するさらに詳細な議論は Geweke (2005) に記述されている．Eklund and Karlsson (2007) では予測尤度を予測組合せ (forecast combination) とモデル平均へ応用している．

事後確率の計算は概念的には簡単であるが，実際の計算は難しい．(7.1) の VAR モデルを共役な $MNIW$ 分布の事前分布を用いて推定する際，周辺尤度 $p(Y) = \int p(Y|\theta)p(\theta)d\theta$ は解析的に計算可能であるが，こうした例はわずかしかない．実際，ダミーの観測値を用いて事前分布が表現されている場合，周辺尤度は (7.15) で与えられる．DSGE モデルあるいはその他のモデルでも，RWM アルゴリズムを用いて事後分布からサンプリングする場合，周辺尤度の数値計算上の近似値は Geweke (1999) の修正幾何平均推定量 (modified harmonic mean estimator) あるいは，Chib and Jeliazkov (2001) が提案した方法に従えば得られると 7.4.7 項 a. でも述べている．周辺尤度の数値計算上の近似技法に関するさらに詳細な議論については Chib（本書の第 5 章）に記述されている．最終的に周辺尤度は，いわゆるラプラス近似を用いて解析的に近似計算できる．その場合，$\ln p(Y|\theta) + \ln p(\theta)$ は，事後モードあるいは尤度関数を最大にする値の何れかを中心とした 2 次関数で近似される．最も広く利用されているラプラス近似は Schwartz (1978) によるものであり，シュワルツ規準あるいは

7.7 モデルの不確実性

ベイズ情報量規準 (BIC) として知られている．Phillips (1996) と Chao and Phillips (1999) は非定常な時系列モデルと階数減少 VAR モデルでも使えるように拡張した．

Schorfheide (2000) では2つの小規模な DSGE モデルとラグの長さが2から4の二変量 VAR モデルの周辺尤度を対象にして，修正幾何平均推定量に基づいた数値計算上の近似をラプラス近似と比較した．比較対象となる VAR モデルは周辺尤度が正確に計算できるモデルに定式化してある．数値計算上の近似をした際の誤差は密度の対数値でせいぜい 0.02 である．ところがラプラス近似の場合の誤差は約 0.5 である．DSGE モデルの場合は正確な周辺尤度は計算できないが，修正幾何平均推定量とラプラス近似の違いは対数値で約 0.1 である．Schorfheide (2000) で報告されている結果はモデルそしてデータの性質に依存しているが，周辺尤度関数を近似する際に数値計算法を利用することは2つの点で一般的に望ましいと考えられている．第1に事後推測は一般的にシミュレーションに基づいた方法を用いているため，周辺尤度の近似は事後分布からサンプリングした結果を用いてしばしば計算可能であり，追加的な労力をほとんどかけずに済むからである．第2に近似に利用するパラメータのサンプリング回数を増やすことで近似誤差を自分が望む水準まで下げられるからである．

事後モデル確率はその後の推測の前提となるモデルを選ぶ際にしばしば利用される．0以外の事後確率を備えたすべてのモデルに対して平均することが一般に望ましいが，あるモデルの事後確率が1に近い値で，他のすべての定式化から計算された事後確率が極めて小さいならば，モデル選択アプローチによって良い近似が得られる．そして事後確率の低いモデルの中の1つが真のモデルであっても，事後確率が最高であることに基づいて推論や意思決定を行う場合の損失はあまり大きくない．7.7.2 項の例 7.9 でこの点について詳しく述べる．M 個のモデルの中から1つを選択するルールは以下の意思決定問題から形式的に導出できる．研究者が真のモデルを選べば研究者は損失に直面しない一方で，真のモデルが $\mathcal{M}_j$ であるのに $\mathcal{M}_i$ を選んでしまうと，研究者は $\alpha_{ij} > 0$ の損失に直面すると仮定する．$i \neq j$ となるすべての i に対して，$\alpha_{ij} = \alpha$ となるという意味で損失関数が対称的ならば，最も高い事後確率となるモデルを選択することによって事後期待損失が最小化されることを確認するのは簡単である．さらに一般的な損失関数の下でモデル選択問題を扱うことについては，例えば，Bernardo and Smith (1994) に記述されている．

$\mathcal{M}_1, \ldots, \mathcal{M}_M$ の M 個のモデルから1つのモデルをランダムに選択して，観測値の系列 $Y_{1:T}$ を生成するならば，かなり一般的な条件の下，そのモデルに与えられた事後確率は，$T \longrightarrow \infty$ となるにつれて1に収束する．この意味でベイズ統計学のモデル選択は頻度論者から見て一貫性がある．一般線形回帰モデルに対するこの結果の初期のバージョンは Halpern (1994) で証明されている．事後モデル確率を計算するのに用いられる周辺尤度をラプラス近似した値に置き換えたとしても（例えば Schwartz 1978 や Phillips and Ploberger 1996 を参考にされたい），この一貫性に関する結果は妥当であり続ける．ラプラス近似によって，周辺尤度の対数値が当てはまりを示す項，そ

してパラメータ数の多さに対して罰則を課す項に分けられることが強調される．前者は最大化された尤度関数 $\max_{\theta_{(i)} \in \Theta_{(i)}} \ln p(Y_{1:T}|\theta_{(i)}, \mathcal{M}_i)$ で構成され，後者はシュワルツ近似の場合は $-(k_i/2)\ln T$ という形になる．ただし k_i はパラメータベクトル $\theta_{(i)}$ の次元である．さらにこの一貫性は非定常な時系列モデルにおいても保たれる．例えば Chao and Phillips (1999) は事後確率を利用することによって VAR モデルにおける共和分ランクとラグの長さが整合的に選ばれることを証明した．

7.7.2 多様なモデルを用いた意思決定と推測

経済政策の考案者 (economic policy maker) は，モデルに不確実性がある中でいくつかの経済政策の中から 1 つを選択する場面にしばしば直面する[*6]．さらに厚生にかかわる何らかの尺度に基づいた，かなり特殊な損失関数を用いて政策はしばしば決定されている．この厚生損失関数 (welfare loss function) はかなり特別な目的向け—例えば総産出高とインフレーションの変動性向け—である．そうでなければモデルに特有な性質を有する一方で，ミクロ経済学的な基礎—例えば DSGE モデルにおける代表的主体の効用—を備えている．ベイズ統計学の立場から見て最適な意思決定は混合モデルの下で期待損失を最小化することで実行される．次善の意思決定は，最大となる事後モデル確率を条件とすることで実行できる．$\mathcal{M}_i$ 以外のモデル $\mathcal{M}_j$ $(j \neq i)$ の中の 1 つが現実に真のモデルであるならば，$\mathcal{M}_i$ を最適とする意思決定によって生じる損失について意思決定者は少なくとも説明すべきである．以下の例で説明しよう．

例 7.9： 産出高 y_t とインフレーション π_t は相互に関連しあうが，その関係は 2 種類のフィリップス曲線のどちらか 1 つに従っていると仮定する．

$$\mathcal{M}_i: y_t = \theta(\mathcal{M}_i)\pi_t + \epsilon_{s,t}, \qquad \epsilon_{s,t} \sim \text{i.i.d.} N(0,1), \ i=1,2 \tag{7.133}$$

ただし，$\epsilon_{s,t}$ は費用（供給）ショックである．経済の需要面によってインフレーションと貨幣 m_t が以下の関係に従っていると仮定する．

$$\pi_t = m_t + \epsilon_{d,t}, \qquad \epsilon_{d,t} \sim \text{i.i.d.} N(0,1) \tag{7.134}$$

ただし，$\epsilon_{d,t}$ は需要ショックである．最終的に時点 T までの間，金融政策によって $m_t = 0$ であったと仮定する．このモデルの中のすべての変数はある定常状態からの乖離幅の対数値である．

T 期の間，中央銀行は，δ で表示される新しいクラスの金融政策を検討している．

$$m_t = -\epsilon_{d,t} + \delta\epsilon_{s,t} \tag{7.135}$$

δ によって供給ショックに対する中央銀行の反応の強さが制御されている．このクラ

[*6] Chamberlain（本書の第 4 章）はベイズ統計学の観点から 2 つの処理方法から 1 つを選択する個人に関する意思決定問題を研究している．

スの政策は以下の損失関数で評価される.

$$\tilde{L}_t = (\pi_t^2 + y_t^2) \tag{7.136}$$

供給ショック $\epsilon_{s,t}$ の分布を用いて損失関数の期待値を計算すると，モデル $\mathcal{M}_i$ で特定の政策 δ を実施した場合の期待期間損失は以下のとおりである.

$$L(\mathcal{M}_i, \delta) = (\delta\theta(\mathcal{M}_i) + 1)^2 + \delta^2 \tag{7.137}$$

数値を用いた説明をするために

$$\theta(\mathcal{M}_1) = 1/10, \quad \theta(\mathcal{M}_2) = 1, \quad \pi_{1,T} = 0.61, \quad \pi_{2,T} = 0.39$$

と設定しよう．ただし，$\pi_{i,T}$ は T 期間末におけるモデル $\mathcal{M}_i$ の事後確率を示している．最適な意思決定を引き出した上で，選択ステップを伴う2つの次善の決定方法と結果を比較する．

第1にベイズ統計学の観点からは，事後リスク（期待損失）を最小化することが最適である．この例の場合，期待損失は以下のように記述される.

$$\mathcal{R}(\delta) = \pi_{1,T}L(\mathcal{M}_1, \delta) + \pi_{2,T}L(\mathcal{M}_2, \delta) \tag{7.138}$$

簡単な計算によって $\delta^* = \mathrm{argmin}_\delta \mathcal{R}(\delta) = -0.32$ となり，この意思決定にかかわる事後リスクは $\mathcal{R}(\delta^*) = 0.85$ である．第2に政策考案者が以下のとおり2段階で意思決定してきたと仮定する．(i) 事後確率が最大のモデルを選択した後，(ii) 選択されたモデルについて最適な δ を選択する．事後確率 $\pi_{i,T}$ が最も高いモデルは $\mathcal{M}_1$ であり，モデルが $\mathcal{M}_1$ の場合は $\delta^*(\mathcal{M}_1) = -0.10$ が最適となる．この意思決定から計算されるリスクは $\mathcal{R}(\delta^*(\mathcal{M}_1)) = 0.92$ であり，$\mathcal{R}(\delta^*)$ よりも大きい．この値は事後確率が最大となるモデルを選択することを条件とする意思決定が次善の策であることを示している．特にこのモデル選択に基づいた意思決定方法は，もし $\mathcal{M}_2$ が真のモデルあるならば生じるであろう損失を完全に無視している．

第3に政策考案者が $\mathcal{A}_1$ と $\mathcal{A}_2$ の2人のアドバイザーを頼りにしているとする．アドバイザー $\mathcal{A}_i$ は，モデル $\mathcal{M}_i$ だけを検討して，その事後リスクを最小化する $\delta^*(\mathcal{M}_i)$ という意思決定を行うよう政策考案者に勧める．政策考案者が，事後モデル確率 $\pi_{i,T}$ を考慮に入れて，アドバイザー $\mathcal{A}_i$ の推薦を受け入れる場合，期待損失に関する行列は表 7.4 で示すとおりである．現実に $\mathcal{M}_1$ が真のモデルであるとすれば $\delta^*(\mathcal{M}_2)$ に

表 7.4 期待損失

決定	$\mathcal{M}_1$	$\mathcal{M}_2$	Risk $\mathcal{R}(\delta)$
$\delta^* = -0.32$	1.04	0.56	0.85
$\delta^*(\mathcal{M}_1) = -0.1$	0.99	0.82	0.92
$\delta^*(\mathcal{M}_2) = -0.5$	1.15	0.50	0.90

よって大きな損失が生じることに注意されたい．アドバイザー $\mathcal{A}_1$ が検討するモデルの事後オッズが望ましい値になっていても，$\mathcal{R}(\delta^*(\mathcal{M}_2)) < \mathcal{R}(\delta^*(\mathcal{M}_1))$ なのでアドバイザー $\mathcal{A}_2$ の推薦を受け入れることが望ましい．$\delta^*(\mathcal{M}_1)$ と $\delta^*(\mathcal{M}_2)$ の選択では事後確率が最大のモデルを選ぶことを条件とすることが望ましいが，2つの選択の中で最善の選択である $\delta^*(\mathcal{M}_2)$ でも，すべての中で最善な選択である δ^* には劣る．δ^* はすべての事後の期待損失を最小化することで得られる選択である．実際，この数値計算例の場合，両モデルを平均することで得られる利益は $\mathcal{R}(\delta^*(\mathcal{M}_1))$ と $\mathcal{R}(\delta^*(\mathcal{M}_2))$ の差よりも大きい．

より現実的な応用例では，この2つの簡単なモデルがもっと洗練された DSGE モデルに置き換えられる．これらのモデルには未知パラメータが含まれている．Cogley and Sargent (2005a) は最大の事後確率となるモデルであっても，他のモデルが真のモデルの場合，そのモデルを選ぶことによる損失が大きいならば選ばないという考えを，マクロ経済学を用いてうまく説明している．長期においてフィリップス曲線が垂直となるモデルに対して，産出高とインフレーションの間の強いトレードオフ関係を備えた伝統的なケインジアンモデルを彼らは検討している．彼らの分析に従うと，ケインジアンモデルの事後確率は 1970 年代中期にはすでにとても小さかった．そして自然率モデルからディスインフレ政策の実施が示唆されていた．しかし現実にケインズモデルの方がアメリカ合衆国の経済をうまく記述する状況であったとしても，ディスインフレに伴うコストは当初とても大きい．こう考えたため 1980 年位までディスインフレーションの実施が遅れたと彼らは推論している．

損失はしばしば y_t が将来，どんな値となるかに依存している．そういう場合には予測分布が重要である．例えば予測問題を考えてみよう．h 期先の予測密度は以下の混合分布で与えられる．

$$p(y_{T+h}|Y_{1:T}) = \sum_{i=1}^{M} \pi_{i,T} p(y_{T+h}|Y_{1:T}, \mathcal{M}_i) \tag{7.139}$$

したがって $p(y_{T+h}|Y_{1:T})$ は各モデル固有の予測密度 $p(y_{T+h}|Y_{1:T}, \mathcal{M}_i)$ をベイズ統計学に基づいて平均した結果である．モデルの中の1つの事後密度が本質的に1に等しいのでありさえすれば，事後確率が最大のモデルを選んでもモデルの平均と同じ予測密度を近似的にもたらすことに注目してみる．ベイズ統計学に基づいたモデル平均 (Bayesian model averaging，ベイジアンモデル平均) の応用について幅広く扱う文献がある．Min and Zellner (1993) では組み合わせた予測をするために事後モデル確率を利用している．Wright (2008) では為替レートの予測をするためにベイズ統計学に基づいてモデル平均を行っている．2次の損失関数の下で点予測することが目的ならば，事後の平均予測を M 個のモデルについて計算して，それらを事後モデル確率をウェイトにして平均するのが最適である．これはベイズ統計学に基づいた予測組合せの特別な例である．予測組合せの一般的な事項については Geweke and Whiteman

(2006) で議論されている. Strachan and van Dijk (2006) はグレート比の動学を研究するために,異なる長さのラグと共分の制約を有する VAR モデルを平均した.

モデル空間がとても大きな場合,モデル平均の計算はとても難しくなり得る.実例 7.1 を考えてみよう.この例ではラグの長さが 4 つの四変量 VAR モデルが取り上げられており,その係数行列 Φ には 68 個の要素が含まれている.VAR モデルの係数の中のいくつかを 0 に制約することでサブモデルを構築してみる.ゼロ制約の課し方によって $2^{68} \fallingdotseq 3 \times 10^{20}$ 種類のサブモデルが作り出せる.VAR モデルから構築されたサブモデルの係数を絶対に 0 にしないという制約をサブモデルに課すとともに,サブモデルの周辺尤度の解析的な式が導出可能なように共役事前分布を限定したとしても,すべてのサブモデルの事後確率を計算するのは厄介な仕事である.反対に George et al. (2008) では高い事後確率のサブモデルを自動的に平均して VAR モデルの変数選択を確率的に行うアルゴリズムを発展させた.さらに彼らは,説明変数の潜在的な候補が大量の場合に,ベイズ統計学に基づいた変数選択を行うことで生じる問題を扱う大量の文献に関して,詳細な参考文献リストも提示している.要するに George et al. (2008) では係数にゼロ制約を課すか否かを決める二値の指標を取り入れているのである.したがって MCMC のアルゴリズムではモデルのパラメータと変数選択指標について条件付事後分布からのサンプリングを交互に繰り返す.しかしながら確率的探索を行う場合によく見られるように,MCMC のシミュレーションで現実に適用された制約の数は考えられるすべての制約の数と比べるとごく少数である.

ベイジアンモデル平均は,Fernandez et al. (2003), Sala-i-Martin et al. (2004), Masanjala and Papageorgiou (2008) の研究から続く成長回帰 (growth regression) の中でも一般的になってきた.最近の実証的な成長論の文献において,クロスセクションあるいはパネルで捉えた国々の経済成長率を説明する可能性のある多数の説明変数が識別されてきた.どの説明変数が成長回帰に含まれるべきかについて不確実な点があるので,ベイジアンモデル平均は重要な手法である.Sala-i-Martin et al. (2004) の論文では,ベイジアンモデル平均の簡略版が利用されている.この論文では Schwartz (1978) のラプラス近似を用いて周辺尤度が近似されているとともに,事後平均と事後共分散がガウシアン尤度関数から得られる最大値 (maxima) とそのヘッセ行列の逆行列で置き換えられている.

7.7.3 多様なモデルを用いた意思決定の難しさ

ベイジアンモデル平均は,概念的にとても魅力的であるが,事後モデル確率によってモデルの不確実性の特徴が適切に描かれるという考えに大いに依存してしまっている.中央銀行が金融政策の実施を決めている状況を検討してみよう.政策考案者は,事前に中間生産物の生産者の賃金あるいはその価格が名目硬直性 (nominal regidities) に従っている可能性を考慮すると仮定する.さらに—ニューケインジアン DSGE モデルの場合のように—こうした硬直性によって賃金(あるいは価格)設定者が名目の

賃金（価格）を最適な値に調整できないという影響が生じ，その結果，相対賃金（価格）が歪められ，究極的には労働（中間生産物）を非効率的に混合して利用することになると仮定する．中央銀行は金融政策という道具を用いて賃金（価格）を調整する必要性を失わせて，名目硬直性の影響をなくしてしまう．

　前項までに提示された道具や技法に基づいて以下の2つのモデルを推定する．2つのモデルとは，価格は硬直的であるが賃金は伸縮的なモデル，そして価格は伸縮的であるが賃金は硬直的なモデルである．Smets and Wouters (2007) のモデルの変形版をこうして推定した結果は，例えば Del Negro and Schorfheide (2008) の表5に示されている．彼らの推定方法に従いながらも，事前分布をいろいろと変えて推定するとアメリカ合衆国のデータには，価格の硬直的な DSGE モデルの方がよく当てはまる．そのオッズは e^{40} を超える．e^{40} を超えるオッズは DSGE モデルに関する文献では珍しくない．もしこれらのオッズを文字どおりに受け取るならば，現実的に意味のある損失関数の下では賃金が硬直的である可能性を完全に無視すべきとなる．関連する研究の中で Del Negro et al. (2007) では，名目硬直性を仮定したいくつかの DSGE モデルどうしを比較した．名目硬直性を仮定したモデルでは自らの賃金（価格）を最適化し直せない家計（企業）が，過去に自らつけた価格を長期インフレ率あるいは直近のインフレ率によって物価スライドさせる（dynamic indexation, 動的インデクセーション）．Del Negro et al. (2007) の図4に従えば，動的インデクセーションが良いとするモデルのオッズは e^{20} を超えており，再びとても決定的に見える．

　Schorfheide (2008) では，価格と賃金の硬直性そして動的インデクセーションの強さを DSGE モデルに基づいて推定した数多くの文献がサーベイされている．このサーベイに含まれている論文は同じ理論的枠組みに基づいているが，観測変数の選び方ばかりでなくモデルの定式化における細かな違いがパラメータ推定やモデルの序列に有意違いをもたらす．したがってすべての個別の研究から得られる事後のモデルのオッズは，形式的に正しいとしても，過剰に決定的な値に見えるし，この意味でメタな観点からはありそうにない値に思える．

　ありそうにない大きさのオッズという問題は本質的に2つの面を有している．第1に各 DSGE モデルは特定の経済メカニズム，例えば賃金あるいは価格の硬直性について様式化された表現に対応している．さらにデータの目立った特徴を捉えるため（に設計された）補助的なメカニズムが補われている．諸研究を見比べてみると，1つの基本的な経済メカニズムに対していくつかの異なる表現を目にする．それぞれで時系列の当てはまり具合が異なるものの，それらの事後確率は小さいと思われる．第2に現実にマクロ計量経済学者はしばしば不完全なモデル空間で研究を進める．つまり正式に分析されているモデルに加えて，研究者は正式に定式化するには複雑すぎる，あるいは推定するにはコスト（知的そして計算上の資源の点から）がかかりすぎる，かなり洗練された構造モデルを心の中に抱いている．場合によっては，経済理論と緩やかにしか結びついていないが，数多くのパラメータを備えた VAR モデルがその代わ

りになることもある．こうした参照モデルから見れば，より単純な定式化は潜在的に誤った定式化になる．この点を説明するため，2つの様式化された例を示す．この例では，現実にたいてい説明されることのない，洗練された参照モデルを明確に定式化している．

例 7.10： マクロ経済学者が 2 つの様式化されたモデル $\mathcal{M}_i : y_t \sim \text{i.i.d.} N(\mu_i, \sigma_i^2)$，$i = 1, 2$ に同じ事前確率を割当てると仮定する．ただし，μ_i，σ_i^2 は固定されている．さらに背後に 3 番目のモデル $\mathcal{M}_0$ が存在して，$y_t \sim \text{i.i.d.} N(0, 1)$ と仮定される．議論のため $\mathcal{M}_0$ を正式に分析するのはとても費用が掛かると仮定する．$\mathcal{M}_0$ から T 個の観測値の系列が生成されるならば，$\mathcal{M}_1$ と $\mathcal{M}_2$ の期待事後オッズの対数値は以下のとおりである．

$$I\!E_0 \left[\ln \frac{\pi_{1,T}}{\pi_{2,T}} \right] = I\!E_0 \left[-\frac{T}{2} \ln \sigma_1^2 - \frac{1}{2\sigma_1^2} \sum_{t=1}^{T} (y_t - \mu_1)^2 \right.$$
$$\left. - \left(-\frac{T}{2} \ln \sigma_2^2 - \frac{1}{2\sigma_2^2} \sum_{t=1}^{T} (y_t - \mu_2)^2 \right) \right]$$
$$= -\frac{T}{2} \left[\ln \sigma_1^2 + \frac{1}{\sigma_1^2}(1 + \mu_1^2) \right] + \frac{T}{2} \left[\ln \sigma_2^2 + \frac{1}{\sigma_2^2}(1 + \mu_2^2) \right]$$

ただし，モデル $\mathcal{M}_0$ に基づいて $y_1, \ldots, y_T$ の期待値を計算する．位置パラメータ μ_1 と μ_2 は賃金や価格の硬直性といった重要な経済上の概念を表現すると仮定する．さらに，完全に定式化された DSGE モデルを得るために設けられた様々な補助的な仮定を通じてスケールパラメータが作られていると仮定する．もし 2 つのモデルが $\sigma_1^2 \doteq \sigma_2^2$ という類似性を表す補助的な仮定に基づいているならば，事後オッズは 2 つのモデルに含まれる重要な経済的内容によって明らかに変化する．しかしながら，もし 2 つのモデルにとても異質な補助的な仮定が設けられているならば，事後オッズしたがってモデル $\mathcal{M}_1$ とモデル $\mathcal{M}_2$ の序列は，モデルの経済的な内容を表わす μ_1 と μ_2 よりもむしろ，σ_1^2 と σ_2^2 が表す補助的な仮説に左右されてしまう．

例 7.11： この例は Sims (2003) を改作したものである．以下の 2 つのモデル $\mathcal{M}_1$ と $\mathcal{M}_2$ を研究者が分析対象と考えているとしよう．モデル $\mathcal{M}_1 : y_t \sim \text{i.i.d.} N(-0.5, 0.01^2)$，そしてモデル $\mathcal{M}_2 : y_t \sim \text{i.i.d.} N(0.5, 0.01^2)$ である．あまりにも費用が掛かるので正式に分析できない，3 番目のモデル $\mathcal{M}_0$ が存在して $y_t \sim \text{i.i.d.} N(0, 1)$ である．標本の大きさは $T = 1$ である．同じ事前確率を仮定した場合にモデル $\mathcal{M}_1$ が望ましいとする事後オッズは以下のとおりである．

$$\frac{\pi_{1,T}}{\pi_{2,T}} = \exp \left\{ -\frac{1}{2 \cdot 0.01^2} [(y_1 + 1/2)^2 - (y_1 - 1/2)^2] \right\} = \exp \left\{ -100^2 y_1 \right\}$$

したがって y_1 が -0.0005 未満か 0.0005 より大きい場合，事後オッズの絶対値は

$e^5 \fallingdotseq 150$ よりも大きくなり,いずれかのモデルが望ましいと判断できる.この場合を決定的な (dicisive) と呼ぶ.モデル $\mathcal{M}_1$ ($\mathcal{M}_2$) の場合,観測値が $[-0.55, -0.45]$ ($[0.45, 0.55]$) の外側の領域に入る確率は 10^{-6} 未満である.7.4.7 項 b. で記述されている事前予測チェックという用語を利用すると,これらの範囲の外側に観測値がある場合,このモデルによってデータを説明することには大きな困難が伴うと結論付けられる.観測値が $(-\infty, -0.55]$,$[-0.45, -0.0005]$,$[0.0005, 0.45]$,$[0.55, \infty)$ の区間に入る場合は決定的な事後オッズが得られると同時に,実際に得られる観測値がモデル $\mathcal{M}_1$ とモデル $\mathcal{M}_2$ のいずれからも得られていないとは考えにくいと結論付けねばならない.一方,参照モデル $\mathcal{M}_0$ の場合,これらの 4 区間に入る確率は約 0.9 である.

これらの 2 つの様式化された例を通じて,DSGE モデルにおいて事後確率を利用する際の問題は本質的に 2 種類あることがわかった.第 1 に DSGE モデルは特定の経済メカニズムを記述する数多くの表現の中の 1 つを捉えている傾向にある.したがって同じ基本的なメカニズムを備えているものの,まったく異なるオッズをもたらす別のモデルを見出す可能性がある.第 2 に,DSGE モデルは誤った定式化をすると,しばしば大きな損失を与える.経済理論と結びつきは少ないが,パラメータの個数が豊富な VAR モデルと比べて事後確率が低いことによって,定式化の誤りは明らかになる.標本の大きさが 120 であれば,事後オッズが e^{50} を超える場合は怪しく,異なるモデルと比較することやさらに大きなモデル空間を検討することがしばしば提案される.

Sims (2003) はより広い包含関係にあるモデルの中で異なるサブモデルによる定式化が入れ子となるよう,連続的に変化するパラメータを導入することを勧めている.これらの包含関係にあるモデルを作り出す際の欠点は,高次元のパラメータ空間の中で多峰の事後分布を適切に特徴付けることが潜在的に難しいことである.したがって競争関係にある様々な意思決定と直接結びつきをもつ経済メカニズムについて,その強さの事後の不確実性を適切に特徴付けることは難しいままである.Geweke (2010) はモデルをプールすることによって不完全なモデル空間を扱うことを提案した.このようにモデルをプールすることは,個々のモデルから導出される 1 期先予測分布の凸結合 (convex combination) を作ることと本質的に等しい.モデルを混合する際の時変しないウェイトはこの混合モデルの予測スコアの対数値を最大化することで推定される ((7.131) を参照されたい).

事後モデル確率と結びついたこれらの現実の制約を考慮して,政策考案者は自らの意思決定をより確固としたものにする方が魅力的と気づいているであろう.事実,モデルを誤って定式化することに対する意思決定ルールの頑健性を研究する文献は経済学の中で増加している (Hansen and Sargent 2008 を参考せよ).静的あるいは動的な 2 人ゼロサムゲームがこの頑健性の基礎を与えてくれる.この点については例 7.9 で説明してある.

例 7.9 (続き): 本項の初めに記述した金融政策の問題を思い出してみる.事後確率

表 7.5　リスク感度 τ の関数とした場合のナッシュ均衡

τ	0.00	1.00	10.0	100
$q^*(\tau)$	1.00	1.10	1.43	1.60
$\delta^*(\tau)$	-0.32	-0.30	-0.19	-0.12

$\pi_{1,T}$ と $\pi_{2,T}$ に対する懐疑によって，これらのモデル確率が微変動したことに対する政策決定の頑健性について何らかの関心が生まれると仮定する．この関心は政策考案者と自然と呼ばれる仮想の敵対者の間のゲームによって記述することができる．

$$\min_{\delta} \max_{q \in [0, 1/\pi_{1,T}]} q\pi_{1,T} L(\mathcal{M}_1, \delta) + (1 - q\pi_{1,T}) L(\mathcal{M}_2, \delta) \tag{7.140}$$

$$+ \frac{1}{\tau} \left[\pi_{1,T} \ln(q\pi_{1,T}) + (1 - \pi_{1,T}) \ln(1 - q\pi_{1,T}) \right]$$

自然は q を用いてモデル $\mathcal{M}_1$ の事後モデル確率を歪める．$\mathcal{M}_1$ の歪められた確率が長さ 1 の区間に入ることを保証するために，q が $[0, 1/\pi_{1,T}]$ に入っているという制約を課す．(7.140) の第 2 項は，歪められていない確率と歪められている確率の間の Kullback–Leibler ダイバージェンスの関数として，歪みに罰則を与えている．τ が 0 に等しいならば罰則の大きさは無限大であり，自然は $\pi_{1,T}$ を歪めない．しかしながらもし $\tau = \infty$ であるならば，特定の δ について $L(\mathcal{M}_1, \delta) > L(\mathcal{M}_2, \delta)$ の場合に自然は $q = 1/\pi_{1,T}$ と設定し，それ以外の場合には $q = 0$ と設定する．いくつかの τ の値に対応したナッシュ均衡が表 7.5 に要約されている．我々の数値例の場合，δ にとって重要な領域では期待損失が $L(\mathcal{M}_1, \delta) > L(\mathcal{M}_2, \delta)$ となる．したがって自然は $\mathcal{M}_1$ の確率を大きくするインセンティブをもち，政策考案者はそれに対応して供給ショックに対する反応 δ を（絶対値で見て）小さくする．

例 7.9 の中で頑健な意思決定を一つ一つ実行することはまさに様式化されている．現実の意思決定において中央銀行は正式なベイズ統計学に基づいた分析の成果をもっと重視するというのが我々の印象であるが，経済政策における最終決定は頑健性に対する関心の影響を受けてしまうとともに，いろいろな次元でモデルからの成果を調整することを含んでしまう．これらの調整は，VAR モデルと DSGE モデルのようなマクロ計量経済学的なモデルの中で処理することが難しい情報を利用できているかという疑いを表しているばかりでなく，対応する経済メカニズムを正しく定式化できているかという疑いも表している．

文　　献

Adolfson, M., Lindé, J., and Villani, M. (2007). "Forecasting Performance of an Open Economy Dynamic Stochastic General Equilibrium Model," *Econometric Reviews*, 26(2–4): 289–328.

Altug, S. (1989). "Time-to-Build and Aggregate Fluctuations: Some New Evidence," *International Economic Review*, 30(4): 889–920.
An, S., and Schorfheide, F. (2007a). "Bayesian Analysis of DSGE Models," *Econometric Reviews*, 26(2–4): 113–72.
―――― (2007b). "Bayesian Analysis of DSGE Models—Rejoinder," *Econometric Reviews*, 26(2–4): 211–19.
Aruoba, S. B., Fernández-Villaverde, J., and Rubio-Ramírez, J. F. (2004). "Comparing Solution Methods for Dynamic Equilibrium Economies," *Journal of Economic Dynamics and Control*, 30(12): 2477–508.
Bernanke, B. S., Boivin, J., and Eliasz, P. (2005). "Measuring the Effects of Monetary Policy," *Quarterly Journal of Economics*, 120(1): 387–422.
Bernardo, J. E., and Smith, A. F. (1994). *Bayesian Theory*. Hoboken, NJ: John Wiley & Sons.
Blanchard, O. J., and Quah, D. (1989). "The Dynamic Effects of Aggregate Demand and Supply Disturbances," *American Economic Review*, 79(4), 655–73.
Boivin, J., and Giannoni, M. P. (2006a). "DSGE Models in a Data Rich Enviroment," NBER Working Paper, 12772.
―――― (2006b). "Has Monetary Policy Become More Effective," *Review of Economics and Statistics*, 88(3): 445–62.
Canova, F. (1994). "Statistical Inference in Calibrated Models," *Journal of Applied Econometrics*, 9: S123–44.
―― and Ciccarelli, M. (2009). "Estimating Multi-country VAR Models," *International Economic Review*, 50(3): 929–59.
―― and De Nicoló, G. (2002). "Monetary Disturbances Matter for Business Fluctuations in the G-7," *Journal of Monetary Economics*, 49(4): 1131–59.
―― and Gambetti, L. (2009). "Structural Changes in the US Economy: Is There a Role for Monetary Policy?," *Journal of Economic Dynamics and Control*, 33(2): 477–90.
Carter, C., and Kohn, R. (1994). "On Gibbs Sampling for State Space Models," *Biometrika*, 81(3): 541–53.
Chang, Y., Doh, T., and Schorfheide, F. (2007). "Non-stationary Hours in a DSGE Model," *Journal of Money, Credit, and Banking*, 39(6): 1357–73.
Chao, J., and Phillips, P. C. (1999). "Model Selection in Partially-Nonstationary Vector Autoregressive Processes with Reduced Rank Structure," *Journal of Econometrics*, 91(2): 227–71.
Chari, V. V., Kehoe, P. J., and McGrattan, E. R. (2008). "Are Structural VARs with Long-Run Restrictions Useful in Developing Business Cycle Theory?," *Journal of Monetary Economics*, 55(8): 1337–152.
Chib, S., and Greenberg, E. (1994). "Bayes Inference in Regression Models with ARMA(p,q) Errors," *Journal of Econometrics*, 64(1–2): 183–206.
―― and Jeliazkov, I. (2001). "Marginal Likelihoods from the Metropolis Hastings Output," *Journal of the American Statistical Association*, 96(453): 270–81.
―― and Ramamurthy, S. (2010). "Tailored Randomized Block MCMC Methods with Application to DSGE Models," *Journal of Econometrics*, 155(1): 19–38.
Chopin, N., and Pelgrin, F. (2004). "Bayesian Inference and State Number Determination for Hidden Markov Models: An Application to the Information Content of the Yield Curve about Inflation," *Journal of Econometrics*, 123(2): 327–44.
Christiano, L. J., Eichenbaum, M., and Evans, C. L. (1999). "Monetary Policy Shocks: What Have We Learned and to What End," in J. B. Taylor and M. Woodford (eds.), *Handbook of Macroeconomics*, vol. 1a. Amsterdam: North-Holland, 65–148.

―――――(2005). "Nominal Rigidities and the Dynamic Effects of a Shock to Monetary Policy," *Journal of Political Economy*, 113(1): 1–45.
――― and Vigfusson, R. (2007). "Assessing Structural VARs," in D. Acemoglu, K. Rogoff, and M. Woodford (eds.), *NBER Macroeconomics Annual 2006*, vol. 21. Cambridge, Mass.: MIT Press, 1–72.
Clarida, R., Gali, J., and Gertler, M. (2000). "Monetary Policy Rules and Macroeconomic Stability: Evidence and Some Theory," *Quarterly Journal of Economics*, 115(1): 147–80.
Cochrane, J. H. (1994). "Shocks," *Carnegie Rochester Conference Series on Public Policy*, 41(4): 295–364.
Cogley, T., Morozov, S., and Sargent, T. J. (2005). "Bayesian Fan Charts for U.K. Inflation: Forecasting Sources of Uncertainty in an Evolving Monetary System," *Journal of Economic Dynamics and Control*, 29(11): 1893–925.
――― and Sargent, T. J. (2002). "Evolving Post-World War II U.S. Inflation Dynamics," in B. S. Bernanke, and K. Rogoff (eds.), *NBER Macroeconomics Annual 2001*, vol. 16. Cambridge, Mass.: MIT Press, 331–88.
―――――(2005a). "The Conquest of US Inflation: Learning and Robustness to Model Uncertainty," *Review of Economic Dynamics*, 8(2): 528–63.
―――――(2005b). "Drifts and Volatilities: Monetary Policies and Outcomes in the Post-WWII US," *Review of Economic Dynamics*, 8(2): 262–302.
――― and Sbordone, A. M. (2008). "Trend Inflation, Indexation, and Inflation Persistence in the New Keynesian Phillips Curve," *American Economic Review*, 98(5): 2101–26.
Davig, T., and Leeper, E. M. (2007). "Generalizing the Taylor Principle," *American Economic Review*, 97(3): 607–35.
De Mol, C., Giannone, D., and Reichlin, L. (2008). "Forecasting Using a Large Number of Predictors: Is Bayesian Shrinkage a Valid Alternative to Principal Components?," *Journal of Econometrics*, 146(2): 318–28.
DeJong, D. N., Ingram, B. F., and Whiteman, C. H. (1996). "A Bayesian Approach to Calibration," *Journal of Business Economics and Statistics*, 14(4): 1–9.
―――――(2000). "A Bayesian Approach to Dynamic Macroeconomics," *Journal of Econometrics*, 98(2): 203–23.
Del Negro, M. (2003). "Discussion of Cogley and Sargent's 'Drifts and Volatilities: Monetary Policy and Outcomes in the Post WWII US'," Federal Reserve Bank of Atlanta Working Paper, 2003-06.
――― and Otrok, C. (2007). "99 Luftballoons: Monetary Policy and the House Price Boom Across the United States," *Journal of Monetary Economics*, 54(7): 1962–85.
―――――(2008). "Dynamic Factor Models with Time-Varying Parameters. Measuring Changes in International Business Cycles," Federal Reserve Bank of New York Staff Report, 325.
――― and Schorfheide, F. (2004). "Priors from General Equilibrium Models for VARs," *International Economic Review*, 45(2): 643–73.
―――――(2008). "Forming Priors for DSGE Models (and How it Affects the Assessment of Nominal Rigidities)," *Journal of Monetary Economics*, 55(7): 1191–208.
―――――(2009). "Monetary Policy with Potentially Misspecified Models," *American Economic Review*, 99(4): 1415–50.
―――――Smets, F., and Wouters, R. (2007). "On the Fit of New Keynesian Models," *Journal of Business and Economic Statistics*, 25(2): 123–62.
Doan, T., Litterman, R., and Sims, C. A. (1984). "Forecasting and Conditional Projections Using Realistic Prior Distributions," *Econometric Reviews*, 3(4): 1–100.
Edge, R., Kiley, M., and Laforte, J.-P. (2009). "A Comparison of Forecast Performance between Federal Reserve Staff Forecasts, Simple Reduced-Form Models, and a DSGE Model,"

Federal Reserve Board of Governors Finance and Economics Discussion Paper Series, 2009-10.

Eklund, J., and Karlsson, S., (2007). "Forecast Combination and Model Averaging Using Predictive Measures," *Econometric Reviews*, 26(2–4): 329–63.

Engle, R. F., and Granger, C. W. (1987). "Co-integration and Error Correction: Representation, Estimation, and Testing," *Econometrica*, 55(2): 251–76.

Farmer, R., Waggoner, D., and Zha, T. (2009). "Understanding Markov Switching Rational Expectations Models," *Journal of Economic Theory*, 144(5): 1849–67.

Faust, J. (1998). "The Robustness of Identified VAR Conclusions about Money," *Carnegie Rochester Conference Series on Public Policy*, 49(4): 207–44.

Fernandez, C., Ley, E., and Steel, M. F. J. (2001). "Model Uncertainty in Cross-Country Growth Regressions," *Journal of Applied Econometrics*, 16(5): 563–76.

Fernández-Villaverde, J., and Rubio-Ramírez, J. F. (2007). "Estimating Macroeconomic Models: A Likelihood Approach," *Review of Economic Studies*, 74(4): 1059–87.

——— (2008). "How Structural are Structural Parameters?," in D. Acemoglu, K. Rogoff, and M. Woodford (eds.), *NBER Macroeconomics Annual 2007*, vol. 22. University of Chicago Press, Chicago: University of Chicago Press.

George, E. I., Ni, S., and Sun, D. (2008). "Bayesian Stochastic Search for VAR Model Restrictions," *Journal of Econometrics*, 142(1): 553–80.

Geweke, J. (1977). "The Dynamic Factor Analysis of Economic Time Series," in D. J. Aigner and A. S. Goldberger, (eds.), *Latent Variables in Socio-Economic Models*. Amsterdam: North-Holland, chapter 19.

——— (1996). "Bayesian Reduced Rank Regression in Econometrics," *Journal of Econometrics*, 75(1): 121–46.

——— (1999). "Using Simulation Methods for Bayesian Econometric Models: Inference, Development, and Communication," *Econometric Reviews*, 18(1): 1–126.

——— (2005). *Contemporary Bayesian Econometrics and Statistics*. Hoboken, NJ: John Wiley & Sons.

——— (2007). "Bayesian Model Comparison and Validation," *American Economic Review Papers and Proceedings*, 97: 60–4.

——— (2010). *Complete and Incomplete Econometric Models*. Princeton: Princeton University Press.

——— and Terui, N. (1993). "Bayesian Threshold Autoregressive Models for Nonlinear Time Series," *Journal of Time Series Analysis*, 14(5): 441–54.

——— and Whiteman, C. H. (2006). "Bayesian Forecasting," in G. Elliott, C. W. Granger, and A. Timmermann (eds.), *Handbook of Economic Forecasting*, vol. 1. Amsterdam: North-Holland, 3–80.

——— and Zhou, G. (1996). "Measuring the Pricing Error of the Arbitrage Pricing Theory," *Review of Financial Studies*, 9(2): 557–87.

Halpern, E. F. (1974). "Posterior Consistency for Coefficient Estimation and Model Selection in the General Linear Hypothesis," *Annals of Statistics*, 2(4): 703–12.

Hamilton, J. D. (1989). "A New Approach to the Economic Analysis of Nonstationary Time Series and the Business Cycle," *Econometrica*, 57(2): 357–84.

——— Waggoner, D., and Zha, T. (2007). "Normalization in Econometrics," *Econometric Reviews*, 26(2–4): 221–52.

Hansen, L. P., and Sargent, T. J. (2008). *Robustness*. Princeton: Princeton University Press.

Ingram, B., and Whiteman, C. (1994). "Supplanting the Minnesota Prior— Forecasting Macroeconomic Time Series Using Real Business Cycle Model Priors," *Journal of Monetary Economics*, 49(4): 1131–59.

Ireland, P. N. (2004). "A Method for Taking Models to the Data," *Journal of Economic Dynamics and Control*, 28(6): 1205–26.
Jacquier, E., Polson, N. G., and Rossi, P. E. (1994). "Bayesian Analysis of Stochastic Volatility Models," *Journal of Business & Economic Statistics*, 12(4): 371–89.
James, A. T. (1954). "Normal Multivariate Analysis and the Orthogonal Group," *Annals of Mathematical Statistics*, 25(1): 40–75.
Johansen, S. (1988). "Statistical Analysis of Cointegration Vectors," *Journal of Economic Dynamics and Control*, 12(2–3): 231–54.
—— (1991). "Estimation and Hypothesis Testing of Cointegration Vectors in Gaussian Vector Autoregressive Models," *Econometrica*, 59(6): 1551–80.
—— (1995). *Likelihood-Based Inference in Cointegrated Vector Autoregressive Models*. New York: Oxford University Press.
Justiniano, A., and Primiceri, G. E. (2008). "The Time-Varying Volatility of Macroeconomic Fluctuations," *American Economic Review*, 98(3): 604–41.
—— —— and Tambalotti, A. (2009). "Investment Shocks and Business Cycles," NBER Working Paper, 15570.
Kadane, J. B. (1974). "The Role of Identification in Bayesian Theory," in S. E. Fienberg and A. Zellner (eds.), *Studies in Bayesian Econometrics and Statistics*. Amsterdam: North-Holland, 175–91.
Kadiyala, K. R., and Karlsson, S. (1997). "Numerical Methods for Estimation and Inference in Bayesian VAR-Models," *Journal of Applied Econometrics*, 12(2): 99–132.
Kass, R. E., and Raftery, A. E. (1995). "Bayes Factors," *Journal of the American Statistical Association*, 90(430): 773–95.
Kim, C., and Nelson, C. R. (1999a). "Has the U.S. Economy Become More Stable? A Bayesian Approach Based on a Markov-Switching Model of the Business Cycle," *Review of Economics and Statistics*, 81(4): 608–18.
—— (1999b). *State-Space Models with Regime Switching*. Cambridge, Mass.: MIT Press.
Kim, S., Shephard, N., and Chib, S. (1998). "Stochastic Volatility: Likelihood Inference and Comparison with ARCH Models," *Review of Economic Studies*, 65(3): 361–93.
King, R. G., Plosser, C. I., and Rebelo, S. (1988). "Production, Growth, and Business Cycles: I The Basic Neoclassical Model," *Journal of Monetary Economics*, 21(2–3): 195–232.
Kleibergen, F., and Paap, R. (2002). "Priors, Posteriors and Bayes Factors for a Bayesian Analysis of Cointegration," *Journal of Econometrics*, 111(2): 223–49.
—— and van Dijk, H. K. (1994). "On the Shape of the Likelihood/Posterior in Cointegration Models," *Econometric Theory*, 10(3–4): 514–51.
Klein, L. R., and Kosobud, R. F. (1961). "Some Econometrics of Growth: Great Ratios of Economics," *Quarterly Journal of Economics*, 75(2): 173–98.
Koop, G., and Korobilis, D. (2010). "Bayesian Multivariate Time Series Methods for Empirical Macroeconomics," in *Foundations and Trends in Econometrics*, 3(4): 267–358.
—— Leon-Gonzalez, R., and Strachan, R. (2008). "Bayesian Inference in the Time Varying Cointegration Model," Rimini Center for Economic Analysis Working Paper, 23-08.
—— —— —— (2009). "On the Evolution of the Monetary Policy Transmission Mechanism," *Journal of Economic Dynamics and Control*, 33(4): 997–1017.
—— and Potter, S. M. (1999). "Bayes Factors and Nonlinearity: Evidence from Economic Time Series," *Journal of Econometrics*, 88(2): 251–81.
—— —— (2007). "Estimation and Forecasting in Models with Multiple Breaks," *Review of Economic Studies*, 74(3): 763–89.
—— —— (2008). "Time-Varying VARs with Inequality Restrictions," Manuscript, University of Strathclyde and FRB New York.

―――― (2009). "Prior Elicitation in Multiple Change-point Models," *International Economic Review*, 50(3): 751–72.

―――― Strachan, R., van Dijk, H. K., and Villani, M. (2006). "Bayesian Approaches to Cointegration," in ed. by T. C. Mills and K. P. Patterson (eds.), *Palgrave Handbook of Econometrics*, vol. 1. Basingstoke: Palgrave Macmillan, 871–98.

Kose, M. A., Otrok, C., and Whiteman, C. H. (2003). "International Business Cycles: World, Region, and Country-Specific Factors," *American Economic Review*, 93(4): 1216–39.

Kryshko, M. (2010). "Data-Rich DSGE and Dynamic Factor Models," Manuscript, University of Pennsylvania.

Lancaster, T. (2004). *An Introduction to Modern Bayesian Econometrics*. Malden, Mass.: Blackwell Publishing.

Leeper, E. M., and Faust, J. (1997). "When do Long-Run Identifiying Restrictions Give Reliable Results?," *Journal of Business & Economic Statistics*, 15(3): 345–53.

―――― and Sims, C. A. (1995). "Toward a Modern Macroeconomic Model Usable for Policy Analysis," in S. Fischer and J. J. Rotemberg (eds.), *NBER Macroeconomics Annual 1994*. Cambridge, Mass.: MIT Press, 81–118.

Levin, A., Onatski, A., Williams, J. C., and Williams, N. (2006). "Monetary Policy under Uncertainty in Micro-founded Macroeconometric Models," in M. Gertler and K. Rogoff (eds.), *NBER Macroeconomics Annual 2005*, vol. 20. Cambridge, MIT Press, 229–287.

Litterman, R. B. (1980). "Techniques for Forecasting with Vector Autoregressions," Ph.D. thesis, University of Minnesota.

Lopes, H. F., and West, M. (2004). "Bayesian Model Assessment in Factor Analysis," *Statistica Sinica*, 14(1): 41–67.

Lubik, T. A., and Schorfheide, F. (2004). "Testing for Indeterminancy: An Application to U.S. Monetary Policy," *American Economic Review*, 94(1): 190–217.

Masanjala, W. H., and Papageorgiou, C. (2008). "Rough and Lonely Road to Prosperity: A Reexamination of the Sources of Growth in Africa Using Bayesian Model Averaging," *Journal of Applied Econometrics*, 23(5): 671–82.

McConnell, M. M., and Perez-Quiros, G. (2000). "Output Fluctuations in the United States: What Has Changed since the Early 1980's?," *American Economic Review*, 90(5): 1464–76.

Min, C.-K., and Zellner, A. (1993). "Bayesian and Non-Bayesian Methods for Combining Models and Forecasts with Applications to Forecasting International Growth Rates," *Journal of Econometrics*, 56(1–2): 89–118.

Moon, H. R., and Schorfheide, F. (2009). "Bayesian and Frequentist Inference in Partially-Identified Models," NBER Working Paper, 14882.

Mumtaz, H., and Surico, P. (2008). "Evolving International Inflation Dynamics: World and Country Specific Factors," CEPR Discussion Paper, 6767.

Nason, J. M., and Cogley, T. (1994). "Testing the Implications of Long-Run Neutrality for Monetary Business Cycle Models," *Journal of Applied Econometrics*, 9: S37–70.

Ng, S., Moench, E., and Potter, S. M. (2008). "Dynamic Hierarchical Factor Models," Manuscript, Columbia University and FRB New York.

Otrok, C. (2001). "On Measuring the Welfare Costs of Business Cycles," *Journal of Monetary Economics*, 45(1): 61–92.

―――― and Whiteman, C. H. (1998). "Bayesian Leading Indicators: Measuring and Predicting Economic Conditions in Iowa," *International Economic Review*, 39(4): 997–1014.

Paap, R., and van Dijk, H. K. (2003). "Bayes Estimates of Markov Trends in Possibly Cointegrated Series: An Application to U.S. Consumption and Income," *Journal of Business Economics & Statistics*, 21(4): 547–63.

Peersman, G. (2005). "What Caused the Millenium Slowdown? Evidence Based on Vector

Autoregressions," *Journal of Applied Econometrics*, 20(2): 185–207.
Pelloni, G., and Polasek, W. (2003). "Macroeconomic Effects of Sectoral Shocks in Germany, the U.K. and, the U.S.: A VAR-GARCH-M Approach," *Computational Economics*, 21(1): 65–85.
Phillips, P. C. B. (1991). "Optimal Inference in Cointegrated Systems," *Econometrica*, 59(2): 283–306.
—— (1996). "Econometric Model Determination," *Econometrica*, 64(4): 763–812.
—— and Ploberger, W. (1996). "An Asymptotic Theory of Bayesian Inference for Time Series," *Econometrica*, 64(2): 318–412.
Poirier, D. (1998). "Revising Beliefs in Nonidentified Models," *Econometric Theory*, 14(4): 483–509.
Primiceri, G. E. (2005). "Time Varying VARs and Monetary Policy," *Review of Economic Studies*, 72(3): 821–52.
Rabanal, P., and Rubio-Ramírez, J. F. (2005). "Comparing New Keynesian Models of the Business Cycle: A Bayesian Approach," *Journal of Monetary Economics*, 52(6): 1151–66.
Ríos-Rull, J.-V., Schorfheide, F., Fuentes-Albero, C., Kryshko, M., and Santaeulalia-Llopis, R. (2009). "Methods versus Substance: Measuring the Effects of Technology Shocks," NBER Working Paper, 15375.
Robertson, J. C., and Tallman, E. W. (2001). "Improving Federal Funds Rate Forecasts in VAR Models Used for Policy Analysis," *Journal of Business & Economic Statistics*, 19(3): 324–30.
Rogerson, R. (1988). "Indivisible Labor Lotteries and Equilibrium," *Journal of Monetary Economics*, 21(1): 3–16.
Rubio-Ramírez, J. F., Waggoner, D., and Zha, T. (2010). "Structural Vector Autoregressions: Theory of Identification and Algorithms for Inference," *Review of Economic Studies*, 77(2): 665–96.
Sala-i Martin, X., Doppelhofer, G., and Miller, R. I. (2004). "Determinants of Long-Term Growth: A Bayesian Averaging of Classical Estimates (BACE) Approach," *American Economic Review*, 94(4): 813–35.
Sargent, T. J. (1989). "Two Models of Measurements and the Investment Accelerator," *Journal of Political Economy*, 97(2): 251–87.
—— (1999). *The Conquest of American Inflation*. Princeton: Princeton University Press.
—— and Sims, C. A. (1977). "Business Cycle Modeling without Pretending to Have Too Much a Priori Economic Theory," in *New Methods in Business Cycle Research*. Minneapolis: Federal Reserve Bank of Minneapolis.
Schorfheide, F. (2000). "Loss Function-Based Evaluation of DSGE Model," *Journal of Applied Econometrics*, 15(6): 645–70.
—— (2005). "Learning and Monetary Policy Shifts," *Review of Economic Dynamics*, 8(2): 392–419.
—— (2008). "DSGE Model-Based Estimation of the New Keynesian Phillips Curve," *FRB Richmond Economic Quarterly*, Fall Issue, 397–433.
Schotman, P. C., and van Dijk, H. K. (1991). "On Bayesian Routes to Unit Roots," *Journal of Applied Econometrics*, 6(4): 387–401.
Schwarz, G. (1978). "Estimating the Dimension of a Model," *Annals of Statistics*, 6(2): 461–4.
Sims, C. A. (1972). "The Role of Approximate Prior Restrictions in Distributed Lag Estimation," *Journal of the American Statistical Association*, 67(337): 169–75.
—— (1980). "Macroeconomics and Reality," *Econometrica*, 48(4): 1–48.
—— (1993). "A 9 Variable Probabilistic Macroeconomic Forecasting Model," in J. H. Stock

and M. W. Watson (eds.), *Business Cycles, Indicators, and Forecasting*, vol. 28 of *NBER Studies in Business Cycles*. Chicago: University of Chicago Press, 179–214.

——(2002a). "Comment on Cogley and Sargent's 'Evolving post World War II U.S. Inflation Dynamics'," in B. S. Bernanke and K. Rogoff (eds.), *NBER Macroeconomics Annual 2001*, vol. 16. Cambridge, Mass.: MIT Press, 373–9.

——(2002b). "Solving Linear Rational Expectations Models," *Computational Economics*, 20(1–2): 1–20.

——(2003). "Probability Models for Monetary Policy Decisions," Manuscript, Princeton University.

——and Uhlig, H. (1991). "Understanding Unit Rooters: A Helicopter Tour," *Econometrica*, 59(6): 1591–9.

——Waggoner, D., and Zha, T. (2008). "Methods for Inference in Large Multiple-Equation Markov-Switching Models," *Journal of Econometrics*, 146(2): 255–74.

——and Zha, T. (1998). "Bayesian Methods for Dynamic Multivariate Models," *International Economic Review*, 39(4): 949–68.

————(1999). "Error Bands for Impulse Responses," *Econometrica*, 67(5): 1113–55.

————(2006). "Were there Regime Switches in U.S. Monetary Policy?," *American Economic Review*, 96(1): 54–81.

Smets, F., and Wouters, R. (2003). "An Estimated Dynamic Stochastic General Equilibrium Model of the Euro Area," *Journal of the European Economic Association*, 1(5): 1123–75.

————(2007). "Shocks and Frictions in US Business Cycles: A Bayesian DSGE Approach," *American Economic Review*, 97(3): 586–606.

Stock, J. H., and Watson, M. W. (1989). "New Indices of Coincident and Leading Economic Indicators," in O. J. Blanchard and S. Fischer (eds.), *NBER Macroeconomics Annual 1989*, vol. 4. Cambridge, Mass.: MIT Press, 351–94.

————(1999). "Forecasting Inflation," *Journal of Monetary Economics*, 44(2): 293–335.

————(2001). "Vector Autoregressions," *Journal of Economic Perspectives*, 15(4): 101–15.

————(2002). "Macroeconomic Forecasting Using Diffusion Indexes," *Journal of Business and Economic Statistics*, 20(2): 147–62.

————(2005). "Understanding Changes in International Business Cycle Dynamics," *Journal of the European Economic Association*, 3(5): 968–1006.

Strachan, R., and Inder, B. (2004). "Bayesian Analysis of the Error Correction Model," *Journal of Econometrics*, 123(2): 307–25.

——and van Dijk, H. K. (2006). "Model Uncertainty and Bayesian Model Averaging in Vector Autoregressive Processes," Manuscript, Tinbergen Institute, 06/5.

Theil, H., and Goldberger, A. S. (1961). "On Pure and Mixed Estimation in Economics," *International Economic Review*, 2(3): 65–78.

Uhlig, H. (1997). "Bayesian Vector Autoregressions with Stochastic Volatility," *Econometrica*, 65(1): 59–73.

——(2005). "What are the Effects of Monetary Policy on Output? Results from an Agnostic Identification Procedure," *Journal of Monetary Economics*, 52(2): 381–419.

Villani, M. (2001). "Fractional Bayesian Lag Length Inference in Multivariate Autoregressive Processes," *Journal of Time Series Analysis*, 22(1): 67–86.

——(2005). "Bayesian Reference Analysis of Cointegration," *Econometric Theory*, 21(2): 326–57.

——(2009). "Steady State Priors for Vector Autoregressions," *Journal of Applied Econometrics*, 24(4): 630–50.

Waggoner, D., and Zha, T. (1999). "Conditional Forecasts in Dynamic Multivariate Models," *Review of Economics and Statistics*, 81(4): 639–51.

―――― (2003). "A Gibbs Sampler for Structural VARs," *Journal of Economic Dynamics and Control*, 28(2): 349–66.
Wright, J. (2008). "Bayesian Model Averaging and Exchange Rate Forecasting," *Journal of Econometrics*, 146: 329–41.
Zellner, A. (1971). *An Introduction to Bayesian Inference in Econometrics*. Hoboken, NJ: John Wiley & Sons.

8
ベイズ手法のマーケティングへの応用

8.1 はじめに

　マーケティングへのベイズ手法の応用に対する著者のアプローチは，マーケティングデータや消費者と企業が直面している意思決定問題の諸側面に影響されている．計量経済学者の間でベイズ枠組みの採用を巡って，説得力に富む議論がなされているが（本書の第6章で取り上げたLiとTobiasのモデルとその事例を参照されたい），マーケティングのもつ特徴を考えるとベイズアプローチはそれへの応用に特に適合していると確信している．

　マーケティングデータは消費者個人または調査対象者の意思決定を情報源としている．消費者のデータは製品の購買によって生成されており，そして多くの場合，購買が発生した時点で収集されている．この段階において，データは基本的に離散型であり，消費者が販売されているすべての商品のうちわずか少数のものしか購入していないという意味で最頻値が0の値をとることが多い．いくつかの調査では，消費者の選好を間接的に測定するために，消費者にある選択肢の集合の中から1つの製品を選択してもらう方法をとっている．別の調査では，消費者に製品の使用状況やメディアとの接触状況を尋ね，頻繁に購入している製品や接触しているメディアを質問する．また，離散の評価尺度を用いて消費者の選好順序のデータを収集する調査方法もある．このように，消費者レベルの購買データあるいは調査データのモデル化においては，スパース「疎」かつ離散的な出力変数に適用可能なモデルが求められる．8.2節で端点解と内部解の混合を導出する需要モデルを解説する．

　すべてのマーケティングデータが消費者レベルで提供されているわけではない．多くの購買データは店舗または市場レベルで集計されている．店舗で購買頻度の低い製品もたくさんあるが，これによりデータの離散性がある程度減少する．しかし，今度はどのようなモデルを集計データに適用すればよいのかという問題が発生する．この集計レベルの問題への取り組みにおいて，一部の研究者に支持されているアプローチ

[*0)] Peter Rossiは研究費を提供しているシカゴ大学ブース経営大学院キルツマーケティングセンターに感謝の意を表する．Greg Allenbyは寛大な研究支援を提供しているオハイオ州立大学フィッシャー経営大学院に感謝する．

としては，売上の非集計モデルからスタートし，それから消費者のタイプの分布に関して合計また積分していく方法がある．8.2 節で個人の選択から導出された集計の市場シェアモデルを解説する．

多くのマーケティングデータが基本的に離散型であるとはいえ，お互い排他的な選択肢の仮定に基づいた標準的なモデルは必ずしも適切であるとは限らない．消費者は狭義の製品クラスの中でさえ，異なった 2 つの製品を密接な代替品として捉えていない可能性もある．例えば，消費者が同じ製品の中から複数の種類のものを同時に購入することが頻繁に見られる．また，価格の割引や予算配分の変化によって消費者がより高品質の製品へスイッチすることもよく見られる．標準的な線形モデルや相似拡大的 (homothetic) なモデルはこれらの現象を補足することができない．

消費者は多数の選択肢に直面する際，購買対象と考える選択肢を絞り込むための意思決定ルールを採用する．いくつかの状況において，このような行動をある種の探索プロセスとして厳密にモデル化することができる．また，別の状況では購買対象とされる製品をより非正式なヒューリスティックで決定されることもある．どちらの場合も，絞り込みのルールを組み込むためにより標準的な選択モデルを適用することができよう．

本章で消費者の購買データに関する非標準的なモデルの構築に焦点を当てているのは，データの重要な側面を捉えるだけではなく，マーケティング活動を評価する必要性があるからである．マーケティング施策の評価および改善を図るためには，単なる記述的な統計モデルではなく，むしろ意思決定のプロセスを前提としたモデルを考えなければならない．著者が取り組んできた多くの研究は消費者の意思決定プロセスの新しい定式化を探求することを目的としている．これらは製品の消費に関する効用関数の定式化だけではなく意思決定の文脈を考慮したものも含んでいる．

8.3 節では連続潜在変数に打ち切り関数を適用することによって離散性を生成するより標準的な統計的アプローチについて議論する．このアプローチは記述的なモデルが必要とされる状況に利用できる多様なモデルを導出する．その上，潜在変数を含んだモデルに適している MCMC 法は，需要理論に基づいたモデルに対して広範的な有効性を発揮している．

マーケティングのほとんどの事例では，消費者の製品に対する評価やマーケティング環境に対する反応が人によって異なるという仮定が置かれている．著者の経験では，消費者間での違いの重要性が広く認識されるようになってきている．そのため，あらゆる購買モデルや消費者行動モデルはできる限り消費者の異質性を考慮に入れる必要があると考える．異質性に関するモデルを 8.4 節で解説する．

企業が特定の顧客またはグループに対して活動をカスタマイズしたい場合，異質性モデルの重要性はさらに大きくなる．著者が 1980 年代後半にマーケティングに関する研究プロジェクトに着手した頃，最も細かいレベルでのカスタマイゼーションはほとんど学究的な関心事にすぎなかった．しかし，現在ではそれが企業にとって価値の潜

在的な源として認識されるようになった．消費者の異質性を取り入れるためには，最も細かいレベルで集計されたパラメータについての推論が必要である．これは共通のパラメータに主に焦点を当て，個人レベルのパラメータを付随的なものとみなす標準の非ベイズ計量経済学的方法に課題を投げかけている．最も細かい集計レベル（ここでは"ユニットレベル"と呼ぶ）でパラメータを考慮するもう1つの意味は，通常ユニットレベルのパラメータに関する十分な情報を得ることが困難なことである．これは，ベイズ手法と報知事前分布を利用する大きな動機になっている．

　企業の市場環境の変化を追跡する能力がますます洗練されていくにつれて，マーケティング変数に関する外生性の仮定を緩めることができる．ほとんどの売上反応モデルや需要モデルは，マーケティング変数が他の共変量と同質であるという仮定の下で構築されている．一般的に，これらの変数は所与とされ，市場環境とは独立に抽出されたものとみなされている．しかし，もしマーケティング変数（価格など）が需要の観測されない部分に基づいて決定された場合，この独立性の仮定は崩れてしまう．このような状況では，売上反応モデルを変数xがどのように決定されるかを表すモデルで補う必要がある．観測されていない需要の部分の例として，共通の需要ショック，観測されない広告やプロモーション活動，省略された動的な要素を捕捉する変数，観測されない製品や品質特性などが挙げられる．それと同様に，企業がマーケティング変数を消費者の当該変数xへの反応に関する一部の情報に基づいて設定している場合，重大な複雑性が発生する（つまり，変数xが誤差項の一部の関数ではなく，むしろ反応係数の関数になっている場合）．後者の状況は分析結果にバイアスをもたらす可能性を秘めているが，購買や販売モデルのパラメータに関する追加的な情報を提供する新しい情報源をもたらしている．8.5節でこの両問題について議論する．

　離散性と消費者の異質性を取り入れた非標準的なモデルに対する必要性は，ベイズの特定の計算手法やモデルによって満たされる．ここでは正則報知事前分布の必要性を強調したい．8.4節で説明するように，階層モデルは報知事前分布の1つの形を作っている．報知事前分布に基づくベイズ推定量は，優れた標本特性および計算上の数値的安定性を保証する周知の縮約特性を有している．いくつかの文脈では，報知事前分布の使用が収束や計算上の望ましい特性をもつベイズ手続きの構築に不可欠である．8.3節で様々なプロビットモデルを用いてその例を示す．これらのモデルでは，識別されないパラメータ空間で分析することが便利である．これは頻度主義者にはないベイジアンの特有のオプションである．つまり，識別されない空間上で計算をするが，識別されるパラメータの分布のみを報告するという計算方法を設定することができるということである．しかし，このアプローチは正則な事前分布を必要とし，これはまた報知事前分布がもっているもう1つの利点を示している．純粋な計算上の観点から，報知事前分布は特異のまたそれに近い尤度関数を修正し，望ましい事後分布を生み出す．すべての事後分布の計算が良条件行列を用いて行われるため，悪条件行列に対して強引な数値的操作を用いる必要はない．

本章で取り上げる方法やモデルは，著者が開発した *bayesm* という R(R 2009) の
パッケージで実装できる (Rossi and McCulloch 2008)．必要に応じて，特定のモデ
ルを実装するための適切な関数を引用する．このパッケージを入手するには，R をイ
ンストールし（ウェブ上で "CRAN" を検索する），"install packages" メニューを利
用し *bayesm* をインストールすれば良い．

8.2 需要モデル

　本節では，離散性と消費者の意思決定に関する他の重要な側面を考慮した効用関数
の定式化を解説する．まず，製品の消費に関する直接効用関数といくつかのランダム
効用の誤差項の定式化から議論を始める．ここでは，単にアドホックな統計モデルを
定式化するよりも，むしろ根本的な理論と整合的なモデルを導出する方が望ましいと
考える．

　離散データに直面したときに（必ずしも多項データとは限らないが），多くの研究者
はこの問題に標準的な多項ロジットモデル (multinomial logit：MNL) を適用しよう
とする．消費者の意思決定の問題にどのように影響するかについての議論なしに，価
格や製品特性やデモグラフィック変数のような共変量が，MNL モデルの説明変数と
して利用されている．間接効用の定式化に価格を入れることは正当化しやすいが，製
品特性をどのように組み込むべきかは明確ではない．確かに，製品特性は最終的に需
要を影響するかもしれないが，それがどのように影響するかは課題として残っている．
製品特性は選好を通じて需要に影響する可能性があれば，意思決定プロセスに影響を
与える可能性もある．例えば，製品特性が特定の製品を購買対象として検討すべきか
どうかを決定するためのスクリーニングルールの基礎として使用されることが考えら
れよう (Gilbride and Allenby 2004)．仮に効用が製品特性によってのみ定義されてい
るなら，標準的なロジットモデルに比べて非常に異なった需要モデルになるだろう[*1]．

　消費者がソフトドリンクのような製品を購入する際に同じ製品の中から複数の種類
を同時に購入する状況を例として考えよう．標準的な MNL モデルは，製品同士が密
接に代替可能であるという仮定を置く相互に排他的な選択モデルである．明らかに，何
種類ものソフトドリンクを購入するという行動は MNL モデルの仮定に準拠していな
い．この問題を解決するために，一部の研究者は単に複数製品の購買が発生したデー
タ，または複数製品の購買を行った消費者のデータを削除するであろう．また，集計
レベルを修正することによって製品を再定義する人もいるであろう．例えば，すべて
のコーラ飲料を1つの製品にまとめ，レモンライム飲料を別の製品にまとめること
ができよう．また，この問題を無視して一般化モーメント法 (generalized method of
moments：GMM) のような非尤度ベースの方法で MNL モデルに当てはめる人もい

[*1] 経済学の理論に一貫した需要モデルの定式化に関する広範な議論については Chandukala et al. (2007) を参照されたい．

るかもしれない．しかし，彼らは自分たちのデータにゼロの尤度をもつモデルを適用していることに気づいてもいないのであろう．

一方，本章で用いたアプローチでは，意思決定プロセスおよび効用関数の定式化が慎重に検討されている．多様性に対する需要は，複数の消費場面，あるいは単にソフトドリンクの選択肢が不完全代替品であるような非標準的効用関数から発生するかもしれない．このような効用関数は同時に購入される複数の製品と購入されない製品が存在する状況を生み出している (Kim et al. 2002)．つまり，当該製品カテゴリーの需要ベクトルはゼロと2つ以上の非ゼロの要素に構成されていることになる．

まずは一般的な需要問題の定式化から始めよう．ほとんどのマーケティングの応用では，議論はある製品の部分集合だけに限定されている．通常，この製品集合は，相互に関連した需要をもつと考えられ，しばしば製品カテゴリーと呼ばれている．ここでは，この製品集合を需要グループと呼ぶことにする．ほとんどの場合，これらの製品はほぼ密接な代替品と考えることができるが，補完関係が存在する可能性も検討する必要があるかもしれない．ただし，消費者がこの製品集合だけではなく，データが少ないあるいはまったくない，または単に積極的に分析に入れたくないなどこの集合に属していない他の製品についても消費や購買の意思決定を行っていることは認識している．明示的にモデルに現れていない選択肢は合成財または外部財として考えることができ，消費者はカテゴリー内の製品の中から選択をすると同時に，この製品グループと外部財のどちらかを選択すると考えれば良い．

ほとんどのマーケティング応用では，文字どおりその他の製品やサービス，または同一の店舗内にあるその他のすべての製品を外部選択肢として考えるのは無意味である．これは，特定の購買機会において消費者が需要グループから購入しなかった理由は，需要グループ内の製品を購入することから得られる効用が外部財から得られる効用よりも小さいことを含意するからである．ほとんどの応用では，外部財についてより狭い定義が適切である．例えば，ソフトドリンクの部分集合に関する需要モデルを考える際に，この集合に属していない他のソフトドリンクや潜在的な代替品とみなされる飲料品を外部財として考えることができる．非常に広い製品クラスのすべてを外部財として定義してしまうと，モデルの外にある要因によって発生する購買パターンを捕捉しなければならないため，モデルに大きな負荷がかかることになる．マーケティングの多くの応用では，製品カテゴリーへの支出を所与とし，かつ外部財の存在を認めないという仮定の下で分析が行われている．しかし，この条件下のアプローチでは，カテゴリー需要に対する製品やマーケティングミックスの変化による効果を測定することができない．

x を K 個の製品の消費量ベクトル，z を外部の選択肢とするとき，次のように消費者問題を定式化することができる．

$$\max_{x,z} U(x,z|\theta_h) \quad \text{制約条件 } p'x + z \leq E \tag{8.1}$$

ここでは，外部財の価格が1，またはすべての価格が外部財との相対価格になるように正規化を行う．E は需要グループに割当てられる支出額を表している．効用関数 $U()$ には，家計ごとのパラメータ θ_h が含まれている．(8.1) のモデルは，価格以外のマーケティング変数の役割を明示的に導入していない．特に，製品属性はモデルの中に明示的に組み込まれていない．多くの消費財の場合，製品属性の数が多くなるとそれらを測定することは困難である．ここで再び，ソフトドリンクのケースが好例である．コーラ飲料の属性を定義することはできるかもしれないが，その属性を使用してペプシとコカコーラを区別することができるとは思えない．多くの場合，すべての製品がいくつかの固有の属性をもっていると考えた方が便利であろう．他の研究者は，製品属性を分析者によって観測されるものと観測されないものに分割している（例えば，Berry et al. 1995 を参照されたい）．コンジョイント分析では，属性に基づいて製品が明示的に定義され，各属性がもたらす効用が抽出される (Orme 2009)．プロモーションや広告の影響については，これらの変数を消費者の意思決定にどのように組み込むべきかに関する追加的な仮定が必要である．単純な広告モデルでは，広告露出が製品の限界効用を高めると仮定することができよう．

U の関数が既知である場合，(8.1) の問題は自明である．しかし，価格だけの情報が与えられても，消費者の意思決定は完全に予測できるものではない．このような理由から，観測されない要因または誤差項がモデルに導入される．標準のランダム効用の考え方の下では，これらの誤差が効用の観測されない要素を表していると仮定されている（ただし，消費者は確定的な要素に基づいて需要の決定を行うが，その一部が分析者によって観測されない）．不確定要素についての解釈は，ある程度その定式化に依存する．次式のように効用関数の中に誤差項を導入することができる．

$$U_{i,t}^h = \bar{U}_{i,t}^h e^{\epsilon_{iht}} \tag{8.2}$$

ただし，$U_{i,t}^h$ は消費者 h の財 i に関する限界効用を表している．$\bar{U}$ は，効用関数の確定的な部分であり，一般的に消費者固有のパラメータ θ_h を用いてパラメータ化される．$\{\epsilon_{1ht},\ldots,\epsilon_{Kht}\}$ は，特定の購買機会における K 個の製品に対する観察されない効用の要素を表している．(8.2) の関数形は限界効用が常に正であることを保証する．この誤差項は，効用のパラメータと価格の情報が与えられたとき，需要の観測値とその予測値を調整し，尤度関数または需要の観測値の同時分布の基礎を形成する．

消費者の異質性は，複数の購買機会にわたってその値が一定である同一の消費者の誤差成分としてみなすことができる．これは，同じ消費者についての観測値間の相関として表されることがある．ここではこの問題について異なるアプローチをとっている．消費者固有の効用パラメータ θ_h を条件に，誤差項は消費者の間で独立であると仮定する．これ以降，消費者の添え字 h を省略する．8.4 節で消費者意思質性のモデル化について再度触れておく．

モデルの尤度は，誤差項から需要量への写像をとることによって導出される．(8.1)

式における需要問題に限界効用の誤差項を代入すれば，需要関数 $y_t^* = (x_t^*, z_t^*)$ は価格と E のベクトルが与えられたときの限界効用の関数，

$$y_t^* = f(\epsilon_t | \theta, p_t, E) \qquad (8.3)$$

となる．効用が端点解を認める関数形をもつ場合，需要量は離散と連続の混合分布に従うことになる．需要量における点質量は，ゼロと非ゼロ需要の構成に対応する誤差項の空間上の領域に関する積分を計算して求めることができる．例えば，1つのブランドの購入量が正であると観測した場合，尤度は連続需要の密度関数とこのブランドの需要が非ゼロとなる確率に関する点質量によって構成されることになる．尤度の評価は，ϵ から y^* への変換ヤコビアンの評価や誤差空間における様々な集合の確率の計算を伴う (8.2.3 項の多様性への需要に関する議論を参照されたい)．

このモデルを定式化するには，U の関数形と誤差項の同時分布についての仮定が必要である．最も単純な仮定は，誤差項が消費者，購入機会，および製品の間で独立であるという仮定であろう（例えば，Guadagni and Little 1983 を参照されたい）．しかし，独立性の仮定が適切であるかどうかを疑う余地は十分にある．例えば，観測されない製品属性がある場合，消費者と購買機会の間に共通であるが，製品の間では変動する誤差項の要素が存在することになる．これは，製品間の誤差項の相関を引き起こしてしまう．また，総需要のショックは，すべての消費者に共通であるかもしれないが，購買機会ごとに異なる場合がある．これもまた，従属関係を作る原因となる．

効用の関数形の選択はマーケティング問題の重要な側面を反映している．1つの便利な簡略化の方法は，需要グループ内の各製品の下位効用関数と，需要グループと外部財の二変量効用の入れ子型として効用関数を記述することである．つまり，

$$U(x, z) = V(u(x), z) \qquad (8.4)$$

である．これは，分離可能な効用関数として知られている．この条件の下で，効用最大化問題は2つの段階に分かれている．まず，外部財と需要グループの間に支出をどのように配分すべきかという意思決定である．次に，需要グループへの支出の分配がゼロではないとき，それに含まれている製品の間に支出をどのように配分すべきかに関する意思決定である．

8.2.1 線形効用関数

(8.4) の分離可能な効用関数の単純なケースの1つとして，線形効用関数が挙げられる．例えば，

$$U(x, z) = \psi' x + \psi_z z \qquad (8.5)$$

という効用関数である．線形効用関数の下では，無差別曲線と予算制約の間に接点が存在しないため，購入される財（外部財を含む）はただ1つだけである．したがって，この定式化は相互に排他的な選択モデルを生成することになる．外部財と需要グルー

プに含まれる1つ以上の財が同時に選ばれることはない．しかし，多くの応用においてこの制約は無視され，需要グループと外部財の同時購買が観測されたとしても，これを需要グループでの購買かのように記号化されている．

(8.5) の線形効用関数に基づいた需要モデルにおいて，支出変数は特に単純な役割をもっている．財を購入するために十分な予算がある限り，需要量は E/p で，選択される財は価格に関して限界効用率 ψ_j/p_j が最大なものである．E が増加しても，選択される製品は変わらない (Allenby and Rossi 1991)．この性質は，図 8.1 に示されている．線形効用関数は相似拡大的効用関数の一種である．相似拡大的効用関数は1次同時関数の単調変換である．これは，無差別曲線の傾きが原点を通るある直線に沿って一定であることを意味する．Allenby et al. (2010) で指摘されるように，相似拡大的の仮定は，任意の2つの製品に対する需要の比率が E と独立であることを意味する．

一般的なケースについて上述したように，線形効用モデルによって生成される需要の尤度関数は，標準的なランダム効用の仮定を介して導出される．ここでは，限界効用が観測されないまたは"ランダム"な要素を含んでいると仮定する．この要素に置かれる仮定によって様々な尤度関数が導出される．線形効用モデルの場合，尤度は単に観測された選択結果の確率である．購入量は，E が未知のパラメータとみなされない限り，それ以上の情報をもっていない．選択確率は，効用の観察されない要素を表

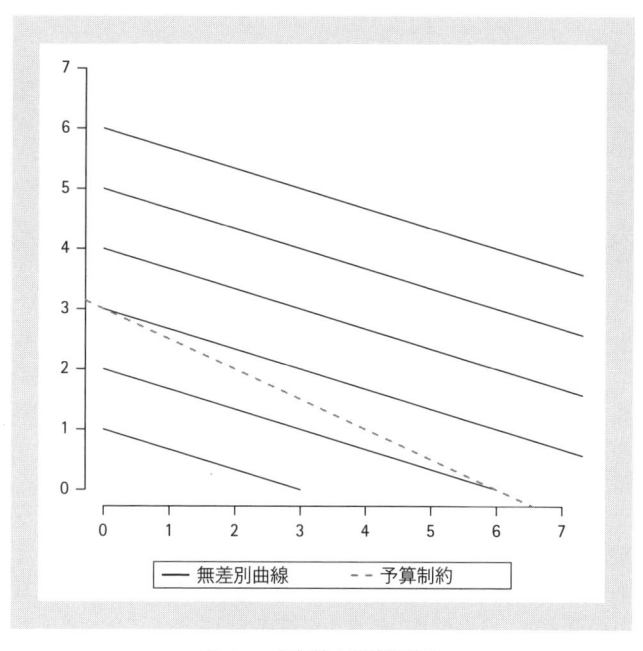

図 8.1 相似拡大的線形効用

す誤差項の分布から導出される．簡単のために，効用関数の中に外部財を挿入し，このベクトルを y と表すと，$U(y) = \psi' y$ と書ける．$\psi_{jt} = \psi_j e^{\epsilon_{jt}}$ のように限界効用に誤差項を導入する場合，ブランド i の選択に関する一階条件は次式で与えられる．

$$Pr(i) = Pr[y_i^* > 0] \tag{8.6}$$

$$= Pr\left(\frac{\psi_{i,t}}{p_{it}} > \frac{\psi_{j,t}}{p_{j,t}}\right)$$

$$= Pr(ln\psi_i - lnp_{it} + \epsilon_{it} > ln\psi_j - lnp_{jt} + \epsilon_{ij}), \qquad \forall j \neq i \tag{8.7}$$

$$= Pr(\epsilon_{jt} < V_{it} - V_{jt} + \epsilon_{it}), \qquad \forall j \neq i \tag{8.8}$$

ただし，$V_{jt} = ln\psi_j - lnp_{jt}$，$y_i^*$ は需要量を表している．(8.6) の不等式で定義されている確率を計算するために，誤差項の分布に関するいくつかの仮定が必要である．誤差項が各製品に関して独立同分布，時間に関して独立な分布に従うと仮定すれば，選択確率は誤差項の累積分布関数の積分で表すことができる（添え字の t を省略）．

$$Pr(i) = Pr(y_i^* > 0) \tag{8.9}$$

$$= \int_{-\infty}^{+\infty} \left(\prod_{j \neq i} \int_{-\infty}^{V_i - V_j + \epsilon_i} \pi(\epsilon_j) d\epsilon_j\right) \pi(\epsilon_i) d\epsilon_i \tag{8.10}$$

$$= \int_{-\infty}^{+\infty} \prod_{j \neq i} F(V_i - V_j + \epsilon_i) \pi(\epsilon_i) d\epsilon_i \tag{8.11}$$

ただし，$F(\cdot)$ と $\pi(\cdot)$ はそれぞれ誤差項の累積分布関数と密度関数を表している．

誤差項は，需要に関する消費者の意思決定が完全に予測できないという事実を取り入れるために導入されている．また，誤差項は製品間の水平的差別化のモデルとしても解釈することができる．効用関数の確定的な部分だけを考慮すれば，線形モデルは製品同士が完全代替品であることを示唆する．製品間の完全代替性の仮定は，消費者が常に線形係数の比率に対応する一定の対価で 2 つの製品を交換しても良いことを意味する．これらの製品はそれぞれが異なった効用水準をもっているものの，同様の効用の源泉をもっているという完全代替可能な製品として解釈されることもある．単純な例としては，同一の製品の異なるパッケージサイズが挙げられよう．誤差項は，消費者がある程度それらを同一の製品とみなさないように，製品間の識別の源泉を与える．誤差項は，ある製品についてすべての消費者が他の製品に比べて期待値（限界効用の期待値を価格で割ったもの）の点で劣っているとみなしても，当該製品への需要が必ずしもゼロではないという状況を作っている．誤差項の範囲は有界ではないので，消費者が当該製品を正の確率で購入することは常にある．この仮定は非現実的であるという批判もある．特に，製品ポジショニングと新製品に関するモデルにおいては，すべての新製品の導入が，既存製品の観点から過剰供給を招くことがあっても，常に消費者の厚生を高めるという矛盾を生じさせる．これらの議論は，すべての製品が観測

されないある種の有限の特性空間上で評価されるという考え方を支持している．これは，非 i.i.d. (independent and identically distributed，独立同一分布）の誤差項モデルに対する関心を増長させることになろう．

誤差項が尺度パラメータ σ をもつ第 1 種極値分布に従うなら，その分布関数は $F(t) = \exp\left(-\frac{1}{\sigma}\exp\left(-\frac{t}{\sigma}\right)\right)$ で与えられ，そして (8.9) は以下に示す単純な閉じた形をもつ (McFadden 1981).

$$Pr(i) = \frac{\exp\left(\frac{ln\psi_i - lnp_i}{\sigma}\right)}{\sum_{j=1}^{K+1}\exp\left(\frac{ln\psi_j - lnp_j}{\sigma}\right)} = \frac{\exp(\beta_{0,i} + \beta_p lnp_i)}{\sum_{j=1}^{K+1}\exp(\beta_{0,j} + \beta_p lnp_j)} \qquad (8.12)$$

ここで価格係数が極値誤差項の尺度パラメータの逆数になっていることに注意されたい．MNL モデルの多くの応用では，価格係数は他の説明変数の異なる値に対してそれらの係数を金銭価値に変換するために使用されている．Sonnier et al. (2007) はこれらの計算に用いられる事前分布を慎重に決めなければならないことを指摘している．価格係数とその他の係数の事前分布を別々に評価するよりは，価格係数に対する製品属性の比率の事前分布を評価した方が合理的かもしれない．

式 (8.12) では，いずれかの製品に関して基準化できる余分のパラメータがある．$K+1$ 番目の製品（外部財）に関して標準化をすれば，すべてのパラメータが識別されることになる．実際，式 (8.13) を導出する際に外部財の価格を 1 に設定している．

$$\begin{aligned}Pr(i) &= \frac{\exp(\beta_{0,i} + \beta_p lnp_i)}{\sum_{j=1}^{K+1}\exp(\beta_{0,j} + \beta_p lnp_j)} \times \frac{\exp(-\beta_{0,kK+1} - \beta_p lnp_{K+1})}{\exp(-\beta_{0,kK+1} - \beta_p lnp_{K+1})} \\ &= \frac{\exp(\tilde{\beta}_{0,i} + \tilde{\beta}_p lnp_i)}{1 + \sum_{j=1}^{K}\exp(\tilde{\beta}_{0,j} + \tilde{\beta}_p lnp_j)}\end{aligned} \qquad (8.13)$$

MNL モデルは，無関係な選択肢からの独立 (independence of irrelevant alternatives：IIA) の条件をもつ唯一のモデルである (McFadden 1981)．製品 i と j の選択確率の比は，選択確率の分母が相殺されるため，他の選択肢の特性とは関係なく，この 2 つの選択肢の変数とパラメータのみに依存する．

$$\frac{Pr(i)}{Pr(j)} = \frac{\exp(\tilde{\beta}_{0,i} + \tilde{\beta}_p lnp_i)}{\exp(\tilde{\beta}_{0,j} + \tilde{\beta}_p lnp_j)} \qquad (8.14)$$

IIA 条件はまた，製品 j 対する製品 i の需要の交差価格弾力性に厳しい制約を課すことが知られている（例えば，Train 2003 の 3.6 節を参照されたい）．

$$\frac{\partial Pr(i)}{\partial p_j}\frac{p_j}{Pr(i)} = \frac{\partial Pr(i)}{\partial lnp_j}\frac{1}{Pr(i)} = -\beta_p Pr(j) \qquad (8.15)$$

この IIA 条件の結果は "proportional draw" 特性と呼ばれている．というのは，もし製品 j の価格が下がれば，その選択確率に比例して需要が増えるからである．この特性はしばしば市場レベルで適用される．多くの類似している顧客に構成されている

市場を仮定すれば,大数の法則によって市場シェアは価格を条件とした選択確率に近似される.清涼飲料の例に戻って,コカコーラ,RC(ロイヤルクラウン)コーラおよび7–Upの市場を考えよう.コカコーラとRCコーラは両方とも似ている風味をもつコーラ飲料である.一方,7–Upはレモンライムの清涼飲料である.7–Upは強いナショナルブランドであるが,RCコーラは地方の需要に密着したやや弱いブランドである.したがって,RCコーラよりも7–Upの方が大きなシェアをもつことが期待できる.同じコーラ飲料の需要が密接に関係していると考える方が自然であるが,ロジットモデルはコカコーラと7–Upの交差価格弾力性がコカコーラとRCコーラのそれよりも大きいことを示唆するであろう.

IIA条件を緩和する目的で,非独立と非極値の誤差項をもつ線形効用関数から導出される選択モデルに研究の関心が集まるようになった.8.3節では,相関をもった正規分布に従う誤差項のモデルを検討する.ただし,多くのマーケティング応用におけるロジットモデルの根本的な短所は,線形効用の構造を使用する点にある.

8.2.2 多項データのための非相似拡大的効用

相互に排他的な選択肢の需要モデルを定式化する問題を考えよう.ただし,各選択肢は品質の点で異なっているとする.例えば,消費者が販売されているものの中から1つだけを購入するような自動車や休暇や電気カミソリなどの製品カテゴリーである.この選択行動も,選択肢の中でただ1つのものが非ゼロの需要をもっているという点で,厳密な端点解として特徴付けられる.前に示したとおり,これは無差別曲線が線形の場合のみ成り立っている.しかし,当該製品カテゴリーに割当てられる予算が増加すれば,より高品質な財に対する需要が増加すると考えられる.つまり,消費者は単に低品質の財の消費量を増やすよりは,より高品質の財を購入した方が得られる効用が高くなる.予算の増大に伴って需要が増加する財を,需要が減少する低品質の財に対して,相対的に優れている財と定義できる.低品質の財は"相対的な下級財"と呼ばれている.

Allenby and Rossi (1991) と Allenby et al. (2010) は,その無差別曲線は線形であるが,暗示的に限界効用が一定ではない効用関数を提案している.

$$ln\,U(x,z) = ln(u(x)) + \tau ln(z)$$

$$u(x) = \sum_{k=1}^{K} \psi_k(\bar{u}) x_k$$

$$\psi_k(\bar{u}) = \exp[\alpha_k - \kappa_k \bar{u}(x,z)] \tag{8.16}$$

この定式化では,限界効用は達成可能な効用 $\bar{u}$ に従って増大する.消費者が当該製品クラスへの支出分配を増やしたとき,達成可能な効用が増大し,相対的に優れた製品の限界効用が下級財のそれに比べて大きく増加する.$\kappa_k > 0$ であれば,効用関数は有効な線形無差別曲線をもっている.κ の値が小さいほどは上級財に近くなる.図8.2

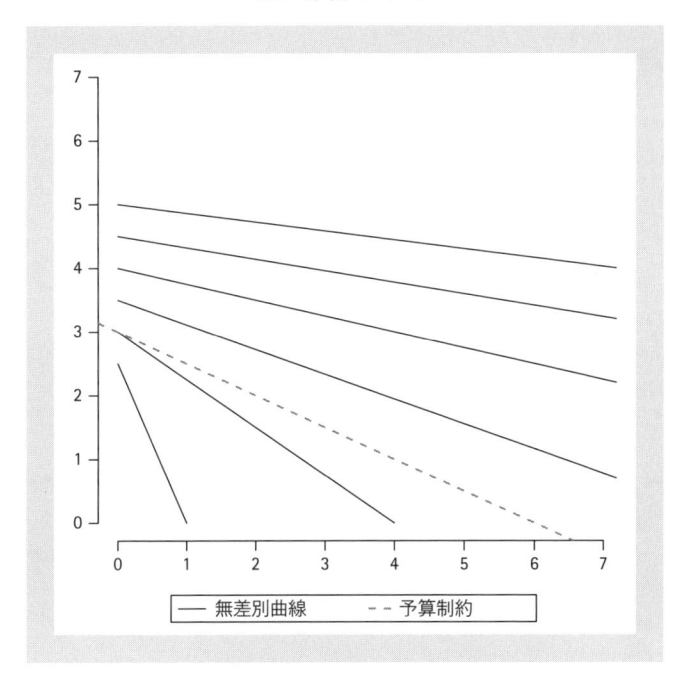

図 8.2 非相似拡大的線形効用

はこの効用関数に対応する複数の無差別曲線を示している．予算制約が緩和されると，限界効用の比が一定ではないのと，達成可能な効用が増加し相対的に上級の製品ほど評価が高くなるため，選択される製品が変わる場合がある．

式 (8.16) で表される非相似拡大的効用関数は相似拡大的効用関数の多くの限界を克服している．多くの状況では，消費者は低価格と低品質の製品から高価格と高品質の製品に買い替えようとする．相似拡大的効用の枠組みにおいては，E の増加によって選択結果が変わることはない．これは，消費者間や経時的に観察される同一消費者の両方において重要な考慮事項である．裕福な消費者は大きな E をもっているかもしれないが，より重要なのは需要グループ内の価格の引き下げは，グループ内のより高品質な製品への需要を刺激することがある．標準的な線形効用関数に基づいたロジットモデルはこの現象を捉えることができないが，上に議論した非相似拡大的な選択モデルはできる．

式 (8.16) で，製品クラスと外部財に関する標準的な二変量効用関数は内部解の存在を保証している．購入のための十分な予算があれば，1つ以上の内部財が購入される．限界効用の誤差項に関する仮定の下で，1つのブランドしか購入されないとする場合，ブランドの選択確率を導出することができる．したがって，ブランド i が選ばれた場

合，$E - p_i$ は外部財の購入に割当てられる．

ブランド i の選択に関する対数効用関数は次のとおりである．

$$ln\bar{u}^i = \alpha_i - \kappa_i \bar{u}^i + \tau ln(E - p_i) \qquad (8.17)$$

ただし，$\bar{u}^i$ は以下の方程式の根である．

$$lnx + \kappa_i x - \alpha_i - \tau ln(E - p_i) = 0 \qquad (8.18)$$

(8.18) の根をニュートン法を用いて求めることができる．なお，ニュートン法が (8.18) の固有の根に収束することを示すことができる．

通常の手法を利用して限界効用に誤差項を組み込めば，このモデルの尤度または選択確率を導出できる．

$$\psi_{i,t}(\bar{u}) = \psi_i(\bar{u}) \exp(\epsilon_{it})$$

すべての選択肢の $\bar{u}^i$ を求めることができれば，製品 i の選択確率は次のように表すことができる．

$$Pr(i) = Pr(\alpha_i - \kappa_i \bar{u}^i + \tau ln(E - p_i) + \epsilon_k$$
$$> \alpha_j - \kappa_j \bar{u}^j + \tau ln(E - p_j) + \epsilon_j \; \forall j \ni p_j \leq E)$$

誤差項が標準的な第 1 種極値分布に従う場合，非線形回帰関数をもった MNL モデルを得ることができ，そして非ゼロの選択確率をもつのが購入可能な集合に属する選択肢だけとなる．

$$Pr(i) = \frac{\exp(\alpha_i - \kappa_i \bar{u}^i + \tau ln(E - p_i))}{\sum_{j \ni p_j < E} \exp(\alpha_j - \kappa_j \bar{u}^j + \tau ln(E - p_j))} \qquad (8.19)$$

式 (8.19) の非相似拡大的な選択モデルは，単純な極値分布に従う独立な誤差項の仮定に基づいているが，複雑な所得効果を伴う需要の多様なパターンを生みだす．需要グループの中で価格変更が生じたとき，それによる所得効果は世帯間だけではなく，同一の世帯内でも発生することを強調したい．セール期間中に，達成可能な効用水準の上昇は，より高品質のブランドの限界効用を増加させ，消費者がより高品質の製品に買い替える原因となる．

8.2.3 複数の離散性，飽和と多様性への需要

様々な多項選択モデル（MNL または MNP (multinomial probit) モデルに代表されるように，その結果が多項ランダム変数であるモデル）はマーケティングや産業組織の文献で多用されているが，相互に排他的な選択行動に反する事例をしばしば見かける．例えば，消費者が販売されている製品の中から一定以上の種類を購入することは稀でも，ヨーグルトや映画や CD などを 1 種類以上購入することはよくある．そのため，このタイプの需要を複数の離散性 (multiple discreteness) と呼んでいる研究者

がいる．ここでは，内部解と端点解の組合せが可能な効用関数が必要になる．図 8.3 は，典型的な場合のように無差別曲線がどちらかの軸と平行ではなく，両軸と交差するような内部解と端点解の両方が可能な非線形効用関数を示している．複数の製品への需要をモデル化する際に，飽和あるいは減少する限界効用を考えるであろう．これらの条件を満たす単純な効用関数は Kim et al. (2002) が提案した変換ベキ乗型効用関数である．

$$u(x) = \sum_{k=1}^{K} \psi_k (x_k + \gamma_k)^{\alpha_k} \tag{8.20}$$

このモデルでは，パラメータ γ は，無差別曲線がどちらかの軸と交差することで端点解が得られるように，効用関数を変換する役割をもっている．パラメータ α は収穫逓減の限界効用をもたらす．(8.20) から限界効用を $u^i = \alpha_i \psi_i (x_i + \gamma_i)^{\alpha_i - 1}$ と求めることができる．

消費者の問題に対するキューン–タッカー (Khun–Tucker：KT) の条件 (Pudney 1989) より，このモデルの尤度を導出することができる（例えば Avriel 1976 を参照されたい）．ここでは，$u^i = \bar{u}^i \exp(\epsilon_i) = \alpha_i \psi_i (x_i + \gamma_i)^{\alpha_i - 1} \exp(\epsilon_i)$ のように限界効用に乗法の誤差項を導入し，そしてラグランジュ係数について微分する．x_j^* は，需

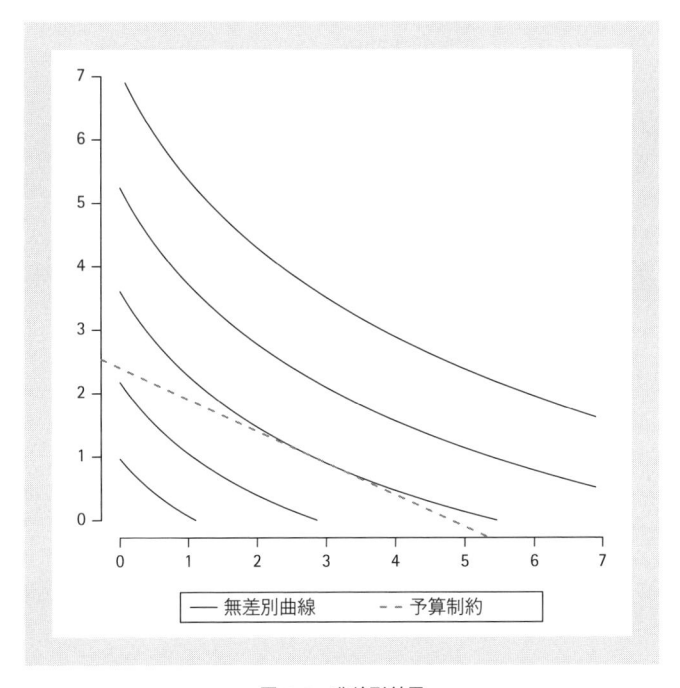

図 8.3 非線形効用

要量を表している（これは K–T 条件を満たす最適解である）．

$$\bar{u}^i \exp(\epsilon_i) - \lambda p_j = 0, \qquad x_j^* > 0$$
$$\bar{u}^i \exp(\epsilon_i) - \lambda p_j < 0, \qquad x_j^* = 0$$

価格で割って対数をとれば，次の結果が得られる．

$$V_j\left(x_j^*|p_j\right) + \epsilon_j = ln\lambda, \qquad x_j^* > 0 \qquad (8.21)$$
$$V_j\left(x_j^*|p_j\right) + \epsilon_j < ln\lambda, \qquad x_j^* = 0 \qquad (8.22)$$

ただし，$V_j\left(x_j^*|p_j\right) = ln\left(\bar{u}^j\right) - ln\left(p_j\right)$ である．

最適需要は，方程式 (8.21) と (8.22) の K–T 条件と"加法"制約 $p'x^* = E$ を満たしている．この"加法"制約は，x^* の分布に特異性をもたらす．この特異性の問題は，どれかの財を基準にして，この基準財について一階の条件の差分をとることによって解決できる．外部財が含まれる場合，この財が常に非ゼロの量で消費されていると仮定することができる．そうでなければ，いずれかの製品が必ず正の需要をもつことになる．一般性を損なわない限り，1 番目の財がこの仮定を満たしているとする．したがって，K–T 条件を次のように書くことができる．

$$v_j = h_j\left(x^*, p\right), \qquad x_j^* > 0$$
$$v_j < h_j\left(x^*, p\right), \qquad x_j^* = 0$$

ただし，$v_j = \epsilon_j - \epsilon_1$, $h_j\left(x^*, p\right) = V_1 - V_j$, $j = 2, \ldots, m$ である．

差分誤差（$\nu = \nu_2, \ldots, \nu_m$）の分布の仮定が与えられれば，任意の需要ベクトルの尤度を構築することができる．$\nu \sim N(0, \Omega)$ と仮定すれば，需要量の分布は，離散と連続の混合分布として求めることができる．端点（つまり，1 つ以上の商品の消費量がゼロ）が観察された場合，この端点解と一致した限界効用の誤差項の領域（R^{m-1} の部分集合）が存在するため，離散的な確率が定義される．非ゼロの需要量については，変数変換法により導出される連続密度関数が存在する．最初の n 個の財の需要がゼロではないとしよう．需要量の尤度は，最初の n 個の財に対応する連続的な部分と残りの $n+1, \ldots, m$ 個の財の需要がゼロである確率によって構成される．

$$Pr\left(x_i^* > 0, i = 2, \ldots, n; x_i^* = 0, i = n+1, \ldots, m\right)$$
$$= \int_{-\infty}^{h_m} \ldots \int_{-\infty}^{h_{n+1}} \phi\left(h_2, \ldots, h_n, \nu_{n+1}, \ldots, \nu_m | 0, \Omega\right) |J| d\nu_{n+1} \ldots d\nu_m \qquad (8.23)$$

ただし，$\phi(\cdot)$ は多変量正規密度関数であり，$h_j = h_j\left(x^*, p\right)$, J はその要素が以下に与えられるヤコビアンである．

$$J_{ij} = \frac{\partial h_{i+1}\left(x^*, p\right)}{\partial x_{j+1}^*}, \qquad i, j = 1, \ldots, n-1 \qquad (8.24)$$

Kim et al. (2002) は必要な積分を計算するための GHK 法 (Keane 1994; Hajivas-siliou et al. 1996) を使用した尤度の評価方法について説明している（極値誤差項の場合，Bhat 2005; 2008 を参照されたい）．この尤度に用いる R のソースコードは Rossi et al. (2005) のウェブサイトで提供されている．

8.2.4 集計シェアに関するモデル

多くのマーケティング研究の文脈では，個々の消費者のデータが使用できない．データは，むしろ店舗レベルまたは取引や市場レベルで消費者に関して集計されている．通常，集計データはいくつかの市場規模変数または市場シェアに要約されている．確かに，市場シェアデータのモデル化はマーケティングの実践に重要である．しかし，個々の消費者のデータが入手できない場合でも，集計シェアのデータに関するモデルは，個人レベルの意思決定を反映しなければならないと考える．例えば，消費者の選択モデルとして標準の多項ロジットモデルを利用することが可能である．多数の消費者が存在する市場において，市場シェアは個々のモデルを消費者の異質性の分布に関して積分することによって得られる期待購入確率と一致する．しかし，問題は，分析対象となる消費者が多数存在する場合，選択モデルのすべてのランダムな要素が平均化され，市場シェアが選択モデルで用いられる共変量の確定的な関数になってしまうことである．Berry et al. (1995) は，この問題を克服するために市場全体の観測されない要素を反映した誤差項を消費者レベルの効用に追加している．彼らのモデルでは，時間 t における消費者 i のブランド j に対する効用が次のように与えられる．

$$U_{ijt} = X_{jt}\theta_j^i + \eta_{jt} + \epsilon_{ijt} \tag{8.25}$$

ただし，X_{jt} はブランド属性のベクトル，θ_j^i は $k \times 1$ の係数ベクトル，η_{jt} はすべての消費者に共通する観察されない要素，ϵ_{ijt} は標準の特異なショック（i.i.d.の第1種極値分布）である．外部財の効用をゼロに正規化すれば，市場シェア（s_{jt} と書く）は，多項ロジットモデルを消費者のパラメータ $f(\theta^i|\delta)$，$\theta^i = [\theta_1^i, \ldots, \theta_J^i]$ の分布に関して積分することによって得られる．ただし，δ は異質性の分布を規定する超パラメータのベクトルである．

$$\begin{aligned} s_{jt} &= \int \frac{\exp\left(X_{jt}\theta_j^i + \eta_{jt}\right)}{1 + \sum_{k=1}^{J} \exp\left(X_{kt}\theta_k^i + \eta_{kt}\right)} f(\theta^i|\delta) d\theta^i \\ &= \int_{s_{ijt}} (\theta^i|X_t, \eta_t) f(\theta^i|\delta) d\theta^i \end{aligned}$$

なお，必ずしも消費者のパラメータが正規分布に従うと仮定する必要はないが，ほとんどの応用では正規分布の仮定が使われている．いくつかの例では，混合分布のパラメータの推定が困難であるため，分析者はさらに正規分布の共分散行列を対角行列とする制約をつけざるを得ない (Jiang et al. 2009)．$\theta^i \sim N(\bar{\theta}, \Sigma)$ と仮定すれば，集

計シェアは全体のショックと選好分布のパラメータの関数として表すことができる.

$$s_{jt} = \int \frac{\exp\left(X_{jt}\theta^i + \eta_{jt}\right)}{1 + \sum_{k=1}^{J} \exp\left(X_{kt}\theta_k^i + \eta_{kt}\right)} \phi\left(\theta^i | \theta, \Sigma\right) d\theta^i = h\left(\eta_t | X_t, \bar{\theta}, \Sigma\right) \quad (8.26)$$

ただし,η_t は $J \times 1$ の共通ショックのベクトルである.

全体ショック η_t に関する分布に何らかの仮定を加えれば,尤度関数を導出することができる.効用関数,特異な選択誤差の分布と異質性の分布に関する具体的な仮定がすでに置かれているので,これが特に制約的であるとは考えていない.しかし,集計シェアモデルのための GMM 法に関する最近の文献を見ると,全体ショックの分布に関する仮定の乏しさが強調されていることがわかる.ここでは全体ショックが製品と期間に関して i.i.d. の正規分布に従うと仮定する,$\eta_{jt} \sim N\left(0, \tau^2\right)$.正規分布の仮定は尤度の導出に重要ではないが,ベイズ手法の観点からすれば具体的なパラメトリックの仮定を設定する必要がある.GMM 推定量は理論的に分布が未知の誤差項に関する自己相関と分散不均一性に対して頑健なはずである.Jiang et al. (2009) は正規尤度に基づいたベイズ推定量を提案し,そしてこの推定量が定式化の誤りがあったとしても優れたサンプリング特性を有し,想定したすべてのケースにおいて GMM のアプローチよりも優れたサンプリング特性をもっていると述べている(その他のベイズアプローチについては Chen and Yang 2007 や Musalem et al. 2009 を参照されたい).

"時間"t(集計シェアモデルのいくつかの応用では,1 つの市場に関してシェアが時系列的に観測される場合があれば,ある時点の複数の市場に関して横断的に観測される場合もある.後者の場合,"t" の添え字は市場を表している)におけるシェアの同時密度関数は標準的な変数変換を使用して得ることができる.

$$\begin{aligned}\pi\left(s_{1t}, \ldots, s_{Jt} | X, \bar{\theta}, \Sigma, \tau^2\right) &= \phi\left(h^{-1}\left(s_{1t}, \ldots, s_{Jt} | X, \bar{\theta}, \Sigma\right) | 0, \tau^2 I_J\right) J_{(\eta \to s)} \\ &= \phi\left(h^{-1}\left(s_{1t}, \ldots, s_{Jt} | X, \bar{\theta}, \Sigma\right) | 0, \tau^2 I_J\right) \left(J_{(s \to \eta)}\right)^{-1}\end{aligned} \quad (8.27)$$

ただし,$\phi(\cdot)$ は多変量正規密度関数を表している.そのヤコビアンは次のように与えられる.

$$J_{(s \to \eta)} = \left\|\frac{\partial s_j}{\partial \eta_k}\right\| \quad (8.28)$$

$$\frac{\partial s_j}{\partial \eta_k} = \begin{cases} \int -s_{ij}\left(\theta^i\right) s_{ik}\left(\theta^i\right) \phi\left(\theta^i | \bar{\theta}, \Sigma\right), & k \neq j \\ \int s_{ij}\left(\theta^i\right) \left(1 - s_{ik}\left(\theta^i\right)\right) \phi\left(\theta^i | \bar{\theta}, \Sigma\right), & k = j \end{cases} \quad (8.29)$$

ただし,シェアの観測値が与えられたとき,ヤコビアンは Σ のみの関数であることに留意されたい(詳しくは Jiang et al. 2009 を参照されたい).

式 (8.27) に基づいて尤度関数を評価するためには,h^{-1} 関数を計算しそのヤコビアンを評価しなければならない.シェアの逆関数は,BLP の反復法を用いて評価する

ことができる (Berry, Levinsohn and Pakes 1995). ヤコビアンとシェアの逆関数を評価するには，式 (8.26) で示した"期待シェア"を計算するための積分への近似法が必要である．通常，これは直接シミュレーションによって行われる．つまり，消費者レベルのパラメータの正規分布から抽出された繰り返し標本の平均で近似するということである．すでに指摘されているとおり，GMM 法は積分の評価に伴うシミュレーション誤差とシェアの逆関数の計算に伴う誤差に対して敏感である．積分の推定値およびシェアの逆関数の数が尤度または GMM の評価基準の数と同じ程度であるため，厳密な数値解析の観点から，推論の手続きはシェアの逆関数の計算または積分の推定に用いられるシミュレーション標本数に大きく左右されないことが望ましい．著者の経験では，最適化の方法に比べて，確率的探索を使用したベイズ手法は数値誤差への感度が非常に小さいことがわかる．例えば，Jiang et al. (2009) は，50 と 200 のシミュレーション標本を用いてシェアの積分の近似を行い，ベイズ推定値のサンプリング特性が両ケースではほぼ一致していることを示しているが，GMM 推定値では同じようなことにならないであろう．

8.2.5 MCMC 法の提案

本節では，消費者レベルにおける離散的な意思決定プロセスのあらゆる側面を捕捉するための様々なモデルを紹介した．最も単純な線形効用モデルでさえ共役な解析ができないような尤度関数を生み出すことがある（本書の第 6 章 Li と Tobias の標準的な線形モデルと比較されたい）．非相似拡大的モデル (8.19)，多様性への需要モデル (8.23)，および集計シェアモデル (8.27) は，様々な積分や効用関数を暗示的に定義する (8.18) 方程式の根の数値的な近似を用いて評価しなければならない尤度をもたらしている．RW (random walk) メトロポリス法は，低次元の非共役問題に適用するのに理想的である（本書の第 5 章）．満足のいく結果を得るためには，メトロポリス法に対していくつかのチューニングを施す必要があるであろう．具体的には，ランダムウォークの共分散行列を慎重に選択することである．一般的な戦略として，標本の候補を次のとおり提案することを思い出してほしい．

$$\theta^c = \theta + \epsilon, \qquad \epsilon \sim N\left(0, s^2 C\right) \tag{8.30}$$

線形効用多項ロジットモデルについては，C を任意の合理的なヘッセ行列の推定値として選択することができ，また，Roberts and Rosenthal (2001) が提案しているように $s = 2.93/dim(\theta)$ とすれば計算がうまくいくと考えられる．非相似拡大的効用関数では，最適化から計算されるヘッセ行列の推定値と短い"チューニング"ランの共分散行列のいずれかを用いて調節することができる．標準 MNL モデルが対数凹型であること，非相似拡大的モデルがほぼ対数凹型であることは，最適化の十分なパフォーマンスを保証している．しかし，多様性への需要モデルと集計シェアモデルははるかに不規則な尤度をもっており，対角のまたは単位 RW 増分共分散行列を用いて

初期の短いランを調節する必要がある．

集計ロジットモデル (8.26) に関する個々のパラメータに対応する正規分布の分散共分散行列の要素がランダムウォークのメトロポリスステップで使用されるパラメータベクトルに含まれている場合は，行列の正値定符号を仮定しなければならない．ここでは，正値定符号を満たすように再パラメータ化を行い，制約されないパラメータ空間において標準 RW のメトロポリス法を用いる．Σ をそのコレスキー根で表すことによって正値定符号の仮定を置くことができる．

$$\Sigma = U'U$$
$$U = \begin{bmatrix} e^{r_{11}} & r_{12} & \cdots & r_{1K} \\ 0 & e^{r_{22}} & \ddots & \vdots \\ \vdots & \ddots & \ddots & r_{K-1,K} \\ 0 & \cdots & 0 & e^{r_{KK}} \end{bmatrix} \quad (8.31)$$

ただし，K はミクロレベルにおける選択モデルの係数の数である．事前分布は，Σ の事前分布を生成するベクトル r に関して評価される．コレスキー根と Σ の要素の間の関係は，順序依存的である．Jiang et al. (2009) は，各要素がほぼ同程度に拡散的な Σ の分散要素に関する事前分布を生成する評価手続きについて議論している．強調すべき点は，拡散事前分布が望ましい場合，コレスキー行列の対角要素と非対角要素に異なった事前分布が使用される限り，r の正規事前分布を評価するのは簡単なことである．

$$r_{jj} \sim N(0, \sigma^2_{r_{jj}}), \qquad j = 1, \ldots, K \quad (8.32)$$
$$r_{jk} \sim N(0, \sigma^2_{off}), \qquad k = 1, \ldots, K;\ j > k \quad (8.33)$$

Jiang et al. (2009) は Σ のすべての要素にほぼ同じくらいのばらつきをもたせるために (8.32) と (8.33) の事前確率のパラメータを選択する方法を提示している．

8.3 離散データのための統計モデル

本節では，主に観測結果の特徴を考慮して離散データのための様々なモデルについて議論する．ここでは，特に相関のある正規誤差の構造とカウントデータの一般化モデルに基づいて，多変量と多項プロビットモデルを考察する（本書第 6 章の Li と Tobias による議論を参照されたい）．

8.3.1 多項プロビットモデル

多項ロジットモデル (8.13) は線形効用と選択肢の間に独立な極値誤差項から導出することができる．このモデルの自然な一般化は誤差項に相関関係をもたせることであ

ろう．これらの相関誤差項は，価格などの説明変数が変化した際に，選択肢の間でより柔軟な代替関係を可能にする．proportional draw あるいはロジットモデルの IIA 特性は，弾力性が 1 つのパラメータによって完全に規定されていることを意味する．誤差項の間に相関があるということは，正の相関をもつ 2 つの製品がより高い交差弾力性または代替性をもつことになる（例えば，Hausman and Wise 1978 を参照されたい）．相関関係はある種の観測されない特性から生じる可能性がある．この特性を同じ程度にもっている選択肢は相関が高い．効用関数の誤差項の間に相関をもたせるにあたって，その基礎となる正規潜在回帰モデルについて以下に議論する．消費者が p 個の選択肢の中から選択行動を行う状況を考えよう．

$$y_i = f(z_i)$$
$$f(z_i) = \sum_{j=1}^{p} jI\left(max\left(z_i\right) = z_{ij}\right)$$
$$z_i = X_i\delta + v_i, \qquad v_i \sim N(0,\Omega) \tag{8.34}$$

X_i は 2 種類の説明変数を含んでいる：(i) 価格やその他のマーケティング変数といった選択肢ごとに関する情報と，(ii) その選択行動を行った回答者または消費者を特徴付ける共変量やデモグラフィック情報である．多くの応用では，何らかの品質尺度として解釈できる選択肢ごとに固有の定数項も含まれている．

$$X_i = \left[\ (1,d_i)\bigotimes I_p A_i\ \right]$$

ただし，d_i は共変量ベクトル（例えば，デモグラフィック変数），A_i は製品属性といった選択肢固有の変数を含む観測値である．

(8.34) におけるモデルは，尺度と位置の不変性という 2 つの識別性の問題を抱えている．位置不変性は，z にあるスカラー確率変数 u を足し合わせても，選択確率が変わらないことを意味する．つまり，$f(z_i + u\iota) = f(z_i)$ である．フルランクの共分散行列に対して，$\mathrm{Var}(z_i + u\iota|X_i,\delta) = \Omega + \sigma_u^2 I$，$\mathrm{Var}(z_i|X_i,\delta) = \Omega$（両方とも制約なしの共分散行列）であるから両モデルは観測的に同等である．すべての潜在的な比較は相対的なものであるため，何らかの正規化が存在するはずなので識別性問題は修正できる．フルランクの共分散構造に対する最も便利な方法は，1 つの選択肢を他のすべての選択肢から差し引いて潜在システムの差分を作ることである．また対角行列の Ω のように制約付き共分散構造に対しては，どれか 1 つの選択肢の切片を 0 に設定し，Ω の対角要素の 1 つを固定すれば識別性の問題は簡単に解決できる．

上述の差分構造を次式のように表すことができる．

$$w_i = X_i^d \beta + \epsilon_i, \qquad \epsilon_i \sim N(0,\Sigma) \tag{8.35}$$

ただし，

$$w_{ij} = z_{ij} - z_{ip}, X_i^d = \begin{bmatrix} x'_{ij} - x'_{ip} \\ \vdots \\ x'_{i,p-1} - x'_{ip} \end{bmatrix}, \quad \epsilon_{ij} = v_{ij} - v_{ip} \qquad (8.36)$$

である.この段階で差分構造の次元は $p-1$ である.そして,$max(w_i) = w_{ik}$ であれば $y_i = k, k = 1, \ldots, p-1$,$w_i < 0$ であれば $y_i = p$ である.`createX` という `bayesm` の関数は,選択肢固有の説明変数と選択肢の間で共通の説明変数を用いて自動的に X 行列の設定をしたり,切片を挿入したり,基準選択肢を設定したり,差分をしたりするときに用いられる.

しかし,(8.35) の差分構造は尺度に関して不変であるため,まだ識別できる形にはなっていない.差分潜在変数のベクトル w_i を任意の正のスカラーで倍して測定単位を変更しても,選択結果は変わらない.古典的な文献では,典型的に Σ の1つの要素を1に固定することによって,この問題の解決がなされている.したがって,式 (8.35) の中に識別されるパラメータは $\tilde{\beta} = \beta/\sigma_{ii}$ と $\tilde{\Sigma} = \Sigma/\sigma_{11}$ となる.

しかし,ベイズアプローチにおいて,事後分布の分析を行う前に識別性の制約を設ける必要はない.1つのアプローチとしては,識別されないパラメータ空間に対して事前情報を与えることである.この場合,特定のパラメータの関数は事前分布と尤度関数の両方に影響される事後分布をもち,その他の関数は事前分布にのみ影響されることになる.このアプローチには2つの利点がある:(i) 正規分布や逆ウィシャート分布が未知のパラメータの事前分布に用いられること,(ii) Rossi et al. (2005) の 4.2 節で議論されているように,識別されない空間を探索するマルコフ連鎖モンテカルロ (MCMC) 法が優れた混合特性を有していることである.標準的な事前分布は以下のように与えられる.

$$\beta \sim N\left(\underline{\beta}, \underline{A}^{-1}\right), \quad \Sigma \sim IW\left(\underline{V}, \underline{\nu}\right) \qquad (8.37)$$

事前分布 (8.37) は識別されないパラメータ空間上で定義されている.これらを事前信念の適切な表現,あるいは識別されるパラメータ $(\tilde{\beta}, \tilde{\Sigma})$ の事前分布を生成するための装置としてみなすことができる.識別されないパラメータの事前分布に対する MCMC アルゴリズムの利用者は,このように生成された事前分布が合理的かどうかを確認しなければならない.多くの応用では,比較的に拡散的であるが,正則の事前分布が望ましいとされている.(8.37) からシミュレーションし,それから識別されるパラメータに変換することにより,生成された事前分布を調べるのが簡単である.分析者の信念をうまく表現しているかどうかを確認するためには,識別される事前分布の周辺分布を調べれば良い.`bayesm` の `rmnpGibbs` 手続きのデフォルトを用いて,図 8.4 に MNP モデルにおける識別可能なパラメータの事前分布を示す.上段,中段,下段のパネルはそれぞれ,識別される回帰係数の生成された事前分布,識別される共分散行列の代表的な共分散要素 $\tilde{\Sigma}$ と代表的な相関係数の事前分布を示している.これらの事前分布が拡散的または漠然とした信念を十分に表現していることが簡単に確認で

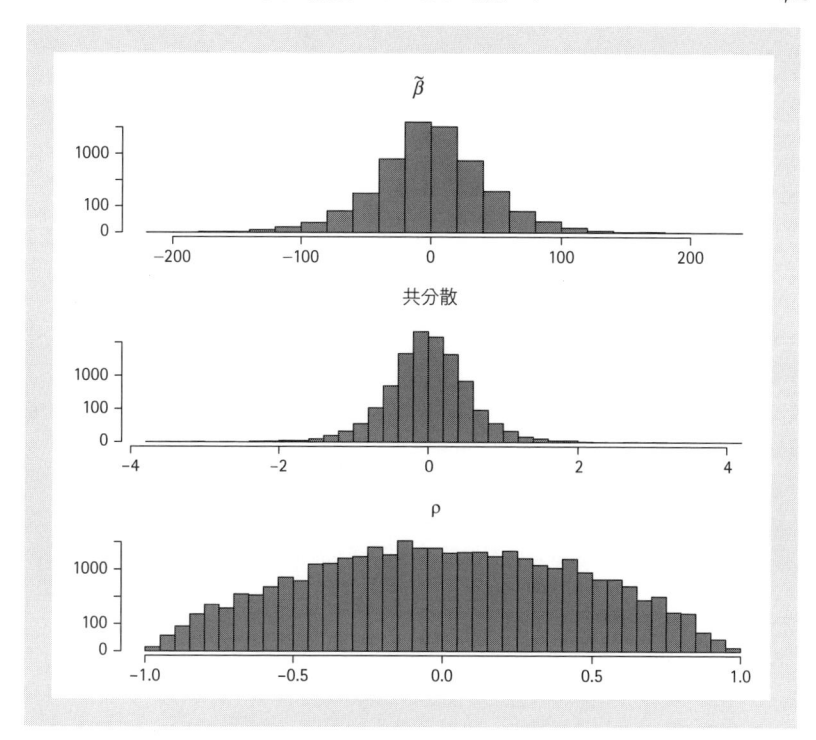

8.3 離散データのための統計モデル

図 8.4 MNP モデルのデフォルト事前分布

きる．特に，識別される回帰係数 $\tilde{\beta}$ の事前分布は対称であり，非常に広い範囲に事前確率質量を与えている．識別されない空間における事前分布を用いて識別されるパラメータの事前分布を生成するアプローチは，拡散的事前分布が望ましいとされる場合に非常に便利である．ただし，非常に報知的な事前分布が望まれている状況では，このアプローチが面倒になることもある．しかし，報知事前分布が必要とされる状況では，共役ではない事前分布が必要となる場合もあるので，提案されているギブスサンプラーのすべてが使えなくなる．例えば，いくつかの選択誤差（全部ではない）の間に相関があるという強力な事前情報をもっていれば，標準的な共役逆ウィシャート分布を用いてこれらの情報を記号化することは不可能である．

これらの条件付共役事前分布より，McCulloch and Rossi (1994) にならって標準的なギブスサンプラーを次のとおり構築することができる．

$$\begin{aligned} w_i|\beta, \Sigma, y_i, X_i^d, \quad i=1,\ldots,n \\ \beta|\Sigma, w \\ \Sigma|\beta, w \end{aligned} \tag{8.38}$$

ここで，$\{w_i\}, i=1,\ldots,n$ はデータやその他のパラメータが与えられたとき，独立である．w_i の条件付事後分布は錐面で切断された $p-1$ 次の正規分布である．Geweke (1991) と McCulloch and Rossi (1994) の提案は，w_i の標本を $p-1$ 個の一変量切断正規分布からの標本列に分解するギブスサンプラーを構築することである．

$$w_{ij}|w_{i,-j} \sim N\left(\mu_{ij}, \tau_{jj}^2\right)$$
$$\times [I(j=y_i)\,I(w_{ij}>max\,(w_{i,-j},0)) + I(j\neq y_i)\,I(w_{ij}<max\,(w_{i,-j},0))]$$
(8.39)

この切断正規分布のモーメントは Rossi et al. (2005) で与えられ，そのギブスサンプラーは `bayesm` の関数，`rmnpGibbs` で実装できる．

識別されるパラメータに対して事前分布を直接設定することは可能である (McCulloch et al. 2000). しかし，この事前分布に基づいたギブスサンプラーはより強い相関をもつであろう．Imai and van Dyk (2005) は，識別されないパラメータ空間に対して，McCulloch and Rossi (1994) の原論文と似たような自己相関特性をもっているが，極端な初期条件に対する感度が比較的に低い修正済みの事前分布を提案している．

8.3.2 多変量プロビットモデル

二値プロビットモデルでは，単一の二値事象が共変量の観測値の関数として定式化される．このモデルの合理的な拡張は p 次元の二値事象を生成する多変量プロビットモデルである．多変量プロビットモデルの代表的な例の1つは Manchanda et al. (1999) による複数のカテゴリーにおける購買行動モデルである．この研究では，例えばパスタとパスタソースのように，家計が関連する複数の製品カテゴリーにおいて購買を行うものとする．また，関連したカテゴリーの"魅力度"または効用の間に相関の可能性を想定している．他の一般的な状況としては，市場調査のサーベイにおいて回答者が p 個のアイテムの中から $0 \sim p$ 個までのアイテムを選択できるという場面である．典型的には，質問票に製品のリストが用意され，回答者は普段購入している製品について質問される．この場合でも，選択結果は製品間の類似度の基本的なパターンを表しているとみなされる．

多変量プロビットモデルは p 個の正規回帰モデルによって構成される．打ち切りの仕組みは潜在反応ベクトルの符号しか観測されないという点にある．

$$w_i = X_i\beta + \epsilon_i, \quad \epsilon_i \sim N(0,\Sigma)$$
$$y_{ij} = \begin{cases} 1, & w_{ij} > 0 \\ 0, & \text{それ以外の場合} \end{cases}$$
(8.40)

Edwards and Allenby (2003) は，この潜在変数の定式化を二値の結果データに標準の多変量解析を適用する問題として見ている．"1" の結果を観測従属変数（共変量を条

8.3 離散データのための統計モデル

件に）に分類することはアイテム間の相関を発生させる．多変量プロビットモデルにおける識別性の問題は，結果変数を変えることなく，潜在変数に任意のスケーリングを行うことができることから生じる．これは多くの応用において潜在変数の相関構造だけが識別されることを意味する．Chib and Greenberg (1998) はパラメータの識別される空間に適用する MCMC アルゴリズムを示している．しかし，このアルゴリズムはチューニングを必要とするだけではなく，高次の共分散行列を扱う問題で機能するかどうかがいまだに実証されていない．それに対して，Edwards and Allenby (2003) のアルゴリズムはチューニングがなくても 20 次以上の問題でうまく動いている．

多変量プロビットモデルにおける識別性の問題は X 配列の構造に依存する．一般的に，X は p 個の選択肢の切片と p 個の選択結果ごとに異なる係数をもつ共変量によって構成される．

$$X_i = (z_i' \otimes I_p)$$

ただし，z_i は $d \times 1$ の共変量の観測値ベクトルである．したがって，X は $p \times k$ の行列，$k = p \times d$ である．ここで，β は z に含まれる各変数の p 個の潜在結果に対する影響を表す係数の積み重ねたベクトルである．

$$\beta = \begin{bmatrix} \beta_1 \\ \vdots \\ \beta_d \end{bmatrix}$$

β_d は p 個の選択肢の平均潜在効用に対する z_{id} の影響を表している．z が所得であれば，それぞれの p 個の選択結果が起こる確率に対して異なる所得効果が存在する可能性がある．所得が高い人ほど，高品質の製品を購入する確率が高くなるであろう．この X の構造については，識別性の問題が最も深刻である．潜在 w ベクトルのすべての要素を異なる正の定数で倍しても，二値の結果は影響されない．したがって，このモデルで識別されるパラメータは，誤差項の共分散行列と適切にスケーリングされた回帰係数である．つまり，次のように識別されないパラメータから識別されるパラメータへの変換を定義することができる．

$$\tilde{B} = \Lambda B$$
$$R = \Lambda \Sigma \Lambda \tag{8.41}$$

ただし，

$$B = [\beta_1, \ldots, \beta_p]$$
$$\Lambda = \begin{bmatrix} 1/\sqrt{\sigma_{11}} & & \\ & \ddots & \\ & & 1/\sqrt{\sigma_{pp}} \end{bmatrix}$$

である.

すべての p 個の選択肢について,ある共変量の係数が共通であるという制約をつければ,識別されないパラメータの数は減少する.なぜなら,すべての方程式を異なる正の定数を用いてスケーリングすることができなくなるからである.例えば,z が製品の属性を含んでいる場合,この属性の変動による影響が選択肢の間で共通,または共変量 j について $\beta_{j1} = \ldots = \beta_{jp}$ であるという制約をつけることができる.この場合,異なる倍率を用いて潜在ベクトルの個々の要素をスケーリングすることはできず,識別性の問題は多項プロビットモデルのものと類似している.

Edwards and Allenby (2003) は,多変量プロビットモデルに,識別されないパラメータ空間に正則の事前分布を仮定したアプローチを利用し,ギブスサンプラーを適用して識別されるパラメータの事後分布 (8.41) のみを報告する.潜在効用 (8.39) の乱数を発生させる際の打切り点が二値プロビットモデルと同様に 0 に設定するところを除いて,利用されるギブスサンプラーは MNP モデル (8.38) と同じ方法である.このサンプラーは `rmvpGibbs` という *bayesm* の関数を用いて実行される.ただし,Σ の IW (inverted Wishart) 事前分布に関していくつかの注意点がある.すなわち,非常に拡散的な Σ の事前分布は相関係数の事前分布にとって報知的になる.特に非常に拡散的な事前分布は相関係数の "U" 型の事前分布をもたらす.

8.3.3 カウント回帰モデル

いくつかのマーケティング応用では,結果変数を潜在的に多数の値をとり得るカウント変数としてみなした方が最も好ましい.例えば,ある期間において特定の治療薬の処方箋を書く医師の数を観測する際に,0 の値を観測するかもしれないし,それよりも大きな値を観測するかもしれない.セールスマンの訪問のようなマーケティング活動によってはおそらく処方箋の枚数の期待値が大きくなることもあるであろう.データが 0 で打ち切られているのと,整数であることを考えれば通常の回帰モデルを適用するのは適切ではない.カウントデータにはポアソンモデルがよく適用されているが,条件付の平均と分散が等しくなければいけないという制約的な仮定が短所である.多くの場合,データは "過剰分散 (overdispersion)",つまり条件付分散が条件付平均を上回る,と観測されている.負の二項回帰モデルは,ある程度の過剰分散を認めるという点でポアソンモデルを一般化したものである(Morrison and Schmittlein 1988 も参照されたい).

$$Pr(y_i = k|\lambda_i, \alpha) = \frac{\Gamma(\alpha+k)}{\Gamma(\alpha)\Gamma(k+1)} \left(\frac{\alpha}{\alpha+\lambda_i}\right)^\alpha \left(\frac{\lambda_i}{\alpha+\lambda_i}\right)^k \quad (8.42)$$

この負の二項分布のパラメータ化では,λ は平均,α は過剰分散のパラメータである($\alpha \to \infty$ のとき,負の二項分布はポアソン分布を近似する).標準の対数リンク関数を用いて次のように共変量を組み込むことができる.

$$ln(\lambda_i) = x'_i\beta \tag{8.43}$$

便宜上，β と α の事前分布を次のように設定することができる．

$$p(\beta,\alpha) = p(\beta)p(\alpha)$$
$$\beta \sim N(\overline{\beta}, \underline{A}^{-1}) \tag{8.44}$$
$$\alpha \sim G(\underline{a},\underline{b}).$$

(8.42), (8.43), と (8.44) のモデルのための MCMC アルゴリズムはまず最初に $\beta|\alpha$ の事後分布から標本を取り出し，その後 $\alpha|\beta$ の一変量事後分布から標本を取り出すという2つのランダムウォーク–メトロポリス法の"ギブス風"の組合せとして定義できる．このサンプラーは rnegbinRw という bayesm の関数で実行できる．事後モードで評価されるヘッセ行列の推定値または MLE に基づいてランダムウォークのインクリメント密度関数を選択することができる．この bayesm の関数は Roberts and Rosenthal (2001) が提案したスケーリング方法を使用している．

8.4 階層モデル

マーケティングの基本的な前提は，製品属性に対する選好とマーケティング変数への感度が消費者の間で異なっているということである．心理的–人口統計的変数のような観測できる特性は好みや感度の変動の限られた部分しか説明できない．消費者の異質性を測定するためには非集計データが必要である．通常，非集計データはそれぞれの行動履歴が比較的に短いが，比較的に多数のクロスセクションユニットについて収集されている．消費財の業界では，店舗（特に小売業者）レベルのパネルデータが一般的である．特定の消費者パネルや社内記録から作成された詳細な購買履歴を源泉とした消費者レベルの購買データが増々利用可能となっている．集計レベルが細かくなるにつれて売上データの離散的な特性が大きくなってくる．パネルデータが短期間のデータであること，それに離散データに含まれる情報量が比較的に疎であること，この2つは任意のクロスセクションユニットについて多くの標本情報を引き出せる可能性がほとんどないことを意味する．ユニットレベルのパラメータについての推論が重要な場合，事前分布が大事な役割をもち，報知事前分布を評価することが重要になるであろう．多くの企業は，より詳細な非集計情報を活用するために，分散型のマーケティング意思決定の実施を一層強化しようとしている．店舗別または地域別の価格設定，ターゲット化された電子クーポン，医薬品業界における営業活動はその例である．これはある変数への平均的な反応を重要視するミクロ経済学の応用とは明らかに対照的である．しかしながら，ある消費者グループの間に共通の政策を評価するときでさえ，社会厚生への影響を評価するための選好の分布が必要となるであろう．

ベイズ法の観点からすれば，パネルデータのモデル化は高次元のパラメータ空間上

の事前分布の選択にかかわる問題である．階層的なアプローチはユニットレベルのパラメータの同時分布を定式化する1つの便利な方法である．この事前分布は報知的かつ合理的な推論を導出するために使用されねばならない．ただし，この事前分布の形の柔軟性を求めるのは妥当である．本節では，一般的なユニットレベルのモデルのための階層モデルを紹介する．事前分布に柔軟性が求められていることを考慮して，正規混合分布を含めた事前分布の集合への拡張を解説する．

8.4.1 一般的な階層アプローチ

H人のクロスセクションユニットの例を考えよう．ここで，$p(y_h|\theta_h), h = 1, \ldots, H$を個人ごとの尤度関数，$\theta_h$を$k \times 1$のベクトルとする．$y_h$は一般的に$h$番目のユニットのデータ，$\theta_h$はユニットレベルのパラメータベクトルを表している．各ユニットのモデルについて制約はないが，一般的な例としてユニットレベルの多項ロジットまたは標準的な回帰モデルが挙げられる．パラメータ空間は，非常に大きくなる場合があり，ユニットレベルのパラメータの集合，$\{\theta_h, h = 1, \ldots, H\}$，で構成されている．ここでの目的は，これらのパラメータの組合せに関する事後分析を行うことである．一般的に，θ_hを条件にユニット間は独立であると仮定される．より一般的な場合では，ユニット間が交換可能 (Bernardo and Smith 1994) であれば，ユニットの順序に関係なく，同一の事前分布が必要になる．この場合，パネルデータの事後分布を次のように書くことができる．

$$p(\theta_1, \ldots, \theta_H | y_1, \ldots, y_H) \propto \prod_{h=1}^{H} p(y_h|\theta_h) p(\theta_1, \ldots, \theta_H | \tau) \qquad (8.45)$$

ただし，τは事前パラメータのベクトルである．潜在的に非常に高次元の同時分布を特定する必要があるため，このモデルによる事前分布の評価は厄介である．これを単純化するための方法の1つは，先験的にユニットレベルのパラメータが独立同一分布に従うと仮定することであろう．この場合，Hユニットごとに事後因子の導出と事後分布についての推論を独立に行うことができる．

$$p(\theta_1, \ldots, \theta_H | y_1, \ldots, y_H) \propto \prod_{h=1}^{H} p(y_h|\theta_h) p(\theta_h | \tau) \qquad (8.46)$$

τを所与としたとき，(8.46)の事後分布は古典的な固定効果の推定手法のベイズ版である．しかし，報知事前分布を使用することができるという点で，ベイズアプローチにはもう1つの利点がある．報知事前分布は，ベイズ推定量に重要な縮約特性をもたせている．ユニットレベルの尤度が識別されない状況では，正則の事前分布は問題を正則化し，納得のいく推論結果を導出する．そのときの問題は，事前パラメータτを評価するための手引きがなくてはならないという実際上の問題である．

多くのクロスセクションユニットについてデータが不十分であるため，条件付独立

8.4 階層モデル

な事前分布を定式化することが非常に重要な場合がある．また，事前分布の分布型と超パラメータの値の設定は非常に重要であり，ユニットレベルの推論に対して顕著な影響を与えることがある．例えば，正規事前分布 $\theta_h \sim N(\bar{\theta}, V_\theta)$ を考えよう．超パラメータの値にかかわらず，正規事前分布を使用するだけでも非常に報知的である．事前分布の薄い裾は，尤度が事前分布から遠く離れた位置に中央値をもっている場合，尤度の影響を減少させる．このような理由から，事前分布の選択は命取りになる場合もある．多くの応用では，外れ値の縮約性は正規事前分布の望ましい特徴である．この事前分布は非常に安定した推定値をもたらすが，それと同時に消費者の違いを隠したり，ぼんやりさせたりすることがある．したがって，より柔軟な事前分布を考慮することが必要である．

従来の正規事前分布が合理的であると認める場合，事前分布の超パラメータを評価するための方法が必要となる (Allenby and Rossi 1999)．報知事前分布の使用によってもたらされる縮約を特定のクロスセクションユニットとユニット間の違いに関するデータの特性に適合させることが望ましいかもしれない．事前分布の位置とバラツキはデータと分析者の事前の信念の双方から影響を受ける．例えば，使用可能な情報がほとんどないクロスセクションユニットを考えてみよう．このユニットについては，事後分布が"平均的"または代表的なユニットに向かって縮約する必要がある．縮約の程度は，このユニットに利用可能な情報量だけでなく，ユニット間の変動の大きさにも影響される．階層モデルは，共通のパラメータ τ に事前分布を置くということで，上述の性質を備えている．階層的アプローチは，一連の条件付分布によって定式化されるモデルである．次式のように，まず尤度関数が定義され，次に2段階の事前分布が与えられる．

$$\begin{aligned} & p(y_h|\theta_h) \\ & p(\theta_h|\tau) \\ & p(\tau|\underline{h}) \end{aligned} \qquad (8.47)$$

$\theta_h|\tau$ の事前分布は第1段階の事前分布と呼ばれる場合がある．非ベイズの応用分野では，これを変量効果やランダム係数モデルと呼ばれ，尤度の一部とみなされている．τ の事前分布の定義を与えれば，このモデルのすべてのパラメータに関する同時事前分布の定式化が完成する．

$$p(\theta_1,\ldots,\theta_H,\tau|\underline{h}) = p(\theta_1,\ldots,\theta_H|\tau)\,p(\tau|h) = \prod_{h=1}^{H} p(\theta_h|\tau)\,p(\tau|\underline{h}) \qquad (8.48)$$

階層モデルに対する1つの考え方は，これがユニットレベルパラメータの同時事前分布を導出するための装置である．つまり，τ に関して積分すれば事前分布の中身を調べることができる：

$$p(\theta_1,\ldots,\theta_H|\underline{h}) = \int \prod_{h=1}^{H} p(\theta_h|\tau)\,p(\tau|\underline{h})\,d\tau \qquad (8.49)$$

$\{\theta_h\}$ は τ の条件付独立であるが，その同時事前分布は，特に τ の事前分布が拡散的であれば，高い相関をもつことがあるということに留意すべきである[*2]．これを説明するために，$\theta_h = \tau + v_h$ という線形モデルを検討してみよう．τ は共通の分散の要素としての役割をもち，2つの θ の間の相関は

$$\mathrm{Corr}(\theta_h, \theta_k) = \frac{\sigma_\tau^2}{\sigma_\tau^2 + \sigma_v^2}$$

である．v に比べて τ の分布が相対的に拡散していけば，この相関は1に近づいてくる．

8.4.2　MCMC の仕組み

θ_h を条件としたユニット間の独立性をもとに，階層モデルのすべての MCMC アルゴリズムは条件付分布の2つの基本的なグループによって構成される．

$$\begin{aligned} p(\theta_h | y_h, \tau), \quad h = 1, \ldots, H \\ p(\tau | \{\theta_h\}, \underline{h}) \end{aligned} \quad (8.50)$$

よく知られているように，この仕組みの2行目の部分は，y_h と τ の条件付独立性を利用している．(8.50) の1行目はユニットレベルの尤度の形に依存するが，2行目は第1段階の事前分布の形に依存する．通常，第1段階と第2段階において共役の事前分布が選択され，第2段階において $\{\theta_h\}$ は"データ"としてみなされる．

8.4.3　固定効果と変量効果

古典的なアプローチでは，すべてのクロスセクションユニットごとに異なるパラメータ仮定する"固定効果"の定式化と，クロスセクションユニットのパラメータがある超母集団から抽出されると仮定する変量効果モデルが区別されている．固定効果アプローチの支持者は，このアプローチが分布の形またはユニットレベルの尤度に含まれる共変量からの変量効果の独立性に関するいかなる仮定も置いていないと主張している．ベイズ法の固定効果は，(8.46) に示しているように，変量効果のパラメータに関する第2段階事前分布を含まない独立な事前分布である．ベイズ階層モデルは，変量効果モデルのベイズ版である．階層モデルでは，クロスセクションユニットが交換可能であることを前提としている（おそらくいくつかの観測変数を条件とする）．これは，両モデルの主な違い（ベイズ法や古典的モデル）が新たなクロスセクションユニットに関してどのような予測ができるかという点にあることを意味する．双方においてユニット間をつなぎあわせるモデルを含まれていないので，古典的あるいはベイズ法固定効果のどちらのアプローチでも，クロスセクションの新しいユニットについて何らかの予測を行うことはできない．変量効果の観点では，すべてのユニットが交換可

[*2]　階層モデルが有効な同時分布をもつには，τ の事前分布が正則であることが十分条件である

能であり，新たなユニットのパラメータの予測分布は次式で与えられる．

$$p(\theta_{h*}|y_1,\ldots,y_H) = \int p(\theta_{h*}|\tau) p(\tau|y_1,\ldots,y_H) d\tau \tag{8.51}$$

8.4.4 第1段階の事前分布
a. 正規事前分布

容易に実行できるモデルの1つは，何らかの共変量を用いた第1段階正規事前分布である．

$$\theta_h = \Delta' z_h + v_h, \quad v_h \sim N(0, V_\theta) \tag{8.52}$$

ただし，z_h は $d \times 1$ のクロスセクションユニットに関する観測された特性ベクトル，Δ は $d \times k$ の係数行列である．(8.52) の定式化では，θ_h の各要素の平均値を z ベクトルで説明することができる．解釈を容易にするために，z ベクトルの各要素をそれぞれの平均で引いて，切片を加えると便利である．つまり，

$$z_h = (1, x_h - \bar{x})$$

である．この定式化では，Δ の第1行を θ_h の平均と解釈できる．

式 (8.52) は多変量回帰モデルを明示しており，そのため，このモデルに対して共役事前分布を設定すると便利である．

$$\begin{aligned} V_\theta &\sim IW(\underline{V}, \underline{\nu}) \\ \delta &= vec(\Delta)|V_\theta \sim N(\underline{\delta}, V_\theta \otimes \underline{A}^{-1}) \end{aligned} \tag{8.53}$$

ただし，$\underline{A}$ は $d \times d$ の精度行列である．この事前分布の定式化は共通パラメータ δ と V_θ の直接の1対1の抽出を可能にしている．bayesm では，効用関数 rmultireg を用いてこれらの標本を抽出することができる．

b. 正規混合事前分布

正規分布は柔軟な分布ではあるが，第1段階の事前分布が必ずしも正規分布である必要はない．例えば，観測値が製品間での選択結果であれば，係数の一部はブランドの固有の切片であるかもしれない．製品への嗜好の異質性に対して，ブランドによるクラスタリングの形態を仮定した方が適切かもしれない．つまり，他のブランドに比べて特定のブランドを好む消費者のクラスターを見つけることができるかもしれないからである．そのため，消費者の好みの分布は多峰の分布になるであろう．異なった消費者グループを異なった分布に収縮させたり，または異なったグループ平均に収縮させたりすることを考える場合もあるであろう．多峰の分布は，これらの性質をうまく取り入れることができる．例えば，価格感度係数のような係数については，負の値のところを中心に偏った分布をもっていると考えられる．多変量正規混合分布は，優れた柔軟性を得るための方法の1つである（例えば，Griffin らの本書第4章とその参

考文献を参照されたい). 多峰分布, 裾の厚い分布, そして歪んだ分布などは少数の正規分布を組み合わせることによって容易に得ることができる. 実際, より多くの成分を用いれば, どのような同時連続分布でも近似できる. 第1段階における正規混合モデルの事前分布を次のように与えられる.

$$\begin{aligned} \theta_h &= \Delta' z_h + v_h \\ v_h &\sim N(\mu_{\text{ind}}, \Sigma_{\text{ind}}) \\ \text{ind} &\sim MN(\pi) \end{aligned} \quad (8.54)$$

ただし, π は $K \times 1$ の多項確率ベクトルである. これは, 多項混合変数（indと書く）を使用した K 個の正規混合モデルの潜在変数版である. この正規混合モデルの定式化では, z_h から切片の項を削除し, v_h の平均値がゼロ以外の値もとることができるようにしている. この定式化は, 正規混合の成分を平均と尺度において組み合わせることが可能なので柔軟なモデルである. 上述の方法と同じように, z に含まれる変数を基準化しておくと便利である. Δ 行列の標準事前分布とともに, 標準的な共役事前分布の集合を混合確率や成分パラメータの事前分布に利用することができる.

$$\begin{aligned} \delta &= vec(\Delta) \sim N(\underline{\bar{\delta}}, \underline{A}_\delta^{-1}) \\ \pi &\sim D(\underline{\alpha}) \\ \mu_k &\sim N(\underline{\bar{\mu}}, \Sigma_k \otimes \underline{a}_\mu^{-1}) \\ \Sigma_k &\sim IW(\underline{V}, \underline{\nu}) \end{aligned} \quad (8.55)$$

拡散事前分布が用いられる場合, これらの共役事前分布の評価は比較的簡単である. θ ベクトルの次元がある程度大きい (> 5) こと, θ_h のパラメータが直接観測されないことを考えると, 事前パラメータを評価する際にいくつかの注意すべき点が挙げられる. 特に, $K \times 1$ のハイパーパラメータベクトル d が K 個の成分への $\sum \underline{\alpha}_k$ の標本数の分類であるという解釈を用いて, 事前分布のディリクレ部分の評価は通常なされている. 一般的に, $\underline{\alpha}$ のすべての成分が同じ値をとっているとされている. 多数の成分が使用されているとき, それらの事前確率が等しい報知事前分布を不注意に定式化してしまうのを避けるために, $\underline{\alpha}$ の成分の尺度を小さくする必要がある. ここでは, $\underline{\alpha}_k = 0.5/K$ と設定することを推奨する.

単一成分の正規モデルと同様に, その列が θ_h の値で構成される $H \times k$ の行列 Θ と (8.55) の標準的な条件付共役事前分布を所与としたとき, (8.54) の正規混合モデルは, 成分の指示関数の潜在ベクトルで拡大される標準的な制約なしのギブスサンプラーを用いて容易に処理できる (Rossi et al. 2005: 5.5.1 節). 以下に議論するように, 潜在変数の標本はクラスタリング分析に利用できる. 密度関数の推定やクラスタリング分析のように, ラベルに関して不変の量は"ラベルスイッチング"という識別性の問題に晒されることはない (Frühwirth-Schnatter 2006). 実際, 制約なしのギブスサンプラーは, 混合分布に制約を置いた様々なアプローチよりも優れている.

8.4 階層モデル

正規混合モデルに適用される際，正則事前分布を利用したベイズ手続きは，過剰適合の問題を引き起こすことなく，合理的かつ平滑な密度の推定値をもたらすという大きな利点をもっている．1つの成分に評価できる事後質量をもたせるには，ベイズファクターの面で"データ"の中にその成分を支持する十分な構造が存在しなければならない．標準的なベイズ手続きのように，事前分布の存在は成分数の多いモデルに対して暗示的にペナルティを果たしている．正規混合モデルの事前分布は K より少ない成分数をもつモデルに対して正の確率を与える点にも留意すべきである．言い換えれば，実のところこれは異なる次元のモデルに対する事前分布である．実際は，事後質量が K 個の成分よりもはるかに少数の成分の集合に密集しているのが一般的である．

正規混合モデルの同時（または，周辺）密度関数に関する任意の値の事後分布は成分パラメータと混合確率の事後標本から構築できる．具体的には，密度関数のベイズ推定を次のように行うことができる．

$$\hat{d}(\theta) = \frac{1}{R} \sum_{r=1}^{R} \sum_{k=1}^{K} \pi_k^r \phi(\theta|\mu_k^r, \Sigma_k^r) \tag{8.56}$$

ただし，上付きの r は MCMC の事後分布からのサンプリング回数，$\phi(\cdot)$ は k 変量正規密度関数を表している．θ のサブベクトルに関する周辺分布が必要な場合は，パラメータの同時分布から標本を取り出し，必要なパラメータを計算すれば良い．plot.bayesm.nmix という正規混合モデルのための *bayesm* の作図関数は，一般的な正規混合モデルの一変量または二変量の周辺分布を自動的に計算し，その図を作成する．

c. ディリクレ過程の事前分布

正規混合分布は非常に柔軟な事前分布といえるが，分析者が事前にその成分数を決定しなければならないのも事実である．ベイズ手法が使用されていることを考えると，実用的なアプローチは，非常に大きな成分数を仮定し，正則事前分布とベイズ推論の本来の倹約的な性質が合理的な密度推定を生成できるようにすることであろう．大標本の場合は，より大きな柔軟性を得るために，成分数を増やすのが妥当かもしれない．ディリクレ過程 (Dirichlet process：DP) アプローチでは，原則として混合の成分数が標本数と同じ大きさになること，または潜在的に標本数に伴って増加することを可能とする．そのため，DP 事前分布は一般的なノンパラメトリック密度の推定を容易にするといえる．Griffin ら（本書の第 4 章）は密度の推定のための DP アプローチについて論じている．ここでは，階層的な設定で使用するために，必要な部分のみをレビューする．

各 θ_h が多変量正規分布（h ごとに異なるかもしれない）から抽出される一般的なケースを考えよう．この分布を次のように表す．

$$\theta_h \sim N(\mu_h, \Sigma_h)$$

DP 事前分布は $\{(\mu_1, \Sigma_1), \ldots, (\mu_H, \Sigma_H)\}$ の同時分布に関する階層事前分布である．

DP 事前分布は同じ (μ, Σ) の値をもつクロスセクションユニットをグループ化し，これらのあらゆる"核"の事前分布を定式化する効果をもっている．

上述の DP 事前分布を $G(\alpha, G_0(\lambda))$ と表記する．$G(\cdot)$ は集中度パラメータ α をもつ基底分布 G_0 を中心とするいくつかの分布上で 1 つの分布を規定する．DP 事前分布の下で，G_0 はすべてのクロスセクションユニットのパラメータの事前周辺分布を表している．α は少数のユニークな (μ, Σ) の値にユニットを分類するための事前分布を規定する．クロスセクションのパラメータの基底分布が正規分布の場合，自然共役基底分布を使うと便利である．

$$G_0(\lambda): \quad \mu_h | \Sigma_h \sim N\left(\bar{\mu}, \frac{1}{\underline{a}} \times \Sigma_h\right), \quad \Sigma_h \sim IW(\underline{V}, \underline{\nu}) \tag{8.57}$$

ただし，λ は (8.57) の事前パラメータの集合 $\bar{\mu}, \underline{a}, \underline{\nu}, \underline{V}$ を表している．

ここで用いられる DP モデルへのアプローチでは，DP パラメータ α と λ についても事前分布を設定する．この過程のパラメータに関する事前分布の選択を容易にするために，DP モデルのポリアの壺の表現を活用することができる．α は，(μ, Σ) の固有な値の数または基底分布 G_0 からパラメータ値の新しい集合が"提案"される確率に影響を与える．λ は提案される値の分布を規定する．例えば，Σ の小さい値に高い事前確率をもつように λ を設定する場合，DP 事前確率はパラメータの密度関数を分散の小さい正規成分で近似する．μ の事前分布は，パラメータ分布の構造が捕捉できるように，十分に広い空間に正規成分を配置するために，十分に広い範囲にわたってサポートを置くことも重要である．一方，λ について非常に拡散した値を設定する場合，通常のベイズファクターの考え方を通じて新しい成分の"発生"確率が減少する．

Antoniak (1974) が示しているように，α のすべての値に関して (μ, Σ) の異なった値の数だけの分布が存在する．

$$Pr(I^* = k) = \|S_n^{(k)}\| \alpha^k \frac{\Gamma(\alpha)}{\Gamma(n + \alpha)} \tag{8.58}$$

ただし，$S_n^{(k)}$ は第一種のスターリング数，I^* はクラスター数あるいは $(\mu_h, \Sigma_h, h = 1, \ldots, H)$ の同時分布に含まれるパラメータの固有な値である．先行研究では，通常 α に対してガンマ事前分布が仮定されている．ここでのアプローチは α について単純で解釈しやすい分布を提案することである．

$$p(\alpha) \propto \left(1 - \frac{\alpha - \underline{\alpha}_l}{\underline{\alpha}_u - \underline{\alpha}_l}\right)^\phi \tag{8.59}$$

ただし，$\alpha \in (\underline{\alpha}_l, \underline{\alpha}_u)$ である．最小と最大の成分数 I^*_{min}，I^*_{max} の期待値を設定することにより，α のサポートを評価する．次に，α のサポートの範囲を得るためにそれらの逆関数をとる．この装置は成分数のサポートを制限するものではく，単にユニークな成分数の指定された範囲と一致している値に α の分布の質量のほとんどを置いた報知事前分布を評価するものであることに留意されたい．I^* は十分統計量であるから，

α の事後分布からのサンプリングが容易に行うことができる.これは単純な一変量のサンプリングなので,グリーディギブスサンプラーを用いることができる.

(8.57) の λ の事前分布は,$\bar{\mu}=0$,$V=\nu v I_k$ と置くことによっても得られる.$\Sigma\sim IW(\nu v I_k,\nu)$ であれば,$mode(\Sigma)=\frac{\nu}{\nu+2}vI_k$ である.このパラメータ化は,Σ (nu) の事前分布の集中度と Σ 行列 (v に依存) の位置の選択を分離するのに役立っている.このパラメータ化には,基底分布を規定する 3 つのスカラーパラメータ (a,v,ν) がある.先験的にこれらのパラメータが独立で,以下の分布をもっているとする.

$$p(a,v,\nu) = p(a)\,p(v)\,p(\nu)$$
$$a \sim U(\underline{a}_l, \underline{a}_u)$$
$$v \sim U(\underline{v}_l, \underline{v}_u)$$
$$\nu = dim(\theta_h) - 1 + \exp(z),\ z \sim U(\underline{z}_l, \underline{z}_u),\ z_l > 0 \quad (8.60)$$

(μ,Σ) のユニーク集合が十分であれば,条件付事後分布を書くのは簡単である.ユニークなパラメータ値 I^* の集合を $\Delta^*\left\{(\mu_i^*,\Sigma_j^*),j=1,\ldots,I^*\right\}$ と書けば,条件付事後分布は次式で与えられる.

$$p(a,v,\nu|\Delta^*) \propto \prod_{i=1}^{I^*} |a^{-1}\Sigma_i^*|^{-1/2} \exp\left(-\frac{a}{2}(\mu_i^*)'(\Sigma_i^*)^{-1}\mu_i^*\right)$$
$$|\nu v I_k|^{\nu/2}|\Sigma_i^*|^{-(\nu+k+1)/2}\,\mathrm{etr}\left(-\frac{1}{2}\nu v\Sigma_i^*\right)p(a,v,\nu) \quad (8.61)$$

ここで,条件付事後因子,Δ^* を条件とする a と (ν,v) は独立であることに留意されたい.

8.4.5 分析例

a. 線形階層モデル

第 1 段階正規事前分布を用いた線形階層モデルは Koop (2003) と Geweke (2005) で議論されている.このモデルを実行するために,*bayesm* のルーチン,rhierLinearModel が使用できる.MCMC アプローチのモジュール性により,有限正規混合事前分布または DP 事前分布を含むモデルへの拡張は容易である.有限正規混合事前分布を実行するために,*bayesm* のルーチン,rhierMnlMixture が使用できる.

b. 多項ロジットモデル

クロスセクションモデルが多項ロジットモデル (8.13) の場合,有限正規混合事前分布または DP 事前分布が使用できる.有限正規混合事前分布を実行するために rhierMnlMixture,DP 事前分布を実行するために rhierMnlDP という *bayesm* のルーチンが使用できる.

c. 尺度の使用に関する異質性を含んだ多変量順序プロビットモデル

多くの調査では K 段階尺度を用いた一連の質問がなされている．このデータは順序データであり，回答の中に間隔情報もあるかなどいくつかの質問が含まれている．通常，一連の M 個の質問は，N 人の対象者の一人ひとりに対してなされている．調査データは $N \times M$ の配列，$X = [x_{ij}]$，と表すことができる．この種の調査の例として，商品の配送や商品の品質に関する M 個の質問項目で構成される消費者満足度の調査が挙げられる．この問題への便利なアプローチの1つは，得られた回答が M 次元の潜在構造から生成されると仮定することであり，一変量順序プロビットモデルの自然な拡張である．

共通かつ順序付けられた $K+1$ 個の区切り点 $\{c_k : c_{k-1} \leq c_k, k = 1, \ldots K\}$ があると仮定しよう．ここで，$c_0 = -\infty$, $c_K = \infty$ とする．したがって，任意の i, j, k に対して

$$x_{ij} = k \quad c_{k-1} \leq y_{ij} \leq c_k のとき$$
$$y_i \sim N(\mu_i^*, \Sigma_i^*) \tag{8.62}$$

が成り立つ．ただし，y_i は $M \times 1$ のベクトルである．これは，すべての対象者が M 個の質問項目に関するそれぞれの潜在的な共分散構造を有すると解釈することができる．特別なケースとして，すべての対象者が同じような潜在変数分布をもち，その結果，多変量順序プロビットが得られる．ここでいう尺度使用の異質性を取り入れるために対象者固有のパラメータを導入する．つまり，対象者は評価尺度の限られた部分のみ使用する傾向がよく見られる．例えば，一部の対象者は評価尺度の小さい値，中間の値，大きい値のいずれかを利用する傾向がある．サーベイ研究の専門家らは古くからこの問題を指摘しており，尺度の使用に関する系統的な文化の違いの存在も指摘している．尺度使用の異質性は，データに含まれる関係性を曖昧にするので，調整する必要がある．尺度使用に関する推論は複数の質問が同じ対象者になされる場合のみ可能である．Rossi et al. (2001) は尺度使用の異質性を取り入れるための階層アプローチを検討している．

尺度の使用パターンは，潜在連続変数における対象者の固有の位置と尺度のシフトで作ることができる．例えば，尺度の最大値を使う対象者は潜在変数の平均（全質問に関して）において正のシフトと小さい分散をもつ対象者としてモデル化することができる．位置尺度モデルは対象者の間の異質性を取り入れるための単純な方法である．しかし，このモデルはすべての対象者について重要な共通の潜在尺度の存在を仮定している．

$$y_i = \mu + \tau_i \iota + \sigma_i z_i, \quad z_i \sim N(0, \Sigma) \tag{8.63}$$

ここでは対象者についての位置と尺度パラメータの分布に階層モデルを利用する．

$$\begin{bmatrix} \tau_i \\ \ln \sigma_i \end{bmatrix} \sim N(\phi, \lambda) \tag{8.64}$$

8.4 階層モデル

モデルが識別されるように尺度使用の変換に対して制約を与える必要がある.区切り値が与えられたとき,潜在変数の任意の変換およびスケーリングは不可能である.この識別問題を回避するために,$E[\tau_i] = 0$ かつ $\text{Mode}(\sigma_i) = 1$ と設定する.それは以下の条件が満たされるとき成立する.

$$\phi_1 = 0$$
$$\phi_2 = \lambda_{22} \tag{8.65}$$

しかし,この制約は (τ_i, σ_i) パラメータの識別性のために利用できても,区切り点パラメータに課さなければならない識別性の制約が残っている.区切り点パラメータは,位置と尺度に関する不変性の問題を有している.ここでは,位置と尺度の不変性問題を除去するために,区切り値の合計と二乗の区切り値の合計を固定する.

$$\sum_k c_k = m_1$$
$$\sum_k c_k^2 = m_2 \tag{8.66}$$

区切り点パラメータの数を減らすために,特に 7 段階尺度以上の場合,区切り点パラメータの 2 次関数のパラメータ化を導入する.

$$c_k = a + bk + ek^2 \tag{8.67}$$

(8.67) のパラメータ化と (8.66) の識別性の制約を条件に,自由パラメータは 1 つだけになる (e).

このモデルの事前分布は次のように与えられる.

$$\pi(\mu, \Sigma, \phi, \Lambda, e) = \pi(\mu)\pi(\Sigma)\pi(\phi)\pi(\Lambda)\pi(e)$$
$$\pi(\mu) \propto 定数$$
$$e \sim U(-0.2, 0.2) \tag{8.68}$$
$$\Sigma \sim IW(\underline{V}_\Sigma, \underline{\nu}_\Sigma)$$
$$\Lambda \sim IW(\underline{V}_\Lambda, \underline{\nu}_\Lambda)$$

e の事前分布の範囲として,区切り点のあらゆるパターンを覆うような適切な範囲が選択される.(8.65) の識別性の制約の下で,Λ の事前分布が ϕ の事前分布をもたらすことに留意されたい.Rossi et al. (2001) は,1 つのパラメータの事後分布を潜在変数,$\{y_i\}$,に関して積分する崩壊加速度法を用いたギブスサンプラーを定義している(詳しくは当該論文の付録を参照されたい).この問題の計算を実装するには,`bayesm` ルーチンの `rscaleUsage` 関数を用いることができる.

d. 計算における注意事項

一般階層モデルのためのカスタマイズされたメトロポリス–ヘイスティングス法：
(8.47) の一般階層モデルでは，尤度関数はクロスセクション"ユニット"ごとに設定され，それとともに 2 段階の階層事前分布が与えられる．$\theta_h|y_h, \tau, h$ からのサンプリングにランダムウォークのメトロポリス–ヘイスティングス法を使う場合，原則的にどんなモデルでもユニットの尤度関数に適用できる．正規混合事前分布とディリクレ過程事前分布の柔軟性を考慮すれば，いつでも $\tau|\{\theta_h\}$ から標本を抽出するためのギブスサンプラーは構築できる．

M–H のランダムウォーク法の唯一の限界は，ランダムウォークの増分が条件付事後分布の曲率に可能な限り近づくよう調整できる場合のみうまくいく点にある．条件付事後分布を次のように表す．

$$p(\theta_h|y_h, \tau) \propto p(y_h|\theta_h) p(\theta_h|\tau) \tag{8.69}$$

したがって，最も標準的なモデルを除くすべてのモデルにおいては，クロスセクションユニットごとにメトロポリス連鎖をカスタマイズする必要がある．第 1 段階の事前パラメータ τ の最もとりそうな値に関する事前情報がなければ，クロスセクションの大部分がモデルのパラメータについて限られた情報しかもっていないため，メトロポリス連鎖を調整するための試験実行は難しい．しばしば採用されているもう 1 つの方法は，すべてのユニットに関してプールした尤度関数を使用して，そこから計算されるヘッセ行列をユニットごとの観測値の数についてスケーリングを行うことである (Allenby and Rossi 1993)．$\bar{\ell}(\theta) = \prod_{h=1}^{H} \ell(\theta_h|y_h)$ をプールした尤度関数と定義する．スケーリングするヘッセ行列は次のように与えられる．

$$\bar{H}_h = \frac{n_h}{N} \left. \frac{\partial^2 log \bar{\ell}}{\partial \theta_h \partial \theta_h'} \right|_{\theta = \hat{\theta}_{MLE}} \tag{8.70}$$

ただし，$N = \sum_{h=1}^{H} n_h$，n_h はクロスセクションユニット h の観測値の数である．スケーリングされたヘッセ行列は，各クロスセクションユニットの曲率の推定値であるが，それはユニット間の混合分布に基づいている．この曲率の推定値はスケーリングまたはユニットに関してほぼ正確な θ の各要素をもたらすが，これがユニットごとの相関構造に近似する保障はない．プールされた標本に基づいたヘッセ行列の使用の長所は，プールされた MLE を見つけることがしばしば容易であり，非特異のヘッセ行列をもっている点にある．

プールした最尤推定値の使用の対極にある方法は，各ユニットの尤度関数から構築されるヘッセ行列の推定値を使用することであろう．この方法は，MLE が存在しかつすべてのユニットの尤度関数に関してヘッセ行列が非特異であるという条件を満たさなければならない．この条件は，選択モデルの応用においてすべてのクロスセクションユニットがすべての選択肢のいずれかを少なくとも 1 回購入するという事実が観測

8.4 階層モデル

される必要がある（これが"完全な"購買履歴と呼ばれることもある）. あるユニットが特定の選択肢を選択しないかつ, 選択肢固有の切片がモデルに含まれている場合は, このユニットの MLE は定義されない. 切片が徐々に $-\infty$ の方に発散するにつれて尤度関数が増加するという逓減方向 (direction of recession) が存在する. この場合, 最尤推定値が存在しない, あるいは特異のヘッセ行列をもつサブサンプルのユニットレベルの尤度関数を正則化する必要がある. ここでは, ユニットレベルのヘッセ行列の推定値を計算するために, "分数"尤度関数に関する既存研究の成果を援用することを提案する. これはランダムウォーク-メトロポリスの増分の共分散行列を計算するためだけに使用され, 事後分布の計算におけるユニットレベルの尤度関数を置き換えるためのものではない.

ヘッセ行列を計算するために, ユニットレベルの尤度関数とプールした尤度関数の分数結合を形成する.

$$\ell_h^*(\theta) = \ell_h(\theta)^{(1-w)} \bar{\ell}(\theta)^{w\beta} \tag{8.71}$$

分数 w は, 正則の尤度関数を得るために, プールした尤度関数のわずかな"割合"だけがユニットレベル尤度関数 ℓ_h と結合されるように, ある程度小さい値にした方が良い. β には, プールした尤度関数がユニット尤度関数と同じ程度の大きさにスケーリングできるように適切な値が選ばれる. (8.71) の $\beta = \frac{n_h}{N}$ は, "修正済みの"最尤推定量におけるヘッセ行列を推定するために最大化される. このヘッセ行列は, ユニットレベル条件付正規事前分布からの正規共分散行列と組み合わせることができる[*3]. ランダムウォークのメトロポリス増分が $N(0, s^2\Omega)$ の場合,

$$\Omega = \left(H_h + V_\theta^{-1}\right)^{-1} \tag{8.72}$$

$$H_h = -\left.\frac{\partial^2 \log \ell_h^*}{\partial \theta \partial \theta'}\right|_{\theta=\hat{\theta}_h} \tag{8.73}$$

となる. ただし, $\hat{\theta}_h$ は (8.71) の修正済み尤度関数の最大値である. このカスタマイズされた MH 法は bayesm ルーチンの rhierMnlRwMixture で例示されている.

正規混合モデルを用いたクラスター分析: 多くのマーケティング応用では, いくつかのクラスター分析の手法が似たような"観測値"またはユニットをグループ化できることが望ましいとされる. ほとんどのクラスタリング手法は, 正規分布と関連する距離関数に基づいている. 正規混合モデルを使用する場合は, 非常に一般的なクラスタリング手法を構築することができる. "観測値"はいくつかの正規のサブ母集団のグループに分類される. 唯一の注意点は正規混合の各成分の分散が全体の分散よりも"小さい"という制約が果たされていないことである. 例えば, ユニット間に裾の厚い分布は分散が小さい正規分布と大きい正規分布の混合で近似することができる. 分散が大きい成分に分類される観測値は, これらが同じ異常値であるという意味で"類

[*3] 事前分布の形式が正規混合分布の場合, ユニットの指示関数を条件として用いる

似"していると解釈すべきである.

類似度の測定に使うメトリックの他に,クラスタリングの基礎としてどのような変数を使用すべきかという問題もある.伝統的な方法では,観測された心理的変数をもとにユニットのクラスタリングが行われる.しかし,ユニットレベルの行動データが利用できる場合,ユニットレベルのパラメータに基づいてユニットを分類することができる.いくつかの応用では,これらのパラメータがユニットレベルの嗜好を表すものとして解釈することができる.このように,ユニットレベルのパラメータ θ_h に関する推論に基づいたクラスタリング手法は,"行動的"クラスタリングと呼ぶことができる.心理的変数は,ブランドの選好やマーケティング変数に対する感度の予測力が低いことを考えると,行動的クラスタリングは,マーケティング応用において非常に有用な手法であろう.

(8.54) の正規混合モデルを用いてクラスタリング分析を行うにあたり,成分の"割り振り"の潜在指示変数を用いる.この方法は,正規混合のアプローチが直接データに適用される(密度推定)場合と,ランダム係数分布として用いられる場合のどちらでも適用できることに注意されたい.その際,成分の数は一定である場合もあれば,DPモデルのようにランダムである場合もある.ここで必要なのは,指示変数の事後分布から標本を抽出ことである.この指示変数の繰り返し標本 ind は類似度行列の構築に用いることができる.

$$S = [s_{i,j}] \tag{8.74}$$
$$s_{i,j} = \begin{cases} 0, & \mathrm{ind}_i \neq \mathrm{ind}_j \\ 1, & \mathrm{ind}_i = \mathrm{ind}_j \end{cases}$$

類似度行列がラベルスイッチングに関して不変であることに留意されたい.(8.74) 式は,類似度行列への観測値の所与の分割または分類からの関数を定義している.この依存性を強調するために,この関数を $S(\mathrm{ind})$ と書くことにする.つまり,指示ベクトルで定義された観測値の任意のクラスタリングに対して,それに対応する類似度行列を計算することができるということである.また,任意の類似度行列に関して,それに一致した分類または指示ベクトルを見つけることができる.この関数を $\mathrm{ind} = g(S)$ と書く.

指示変数の事後分布から抽出された繰り返し標本を単純に平均すれば,期待類似度行列の事後分布を推定することができる.

$$S^* = E_{\mathrm{ind}|data}[S(\mathrm{ind})]$$
$$\hat{S}^* = \frac{1}{R}\sum_{r=1}^{R} S(\mathrm{ind}^r) \tag{8.75}$$

期待類似度行列が与えられたとき,クラスタリング問題はある損失関数を最小にす

るようなユニットの割り振りまたは分割を伴う．ind をユニットのグループへの割り振り，(ind) を損失関数だとすれば，次式の問題の解を導出するためのクラスタリングアルゴリズムを定義することができる．

$$min_{ind} L\left(S^*, S\left(ind\right)\right) \tag{8.76}$$

一般的に，この問題は非連続な選択変数を含んだ困難な最適化の問題である．この問題を解決するために，次の2つのヒューリスティックを採用することができる．(1) 2つの観測値の類似度の事後期待値がある区切り点よりも大きければ，それらを単純に1つのグループに"分類"すること，(2) 損失関数を最小にするような事後分布の繰り返し標本を見つけることである．単純な損失関数は，推定した事後類似度と所与の指示変数または分類変数に関する暗示の類似度の絶対誤差の和と考えることができる．

$$ind_{opt} = argmin_{\{ind^r\}} \left[\sum_i \sum_j \left|\hat{S}_{ij} - S\left(ind^r\right)[i,j]\right|\right] \tag{8.77}$$

2番目のヒューリスティックは確率的探索課程として MCMC チェーンを用いる．`bayesm` ルーチンの `clusterMix` は2つのヒューリスティックの実装に用いることができる．

パネルデータと正規混合モデルからの繰り返し標本のためのデータ構造： 一般的なパネルデータと正規混合の MCMC のアウトプットは，標準的な配列とは多少異なるデータ構造を必要とする．一般化されたベクトルまたはリストは1つの適切な構造である．つまり，パネルデータはパネルあるいはクロスセクションユニットのインデックスをつけられる必要があるが，ベクトルや配列のように，各ユニットのデータは異なったタイプの対象のグループによって構成されることもある．パネルデータ自体に対して，カスタマイズされた MCMC の繰り返し標本に関する情報を付加したい場合もあるであろう．これは階層構造に基づいた MCMC 法における探索を容易にすることができる．同様に，正規混合モデルからの繰り返し標本の集合は R オブジェクトの集合によって構成され，それぞれが異なったタイプまたは次元のオブジェクトの集合である．R では，リストデータの構造はこの目的を達成するのに最高に適している．リストは，ベクトル，配列，関数，またはリスト自身のように，R 上有効なオブジェクトを含む一般化されたベクトルである．したがって，リストをどんなレベルにおいても入れ子にすることができる．例えば，複数のリストが入るリストを作成することができる．

複数のリストをまとめたリストとしてパネルデータを保存することができる．R の表記法では，回帰形式のパネルデータ集合を H 人のパネルのリストであるオブジェクト `panel_data` として記録することができる．h 番目のパネルは，2つの要素 y と X のリスト，`panel_data[[h]]` でインデックス付けられる．つまり，`panel_data[[h]][[1]]`$=y_h$，`panel_data[[h]][[2]]`$=X_h$ である．このアプローチ

は配列へのインデックスの保存または不規則な配列の使用を阻止している．R の一組のリストの構造を考慮すると，新しい要素を追加することが簡単である．例えば，カスタマイズされたヘッセ行列（(8.73) を参照）をパネルデータに追加したい場合，以下に示すように簡単に行うことができる．

```
panel_data[[h]]=c(panel_data[[h]],hess)
```

ただし，"c()" はオブジェクトの連結に用いられる R の関数である．

リスト構造は正規成分の MCMC 繰り返し標本を保存する際にさらに便利である．K 変量正規分布の混合は K 個リストのリストとして表すことができる，`mix_norm[[k]][[1]]`$=\mu$, `mix_norm[[k]][[2]]`$=\Sigma$（実際には，もちろん密度関数の評価が容易になるから，Σ のコレスキー根の逆列を保存した方が便利である）．したがって，MCMC の繰り返し標本は長さ R（R 個の繰り返し標本）の K 個のリストのリストとして保存される．これは $bayesm$ の中の DP と有限混合関数に使われる構造である．

8.5 非変量マーケティングミックス変数

これまで取り上げられたすべてのモデルは，回帰の形または条件付反応モデルが背景にあった．つまり，マーケティング変数を含めた共変量集合を条件付として，選択行動や売上のような反応変数の分布のモデル化を考えた．

$$p(y|x,\theta)$$
$$p(x|\tau) \tag{8.78}$$

通常，変数 x の周辺分布が条件付分布 $y|x$ と無関係であると仮定されている．しかし，x に含まれるマーケティング変数が売上反応と独立に決定されるわけではないことを認めるべきである．典型的な例として，マーケティングマネージャーが y の予測値に基づいて価格を決定するといったことが挙げられよう．例えば，ある小売業者が，次の販売期間中にあるメーカーが特定のアイテムの売上に影響を与え得るリベートまたはクーポンの発行を計画していることを知っているとしよう．この場合，小売業者がこの"需要ショック"を考慮して価格を設定することが大いに考えられる．しかし，価格と売上のデータを観測している分析者は，リベートやクーポンの発行を観測しないかもしれないので，この戦略的な価格設定行動を把握していないであろう．仮にクーポンの中止が需要をより非弾力的にさせ，それに反応して小売業者が価格を引き上げたとしよう．これは，見かけ上価格がそれほど需要に影響しないような効果をもたらす．

階層的な枠組みの中で，Manchanda et al. (2004) は，ユニットレベルの反応パラメータ θ の部分的な知識を用いて x 変数が設定されている状況を想定している．彼らの応用では，様々な取引先へ派遣される販売員の配分問題が考察されている．販売員の訪問費用がすべての取引先についてほぼ同じであれば，セールスマネージャーは反

応率が最も高い取引先へ派遣する販売部員を多く配分するであろう．これは，x の水準がクロスセクションユニットの値 θ_h と関連性をもつということを意味する．

戦略的に決定された x の値または非ランダムな x の問題に対する1つのアプローチは，売上反応や企業が考慮する費用の関数として，x の選択をモデル化することである．このアプローチでは，x と y の同時分布がモデル化される．このアプローチの問題点は，x の値を決定する際に企業が最適な行動をとっているという仮定である．これは，最適性の仮定の下で需要および企業のパラメータについての推定はできるが，収益性の改善を図るために企業に対して提供できる知見がわずかであるという意味で，最適性の難問を引き起こしている．この難問から抜け出すには，モデルのパラメータについて完全な情報を有していない状況，企業が最適な価格設定を行っていると仮定することである．このようにして，より豊富な情報集合を活用することで収益性の改善が図れる（例えば Rossi et al. 1996 を参照されたい）．しかし，本章ではこのアプローチに触れないことにする．その代わり，計量経済学者がいう操作変数の存在の可能性を考察することにする．

8.5.1 ベイズ操作変数

x の変数がどのように正確に設定されているかについて仮定を置くことを回避したい場合，1つのアプローチは，x の変動の一部が 外生的，あるいは y と独立な要因によって決定されると仮定することである（真の実験変動と類似している）．y の決定に駆動変数または誤差項を導入すると便利であろう．このように，売上反応モデルを次のように表すことができる．

$$y = f_y(x, \epsilon_y | \theta) \tag{8.79}$$

この式は "構造方程式" と呼ばれることもあるが，x と ϵ_y は独立ではないので，条件付分布 $y|x$ を表しているわけではない．ここでは，ϵ_y と独立な "操作変数" が存在すると仮定する．つまり，x は部分的に，ϵ_y に依存する，あるいは相関をもつ操作変数とその他の誤差項によって生成されると仮定する．

$$x = f_x(z, \epsilon_x | \omega) \tag{8.80}$$

古典的な操作変数 (instrumental variable：IV) 法は単に ϵ_y と z が無相関であるという仮定のみを利用している．ベイズのアプローチでは，完全に定式化された尤度関数を利用しなければならない．(ϵ_y, ϵ_x) の同時分布が与えられたとき，(y, x) の同時分布を導出することができる．この同時分布は以下の分布の "誘導形" である．

$$p(x, y | z, \theta, \omega) \tag{8.81}$$

(8.81) の重要な特殊なケースの1つは，次の線形方程式で表されている．

$$\begin{aligned} x &= \delta' z + \epsilon_x \\ y &= \beta x + \epsilon_y \end{aligned} \tag{8.82}$$

ただし,簡単のために y の式に切片とその他の"外生"変数が含まれていないことに留意されたい(より一般的なケースについては Rossi et al. 2005 を参照されたい).上述の議論は,潜在的に"外生"変数が1つしかなく,操作変数の数が任意であるという最も一般的なケースを含んでいる. (8.82) の1番目の式は回帰式になっているが,誤差項が独立ではなければ2番目の式は回帰式ではないことに留意されたい.つまり,$p(\epsilon_y|x) \neq p(\epsilon_y)$ である (Lancaster 2004).

a. 正規誤差

まず,二変量正規誤差を用いた線形操作変数モデルから議論を始める.これはベイズ推論に関する基礎的な直観を与え,誤差項が正規混合または DP に従う場合への拡張が容易に行うことができる.

$$\begin{pmatrix} \epsilon_x \\ \epsilon_y \end{pmatrix} \sim N(0, \Sigma) \qquad (8.83)$$

正規誤差の下で,線形モデルの尤度関数の導出は単純なことである.同時分布 $y, x|z$ を導出するために,単にこの誤差を操作変数方程式から構造方程式に代入すれば良い.

$$\begin{aligned} x &= \pi'_x z + v_x \\ y &= \pi'_y z + v_y \end{aligned} \qquad (8.84)$$

よって,

$$\begin{pmatrix} v_x \\ v_y \end{pmatrix} \sim N(0, \Omega), \quad \Omega = A\Sigma A', \quad A = \begin{bmatrix} 1 & 0 \\ \beta & 1 \end{bmatrix} \qquad (8.85)$$

が得られる.ただし,

$$\pi_x = \delta, \quad \pi_y = \beta\delta$$

である.

ここで,係数と誤差共分散行列の誘導形ではなく,直接 (β, δ, Σ) の事前分布を設定する方法が最良であると我々は考える.特に,Ω と π_y が β に依存するから,これらのパラメータが先験的に独立であると仮定するのが適切ではない.便利な方法は,この線形構造に対して条件付独立の共役事前分布を使用することから出発することである.

$$\delta \sim N(\bar{\delta}, \underline{A}_\delta^{-1}), \quad \beta \sim N(\bar{\beta}, \underline{a}_\beta^{-1}), \quad \Sigma \sim IW(\underline{V}, \underline{\nu}) \qquad (8.86)$$

(8.82) と (8.83) の構造のギブスサンプラーを定義するのが容易である.このギブスサンプラーは次の3つの条件付事後分布の集合によって構成される.

$$\begin{aligned} &\beta|\delta, \Sigma, y, x, Z \\ &\delta|\beta, \Sigma, y, x, Z \\ &\Sigma|\beta, \delta, y, x, Z \end{aligned} \qquad (8.87)$$

ギブスサンプラーでの直感は，最初の"内生性"の問題を引き起こすものと同じである．線形構造方程式は，誤差項が平均 0 で，x の値に依存するから，有効な回帰式ではないことは既知である．しかし，ギブスサンプラーの最初の分布は δ を条件にしているので，ϵ_x が"観測"でき，条件付分布 $\epsilon_y|\epsilon_x$ を導出することができることを意味する．この分布は，上述の構造方程式を $N(0,1)$ の誤差項をもつ方程式に変換するために利用できる．

$$\left(y - \frac{\sigma_{xy}}{\sigma_x^2}\epsilon_x\right) = \beta x + u, \quad u \sim N\left(0, \sigma_y^2 - \frac{\sigma_{xy}}{\sigma_x^2}\right) \tag{8.88}$$

すべての式を σ_u で割れば，最初のギブスサンプラーは単位誤差分散をもつベイズ回帰に変換される．ギブスサンプラーの 2 番目の条件分布は，単純に，z_i と βz_i の行で観測値を"倍"にすることによって容易に評価することができる制約付二変量回帰である．最後のギブスサンプラーの条件付分布は，標準的な逆ウィシャート分布からの繰り返し標本である．このギブスサンプラーは bayesm ルーチンの rivGibbs を用いて遂行できる．

b. 正規混合と DP 誤差項

ベイズ "IV" 手続きに関する重要なことは，構造方程式と第 1 段階の操作方程式に対して正規誤差項の定式化を追加することである．古典的な IV の推定量ではその必要性がない．通常，これは尤度の定式化の誤りによって起こり得る推定量の不一致性の問題に関係する．同様に重要ではあるがめったに評価されないのは，誤差項に非正規の構造を検出してモデル化が可能である場合，推論を改善することができることである．例えば，誤差項が分散が小さい正規分布と分散が非常に大きい正規分布の混合誤差項であると仮定しよう．単一成分正規誤差モデルは外れ値に敏感であり，非効率的に異常な誤差項を処理している．原理的には，異常な成分から抽出された誤差をもつ観測値を検出したり，そのウェイト減少させたりすることが可能である．古典的な IV のアプローチは，一致性のために効率性を犠牲にしている．セミパラメトリックのベイズアプローチでは，効率性を低下させることなく，定式化の誤りに頑健な推定量を見つけることが理論的に可能である．つまり，誤差項が正規分布である場合，効率性はそれほど低下しないかもしれないが，非正規の場合はその構造を活用して効率的な手続きを構築できる．

正規分布の仮定を緩める合理的な拡張は正規混合モデルである．直感的に，正規成分への所属確率が潜在指示変数を条件にしている場合，各成分の異なる分散を修正または適切に標準化することが可能であるため，正規モデルのギブスサンプラーが再利用できるはずである．(8.82) の線形構造における誤差項の未知の二変量密度関数に近似するために正規混合モデルを利用する場合，各成分の平均が非ゼロの値をとることができるように注意する必要がある．ゼロ平均あるいは同一平均の正規混合モデルは単に尺度の混合であり，歪んだ分布や多峰の分布への近似に利用できない．そのため，こ

こでは誤差項の平均が非ゼロの値をとることを認め,切片の項をモデルから削除する.

$$
\begin{aligned}
&x = Z\delta + \epsilon_x^* \\
&y = \beta x + \epsilon_y^* \\
&\begin{pmatrix} \epsilon_x^* \\ \epsilon_y^* \end{pmatrix} \sim N\left(\mu_{\text{ind}}, \Sigma_{\text{ind}}\right)
\end{aligned}
\tag{8.89}
$$

このモデルを完成させるには,正規成分のパラメータ値に関する事前分布を設定しなければならない.標準の有限正規混合モデルでは,可能な固有パラメータ値が多くとも K 個あると仮定する.Griffin ら（本書の第 4 章）で議論されているように,多くとも N 個の固有成分に対して正の事前確率が設定される DP 事前分布を利用することができる.ディリクレ過程 $G(\alpha, G_0)$ はこの事前分布の定義を与えている.ここで,(8.59) の α の事前分布を評価し,基底事前分布 G_0 のハイパーパラメータを設定する（(8.57) を参照されたい）.G_0 のパラメータ化は次のように行われる.

$$
G_0: \mu|\Sigma \sim N\left(0, \underline{a}^{-1}\Sigma\right), \quad \Sigma \sim IW\left(\underline{c}I_2, \underline{\nu}\right)
\tag{8.90}
$$

G_0 を評価するために,y と x の中心化とスケーリングを行う.中心化とスケール化されるのが従属変数である場合,誤差項の二変量分布が $[-2, 2] \times [-2, 2]$ の領域に集中するであろう.完全に柔軟なモデルにするには,正規成分が小さい分散や大きい分散をもつことが可能であるため,"広範" な領域における値をとり得るようにすることが必要がある（事前分布の評価については Conley et al. 2008 を参照されたい）.ここで利用しているデフォルト値は非常に拡散的である.

$$
\underline{a} = 0.016, \quad \underline{c} = 0.17, \quad \underline{\nu} = 2.004
$$

DP 事前分布が N（標本数）個までの固有な値または成分に対して正の事前確率を与えているが,ここでは 1 から 10 以上の固有な成分のパラメータ値に関する事前質量分布を設定して α の事前分布を評価する.

DP モデルにおける事後分布からの標本を抽出するためのポリアの壺の方法では,$\theta_i = (\mu_i, \Sigma_i)$ 成分の標本はすべての観測値について抽出される.しかし,これらの値はより少数の固有な値にクラスター化される.指示関数は,誤差分布のパラメータと固有な値の集合の繰り返し標本集合を用いて構築できる.これは,以下の手順に従って,DP 事前分布をもった線形 IV モデルのためのギブスサンプラーを構築することができることを意味する.

$$
\begin{aligned}
&\beta|\delta, \text{ind}, \{\theta_i\}, x, y, Z \\
&\delta|\beta, \text{ind}, \{\theta_i\}, x, y, Z \\
&\{\theta_i\}|\beta, \delta, x, y, Z \\
&\alpha|I^*
\end{aligned}
\tag{8.91}
$$

$\{\theta_i, i = 1, \ldots, N\}$ の繰り返し標本が与えられたとき，I^* の固有な値を $\{\theta_j^*, j = 1, \ldots, I^*\}$ のように定義することができる．$\theta_i = \theta_j^*$ であれば，指示ベクトル ind を ind$i = j$ と定義する．(8.91) における β と δ の標本を発生させる方法は，誤差項の平均に対する修正が必要である点とすべての観測値に対応する固有値によって平均と分散が異なる点を除いて，基本的には正規モデルのそれと同じである．bayesm のルーチン rivDP では，(8.91) で触れていないいわゆる "remix" 手順を含めた完全なギブスサンプラーが実装している．

Conley et al. (2008) は，正規と非正規の誤差項，強と弱の操作変数の条件のもとで，DP 誤差項を用いたベイズ IV 手続きの精度を検証している．精度の尺度として，点推定量の効率性と HPD (highest probability density) 区間のカバレッジが用いられた．正規誤差のもとでは，構造パラメータ β についての推論が DP 事前分布であっても正規事前分布でも同じであるという意味で，DP 事前分布を使用することによる実際上の問題はない．しかし，非正規誤差のもとでは，DP 事前分布は非正規性に適応し，単一成分に基づいたベイズ IV より優れたパフォーマンスを示す．したがって非正規誤差と弱の操作変数に関する最新の従来の方法に比べて，ベイズ手続きは標本からより多くの情報を引き出せることがわかる．

8.5.2 階層構造における戦略的に決定された X の値

いくつかのマーケティングの状況では，マーケティング変数がクロスセクションユニットのレベルでカスタマイズされている．例として，特定の市場におけるトレードプロモーションまたは卸価格のカスタマイゼーション，特定の顧客に対するクーポンのターゲティングとカスタマイゼーション，得意先に合わせた販売員の割当てなどが挙げられる．典型的な階層構造では，一般的な条件付反応モデルから始まる．

$$p(y_{ht}|x_{ht}, \theta_h) \tag{8.92}$$

暗示的に，このような状況の標準的な分析方法は，x_{ht} の分布が θ_h と独立であると仮定することである．しかし，より一般的なアプローチは，x_{ht} の分布が θ_h に依存する可能性を考慮して，売上反応とマーケティング変数の決定を同時にモデル化することであろう．

$$\begin{array}{c} p(y_{ht}|x_{ht}, \theta_h) \\ p(x_{ht}|\theta_h, \tau) \end{array} \tag{8.93}$$

このアプローチは Chamberlain (1980) と Chamberlain (1984) によって提案されたモデルの 1 つの一般化であり，Bronnenberg and Mahajan (2001) によってマーケティングの文脈に応用されている．Chamberlain は変数 x が，線形関数とロジット/プロビットなど様々なモデルの切片と相関をもつ状況を想定している．ここで提案した変量効果モデルはあらゆる反応モデルの係数に適用でき，非標準非線形モデルにも対応できる．しかし，条件付モデルの一致性に関する Chamberlain の基本的な結果

はここでも成り立っている．T が増えない限り，条件付モデルのすべての尤度ベースの推定量は一致性をもたない．この漸近的バイアスの程度は，モデル，データおよび T に依存する．T が小さい場合，バイアスが非常に大きくなることが報告されている．

一般的なデータ拡大とメトロポリス–ヘイスティング MCMC アプローチは，(8.93) の条件付構造を利用するのに適している．つまり，$\theta_h|\tau$ からの繰り返し標本（ここで，τ が与えられたとき $\{\theta_h\}$ は条件付独立であるとする）を $\tau|\{\theta_h\}$ のそれに置き換えることが可能である．適切な提案分布を選ぶことができれば，この MCMC アプローチは非常に広い範囲の確率モデルの条件付確率と周辺確率の評価に適用することができる．

(8.93) におけるモデルをさらに定式化するために，ベクトル θ に含まれるパラメータの解釈を考えるのが有用である．マーケティングミックスの応用において，x（例えば，ベースライン売上）が何らかの"正規性"を備えているという条件のもとでの売上の水準と様々なマーケティング変数に対する売上の変化を重要な量として考えるかもしれない．多くの場合，意思決定者はマーケティング変数をベースライン売上に比例するように設定している．より洗練された意思決定者なら，マーケティングミックスの効果は資源配分の決定にも非常に重要であると認識するであろう．つまり，x の周辺分布の定式化は，x の水準をベースライン売上の水準と x の要素に関する売上の変化の関数とすることを意味する．

Manchanda et al. (2004) は，医師が書いた処方箋のカウントデータを用いて売上反応モデルとして負の二項回帰モデルを適用した (8.93) の特殊なケースを検証している．売上数量は，売上反応（"ディテール"）感度の関数として戦略的に決定されるようにモデル化されている．これは，売上反応の件数の水準および変化がこの変数の効果に関して情報をもっている．x 変数を θ_h の関数としてモデル化することによって得られる追加的な情報は重要であり，x がランダム係数に依存することから生じるバイアスよりも重要な問題である (Yang et al. 2003)．

8.6 お わ り に

本章では，ベイズ手法とモデルのマーケティングへの応用を見てきた．マーケティングへの応用は，軽視されているベイズパラダイムの2つの側面を明らかにしている．非集計データの離散性と情報の少なさから，報知事前分布が重要であり，その評価を十分慎重に行わなければならない．事前分布の定式化の柔軟性は，特に階層的な設定で非常に重要である．最後に，マーケティングの応用では，消費者の意思決定プロセスのモデルが実践できることが求められる．そのため，非標準的な尤度関数の使用を余儀なくされている．今日ベイジアン分析において支配的になっているシミュレーションベースの手法は，分析者を標準的なモデルや事前分布への依存性から解放してくれる．マーケティングの応用は，新しいモデルを刺激する材料と既存のモデルまたは手

法を検証するものとして考えることができる.

文　献

Allenby, G. M., Garratt, M. J., and Rossi, P. E. (2010). "A Model for Trade-Up and Change in Considered Brands," *Marketing Science*, 29(1): 40–56.

―― and Rossi, P. E. (1991). "Quality Preceptions and Asymmetric Switching Between Brands," *Marketing Science*, 10(3): 185–204.

―――― (1993). "A Bayesian Approach to Estimating Household Parameters," *Journal of Marketing Research*, 30(2): 171–82.

―――― (1999). "Marketing Models of Consumer Heterogeneity," *Journal of Econometrics*, 89: 57–78.

Antoniak, C. E. (1974). "Mixtures of Dirichlet Processes with Applications to Bayesian Nonparametric Problems," *The Annals of Statistics*, 2(6): 1152–74.

Avriel, M. (1976). *Nonlinear Programming: Analysis and Methods*. Prentice-Hall.

Bernardo, J. M., and Smith, A. F. M. (1994). *Bayesian Theory*. John Wiley & Sons.

Berry, S., Levinsohn, J., and Pakes, A. (1995). "Automobile Prices in Market Equilibrium," *Econometrica*, 63(4): 841–90.

Bhat, C. R. (2005). "A Multiple Discrete-Continuous Extreme Value Model: Formulation and Application to Discretionary Time-Use Decisions," *Transportation Research Part B*, 39: 679–707.

―― (2008). "The Multiple Discrete-Continuous Extreme Value Model: Role of Utility Function Parameters, Identification Considerations, and Model Extensions," *Transportation Research Part B*, 42: 274–303.

Bronnenberg, B. J., and Mahajan, V. (2001). "Multimarket Data: Joint Spatial Dependence in Market Shares and Promotional Variables," *Marketing Science*, 20(3): 284–99.

Chamberlain, G. (1980). "Analysis of Covariance with Qualitative Data," *Review of Economic Studies*, 47: 225–38.

―― (1984). "Panel Data," in Z. Griliches, and M. Intriligator, (eds.), *Handbook of Econometrics*, vol. 2. North-Holland.

Chandukala, S. R., Kim, J., Otter, T., Rossi, P. E., and Allenby, G. M. (2007). "Choice Models in Marketing: Economic Assumptions, Challenges and Trends," *Foundations and Trends in Marketing*, 2(2): 97–184.

Chen, Y., and Yang, S. (2007). "Estimating Disaggregate Models Using Aggregate Data through Augmentation of Individual Choice," *Journal of Marketing Research*, 44; 613–21.

Chib, S., and Greenberg, E. (1998). "Analysis of Multivariate Probit Models," *Biometrika*, 85(2): 347–61.

Conley, T. G., Hansen, C. B., McCulloch, R. E., and Rossi, P. E. (2008). "A Semi-parametric Bayesian Apporach to the Instrumental Variable Problem," *Journal of Econometrics*, 144: 276–305.

Dubé, J.-P. (2004). "Multiple Discreteness and Product Differentiation: Demand for Carbonated Soft Drinks," *Marketing Science*, 23(1): 66–81.

Edwards, Y., and Allenby, G. M. (2003). "Multivariate Analysis of Multiple Response Data," *Journal of Marketing Research*, 40(3): 321–34.

Fruhwirth-Schnatter, S. (2006). *Finite Mixture and Markov Switching Models*. Springer.

Geweke, J. (1991). "Efficient Simulation from the Multivariate Normal and Student-t Distributions Subject to Linear Constraints," in (ed.), E. M. Keramidas, *Computing Science* and Statistics: Proceedings of the 23rd Symposium, 571–78.

—— (2005). Contemporary Bayesian Econometrics and Statistics. Chichester: John Wiley & Sons.

Gilbride, T. J., and Allenby, G. M. (2004). "A Choice Model with Conjunctive, Disjunctive, and Compensatory Screening Rules," Marketing Science, 23(3): 391–406.

Guadagni, P. M., and Little, J. D. C. (1983). "A Logit Model of Brand Choice Calibrated on Scanner Data," Marketing Science, 2(3): 203–38.

Hajivassiliou, V., McFadden, D. L., and Ruud, P. (1996). "Simulation of Multivariate Normal Rectangle Probabilities and their Derivatives," Journal of Econometrics, 72: 85–134.

Hausman, J., and Wise, D. A. (1978). "A Conditional Probit Model for Qualitative Choice: Discrete Decisions Recognizing Interdependence and Heterogeneous Preferences," Econometrica, 46(2): 403–426.

Imai, K., and D. A. van Dyk (2005). "A Bayesian Analysis of the Multinomial Probit Model using Marginal Data Augmentation," Journal of Econometrics, 124: 311–34.

Jiang, R., Manchanda, P., and Rossi, P. E. (2009). "Bayesian Analysis of Random Coefficient Logit Models Using Aggregate Data," Journal of Econometrics, 149: 136–48.

Keane, M. P. (1994). "A Computationally Practical Simulation Estimator for Panel Data," Econometrica, 62(1): 95–116.

Kim, J., Allenby, G. M., and Rossi, P. E. (2002). "Modeling Consumer Demand for Variety," Marketing Science, 21(3): 229–50.

Koop, G. (2003). Bayesian Econometrics. John Wiley & Sons.

Lancaster, T. (2004). An Introduction to Modern Bayesian Econometrics. Blackwell.

Manchanda, P., Ansari, A., and Gupta, S. (1999). "The 'Shopping Basket': A Model for Multicategory Purchase Incidence Decisions," Marketing Science, 18(2): 95–114.

—— Rossi, P. E., and Chintagunta, P. K. (2004). "Response Modeling with Nonrandom Marketing-Mix Variables," Journal of Marketing Research, 41: 467–78.

McCulloch, R. E., Polson, N. G., and Rossi, P. E. (2000). "A Bayesian Analysis of the Multinomial Probit Model with Fully Identified Parameters," Journal of Econometrics, 99: 173–93.

—— Rossi, P. E. (1994). "An Exact Likelihood Analysis of the Multinomial Probit Model," Journal of Econometrics, 64: 207–40.

McFadden, D. L. (1981): "Econometric Models of Probabilistic Choice," in M. Intriligator, and Z. Griliches (eds), Structural Analysis of Discrete Choice, North-Holland, 1395–457.

Morrison, D. G., and Schmittlein, D. C. (1988). "Generalizing the NBD Model of Customer Purchases: What Are the Implications and is it Worth the Effort?," Journal of Business and Economic Statistics, 6(2): 145–59.

Musalem, A., Bradlow, E. T., and Raju, J. S. (2009). "Bayesian Estimation of Random-Coefficients Choice Models Using Aggregate Data," Journal of Applied Econometrics, 24: 490–516.

Orme, B. K. (2009). Getting Started with Conjoint Analysis. Research Publishers, LLC.

Pudney, S. E. (1989). Modeling Individual Choice: The Econometrics of Corners, Kinks, and Holes. Basil Blackwell.

R (2009). R: A Language and Environment for Statistical Computing. R Foundation for Statistical Computing.

Roberts, G. O., and J. S. Rosenthal (2001). "Optimal Scaling for Various Metropolis-Hastings Algorithms," Statistical Science, 16(4): 351–367.

Rossi, P. E., Allenby, G. M., and McCulloch, R. E. (2005). Bayesian Statistics and Marketing. John Wiley & Sons.

——Gilula, Z., and Allenby, G. M. (2001). "Overcoming Scale Usage Heterogeneity: A

Bayesian Hierarchical Approach," *Journal of the American Statistical Association*, 96(453): 20–31.

—— McCulloch, R. E. (2008). *bayesm: Bayesian Inference for Marketing/Micro-Econometrics* 2.2-3 edn.

—— —— Allenby, G. M. (1996). "The Value of Purchase History Data in Target Marketing," *Marketing Science*, 15(4): 321–40.

Sonnier, G., Ainslie, A., Otter, T. (2007). "Heterogeneity Distributions of Willingness-to-Pay in Choice Models," *Quantitative Marketing and Economics*, 5: 313–31.

Train, K. E. (2003): *Discrete Choice Methods with Simulation*. Cambridge University Press.

Yang, S., Chen, Y., and Allenby, G. M. (2003). "Bayesian Analysis of Simultaneous Demand and Supply," *Quantitative Marketing and Economics*, 1: 251–75.

9

ベイズ統計のファイナンスへの応用

9.1 はじめに

　本章は，ファイナンス研究におけるベイズ統計学の利用について述べる．現代のファイナンス研究における最も基本的な議論は，予測可能性の問題である．もし予測可能性があるとすれば，市場の効率性をめぐる議論は，金融時系列の予測可能性の程度が中心となる．ベイズ統計学では，この議論はただちに予測密度に反映される．さらに，競合する複数のモデルの予測可能性を比較しなければならないときは，検定に関するベイジアンの見方，すなわち，モデル比較のためのオッズ比 (odds ratio)，あるいは平均化 (averaging) がうまく適合する．

　第2に，多くのファイナンスの応用分野において興味の対象となる諸量は，尤度関数を記述するのに用いられる基礎パラメータの非線形関数になっている．循環周期，ヘッジ比率，オプション価格，ポートフォリオ間の相関，シャープ比率 (Sharpe ratio) などが，その例である．例えば，自己相関における循環周期は，自己回帰 (autoregressive：AR) パラメータの関数である．特に事後分布がシミュレーションされる場合，ベイズ法はパラメータの非線形関数の正確な事後分布を，容易に導くことができる．

　第3に，近年，時間変動するボラティリティのモデルはますます複雑になってきている．ベイズ法は，マルコフ連鎖モンテカルロ法 (MCMC) の発展とあいまって，モデル推定と予測の極めて効率的なアルゴリズムを生み出してきた．

　最後に，合理性に基づくファイナンスの意思決定は，規範的な側面を多分に含んでいる．エージェントは，資産収益率の予測分布をもとに，ベイズの定理に従って自らの信念 (belief) を更新する．場合によっては，いずれのモデルも真であるとは断定せず，競合するモデルの最適な平均化によって更新することもあり得る．その上で，エー

[*0)] Eric Jacquier は，HEC 研究基金から研究助成を受けたことに感謝する．本章執筆に当たり，本書編集者からのコメント，Shirley Miller と Maïa Cullen との議論，Inkslingers の Linda Tracey による編集作業により，多大な助力を得た．両著者は John Geweke と Herman Van Dijk から数えきれない助言を得た．ここに深く感謝する．ベイズ法によるファイナンス研究には，すでに豊富な成果の蓄積が存在している．本章は百科事典のようにすべての研究を網羅するつもりはなく，多くの優れた研究に言及していない．これは省かれた論文の質が劣ることを意味しないことを断っておく．本章で述べるほとんどすべての議論の源泉は，Arnold Zellner が成し遂げた基礎研究と指導力に発している．ここに深く感謝の意を表す．

9.1 はじめに

ジェントは,予測される富の期待効用を最大化するポートフォリオを構築する.

上記の特徴に留意して,9.2 節では,Markowitz (1952) と Merton (1969) が導入した古典的なポートフォリオ最適化問題を扱う.まず,我々はベイズ法の枠組みにおいて推定誤差がどのように扱われるかを示す.単一の制約的なモデル,例えば,マーコウィッツにおける一期間モデル,マートンにおける独立同一分布 (i.i.d.) の対数正規分布モデルであっても,期待効用はもはや確率変数となる.なぜならば,ベイズ法の枠組みでは,期待効用はそれ自身が確率変数であるパラメータの関数になるからである[*1].決定理論 (decision theory) は,点推定値への条件付けは,推定値がどんなに良いものであっても,最適な戦略を導かないことを示している.将来収益率の予測密度を導く事後密度からパラメータを積分消去する必要がある.このことは,例えば Zellner and Chetty (1962) や Brown (1978) によって,早くから指摘されていた.

ベイズの方法論は,エージェントが利用できる情報の下で最適であるが,散漫事前分布だけでは古典的アプローチに対する改善は限られている.したがって,9.2.2 項では 1 つの改善案,経験ベイズについて述べる.そこでは,実際の見解を反映する主観的な事前分布よりもむしろ,観測値自身から計測される正則事前分布の利用に注目する.我々は,これらの事前分布と James and Stein (1961) の縮約推定量の関係,Frost and Savarino (1986) の場合のように平均ベクトルと共分散行列の両方を計測する方法を検討する.おそらく当時は,1 期間モデルの枠組みでは数値的な効果はあまり大きく見えなかったため,Brown (1978) やその他の研究におけるアイデアは,ただちに広く利用されることはなかった.9.2.3 項では,投資期間の増加とともに,平均における不確実性の影響が劇的に増大することを示す.ここでは,Jacquier (2006) と Barberis (2000) を検討する.9.2.4 項では Black and Litterman (1991) と Pastor (2000) の場合のように,ベイズ計量経済学者が,信念を資産価格モデルに取り入れるために,どのように事前分布を利用できるかについて議論する.我々は,さらなる諸問題に関する議論でこの節を終える.

9.3 節では,資産収益率の平均の予測可能性について述べる.予測可能性は金融市場の効率性に関係しており,ファイナンスにおける中心的課題である.予測可能性は古典的な時系列アプローチ,もしくは経済的な視点から分析される.はじめに,時系列アプローチについて述べる.ベイズ分析の長所は,複数のモデル間の順位付けを可能にする事後オッズにある.予測可能性に関する典型的な初期の研究は,古典的な統計ツール(例えば,t 統計,R^2,または平方平均二乗誤差)を用いて,株式収益率を予測するための 1 つ,もしくは複数の変数がもつ予測能力を分析してきた.対立仮説と入れ子になっている帰無仮説に基づく標準的な古典的枠組みでは,入れ子にならないものを含む複数のモデル間の順位付けはできない.

[*1] このことは,モデルの不確実性を考慮する以前の問題である.特にベイズ計量経済学では,ある所与のモデルを真のモデルとみなすことには意味がない.モデルはデータを観察し,必要な推論を行い,予測や意思決定を行うための,願わくば便利な窓である.Poirier による本書の第 2 章を参照せよ.

古典的な統計ツールとは対照的に，モデルのオッズ比は順位付けの目的に完全に適合する．ここでは Avramov (2002) と Cremers (2002) について議論する．彼らはこの問題においてベイズ法によるモデル比較と，さらに重要なこととして平均化による予測可能性の理解に貢献している．予測可能性を評価する尺度は，しばしば尤度関数を記述するのに用いられる基礎パラメータの非線形関数である．古典的な推定方法は，漸近理論に特有の近似であるがゆえに，この状況では不十分である．我々は株式収益率の循環性分析と長期収益率の予測可能性に対する Lamoureux and Zhou (1996) のベイズアプローチを例として取り上げる．

9.3.2 項では，予測可能性の経済的妥当性，すなわち最適配分への影響について述べる．この考え方を提示した最初の秀逸な論文は，Kandel and Stambaugh (1996) である．彼らは，株式収益率を配当利回りに回帰する古典的分析を通して，予測可能性を分析している．特に予測密度を求める際に，パラメータ不確実性を適切に考慮に入れて資産配分への影響を考察している．予測変数の確率的な性質を念頭に入れて，彼らは二変量ベクトル自己回帰 (VAR) 過程として予測回帰式を定式化している．Stambaugh (1999) は，この予測回帰式を詳細にわたって分析している．最後に，特に多期間モデルに注目した Barberis (2000) の議論で本節を終える．

9.4 節では，実証的な資産価格研究におけるベイズ計量経済学の主要な貢献をいくつか述べる．最初に，McCulloch and Rossi (1990, 1991) が，Ross (1976) の裁定価格理論 (APT) にベイズ検定をどのように適用しているかについて，統計的および経済的な観点から考察する．第 2 に，潜在的なファクターモデル（因子モデル）の検定における主要な課題として，ファクタースコアとファクター負荷の推定が先立って必要なことが挙げられる．対照的に，CAPM と市場指数モデルの場合，通常，ファクター負荷（ベータ）の推定だけに気を配れば良い．古典的アプローチは一般に，資産の時系列あるいはクロスセクションに対して漸近性を仮定している．Geweke and Zhou (1995) は，どちらの仮定も必要でないことを示している．彼らは，単純な MCMC アルゴリズムを用いてスコアとファクターを同時に推定している．第 3 に，CAPM の世界では，資産価格モデルの検定は，利用可能な市場指数が事後的に効率的だったか否かの検定に等しいと，長らく理解されてきた．この理解は，ベイズ法によって資産価格モデルの検定に取り組む多数の研究を生み出してきた．この節では，それらベイズ検定について議論する．

市場の効率性のもう 1 つの観点は，アクティブなポートフォリオがパッシブな市場指数に打ち勝つことができるかどうかである．我々は，ベイジアンの立場からミューチュアルファンドのパフォーマンスを分析した Baks et al. (2001) やその他の研究を検討する．そして，ファンド間の学習を考慮した Jones and Shanken (2005) のアプローチと比較する．

9.5 節では，ボラティリティと共分散のモデル化を検討する．ベイズ法による一般化自己回帰条件付分散不均一 (generalized autoregressive conditional heteroskedasticity：GARCH）から始め，確率的ボラティリティ(stochastic volatility：SV）のモデル化の検討へと続ける．MCMC アルゴリズムは，ファイナンス計量経済学におけるSVの利用を大きく促進してきた．なぜならば，MCMC はカルマンフィルタが最適とはならない，複雑な非線形の潜在変数モデルの推定を可能にするからである．例えば，Jacquier et al. (1994; 2004) の MCMC アルゴリズムは，潜在変数（ここではボラティリティ）とパラメータの両方の事後密度をもたらす．MCMC 法は尤度関数の最大化に適用できるが，ベイズアプローチでは，事後分布からのサンプリングだけが必要なので，この複雑なステップを必要としない．我々は，レバレッジ効果とファットテールを同時にもつ古典的 SV モデルについて，ベイジアン MCMC アルゴリズムを検討する．まず，アルゴリズムの設計，および診断の方法を示す．そして，モデルの予測を眺めオッズ比を計算することで，モデルを比較する方法を示す．オッズ比を得るに当たっては，容易に利用できる事後分布からのサンプリングにのみ依存する簡単な方法を示す．この手続きによれば，周辺尤度の計算に必要な特有の積分を回避できる．

そして，モデルの拡張について述べる．共分散行列を推定するためのベイジアン戦略の議論で，この節を終える．我々は，共分散行列への 2 つの異なるアプローチを検討する．第 1 のアプローチでは，個々のボラティリティと相関係数行列は別々にモデル化される．第 2 のアプローチでは，ファクターモデルが共分散行列に制約を与える．我々は，ファクター負荷 β のベイズ推定を検討する．Cosemans et al. (2009) は，ベータのクロスセクションと時系列の変動を同時にモデル化すると，ポートフォリオのパフォーマンスが向上することを示している．Jostova and Philipov (2004) は，ベータを潜在変数として MCMC アルゴリズムを適用している．

9.6 節では，実証的なオプション価格決定の領域を検討する．まず，不確実なボラティリティのサンプリングに基づいてオプション価格を計算する，シミュレーションベースの方法を検討する．初期の方法は，ボラティリティの不確実性のみを考慮している．我々は，尤度がモデルの誤差を取り込めるように，価格付けの誤差を当該モデルへ明示的に追加する方法を検討する．ここでは，ブラック–ショールズに基づく価格付けの誤差を，観察可能な変数の関数としてモデル化した Jacquier and Jarrow (2000)を検討する．Jacquier and Jarrow (2000) では，尤度は価格付けの誤差にのみ従うが，σ の事前分布を通して過去の収益率の情報を取り入れている．同様の観点から，Eraker (2004) は，ボラティリティが確率的であり，かつジャンプが可能である極めて一般的なモデルを適用している．Jones (2003b) は誤差を許容しつつ，インプライドボラティリティとヒストリカルボラティリティの線形関係を定式化している．このことは，事実上，ヒストリカルな過程とリスク中立過程の両方を，尤度関数に取り込むことになる．

9.7 節では，ファイナンス研究における近年の有望な進歩，すなわち，パラメータ学習を伴うフィルタリングについて述べる．ここ数年の間に，フィルタリング手法の

有用性が認識されてきている（古典的なフィルタリング・アルゴリズムについては，Giondani らの本書の第 3 章を参照せよ）．MCMC 法は，同時事後分布を条件付分布 $(h|\theta)$ と $(\theta|h)$ に分割することで，パラメータ θ と潜在変数 h をもつ複雑なモデルの推定を可能にする．この方法は潜在変数の平滑化推定値の同時分布，例えば $(h_t|y_1,\ldots y_T)$ を導く．しかしながら，潜在変数のフィルタリング密度 $(h_t|y_1,\ldots,y_t)$, $\forall t \in [1,T]$ が求められることがしばしばある．実行可能な解決策の 1 つに，求められるすべての部分標本 $[1,t]$ に対して，MCMC 平滑化を繰り返すことが挙げられる．しかし，それは計算量の点で魅力的ではない．粒子フィルタは，求められる潜在変数のフィルタリング密度をもたらす．しかし，最近までのアルゴリズムは，パラメータ値を条件とする密度 $(h_t|y_1,\ldots,y_t,\theta)$ であり，あまり興味を引くものではなかった．対照的に，我々が検討する最新のアルゴリズムは，パラメータ学習を考慮に入れている．すなわち，任意の時点 $t \in [1,T]$ に対して，アルゴリズムは時間 t までのデータだけを使って，潜在変数，およびパラメータの密度 $(h_t|y_1,\ldots,y_t,\theta)$, $(\theta_t|y_1,\ldots,y_t)$ を生成する．ここでは，Jacquier and Miller (2010) の実行例を検討する．

9.2 最適ポートフォリオの構築

9.2.1 パラメータ不確実性の下での基本的な最適ポートフォリオの設定

パラメータの不確実性を導入する前に，1 期間最適ポートフォリオ理論に関するいくつかの基本となる結果を，簡単に概観する．式の導出については，Markowitz (1952)，Merton (1972)，Roll (1977)，Brandt (2009)，もしくは古典的な大学院レベルのファイナンスのテキストを参照せよ．

Markowitz (1952) の一期間の枠組みは，N 次元正規分布に従う収益率 **R** を仮定する．ここで，平均ベクトル $\boldsymbol{\mu}$ と共分散行列 Σ は既知である．N 資産のウェイトを w とするポートフォリオは，平均 $\mu = w'\boldsymbol{\mu}$ と分散 $\sigma^2 = w'\Sigma w$ をもつ．このことは，平均–分散空間（慣習的に標準偏差に対してプロットされる）においてよく知られる効率的フロンティアを与える．手短にいえば，空売りが可能ならば，ある所与の期待収益率の下で分散を最小にする最適ポートフォリオの標準偏差の軌跡は，双曲線になる．頂点は大域的最小分散ポートフォリオ (global minimum variance portfolio：MVP) であり，そのウェイトのベクトルは $\Sigma^{-1}i/i'\Sigma^{-1}i$ で与えられる．ここで i はすべての要素が 1 からなるベクトルである．分母の定義によって，ウェイトの合計は 1 になることに注意せよ．安全資産が存在しない場合，投資家は期待効用，もしくは確実性等価 (certainty equivalent：CE) を最大にするように，効率的フロンティア上でポートフォリオを選択する．ここで確実性等価は平均と分散のトレードオフを表しており，相対危険回避一定の効用をもつ投資家の場合，確実性等価は $\mu - \frac{\gamma}{2}\sigma^2$ で与えられる．この確実性等価を最大にするウェイトは，$\frac{1}{\gamma}\Sigma^{-1}(\boldsymbol{\mu} - \mu_0 i)$ に等しい．ここで μ_0 もまた Σ^{-1} と $\boldsymbol{\mu}$ の関数である．

9.2 最適ポートフォリオの構築

安全資産と効率的フロンティア上の危険資産の組合せは，平均–標準偏差空間において資本分配線 (capital allocation line：CAL) として知られる直線を導く．この直線の傾きは標準偏差と期待超過収益率（安全利子率に対する）の比であり，シャープ比率 (Sharpe ratio) と呼ばれ，投資家はシャープ比率を最大にしようとする．N 個の危険資産から構成される接点ポートフォリオ (tangency portfolio) は，資本分配線と危険資産からなるフロンティアとの接点に位置する．そのウェイトのベクトルは

$$\frac{\Sigma^{-1}(\boldsymbol{\mu}-R_f i)}{i'\Sigma^{-1}(\boldsymbol{\mu}-R_f i)} \tag{9.1}$$

で与えられる．投資家は，各々のリスク選好に応じて接点ポートフォリオと安全利子率の間で，自らが保有する富を配分する．最適配分，すなわち確実性等価を最大にする危険資産ポートフォリオのウェイトは，以下で与えられる．

$$w^* = \frac{\mu - R_f}{\gamma\sigma^2} \tag{9.2}$$

ここで μ と σ は (9.1) から得られる接点ポートフォリオの平均と標準偏差であり，$1-w^*$ が安全利子率へのウェイトとなる．

最適ポートフォリオを実際に実現しようとすると，パラメータは未知である．初期の慣行では，標準的な最適ポートフォリオ公式，もしくは最適化公式にパラメータ $\boldsymbol{\mu}$ と Σ の点推定値を代入していた．しかし，点推定値を代入したポートフォリオがせいぜいのところ部分最適なポートフォリオでしかないのは，意思決定理論が明らかにするところである．Zellner and Chetty (1965) が指摘するように，予測密度の計算にあたって推定誤差を適切に考慮に入れる必要がある．予測密度（これは基本的にベイジアンの概念である）は利用するモデル，および，すでに観測されたデータ $\mathbf{R}$ を条件とする将来データの同時密度である．本章のケースでは，時点 $T+1$ における N 資産の収益率の同時予測密度は，

$$p(\mathbf{R}_{T+1}|\mathbf{R}) = \int p(\mathbf{R}_{T+1}|\mathbf{R},\boldsymbol{\mu},\Sigma)\,p(\boldsymbol{\mu},\Sigma|R)\,d\boldsymbol{\mu}\,d\Sigma \tag{9.3}$$

で与えられる．式 (9.3) で将来の収益率の密度 $p(\mathbf{R}_{T+1}|\mathbf{R},\boldsymbol{\mu},\Sigma)$ からパラメータを積分消去するための，パラメータの事後密度の利用法に注意せよ．同様に，ウェイトを w とするポートフォリオ収益率の予測密度は，収益率の条件付密度から，平均 $\mu=w'\boldsymbol{\mu}$ と分散 $\sigma^2=w'\Sigma w$ を積分消去することによって得られる．

Klein and Bawa (1976) は予測密度に関する期待効用を計算し，期待効用を最大化することが最適戦略であることを示した．ベイズ法の枠組みでは，このことは直観的に明らかである．シャープ比率と期待効用（もしくは確実性等価）$\mu - \frac{\gamma}{2}\sigma^2$ はパラメータの不確実性によって確率変数となる．どうすれば，確率関数を最大化し，特定の解を見つけることができるだろうか？ また，さらに議論を進めれば，確実性等価またはシャープ比率において，μ と Σ を各々の点推定値に置き換えることは，特にリスク

回避的な投資家が考慮すべき不確実性を明らかに排除することになる．こうした考えに基づいて，Brown (1976; 1978) と Bawa et al. (1979) は，パラメータの不確実性をポートフォリオ最適化問題に取り込んでいる．彼らはパラメータの予測密度を計算するために，主に非正則事前分布 $p(\boldsymbol{\mu}, \Sigma) \propto |\Sigma|^{-(N+1)/2}$ を採用し，パラメータ予測密度に関する期待効用を最大化している．

収益率の多変量予測密度は平均 $\hat{\boldsymbol{\mu}}$，自由度 $T - N$，共分散行列 $k\hat{\Sigma}$ の t 分布であることが示される．ただし，分散拡大係数 (variance inflation factor) k は $(1+\frac{1}{T})\frac{T+1}{T-N-2}$ で与えられる．この事実はポートフォリオ最適配分を修正することになる．特に N が T と比較してかなり大きいときは，大幅な修正となる．点推定値に基づくポートフォリオと比較して，ベイズ最適ポートフォリオは，例えば高い $\hat{\mu}$ を伴うようなよりリスクが高い資産に対しては，より小さなポジションをとる．もし Σ が既知ならば，k は $1+\frac{1}{T}$ に減少し，補正ははるかに小さなものになる．例えば，危険資産と安全資産への配分を考える．非正則事前分布の場合には，μ の事後密度は $N(\hat{\mu}, \frac{\sigma^2}{T})$ である．ただし，$\hat{\mu}$ は標本平均である．将来収益率の予測密度は，$N(\hat{\mu}, \sigma^2(1+\frac{1}{T}))$ である．直観的にいえば，投資家が直面する将来収益率の分散は，平均が与えられた下での将来収益率の分散と，不確実な平均の分散の和になっている．収益率の予測密度に関するマートン配分を計算すると，係数 $1+\frac{1}{T}$ の存在によって (9.2) における接点ポートフォリオへの配分は低下する．しかし，このことは式 (9.1) で与えられる接点ポートフォリオにおける各危険資産のウェイトには，影響を及ぼさない．

当初は，これらの補正は1期間モデルにとって重要でないように見えた．当時は T と比較して，N は十分に小さいと考えられていた．実務家とアカデミックな研究者の両方が，理論的な解に μ と Σ の点推定値を代入する手続きを採用していた．しかし，実務家は最終的には，この代入アプローチは推定誤差に敏感であることを認識した（例えば Michaud 1989 を参照せよ）．所与の要求期待収益率の下で，平均ベクトルの点推定値を用いて分散を最小にする投資家を考える．高い平均の推定値は，その真の値が高い一方で，利用する標本データが正の推定誤差をもたらしているかもしれない．投資期間に相当する次の標本は，おそらくこれらの平均に対してより低い点推定値をもたらす．そして，投資家はこれらの推定誤差によって過剰投資してしまうだろう．

Jobson and Korkie (1980) とそれに続く研究は，平均ベクトルと共分散行列の標本変動が原因となって発生する最適ポートフォリオウェイトの標本変動を議論している．このアプローチの主な問題点は，意思決定を行う時点では，投資家にとってウェイトは確率変数ではなく意思決定のための変数であるということである．したがって，意思決定理論が明確に示しているように，標本変動の特性を考察する統計的手続きは，観測された手元のデータに基づいて予測効用を最大化する投資家に対して，ほとんど何の情報も提供しない．第2の問題は，ポートフォリオのウェイトと平均・分散の関係が非線形なことである．ウェイトが大きく変化しても，ポートフォリオの平均と分散は少ししか変化しないことがあり得る．したがって，頻度論的なウェイトの不確実

9.2 最適ポートフォリオの構築

性は，最適化ポートフォリオの将来収益率の不確実性の指標としては，劣ったものである．

もう1つのアプローチは，"リサンプリングされた"フロンティア (resampled frontier) を計算することである．μ と Σ に関する推定量の標本分布から収益率データをサンプリングし，サンプリングされたデータセットごとにフロンティアを計算する．リサンプリングされたフロンティアは，こうして繰り返し得られるフロンティアを平均したものである．この頻度論的なシミュレーションは，ベイズ法による決定理論アプローチとは大きく異なる．後者は，手元のデータを所与とする収益率の予測密度に基づいて1つのフロンティアを計算する．両方ともより変動性の高い資産の平均推定値にペナルティを課すという点で，2つの方法は質的には類似性がある．現実の標本に基づく極端な平均推定値は，シミュレーションされたデータセットでは平均をとるために消えてしまう．したがって，リサンプリングされたフロンティアでは，極端な資産に対してはより小さなウェイトが与えられる．予測密度に基づくベイズ最適化は，同じ極端な資産に対してその資産が大きな分散をもつ場合にのみ，より小さいウェイトを与える．Harvey et al. (2008) は2つのアプローチを比較し，ベイジアンの方法が優れていると結論付けている．

Stambaugh (1997) は，新しい資産が追加されたために資産の一部がより短いデータしかもたない場合に，問題を一般化している．$[1,T]$ 期間に収益率 $\mathbf{R}_1$ をもつ N_1 種類の資産と，$[s,T]$ 期間に収益率 $\mathbf{R}_2$ をもつ N_2 種類の資産を考える．初期の研究では，標本期間 $[1,s-1]$ の情報を捨てて切り詰めた共通の期間 $[s,T]$ だけを利用するか，または対応する部分標本を使って μ と Σ の部分集合をそれぞれ個別に推定していた．後者の場合は，μ_1 と Σ_{11} の推定は $[1,T]$ 期間のデータに基づく一方，μ_2, Σ_{22}, $\Sigma_{1,2}$ の推定は $[s,T]$ に基づく．後者のアプローチでは Σ の推定値が特異行列になることがあり，その上，尤度に関するすべての情報を利用していない．Stambaugh は，同時密度 $p(\mathbf{R}_1,\mathbf{R}_2|\boldsymbol{\mu},\Sigma)$ を $p(\mathbf{R}_2|\mathbf{R}_1)p(\mathbf{R}_1)$ に書き直し，R_2 を R_1 に回帰する観点からパラメータを再定式化した．

標本期間全体の尤度関数を利用することで，2つの効果が得られる．第1に，μ_1 と Σ_{11} は標本期間全体の追加的な情報から恩恵を受ける．第2に，第1の効果ほど明瞭であるとはいえないまでも，μ_2, Σ_{12}, Σ_{22} も長い標本期間から恩恵を受ける．なぜならば，R_1 と R_2 の共分散を完全に利用できるからである．例えば，散漫事前分布を採用する場合，μ_2 の事後平均は無条件の $\hat{\mu}_2$ だけでなく，期間 $[1,s-1]$ と期間 $[s,T]$ における $\hat{\mu}_1$ の推定値の相違という情報も利用する．同様の結果は，Σ_{12} と Σ_{22} の事後平均に関してもいえる．もし長い標本期間をもつ資産の推定値が期間 $[1,s-1]$ と期間 $[s,T]$ で異なるならば，短い標本期間をもつ資産の推定は，期間を切り詰めた推定とは異なるものになる．このことが問題を理解するための鍵となるポイントである．Stambaugh は収益率の予測密度を導出し，先進国市場のより長い市場指数ポートフォリオと新興国市場のより短い市場指数にこの方法を適用している．初期の方法と Stambaugh の

方法から得られる結果を比較すると，接点ポートフォリオと最適配分はそれぞれ大きく異なっている．事後分析は，2つの方法が新興成長市場では平均に関してまったく異なる推定をもたらす一方，共分散行列に関しては基本的に同一の推定をもたらすことを示している．

9.2.2 ポートフォリオ選択問題に対する縮約法と経験ベイズ法

金融資産の平均ベクトルを正確に推定するのは，たとえ数十年の長期データを使ったとしても，非常に難しい．典型的な金融資産収益率では，平均と比較して標準偏差が大きいことが原因である．さらに金融資産収益率は自己相関が低く，また高頻度の標本でも平均の不確実性は減少しない．収益率が独立同一分布に従うとすれば，平均と分散は観測頻度の時間集計 (time-aggregation) に対して同一の比率をもつことが，減少しない理由である．例えば，$252T$ の日次収益率から得られる年率換算された平均の事後分布は，T 年間の年次収益率から得た年次平均の事後分布よりも，タイトな分布にはならない．計量経済学者や投資家はこの事実を受け入れなくてはならない．これとは対照的に，観測頻度を増やすと，分散の不確実性は減らすことができる．この事実は，定数分散と連続時間取引を前提とするマートンの世界で，エージェントが分散を既知と仮定できる理由となる．したがって，平均の不確実性はポートフォリオ最適化のプロセスでまず最初に考察すべき課題である．

最適化プロセスでは，より高い（より低い）平均をもつ資産により高い（より低い）ウェイトを置く傾向がある．パラメータの不確実性によって，推定期間中に平均ベクトルの点推定値が極端な値をとると，次の期間（つまり投資期間）には点推定値は中心推定値に近づく傾向にある．単純に点推定値を利用するだけの最適化は，極端すぎるポジションをとって，投資期間中には貧弱なパフォーマンスを被ることになる．極端な平均収益率により多く投資するリスク許容度の高い投資家にとって，この現象はより深刻な問題となる．Jobson and Korkie (1981) は 25 年分の月次収益率を用いて，μ と Σ の点推定値に基づいて最適化したポートフォリオの実現したシャープ比率が 0.08 である一方，真の値を利用したポートフォリオのシャープ比率は 0.34 となることを示している．代入アプローチは，明らかに高くつく．Frost and Savarino (1986) は散漫事前分布に基づくベイジアン最適化が，古典的な代入アプローチを改善することを示している．しかし，マーコウィッツの枠組みをパッシブ戦略（例えば時価総額ウェイトや等ウェイト）より魅力的なものにするには，平均の不確実性はまだあまりに大きい．例えば，推定値と推定値から生成されるポートフォリオウェイトは，毎期あまりに大きく変化する．以下では，報知事前分布がポートフォリオのパフォーマンスをどのように向上させ得るかを議論する．

James and Stein (1961) は，多変量（2より大きな次元）の平均の最尤推定量 (maximum likelihood estimator：MLE) は縮約推定量 (shrinkage estimator)（これは偏りをもつ推定量である）に優越されることを示し，MLE の非許容性を証明した．彼

らの縮約推定量は次式で与えられる．

$$\hat{\mu}_{JS} = (1-w)\hat{\mu} + w\mu_0 i \tag{9.4}$$

ただし，w はデータに基づくスカラーのウェイトであり，μ_0 は縮約が向かう方向の中心値を示すスカラーである．そして，i は 1 を要素とするベクトルである．具体的な式は省略するが，w は $(\hat{\mu} - \mu_0 i)$ と Σ^{-1} の二次形式に反比例する．この推定値は，元々の平均推定値を共通の値 μ_0 に向けて縮約する．

縮約は，平均のパラメータ不確実性の影響を減少させる自然なアプローチである．縮約推定量は，平均ベクトルの MLE を MLE とある選ばれた中心平均値 (central mean) の一次結合に入れ替え，極端な値をより中心の近くに引き寄せることで，極端な値へ荷重してしまう最適化の傾向に対処する．このことは，平均ベクトルのクロスセクションの分散を減少させる．ベイズ法の枠組みでは，この効果は事前分布を利用することで実現される．正規共役事前分布の場合，事後平均は事前平均と MLE の一次結合となる．ウェイトは，2 つの構成要素それぞれの精度である．したがって，ある与えられた縮約推定量は，ベイズ法による何らかの事前分布と整合的である．個々の事前平均が等しい必要はなく，縮約は式 (9.4) における $\mu_0 i$ のような等しい値のベクトルの方向へ向かうとは限らないことに注意せよ．しかし，古典的な縮約は"経験ベイズ"に相当する．経験ベイズでは，事前分布のパラメータは計量経済学者の主観的な事前見解よりもむしろデータに基づいており，パラメータの不確実性を減少させる上で好都合である．

重要な問題は，最初の推定値を縮約するより良い中心値があるかどうかである．初期の研究は，総平均 (grand mean) の方向へ縮約することを提案している．Jorion (1986) は，いくつかの基本的な仮定の下で，μ_0 は大域的最小分散ポートフォリオ (minimum variance portfolio：MVP) の平均であるべきとする重要な指摘をしている．このことは直観的に明らかである．第 1 に，MVP を特定するのに平均ベクトルを必要としないので，MVP は平均の不確実性に対して頑健である．第 2 に，定義によって MVP はすべてのポートフォリオの中で最も小さな分散をもつので，MVP の平均は最少の不確実性しか被らない．可能な限り最小の不確実性をもつ平均の方向へ縮約するのは，まさに望ましい方向である．Jorion は μ の事前分布が $N(\eta, \lambda\Sigma)$ である経験ベイズ推定量を導いている．ハイパーパラメータ λ は事前分布のきつさを示し，η は事前平均である．Jorion は η に対して散漫事前分布を置いている．μ と η を積分消去することで，収益率 r の予測密度の平均は以下のようになる．

$$E(r|\mathbf{R}) = (1-w)\ \hat{\mu} + w\mu_0 i$$

ただし，μ_0 は MVP の平均であり，$w = \lambda/(\lambda + T)$ である．そして λ は直観的には事前分布の概念上の標本数を表している．T と比べて λ が増大すると，$E(r|\mathbf{R})$ のクロスセクションの分散は消滅し，平均は大域的最小分散ポートフォリオの方向へ縮約

される．Jorion (1985) は，この経験ベイズ法を国際分散投資における最適ポートフォリオ選択に適用し，経験ベイズ法が標準的な標本推定値に基づくアプローチに優越することを示している．経験ベイズ法は点推定値に大きな重み付けをしないので，ポートフォリオウェイトは時間を通してより安定的である．

Dumas and Jacquillat (1990) は，通貨ポートフォリオに対して類似の実証研究を行っている．Jorion は正規収益率を仮定したが，彼らは対数効用関数と対数正規収益率を用いている．Dumas と Jacquillat は，世界各国通貨を投資対象とする 1 人の投資家の資産配分をモデル化している．MVP への縮約は，各国固有の投資家行動を導入することになるが，これは研究の目的に照らして望ましくない．購買力平価からの乖離を認めるならば，この各国に特有の投資家行動が生じる．その代わりに，彼らは通貨の等加重ポートフォリオへの縮約をもたらす経験ベイズ事前分布を適用している．

Frost and Savarino (1986) は正規収益率と指数効用を仮定して，やはり経験ベイズによって共分散行列を縮約している．彼らはそれぞれ同じ要素をもつ平均，分散，共分散を中心とする (μ, Σ) の正規逆ウィシャート共役事前分布を定式化している．平均の事前分布は $p(\mu) \sim N(\mu_0 i, \frac{1}{\tau}\Sigma)$ である．ただし，μ_0 は N 個の収益率に対して等しい平均を仮定し，その総平均の MLE である．そして，τ は概念上の標本数であり，事前の信念の強さを表している．Σ の事前分布は，事前平均が同じ分散 δ と同じ相関係数 ρ となる共分散行列 Ω をもつ逆ウィシャート分布である．概念上の標本数と解釈されるパラメータ ν は，事前の信念の強さをモデル化する．Frost と Savarino は，経験ベイズ法を強力に活用し，最尤法によって ν と τ を含むすべての事前分布パラメータを推定している．そのために，彼らはこの事前分布によってモデル化されるデータの尤度を導き，最大化している．

事後平均ベクトルは，上述の加重平均となる．収益率の予測密度の共分散行列は，(1) 事前平均 Ω，(2) 標本共分散 $\hat{\Sigma}$，(3) 事前分布と標本平均の差のベクトル $(\hat{\mu} - \mu_0)$ の外積という 3 つの数量の加重平均である．(3) の項は，正則事前分布が平均または回帰係数に適用される場合に，事後共分散行列に現れる典型的な項である．事前分布には好ましいとされる資産がないので，最適化という視点から見ると，事後平均は等加重ポートフォリオへの縮約になる．ランダムに選択された 25 個の証券からなる投資ユニバースに対して，Frost と Savarino は，古典的な点推定値，散漫事前分布によるベイズ予測密度，そして彼らが提案した経験ベイズ事前分布によるベイズ予測密度に基づいてそれぞれ最適化されたポートフォリオの実現収益率を比較している．彼らの分析結果によれば，散漫事前分布による予測密度の利用は古典的な方法を改善する一方，経験ベイズによる推定値は散漫事前分布よりもさらに非常に大きな改善をもたらす．

9.2.3 パラメータ不確実性と長期の資産配分

パラメータの不確実性が時間とともに増大すると，長期ではパラメータの不確実性を考慮に入れることが非常に重要になることを見る．すなわち，安全利子率に対する

9.2 最適ポートフォリオの構築

市場株価指数の複利超過収益率の推定と，その長期資産配分への影響を検討する．

Merton (1969) は，式 (9.2) で示される 1 期間モデルの結果を一般化して連続時間モデルを考え，1 つの危険資産と 1 つの安全資産に対して最適資産配分を導出した．i.i.d. 対数正規分布 $\log(1 + R_t) \sim N(\mu, \sigma^2)$ に従う危険資産を考えると，H 期間にわたる連続複利収益率は以下のようになる．

$$\exp\left(\mu H + \sigma \sum_{i=1}^{H} \epsilon_{t+i}\right), \qquad \epsilon_t \sim N(0, 1)$$

この H 期間にわたる複利収益率は，対数正規分布 $(\mu H, \sigma^2 H)$ に従う．したがって，その期待値は次式で与えられる．

$$\exp\left(H\mu + \frac{1}{2}H\sigma^2\right) \tag{9.5}$$

安全利子率を r_0 とし，ドル一単位の投資から得られる期末の富に対する指数効用関数 $U(V_H) = \frac{1}{1-\gamma} \exp[(1-\gamma)\log(1+R_H)]$ を考える．ここで，γ は相対危険回避一定の係数である．マートンの重要な仮定の 1 つは，連続リバランスである．連続リバランスは，2 つの資産のポートフォリオが対数正規に従うことを保証する（対数正規近似に関する議論については，Dumas and Jacquillat 1990 を参照せよ）．そして，伊藤の補題を用いると，絶えずリバランスされた配分 w に対する多期間複利収益率は，以下のようになる．

$$\log(V_H | \alpha, \sigma) \sim N\big[(r_0(1-w) + w\alpha - 0.5w^2\sigma^2)H, w^2\sigma^2 H\big] \tag{9.6}$$

ただし，$\alpha = \mu + 0.5\sigma^2$ である．期待効用は以下のようになる．

$$E[U(V_H)] = \frac{1}{1-\gamma} \exp\big[(1-\gamma)H(r_0 + w(\alpha - r_0) - 0.5w^2\sigma^2 \\ + 0.5(1-\gamma)w^2\sigma^2)\big] \tag{9.7}$$

式 (9.7) を w に関して最大化すれば，有名なマートン配分が得られる．

$$w^* = \frac{\alpha - r_0}{\gamma \sigma^2} \tag{9.8}$$

式 (9.8) と式 (9.2) は類似しているように見えるが，式 (9.8) の配分はさらなる洞察をもたらす．マートンの i.i.d. 対数正規分布の枠組みは，多期間問題である．それでも，期待効用（式 (9.7)）に現れる投資期間 H は，式 (9.8) の最適解から消滅する．このことは，収益率が i.i.d. であるときには，最適資産配分は投資期間と無関係になるというよく知られた事実を示している．

これとは対照的に，以後の多期間ポートフォリオ研究の大部分は，危険資産収益率について主に負の自己相関による予測可能性を検討している．危険資産の予測収益率の分散は予測期間の長さとともに増大するが，増加速度は平均よりも遅い．したがっ

て，長期においては，危険資産により多くを割当てることが最適になる．さらに，動的戦略では投資期間中に最適ウェイトに応じて再配分することが可能なため，投資家は長期投資からさらなる利益を得ることになる．多期間のポートフォリオ戦略のサーベイについては，Brandt (2009) を参照せよ．

ファイナンスの研究において，収益率の予測可能性に強い証拠があると考える人々と，その証拠に納得していない人々の間で，現在も論争が進行中である．しかし，論争にのぼらない1つの事実に，平均収益率の推定には大きな誤差が伴うことが挙げられる．したがって，これまでのファイナンス研究の大部分が推定誤差の存在を前提とせず，既知のパラメータを前提として予測可能性の検証に多大なエネルギーを費やしてきたことは，大変奇妙な現象である．本節では，最適配分問題に平均の不確実性を取り入れる．

古典的な枠組みでも，ベイズ法の枠組みでも，T 年のデータから計算される標本平均 $\hat{\mu}$ は鍵となる標本統計量である．長期の予想に対しては，実務家は標本幾何収益率 $G = \frac{1}{T}\log(\frac{P_T}{P_1})$ を複利計算することによって点推定値とする．このことは結局，$e^{\hat{\mu}H}$ によって $E(V_H)$ を推定することになる．しかし，研究者はおそらく最尤法を根拠として，理論的な期待値 (9.5) 式に $\hat{\mu}$ と $\hat{\sigma}$ を代入する傾向がある．ここで，関数の推定量は推定量の関数によって近似される．長期的には，点推定値の違いは非常に大きくなる．Siegel (1994) が示した 7% の幾何平均と 8.5% の算術平均を用いると，2つのアプローチの一方は 75 年の間に 1 ドルを 160 ドルにし，もう一方は 1 ドルを 454 ドルまで増大させる．

古典的な枠組みでも，漸近近似に訴えない解を見つけることは可能である．Jacquier et al. (2005) は σ が既知であると仮定して，この問題において σ の不確実性は μ の不確実性ほど重要ではないことを示している．彼らは，$E(V_h)$ の古典的な最小平均二乗誤差推定量 (minimum mean squared error：MMSE) M を導いている．

$$M = e^{H(\hat{\mu} - \frac{\sigma^2}{2}(1 - 3\frac{H}{T}))}$$

μ の推定誤差に対するペナルティは，予測期間とともに増加する．$T/H \to \infty$ とすれば，最尤推定量が得られる．しかし，最も成熟した市場で得られるような 100 年間のデータでさえ，長期予想の目的にかなう漸近性の仮定には近づかない．図 9.1(b) の点線は，$T = 50$ 年の標本における現実的な μ と σ の値の下で，期間 H として 1〜40 年に対して，M に基づく年当たりの複利収益率をプロットしたものである．それは，$\frac{H}{T}$ とともに線形で減少している．図中のペナルティは，それが適切なのか疑いを抱くほど，深刻である．非常に長い期間では，複利超過収益率の推定値は負となることを示唆している．しかし，負の推定値は経済的には意味がない．

合理的なベイズ法の立場に立つ投資家が，平均の不確実性を長期資産配分にどのようにして取り入れるかを検討する．このため，Bawa et al. (1979) と同様の推定誤差を伴う資産配分を，ただし今度は長期投資について考える．ここで式 (9.6) における V_H

9.2 最適ポートフォリオの構築

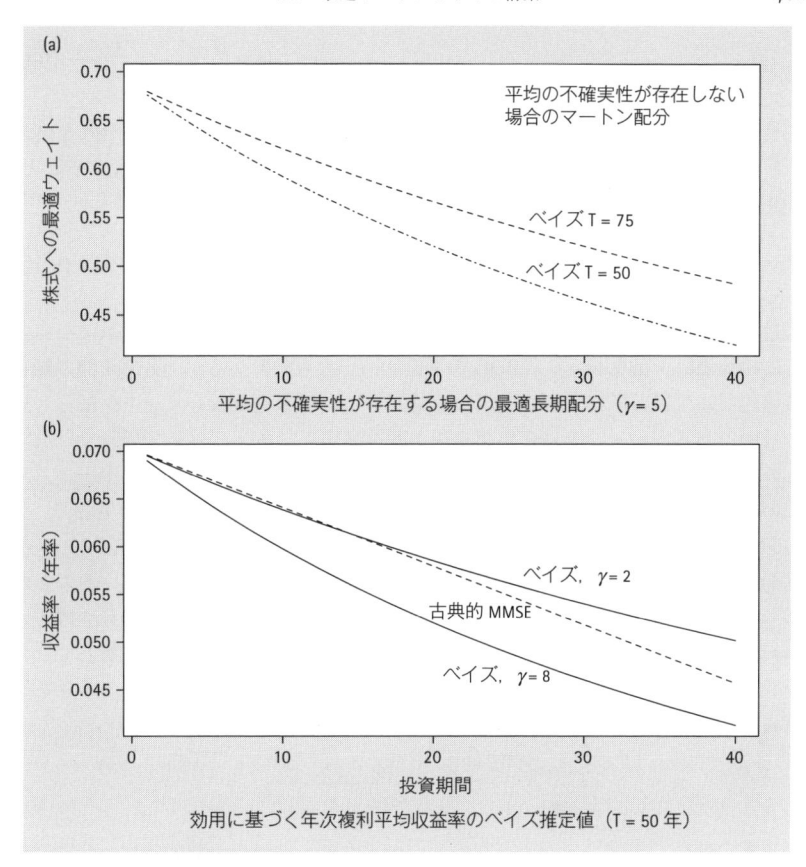

図 9.1 ベイジアン長期資産配分と含意される平均推定値
μ に関しては散漫事前分布を仮定している．$R_f = 0.03$, $\hat{\mu} = 0.09$, $\sigma = 0.143$ である．

の密度は μ を所与とする条件付密度であり，V_H の予測密度を得るためには μ を積分消去しなくてはならない．すると，期待効用を計算することができる．Jacquier (2006) は，μ に共役正規事前分布をおいて積分消去している．簡単化のため，μ の事後分布が $N(\hat{\mu}, \frac{\sigma^2}{T})$ となるよう散漫事前分布を考える．パラメタと収益率に対する積分は交換することができるので，式 (9.7) における条件付期待効用から μ を積分消去したものとみなすこともできる．（予測）期待効用は，次式のようになる．

$$E[U(V_H)] = \frac{1}{1-\gamma} \exp\left[(1-\gamma)H\left[r_0 + w(\hat{\alpha} - r_0) - 0.5w^2\sigma^2\right.\right.$$

$$+0.5(1-\gamma)w^2\sigma^2\left(1+\frac{H}{T}\right)\bigg]\bigg] \qquad (9.9)$$

ここで $\alpha = \mu + 0.5\sigma^2$ であることを思い起こそう．α は事後平均 $\hat{\alpha}$ で置き換えられ，右辺の最後に新しい項 H/T が加わる．式 (9.9) の期待効用を最大化することで，Jacquier (2006) は最適資産配分を導いている．

$$w^* = \frac{\hat{\alpha} - r_0}{\sigma^2\left[\gamma(1+\frac{H}{T}) - \frac{H}{T}\right]} \qquad (9.10)$$

この最適配分 w^* は，標本数 T に対する期間 H の相対的な大きさの関数になっている．この結果は Bawa et al. (1979) の考えに沿ったものであるが，長期予測の場合には数値的な効果は非常に大きい．図 9.1(a) は，ベイズ最適配分をマートン配分と比較したものである．$\gamma = 5$ の穏やかなリスク回避度の下でさえ，ベイズ配分では危険資産へのウェイトは期間 H の増加とともに大幅に減少する．

この配分はリスク回避度，標本数 T，および予測期間 H を所与とした場合の，ベイジアン投資家にとって最適な $E(V_H)$ の潜在的な点推定値と整合的である．この α の潜在的な点推定値を α^* と置くと，式 (9.10) は α^* を見つけるために用いることができる．このことは本質的には，推定リスクを調整した後の α の推定値を見つけるための，尺度の変更である．期待収益率をリスク調整した後の新しい尺度に対して，マートンの最適配分式 (9.8) を適用すると，$w^* = \frac{\alpha^* - r_0}{\gamma\sigma^2}$ を得る．これと式 (9.10) を等号で結んで α^* について解くと，次式を得る．

$$\alpha^* - r_0 = \frac{\hat{\alpha} - r_0}{1 + \frac{H}{T}(1 - \frac{1}{\gamma^1})}$$

この点推定値は，推定リスクの存在の下でベイジアン投資家の期待効用と長期最適配分を結びつける．図 9.1(b) に，α^* を図示した．$\gamma = 8$ の場合，長期においては，不確実性に対して古典的な MMSE 以上のペナルティが課される．ファイナンスの研究は，典型的にこの範囲かそれ以上のリスク回避を示している．M とは異なり，α^* はリスク・プレミアムの負の推定値を決してもたらさない．リスク・プレミアムは最低でも 0 であり，それが式 (9.10) の投資家の最適資産配分の意味である．

まとめると，長期投資の場合，平均の推定誤差は最適配分に対して短期の場合よりもはるかに大きな影響を与える．ベイジアン最適配分は，投資家は長期投資においては短期より大幅に小さい最適ウェイトをもつべきであることを示している．尺度の変更によって，ベイジアン最適配分は投資家のリスク回避と整合的な長期の期待収益率の推定値をもたらす．この推定値は，長期の予想に対する μ の事後平均に関して，厳しい下方ペナルティを示唆している．よりリスク回避的な投資家にとっては，このペナルティは従来の統計推定値が示唆するものよりも大きい．上述の設定は，i.i.d. 対数正規収益率，既知の分散，連続時間リバランスを仮定しており，これらの仮定によっ

て解析的な結果を得ることができる．Barberis (2000) は，離散時間リバランスと未知の分散の下で，この最適配分を実行している．その場合，収益率の予測密度は解析的な形をもたず，シミュレーションしなくてはならない．Barberis は，図 9.1(a) で描かれる結果に非常に近い結果を見出している．

9.2.4 経済的な動機付けによる事前分布

本項では，経済的な観点から導かれる平均ベクトルの主観的なベイズ事前分布について検討する．これらのハイパーパラメータは手元の標本に基づかないので，経験ベイズの事前分布ではない．結果として生じる事後平均のクロスセクション分散は，通常，標本平均に基づく分散よりも非常に小さいという意味で，本項で考察する事前分布は，ある程度の縮約をもたらす．

資本資産評価モデル (CAPM) のような期待収益率の均衡モデルの含意を，平均ベクトルに対する事前の見解に取り入れることを考える．CAPM と整合的なポートフォリオウェイトは，市場ポートフォリオのような相対的な時価総額ウェイトである．特定の収益率に関する追加的な情報がない場合，これらは出発点として良いウェイトである．あるいは，単に期待収益率をベータと置き換えることもできる．CAPM は，期待超過収益率が資産のベータと比例していると主張しているからである．平均の不確実性はベータの不確実性と解釈できるが，それでもなお，ベータの推定は平均の推定より正確であるので，一定の改善がある．しかし，このことは，資産の一部に対して独自の分析から得られた私的情報を取り入れようとしている投資家にとっては，都合が良くない．この投資家は，期待収益率の CAPM 予測を事前情報とみなしている．投資家は，CAPM を上回る異常な期待収益率（いわゆるジェンセンのアルファと呼ばれる）を予測する計量モデルをもっているかもしれない．それは，尤度関数を定式化する情報源となるだろう．現実的な設定では，事前分布の平均を決定するのは，所与の標本期間に対する平均収益率の単なる計算よりも，もっと複雑であろう．

Black and Litterman (1991) (BL) は，この考え方に沿っている．アクティブマネージャーでさえ，彼らの投資ユニバースにおけるすべての資産に対して私的情報をもっているわけではないという事実を，BL は特に説明している．BL は，平均ベクトルのうちポートフォリオマネージャーが私的情報をもつ一部の要素だけをしばしば修正することに着目した．BL は，この手続きがウェイトのベクトル全体に対して大きな，しかも好ましくない影響を及ぼすことを示している．そして，むしろ BL は縮約の考えに沿って投資家の見解と市場均衡を結合している．BL の独創的な部分は，資産価格モデルから事前期待収益率を記述しないことである．その代わりに彼らは，ウェイトは期待収益率の市場による最適化からもたらされると仮定して，異なる資産の観察されたウェイトから事前期待収益率を逆算している．このことは結局，最適ウェイトの有名な公式 $w^* = \frac{1}{\gamma}\Sigma^{-1}\mu$ を逆算することになる．ただし，γ は代表的投資家のリスク回避度である．残りの $(1-w)$ は，安全資産に投資される．観察された時価総額

ウェイト w^* と整合的な平均 μ は，平均ベクトルに対する BL の事前平均である．彼らは，データと比例する事前共分散行列 $\frac{1}{T_0}\lambda\Sigma$ を用いている．ただし，T_0 は概念上の事前標本数である．BL は，主に平均ベクトルの不確実性に関心をもっており，実際の適用においては標本共分散行列を用いている．

BL は，μ に対する経済ベースの事前見解と投資家の私的見解を結合している．これらの私的見解は，平均ベクトルの一次結合の集合として定式化される．ここで正規誤差項は，見解の精度をモデル化をすることを可能にする．基本的に，見解の精度は μ に関する多変量正規分布として記述できる．仮定によって，これらの見解は何らかのデータ分析からもたらされるが，必ずしもそうである必要はない．BL の意味における事後の見解は，資産価格理論に基づく見解である事前分布を私的見解と統合することからもたらされる．BL の定式化は共役である．そして，事後平均は経済的な平均と私的な平均の単純な加重平均となる．このことはベイズ学習スキームであるが，奇妙なことに正式な尤度関数を欠いている．

Zhou (2008) は，データを BL の枠組みに正式に取り込むことを提案している．彼は，経済モデルからの見解（データに基づかないかもしれない），私的見解，データという3つの情報源を検討している．この3つの情報源を取り込むため，Zhou は事前分布として平均の最終的な BL 推定値を考えている．そして，彼はこの事前分布に尤度を掛けることで事後平均を得ている．Zhou の動機は，経済的なモデルが不正確であるというもっともらしいケースでは，データが価値ある情報をもたらすということである．

Zhou の見解は主流の見方，すなわち上で見たようなノイズの多いデータが平均の誤った推定を導くので，縮約または経済的な基礎をもつ事前分布によって抑制すべき，とする見方とやや対立している．しかしながら，Zhou の応用例は，ベイズ法の枠組みにおいて3つの基本的な情報源を簡単に統合する方法を示している．また，定量的なポートフォリオ最適化では私的見解はたいてい，例えば予測回帰式などデータに対する何らかの構造の推定から得られる．そして，事前分布は均衡資産価格モデルからの乖離に対する信念の程度をモデル化するので，問題は単純化される．

Pastor (2000) は，モデルに対する信念を反映する事前分布を用いて，資産価格モデルをポートフォリオ配分に取り入れる自然なアプローチを提案している．彼のアプローチは，モデルを完全に無視する投資家とモデルに対して全幅の信頼をもつ投資家という2つの両極端を含んでいる．合理的な投資家は，その中間のどこかに信念をもつ．Pastor は収益率の予測密度と，結果として得られる最大シャープ比率をもつポートフォリオを決定している．Pastor の方法論は，現代のマルチファクター資産価格モデルを取り入れることができる．そこでは，ファクターの実現値を模倣する一連のベンチマーク・ポートフォリオによって，効率的フロンティアが張られる．これらのモデルにおいては，安全利子率を上回る超過期待収益率は一般に $E(R_i) = \beta'_i E(F)$ という形式をとる．ただし，β_i は資産 i の第 k ファクターに対するファクター負荷のベク

トルで，$E(F)$ は第 k ファクターの期待超過収益率である．CAPM の場合，ベンチマーク・ポートフォリオは単一であり，時価総額加重平均市場ポートフォリオとなる．

Pastor は正規収益率と安全資産の下で，一期間において投資家がシャープ比率を最大にする状況を検討している．投資ユニバースは，N 個の資産とファクターを模倣する K 個のベンチマーク・ポートフォリオからなる．これらの $N+K$ 個の資産は，平均ベクトル E と共分散行列 V をもつ．既存の研究と整合的な尤度関数は，N 資産超過収益率の K ポートフォリオ超過収益率への多変量回帰から与えられる．R を $T \times N$ の資産収益率の行列，$X = [i_T, F]$ を 1 ベクトルとベンチマーク・ポートフォリオの超過収益率の $T \times K$ 行列からなる行列とする．すると，ベンチマーク収益率に対する資産の多変量回帰は，以下のようになる．

$$R = XB + U, \qquad vec(U) \sim N(0, \Sigma \otimes I)$$

ただし，$B' = [\alpha', B_2']$ は異常収益率 α とファクター負荷 B_2 からなる．これらは，Zellner's (1962) の見かけ上無関係な回帰 (seemingly unrelated regression：SUR) の枠組みで記述することもできる．それは，上記の多変量回帰の一要素，時点 t における資産 i の回帰式を記述するのに役立つ．

$$R_{it} = \alpha_i + \beta_i' F_t + u_{it}$$

α は CAPM におけるジェンセンのアルファであり，資産価格モデルからの乖離を表わす．資産価格モデルが成り立つならば，α はゼロである．他方，モデルが役に立たないならば，α に制約はない．そして，上記の回帰は $E(R)$ に対する推定をもたらす．

ベンチマーク収益率 F は，i.i.d.$N(E_F, V_F)$ に従うと仮定される．尤度関数 $p(R, F|B, \Sigma, E_F, V_F)$ は多変量正規分布であり，$p(R|F, .)p(F|.)$ と分解される．技術的な追加事項として Pastor は，Stambaugh (1997) の結果を N 資産より長いデータ期間をもつベンチマーク・ポートフォリオがある場合に応用している．事前分布 E_F と V_F は散漫事前分布のままである．B と Σ の事前分布は $B|\Sigma$ が正規分布で，Σ については逆ウィシャート分布である．ただし，$E(\Sigma) = s^2 I$ であり，B_2 と Σ の大部分は無情報である．モデルにおいて信念の程度を定式化するための鍵となる事前分布は，α の事前分布である．α と B_2 は，B の部分集合であることを思い出そう．$\alpha|\Sigma$ の事前分布は，$N(0, \sigma_\alpha^2 \frac{\Sigma}{s^2})$ としてモデル化される．ゼロ平均は，資産価格モデルを事前分布の中心に据える．σ_α はモデルに対する投資家の疑いの程度を反映している．投資家がある程度，ファンダメンタル分析を行うならば，事前平均はゼロ以外の値を中心にすることもできる．その場合には，σ_α はアナリストの見解の精度を反映している．

多変量 t となる予測密度 $p(F_{T+1}|F)$，事後密度 $(B, \Sigma|R, F)$，条件付密度 $p(R_{T+1}|B, \Sigma, F_{T+1})$ と順番にサンプリングすることで，収益率の予測密度 $p(R_{T+1}|R, F)$ をシミュレーションすることができる．これらは，将来の収益率の条件付密度から，パラメータと将来のベンチマーク収益率を積分消去している．B と

Σ のサンプリングは，非常に効率的なギブスサンプリングによって行われる．大量のサンプリングは，任意の精度で予測平均と予測分散の計算を可能にする．そして，式 (9.1) に従って最大のシャープ比率をもつポートフォリオを計算するために，これら2つのモーメントが用いられる．

直観的にいえば，収益率の予測平均は $\tilde{\alpha} + \tilde{\beta}\hat{E}_F$ である．ここで，$\tilde{\alpha}$ は α の事後平均である．この事後平均は事前分布の平均（ここではゼロ）と標本推定値の一次結合である．B_2 の事前分布は散漫なので，β の事後平均はほとんど常に標本推定値に非常に近い．したがって，予測平均は標本推定値 $\hat{\alpha} + \tilde{\beta}E(F)$ から離れて，資産価格モデルの予測 $\tilde{\beta}E(F)$ に向かって縮約される．σ_α が増加すると，収益率の予測平均は $\hat{\alpha}$ に傾く．このことは，投資家が価格付けの誤りを示す標本推定値 $\hat{\alpha}$ により注意を払うことを意味する．

この分析の興味深い利用法の1つに，最適ポートフォリオにおいて σ_α の変化の影響を調べることが挙げられる．Pastor は，ホームバイアス効果を分析するために，このモデルを適用している．彼は，ベンチマーク資産として米国市場を，もう1つの資産として米国を除いた国際株価指数を用いている．彼は，一般に観察されるような，米国の投資家がほとんど外国株を保有しない傾向を正当化するには，国内 CAPM の国際的な正当性に対する非常に強い信念（年次換算で $\sigma_\alpha < 1\%$）が必要となるであろうことを見出している．第2の応用は，Fama–French のファクター，特に簿価/時価 (book-to-market) ポートフォリオを解明することである．CAPM に対して非常に強い事前の信念をもつ投資家であっても，ポートフォリオのかなりの部分を簿価/時価ポートフォリオとしてもつことを，Pastor は見出している．

ポートフォリオの研究として，Pastor (2000) は，合理的なベイジアン投資家が資産価格モデルに対する信念の程度を自然な形で最適投資戦略に取り込む方法を示している．おそらくより印象的なことは，彼の研究が投資意思決定問題に対する有用性と影響力という視点から，実証的に資産価格モデルを再構築していることである．所与の標本と CAPM への事前信念に対して，最適ポートフォリオ選択が資産価格モデルが含意するポートフォリオからどの程度，乖離しているのかを知ることができる[*2]．従来の古典的方法に基づく研究は，CAPM を含む資産価格モデルがデータによって棄却されるか否かを議論し，投資家にとってはっきりと有益な意味付けは考察してこなかった．この点で，Pastor (2000) の研究は従来の研究と対照的である．

9.2.5 パラメータとモデル不確実性のその他の側面

例えば Frost and Savarino (1986) など，これまで議論してきた研究の一部は，予測密度を得るために Σ を積分消去している．一方，大部分の研究は収益率に正規分布を仮定している．正規分布の仮定の下では，収益率の予測密度は多変量 t 分布となる．

[*2] それゆえ，本章は後で述べる資産価格決定の節で論じることも可能であったろう．本章で扱ったアプローチは，これが最初ではない．後の節では Kandel and Stambaugh (1996) を検討する．

9.2 最適ポートフォリオの構築

対数正規収益率の仮定はベキ効用関数と結びつき，ファイナンス研究でしばしば好まれる．特に多期間の問題では，そうである．9.2.3 項で見たように，対数正規分布は時間集計の下でも保持される．しかし，分散について積分すると，予測密度は対数 t 分布に帰着する．この場合，Geweke (2001) は期待効用が発散することを示している．この問題に対してこれまでの慣習では，資産配分における危険資産のウェイトを 1 未満の値に限定することが行われてきた．あるいは，対数 t 分布を切断すれば，問題は取り除かれる．

Pastor (2000) は正規収益率を仮定し，予測密度に特有の裾が厚い性質，ファットテールは無視している．このことは，最適シャープ比率の解析的な評価式を利用可能にする．さらに，収益率の条件付分布の歪度と尖度のモデル化が求められるかもしれない．このような一般化は，すぐに期待効用の最大化を扱いにくいものにしてしまう．この問題に対処する方法の 1 つに，シミュレーションを利用することが挙げられる．あるいは，収益率分布の二次モーメントを超えて，より高次のモーメントまで効用関数を展開することもできる．Harvey et al. (2010) は，歪正規分布 (skew normal distribution) を用いて収益率の歪度と共歪度 (co-skewness) を分析に取り入れ，平均や分散と同様に歪度に対しても線形な効用関数を定式化している．個々の株式は強い歪度を示さないかもしれない．しかし，これらの株式からなるポートフォリオは非対称な収益率をもたらすかもしれないので，このことは重要かもしれない．合理的な投資家は歪度を好むので，ポートフォリオのウェイトは歪度の増大に関しても評価されなければならない．

De Miguel et al. (2009) は，13 のポートフォリオ最適化モデルと "$1/N$" と名付けた単純な等加重ポートフォリオの比較を行っている．De Miguel et al. (2009) は，既存研究に見られる複数の古典的な国内と海外のポートフォリオを対象としており，これまでに述べたいくつかのモデルを含んでいる．彼らは，1963 年からの月次データに対して，10 年の移動標本で分析を行っている．そして，これらの 13 のモデルが過去数十年にわたって単純な等加重ルールよりも低いシャープ比率と低い確実性等価収益率をもたらしていたと結論付けている．彼らのアプローチは，実現したシャープ比率の比較に基づいている．Tu and Zhou (2009) は，パラメータ不確実性だけでなく経済的な視点（ここではシャープ比率の最大化）を取り込む事前分布を用いて，結果を再検討している．Tu と Zhou のパラメータの事前分布は，事前のウェイトのベクトルから導かれる．彼らは他の事前分布に対して，そして $1/N$ ポートフォリオに対して効用の改善があることを報告している．

最後に，複数の競合モデルの存在は，モデル不確実性の問題をもたらす．事後オッズはモデル比較だけでなく，最適なモデル平均化のために用いることもできる．最適モデルは，競合するモデルの基準化された事後オッズによる加重平均である．最適なモデル組合せを取り入れることによって De Miguel らのような研究を再検討することは，興味深いものとなろう．

9.3 収益率の予測可能性

株式収益率の予測可能性，あるいはその欠如に関する研究はすでに数多くなされている．将来収益率の予測可能性は，市場効率性に関する論争の中心を占めている．主要な古典的な結果と検証方法については，Campbell, Lo, and MacKinlay (1997) (CLM) の第2章を参照せよ．収益率を予測するために過去の収益率や企業変数，経済変数を説明変数とする時系列回帰やクロスセクション回帰が利用されてきた．予測期間は1ヵ月以下の短期，あるいは景気循環の期間まで長くとることもある．第1に，予測可能性は統計的有意性を通して研究される．計量経済学者は尤度関数に現れる基礎パラメータの非線形関数に関心をもつが，古典的な分析方法にはいくつかの欠陥があることを例示する．第2に予測可能性は核となる経済的含意，例えば，最適ポートフォリオ構築への影響を通して研究される．このことは，ベイズ法の枠組みでうまく実行される．

9.3.1 予測可能性の統計的分析

a. 長期の予測可能性

長期予測可能性の研究において，ベイズ法は古典的な方法と大きく異なる結論を導くことがある．よく知られた恒常的–遷移要素モデル (permanent-transitory component) を考える．

$$p_t = q_t + z_t$$
$$q_t = \mu + q_{t-1} + u_t, \quad u_t \sim N(0, \sigma_u^2) \quad (9.11)$$
$$z_t = \phi z_{t-1} + \epsilon_t, \quad \epsilon_t \sim N(0, \sigma_\epsilon^2)$$

ここで対数価格 p_t は，ランダムウォークと定常 AR(1) の和になっている．このモデルは資産収益率に観察される長期的な負の自己相関を生み出す（しかし，中期的な正の自己相関を生成はしない; CLM の第2章を参照せよ）．しばしば用いられてきたアプローチは，回帰分析によって長期収益率の自己相関を直接推定する方法である．

$$r_{t,k} = \alpha_k + \beta_k r_{t-k,k} + \epsilon_{t,k}, \quad t = 1, \ldots, T \quad (9.12)$$

ただし，$r_{t,k}$ は $t-k$ から t までの k 期間の収益率である．これらの回帰は，k について 1～8 年まで行われる．比率 $\mathrm{Var}(r_{t,k})/(k\,\mathrm{Var}(r_t))$ を計算することもできる．対数価格が純粋なランダムウォークに従うならば，回帰係数 β_k はゼロであり，分散比は 1 でなければならない．古典的なアプローチでは，これらは典型的な帰無仮説を構成する（CLM の第2章を参照せよ）．式 (9.11) のモデルの下で，k が増加すると β が -0.5 に近づいていくことを示すことができる．

標準的な漸近分析では，T は無限大に向かう．しかし，比率 K/T は計算に影響を及ぼす．真の分散比が 1 であるならば，$K/T \to 0$ のとき，分散比の推定値は 1 に収

束する．しかし，Richardson and Stock (1989) は，$K/T \to c > 0$ を仮定している．このことは，標本数が増加すると調査者はより大きな k を考察するという事実を反映している．彼らは，この仮定の下で分散比の古典的推定値が 1 未満の値に収束すること，さらにその分散は漸近的に消滅しないことを示している．予測不可能性の仮説の下で，この代替的な漸近極限は実際，過去の研究における典型的な推定値と整合的である（CLM の第 2 章を参照せよ）．これらの相反する漸近極限は，所与の標本に対する結果の解釈を難しくする．所与の標本数の下で分析を行う頻度論統計学者は，どちらの漸近極限を適用すべきだろうか？

対照的にベイズ法のアプローチは，計量経済学者の研究に現れる所与の標本数 T に対して最適な事後推測をもたらす．Lamoureux and Zhou (1996)(LZ) は，式 (9.11) のモデルに対してベイズ推定を行っている．尤度はパラメータ $(\phi, \sigma_u, \sigma_\epsilon)$ の関数である．β_k のような関心の対象となる関数の事後密度は，解析的にではなくシミュレーションによって得られる．

LZ は，ギブスサンプラーの基礎とするのに都合の良い条件付密度を得るために，データ拡大 (data augmentation) を利用している．彼らはパラメータ空間にベクトル $v = u/\sigma_u$ を加えて，同時データ (v, r) を考えている．v と r の同時共分散は σ_u^2 であり，r の共分散行列は ϕ と σ_u の関数である．パラメータの同時事後分布は取り扱いにくいが，直接サンプリングすることができる条件付分布のセットに分割することができる．具体的には，LZ は $(v|\phi, \sigma_u, \sigma_\epsilon, r)$ と $(\phi, \sigma_u, \sigma_\epsilon|v, r)$ を直接サンプリングし，両者を繰り返す方法を提案している．ここで，2 番目の分布はさらに 3 つの一変量条件付事後分布に分割される．重要なことは，条件付分布 $(v|r, .)$ からサンプリングできるだけでなく，元々のパラメータの密度も v による条件付けによって大きく単純化されることである．LZ は，式 (9.11) における AR(1) を拡張して，四半期データに対して AR(4) を適用している．モデルに求められる識別条件は，AR 係数のベクトルが定常性を満たすことである．モンテカルロ・アルゴリズムでは，必要な条件が満たされない場合，事後サンプリングを棄却することで，定常性が維持される．AR(4) パラメータのサンプリングでは，毎回，特性方程式の根を計算し，根が単位円の内部にあるならば，そのサンプリングは棄却される．

モデルのパラメータのサンプリングから，関心の対象となる非線形関数（例えばトータルの収益率 r_t に対するランダムウォーク部分のショック u_t の分散比 σ_u^2/σ_r^2）のサンプリングを直接計算できる．定常時系列 z_t に対するショック ϵ_t の影響の持続性は興味深く，LZ はその半減期の事後分布を計算している．長期の自己相関，式 (9.12) の β_k を直接計算することもできる．パラメータの各サンプリングは，関心の対象となる関数のサンプリングを与える．したがって，標本数に応じて，それらの正確な事後分布を得ることができる．

長期モデルに対する古典的分析の結果は混在しており，予測可能性について決定的な結論は得られていない．β_k の点推定値は，注目に値するほどに十分大きいと考えら

れていた．しかし，予測不可能性の帰無仮説に対抗する回帰分析の検出力は弱いことが知られている（CLM の第 2 章を参照せよ）．ベイズ分析の結果は，非常に異なっている．LZ は β_3（式 (9.12) における 3 年の β）の推定を検討している．LZ は，まずパラメータ ϕ, σ_u, σ_ϵ に関して 2 つの異なる正則事前分布を想定している．次に 2 つの事前分布からそれぞれサンプリングし，β_3 の事前分布をシミュレーションしている．2 つの事前分布のどちらにおいても，こうして得られた β_3 の事前分布はともにかなりの確率で負の値をとることがある．また，収益率の予測可能な部分からもたらされる分散の割合も高くなることがある．これらの事前分布は，ランダムウォーク仮説から乖離する可能性が十分にあると考えている投資家の事前の見解を反映している．しかし，印象的なことに，結果としてもたらされる β_3 の事後分布はゼロに強く集中している．当初の事前分布にかかわらず，データは株式収益率の一時的要素の存在を明確に否定している．

それでは，なぜ頻度論的分析では，β_k の推定値は大きな負の値となるのか？ LZ は，頻度論的分析は式 (9.11) においてパラメータ $(\phi, \sigma_u, \sigma_v)$ にフラットな事前分布を置くのと似たことをしている事実を明らかにしている．彼らは，事前分布 $p(\phi, \sigma_u, \sigma_\epsilon) \propto \frac{1}{\sigma_u \sigma_\epsilon}$ の下では，β の事後密度は古典的な結果における点推定値の平均と標準偏差に類似した平均と標準偏差をもつことを明らかにしている．彼らは，このフラットな事前分布から β_3 の事前分布を求めると，0 と -0.5 に 2 本の大きなスパイクがある非常に奇妙な事前分布となることも示している．ここで重要なことは，両方の分散に散漫事前分布を置くと，定常過程部分の分散に対するランダムウォーク部分の分散比が非常に大きくなるか，あるいは非常に小さくなるということである．すなわち，純粋なランダムウォークか，あるいは非常に強い遷移要素の存在のほぼ等しい可能性を示唆する分散比がもたらされる．ここで，基礎となる事前分布は不正則であるから，LZ はサンプリングするために不正則事前分布を切断するか，または正則事前分布で近似しなくてはならなかったことに注意せよ．基礎となる不正則事前分布から導かれる β_3 の事前分布の形状が，切断または近似の方法に対して頑健なことを，確認しなければならない．

この結果は，尤度を記述するために用いられるモデルの基礎パラメータ（ここでは $(\phi, \sigma_u, \sigma_\epsilon)$）にフラットな事前分布を置くことが，パラメータの非線形関数に対しては非常に報知的な事前分布を含意し得ることを示している．したがって，基礎パラメータに対して選ばれた事前分布が，関心のある関数に対してどのような事前分布を含意しているのか注意しなくてはならない．このことは，ベイズ法の枠組みでは簡単に行うことができる．必要に応じて基礎パラメータの事前分布を，関心のある関数に対して適切な事前分布を含意するように修正することができる．古典的な計量経済学では，小標本分析は可能ではあるが，複雑であり実証研究ではめったに見られない．標準的な最尤推定法では，最尤推定量の関数は漸近的に正規であると仮定され，その分散は典型的にはデルタ法によって近似される．関数の推定量の標本特性を注意深くモンテカルロシミュレーションすることで，漸近近似からの乖離を見つけられるかもしれな

い．LZ が示したように，注意深い古典的統計学者は，古典的分析が関心の対象となる関数に対して何らかの好ましくない事前の見解を課していたことに，はっきりと気づくであろう．このことは重要である．というのも，古典的分析の支持者は，古典的分析は事前情報を分析に取り込む必要がないことを利点として強調しているからである．

b. 予測可能性と循環性

回帰の係数に対するフラットな事前分布が，関心のある関数に対してタイトな事前分布を含意している別の例を示す．式 (9.11) における定常部分の単純な AR(1) は，観察される長期の負の自己相関をもたらし得る．しかし，CLM の第 2 章で議論された，より短期の正の自己相関を生成することはできない．循環的な自己相関を可能にするモデルは，少なくとも AR(2) を必要とする．Geweke (1988a) は，GDP に対して循環の事後確率と循環周期の事後密度を示している．そのようなマクロ経済変数は投資機会集合の状態変数になり得る．そして，その循環は株式収益率の過程に波及するかもしれない．

Jacquier (1991) は，株式収益率の AR(3) モデルの循環性を研究している．彼は AR(3) パラメータに対するフラットな事前分布が，関心のある 2 つの主な関数（循環の存在と循環周期の確率）に対して望ましくない報知事前分布となることを示している．よく知られるように，特性方程式の根が複素数であるとき，循環性が得られる．AR(2) モデルでは，(ϕ_1, ϕ_2) の定常領域は三角形となることが知られている．ここで，(ϕ_1, ϕ_2) に対して定常領域でフラットな事前分布を考える．パラボラと三角形の底辺の間の領域，つまり $\phi_1^2 + 4\phi_2 < 0$ のとき，循環が発生する（Zellner 1971 を参照せよ）．フラットな事前分布の場合，この領域に (ϕ_1, ϕ_2) がある確率は正確に 3 分の 2 である．したがって，定常領域における (ϕ_1, ϕ_2) のフラットな事前分布は，循環の 3 分の 2 の確率を意味する．AR(3) については，Jacquier (1991) は，定常領域における ϕ_1, ϕ_2, ϕ_3 のフラットな事前分布が 0.934 の循環の存在確率を含意することを示している．ベイズ計量経済学者にとって，AR(2) については 3 分の 2 まで，AR(3) については 0.93 までの循環の事後確率は，循環の証拠をまったく意味しない．

循環が存在しているとすると，その周期は興味深い．循環性が存在する領域においてフラットな ϕ の事前分布は，循環の周期の分布に対して非常に報知的な事前分布となる．それは，3 を中心に 2 と 5 の間におよそ 50% のウェイトをもつ．ベイズ計量経済学者はこれらの含意された事前分布を調べ，対応する事後分布と比較することで，推定の問題点を自然と見つける．可能な改善策として，必要に応じて循環の周期に対してはよりフラットになる事前分布を，循環の存在の事前確率に対しては 0.5 により近い値をもたらすよう，ϕ の事前分布を修正することが簡単にできる．AR パラメータそのものよりもむしろ，特性方程式の根に対してフラットな事前分布を置くことは，問題を解決する上で効果的である．対照的に古典的な枠組みでは，この状況の識別と改善策は両方とも実用的でない．ϕ の最小二乗点推定値は，ϕ に対する散漫事前分布

からもたらされるベイズ事後平均と一致する．したがって，ベイズ法の枠組みで明らかになるこの問題を，古典的な分析は避けることができない．

c. モデル選択と予測可能性

株式収益率の予測可能性に関連する研究の1つに，株式収益率の企業特有の変数への，あるいは経済全体の変数への多数の競合する回帰モデルがある．数多くの変数，数多くの代替モデルがあるので，この研究はオッズ比を通してモデル比較とモデル平均化を行うための絶好の基礎を提供する．対照的に，古典的な分析は多数のモデル比較には不向きである．1991年という早い時期に，Connolly (1991) はよく知られる週末効果に関してオッズ比を報告している．潜在的には深刻な誤解を招きかねない p 値と比較して，オッズ比は標本に基づいたより自然な尺度を与える．広範な議論については，Berger (1985) を参照せよ．モデル1のモデル2に対するオッズ比は，実際に観測された標本の下で2と比較して1が真であるという事後確率である．

赤池情報量規準 (AIC) などの古典的議論に動機付けされた規準によって，モデルの順位付けを得ることができる．シュワルツ情報量規準 (SIC) は，オッズ比に対する大標本近似として提案されている．Zellner (1978) は，AIC は事後オッズ比の切断の一種とみなせるが，多くの重要な項を無視していることを示した．Jacquier (1991) は，SIC 近似は小標本では単純な AR モデルに対してさえも，不十分でありえることを示している．Bossaerts and Hillion (1999) は，これらの規準を用いて標本中の予測可能性の証拠を発見したが，そのような証拠は標本期間外には残らない．この規準と標本期間外の証拠の間の矛盾が，規準の潜在的な過剰適合にどの程度起因しているのかは，はっきりしない．たとえ近似が満足なものであったとしても，SIC と AIC はモデルの順位付けに利用できるだけであり，直接モデルの平均化に利用することはできない．

もちろん事後オッズ比は競合するモデルの順位付けには役立つ．しかし，より興味深いことは，事後オッズ比はモデルを平均化する際のウェイトを決定し，すべてのモデルの最適な組合せをもたらすことである．Avramov (2002) は，月次の株式収益率の予測可能性を研究している．彼は広範に研究されてきた 14 の候補となる予測変数，例えば配当利回り，益利回り，モメンタム，デフォルト・スプレッド，ターム・スプレッド，インフレ率，規模プレミアム，割安プレミアムを検討している．これらの 14 の候補となる変数は 2^{14} 通りの相互に排他的なモデルを定義し，Avramov はそれぞれのモデルに対して事後オッズ比を計算している．予測モデル j は正規誤差をもつ多変量回帰である．

$$r_t = B_j X_{t-1}^j + \epsilon_t, \qquad \epsilon_t \sim N(0, \Sigma) \tag{9.13}$$

ただし，r_t は 6 種類の資産の収益率ベクトルである．Avramov は，6 種類のポートフォリオ収益率のベクトルをモデル化している．B_j はモデル j の切片と回帰係数からなり，X^j は 1 と候補となる予測変数 z_j からなる．これは，Zellner (1962) の SUR の枠組みと同様である．

9.3 収益率の予測可能性

Avramov は，B_j と Σ_j について正規–逆ウィシャート事前分布を用いている: B_j の事前平均は回帰の係数についてはゼロで，切片については $\bar{r}$ である．ここで，実際に用いるデータと同一の標本統計量（すなわち標本平均収益率 $\bar{r}$ と標本予測変数 $\bar{z_j}$, 標本共分散行列 $\hat{V}_r$, $\hat{V}_{zj}$）をもつ仮想の標本を考える．Avramov は，B_j の分散共分散行列を式 (9.13) の多変量回帰から得られるものと比例するように置いた．比例係数は実質的には，想定上の標本数 T_0 である．この比例係数 T_0 は，予測可能性に対抗して事前分布をタイトにするのに用いられる．この事前分布は Kandel and Stambaugh (1996) (K&S) が用いた事前分布の多変量への一般化であり，基本的に Zellner (1986) の g 事前分布の一種である．K&S に従って，Avramov はモデルに含まれるパラメータ数の 50 倍に相当する T_0 を用いている．彼の研究では，標本数は $T = 540$ である．彼は事後オッズの解析的表現式を示している．

Avramov は，最高事後オッズをもつモデルに現れる予測変数を報告している．彼は，候補となる予測変数が現れる相互に排他的なモデルの事後確率を合計することが容易であることに着目した．2 つの尺度の違いは，際立っている．最善のモデルは，多くても 2 つの予測変数しか使わない．しかし，はるかに多い予測変数が，多くのモデルに現れる．例えば，大規模・中 PBR の企業から構成されるポートフォリオの収益率を予測する最善のモデルは，ターム・プレミアムのみを説明変数とする．そして，ターム・プレミアムはすべての可能なモデルの 54% に現れる．一方で，他に 4 つの予測変数が全モデルの 20% 以上に現れる．別のポートフォリオに対する最良のモデルは，インフレ率と益利回り（それぞれすべてのモデルのうちの 31% と 39% に現れる）のみを含む．しかし，T-bill（短期国債），過去の株価指数収益率，一月ダミー変数（それぞれ全モデルの 28%, 48% と 21% に現れる）は，最良のモデルには現れない．標準的なモデル識別問題と古典的な予測可能性の研究は，最善のモデルのみを選択し議論の対象とするが，この慣習は明らかに多くの情報を見落とすことになる．同様にオッズ比はモデルを適切に順位付ける一方，モデル比較にのみ用いられる場合，重要な情報を省略してしまうように見える．

複合モデルは，事後オッズをウェイトとして構築される．複合モデルにおいて，予測変数の回帰係数の事後平均は，各モデルの事後平均をオッズでウェイト付けした加重平均である．また，その事後分散は，各モデル内の回帰係数の事後分散とモデル間の変動性を合わせたものとみなすことができる．複合モデルは，将来の株式収益率の加重平均予測分布を定義する．この分布は，モデル間の不確実性とモデル内のパラメータ不確実性の両方を適切に積分消去する．Avramov は，1953～1998 年の 6 種類のポートフォリオに対して，複合モデルがいかなる既知のモデル選択基準で選ばれた最善モデルよりも優れていることを示している．

Avramov (2002) は，2^{14} 通りのモデルがすべて同じ事前確率をもつとしている．しかし，Cremers (2002) が指摘しているように，ある変数がモデルに現れる確率とそのモデル自身の確率の間には関連がある．彼の推論は以下のとおりである．どの変数

も，モデルに現れる事前確率は等しくかつ独立で p であると仮定する．すると，どのモデルの確率も $p^k(1-p)^{14-k}$ である．すべてのモデルが等確率であり得る唯一の状況は $p=0.5$ である．しかし，このことは，0.0001 の予測不可能性の事前確率と 5 つ以上の変数をもつ確率が 0.91 であることを意味する．このことは，モデルの予測可能性に対して事前に大きなウェイトを与えていることになる．パラメータとモデルの大きさに関する事前分布の選択の問題は自明ではなく，多くの研究がなされている．この問題に関する最近の研究については，Ley and Steel (2009) を参照せよ．

したがって，Cremers の事前分布は Avramov とは異なっている．Cremers は，より多くの説明変数をもつモデルでは散漫事前分布がより高い事前 R^2 を含意することも指摘している．彼は，より大きなモデルに対しても含意される R^2 が等しくなるように，事前分布をゼロの方向へ引き締めることによって，この問題を抑制している．この問題に関しては，Avramov は事前分布の想定上の標本数を予測変数の T_0 倍と等しくしているので，類似したことを行っていることになる．このことは，より大きなモデルについては係数の事前分布をゼロの方向へ引き締めることになる．そして，彼は T_0 の値が 25 と 100 の間で結果が頑健であることを示している．もう 1 つの違いは，Avramov が 6 種類のポートフォリオに適用する一方，Cremers は一変量系列（時価総額加重平均指数）を予測していることである．Avramov とは対照的に Cremers は，最善のモデルはより多くの変数をもつが，標本外に関しては予測可能性の証拠がより少ないことを見出している．

9.3.2 予測可能性の経済的妥当性

次に，競合モデルの予測可能性の経済的妥当性について考える．ここで，経済的妥当性はモデルが最適配分へ与える影響によって測定される．パフォーマンスは，実現した標本期間外のシャープ比率，または確実性等価によって評価される．最初に，Kandel and Stambaugh (1996) (K&S) のモデルを検討する．K&S のモデルは今日では標準的な設定であり，数多く利用されるとともに一般化もなされている．K&S は月次収益率の配当利回りへの予測回帰を検討している．

$$r_t = x'_{t-1}b + \epsilon_t \tag{9.14}$$

彼らは株式と T–Bill を対象に，ベイジアン投資家が行う最適配分への影響を通して予測可能性の妥当性を評価している．

この回帰の典型的な R^2 は，5% 以下である．したがって，統計的な基準では，予測可能性は大したことがないように見える．しかし，説明変数 x_t が時間とともに変動すると，明らかに収益率の条件付平均 $x'_{t-1}b$ の予測値も同様に変動するため，投資家はその最適資産配分を変更することを望むであろう．この変更は，その時点における条件付平均だけでなく，回帰における固有のノイズとも関連している．K&S は低い R^2 にもかかわらず，右辺の説明変数の典型的な月次の変動が，最適資産配分に顕著な変

更をもたらすことを示している.彼らは確実性等価収益率を計算して,これらの配分の変更が投資家にとって大きな価値があると主張している.

収益率は対数正規であり,投資家はベキ効用関数を用いて最適配分を解くとする.K&S は式 (9.14) の回帰において確率的な説明変数を考慮し,ベクトル自己回帰としてモデル化している.VAR と式 (9.14) の連立方程式は,説明変数の係数 B と誤差共分散行列 Σ を含んでいる.R^2 は (B, Σ) の非線形関数であり,(B, Σ) の各々の値に対して,1つの R^2 の値が対応する.したがって,(B, Σ) の分布は R^2 の分布を決定する.K&S は,(B, Σ) に対して2つの事前分布を検討している.1つは散漫事前分布であり,もう1つはゼロを中心とする非予測可能性 (no-predictability) と呼ばれるものである.第2の事前分布は,上記の Avramov (2002) で述べたものと同じ事前分布である.予測変数の数が異なっても,想定上の標本数 T_0 は予測変数の数に比例するので,含意された事前分布 R^2 はほぼ同じ値にとどまる.

分散は未知なので,予測密度は t 分布となる.K&S は期待効用が定義されるように,最適配分 w を 0.99 未満に限定している.さらに,離散時間で扱うので厳密な w^* を数値計算により得る必要がある.代わりに,K&S は連続時間の最適解析解を近似として利用している.彼らの結果は印象的である.非常に低い標本 R^2 に対してさえ,最適資産配分は予測変数の現在の水準に応じて大きく変化し得る.K&S は,投資家が資産配分を変更できることによって生じる期待効用の増加を計算している.彼らは,回帰の説明変数が無条件平均である場合と,典型的な低い値または高い値にある場合に,最適期待効用の違いを計算した.回帰の小さな R^2 にもかかわらず,これらの配分の違いが確実性等価の顕著な違い,1年当たりしばしば 3% 以上に達することを K&S は見出している.

Avramov (2002) もまた最適化を行っている.Avramov は2期先以上の予測を考えているので,式 (9.13) の当初の設定は不完全である.数期先をサンプリングするために,Avramov は回帰の説明変数に対して AR(1) を仮定している.この場合,時点 $T+1, \ldots, T+K-1$ の収益率を積分消去する必要があるので,予測密度 $p(r_{T+K}|R)$ は $K > 1$ についての解析的表現をもたない.同様に期待効用も解析的な積分をもたない.たとえ K 期先のバイアンドホールド・ポートフォリオを最適化するだけであっても,期待効用をシミュレーションして,それらのシミュレーションされた値を最適化する必要がある.Avramov は,最高 10 期先までを検討している.予測変数は定常であるので,投資期間が増加すると資産配分は予測変数の現在の値に対する感応度が低下することを,Avramov は指摘している.

収益率の予測可能性に対する古典的な枠組みの1つに,強い自己相関をもつ AR(1) に従う確率的な説明変数 x への収益率 r の回帰がある.

$$\begin{aligned} r_t &= \alpha + \beta x_{t-1} + u_t, \\ x_t &= \theta + \rho x_{t-1} + v_t \end{aligned} \tag{9.15}$$

ショック u_t と v_t は，非対角な共分散行列 Σ をもつ．Stambaugh (1999) は，過去の確率的な説明変数，典型的には配当利回り，もしくは社債利回りスプレッドを用いて，この予測回帰に対してベイズ法による詳細な研究を行っている．方程式は大規模な多変量回帰として記述され，$(\alpha, \beta, \theta, \rho, \Sigma)$ の事前分布を定式化しなくてはならない．Stambaugh は回帰係数と Σ に対してはフラットな事前分布を用いて，事後推定と資産配分を分析している．鍵となる結果は，β の事後平均は負の共分散 σ_{uv} を通して ρ の事後平均と線形の関係をもつことである．モデル化に当たって，ρ が非定常領域にあることが許容されるか否か，最初の観測値は既知であるか確率的かという2つの重要な違いがある．彼は，これら2つの違いが推定と資産配分に及ぼす影響を示している．後者の違いは尤度関数に修正をもたらす．そして，彼は1927〜1996年までのデータを4つの期間に分割し，これらの代替的なモデルを適用している．様々なモデルの事後平均の順序は，期間によって異なる．最も低い β と最も高い ρ を常に生じる単純な通常の最小二乗法 (OLS) は別として，結果的に与えられたモデルが常に高い，もしくは低い事後平均をもたらすというはっきりした証拠はなかった．そして，Stambaugh はこれらの事後平均の違いがマートン配分にかなり大きな違いをもたらすことを示している．

Barberis (2000) は特に長期投資家を対象として，予測可能性とパラメータ不確実性が資産配分に及ぼす影響を分析している．彼は，Stambaugh (1999) や K&S と同様に，x_{t-1} が配当利回り $(d/p)_{t-1}$ である古典的なモデル式 (9.15) を用いている．K&S に従い，予測可能性は資産配分に強い影響を及ぼすであろうと考えられる．しかし，9.2.3 項では，予測期間が長くなるとパラメータの不確実性が大きく増大することを示した．予測可能性は存在しないが，平均と分散の双方にパラメータ不確実性がある場合，Barberis は図 9.1(a) と似た結果を見出している．Barberis は分散を離散時間で積分消去し，リバランスも離散時間で行っているが，Jacquier (2006) の最適配分と非常に近い最適配分を見出している．

Barberis は離散時間でリバランスしており，分散は未知であるから，式 (9.10) のようなマートン最適配分問題に対する解析解を導いてはいない．Barberis は，事後パラメータの各サンプリングに対して，収益率の多期間予測密度からサンプリングを行っている．そして，彼は区間 $[0, 0.99]$ 中の多数の w に対して，サンプリングされた予測収益率から資産配分の期待効用を計算している．この計算は，w が一変量で有界なので実行可能である．最適配分は，(モンテカルロ推定された) 最大の期待効用をもたらす w である．

さらに，Barberis は予測可能性を検討している．Stambaugh (1999) と同様に，正規分布に従う誤差項は負の相関をもつので，結果として長期資産配分に影響を与える．予期せぬ配当利回りの下落があったとする．予期せぬ配当利回りの下落は同時点の株式収益率に正のショックを与える可能性があることを，上記の負の相関関係は示している．しかし，配当利回りは下落するので，$\beta > 0$ より，将来の株式収益率は下落す

ると予測される．現時点の収益率の上昇とそれに続く将来時点の収益率の低下のために，集計された分散は予測可能性がない i.i.d. 収益率の場合よりも増加速度が遅くなる．このことは，長期投資をする投資家に株式への投資比率をさらに高めるよう作用する．パラメータが既知であるとして，Barberis はこの直観を確かめた．しかし，予測可能性とパラメータの不確実性を認めると，9.2.3 項で見たように，予測可能性に基づく株式への正の需要に対抗する強い負の需要が発生する．

Wachter and Warusawitharana (2009) は，収益率を配当利回りと社債利回りスプレッドに回帰し，予測可能性をモデル化している．彼らは，モデルの回帰係数の事前分布を通して，予測可能性に対する投資家の信頼度を定式化している．事前平均を 0 としているので，事前分散が小さいと予測可能性に対して強い疑念を抱いていることになる．Stambaugh (1999) や Barberis (2000) と同じく，予測変数は AR(1) に従う．そして，予測変数と収益率のショックは相関があり得る．データは，予測可能性を強く疑う投資家でさえも市場動向により資産配分を調整することを示していると，Wachter and Warusawitharana (2009) は結論付けている．予測可能性に関する事前の信頼度をモデル化すれば，いかなるタイプの投資家がデータによって動かされるか否かを判定することが可能になる．

これらの研究において自己相関，あるいは回帰の係数が統計的に有意であるかどうかは，あまり重要ではない．重要なのは，収益率の予測可能性を取り入れることが予測密度にどのような影響を及ぼすかということであり，翻って，それが合理的な投資家の最適資産配分にどのような影響を及ぼすかということである．

9.4 資産価格決定

本節では，資産価格モデルの妥当性を直接検定するファイナンス研究を概説する．Roll (1977) 以来，様々な CAPM の検定は，ある市場指数ポートフォリオの事後的な平均分散効率性を検定することと等しいと，しばしば理解されてきた．したがって，まずポートフォリオ効率性の検定に対するベイズ法のアプローチを検討する．

経済的な議論からであるにせよ，データ・マイニングからであるにせよ，マルチファクターモデルは CAPM の欠点を修正するよく知られた方法である．いくつかの実証分析は，(観測不可能な) 潜在的ファクターモデルに基づいている．この場合，価格決定モデルの検定のみならず，ファクターそのものの推定も必要になる．我々は，この分野の研究におけるベイジアンの立場からのいくつかの独特な貢献を議論する．

9.4.1 資産価格検定とポートフォリオ効率性検定

CAPM の典型的な 1 パス検定は，尤度比検定，ラグランジュ乗数検定，ワルド検定であるが，これらの検定の小標本分布は同一ではない (CLM の第 5 章を参照せよ)．計量経済学者は，価格決定の対象となる多数の資産と市場指数ポートフォリオを選択

して，市場指数が CAPM に従って資産に適切な価格をつけているどうかを検定する．Roll (1977) の主張に従うと，これらの検定はポートフォリオと市場指数によって張られるフロンティアに関して，市場ポートフォリオとして選択された指数の効率性を評価する尺度の関数として記述される（CLM の第 5 章を参照せよ）．

Shanken (1987) はベイズ法の枠組みでこの問題を解決し，さらに一般化を行っている．第 1 に，彼は単一の市場指数の効率性ではなく，ポートフォリオ集合の中で最も効率的な一次結合の効率性を検定した．これは，やはり N 個の資産とポートフォリオによって張られるフロンティアに関する問題である．このフロンティア上で最も高いシャープ比率をもつポートフォリオと，検定対象となるベンチマーク・ポートフォリオの間の相関が 0.98 であると仮定する．十分なデータがあれば，たとえ 0.98 と 1 の間の違いが無意味だとしても，効率性の帰無仮説はやはり棄却される．これは，点帰無仮説の検定に対する典型的な批判である．Roll (1977) が指摘するように，厳密な市場ポートフォリオを得ることはできない．市場ポートフォリオとの相関が高いことが期待されるが，完全に相関はしていない代理変数しか得られないため，点帰無仮説の検定に対する上記の批判はなおのこと正当化される．選ばれた代理変数と最大シャープ比率をもつポートフォリオの不完全な相関の下で，1 からの乖離のうちのどの程度が，真の市場ポートフォリオを使わないという事実によるのだろうか？ Shanken は，この不完全な代理変数の問題を定式化している．この問題は追加的なパラメータ，代理変数と真のポートフォリオの間の相関を含んでおり，Shanken はそこに 1 つの事前分布を仮定している．そして，彼は，市場ポートフォリオの代理変数を用いているという事実を考慮したオッズ比を計算することで，市場指数の効率性を検定している．

Harvey and Zhou (1990) は，資産の平均と共分散に対して事前分布を定式化し，同じ問題を扱っている．彼らは，代理変数の不完全性に対する信念は取り入れていない．Kandel et al. (1995) は，決定的に重要な論文である．彼らはこの論文で，検定対象となるポートフォリオと効率的フロンティア上の任意のポートフォリオ間の最大相関に関する事後分布を導いている．この事後分布は，事前分布の選択に非常に敏感であることが示される．彼らは，Shanken (1987) と同様に，検定対象となるポートフォリオが理論的なポートフォリオの完全な代理変数ではないという事実を取り入れている．このことは事実上，完全相関の点帰無仮説を興味のないものにする．安全資産が存在する場合と存在しない場合の両方のケースで，彼らのアプローチはうまく機能する．特に安全資産が存在する場合，事前分布の選択が結果に影響を及ぼす．通常の標本数に対しては，資産の平均ベクトルの散漫事前分布は，たとえ ρ の標本推定値が効率性を意味する値である 1 に近いとしても，ρ の事後分布が 1 の近くに集中することを非常に難しくする．これは関心のあるパラメータ，最大化された ρ が基礎パラメータ μ と Σ の非線形関数であるもう 1 つの例である．基礎パラメータ μ と Σ の事前分布は，ρ の事前分布に思わぬ影響を及ぼす．

関連した研究として Pastor (2000) は，資産価格モデルに対する投資家の信念の程

度をポートフォリオ最適化に取り入れる方法を議論している．期待収益率が K 個のファクターの一次結合であると仮定する．これは，単一ポートフォリオに効率性が依拠する CAPM の一般化である．これらのファクターが K 個のベンチマーク・ポートフォリオによって複製されるならば，フロンティアはこれらのベンチマーク・ポートフォリオによって張られる．信念の程度は，モデルに基づく予測からの乖離に対する事前分布のきつさによって定式化される．例えば，CAPM におけるジェンセンの α がその例である．Pastor and Stambaugh (2000) はこの枠組みの下で，CAPM, Fama–French の 3 ファクターモデル，そして第 3 のモデルとして 1 期間のバイアンドホールド平均分散最適化を比較している．ポートフォリオは，モデルから導かれる予測密度と一定の証拠金率を考慮して最適化される．モデルを比較するために，Pastor and Stambaugh (2000) は，ある 1 つのモデルを信じているが，それとは別のモデルの下で最適ウェイトを用いることを強いられる投資家を考え，彼が被る確実性等価を基準とした損失を計算している．現実的な証拠金率と事前のモデル不確実性の下では，結果として得られるモデル間の差異は，古典的な仮説検定の下で考えられていたよりも，はるかに小さいものであった．ポートフォリオ最適化の視点に立てば，最高の戦略は各モデルの事後オッズ比に従う複合モデルとなる．この点は，今後の研究方向として注目に値する．

9.4.2 APT とファクターモデルに対するベイズ検定

裁定価格理論 (APT) は，潜在ファクターを f_t とする統計モデルによって収益率が生成されると仮定する．

$$R_t = E(R_t) + Bf_t + \epsilon_t, \qquad \epsilon_t \sim N(0, D) \tag{9.16}$$

ただし，R_t は資産収益率の N 次元ベクトルで，B は N（株式）$\times K$（ファクター）のファクター負荷を示す行列である．重要な仮定は，固有リスク ϵ の共分散行列 D が対角であることである．この仮定は，共通ファクターへのファクター負荷が株式の共分散行列をすべて説明することを意味する．$N \times N$ 共分散行列は収益率の $K \times K$ ファクター共分散行列，$N \times K$ 係数行列と N 個の誤差分散で構成されるので，自由なパラメータの数は制限される．McCulloch and Rossi (1990) は，収益率の間の共分散を説明するためには，高々 5 つのファクターで十分であることを示している．したがって，ファクターモデル自体が，大規模な共分散行列を非常に効率良く推定するための工夫になっている．

裁定機会がない場合，APT モデルは (9.16) に従う．期待収益率はファクター負荷 B と線形の関係になる．

$$E(R_t) = r_{ft} i + B\gamma_t \tag{9.17}$$

ここで，γ は各ファクターのプレミアムからなる k 次元ベクトルである．McCulloch and Rossi (1990; 1991) は，潜在変数をもつ APT に対してベイズ検定を行った最初

の研究である．しかし，ファクタースコア f_t を得るために彼らが用いた手続きの最初のステップは，考え方としてはより古典的である．彼らは，$N=1500$ 個以上の株式収益率のクロスセクションからファクタースコアを推定するために，漸近的な主成分分析を利用している（Connor and Korajczyk 1986 を参照せよ）．標準的な主成分分析は，標本共分散行列からファクター負荷を抽出する．この方法は，時系列における標本数が増加すると精度が良くなる．対照的に，Connor と Korajczyk は収益率に関する $T \times T$ クロス積行列からファクタースコアを抽出する方法を示している．この方法は，株式数 N が増加すると精度が高くなる．典型的な株式市場の資産価格分析では，N が非常に大きく，T はそれほど大きくない．Connor と Korajczyk はこの場合には f_t が極めて正確に推定されることを示している．McCulloch and Rossi (1990;1991) は，(9.16) のクロスセクション回帰を実行する際，基本的にスコア f_t は既知としている．彼らは，観測誤差はそれほど大きな問題にならないとし，式 (9.16) のベイズ分析に専念している．

もしファクターモデル式 (9.16) と APT 式 (9.17) の両方が正しいならば，多変量回帰

$$R = \alpha i' + BF + E, \quad E \sim N(0, \Sigma)$$

の切片ベクトル α はゼロでなくてはならない．McCulloch and Rossi (1990) は，α の事後分布を導いている．彼らは，α, B, Σ について正規–ウィシャート事前分布を用いている．もし式 (9.17) の APT が正しいならば，α はゼロである．第 2 に，彼らはポートフォリオを最適化する合理的な投資家が獲得することができる確実性等価収益率を考え，APT の制約がある場合とない場合とで比較を行っている．分析を容易にするため，彼らは正規分布に従う収益率と指数効用を仮定している．彼らの研究は，効用水準を基準として資産価格モデルを評価した最初の研究である．

これは仮説が入れ子になっている簡単なケースなので，McCulloch and Rossi (1990) は APT モデルが成り立つという帰無仮説と，価格決定の誤り（$\alpha \neq 0$）という対立仮説について，事後オッズを計算するためにサベージ密度比法を用いることができる．サベージ密度比法は，周辺尤度を得るのに必要な積分を実行することなく，オッズ比を得ることを可能にする．オッズ比は，制約モデルの下での特定の値（ここでは $\alpha = 0$）における事後密度と事前密度の比である（Dickey 1971 を参照せよ）．

クロスセクション数も時系列標本数もともに少ない状況では，Connor と Korajzyk の N 漸近さえ不適切であり，変数の観測誤差の問題は避けられない．標本精度が T とともに増加する標準的な主成分法もまた，変数の観測誤差から深刻な影響を受けるであろう．計量経済学者が利用できる T と N に対して最適である純粋なベイズ法の枠組みは，非常に有用であろう．Geweke and Zhou (1995) は，純粋なギブスサンプラーを用いて潜在ファクターとファクター負荷を推定する方法を示している．条件付事後密度 $B|F$ と $F|B$ は両方とも時系列，あるいはクロスセクションの回帰を意味す

るので，直観的には明瞭である．アルゴリズムの収束を前提として，GewekeとZhouはMcCullochとRossiと似た分析を提案している．しかし，GewekeとZhouの手法はNの大きさにもTの大きさにも依存していない．

9.4.3 パフォーマンス評価

運用ファンドのパフォーマンス評価は，個々の株式やポートフォリオではなく運用ファンドの価格決定の誤りを分析する資産価格検定の一種とみなすことができる．パフォーマンスの持続性という論点が必然的に生じるので，パフォーマンス評価は予測可能性とも結びつく（例えば，ミューチュアルファンドについてはAvramov and Wermers 2006 を参照せよ）．

Baks et al. (2001) は，市場指数とアクティブ運用ファンドへ投資を行う投資家を念頭において，ポートフォリオ最適化への影響を基準にパフォーマンス評価を行っている．最も重要なことは，彼らはマネージャーのジェンセンのαに対して革新的な事前分布を提案していることである．事前分布は，確率$1-q$でわずかに負の$\underline{\alpha}$をとる．ここで$1-q$はマネージャが運用技能をもたないという確率である．

元のパフォーマンスからアクティブ運用に要する管理コストと取引コストが差し引かれるため，パフォーマンス$\underline{\alpha} = a - \text{fee} - \text{cost}$は，わずかに負となる．技能をもたないマネージャーが技能をもつマネージャーと取引するので，aはわずかに負であるとされる．そして，マネージャーが技能をもつ確率はqである．所与の取引技能の下で，αはモード$\underline{\alpha}$で切断された正規分布によってモデル化される．技能をもたないマネージャーが体系的に大きな負のパフォーマンスを示すとは予想しにくいので，Baksらはαの事前分布が大きな負の値をとる可能性を事実上，排除している．Baksらは，確率q，管理コストと取引コスト，さらにマネージャーのαが一定水準（例えば25ベーシスポイント）を超える確率を特定することにより，事前分布を導出する方法を示している．彼らの重要な結果として，マネージャーの技能に先験的に極端に懐疑的でない限り，投資家は運用資金のうちの無視できない割合をアクティブ運用ファンドに投資することが挙げられる．対照的に，古典的なアプローチは，多くのファンドに対して技能がないという帰無仮説を棄却しない．このことは，おそらくファンドに投資しないという決定をもたらす．第1に，Baksらはαの事前分布を注意深くモデル化することで，必要な精度でαの推定を可能にしている．第2に，技能ありと技能なしという2つの代替的な仮説が統計的には近いように見えたとしても，2つの仮説は非常に異なる投資判断を導くことがあり得ることを，この応用例は示している．

Baksらは400人のファンドマネージャーを個別に分析しており，ファンド間の相互の影響，もしくは学習を考慮に入れていない．彼らは，固有ノイズの相関行列は対角であると仮定し，Fama–Frenchの3ファクターモデルに対して各ファンドマネージャーのαを計算している．

Jones and Shanken (2005) は後者の仮定は維持して，ファンド間の学習に焦点を

当てている.各ファンドのパフォーマンス α_j は,ファンド間のクロスセクション平均 μ_α と分散 σ_α^2 をもつある一般的な分布からのランダムサンプリングとみなされる.直観的には α_j の事前分布として,α に関する他のすべてのファンドについての標本平均と標本分散を平均および分散パラメータとする分布からサンプリングすることを考えている.Jones と Shanken は,この縮約アプローチはファンドの数が増加すると最大の事後 α が非有界となる望ましくない特性にうまく対処すると主張している.また,Baks らやその他の研究とは対照的に,彼らは各ファンドごとに異なる事前信念をモデル化している.パラメータ空間は,個々のファンドの β と標準偏差,および α_j(α_j は μ_α と σ_α のランダムサンプリングと解釈できる)を含む.μ_α と σ_α は未知なので,パラメータの事後密度は解析的には得られない.したがって,Jones と Shanken はすべてのパラメータ,特に α_j, μ_α, σ_α を更新するギブス・アルゴリズムを提案している.彼らの実証結果は,ファンド間の学習を取り入れると,α_j の最大の事後平均が大幅に小さくなることを裏付けている.

9.5 ボラティリティ,共分散,ベータ

分散(もしくは共分散)を推定・予測することは,リスク管理,オプション価格決定,ポートフォリオ最適化を含むファイナンスのほとんどあらゆる領域において,極めて重要である.少なくとも一変量のケースでは,時間変動するボラティリティをモデル化する研究は,複数の理由から非常に急速に進んだ.Officer (1973) 以来,ボラティリティの時間変動はファイナンスでは当然のこととみなされてきた.そして,ボラティリティは高い自己相関をもつので,時間変動する期待収益率よりもより良く予測できる.時間変動するボラティリティのモデル化は,金融時系列の無条件密度がファットテールであるのを説明するのにも役立つ.手短にいえば,過去の研究は,時間変動するボラティリティの優れた節約モデルは,以下の3つの重要な要素をもたねばならないことを示している:(1) 自己回帰構造,(2) 負の収益率は同じ大きさの正の収益率よりも大きなボラティリティをもたらすという非対称性をモデル化できること,そして (3) 収益率の条件付分布がファットテールであるための追加的なモデル化,である.

長い間,時間変動するボラティリティを考慮するため,研究者はアドホックな時間変動するウインドウを用いてきた.分散のモデル研究の画期的飛躍となった Engle の ARCH モデルは,その後に続く膨大な研究の契機となった(サーベイについては Bollerslev et al. 1994 を参照せよ).しかし,ARCH モデルに関する文献が急速に増加する一方,ファイナンス理論はモデル構築を目的として,すでにより一般的な確率的ボラティリティ(stochastic volatility:SV)を研究していた.GARCH モデルが成功した理由の1つは,おそらく GARCH モデルが観測されないボラティリティの良いフィルタとみなせることである.例えば,Nelson (1994) は,観測記録が連続時間に収束していくとき,平均二乗誤差を基準にすると GARCH モデルはカルマンフィ

ルタより優れていることを示している．もう1つの理由は，少なくとも一変量の枠組みにおいては，計算の実行が容易なことである．多変量の場合は，はるかに複雑になる．古典的な最尤法の枠組みは，GARCH モデルに対しては計算上うまく機能するが，SV モデルにはうまく対処できない．SV モデルが非線形であり，ボラティリティが潜在変数であることが理由である．

マルコフ連鎖モンテカルロ (MCMC) アルゴリズムの登場で，幅広いクラスの SV モデルに対してベイズ法による最適推定がすでに可能になっている（例えば，Jacquier et al. 1994; 2004 を参照せよ）[*3]．さらに Geweke (1994) と Kim et al. (1998) は，GARCH モデルと比較して SV の柔軟性には多くの利点があることを示している．したがって，本節ではまずいくつかのベイズ法による GARCH アルゴリズムを議論する．次に，ファットテールと非対称な収益率をもつ一般的な一変量 SV モデルに関する簡単な MCMC ベイジアン・アルゴリズムの設計，実行，そして診断の方法を示す．

高次元の共分散行列を正確に推定するのは，たとえ分散と共分散が時間を通して一定であると仮定しても難しい．現実的なファイナンスへの応用では，しばしば時間と比較して多数の資産が対象となる．したがって，節約的なモデル化のためには，共分散行列に対して一定の合理的制約が必要となる．そのようなファイナンスのモデル化に非常によく適している制約は，ファクターモデルである．定数パラメータのファクターモデルのベイズ推定については，資産の価格付けの節ですでに論じた．本節の最後を，時間変動するファクターモデルとベータへの応用に関する議論で締めくくる．

9.5.1 ベイジアン GARCH モデリング

基本的な GARCH モデルでは，収益率とその分散は以下のようになる．

$$r_t = \sqrt{h_t}\epsilon_t, \qquad \epsilon_t \sim N(0,1), \qquad (9.18)$$
$$h_t = \omega + \alpha r_{t-1}^2 + \beta h_{t-1}$$

ショック ϵ_t は，ファットテールを考慮したモデルに拡張することができる．いわゆるレバレッジ効果，1期前の収益率が負であるとき，今期の分散がより高い傾向をモデルに取り込むこともできる．Glosten et al. (1992) は，符号ダミーを分散方程式に加えている．対照的に，Nelson (1991) は対数ボラティリティを定式化する EGARCH モデル (exponential GARCH) を導入している．EGARCH モデルは分散方程式の右辺に負の変数を許容し，正値制約を取り除く．例えば，EGARCH(1,1) は以下のように与えられる．

$$\log h_t = \omega + \theta \epsilon_{t-1} + \gamma(\epsilon_{t-1}^2 - E(\epsilon_{t-1}^2)) + \beta \log h_{t-1} \qquad (9.19)$$

[*3] Jacquier et al. (2007) は，ベイジアン・アルゴリズムの簡単な調整によって最尤推定量とその漸近共分散行列が導かれることを示している．

GARCH モデルを推定するために通常，数年分の日次収益率が利用される．これだけの多くの観測値があれば，最も単純なモデルに対しては，推定値の正確な標準誤差が得られる．普及している方法は尤度関数の最大化であり，最尤法は最も単純なモデルについては便利である．しかし，より複雑なモデルの場合，尤度最大化が困難になることがあることもわかっている．サーベイについては，Bollerslev et al. (1994) を参照せよ．

パラメータの事後分布から直接サンプリングすることができないため，GARCH モデルのベイズ推定は MCMC 法を必要とする．このことを見るために，正規分布に従う誤差をもつ単純な GARCH(1,1) モデル，式 (9.18) においてパラメータ $\theta = (\omega, \alpha, \beta)$ の事後分布を考える．

$$p(\theta|R) \propto p(\theta) \prod \frac{1}{\sqrt{h_t(\theta)}} \exp -\frac{y_t^2}{2h_t(\theta)}$$

θ を個々の構成要素に分けても，単純なギブスサンプラーは適用できない．収益率方程式に回帰関数 γx_t を導入することで，モデルを拡張することができる．このことで，推定に追加的な困難は生じない．この場合，直接サンプリングが可能な条件付密度 $p(\gamma|\theta)$ が，MCMC サンプラーに導入される．Geweke (1989) は，分散方程式に過去の h_t を含まない純粋な ARCH モデルに対して，パラメータ θ と h_t を交互に事後分布からサンプリングするために重点サンプリングを用いている．Kleibergen and Van Dijk (1993) は，t 分布誤差をもつ GARCH を推定するために重点サンプリングを利用している．θ の近似関数は，自由度が非常に小さい多変量 t 分布である．

ベイズ法による GARCH 推定においては通常，散漫事前分布が利用される．しかし，正値性条件 $(\omega, \alpha, \beta) > 0$ と，必要ならば定常性条件 $\alpha + \beta < 1$ が課されることがある．最尤法やモーメント法と違って，ベイズ分析では，r_t の分散のような無条件モーメントの存在を必要としないことに注意せよ．条件を満たさない事後分布からのサンプリングを棄却することで，この条件を満たすことができる．そして，ベイズの定理によって指示変数は直接，事後分布に移転されるので，結局，切断された事前分布を使うことと同じことになる．例えば，実数上で定義され，散漫であり得るが正則な密度 $p(\theta)$ を考える．計量経済学者は事前分布としてこの形状の密度を利用することを望む一方で，条件 $\theta \in [a,b]$ が課されている．すると，事前分布は $\pi(\theta) \propto p(\theta) \mathcal{I}_{[a,b]}$ となる．ただし，$\mathcal{I}$ は指示関数である．ベイズの定理によって，事後分布は $(\theta|D) \propto p(D|\theta) p(\theta) \mathcal{I}_{[a,b]}$ となる．

定義域の制約によっては切断のために，事前分布と事後分布の両方で基準化定数を得る上で，複雑な積分が必要となるかもしれない．しかし，事後分布からサンプリングするだけならば，直接的な MC または MCMC アルゴリズムの場合のように，$p(D|\theta)p(\theta)$ からサンプリングして $[a,b]$ に属しないサンプルを棄却することで，この積分を得ることができる．棄却によるこの切断は，事後分布と予測密度におけるモンテカルロ・シミュレーションの魅力的な実用性の1つといえる．明らかにこの手続きの効率性は，

棄却されるサンプリングの割合と関係しており，θ の定義域における尤度の情報量に依存する．他の方法として，例えば幅を調整したベータ分布など，切断を要求しない事前分布の利用が挙げられる．しかし，そのような事前分布は，必ずしも単純な事後密度をもたらさない．ベイズ法による GARCH 推定では，正値性と定常性は条件を満たさない事後分布からのサンプリングを棄却することで実現できる．サンプリングのうち棄却されるのは，非常に少ない割合であることが知られている．

Bauwens and Lubrano (1998) は，式 (9.18) における ϵ_t が自由度 ν の t 分布に従う GARCH を推定している．彼らは，事前分布が $(0, \infty)$ 上にあるならば，ν の事後分布は積分すると発散することに注意した (非正則事後分布)．正確にいえば，事後分布が正則であるためには，$p(\nu)$ は大きな ν に対して $1/\nu$ より速く減少し，$\nu = 0$ で良く振舞う (well behaved) 必要がある．ゼロより大きな値で切断すると，問題は解決される．モデル化する上では，その方が望ましいであろう．$\nu \leq 2$ に対しては，無条件の分散は無限大であることを思い出そう．Bauwens と Lubrano は，事前分布として $p(\nu) \propto 1/(1+\nu^2)$ を選択している．他の事前分布の候補としては，Geweke (1993) の指数事前分布 $p(\nu) \propto \psi \exp -\psi \nu$ もあり得る．Bauwens と Lubrano は，条件付事後分布の各要素からサンプリングするために，グリッド・ギブスを利用している．パラメータ・ベクトルの各要素に対して，グリッド・ギブスは注意深く選択されたグリッド上で，事後分布の高さを計算し，グリッド間の累積分布関数 (cumulative distribution function：CDF) を数値積分によって計算する（Ritter and Tanner 1992 を参照せよ）．そして，パラメータからのサンプリングには逆 CDF 方法が用いられる．この方法はアイデアとしては単純であるが，計算集約的で相当な回数の関数評価が必要になる．また，Bauwens と Lubrano が強調しているように，グリッドは注意深く選ぶ必要がある．

対照的に Muller and Pole (1998) は，平均方程式に回帰または AR パラメータを含む GARCH モデルを推定するために，メトロポリス–ヘイスティングス (Metropolis–Hastings：MH) アルゴリズムを利用している．彼らは，まずパラメータのベクトル (θ, γ) をその個々の要素に分割し，それから各要素に対して MH 独立なサンプリングを行っている．Nakatsuma (2000) は誤差項に ARMA 過程を含むようモデルを拡張し，MH アルゴリズムで ARMA モデルを推定した Chib and Greenberg (1994) のアルゴリズムを利用して，モデルを推定している．

Nakatsuma のアルゴリズムは，ARMA と GARCH パラメータ（それぞれ δ_1 と δ_2 とする）を循環する．条件付分布 $\delta_1|\delta_2$ に関しては，Chib and Greenberg (1994) の MH アルゴリズムを少し修正して，分散不均一であるが既知の分散 h_t をもつ ARMA 尤度を利用する．条件付分布 $\delta_2|\delta_1$ に関しては，Bollerslev によって導入された GARCH モデルの有名な ARMA 表現を利用する（Bollerslev et al. 1994 を参照せよ）．GARCH(1,1) に対しては，次式を得る．

$$\epsilon_t^2 = \alpha_0 + (\alpha_1 + \beta_1)\epsilon_{t-1}^2 + v_t - \beta_1 v_{t-1}, \qquad v_t = \epsilon_t^2 - h_t \tag{9.20}$$

v_t は分散が $2h_t^2$ であり,正規分布ではない点に注意しなくてはならない.Nakatsuma は,$\delta_2|\delta_1$ の条件付事後分布の基礎として式 (9.20) を利用している.直接サンプリングすることはできないので,v_t の真の分布を正規分布で置き換えることによって,δ_2 の独立 MH サンプリングに対する実行可能な提案密度が得られる.実際,ARMA と GARCH の両方においてパラメータ・ベクトルのサンプリングは,自己回帰と移動平均パラメータに分解される.回帰パラメータの存在も考慮すると,5つの主要なブロックからなる MH 独立サンプリングになる.しかし,Nakatsuma の方法は Glosten et al. (1992) の非対称 GARCH と Nelson (1991) の EGARCH には拡張できない.これらは ARMA 表現をもたないからである.

Vrontos et al. (2000) は,ランダムウォーク MH アルゴリズムを提案している.彼らのアルゴリズムは提案密度の細かい調整を要求しないので,適用するのが簡単である.候補となるサンプリングは,単に現在の値に $N(0,\sigma)$ に従う増分を加えるだけで生成される.σ は,50% 以上の繰り返しを生成しないように調整される.小さな動きは繰り返し確率を低くするが,パラメータ空間上を十分に広く移動しない.一方,大きな動きは,非常に低い確率領域を訪れるが,過大な繰り返しを引き起こすであろう.Vrontos らは,最初にパラメータのベクトルを一変量 MH サンプリングに分割している.しかし,彼らは最も高い相関をもつパラメータ群を同時にサンプリングすると,計算効率が改善されることを示している.一般に,高次元ベクトルのメトロポリス・サンプリングには注意を払う必要がある.頻繁な繰り返しが発生していないことを確認しなければならない[*4].しかし,彼らのケースでは次元は小さい.GARCH(2,2) の場合,全体のパラメータ空間は 5 つのパラメータに回帰,もしくは平均パラメータを加えたものである.

おそらく Vrontos らの最も興味深い貢献は,可逆ジャンプ・アルゴリズムの利用である.可逆ジャンプ・アルゴリズムでは,多数の競合する GARCH または EGARCH モデルを同時にシミュレーションすることができる.パラメータのサンプリングに加えて,アルゴリズムは一定の確率で候補となる別のモデルに移動する.この MCMC アルゴリズムは各モデルのパラメータのサンプリングだけでなく,モデルの事後確率も効率良く生成する(Green 1995 を参照せよ).したがって,彼らのアルゴリズムは各モデルの事後オッズを導き,さらに各モデルの平均化をもたらす.彼らの方法の直接の副産物は,最適な組合せモデルによるボラティリティの標本期間内の事後分布と将来ボラティリティの予測分布であろう.ここで最適組合せモデルは,検討対象となるモデルの各事後確率による加重平均である.Vrontos らは,ギリシアの株式市場に対して 8 つの EGARCH モデルを比較している.最良のモデルの事後確率は 0.47 で

[*4] 提案サンプリングのばらつきを減らすことによって繰り返し率は減少するだろう.しかし,特に高次元の多変量の場合には,すべての定義域がきちんと覆われない危険性がある.

あるが，2～4番目までのモデルの事後確率を合計すると0.43になる．この事実は，最良のモデルを唯一つ選ぶ慣行に対して，モデル平均化の潜在的な利点を強調する．

これらの方法でも，非常に長い系列に対しては，パラメータの事後平均はMLE点推定値と大きく異ならない．しかし，パラメータに対する推論が必要な場合には，標準誤差としてヘッセ行列を利用することと漸近正規性を仮定することには懸念が生じる．これとは対照的に，ベイズ法によるシミュレーションは，事後分布が正規分布となることを期待しない．またもう1つのより重要な論点は，標本期間と将来におけるボラティリティ推定の違いである（Geweke 1989を参照せよ）．最尤法は，パラメータのMLE点推定値に基づいて，ボラティリティh_tを推定する．ベイズ法は，シミュレーションによってパラメータだけでなく，各h_tの事後密度全体を導く．ベイジアン計量経済学者は，二乗損失基準で最適な点推定値として事後平均を選ぶことができる．しかし，事後分布全体が得られるので，位置の推定値として平均事後分布を利用するに留まらず，より適切な推論が可能となる．

似たような潜在的な問題は，多期間の予測に対しても発生する．やはり，MLE点推定値は単にパラメータ推定値を代入する．そして，$\hat{h}_{t+K}$を求めるために，分散方程式の右辺のr^2_{T+K-1}をその予測値$\hat{h}_{t+K-1}$で置き換え，分散方程式を逐次計算する．これに対して，シミュレーションに基づくベイズ法のアルゴリズムは，厳密な予測密度からサンプリングを行う．そこでは，パラメータの各サンプリングに対して，ボラティリティ方程式を通して，将来のショックとボラティリティを$T+K$時点まで継続してサンプリングする．このことは，おのずと将来$T+K$時点におけるボラティリティの正しい予測密度をもたらす．ここで$T+1$から$T+K-1$時点までのボラティリティとパラメータは積分消去される．ベイズ予測に関する議論はGeweke and Whiteman (2006) を参照せよ．

9.5.2　MCMCによる確率的ボラティリティ

以下の基本的なSVモデルを考える．

$$y_t = \sqrt{h_t}\,\epsilon_t, \tag{9.21}$$
$$\log h_t = \alpha + \delta \log h_{t-1} + \sigma_v v_t, \quad t=1,\ldots,T$$
$$(\epsilon_t, v_t) \sim N(0, I_2)$$

GARCHモデルとの重要な違いは，ボラティリティへのショックv_tの存在にある．これにより，SVにおいてはボラティリティは観測できない潜在変数となる．GARCHモデルと違って，パラメータの情報だけではボラティリティは得られない．$\omega = (\alpha, \delta, \sigma_v)$と置くと，尤度関数$p(y|\omega)$はボラティリティの$T$次元ベクトルの積分$p(y|\omega) = \int p(y|h,\omega)p(h|\omega)dh$を必要とする．

初期の研究は，モーメント法を利用してパラメータの推定を行い，得られたパラメータの推定値を所与として，カルマンフィルタによってボラティリティの平滑化推定値，

もしくはフィルタリング推定値を得ていた．もう1つのアプローチである擬似最尤法 (quasi maximum likelihood：QML) は，$\log \epsilon_t^2$ に擬似的に正規分布を仮定し，SVモデルを正規線形状態空間モデルで近似する方法である．この近似モデルの尤度は，ボラティリティに関するカルマンフィルタによって記述でき，尤度を最大化することでパラメータの推定値が得られる．しかし，これらの方法は十分に機能しないことがわかっている (Jacquier, Polson, and Rossi 1994 (JPR) を参照せよ)．JPRは，将来のボラティリティの予測密度だけでなく，パラメータとボラティリティも事後密度からサンプリングするベイジアンMCMCアルゴリズムを開発した．そのアルゴリズムは，メトロポリス–ヘイスティングス独立サンプリングを利用する．

a.　メトロポリス–ヘイスティングス独立アルゴリズム

パラメータに対して与えられた事前分布 $p(\omega)$ の下で，事後密度 $p(\omega, \mathbf{h}|\mathbf{y})$ からサンプリングする必要がある．最初に2つの条件付密度，$p(\mathbf{h}|\mathbf{y}, \omega)$ と $p(\omega|\mathbf{y}, \mathbf{h})$ のギブス・サイクルを考える．後者は，回帰パラメータの事後分布のサンプリングである．JPRが用いた事前分布は，パラメータの定義域で事前分布がフラットになるのに十分大きな分散をもつ正規–ガンマ共役事前分布である（JPRを参照せよ）．高次元の $p(\mathbf{h}|\mathbf{y}, \omega)$ から単純に同時サンプリングするのは容易ではないので，それをさらに一変量密度 $p(h_t|h_{-t}, y, \omega)$ に分割する．JPRはベイズの定理を続けて適用することで，以下のようになることを示している．

$$p(h_t|h_{t-1}, h_{t+1}, \omega, \mathbf{y}) \propto p(y|h_t)\, p(h_{t+1}|h_t, \omega)\, p(h_t|h_{t-1}, \omega),$$

$$\propto \frac{1}{h_t^{\frac{3}{2}}} \exp\left(\frac{-y_t^2}{2h_t} - \frac{(\log h_t - \mu_t)^2}{2\sigma_v^2/(1+\delta^2)}\right) \quad (9.22)$$

式 (9.22) から直接サンプリングすることはできない．しかし，式 (9.22) は逆ガンマ密度によってよく近似される．これは，MH独立サンプリングのための基礎となる．したがって，全体のMCMCアルゴリズムは $(\omega, h_1, \ldots, h_T)$ の各要素を循環する．h_t は逆ガンマ密度からサンプリングでき，サンプリングはJPRが示した採択確率で採択される．採択されなかった場合には，前回のサンプリング値が再び採択される．このアルゴリズムは，潜在変数 h_t を1つずつサンプリングしていくので，シングルムーブ・アルゴリズム (single-move algorithm) と呼ばれる．これらのサンプリングされたボラティリティは互いに相関をもつため，このアルゴリズムではサンプリング系列，特に σ_v の系列は高い自己相関をもつことがある．

大規模なサンプリング実験によって，アルゴリズムの振舞いを例証することができる．シミュレーションの繰り返しにおいて標本数が増加すると，事後平均のモンテカルロ推定値は真のパラメータに収束する．例えば，パラメータを $\delta = 0.95$，$\sigma_v = 0.26$，$E(\sqrt{h_t}) = 3.2\%$ として，JPRは $T = 1500$ の観測値をもつ500個の仮想的なデータをシミュレーションから発生させ，50,000回のサンプリングからパラメータとボラティリティの事後平均を計算している．JPRは，δ の事後平均は平均すると 0.94 であ

9.5 ボラティリティ，共分散，ベータ

ることを見出している．そして，δ の平方平均二乗誤差 (root mean squared errors：RMSE) は 0.02 であった．一方，σ_v の事後平均は 0.279 であり，その RMSE は 0.04 であった．750,000 個の $\sqrt{h_t}$ のシミュレーションに対して，事後平均は 18.4% の平均絶対誤差 (mean absolute error：MAE) を示していた．いかなる基準に照らしても，事後平均は真の値に非常に近い．このことは事後平均に偏りがなく，RMSE が非常に小さいことに示されている．ボラティリティの平滑化事後平均から予想される相対的な精度は約 18% であることもわかる．与えられた標本数に対して，事後平均は必ずしも真のパラメータの不偏推定量ではない．したがって，一部のベイジアン研究者は，事後平均の MCMC 推定値のサンプリング・パフォーマンスのシミュレーションにあまり関心をもたない．問題は，MCMC 平均が事後平均の良い推定値であるかどうかである．サンプリングの振舞いが偏り，あるいは高い RMSE を表していると仮定する．このとき，何かアルゴリズムに誤りがあるのか，それとも真の事後平均のサンプリングの挙動を実際に見ているのか，どのようにして区別できるのだろうか？　手元にあるデータに対して，パラメータの事後分布に関する二乗損失を基準とすれば，事後平均は最適な推定であることを思い起こそう．

実際，我々のケースでは事後平均の MCMC 推定値は，どんな直観的な尺度に基づいたとしても，実際のパラメータの近くにくるようにうまく機能している．第 2 に，JPR は事後平均の MCMC 推定値のサンプリング RMSE が標本数とともに減少することを示している．したがって，MCMC 推定値は，標本数が増加すると，事後平均から予想される振舞いを再現する．つまり，標本数が増加すると，事後平均は最尤推定量に収束する．そして，最尤推定量は真のパラメータに収束する．このことは，アルゴリズムの収束と整合的である．サンプリング実験のもう 1 つの利用方法は，同じ状況で 2 つのアルゴリズムを比較することである．もし 2 つのアルゴリズムが両方とも収束するならば，それは同じ結果を繰り返しもたらさなくてはならない．

もう 1 つの代替的なアルゴリズムが，基本的な SV モデルに対して提案されている (Kim, Shephard and Chib 1998 (KSC) を参照せよ)．KSC は，$\log \epsilon_t^2$ を離散型の混合正規分布としてモデル化している．このことは，結果として状態空間を拡大し，$\mathbf{h}$ の多変量分布から直接サンプリングすることを可能にする．各々のサンプリングにおける計算負荷は高いが，結果として生じるサンプリングの自己相関は，シングルムーブ・サンプラーと比較して著しく小さい．特に σ_v の自己相関が小さくなる．2 つのアルゴリズムを比較する際に，KSC やその他の研究者は，シングルムーブアルゴリズムの高いサンプリング自己相関を遅い収束と誤解している．

高い自己相関とアルゴリズムが収束しない兆候を混同してはならない．自己相関が高いときには，アルゴリズムが情報を蓄積する速度は自己相関が低いときよりも遅くなる．それゆえ，例えば，事後平均の MC 推定値に対して，望ましい精度を得るために必要なサンプリング数を評価するには，通常前もって行う注意を払わなければならない．単に自己相関に対して頑健な標準誤差を計算するだけである (Geweke 1992 を

参照せよ）．実際，小さい自己相関は，アルゴリズムが収束に到達した兆候ではなかろう．サンプリングはパラメータ空間内のある領域で低い自己相関を示しているが，サンプリングはその領域の中にはまってしまっているのかもしれない．より低い自己相関の場合には，所与の望ましい精度をもつモンテカルロ推定値を得るには，より少ないサンプリングしか必要としない．しかし，1つのサンプリングに必要なCPUの計算時間も考慮しなくてはならない．この場合，シングルムーブ・アルゴリズムは非常に速い．2.8Ghz デュアルコア CPU で，$T = 1500$ の観測値に対して7分で100,000のサンプリングを生成する．

異なるアルゴリズムを比較するために，同じモデルに対してサンプリング実験を行うことが考えられる．Jacquier and Miller (2010) は，シングルムーブとマルチムーブのアルゴリズムは同じ結果をもたらすことを示した．表9.1は，SVモデルの1500の観測値と500のシミュレーションされた標本に対する結果を再現したものである．

シングルムーブとマルチムーブのパフォーマンスはほとんど同一である．特にボラティリティについては，そうである．Jacquier と Miller は 2006年1月2日から2009年2月26日までの英ポンドの対米ドル為替レートの日次データ（観測数809）に対して，両方のアルゴリズムを実行している．表9.2に，事後分布の分析結果を示す．2つのアルゴリズムはほとんど同じ推定をもたらすことがわかる．

表 9.1 シングルムーブとマルチムーブ MCMC アルゴリズムの比較

	δ	σ_v	$\sqrt{h_t}$
真の値	0.960	0.210	
シングルムーブ			
事後平均	0.948	0.229	
RMSE	0.021	0.041	0.00219
%MAE			16.27
マルチムーブ			
事後平均	0.952	0.221	
RMSE	0.017	0.037	0.00219
%MAE			16.19

表 9.2 英ポンドの対米ドル為替レートに対する SV 事後分析

	δ	σ_v
シングルムーブ		
事後平均	0.992	0.108
5%, 95%	0.983, 0.999	0.075, 0.146
マルチムーブ		
事後平均	0.993	0.097
5%, 95%	0.988, 0.998	0.077, 0.122

9.5 ボラティリティ，共分散，ベータ

もしかしたら，マルチムーブ・サンプラーはボラティリティ h_t の異なる事後密度をもたらすのだろうか？ 表 9.1 のサンプリング分析は，h_t の事後平均のサンプリングにおける振舞いのみを示している．事後分布全体はどうであろうか？ 図 9.2 には，両方のアルゴリズムにおける $\sqrt{h_t}$ の事後平均と事後分布の 5 および 95% 点をプロットした．実際，これらは同一である．

まとめると，シングルムーブまたはマルチムーブ MCMC によって推定された SV

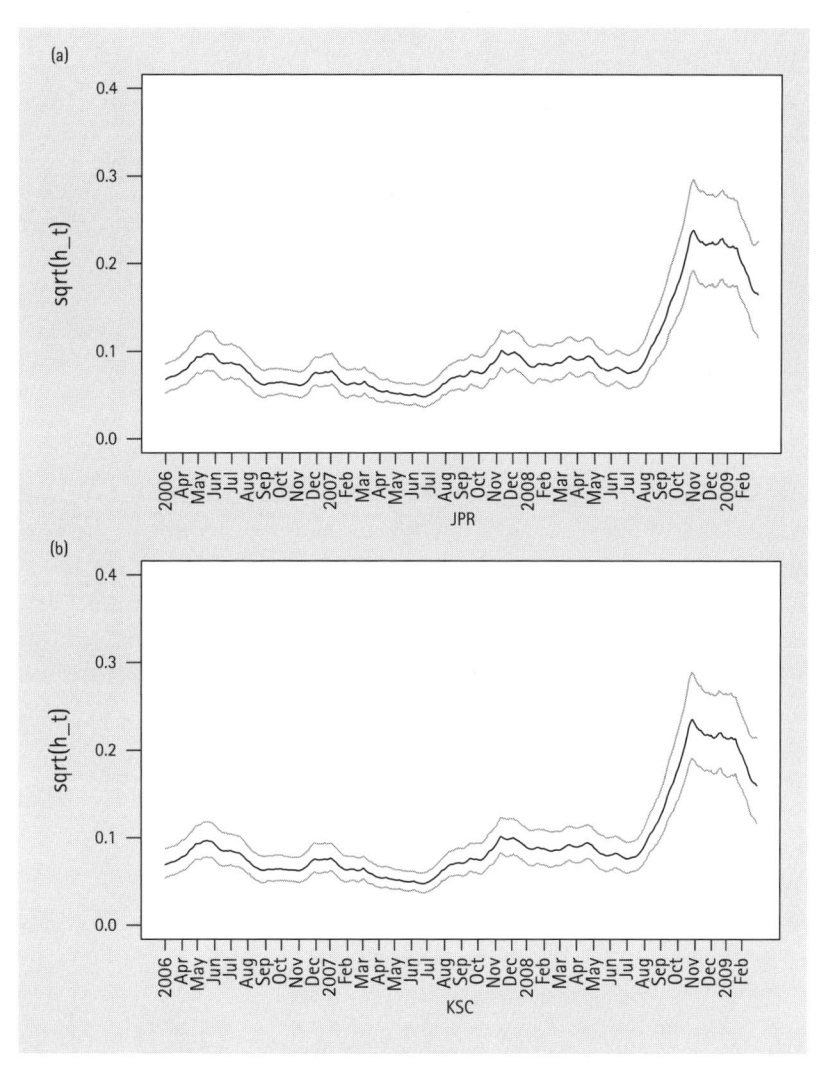

図 **9.2** $\sqrt{h_t}$ の事後分布の平均と 5%，95% 分位点

モデルは，毎期毎期の平滑化されたボラティリティの事後分布を $\sqrt{h_t}$ の事後平均の17%以下といった十分な精度でもたらす．さらに9.7.2項では，実現ボラティリティ(realized volatility) を利用する拡張されたSVモデルに対して，このことを確認する．

b. 相関誤差と条件付ファットテール収益率をもつSV

この節では，基本的なSVを，収益率とボラティリティの誤差項が相関をもち，さらに条件付収益率がファットテールをもつよう拡張する方法を示す．我々は，提案密度を設計する際に生じる潜在的な問題に，特に注意を払う．

基本的なシングルムーブ・アルゴリズムの利点は，追加的な計算時間の負荷なしで，ϵ_t の分布を最も望ましい2つの追加的な特徴をもつように，容易に拡張できることである．ファットテールといわゆるレバレッジ効果をもたらす相関誤差である．我々はGARCHと同様に t 分布誤差を用い，さらに ϵ_t と v_t の間に相関係数 ρ を導入する．この相関関係は，オプション価格理論におけるSVモデルの利用に沿っている(Heston 1993を参照せよ)．一般的なSVモデルは以下のようになる．

$$y_t = \sqrt{h_t}\epsilon_t = \sqrt{h_t}\sqrt{\lambda_t}z_t, \qquad (9.23)$$
$$\log h_t = \alpha + \delta \log h_{t-1} + \sigma_v v_t, \qquad t = 1,\ldots,T,$$
$$\nu/\lambda_t \sim \chi^2_\nu,$$
$$(z_t, v_t) \sim \mathcal{N}\left(0, \begin{pmatrix} 1 & \rho \\ \rho & 1 \end{pmatrix}\right)$$

収益率へのショック ϵ_t は自由度 ν の t 分布としてモデル化される．λ_t に対する事前分布は，i.i.d. 逆ガンマ分布 $\nu/\lambda_t \sim \chi^2_\nu$ とする．λ_t の明示的なモデル化は，各々の観測値ごとにシミュレーションに基づく便利な診断を可能にする．条件付尖度が無限大となることを排除したいならば，ν に対する事前分布を例えば区間 [5,60] 上の整数一様分布とすればよい．1未満の間隔に対して正確な情報を得るには，莫大な数の標本が必要なことから，この ν の離散性は問題にならない．ν に対する連続事前分布はGeweke (1993) を参照せよ．パラメータ ω を $(\alpha, \delta, \sigma_v, \rho)$ からなるとして，MCMCサイクルのための条件付事後分布を考える：

1) $p(\mathbf{h}|\omega, \boldsymbol{\lambda}, \mathbf{y})$，ただし，$\nu$ による条件付けは $\boldsymbol{\lambda}$ に含まれる
2) $p(\rho, \sigma_v | \mathbf{h}, \alpha, \delta, \boldsymbol{\lambda}, \mathbf{y})$
3) $p(\alpha, \delta | \sigma_v, \mathbf{h}, \boldsymbol{\lambda}, \mathbf{y}) \equiv p(\alpha, \delta | \sigma_v, \mathbf{h})$
4) $p(\boldsymbol{\lambda}, \nu | \mathbf{h}, \mathbf{y})$，ただし，$\omega$ による条件付けは $\mathbf{h}$ に含まれる

第4の分布は，ファットテールへの拡張である．その計算は容易で，計算負荷は目立つほど増えない．$(\mathbf{h})$ のサンプリングがあれば，$y_t^* = y_t/\sqrt{h_t} = \lambda_t z_t$ と置くことで，モデルは単純化される．事後分布 $p(\boldsymbol{\lambda}, \nu|.) = p(\boldsymbol{\lambda}|\nu,.)p(\nu|.)$ ただし $p(\boldsymbol{\lambda}|\mathbf{y}^*,\nu,.) = \prod_t p(\lambda_t \mid y_t^*, \nu)$ から直接サンプリングすることができる．Jacquier et al. (2004)(JPR2) は，各 $(\lambda_t|\nu, y_t^*)$ は逆ガンマ分布からの直接サンプリングであり，

各 $(\nu|\mathbf{y}^*)$ は離散多項分布からの直接サンプリングであることを示している.

3番目の条件付分布は,標準偏差 σ_v を条件付きとして, $\log h_t$ を AR(1) 回帰したときの回帰係数の事後分布である.次に,相関誤差への拡張を含む1番目と2番目の条件付分布を検討する.これらのアルゴリズムの実行は,独立 MH アルゴリズムに対する提案密度の設計に注意が必要な格好の例となる.

メトロポリス–ヘイスティングス独立アルゴリズムの提案密度を選ぶ際に,注意を払わねばならない例を示す. $y_t^{**} = y_t/\sqrt{\lambda_t}$ と置くと, λ のサンプリングが与えられれば,式 (9.23) のモデルは単純化されて,正規相関誤差をもつ SV モデルとなる.相関 ρ は, $u_t = \sigma_v v_t$ を $z_t = y_t/\sqrt{h_t\lambda_t}$ に回帰するモデルに組み込まれる.特に

$$u_t = \psi z_t + \Omega \eta_t, \qquad (\eta_t, \epsilon_t) \sim N(0, I) \tag{9.24}$$

である.ただし, $\psi = \rho\sigma_v$, $\Omega = \sigma_v^2(1-\rho^2)$ である.この (ρ, σ_v) の再パラメータ化によって,回帰パラメータ $(\psi, \Omega|\mathbf{h})$ から直接サンプリングが可能になる.変換は一対一なので,再パラメータ化によって $(\rho, \sigma_v|\mathbf{h})$ から直接サンプリングすることができる. ρ を直接モデル化しようとすると,メトロポリス・ステップが必要となり,サンプリングはいたずらに複雑になるだろう.JPR2 は, ρ, σ_v の事前分布が望ましいものとなるように, ψ, Ω の事前分布をモデル化する方法を示している.JPR2 は,相関 ρ が存在すると,条件付事後分布 $(h_t|\mathbf{y}, \omega, h_{t-1}, h_{t+1})$ は修正されて,

$$p(h_t|h_{t-1}, h_{t+1}, \psi, \Omega, \mathbf{y})$$
$$\propto \frac{1}{h_t^{\frac{3}{2}} + \frac{\delta\psi y_{t+1}}{\Omega\sqrt{h_{t+1}}}} \exp\left(\frac{-y_t^2}{2h_t}\left(1 + \frac{\psi^2}{\Omega}\right) - \frac{(\log h_t - \mu_t)^2}{2\Omega/(1+\delta^2)} + \frac{\psi y_t u_t}{\Omega\sqrt{h_t}}\right) \tag{9.25}$$

となることを示した.これは式 (9.22) を $\psi \neq 0$ の場合に関して修正したものであり,修正の主要な部分は指数部第三項の追加である[*5)].

JPR2 は,基本的な SV モデルと同様に,逆ガンマ提案密度 ($q_1(h_t)$ と置く) を設計するために,まず最初に式 (9.25) の指数部における最初の2つの項を近似し,統合している.そして,JPR2 は指数部の第三項を省略している.しかし,収束理論はこの部分を無視してはならないことを示唆している.当然,第三項を考慮に入れて,繰り返し/採択確率を求める際に必要となる比率 (p/q) を計算すべきである.第三項の省略が,不変分布 p からのサンプリングを生成するアルゴリズムの理論的な能力に影響を与えてはならない.最悪の場合には,収束速度に影響が出るだろう.

実際,実用的な収束は得られなかったことを JPR2 は報告している. q_1 はどこから出発しようとも,あるいはどんなに長く繰り返し計算を行っても, ρ に近づいていかない非常に効率の悪いアルゴリズムをもたらす.たとえ,問題が収束の速度だけである

[*5)] ρ は, ϵ_t と v_t の同時点相関である.このことは $E(y_t) \neq 0$ を意味するが,その影響は小さい.あるいは,(9.25) 式をわずかに修正すると, ρ を $\mathrm{Cor}(\epsilon_t, v_{t+1})$ となるように定義できる.

としても，アルゴリズムが収束するまで待つことができないほどに，問題は深刻である．サンプリング系列の自己相関が異常に高いわけではなく，病理的な症状は何も示さなかった．採択/棄却，およびヘイスティングス–メトロポリスにおけるパフォーマンスの鍵は，提案密度 q が求められる事後分布 p をいかにうまく近似するかにかかっていることを思い出そう．具体的には，もし比率 p/q が非有界ならば，アルゴリズムは一様エルゴード性をもち得ない．このモデルでは，q へのわずかに追加的な改善で，パフォーマンスが劇的に向上することがわかる．JPR2 は，式 (9.25) の $\frac{u_t}{\sqrt{h_t}}$ を $\frac{1}{h_t}$ の一次関数で近似している．そして，$\frac{1}{h_t}$ は逆ガンマ分布のカーネルに統合される．この近似は，やはり逆ガンマ分布となる新しい提案密度 q_2 をもたらす．

このアルゴリズム，あるいはあらゆる独立 HM アルゴリズムに対して鍵となる診断ツールは，アルゴリズムの進行につれて発生する h_t の広範な値に対して p/q をプロットすることである．図 9.3 は，所与の h_t に対し，このことを実際に示したものである．右側の図は，h_t の広い範囲で比率 p/q_2 の方が p/q_1 よりはるかに安定的なことを示している．比較のために規準化したカーネルを描いた左の図を見ると，q_2 は p に正確に重なっているが，q_1 は p から大きく逸れているのがわかる．q_1 は p の形状を q_2 ほどにはよく近似していない．つまり，q_1 は誤った位置にある．式 (9.25) の指数部第三項がしばしばモードをもたないことが原因である．そこで，最初の 2 つの項をシフトさせることで，分布カーネルを修正する．独立 MH アルゴリズムでは，比率 p/q が安定的であり，特に非有界はでないことを確認しなくてはならない（Mengersen and Tweedie 1994 を参照せ

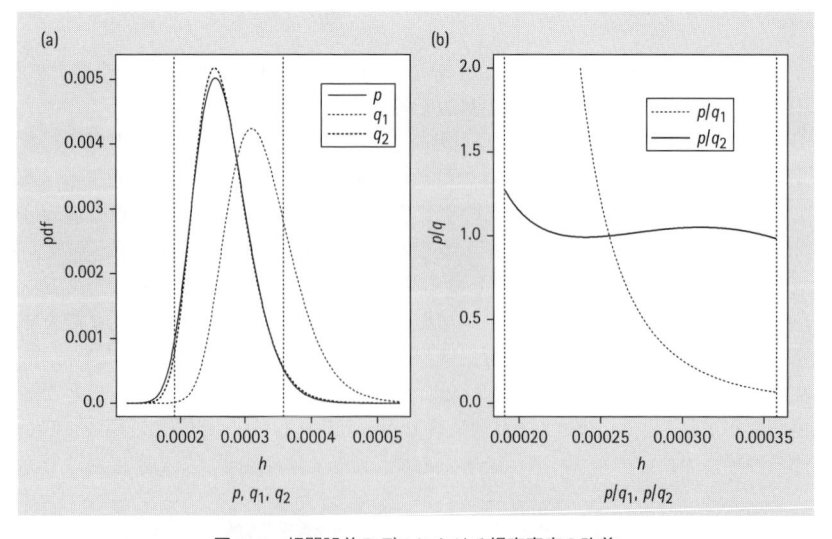

図 9.3 相関誤差モデルにおける提案密度の改善

よ).

c. 異なるモデルによるボラティリティ予測

パラメータ推定を検証したシミュレーション研究は豊富にある. それは研究の第一歩ではあるが, しかし, 我々は特に異なるモデルから得られるボラティリティ密度, とりわけ将来のボラティリティに興味がある. ボラティリティ予測は, リスク管理とオプション価格決定に用いられる. 異なるモデルは異なる予測をもたらすだろうか? あるいは, どのような状況において, 異なる予測がもたらされるのだろうか? ベイジアン MCMC アルゴリズムは, 標本期間内のボラティリティのベクトル $\mathbf{h}$ に関する周辺事後密度をもたらす. $(\mathbf{h}, \omega)$ の各サンプリングに対して, 単に将来のショック v_{T+k} をサンプリングし, AR(1) 方程式を利用して将来の h_{T+k} を計算することで, 将来のボラティリティの予測密度からサンプリングを行うことができる.

後で述べる事後オッズが1つの要約診断を与えるが, 一方で, 競合するモデルの結果を比較するために, 事後分布と予測密度を利用することができる. モデル間の違いが経済的な意味で重要かどうか知りたいとする. 週次の米 NYSE 株価指数収益率に対して, JPR2 は基本モデル, 相関誤差モデル, ファットテール, 相関誤差とファットテールの両方, という4つの SV モデルを推定している. どういう条件の下で, これらのモデルが異なるボラティリティの事後密度をもたらすのかが, 最大の疑問である. ここでは, 事後平均に焦点を当てる. 図 9.4 の左側は, ファットテールモデルから計算される h_t の事後平均と基本モデルから計算される h_t の事後平均の比率 $E(h_{t,Fat})/E(h_{t,basic})$

基本モデルにファットテールを加えた場合　　ファットテールモデルに相関を加えた場合

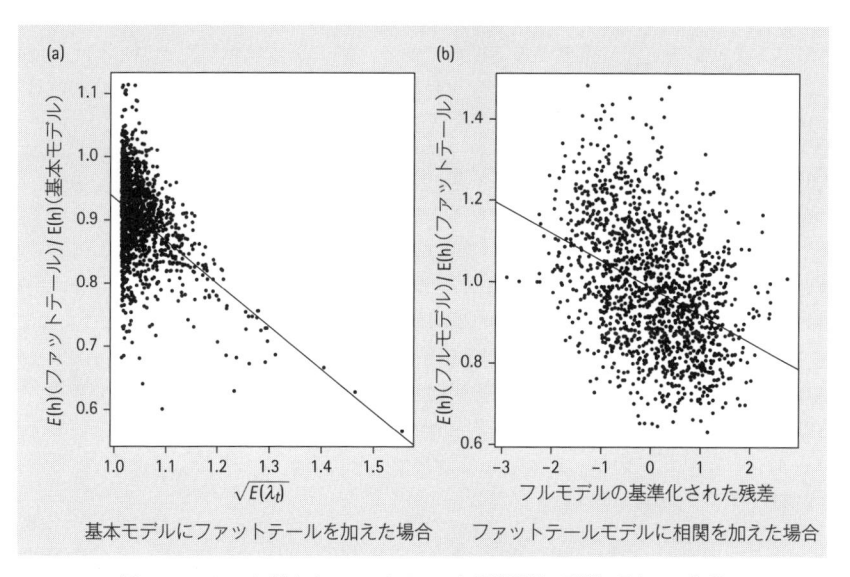

図 **9.4** $E(h_t)$ に対するファットテールと相関誤差の影響; 週次 EW 指数

を縦軸に,混合変数の事後平均 $\sqrt{E(\lambda_t)}$ を横軸にプロットしたものである.どのモデルを選択するかは,明らかに重要である.ファットテールを許容するモデルは,特に λ_t の推定値が大きな値となる観測値に対しては,著しく小さいボラティリティ予測値を示している.

次にファットテールをもつ SV モデルに,相関誤差を加えることを考える.上記のデータに対する ρ の事後平均は -0.4 である.図 9.4 の右側は,フルモデルにおける h_t の事後平均とファットテールモデルにおける h_t の事後平均の比率を縦軸に,フルモデルにおける ϵ_t の事後平均を横軸にとったグラフである.やはり,モデルの選択は大いに重要であるように思える.負の ϵ_t の観測値は,より大きなボラティリティを伴う.ϵ の第 1 十分位点における縦軸の平均的な比率が 1.09 である一方,第 10 十分位点(右端)では 0.9 となり,20% の違いがある.

ファットテールに戻って,図 9.4 が示すようにファットテールモデルが λ_t に h_t の一部を割当てることは重要だろうか? 図 9.5 の上段には,1985 年における英ポンドの対ドル為替レートの日次変化を示した.エージェントは,基本モデルもしくはファットテールモデルを実行することができる.中段の図の太線は基本モデルによる $E(\sqrt{h_t})$ を示す.破線はファットテールモデルによる $E(\sqrt{h_t})$ を示す.細線は $E(\sqrt{h_t \lambda_t})$ である.図は,λ_t が t 分布誤差を実現するための単なる仕組みに留まらないことを示している.ファットテールモデルが大きな λ_t を割当てるのは,たいていは基本モデルにおいて h_t が高い日である.λ_t はなんら持続性をもたないので,ファットテールモデルは基本モデルと比較して,将来ボラティリティを低く予測する.これら高ボラティリティが発生する日々は,リスク管理者にとって,可能な限り最善のボラティリティ予測を得ることが決定的に重要となる期間である.図の下段に示した 9 月 23 日から始まる標本期間外の予測は,この直観を裏付けている.特にボラティリティの高い日々において,2 つのモデルはかなり異なったボラティリティ予測をもたらしている.

d. モデルのコスト

損失関数アプローチは,エージェントが誤った決定をしたときのコストを要約することを可能にする.ここでの我々の目的は,おそらく規範的であるよりは事例的である.実際のデータでは,最善の推定でもモデルの正誤が確実なことはほとんどないからである.したがって,読者はモデルの平均化を検討する節を参照しなくてはならない.

二乗損失をもつ投資家を考える.期待損失を最小にする意味で,事後平均は事後分布の最適位置推定値である.この決定理論的な側面は,モデル選択にも利用できる.この場合,エージェントは各モデル選択に伴って発生する期待損失を計算する.事後確率 $p(M_j|.)$ をもつ J 個のモデル M_j に対して,第 i モデル(もしくは決定 i)を選択する際の期待損失は以下のようになる.

$$EL(M_i|.) = \sum_j L(M_i|M_j) p(M_j|.) \tag{9.26}$$

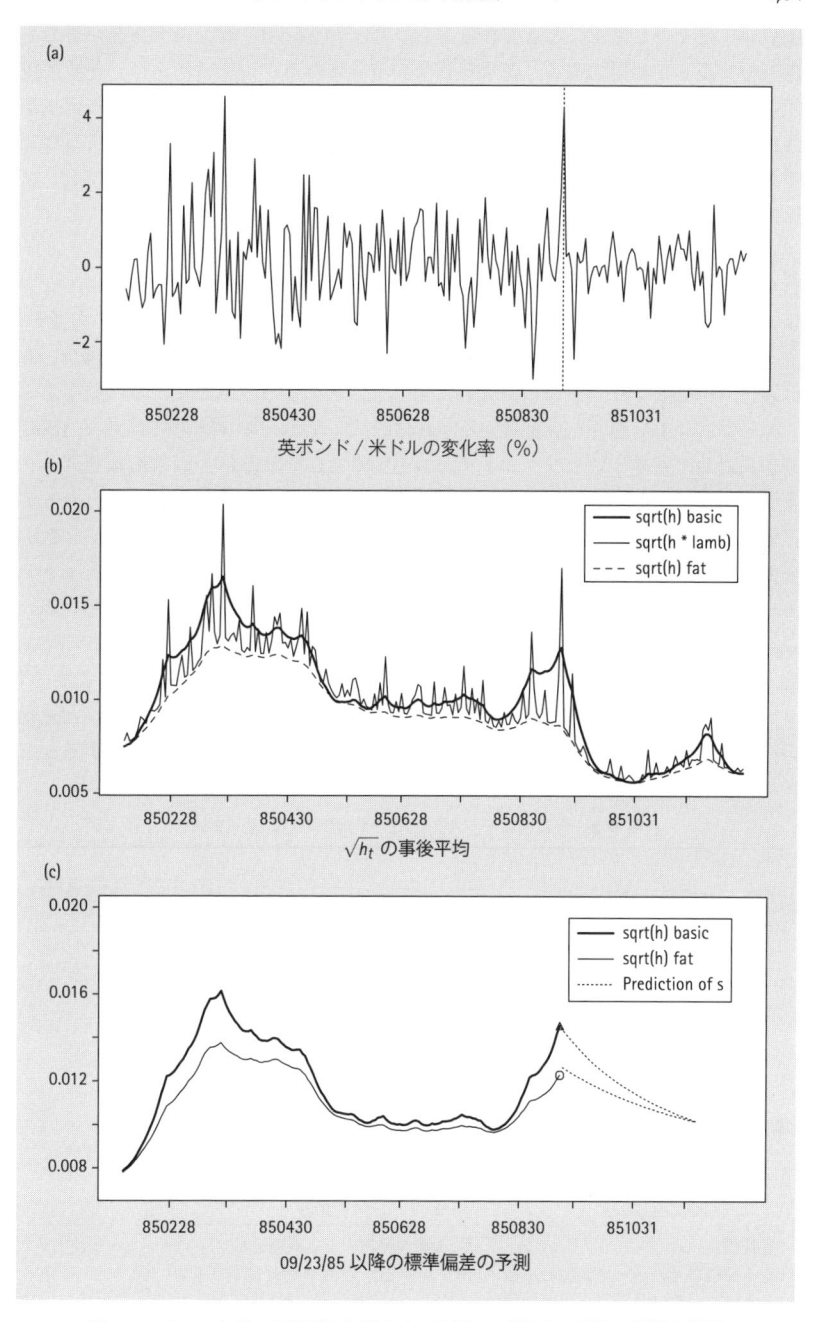

9.5 ボラティリティ，共分散，ベータ

(a) 英ポンド / 米ドルの変化率（%）

(b) $\sqrt{h_t}$ の事後平均

(c) 09/23/85 以降の標準偏差の予測

図 9.5 ファットテールモデルと基本 SV モデルのボラティリティ予測の差異

$L(M_i|M_i)$ をゼロと置くこともできる．この場合 $L(M_i|M_j)$ は，モデル j が真であるとき，モデル i を利用することによる損失の増分になる．損失は例えば，分散推定の RMSE などである．もしモデルが互いに排他的ならば，期待損失が最小のモデルが選択される．基準化されたモデルの事後オッズ比は，期待損失を計算可能にするウェイトである．さらに複雑化することなくモデルを組み合わせることができるならば，オッズ比はモデルの最適な組合せを決定するウェイトとして利用できる．このことは，先の Avramov (2002) で示されている．

しかしながら，式 (9.26) の損失関数に従ってモデルを比較することも興味深い．ファットテールを基本 SV モデルに取り入れることを検討しているエージェントを考える．データにファットテールが存在するのに，それをモデルに取り入れなかった場合，あるいは逆に，不必要にモデルに取り入れた場合に，どのようなペナルティが発生するのか，エージェントは知りたいと考える．具体的にいうと，JPR(2004) は $T=1000$ の観測値に対して基本 SV とファットテール SV から，それぞれ 500 個の仮想データをシミュレーションしている．そして，彼らは各々の仮想データに対して両方のモデルを推定した．利用する損失関数は，分散推定に関する RMSE，および %MAE である．

表 9.3 は，ファットテールモデルへ不必要に拡張した場合のコストは，ファットテールモデルが必要なときに，それを適用しないことよりも小さいことを示している．第 1 に，事後平均に関する RMSE または %MAE を基準にすると，両方のモデルは s_t に関して同じくらいよく適合している．基本モデルからデータを発生させたときは，ファットテールモデルに基づく推測では，λ_t の推定値は正確であり，ほとんど変動しないので，表 9.3 の第 1 列の推定値は影響を受けない．しかし，ファットテールモデ

表 9.3　代替的なモデルの下での平滑化のパフォーマンス

	データ生成モデル		
	基本モデル	ファットテールモデル ($\nu=10$)	
	All obs.	All obs	$\lambda_t > \lambda_{.9}$
ファットテール SV による推定			
RMSE(s_t)	0.0066	0.0104	0.0198
RMSE($\sqrt{h_t}$)	0.0066	0.0071	0.0076
%MAE($\sqrt{h_t}$)	18.3	21.4	23.7
基本 SV による推定			
RMSE(s_t)	0.0066	0.0107	0.0198
RMSE($\sqrt{h_t}$)	0.0066	0.0082	0.0098
%MAE($\sqrt{h_t}$)	19.2	25.9	30.6

各観測値に対して $\sqrt{h_t}$ と $s_t = \sqrt{h_t \lambda_t}$ の事後平均の推定誤差を示す．ファットテール SV から発生させたデータに関しては，$p(\lambda \mid \nu=10)$ の第 9 十分位より大きい λ_t の RMSE と %MAE も記す．

ルからデータを発生させるときには，λ_t と h_t の変動を区別せず，一括して h_t として扱うため，第 2 列の推定値は深刻な影響を受ける．表 9.3 の第 3 列は，λ_t の値が大きい日には問題が極めて深刻になることを示している．ファットテールモデルでは $\sqrt{h_t}$ に対して %MAE は 24% となる一方，基本モデルでは %MAE は 31% となる．図 9.5 からわかるように，そのような誤差はボラティリティ予測に反映される．

e. MCMC サンプリングからのオッズ比の直接計算

事後オッズ比は，複数の競合するモデルのランク付けを可能にする便利なツールである．モデルに対する確率として基準化すれば，事後オッズ比は最適モデルの組合せを構築するのに利用できる．事後オッズ比は，データから得られる各モデルの周辺尤度に基づく．モデル M_0 に対して，次式を得る．

$$p(y|M_0) = \int p(y|\theta_0, M_0)\, p(\theta_0|M_0)\, d\theta_0$$

この周辺尤度は，計算上の困難の原因となり得る．ある程度，複雑なモデルに対しては解析的な積分が存在しない．その上，**h** のような潜在変数が存在する場合，条件付尤度 $p(y|\theta_0, M_0)$ そのものも解析的な積分をもたない．したがって，可能な限り，直接この積分を計算するのは避けるべきである．また，周辺尤度の積分が正則事前分布を必要とする点に注意しなくてはならない．SV に類するモデルに対しては，Jacquier and Polson (2000) は Newton and Raftery (1994) に従って，周辺尤度を直接評価をすることなく，$(\mathbf{h}, \omega, \boldsymbol{\lambda}, \nu | \mathbf{y})$ の MCMC 事後分布のサンプリングからオッズ比を直接計算する方法を示している．彼らは，相関誤差のオッズ比にはサベージ密度比法を利用し，ファットテールをもつ誤差のオッズ比にはスチューデントの公式を利用している．計算に必要な諸数値は，MCMC 事後分布シミュレーションの繰り返しごとに計算され，それらの諸数値のモンテカルロ平均からオッズ比が得られる．事後サンプリングは，事後パラメータとボラティリティのサンプリングから既に得られているので，彼らの計算方法は高速である．ここでは，この方法を検討する．

(i) 相関誤差のためのオッズ比 相関誤差をもつ SV モデルでは，ρ の密度は ψ, Ω の密度から直接サンプリングできる．特に，ρ に対して非常にフラットな，しかし正則である事前分布を定式化できるので，事後分布の分析は直観的に理解しやすい．$\rho = 0$ である基本 SV モデルは，相関誤差をもつ SV と入れ子になるので，効率的なサベージ密度比法を利用できる（Dickey 1971 を参照せよ）．2 つのモデル $\mathcal{M}_1$: (ϕ, ω) と $\mathcal{M}_0$: $\omega = \omega_0$ を考える：もし，$p_1(\phi|\omega = \omega_0) = p_0(\phi)$ ならば，ベイズファクター (BF) は

$$\mathrm{BF}_{0/1} = \frac{p_1(\omega_0|y)}{p_1(\omega_0)}$$

で与えられる．計算は入れ子になっているモデルの下で行われ，制約されるパラメータの事後密度と事前密度の縦座標値を必要とするだけである．ω_0 における $p_1(\omega)$ の事後密度の縦座標値が事前密度の縦座標値より大きいならば，ベイズファクターは制

約モデルを支持していることになる．

上記の比率は縦座標の正確な値を必要とする．このため，密度のカーネルのみが既知であるメトロポリスによってサンプリングされたパラメータに対しては，適用できない．このことは，ρ または ν を直接サンプリングしないアルゴリズムが，なぜ問題をはらむのかを示すもう1つの理由である．JPR (2004) は，式 (9.24) の回帰係数 ψ に対して，サベージ密度比法を利用している．$\psi = 0$ である基本 SV モデルを B，相関誤差をもつモデルを C と置くと，ベイズファクターは，以下の縦座標値の比率となる．

$$BF_{B|C} = \frac{p_C(\psi = 0|\mathbf{y})}{p_C(\psi = 0)}$$

他のすべてのパラメータと状態変数を積分消去すれば，周辺事後密度の縦座標値 $p_C(\psi = 0|\mathbf{y})$ が得られる．回帰係数 ψ の他のパラメータによる条件付密度は正規分布になる．Ω については積分が解析的に得られ，$p_C(\psi|\mathbf{h}, \alpha, \delta, \mathbf{y})$ は t 分布となる．MCMC サンプラーからのサンプリングを利用して t 分布縦座標値を平均すると，他のパラメータは積分される．ベイズファクターは，以下で近似される．

$$\hat{\mathcal{BF}}_{B/C} = \frac{\Gamma(\frac{\nu_0+T}{2})\Gamma(\frac{\nu_0}{2})}{\Gamma(\frac{\nu_0+T-1}{2})\Gamma(\frac{\nu_0+1}{2})} \frac{1}{G} \sum_{g=1}^{G} \sqrt{\frac{1 + a_{11}^{(g)}/p_0}{1 + a_{22.1}^{(g)}/\nu_0 t_0^2}} \left[1 + \frac{\tilde{\psi}^2}{\nu_1 t_1^2/p_1}^{(g)}\right]^{-\frac{\nu_0+T}{2}} \tag{9.27}$$

ここで a_{11} と $a_{22.1}$ はパラメータのサンプリング (g) に応じて変動する（詳細は JPR2 を参照せよ）．MCMC サンプラーからの G 個の抽出を平均していることに注意せよ．オッズ比は，サンプラーの各繰り返しごとに Σ 記号の右側の部分を計算し，それを合計するだけで得られる．

(ii) 正規誤差のファットテール誤差に対するオッズ比　ν の事後分布は，ファットテール SV モデルと正規分布 SV モデルの正式なオッズ比を求めるための便利な手段とはならない．JPR2 では $\nu \in [5, 60]$ であり，有限の上限をもつので，ファットテール SV モデルは，正規分布 SV モデルと入れ子にならない．ファットテールモデルは，Geweke (1994) の $1/\nu$ に基づくパラメータ表示を用いれば，基本モデルを入れ子にすることができる．しかし，サベージ密度比の適用に必要なもう1つの条件，$0 < p(\omega = \omega_0|D)$ は満たされない．なぜならば，$1/\nu \to 0$ のとき，事後分布がゼロとなるからである．

以下の方法は，周辺尤度の直接計算を回避するのに役立つ．ベイズの定理によって，項の簡単な入れ替えをすれば，モデル $\mathcal{M}_1$ に対する周辺尤度は以下のようになる．

$$p_1(\mathbf{y}) = \frac{p_1(\mathbf{y}|\omega, \psi) p_1(\omega, \psi)}{p_1(\omega, \psi|\mathbf{y})} \tag{9.28}$$

このことは，パラメータ空間内の任意の (ω, ψ) に対しても成り立ち，スチューデントの公式として知られる（Besag 1989 を参照せよ）．Chib (1995) は周辺尤度を計算するために直接式 (9.28) を利用する．つまり式 (9.28) の右辺をモンテカルロ・サンプリン

グによって平均することを提案している．この方法は高次元の尤度を含むので，計算上，おそらく不安定となるであろう．この方法に代わって，Jacquier and Polson (2000) は，式 (9.28) が以下のベイズファクターの計算に組み込まれることを示している．

$$BF_{0|1} = \int \frac{p_0(\mathbf{y}|\omega)p_0(\omega)d\omega}{p_1(\mathbf{y})} = \int \left[\int \frac{p_0(\mathbf{y}|\omega)p_0(\omega)d\omega}{p_1(\mathbf{y})} \right] p_1(\psi)d\psi$$
$$= \int\int \frac{p_0(\mathbf{y}|\omega)p_0(\omega)}{p_1(\mathbf{y}|\omega,\psi)p_1(\omega|\psi)} p_1(\omega,\psi|\mathbf{y}) d\psi d\omega$$

つまり

$$BF_{0|1} = E_{\omega,\psi|\mathbf{y}} \left[\frac{p_0(\mathbf{y}|\omega)}{p_1(\mathbf{y}|\omega,\psi)} \frac{p_0(\omega)}{p_1(\omega|\psi)} \right] \quad (9.29)$$

期待値は，より大きなモデルにおける ω, ψ の事後サンプリングに対してとる．この一般的定式化では，より大きなモデルにおける ψ の定義域は，より小さなモデルを表す値を含んでいる必要はない．例えば，特定の自由度の t 分布誤差をもつ SV モデルと基本 SV モデルを比較できる．たとえ，後者が無限大の自由度に相当するとしても，である．基本 SV モデルに対するファットテールモデルのベイズファクターを計算するため，Jacquier and Polson (2000) と JPR2 は式 (9.29) を適用している．

$$BF_{B|F} = E_{\theta,\nu} \left[\frac{p_B(\mathbf{y}|\theta)\, p_B(\theta)}{p_F(\mathbf{y}|\theta,\nu)\, p_F(\theta|\nu)} \right]$$

ここで $\theta = (\alpha, \delta, \sigma_v, \mathbf{h})$ であり，E はファットテールモデルにおける同時事後分布 (θ, ν) に対する期待値である．事前分布を適切に選択すれば，結果をさらに簡単にできる．ν は他のパラメータから独立なので，$p_F(\theta|\nu) = p_F(\theta)$ と $p_F(\theta) = p_B(\theta)$ を得る．したがって，ベイズファクターは以下の比になる．

$$BF_{B|F} = E \left[\frac{p_B(\mathbf{y}|\theta)}{p_F(\mathbf{y}|\theta,\nu)} \right] \quad (9.30)$$

同時事後分布 $p_1(\theta, \nu|y)$ からの MCMC サンプル $\{\theta^g, \nu^g\}_{g=1}^G$ が与えられているとき，式 (9.30) のモンテカルロ推定値は，

$$\hat{BF}_{B|F} = \frac{1}{G} \sum_{g=1}^{G} \frac{p_B(\mathbf{y}|\theta^{(g)})}{p_F(\mathbf{y}|\theta^{(g)},\nu^{(g)})} \quad (9.31)$$

となる．M_B の下では $y_t \sim \sqrt{h_t} N(0,1)$ であり，M_F の下では $y_t \sim \sqrt{h_t}$ Student-$t(\nu)$ である．$\mathbf{h}$ で条件付けしているので，ベイズファクター式 (9.30) の尤度は，独立な一変量密度の単純な積となる．パラメータの各サンプリングごとの尤度比だけが必要であり，各モデルからの尤度は必要としないので，これらの値は計算問題を引き起こさない．

さらに式 (9.30) は，フルモデルに対する相関誤差モデルのベイズファクター $BF_{C|FC}$ の計算へ，簡単に拡張できる．$(\alpha, \delta, \sigma_v, \mathbf{h})$ のサンプリングは，すべての v_t に対するサン

プリングを意味している．相関が存在する場合には，v_t のサンプリングは ϵ_t に関する情報，特に $\epsilon_t|v_t \sim N(\rho v_t, 1-\rho^2)$ をもたらす．したがって，y_t を $y_t^* = (y_t - \rho v_t)/\sqrt{1-\rho^2}$ に置き換えれば，式 (9.30) を $BF_{C|CF}$ の計算に拡張できる．

(iii) 実証結果 JPR(2004) は，この方法を適用して複数の金融時系列を対象にモデル間のオッズ比を計算している．対象としたすべての株価指数と大部分の為替レートで，JPR(2004) は基本 SV モデルよりもファットテールと相関誤差をもつ一般的な SV モデルを支持するオッズを報告している．週次のデータでは，カナダドルの対米ドル為替レート以外のすべての為替レートでオッズは 3 対 1 から 10 対 1 の間にあり，ファットテール誤差をもつモデルをやや支持していた．日次データについては，オッズはファットテール誤差を圧倒的に支持していた．大部分の株価指数に対して，オッズは相関誤差をもつモデルをかなり強く支持していた．すべての指数と為替レートにおいて，フルモデルは基本 SV モデルに対して圧倒的に支持されていた．

ここで我々は，レバレッジ効果について株価指数と個々の株式の間で対照的ないくつかの追加的な結果を報告する．表 9.4 は，フルモデルの ν と ρ，およびベイズファクターの事後平均を示す．個々の株式に関しては，ρ の事後分布の中心はほぼゼロである．オッズ比は，相関がないモデルをやや支持している．しかしながら，JPR(2004) は対象となったすべての株価指数に対して相関誤差を支持する高いオッズ比を報告している．表 9.4 の最後の行は，上記の 10 銘柄の株式からなるポートフォリオに対する SV モデルとオッズ比の推定値である．負の相関関係が存在しており，オッズ比は相関誤差を支持している．しかし，レバレッジは相関誤差の原因とはなり得ない．ポー

表 9.4 1978〜1998 年の日次株式収益率におけるレバレッジ効果に対するオッズ比

企業	1978〜1998			1989〜1998
	ν	ρ	$BF_{F/FC}$	$BF_{F/FC}$
メルク	10	-0.05	5.3	1.5
ボーイング	8	-0.02	7.1	4.1
ドール・フード	6	0.02	3.8	1.7
H.P.	8	-0.07	4.4	2.3
フェデックス	6	0.08	5.4	0.6
フォード	12	-0.01	8.9	7.1
ソニー	8	0.11	1.2	0.4
フリート銀行	10	0.03	4.3	3.5
エクソン	11	0.01	6.6	3.6
メリル・リンチ	9	0.00	9.3	2.5
平均	9	0.01		
ポートフォリオ	10	-0.23	0.22	1.E-03

F はファットテールモデルを，FC はフルモデルをそれぞれ示す．事後分布から 25,000 回のサンプリングを行った．

トフォリオと同程度のレバレッジをもつはずの個々の株式には，相関誤差が現れていないからである．標本期間における少数の例外的な日々が相関 ρ を引き起こす，とする主張が時々提示される．1987年10月19日が思い起こされる．表9.4の最後の列は，1989〜98年におけるベイズファクターを示す．結果は，予想と正反対であった．やはり，オッズは大部分の株式に対して相関誤差モデルにやや反対している；しかし，ポートフォリオに対しては，オッズは相関誤差モデルをかなり強く支持している．実際，オッズは1987年10月19日を含む期間よりはるかに高い．

しばしばレバレッジ効果に代わって提案されるボラティリティ・フィードバック仮説は，ポートフォリオにもポートフォリオを構成する株式にも影響を与えない．株価指数収益率とボラティリティの変動の負の相関は，ポートフォリオ効果の結果であろう．この効果は，個々の株式の相関係数行列が時間変動することから発生する．個々の株式収益率の相関係数行列が2つのレジームを有するモデルは，豊かな結果が期待される研究方向となるであろう．

9.5.3 連続時間モデルの推定

理論的なオプション価格の研究は，主としてオプション価格モデルの取り扱いやすさから，連続時間確率過程を対象としている．しかしながら，データは離散時間で観測される．離散データから連続時間モデルを推定するためには，オイラー離散化が利用される．オイラー離散化は，連続時間の軌跡を継続的なデータ間隔をもつ離散時間の軌跡で近似する．例えば，以下の短期金利に関する連続時間分散弾力性一定モデル (constant elasticity of variance：CEV)：

$$dY_t = (\theta + \kappa Y_t)dt + \sigma Y_t^\beta dw_t$$

は，離散時間確率過程

$$Y_t = \theta + (1+\kappa)Y_{t-1} + \sigma Y_{t-1}^\beta w_t, \qquad w_t \sim N(0,1)$$

として近似される．この近似は，ドリフトと拡散パラメータにバイアスをもたらす．ここでは，この離散化バイアスを軽減するベイズ法を検討する．Eraker (2001) は，拡散過程のモデル化に焦点を当てている．Jones (2003a) は Eraker (2001) とは独立に，しかし，非常によく似た方法を開発して，短期金利のドリフトのモデル化を研究している．

観測値の間隔が短くなると，それに伴い離散化バイアスは小さくなる．このことが，Eraker (2001) がベイジアンアプローチをとった動機である．彼は，各観測値の間に $m-1$ 個の欠測値を導入した．プロセス $Y_i = (X_i, Z_i)$ を考える．ここで X_i は m 期ごとに観察される一方，Z_i は確率的ボラティリティのような潜在変数であることもある．X と Y は多次元のこともある．欠測値が既知とすれば，連続時間に近づくので離散化バイアスは減少するだろう．これらの欠測値（$\hat{X}$ と置く）が与えられたならば，

モデルは標準的な離散時間モデルである．事後分析は，既知のベイジアンの手法で行うことができる．つまり，θ をパラメータのベクトルとして $p(\theta|\hat{Y})$ からサンプリングすることができる．

ギブスサンプリングを利用して，バイアス軽減を直観的に説明する．θ と観察されたデータ X を所与とし，欠測値をサンプリングすることができるならば，離散化バイアスを改善するための完全なモデルを得ることができる．Eraker (2001) は，CEV と確率的ボラティリティモデルに，この方法を適用している．彼の方法は，他の確率過程にも適用できる．$\hat{Y}_i$ を行列 $\hat{Y}$ の i 時点の要素とする．ここで X_i は，観測値あるいは欠測値 $\hat{X}_i$ である．θ のサンプリングを所与として，Eraker は各 i に対して $p(\hat{Y}_i|\hat{Y}_{i-1},\hat{Y}_{i+1},\theta)$ (ただし $i \in [1,\ldots,mT]$) からサンプリングすることで，逐次 $\hat{Y}_i$ を更新している．もちろん，観測値は更新しない．ベイズの定理によって，この更新は以下で与えられることが示せる．

$$p(\hat{Y}_i|\hat{Y}_{i-1},\hat{Y}_{i+1},\theta) \propto p(\hat{Y}_i|\hat{Y}_{i-1},\theta)\, p(\hat{Y}_{i+1}|\hat{Y}_i,\theta) \qquad (9.32)$$

所与の θ の下で，右辺の離散化された条件付密度は，両方とも単なる正規密度になる．Eraker は，多くの確率過程に対して式 (9.32) を適用している．定数ドリフトの拡散過程に対しては，$\hat{Y}_i \sim N(\frac{1}{2}(\hat{Y}_{i-1}+\hat{Y}_{i+1}), \frac{1}{2}\frac{\sigma^2}{m})$ となり，直接サンプリングすることができる．他の諸過程に対しては，Eraker はこの密度をメトロポリス–ヘイスティングス・アルゴリズムの提案密度として用いている．

欠測値の数を増やすと，連続時間モデルに近づいていく．しかし，連続時間に近づいていくと観測値が増大するので，MCMC アルゴリズムは遅くなる．Eraker (2001) は1つのデータにつき 20 個のデータを埋め込んでも，アルゴリズムはまだ機能することを，シミュレーションによって示している．実際のデータに対しては，欠測値を埋め込み続けると事後密度はすぐに安定する．Eraker (2001) は，1954〜1997 年まで観測数 2288 の週次 T-bill 利回りに対して，CEV モデルを推定している．Eraker (2001) は，各々の観測データの間に 4 個の欠測値を埋め込むと，その後は埋め込み数を増やしても，3 つのパラメータの事後密度が変化しないことを見出している．注目すべきことに，CEV パラメータの事後平均は 0.76 である．それから，Eraker (2001) は CEV をもつ SV モデルを推定している．やはり，パラメータ事後密度が安定するためには，4 個の埋め込みデータが必要なだけであった．埋め込みデータを 8 個にして推定しても，事後分布は全く変化しない．拡散過程を分析した Elerian et al. (2001) もまた参照せよ．

Jones (2003a) は非常に似たアプローチで，短期金利に対する連続時間モデルのドリフトを推定している．彼もまた若干の欠測値を導入すると，事後分布が安定することを見出している．彼が分析したドリフトの事後分布の特徴は，最尤法から得られるものとはかなり異なっている．

Jones (2003b) はこのアプローチを利用して，確率ボラティリティをもつ一般化

CEV モデルが，分散の大きい時期に条件付の収益率分布がもつ特徴をもたらすかどうかについて検討している．Jones (2003b) の興味深い特徴は，オプション価格に含まれるボラティリティに関する情報を取り入れた点にある．第1に，オプション残存期間中の分散の期待値は，近似的に現在の分散の線形関数になることに着目している：$E^Q[V_{t,T}] \approx A + BV_t$．係数 A と B は，分散過程とボラティリティリスクの価格に関する既知のパラメトリックな関数である．第2に，ブラック–ショールズ・インプライド・ボラティリティは，特にオプションがアットザマネーの近くにあるとき，$E^Q[V_{t,T}]$ の良い代理変数になることに着目している．そこで，彼は以下の関係をモデルに導入している．

$$IV_t = A + BV_t + \epsilon_t, \qquad \epsilon_t \sim N(0, \xi^2 V_t^2)$$

ここで，IV_t は VIX 指数から得られる．この結果生じる MCMC アルゴリズムは，大部分のブロックに対して自明でないサンプリングを必要とする．なぜならば，インプライド・ボラティリティと現在のボラティリティが関係していること，および A と B が確率過程のパラメータの非線形関数であるという事実によって，事後分布が複雑になるからである．しかし，Jones (2003b) の方法は，オプション価格自体を推定することなく，ボラティリティ過程の推定にオプション価格からの情報を取り込む興味深い方法である．

9.5.4 ジャンプ

Chib et al. (2002) は，離散時間 SV モデルの収益率方程式にジャンプ過程 (jump process) を加えたモデル化を行っている．彼のモデルは，9.5.2項 b. で見たファットテールをもつ条件付収益率に代わるモデルとみなすこともできる．

Eraker, Johannes and Polson (2003) (EJP) は，収益率方程式と分散方程式の両方にジャンプ要素を加えた SV モデルを比較している．彼らはアメリカ合衆国の日次株価指数収益率に対して離散化した連続時間モデルを適用しているが，離散化バイアスはこれらの日次収益率に対しては小さいとして，9.5.3項で述べた改善は行っていない．EJP は，収益率にジャンプをもつ SV モデルが収益率，またはオプション価格のヒストリカルな特徴をうまく説明できないという既存の研究結果から出発している．彼らは，ボラティリティへのジャンプ過程の導入は，収益率とボラティリティの両方に対して，収益率への拡散ファクターやジャンプの追加とはまったく異なる変動をもたらすと主張している．EJP は，一般的な離散化モデルと入れ子になる複数のモデルを検討している．

$$R_{t+1} = \mu + \sqrt{V_t}\epsilon_{t+1}^r + \xi_{t+1}^r J_{t+1}^r$$
$$V_{t+1} = \kappa\theta + (1-\kappa)V_t + \sigma_v \epsilon_{t+1}^v + \xi_{t+1}^v J_{t+1}^v$$

ジャンプの密度は $J_t \xi_t$ でモデル化され，$J_t = 1$ のとき，ジャンプが起こる．ジャン

プの強度 (intensity) は λ^r, λ^v である. SV モデルと比較すると, パラメータの定義域は状態変数ベクトル J^v, J^r, およびジャンプ強度を表すパラメータ・ベクトル λ^r, λ^v にまで拡張される. EJP は以下の 4 つの入れ子になったモデルを検討している. SV は基本的な確率的ボラティリティモデルである. SVJ は, 収益率におけるジャンプ $\xi^r \sim N(\mu_r, \sigma_r)$ を SV に加えたものである. SVJC は, ボラティリティにおけるジャンプ $\xi^v \sim \exp(\mu_v)$ と収益率におけるジャンプ $\xi^r|\xi^v \sim N(\mu_r + \rho_J \xi^v, \sigma_r^2)$ が相関をもつモデルである. SVIJ では, ジャンプは独立に発生する.

ベイズ推定では, パラメータ空間に制約を課し, 尤度が有界となるような事前分布を利用できる. 有用な事前分布はジャンプの大きさ, 強度, ボラティリティに関する事前分布である. ここで事前分布は, 大きいが稀にしか生じない収益率の変動, すなわち小さい λ^r と大きな σ^r をモデル化するのに用いられる. EJP の事前分布は, 標準偏差がジャンプする確率を 1% 以下に, そして日次収益率のジャンプは 10% 以上としている. 他のパラメータに関する事前分布は, 無情報のままである. MCMC アルゴリズムは, 以下のパラメータ, および状態変数の事後密度のブロックから, 繰り返しサンプリングする.

(1) パラメータ：$p(\theta_i|\theta_{-i}, J, \xi, V, R), i = 1, .., K$
(2) ジャンプの回数：$p(J_t = 1|\theta, \xi, V, R), t = 1, .., T$
(3) ジャンプの大きさ：$p(\xi^r|\theta, \xi^v, J, V, R)$
(4) ボラティリティ：$p(V|\theta, J, \xi, R)$

基本 SV モデルの拡張であるブロック (1), (2), (3) は直接サンプリングすることができる. このレベルの複雑なモデルを分析できることは, ベイジアン MCMC 法に利用される階層的な定式化が柔軟であることの証明である. データがこうした複雑なモデルのもつ特徴に関する情報をほとんど含まないかもしれないという懸念があるならば, 事後サンプリングはただその不確実性を反映するだけであることを思い起こそう. この単純さは, 解析的には解けない複雑なモデルの尤度を, 数値的に最大化する際に生じる潜在的な困難とは対照的である. ベイジアン MCMC アルゴリズムの単純さを活用する最尤推定アプローチについては, Jacquier et al. (2007) を参照せよ.

EJP は, ジャンプを導入した様々な拡張モデルに対するオッズ比も計算している. 彼らは, これらの複雑なモデルでは容易には得られない周辺尤度の計算を回避している. その代わり, EJP は事後分布から得られる数値を用いてオッズ比を書き直した. 例えば, SVJ 対 SV のオッズ比はジャンプ J の全ベクトルがゼロに等しいという確率の関数である. MCMC 事後分布シミュレーションによって, この既知の確率（上記のブロック (2)）からサンプリングすることができる. したがって, オッズ比を計算するには, MCMC シミュレーションの各ステップでわずかに追加的な計算を行うだけで済む. ベクトル J^r, J^v の条件付密度が解析的に求まるので, サベージ密度比への拡張が可能である. NASDAQ 100 と SP500 の日次データに対しては, データは収益率の過程よりもむしろボラティリティにおけるジャンプを強く支持するベイズファク

ターを示していた.

9.5.5 共分散行列とベータの推定
a. 共分散行列のモデル化

大きな株式収益率ベクトルの共分散行列の推定は,時間変動がない場合であっても深刻な問題を引き起こす.期間 T が N 以上である限り,共分散行列は数学的にはフルランクである.しかし,例えば最小の固有値に関して十分な情報を得るには,N よりはるかに大きな標本が必要である.最適ポートフォリオウェイトは,しばしば共分散行列の逆行列の関数になっている.したがって標本数が小さい場合,小さい固有値に対する大きな不確実性は逆行列の不安定性をもたらす可能性がある.そして,この不確実性は最適ポートフォリオウェイトに影響を及ぼす.

ファクターモデル(因子モデル)は次元の数を減らす独特な方法であり,ファイナンスのモデル化(例えば APT)とも密接な関係にある.Geweke and Zhou (1995) が示すように,ファクターが潜在変数である場合,ギブスサンプリングはファクターとそれらのファクター負荷をサンプリングすることを可能にする.誤差項の共分散行列が対角であると仮定すると,制約が有効になる.ファクターモデルは,$N(N+1)/2$ 個のパラメータを $K(K+1)/2+(N+1)K$ 個に置き換えるので,共分散行列を制約する上で非常に効果的な方法である.Aguilar and West (2000) は Jacquier et al. (1995) が示唆したアルゴリズムを,ファクターが確率的ボラティリティをもつよう拡張したモデルに適用している.多変量 SV アルゴリズムに関する議論については,Chib et al. (2006) も参照せよ.

もう1つのアプローチは分散/相関係数分解である.このアプローチでは共分散行列は $D^{0.5}CD^{0.5}$ と分解される(Barnard et al. 2000 とエングルが提案した動学的条件付相関係数モデル (dynamical conditional correlations:DCC) を参照せよ).D の個々の分散は,一変量 GARCH または SV モデルに従うとすることができる.相関行列は,分散とは別にモデル化できる.必要に応じてレジーム変化を含むようにもできる.レジームスイッチングモデル (regime switching model) は,ベイズ法によってうまく推定され,直接のギブスサンプリング以上の時間はほとんど必要ない.平均と分散に関する一変量スイッチングモデルのベイズ推定については,McCulloch and Tsay (1993) と Ghysels et al. (1998) を参照せよ.

b. ベータのモデル化

APT の項からファクターモデルを思い起こそう.Geweke and Zhou (1995), McCulloch and Rossi (1990; 1991),および他の多くの研究は,ファクター負荷の行列 B が定数であると仮定している.実際のところ,潜在変数モデルにおいて,時間変動するベータとファクタースコアの両方をデータから同時に正確に推定を行うことは,無理なことかもしれない.

しかし，多くの場合，ファクターは観察可能であるとみなされる．したがって，時間変動するベータは実用性をもつであろう．実際，最新の多期間資産価格モデルは，ベータが時間変動しており，経済全体の変数，あるいは企業特有の変数と関連があることを示唆している．いままでのところ，実証研究の多くは時間変動するベータを推定するために，単純な移動ウィンドウフィルタ (rolling window filter) を利用してきた．また，仮に個別企業ベータが定数であるとしても，運用ファンドについて研究するときは，この仮定は維持できないだろう．最後に，観察可能なファクターがほとんどない場合，時間変動するベータは時間変動する共分散行列よりも柔軟なモデル化となるだろう．Jostova and Philipov (2005) は，ベータを観測不能な潜在的な状態変数とみなし，潜在的なベータをサンプリングするために MCMC アルゴリズムを適用している．

Cosemans et al. (2009) は，クロスセクションと時系列を結合するベータのベイズ推定量を考案している．彼らはこの枠組みで，モデルの適合度がクロスセクションによって改善されることと，その結果生じる標本期間外の予測が，ポートフォリオパフォーマンスを向上させることを示している．Cosemans らは，時系列とクロスセクションの同時利用が，予測の改善をもたらす非常に興味深い一例である．最適ポートフォリオ設計への影響を通して競合モデルを評価しているので，彼らの基準は経済ベースである．

9.6 オプション価格決定におけるベイズ推定

オプション価格は，多くの要因に依存する．行使価格や満期などいくつかの要因は既知であり，金利や将来の配当利回りなどの要因は，大部分のモデルで既知と仮定される．ブラック–ショールズやその他の初期のモデルでは，ボラティリティは投資家にとって既知であると仮定される．しかし，計量経済学者にとってボラティリティは未知である．現代では，大部分のモデルにおいてオプションのボラティリティは，投資家にとって残存期間を通して未知とされる．したがって，ボラティリティの不確実性をモデル化することは，計量経済学におけるオプション価格決定の非常に重要な研究領域である．

オプション価格に関する計量経済学的な方法には，主に 3 つのアプローチがある．第 1 の方法は，過去の収益率過程からの情報をオプション価格の推計に利用する方法である．尤度は過去の収益率，および分散過程から得られる．第 2 の方法は，オプション価格を利用してリスク中立過程に基づいて直接推定する方法である．この場合には，尤度は価格決定の誤差から構成される．一般にこのアプローチは，マネーネスと満期を網羅するオプションのパネルデータを利用する．第 3 の方法は，過去の情報と価格情報を組み合わせて尤度を構成する方法である．この場合には，例えばボラティリティのヒストリカルな過程とリスク中立過程は同じ族に属すると，通常，仮定される．こ

れらの過程は，ボラティリティリスクの価格が原因となるドリフトシフトによってのみ異なる．

これとは別に，オプション価格そのものを計算する方法を選択しなくてはならない．モデルのパラメータを所与として，比較的簡単に計算できる半解析的なオプション価格決定式が利用できる場合がある．単純なケースでは，確定的ボラティリティモデルがその例である．より複雑なケースでは，モンテカルロ法の柔軟性が威力を発揮する．リスク中立化法を適用すると，満期 T と行使価格 K のコールのオプション価格は次式で得られる．

$$C_T = e^{-r_f(T-t)} E_t^Q [Max(S_T - K, 0)] \tag{9.33}$$

ここで r_f は安全利子率であり，E^Q はリスク中立確率による期待値である（Cox and Ross 1976 を参照せよ）．例えば，ボラティリティなどの状態変数の予測密度から，変数を満期までシミュレーションして，そのたびに満期におけるオプションのペイオフを計算する．割引したペイオフを平均すれば，オプション価格のモンテカルロ推定値が得られる．このアプローチは，一般に予測オプション価格決定 (predictive option pricing) と呼ばれる．この予測アプローチは，特に確率的ボラティリティやジャンプをもつモデルなど，近年の複雑なオプション価格決定モデルに対して，より効果的である．式 (9.33) へのベイズ法の適用は，パラメータの事後不確実性を予測サンプリングに自然に取り入れる．パラメータ値を条件付とする式 (9.33) の予測と比較すると，この方法は対照的である．

9.6.1 原資産収益率のみに基づく尤度

初期における実証分析の慣行では，オプション価格の推計はヒストリカル，もしくはインプライドな σ の推定値を，ブラック-ショールズ公式に代入することであった．しかし，最も単純なモデルであっても，オプション価格は σ の非線形関数である．

σ の非線形性と不確実性によって，点推定値をオプション公式へ代入することは，偏りをもたらすことになるだろう．さらに σ の不確実性の影響を価格に反映させることもできない．Karolyi (1993) は，オプション価格の実証研究にベイズ法を適用した最初の論文であり，両方の問題に取り組んでいる．彼は，σ_i の不確実性を減少させるために，経験ベイズ・アプローチを採用している．原資産株式収益率 R_i は対数正規分布 (μ, σ_i) に従うと仮定し，σ_i は過去のデータから推定する．クロスセクションの縮約によって，精度の向上が得られる．Karolyi は σ_i に関して，位置パラメータ τ と分散パラメータ ν をもつ共通の共役事前分布を選択している（Zellner 1971 の補論 B を参照せよ）．原資産収益率 R_i に関する過去のデータを所与として，σ_i の事後密度は，

$$p(\sigma_i | R_i) \propto \left(\frac{1}{\sigma_i^2}\right)^{\frac{\nu_i + \nu + 2}{2} + 1} \exp\left(-\frac{\nu_i s_i^2 + \nu \tau}{2\sigma_i^2}\right)$$

と与えられる．ただし，$\nu_i = T_i - 1$ であり，T_i は資産 i の標本数である．そして，

$\nu_i s_i^2$ は R_i の標本平均からの偏差の二乗を合計したものである．Karolyi は，モーメント法によって τ を得ているが，本質的には τ は個々の収益率の標本分散の平均である．所与の τ に対して，彼は個々の収益率 R_i の系列が無相関であると仮定して，対数尤度 $\log L(\nu,\tau)$ を最大化することで ν を得ている．分散の標本推定値 s_i^2 のクロスセクションの散らばりが減少すると，ν が増加することがわかる．ここで，縮約によってよりタイトになった σ_i の事後密度を得るために，経験ベイズ法が用いられる．

Karolyi はブラック–ショールズ公式に σ_i の点推定値を代入するのは，不適切であると指摘している．Karolyi は，σ_i を含むブラック–ショールズ公式を，σ_i の事後分布に対して期待値を計算したものを，ブラック–ショールズ価格としている．この期待値は，モンテカルロ平均によって計算する．このアプローチは，ブラック–ショールズ公式の σ に関する非線形性を考慮に入れている．Karolyi のアプローチは，確率的ボラティリティでかつボラティリティリスクに対するプレミアムが存在しないモデルと整合的であることに注意しなくてはならない．そのような場合には，オプション価格は，未知のボラティリティの確率分布に対するブラック–ショールズ価格の期待値となることを示すことができる（Hull and White 1987 を参照せよ）．Karolyi はボラティリティの事後分布しか観測していないので，彼にとってボラティリティは確率的である．

より一般的なオプション価格決定モデルに対して，このベイズ法によるモンテカルロ・アプローチを，残存期間におけるボラティリティの予測密度からのサンプリングへと拡張することができる．例えば，Hull and White (1987) では，ボラティリティは AR(1) に従うとしている．MCMC によるベイズ法の適用は，モデルのパラメータと標本期間中のボラティリティの事後サンプリングをもたらし，それらの各サンプリングに対して，オプション満期までのボラティリティの予測サンプリングが得られる．そして，各サンプリングはオプション価格に対応するサンプリングを導く．Hull–White 価格の MCMC 推定値は，これらのサンプリングの平均である．この方法は，ボラティリティの変動と収益率の変動が相関をもつ Heston (1993) のモデルに一般化することもできる．この場合，将来の収益率，およびボラティリティの同時サンプリングが必要となるが，アルゴリズムはわずかに複雑になるだけである．各サンプリングに対するオプション価格は，各 MC サンプリングにおける直近の原資産価格を利用して計算する．

9.6.2　リスク中立予測オプション価格決定

オプション価格決定モデルがゼロ以外のボラティリティリスクの価格をもつときには，予測はボラティリティリスクを考慮に入れなくてはならない．この場合には，過去のデータに関する密度ではなく，リスク中立予測密度からシミュレーションする．Bauwens and Lubrano (2002) (BL) は，リスク中立 GARCH ボラティリティ予測を用いてオプション価格を計算している．彼らのリスク中立過程は，次式によって与えられる．

$$r_t = r_f + v_t, \qquad v_t \sim N(0, h_t), \qquad (9.34)$$
$$h_t = \omega + \alpha(v_{t-1} - \mu_{t-1} + r_f)^2 + \beta h_{t-1}$$

ここで，収益率は平均的には安全利子率 r_f になる．したがって，GARCH 方程式における二乗誤差項は修正される．BL は，過去のデータに基づく収益率の条件付期待値を $\mu_t = \mu + \rho r_{t-1}$ としている．理論的な動機付けがあるとはいえ，このリスク中立過程はオプション価格から推定することはできず，収益率のデータから推定される点に注意することは重要である．

BL の分析の出発点は，収益率のデータによる GARCH モデルのベイズ推定である（9.5.1 項を参照せよ）．BL は，GARCH パラメータの事後平均は ML 推定値よりかなり短い持続を示唆していることを報告している．パラメータ空間の境界付近では ML 推定値，特にその標準誤差は信頼できないものになる．

BL は，式 (9.33) に従って，ベイズ予測による価格決定を行っている．この価格決定は，満期 K に対して，収益率 $r_{t+k} \sim N(r, \omega + \alpha(r_{t+k-1} - \mu_{t-1}) + \beta h_{t+k-1}), k \in [1, K]$ のサンプリング，および GARCH リスク中立ボラティリティ $h_{t+k}, k \in [1, K]$ の計算を必要とする．これら満期までの収益率のサンプリングは，満期におけるオプション価格をもたらし，式 (9.33) のモンテカルロ推定値の計算を可能にする．BL は，収益率の過程が定常であるならば，モンテカルロ推定値はオプション価格へ収束するという重要な点を明らかにしている．したがって，非定常領域のサンプリングは棄却されなければならない．GARCH 分析では，そのようなサンプリングは約 2% の割合で発生する．

式 (9.33) へのベイズ法の適用は，パラメータの不確実性を取り込むことを考慮に入れている．なぜならば，各々の新しい予測サンプリングは，パラメータ $(\rho, \alpha, \beta, \mu)$ の事後分布の新しいサンプリングを所与として生成されるからである．この方法は，パラメータの点推定値を条件付とする他のアプローチとは対照的である．BL は，N 個の事後サンプリングの一つ一つに対して，M 個の予測サンプリングを生成している．彼らはこのことを，予測サンプリングと比較して事後サンプリングにかかる計算コストをもとに正当化している．しかし，現在利用可能になった計算能力ならば，$M = 1$ として大きい N を設定することも可能である（Geweke 1989 を参照せよ）．

しかし，事後サンプリングと予測サンプリングには違いがある．大部分のモデルと同様に，ボラティリティ過程のパラメータはエージェントにとって既知とされる．結果として，N 個の予測サンプリングは式 (9.33) へのモンテカルロ法の適用を反映しているが，オプション価格の不確実性は取り入れていない．価格は，この予測密度に基づいたペイオフの期待値である．これら N 個の予測サンプリングの散らばりの唯一の利用法は，モンテカルロ推定値が望ましい精度をもっていることを確認することだけであろう．対照的に，計量経済学者にとってパラメータ値は未知であり，予測密度からのサンプリングはパラメータの事後サンプリングと混合して行われる．事後不確実

性によって，計量経済学者はオプション価格の不確実性に直面する．計量経済学者は，その不確実性についてよく調べたい場合もある．その場合，$M > 1$ とおいて，N 個の予測サンプリングの一つ一つに対する事後サンプリングのモンテカルロ平均によってオプション価格を計算することで，事後不確実性の特徴を明らかにすることができる．

9.5.4 項で議論したように，Eraker et al. (2003) は，BL とは異なる方法で，シミュレーションされたオプション価格の不確実性を，予測による不確実性と事後不確実性に分解している．彼らは，予測ボラティリティの事後平均を条件付としてサンプリングすることにより，パラメータの事後不確実性の特徴を明らかにしている．同様に，パラメータの事後平均を条件付きとしてサンプリングすることにより，ボラティリティの不確実性の特徴を明らかにしている．Eraker et al. (2003) の図 8 は，パラメータの不確実性がより長期のオプションに対して，あるいは極端なマネーネスにある短期のオプションに対して，最も大きな影響を与えることを示している．

9.6.3 価格決定の誤差に基づく尤度

a. 確定的ボラティリティ関数

ブラック–ショールズ・モデルでは，収益率の標準偏差 σ は一定であると仮定され，連続時間で価格を観測する投資家にとって既知である．理論価格は，無裁定の議論から得られる．無裁定の議論では，オプションは原資産と無リスク証券からなるヘッジポートフォリオによって，連続時間で正確に複製される．ブラック–ショールズモデルの拡張の 1 つに，σ が原資産価格の確定的な関数として変動するモデルがある．原資産価格を条件付とすれば，σ は依然として完全に予測可能なので，この拡張でもヘッジポートフォリオを組む可能性は維持される．これらは，やはり純粋な無裁定オプション価格決定モデルであり，モデルと市場価格の間のいかなる乖離も裁定の対象となるだけである．例えば，ツリーをもつオプションのパネルに対して，株価 S の確定的で柔軟なボラティリティ関数 $\sigma = f(S)$ を，無裁定条件と整合的であるように適用することを考える．しかし，計量経済学者はこの方法を過剰適合とみなす．Dumas et al. (1998) は，この方法を用いた価格決定は標本期間内ではほぼ完全であるが，標本期間外では大きな誤差をもたらすことを報告している．

明らかに，オプションの価格データから尤度関数を得るためには，モデルの誤差を明示的に考慮する必要がある．Jacquier and Jarrow (2000) は，ブラック–ショールズモデルとその確定的な拡張モデルに対して，このことを行っている．価格付けの誤差は尤度関数を構成し，オプションパラメータとオプション価格の事後分布を与える．Jacquier と Jarrow は，以下のようにオプション価格 C_i をモデル化している：

$$\log C_i = \beta_1 \log b_i(x_{1i}, \sigma) + \beta_2 x_{2i} + \eta_i, \qquad \eta_i \sim N(0, \sigma_\eta) \qquad (9.35)$$

ここで，(x_1, x_2) は株価を含む既知のデータである．σ の事前密度は，オプションの過去のパネルデータから構成される．したがって，事前密度は過去の収益率からの情

報を取り入れるが，尤度関数は過去の情報を含まない．対数による定式化は，尤度を扱いやすくし，かつ価格が負になる可能性を排除する．

Jacquier と Jarrow は β_1, β_2, σ, σ_η の事後密度を導出している．ここで，σ_η は価格付けの誤差の標準偏差である．彼らは，同時事後密度を 2 つのギブスステップに分解している．第 1 に，σ を所与とすれば，式 (9.35) は線形回帰であるので，$p(\beta, \sigma_\eta | \sigma, C)$ から直接サンプリングできる．第 2 に，$p(\sigma | \beta, \sigma_\eta)$ は，切断された正規分布を提案密度とする一変量 MH サンプリングによって得られる．Jacquier と Jarrow は，アメリカ合衆国の個別の株式オプションのパネルに対してモデルを適用している．

結果は，計量的な定式化は，モデル自体は示唆しない形で大きな影響を与えることを示していた．誤差 η_i が分散不均一性をもつように拡張することで，価格決定のパフォーマンスは大幅に向上する．Dumas らで利用される計測方法とは異なり，尤度を基礎とするアプローチでは，計量経済学者はモデルとその適用に伴って標本期間内に発生し得る諸問題を評価することができる．x_2 に含まれる変数が増加すると，σ_η と β_2 の事後分布は，拡張の潜在的な非効率性をはっきりと警告する．より多くの変数を x_2 に加えると，σ_η の事後平均はアウトオブザマネーのオプションについては減少するが，他のオプションについては改善しない．同時に，他のパラメータ (β, σ) の事後分布の分散が大きくなる．

パラメータからの同時サンプリングはモデルの価格，モデルの予測，およびヘッジ比率のサンプリングをもたらす．価格，およびヘッジ比率の不確実性は，モデルの大きさとともに増大し，非常に大きくなる．その結果，予測を実行する以前にベイズ計量経済学者は，大規模モデルは効率的でないであろうことを知っている．価格付けの誤差を導入することで，計量経済学者はオプション価格の不確実性に直面する．それはモデルの理論的な基盤と対立している．ここでは，この対立については言及しない．この問題の解決は，本章の範囲を大きく超えている．この議論は理論的なモデル化の問題を含んでおり，結果として間違いなく，現在適用されているモデルより複雑なモデルとなる．計量経済学の観点に立つと，現在ある不完全なモデルを採用するメリットは，モデルが抱える矛盾のコストをはるかに上回ると考えられる．

そして Jacquier と Jarrow は，拡張モデルの標本期間外のパフォーマンスは，基本的なブラック–ショールズモデルを上回らないことを示している．しかし，標本期間内から標本期間外へのパフォーマンスの悪化は，Dumas らの場合のように壊滅的ではない．Dumas らで用いられる適合基準とは対照的に，ベイズ法では価格決定の誤差を最小にするパラメータを陽表的に求めているわけではないことが理由である．そのような厳格な基準では，過剰適合の可能性が増大し，標本期間外のパフォーマンス悪化がより深刻なものになりやすい．ベイズ法は最初の段階で，パラメータやオプション価格のような関数の事後密度に不確実性を導入する．したがって，その標本期間外のパフォーマンスは，過剰適合に対してより頑健であると期待される．

2 つの所見で本節を結ぶ．第 1 に，式 (9.35) の定式化において，β のサンプリング

が直接利用できるので，モデルのオッズを計算するためにサベージ密度比法を用いることができる．第2に，ブラック–ショールズモデルの範疇を超えてモデルを拡張するよりも，むしろ例えば $C_i = BS(x_{1,i}, \sigma(\beta_2 x_{2,i} + \eta_i))$ のように σ に関してモデルを拡張する方が，式 (9.35) の定式化はより効果的であろう．このパラメータ化は，ブラック–ショールズモデルの一般化の大部分と，より整合的である．ブラック–ショールズ公式の範囲内で誤差をもつことは，無裁定条件を保証する．しかし，より複雑な MCMC アルゴリズムが必要となる．

b. 確率的ボラティリティとジャンプをもつオプション価格の決定

9.5.4 項で議論した Eraker et al. (2003) は，収益率とボラティリティの両方にジャンプをもつ収益率の過程を推定している．彼らはジャンプ過程，および拡散過程によって説明されるボラティリティの割合とオッズ比に基づいて，ボラティリティのジャンプは SV モデルの不可欠な拡張であると結論付けている．そして，彼らは，もっともらしいボラティリティリスクの価格の下で (9.38) に従ってオプション価格がもたらされるように，過去の密度を修正した．彼らは，ボラティリティにジャンプ過程を導入すると，インプライド・ボラティリティがかなり現実的なボラティリティスマイルを生成する可能性があると結論付けている．

Eraker et al. (2003) は，オプションのデータからリスクの価格を推定していない．Eraker (2004) がこの問題に取り組んでいる．彼らは，Jacquier and Jarrow (2000) と同様に，オプション価格決定の誤差から尤度を導出している．しかも，Eraker et al. (2003) の非常に複雑なモデルに対してである．株価 S とそのボラティリティ V の確率過程を思い出そう．

$$dS_t = aS_t dt + \sqrt{V_t} S_t dw_t^s + S_t dJ_t^s \qquad (9.36)$$
$$dV_t = \kappa(\theta - V_t)dt + \sigma_v \sqrt{V_t} dw_t^v + dJ_t^v$$

ここで，ボラティリティへのショックと収益率は相関をもつこともある．dS と dV は，両方ともジャンプをもつ．9.5.4 項で述べた SV モデル，SVJ モデル，SVCJ モデルに対して，Eraker (2004) はボラティリティに依存するジャンプ強度，つまり $\lambda = \lambda_0 + \lambda_1 V_t$ をモデルに加えている．彼は，これらのモデルの離散化バージョンを用いている．ジャンプ要素 Z は，分散に関しては指数分布に従い，株式に関しては正規分布に従うと仮定する．他のオプション価格決定に関する研究と同様に，上記の収益率の過程と整合的なリスク中立過程は，ジャンプとボラティリティリスクの価格に対するドリフト調整を取り込む．具体的には，収益率とボラティリティのドリフト，および平均のジャンプはこれらの価格に対して調整される．

オプション価格 Y_t を所与とすれば，モデルはオプションの価格 F を誤差 ϵ_t を含んで，以下のように決定する．

$$Y_t = F(S_t, V_t, \chi_t, \Theta) + \epsilon_t \qquad (9.37)$$

9.6 オプション価格決定におけるベイズ推定

ただし，χ_t は満期までの期間など，オプションの特性を表すその他の既知の変数であり，Θ は S_t と V_t のリスク中立過程のパラメータ・ベクトルである．取引間隔が異なることもあり得る．価格 F を計算するために，Eraker はモデルのアフィン構造によって利用可能となるフーリエ逆変換を利用している．

式 (9.37) は，価格を決定するために必要なパラメータ，観測可能な情報，そして状態変数 V と S を所与とするオプションのデータ Y の条件付密度 $p(Y|S,V,\Theta)$ を導く．しかし，これらの状態変数は，パラメータとオプション価格の事後密度を得るために，積分消去しなくてはならない．式 (9.36) における S と V の定式化は，ジャンプ J の状態ベクトルを条件付とする．したがって，それらも積分消去しなければならない．結果的に，オプションのデータとすべての状態変数に関する同時密度 $p(Y,S,V,J,Z,\Theta)$ は，式 (9.36) における確率過程のパラメータを含んでいる．この同時確率密度に全パラメータの事前分布を乗じれば，目的とする事後密度 $p(V,J,Z,\Theta|Y)$ が得られる．Eraker は，この事後密度をボラティリティ V，ジャンプ状態 J，ジャンプ要素 Z，パラメータ Θ に分割して，MCMC 条件付ブロックを構築している．

Eraker は，1987〜1990 年の 1000 日以上の期間中に渡って契約された S&P500 を原資産とする 3000 のオプション価格データを対象に，モデルを推定している．モデルの計算に必要な計算量の制約から，Eraker はランダムに選択した少数の契約，平均して 1 日につき 3 つの契約の日次データを対象としている．同時に，原資産収益率の日次データも毎日記録している．Eraker の事後分析は，以下の事実を明らかにしている．ジャンプの大きさを表すパラメータを正確に推定することは難しい．なぜならば，オプションのデータはジャンプの大きさを表すパラメータに関する情報を含まないからである．ごく稀なジャンプ（1000 日につき 2,3 回）を示唆する事後ジャンプ強度の下では，ジャンプの大きさに関して多くの情報は得られない．対照的に，ボラティリティのパラメータは非常に正確に推定される．これは翻って，ジャンプ強度が同時点のボラティリティと関係する状態依存モデルに役立つ．Eraker は，収益率への説明力を基準とすると，ボラティリティのジャンプは SV モデルの他の拡張よりも優れていると結論づけている．これらのモデルにおいて，収益率とボラティリティのジャンプは負の相関をもつ．つまり，収益率の負のジャンプは，ボラティリティの正のジャンプに関連している．

式 (9.37) におけるオプション価格決定関数 F の事後平均は，オプション価格の推定値として利用される．この推定値に基づくと，標本期間内において大きなモデルの価格付けの誤差は，単純なモデルと比較して大した改善を示さない．Eraker は，この結果は過去の研究の大半と対照的であることを指摘している．最小二乗法とは異なり，ベイズ法は，価格付けの誤差を最小化するようには推定値を計算しないことを思い出そう．ベイズ法は，パラメータの不確実性を適切に表現する．事後平均は，二乗誤差損失をその事後不確実性に従って最小にする．対照的に，最小二乗法はモデルが大きくなると，適合度が向上する．このことが，標本期間外の分析が非常に興味深い補足作

業となる理由である．Erakerによる標本期間外の結果は，より大きいジャンプモデルに若干のパフォーマンスの向上を認めるが，結果はひいき目に見てもまちまちである．

概してEraker (2004) のより大きなモデルは，オプション価格よりもむしろ，株式収益率の時系列的な特徴をよりうまく説明しているように見える．Eraker (2004) は，ベイジアンMCMCアルゴリズムによって取り扱い得る複雑さの程度を例示している．計算能力が許すならば，オプションに関するより大きなクロスセクションのデータで，モデルの特徴を再検討することは，興味深い研究であろう．ランダムに選ばれた小さなパネルを利用することは，ある一定の時点で，スマイルに関して非常に粗い情報しか利用できないことを，おそらく意味している．そして，このことはおそらく推定精度に影響を与える．稀であるが大きなジャンプに対する推定は確かに難題であり，オプション価格はこの問題に対してあまり役に立たない．

9.7 パラメータ学習をもつ粒子フィルタ

最後に，ファイナンスにおけるベイジアン計量経済学の中でも非常に有望に思える方法論的アプローチ，すなわち潜在的な状態変数とパラメータの同時フィルタリングについて述べて，本章を終える．

一般にMCMC法は，潜在変数をもつモデルに対して，パラメータの事後密度と状態変数の平滑化事後密度をもたらす．例えば，9.5節で議論したSVモデルに関するMCMCアルゴリズムは $p(h_t|y^T)$ と $p(\theta|y^T)$ を導く．ただし $y^T \equiv (y_1,\ldots,y_T)$ であり，θ はモデルのパラメータ，h_t は t 時点の分散である．しかし，与えられた標本に対して，標本期間中の各 t 時点においてボラティリティのフィルタリング事後密度 $p(h_t|y^t)$，およびパラメータの事後密度 $p(\theta|y^t)$ の両方が必要になるときがある．新しい観測値 (y^{t+1}) を得るたびにMCMCサンプラーを繰り返すことは，可能ではあるが，計算量の観点からは魅力のない解決法である．

したがって，最近の研究は，非線形状態空間モデルのためのフィルタリング・アルゴリズムに向かっている．初期のフィルタリング・アルゴリズムは，θ の値を条件付として問題を解決している．これは，2つの理由で魅力がない．第1に，この方法は h_t の予測密度に θ の値に関する不確実性を取り入れていない．第2に，条件付とするのに最もありそうな θ の値は，標本全体で実行するMCMCアルゴリズムによる事後分布から得られる．しかしながら，$p(h_t|y^t)$ からサンプリングするときは，全標本からの情報による条件付けはまさに避けたいことである．フィルタリング・アルゴリズムにおいて，パラメータ θ に関する学習を取り入れるのは，非常に難しいことがわかった．x_t を一般的なモデルにおける状態変数であるとする．$p(\theta,x_t|y^t)$ からサンプリングする初期の試みは，退化問題に悩まされてきた．Kohnらの3.8節は，これら初期の諸方法について述べている．Carvalho, Johannes, Lopes and Polson (2010)(CJLP) は，この問題を解決している．本節では，CJLPの方法を手短に概説して，パラメー

タ学習をもつ粒子フィルタの可能性を例示する応用例を示す.

9.7.1 方法論

観測可能な変数 y_t と潜在的な状態変数 x_t をもつモデルを考える. 目的は, y_{t+1} を観測した後に, 現在の分布 $p(x_t, \theta|y^t)$ を $p(x_{t+1}, \theta|y^{t+1})$ に更新することである. 表記の便宜上, 第1段階においては, パラメータ θ は無視することにする. 古典的なフィルタリング・アルゴリズムは, まず予測を行い, 次に更新を行う. すなわち, 以下のように進行していく.

$$p(x_{t+1}|y^t) = \int p(x_{t+1}|x_t)p(x_t|y^t)dx_t$$
$$p(x_{t+1}|y^{t+1}) \propto p(y_{t+1}|x_{t+1})p(x_{t+1}|y^t)$$

分布 $p(x_t|y^t)$ は, 通常, 解析的には得られない. 粒子フィルタは, $p(x_t|y^t)$ を離散密度 $p^N(x_t|y^t)$ で近似する. 離散密度 $p^N(x_t|y^t)$ はウェイト $w_t^{(i)}$ をもつ N 個のサンプリング $x_t^{(i)}$, もしくは N 個の粒子から構成される.

$$p^N(x_t|y^t) = \sum_{i=1}^N w_t^{(i)} \delta_{x_t^{(i)}} \to p(x_t|y^t) \text{ as } N \to \infty$$

ここで δ はディラック関数である. 初期のアルゴリズムでは, ウェイトは通常 $1/N$ である. この離散化によって, 予測ステップにおける積分を和に置き換えることができ, 次式を得る.

$$p^N(x_{t+1}|y^{t+1}) \propto \sum_{i=1}^N p(y_{t+1}|x_{t+1})p(x_{t+1}|x_t^{(i)})w_t^{(i)}$$

ここで, $p^N(x_{t+1}|y^{t+1})$ は有限個の混合分布である. この混合分布からサンプリングするためにいくつかの古典的な粒子フィルタがある. サンプリング重点リサンプリング (sampling importance resampling:SIR) や補助粒子フィルタ (auxiliary particle filter:APF) などである. 例えば, SIR アルゴリズムは $p^N(x_t|y^t)$ から得られる N 個のサンプリングを所与として2段階のアルゴリズムからなる.

1) (伝播) $x_{t+1}^{(i)} \sim p(x_{t+1}|x_t^{(i)})$, $i = 1, \ldots, N$ をサンプリングする.
2) (リサンプリング) $x_{t+1}^{(i)} \sim Mult_N(\{w_{t+1}^{(i)}\}_{i=1}^N)$ をサンプリングする.

第1段階における状態変数の推移密度の利用法に注意せよ. また, 第1段階では y_{t+1} に関する情報は利用していないことにも注意せよ. 推移密度は, 伝播段階で利用される最も単純かつ, 最も便利な重点密度とみなすことができる. ウェイト $w_{t+1}^{(i)}$ は y_{t+1} の情報に基づいて決定される. そして, 多項分布からのサンプリングは, 伝播段階で得られた N 個の x_{t+1} から構成される. Pitt and Shephard (1999) は, 補助粒子フィルタにおける重点密度を改善し, 最適ウェイトが $w_{t+1} \propto p(y_{t+1}|x_t)$ であることを示

している.

　粒子フィルタに関する問題の1つに，退化またはサンプル衰退がある．推移密度が確率の高い領域を覆うことができない場合，粒子の数が退化してしまう．例えば，もし伝播段階において y_{t+1} のもつ情報が使用されないと，極端な y_{t+1} の値の周辺で衰退が起こることがある．この場合，大部分のサンプリングがほぼゼロのウェイトをもつことになり，リサンプリング・ステップでサンプル衰退に陥る．詳細については，Giordani らの本書の第3章と CJLP を参照せよ．

　次に，この枠組みをパラメータ学習に拡張する．この場合，$p(\theta, x_t|y^t)$ から $p(\theta, x_{t+1}|y^{t+1})$ へ移動する必要がある．CJLP のアルゴリズムは，2つのアイデアを組み合わせている．第1に，彼らは予測–更新の順序を入れ替えて，代わりに平滑化–予測シーケンスを提案している．

$$p(x_t|y^{t+1}) \propto p(y_{t+1}|x_t)p(x_t|y^t);$$
$$p(x_{t+1}|y^{t+1}) = \int p(x_{t+1}|x_t)p(x_t|y^{t+1})dx_t$$

利用される離散化分布に対して，このシーケンスはリサンプリング–伝播粒子アルゴリズム (resample-propagate particle algorithm) を導く．

1) 粒子をウェイト $w_t^{(i)} \propto p(y_{t+1}|x_t^{(i)})$ でリサンプリングする．
インデックス $z(i) \sim Mult_N(\{w_t^{(i)}\})$, $i = 1, \ldots, N$ をサンプリングし，$x_t^{(i)} = x_t^{z(i)}$ とおく．
2) 状態粒子 $x_{t+1}^{(i)} \sim p(x_{t+1}|x_t^{(i)}, y_{t+1})$, $i = 1, \ldots, N$ を伝播する．

最初にリサンプリングすることで，状態の伝播は y_{t+1} の情報を利用するので，近似誤差の累積を減少できる．CJLP の第2の貢献は，パラメータ学習の問題に取り組んでいることである．CJLP は，$p(\theta|y^t)$ を直接更新する代わりに，条件付十分統計量ベクトル s_t を用いて状態を拡張し，$p(s_t|y^t)$ を更新することを提案している．十分統計量 s_t は，以下の条件を満たす．

$$p(\theta|x^t, y^t) = p(\theta|s_t) \text{ ただし } s_{t+1} = \mathcal{S}(s_t, x_{t+1}, y_{t+1})$$

CJLP は，同時フィルタリング分布 $p(x_t, s_t|y^t)$ を見つけるために，粒子フィルタを利用する方法を示している．そして，パラメータ θ は，$\theta^{(i)} \sim p(\theta|s_t)$ からシミュレーションされる．十分統計量 s_t は，基本的に事後分布 $p(\theta|y_t)$ のパラメータである．

　パラメータ学習をもつ粒子フィルタのアルゴリズムがあれば，逐次的なオッズ比を通して，動学的なモデル比較，あるいは平均化を各 t 時点で実行することができる．そして，ベイジアン投資家はリアルタイムで逐次，モデル，パラメータ，および状態変数について学習することで，標本期間外の収益率予測がもたらす経済的利益を評価することができる．新しい収益率データが得られるたびに，ベイズの定理は信念を自然に修正する．

9.7.2 実現ボラティリティの SV モデルへの統合

次に，SV モデルへの応用を検討する．9.5.2 項で説明した MCMC アルゴリズムは，標本の全情報を使って，ボラティリティの平滑化事後密度 $p(h_t|y^T)$ からサンプリングを生成する．この平滑化密度が，ボラティリティのフィルタリング密度 $(p(h_t|\mathbf{y}^t))$ と一致するのは，標本の最終観測値についてのみである．例えば，JPR における MCMC アルゴリズムは，2.8 Ghz デュアルコア CPU の場合，$T = 1500$ の観測数に対して，4 分で 50,000 回のサンプリングを行う．部分標本 $y^t, t \in [500, 1500]$ の一つ一つに MCMC アルゴリズムを実行してフィルタリング事後密度 $p(h_t, \omega_t|\mathbf{y}^t)$ を計算するには，約 45 時間の計算時間が必要となる．これは研究者にとっては問題ではないが，多数のこのようなモデルを毎日更新する実務家は時間に追われることとなるだろう．潜在変数のフィルタリング密度が興味深いもう 1 つの理由は，尤度関数の計算が可能になることである．9.5 節のように，MCMC アルゴリズムによって直接，事後オッズを計算することができない場合，これは便利である．

Jacquier and Miller (2010) (JM) は，MCMC 法と CJLP アルゴリズムを以下の拡張 SV モデルに適用している：

$$\log h_t = \alpha + \delta \log h_{t-1} + \gamma RV_{t-1} + \sigma_v v_t \tag{9.38}$$

ただし，RV_{t-1} は実現ボラティリティ(realized volatility) の尺度である（Brandt and Jones 2005 もまた参照せよ）．ボラティリティ方程式への外生変数の追加は，技術的には単純であるが，潜在的には非常に有用な SV モデルの拡張である．インプライド・ボラティリティ，あるいは観測値間における非取引日の日数など，関心の対象となる他の変数を SV 方程式に取り入れることもできる．

基本的な RV 尺度は，日中の収益率の二乗和として計算される：$RV_t = \sum_{j=1}^{m} r_{t,j}^2$. 理想的な仮定の下では，$m$ が無限大に向かうと，RV_t はその日における積分ボラティリティ(integrated volatility) $IV_t = \int_{t-1}^{t} \sigma_\tau^2 d\tau$ に収束することが示せる．しかし，価格の測定誤差，市場のミクロ構造効果，およびジャンプの可能性は考慮されなければならない．したがって現在では，上記の問題に対応して基本的な実現ボラティリティを拡張したいくつかのバリエーションが存在している（例えば Patton 2008 を参照せよ）．典型的な実現ボラティリティ研究は，積分ボラティリティ(IV_{t+1}) に対する予測力によって，これら競合する尺度の評価を試みている．しかし，IV_{t+1} は決して正確には観測できないので，通常，予測回帰における RV_{t+1} 尺度によって置き換えられる．

対照的に式 (9.38) は，日次のボラティリティ h_t が予測の対象となる潜在変数であるという見方をとっている．一方で，RV_{t-1} は潜在変数に関する情報をもつ観測可能な変数であり，予測の対象とはならない．JM は，式 (9.38) に RV_{t-1} を導入するとボラティリティの不確実性に関してどの程度の減少が期待できるのかを調べるために，シミュレーションを実行している．事後平均の平方平均二乗誤差を規準とすれば，シミュレーションされたデータに対して，RV 尺度は標本期間外のボラティリティ予測

をせいぜい 4 日先までしか改善しない．JM は，式 (9.38) の改善をめざして，代替的な計量モデルも提案している．彼らは RV_t は $\log h_t$ のノイズの多い推定値であるという事実をモデル化し，その誤差 η_t は v_t と相関をもち得るようにモデルを拡張している．したがって，式 (9.38) のように，RV_t はボラティリティ方程式に含まれるのではなく，さらなる観測方程式が導入される．

$$\log RV_t = \beta_0 + \beta_1 \log h_t + \eta_t \tag{9.39}$$

式 (9.39) のような，見かけ上無関係な観測方程式 (seemingly unrelated measurement equations) を通して，競合するボラティリティ尺度を導入することができる．

JM は，2006〜2009 年までの英国ポンド，ユーロ，および円の為替レートと各国の株価指数の日次変化率に対して，RV をもつ SV モデルと RV をもたない SV モデルを MCMC を利用して推定している．彼らは，RV を導入しない場合，$\sqrt{h_t}$ の 90% 事後信頼区間は，$E(\sqrt{h_t})$ との比較で，ポンドでは 47%，ユーロでは 41% の平均幅をもつことを見出した．一方，式 (9.38) のような RV を導入すると，90% 事後信頼区間の平均幅は 27% と 32% に縮小する．しかし，RV は円に対してはそのような改善をもたらさない．株価に関しては，JM は S&P500 と日経平均を除く複数の国の株価指数に対して，実現ボラティリティが同様の改善をもたらすことを報告している．

そして，JM は CJLP アルゴリズムを実行している．観測数 800 の標本に対して粒子の数を 40,000 個とした場合，パラメータ学習によるフィルタリング・アルゴリズムは 2.8 Ghz デュアルコア CPU でおよそ 25 分の計算時間を必要とする．ボラティリティのフィルタリングと比較して，ボラティリティの平滑化は将来の y に含まれる情報を組み込むことができる．したがって，ボラティリティのフィルタリング事後分布よりも，ボラティリティの平滑化事後分布の方が幅が狭いことが予想される．図 9.6 は，英国のポンドを例にその違いの大きさを示している．図の上段と中段は，MCMC と CJLP アルゴリズムによって得られるボラティリティのフィルタリングと平滑化の事後密度の 90% の区間を示している．図の下段は，フィルタリングによって δ の事後分布が更新された場合の δ の変化を示している．図 9.6 のフィルタリング・アルゴリズムは，$N = 40,000$ 個の粒子で実行した．

注意すべきは，使用する粒子の数である．Jacquier と Miller は，粒子の数が非常に大きくない限り，CJLP アルゴリズムを実行するたびに，得られる事後密度が大きく異なる可能性があることを指摘している．例えば，基本的な SV モデルと実現ボラティリティを含む拡張モデルのオッズ比を考える．オッズ比は式 (9.38) におけるパラメータ γ に依存する．MCMC もフィルタリング・アルゴリズムも γ の事後密度から直接サンプリングしているので，単純なサベージ密度比法を利用することができる．

図 9.7 には，MCMC オッズ比，および粒子の数をそれぞれ 5000，10,000，20,000，40,000 とした場合における CJLP のオッズ比を示した．図 9.7 の水平線は MCMC オッズ比であり，CJLP のオッズ比は毎期ごとに更新される．MCMC 対数オッズは

(a)

ボラティリティの平滑化

(b)

ボラティリティのフィルタリング

(c)

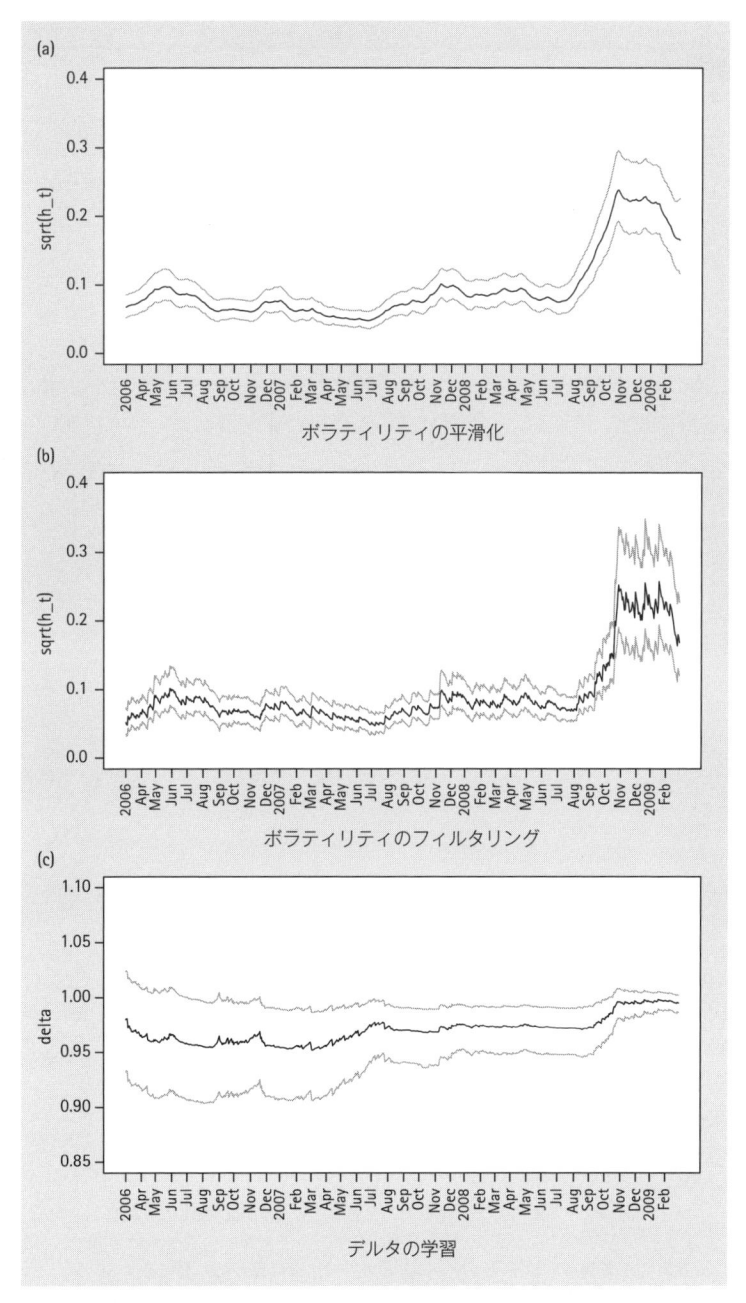

デルタの学習

図 9.6 $\sqrt{h_t}|R^T$ の平滑化とフィルタリング, $\delta|R^t$ の学習

2006 年 1 月 2 日から 2009 年 2 月 26 日までの £/$ レートに対する, SV モデルによる事後平均と 5%, 95% 点を示す.

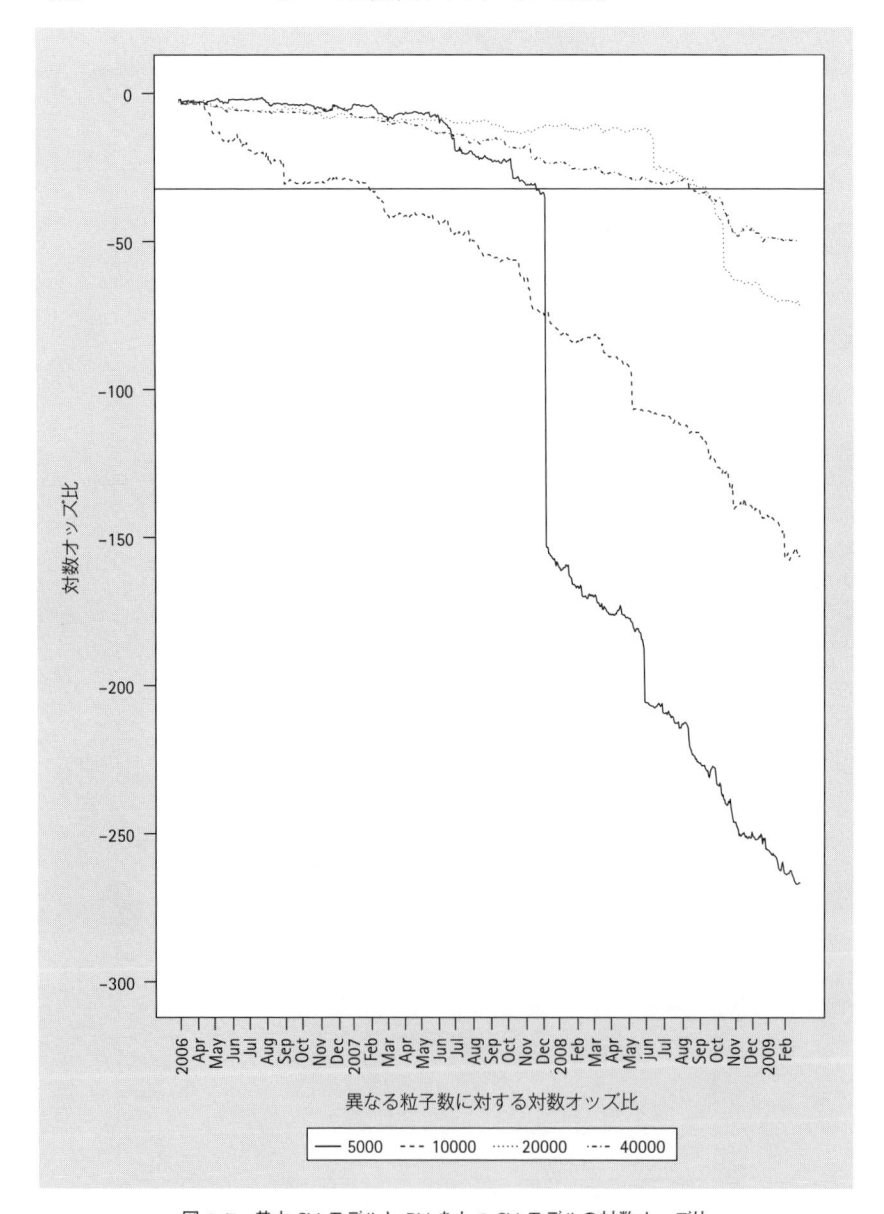

図 9.7 基本 SV モデルと RV をもつ SV モデルの対数オッズ比

2006 年 1 月 2 日から 2009 年 2 月 26 日までの £/$ レートを対象に,粒子の数を 5000,10,000,20,000,40,000 とした場合の粒子フィルタによるオッズ比を計算した.水平線は MCMC オッズ比を示す.

−35 であり,実現ボラティリティを含む拡張モデルを支持している.粒子フィルタから得られる動学的オッズ比は,最後の観測値においては MCMC によるオッズ比に等しくなければならない.図 9.7 は,粒子の数が非常に大きいときのみ,そうなることを示している.このことは,粒子フィルタに基づく事後分布が信頼できるものとみなされるには,非常に多くの粒子が必要になる可能性があることを示唆している.この種のアルゴリズムの結果を分析する場合,注意が必要である.にもかかわらず,これらのアルゴリズムは大きな可能性をもっており,確かに探究する価値がある.

文　献

Aguilar, O., and West, M. (2000). "Bayesian Dynamics Factor Models and Portfolio Allocation", *Journal of Business and Economics Statistics*, 18, July: 338–57.

Avramov, D. (2002). "Stock Return Predictability and Model Uncertainty", *Journal of Financial Economics*, 64: 423–58.

—— and Wermers, R. (2006). "Investing in Mutual Funds when Returns are Predictable", *Journal of Financial Economics*, 81: 339–77.

Baks, K., Metrick, A., and Wachter, J. (2001). "Should Investors Avoid all Actively Managed Mutual Funds? A study in Bayesian Performance Evaluation", *Journal of Finance*, 56: 45–85.

Barberis, N. (2000). "Investing for the Long Run when Returns are Predictable". *Journal of Finance*, 55: 225–64.

Barnard, J., McCulloch, R., and Meng Xiao-Li (2000)."Modeling Covariance Matrices in Terms of Standard Deviations and Correlations, with Application to Shrinkage", *Statistica Sinica*, 2000, 10(4): 1281–311.

Bauwens, L., and Lubrano, M. (1998). "Bayesian Inference on GARCH Models using Gibbs Sampler", *Econometrics Journal*, 1: 23–46.

—— —— (2002). "Bayesian Option Pricing Using Asymmetric GARCH Models", *Journal of Empirical Finance*, 9: 321–42.

Bawa, V., Brown S., and Klein, R. (1979). *Estimation Risk and Optimal Portfolio Choice*. Amsterdam: North-Holland.

Berger, J. (1985). *Statistical Decision Theory and Bayesian Analysis*, New York: Springer, Verlag.

Besag, J. (1989). "A Candidate's Formula: Curious Result in Bayesian Prediction", *Biometrika*, 76: 183.

Black, F., and Litterman, R. (1991). "Asset Allocation: Combining Investor Views with Market Equilibrium", *Journal of Fixed Income*, 1, September: 7–18.

Bollerslev, T., Engle, R. F., and Nelson, D. B. (1994). "ARCH Models", in R. F. Engle and D. McFadden (eds.), *Handbook of Econometrics*, IV. Amsterdam: North-Holland, 2959–3038.

Bossaerts, P., and Hillion, P. (1999). "Implementing Statistical Criteria to Select Return Forecasting Models: What do we learn?" *Review of Financial Studies*, 12: 405–28.

Brandt, M. W. (2009). "Portfolio Choice Problems", in Y. Ait-Sahalia and L. P. Hansen (eds.), *Handbook of Financial Econometrics*, Amsterdam: North-Holland.

—— and Jones, C. S. (2005). "Bayesian Range-Based Estimation of Stochastic Volatility Models", *finance Research Letters*, 2: 201–9.

Brown, S. (1976). "Optimal Portfolio Choice under Uncertainty: A Bayesian Approach". Ph.D

Dissertation, University of Chicago.
—— (1978). "The Portfolio Choice Problem: Comparison of Certainty Equivalent and Optimal Bayes Portfolios", *Communications in Statistics: Simulation and Computation B7*, 321–34.
Campbell, J. Y., Lo, A. W., and MacKinlay, A. C. (1997). *The Econometrics of Financial Markets*. Princeton: Princeton University Press.
Carvalho, C., Johannes, M., Lopes, H., and Polson, N. G (2010). "Particle Learning and Smoothing", *Statistical Science*, 25(1): 88–106.
Chib, S. (1995). "Marginal Likelihood from the Gibbs Output". *Journal of the American Statistical Association*, 90(432): 1313–21.
—— and Greenberg, E. (1994), "Bayes Inference for Regression Models with ARMA(p, q) Errors", *Journal of Econometrics*, 64: 183–206.
—— and Nardari, F., and Shephard, N. (2002). "Markov Chain Monte Carlo Methods for Stochastic Volatility Models", *Journal of Econometrics*, 108: 281–316.
—— —— and Shephard, N. (2006). "Analysis of High Dimensional Multivariate Stochastic Volatility Models", *Journal of Econometrics*, 134: 341–71.
Connolly, R. A. (1991). "A Posterior Odds Analysis of the Weekend Effect", *Journal of Econometrics*, 49: 51–104.
Connor, G., and Korajczyk, R. A. (1986). "Performance Measurement with the Arbitrage Pricing Theory: A New Framework for Analysis", *Journal of Financial Economics*, 15: 373–94.
Cosemans, M., Frehen, R. G. P., Schotman, P. C., and Bauer, R. (2009). "Efficient Estimation of Firm-Specific Betas and its Benefits for Asset Pricing Tests and Portfolio Choice", SSRN: <http://ssrn.com/abstract=1342326>.
Cox, J. C., and Ross, S. A. (1976). "The Valuation of Options for Alternative Stochastic Processes", *Journal of Financial Economics*, 3: 145–66.
Cremers, M. (2002). "Stock Return Predictability: A Bayesian Model Selection Procedure", *Review of Financial Studies*, 15: 1223–49.
DeMiguel, V., Garlappi, L., and Uppal, R. (2009). "Optimal versus Naive Diversification: How Inefficient is the 1/N Portfolio Strategy", *Review of Financial Study*, 22(6): 2303–30.
Dickey, J. (1971)."The Weighted Likelihood Ratio, Linear Hypotheses on Normal Location Parameters", *Annals of Mathematical Statistics*, 42: 204–24.
Dumas, B., Fleming, J., and Whaley, R. (1998). "Implied Volatility Functions: Empirical Tests", *Journal of Finance*, 53: 2059–106.
—— and Jacquillat, B. (1990), "Performance of Currency Portfolios Chosen by a Bayesian Technique: 1967–1985", *Journal of Banking and Finance*, 14: 539–58.
Elerian, O., Chib, S., and Shephard, N. (2001). "Likelihood Inference for Discretely Observed Nonlinear Diffusions", *Econometrica*, 69: 959–94.
Eraker, B. (2001). "MCMC Analysis of Diffusion Models with Applications to Finance", *Journal of Business and Economic Statistics*, 19(2): 177–91.
—— (2004). "Do Stock Prices and Volatility Jump? Reconciling Evidence from Spot and Option Prices", *Journal of Finance*, 59(3), June, 1367–403.
—— Johannes, M., and Polson, N. G. (2003). "The Impact of Stochastic Volatility and Jumps in Returns". *Journal of Finance*, 58: 1269–300.
Frost, P. A., and Savarino, J. E. (1986). "An Empirical Bayes Approach to Efficient Portfolio Selection", *Journal of Financial and Quantitative Analysis*, 21: 293–305.
Geweke, J. (1988a). "The Secular and Cyclical Behavior of Real GDP in 19 OECD Countries, 1957–1983", *Journal of Business and Economic Statistics*, 6(4): 479–86.

—— (1988b). "Antithetic Acceleration of Monte Carlo Integration in Bayesian Inference", *Journal of Econometrics*, 38(1–2): 73–89.

—— (1989). "Exact Predictive Density for Linear Models with ARCH Disturbances", *Journal of Econometrics*, 40: 63–86.

—— (1992). "Evaluating the Accuracy of Sampling-Based Approaches to the Calculation of Posterior Moments", in J. O. Berger, J. M. Bernardo, A. P. Dawid, and A. F. M. Smith (eds.), *Bayesian Statistics 4*. Oxford: Oxford University Press, 169–94.

—— (1993). "Bayesian Treatment of the Student-t Linear Model", *Journal of Applied Econometrics*, 8: S19–S40.

—— (1994) "Bayesian Comparison of Econometric Models", Working Paper 532, Research Department, Federal Reserve Bank of Minneapolis.

—— (2001). "A Note on Some Limitations of CRRA Utility", *Economics Letters*, 71: 341–46.

—— and Whiteman, C. (2006). "Bayesian Forecasting", in G. Elliott, C. W. Granger, and A. Timmermann (eds.), *Handbook of Economic Forecasting*, vol. 1. Amsterdam: North-Holland, 4–80.

—— and Zhou, G. (1995). "Measuring the Pricing Error of the Arbitrage Pricing Theory", *Review of Financial Studies*, 9(2): 553–83.

Ghysels, E., McCulloch, R. E., and Tsay, R. S. (1998), "Bayesian Inference for Periodic Regime-Switching Models", *Journal of Applied Econometrics*, 13(2): 129–43.

Glosten, L. R., Jagannathan, R., and Runkle, D. E. (1992). "On the Relation between the Expected Value and the Volatility of the Nominal Excess Return on Stocks", *Journal of Finance*, 48: 1779-801.

Green, P. (1995). "Reversible Jump Markov Chain Monte Carlo Computation and Bayesian Model Determination", *Biometrika*, 82: 711–32.

Harvey, C. R., Liechty, J. C., and Liechty, M. W. (2008), "Bayes vs. Resampling: A Rematch", *Journal of Investment Management*, 6(1).

————— and Mueller, P. (2010). "Portfolio Selection with Higher Moments: A Bayesian Decision Theoretic Approach", *Quantitative Finance*, 10(5): 469–85.

—— and Zhou, G. (1990). "Bayesian Inferance in Asset Pricing Tests", *Journal of Financial Economics*, 26: 221–54.

Heston, S. (1993). "Closed-Form Solution of Options with Stochastic Volatility with Application to Bond and Currency Options", *Review of Financial Studies*, 6: 327–43.

Hull, J., and White, A. (1987). "The Pricing of Options on Assets with Stochastic Volatility", *Journal of Finance*, 42(2): 281–300.

Jacquier, E. (1991). "Predictability of Long Term Stock Returns and the Business Cycle", Ph.D. dissertation, Univercity of Chicago.

—— (2006). "Long-Term Forecasts of Mean Returns: Statistical vs. Economic Rationales", HEC Montreal Working Paper.

—— and Jarrow, R. A. (2000). "Bayesian Analysis of Contingent Claim Model Error", *Journal of Econometrics*, 94(1): 145–80.

—— Johannes, M., and Polson, N. G. (2007). "MCMC Maximum Likelihood for Latent State Models", *Journal of Econometrics*, 137(2): 615–40.

—— Marcus, A., and Kane, A. (2005). "Optimal Estimation of the Risk Premium for the Long-Term and Asset Allocation", *Journal of Financial Econometrics*, 3, winter: 37–56.

—— and Miller, S. (2010). "The Information Content of Realized Volatility", Working Paper HEC Montreal.

—— and Polson, N. (2000). "Odds Ratios for Non-nested Models: Application to Stochastic Volatility Models", Boston College manuscript.

————— and Rossi, P. (1994). "Bayesian Analysis of Stochastic Volatility Models (with dis-

cussion)", *Journal of Business and Economic Statistics*, 12: 371–89.
―――― (1995). "Models and Priors for Multivariate Stochastic Volatility Models", Working Paper, University of Chicago.
―――― (2004). "Bayesian Analysis of Stochastic Volatility Models with Fat-Tails and Correlated Errors", *Journal of Econometrics*, 122: 185–212.
James, W., and Stein, C. (1961). "Estimation with Quadratic Loss", in J. Neyman (ed.), *Proceedings of the Fourth Berkeley Symposium on Mathematical Statistics and Probability*, vol. 1, Berkeley, Calif: University of California Press, 361–79.
Jobson, J. D., and Korkie, R. (1980). "Estimation for Markowitz Efficient Portfolios", *Journal of the American Statistical Association*, 75: 544–54.
―――― (1981). "Putting Markowtiz Theory to Work", *Journal of Portfolio Management*, summer: 70–4.
Johannes, M., Polson, N. G., and Stroud, J. R. (2010). "Optimal Filtering of Jump-Diffusions: Extracting Latent States from Asset Prices", *Review of Financial Studies*, 22(7): 2759–99.
Jones, C. (2003a). "Nonlinear Mean Reversion in the Short-Term Interest Rates", *Review of Financial Studies*, 16: 793–843.
―― (2003b). "The Dynamics of Stochastic Volatility: Evidence from Underlying and Options Markets", *Journal of Econometrics*, 116: 181–224.
―― and Shanken, J. (2005). "Mutual Fund Performance with Learning across Funds", *Journal of Financial Economics*, 78: 507–52.
Jorion, P. (1985), "International Portfolio Diversification with Estimation Risk", *Journal of Business*, 58: 259–78.
―― (1986). "Bayes-Stein estimation for Portfolio Analysis", *Journal of Financial and Quantitative Analysis*, 21: 279–92.
Jostova, G., and Philipov, A. (2005). "Bayesian Analysis of Stochastic Betas", *Journal of Financial and Quantitative Analysis*, 40(4): 747–78.
Kandel, S., McCulloch, R., and Stambaugh, R. F. (1995). "Bayesian Inference and Portfolio Efficiency," *Review of Financial Studies*, 8: 1–53.
―― and Stambaugh, R. F. (1996). "On the Predictability of Stock Returns: An Asset Allocation Perspective", *Journal of Finance*, 51: 385–424.
Karolyi, A. (1993), "A Bayesian Approach to Modeling Stock Return Volatility for Option Valuation", *Journal of Financial and Quantitative Analysis*, 28, December, 579–94.
Kim, S., Shephard, N., and Chib, S. (1998), "Stochastic Volatility: Likelihood Inference and Comparison with ARCH Models", *Review of Economic Studies*, 65: 361–93.
Kleibergen, F., and Van Dijk, H. K. (1993). "Non-stationarity in GARCH Models: A Bayesian Analysis", *Journal of Applied Econometrics*, 8: 41–61.
Klein, R. W., and Bawa, V. S. (1976). "The Effect of Estimation Risk on Optimal Portfolio Choice", *Journal of Financial Economics*, 3: 215–31.
Lamoureux, C., and Zhou, G. (1996). "Temporary Components of Stock Returns: What do the Data Tell us?" *Review of Financial Studies*, winter, 1033–59.
Ley, E., and Steel, M. F. J. (2009). "On the Effect of Prior Assumptions in Bayesian Model Averaging with Applications to Growth Regression", *Journal of Applied Econometrics*, 24(4): 651–74.
Markowitz, H. M. (1952). "Portfolio Selection", *Journal of Finance* 7: 77–91.
McCulloch, R., and Rossi, P. E. (1990). "Posterior, Predictive and Utility Based Approaches to Testing Arbitrage Pricing Theory", *Journal of Financial Economics*, 28: 7–38.
―― (1991). "A Bayesian Approach to Testing the Arbitrage Pricing Theory", *Journal of Econometrics*, 49: 141–68.

―― and Tsay, R. (1993). "Bayesian Inference and Prediction for Mean and Variance Shifts in Autoregressive Time Series", *Journal of the American Statistical Association*, 88(423): 968–78.

Mengersen, K. L., and Tweedie, R. L. (1996). "Rates of Convergence of the Hastings and Metropolis Algorithms", *The Annals of Statistics*, 24(1), February: 101–21.

Merton, R. C. (1969). "Lifetime Portfolio Selection under Uncertainty: The Continuous Time Case", *Review of Economics and Statistics*, 51: 247–57.

―― (1972). "An Analytical Derivation of the Efficient Portfolio Frontier", *Journal of Financial and Quantitative Analysis*, 7(4): 1851–72.

Michaud, R. O. (1989). "The Markowitz Optimization Enigma: Is Optimized Optimal", *Financial Analysts Journal*, January: 31–42.

Muller, P., and Pole, A. (1998). "Monte Carlo Posterior Integration in GARCH Models", *Sankhya*, 60: 127–44.

Nakatsuma, T. (2000). "Bayesian Analysis of ARMA-GARCH Models: A Markov Chain Sampling Approach", *Journal of Econometrics*, 95: 57–69.

Nelson, D. B. (1991). "Conditional Heteroskedasticity in Asset Returns: A New Approach", *Econometrica*, 59: 347–70.

―― (1994). "Comment on Bayesian Analysis of Stochastic Volatility Models", *Journal of Business and Economic Statistics*, 11: 406–10.

Newton, M., and Raftery, A. (1994). "Approximate Bayesian Inference with the Weighted Likelihood Bootstrap", *Journal of the Royal Statistical Society Series B*, 57: 3–48.

Officer, R. (1973). "The Variability of the Market Factor of the NYSE", *Journal of Business*, 46(3): 434–53.

Pastor, L. (2000). "Portfolio Selection and Asset Pricing Models", *Journal of Finance*, 50: 179–223.

―― and Stambaugh, R. F. (2000). "Comparing Asset Pricing Models: An Investment Perspective", *Journal of Financial Economics*, 56: 335–81.

Patton, A. (2008). "Data-Based Ranking of Realised Volatility Estimators", Working Paper, University of Oxford.

Pitt, M., and Shephard, M. (1999), "Filtering via Simulation: Auxiliary Particle Filters", *Journal of the American Statistical Association*, 94(446): 590–9.

Richardson, M., and Stock, J. H. (1989). "Drawing Inferences from Statistics Based on Multiyear Asset Returns", *Journal of Financial Economics*, 25(2), 323–348.

Ritter, C., and Tanner, M. (1992). "Facilitating the Gibbs Sampler: The Gibbs Stopper and the Griddy-Gibbs Sampler", *Journal of the American Statistical Association*, Vol. 87, No. 419 (Sep.), pp. 861-868.

Roll, R. (1977). "A Critique of the Asset Pricing Theory's Tests Part I: On Past and Potential Testability of the Theory", *Journal of Financial Economics*, 4(2), March: 129–76.

Ross, S. A. (1976), "The Arbitrage Theory of Capital Asset Pricing", *Journal of Economic Theory*, 13: 341–60.

Shanken, J. (1987). "A Bayesian Approach to Testing Portfolio Efficiency", *Journal of Financial Economics*, 19: 195–215.

Sharpe, W. (1963). "A Simplified Model for Portfolio Analysis", *Management Science*, 9: 277–93.

Siegel, J. (1994). *Stocks for the Long Run*. Newyork: McGraw-Hill.

Stambaugh, R. F. (1997). "Analyzing Investments whose Histories Differ in Length", *Journal of Financial Economics*, 45: 285–331.

―― (1999). "Predictive Regressions", *Journal of Financial Economics*, 54: 375–421.

Stein, C. (1955). "Inadmissibility of the Usual Estimator for the Mean of a Multivariate Normal Distribution", in *3rd Berkeley Symposium on Probability and Statistics*, vol. 1, Berkeley. Calif.: University of California Press, 197–206.

Tu, J., and Zhou, G. (2009). "Incorporating Economic Objectives into Bayesian Priors: Portfolio Choice under Parameter Uncertainty", *Journal of Financial and Quantitative Analysis*, 959–86.

Vrontos, I. D., Dellaportas, P., and Politis, D. (2000). "Full Bayesian Inference for GARCH and EGARCH Models", *Journal of Business and Economic Statistics*, 18: 187–98.

Wachter, J. A., and Warusawitharana, M. (2009). "Predictable Returns and Asset Allocation: Should a Skeptical Investor Time the Market?" *Journal of Econometrics*, 148, 162–78.

Zellner, A. (1962). "An Efficient Method of Estimating Seemingly Unrelated Regression Equations and Tests for Aggregation Bias", *Journal of the American Statistical Association*, 57: 348–68.

—— (1971). *An Introduction to Bayesian Inference in Econometrics*. New York: Wiley.

—— (1978). "Jeffreys-Bayes Posterior Odds Ratio and the Akaike Information Criterion for Discriminating between Models", *Economics Letters*, 1(4): 337–42.

—— (1986), "On Assessing Prior Distributions and Bayesian Regression Analysis with G-prior Distributions", In A. Zellner, *Bayesian Inference and Decision Techniques*, vol. 6 of Studies in Bayesian Econometrics and Statistics, Amsterdam: North-Holland, 233–43.

—— and Chetty, V. K. (1965). "Prediction and Decision Problems in Regression Models from the Bayesian Point of View", *Journal of the American Statistical Association*, 60: 608–15.

Zhou, G. (2008). "An Extension of the Black-Litterman Model: Letting the Data Speak", Working Paper, Olin Business School.

索引

欧文

AG 歪度　129, 137, 139
AIM　162
ANOVA　173
ANOVA モデル　51
APF　517
AR　448
ARCH モデル　482
ARMA 表現　485
ARMA（自己回帰移動平均）モデル　60
AR(1) 過程　311
ATE　280

B 分割交差検証　172
bayesm　401

CAL　453
CAPM　450
CE　452
CEV　503
CRP　146

DCC　507
de Finetti の表現定理　44, 146
DFM　302
DGP　41
DP　144, 177
DP 誤差項　441
DP 分布　151
DPM　147
DSGE　299
DSGE モデル　200, 210, 302, 312
DSGE モデルの状態空間表現　337
DSGE-DFM　377
DSGE-VAR モデル　349

EGARCH モデル　483

ESS　101, 105
g 事前分布　158
GARCH　450
GARCH モデル　485
GDP デフレーター　318
GMM 推定量　414
h 期先予測誤差　314
hidden truncation　128, 135
HPD (highest probability density) 区間　443
Hull–White 価格　510
Hume　41

IIA　407
i.i.d. (independent and identically distributed)　227, 233, 256, 407
IV　247, 439

Jeffreys　46

$LATE$　280

M–H アルゴリズム　191, 485
M–H ステップを伴うギブスアルゴリズム　276, 290
M–H 法　116
MAE　489
Matèrn クラス　165
MCMC　2, 76, 86, 148, 221, 222, 232, 233, 236, 244, 248, 260, 291, 399
MNL　401
MNP モデル　282, 422
MSE　104, 105
MVP　284, 452

NPBM　144

索引

PBR　473

RMSE　489
RPM　144, 168
RWM　339, 415

sampling importance re-sampling　191
single-p 依存ディリクレ過程　173
single-θ　174
SIR　96, 190, 191, 517
SIR 粒子フィルタ　101, 108
SLLN　53
S/N 比　100, 103, 106
Stiefel 多様体　318
SUR　236, 465
SV モデル　62, 78, 89, 91, 482

T-bill　473
TaRB-MH アルゴリズム　214
TT　280
TVP　302
TVP 共和分モデル　357
TVPVAR モデル　357

VAR モデル　5, 298, 303
VECM　301

ア 行

アウトオブザマネー　513
赤池情報量規準　472
アクティブ運用　481
アットザマネー　505
アフィン線形変換　136
アルゴリズム　490
アンバランスパネル　241

閾値　266
異質性　1
異常収益率　465
医療が必要な貧困者のための閾値　276
依存関係をもつランダムな確率測度　172
依存ディリクレ過程　172
位置不変性　417
一変量潜在線形モデル　256
一様分布　50, 169
1 期先更新　110

一致性　147
一般化ガンマ分布　124
一般化逆ガウス分布　260
一般化自己回帰条件付分散不均一　450
一般化線形モデル　177
一般化トービット　270
一般化非線形 DSGE モデル　344
一般状態空間モデル　60, 61, 86
一般線形回帰モデル　381
一般表現定理　47
一般補助粒子フィルタ　107
移動ウィンドウフィルタ　508
伊藤の補題　459
イノベーション　67, 211
入れ子　171
入れ子型モデル　141
因果効果　249, 274
因子拡張 VAR モデル　375
因子確率的ボラティリティ変動モデル　59
因子モデル　507
インパルス応答関数　314
インプライド・ボラティリティ　505, 514
インフレーション　211
インフレ率　318

ウィシャート事前分布　83
ウィシャート分布　242, 269, 271, 283
ウィーナー過程　207
薄板スプライン　162, 169
薄板スプライン基底　157
薄板スプラインモデル　160
打ち切りデータ　265
打ち切り点　265
運用ファンド　481

エルゴード極限定理　195

オイラー離散化　503
大いなる安定　343
オッズ比　448, 472, 480
オプション価格　6, 508
オプション価格決定　508
重み付けブートストラップ　98
オンライン推測　111
オンラインパラメータ推定　112

カ行

回帰カーブ 170
回帰モデル 164, 168
階数落ち 325
階数減少 325
階数減少回帰モデル 327
階数減少制約付 VAR モデル 324
階層化された因子 376
階層事前分布 2, 151
階層潜在変数モデル 133
階層多項ロジットモデル 177
階層モデル 148, 423
外部財 406
ガウス過程 164
ガウスカーネル 165
ガウス求積法 224
カウント回帰モデル 422
可逆ジャンプ 134
可逆ジャンプ MCMC 法 134
可逆ジャンプアプローチ 159
可逆ジャンプ・アルゴリズム 486
拡散過程 514
拡散事前分布 416
確実性等価 452
学習データ 172
拡大状態ベクトル 112
拡張カルマンフィルタ 109
拡張的な技術ショック 316
確定的ボラティリティ関数 512
確率積分変換 130
確率測度 124
確率的切換 79
確率的成長モデル 333, 334
確率的トレンド 325
確率的トレンドモデル 301
確率的節目 92
確率的ボラティリティ 324, 343, 482, 487
確率的ボラティリティモデル 356
確率フロンティアモデル 137, 245
過剰識別 301, 321
過剰識別制約 369
過剰適合 2, 157, 512
過剰な弱操作変数 252
過剰分散 276, 422
可測集合 174

可測分割 144
片側分布 245
カーネル関数 175
カーネル法 230
カーネル密度 147
株式収益率の予測可能性 468
加法的外れ値を許容するモデル 60
加法モデル 161
カルバック–ライブラー距離 261
カルマンフィルタ 63, 67, 68, 111, 214, 344, 483, 487
間主観的合意 42
完全条件付分布 159, 202
完全条件付密度 198, 202, 205
完全適合型 106
完全適合提案分布 102
完全適合補助粒子フィルタ 103, 112
完全適合粒子フィルタ 106, 108
観測結果 256
観測値の選択 16
観測できない交絡 250
観測不能変数 30
観測方程式 61, 74, 345
ガンマ分布 286, 289

期間依存 288
棄却サンプリング 260
疑似ベイズファクター 131
技術進歩 334
基準化因子 340
基準化定数 72
季節性 118
期待効用 452
期待効用最大化 37
期待損失 496
期待類似度行列 436
キッチンシンクアプローチ 249
基底関数 156, 157
基底測度 144
基底展開 171
基底分布 152
ギブスアルゴリズム 269
ギブスサンプラー 173, 250, 256–258, 266, 269, 287, 420
ギブスサンプリング 83, 85, 148, 159, 177, 199, 244, 271, 282

索　引

ギブス状態　53
逆 CDF 方法　485
逆ウィシャート分布　277, 303, 418, 419
逆ガンマ分布　223, 225, 226, 260, 272
逆数のスケール因子　129
逆変換法　258
球面　48
球面対称性　48
球面分布　126
キューン–タッカーの条件　411
共通因子構造　82
共トレンド　325
共分散関数　164
共分散行列　73
共変量　70, 156, 160, 171
共役　145, 223
共役事前分布　51, 82, 286, 367
共役・正規–ガンマ事前分布　49
共役ベータ族　45
行列値正規分布　303
共歪度　467
共和分制約　325
共和分分析　324
共和分ベクトル　326
局外パラメータ　225
局所識別不可能性　331
局所的平均処置効果　280
局所平均処置効果　35
均斉成長経路　327

区切り値　433
区切点　266
クラスタリング　139
グリッド・ギブス　485
グリーディギブスサンプラー　431
クリニカルトライアル　12
グレート比　324
クロネッカー積　303

景気循環　302
経験分布　145
経験ベイズ　457
経験ベイズ法　510
傾向スコア　3, 11
経済時系列　324
経済主体の意思決定ルール　299

経済成長率　211
計数データ　275
継続期間　222, 285
継続時間モデル　5
ケインジアン–フィリップス曲線　211
結節点　157, 169
欠損値　65, 69
欠損値問題　13
限界効用　410
限界効用の比　409
検証データ　172

効果的サンプルサイズ　101
交換可能　424
交換可能性　3, 42, 43
交差価格弾力性　408
高次元 VAR　365
恒常的–遷移要素モデル　468
構造 VAR モデル　300, 301, 312, 320
構造ショック　313
購買力平価　458
項目反応　177
効用関数　12, 411
効率的フロンティア　452
合理的期待　335
コウルズ委員会　249
国際的な連動性　298
国際分散投資　458
誤差分布　168
固定効果　242, 424
コピュラ　176
コヒーレンス　41
個別効果　138, 153
固有値　507
固有リスク　479
コール　509
コルモゴロフの距離統計量　259
コレスキー根　416
コレスキー分解　68
コレログラム　87
混合　91
混合状態空間モデル　109
混合推移　340
混合分布　126, 404
混合ポアソン–対数正規分布　276
混合密度　102

混合ロジット　283
コンドルセ (Condorcet) の独立投票　53
国内総生産　298

サ　行

再帰的システム　249
最小二乗推定法　318
最小平均二乗誤差推定量　460
最大シャープ比率　478
採択確率　94
採択–棄却法　188
採択サンプラー　319
裁定価格理論　450, 479
最適資産配分　474
最適ポートフォリオ理論　452
再パラメトリゼーション　90
最尤推定値　23
最尤推定量　306
最尤法　263
サベージ密度比法　480, 514
参照事前分布　127, 331
サンプリング重点リサンプリング　96, 517
サンプル衰退　518
サンプルセレクションモデル　270
散漫事前分布　36

ジェフリーズ事前分布　126, 139
ジェンセンのアルファ　463
時間集計　456
時間変動するベータ　507
識別可能性　134
識別性　417
識別制約　321
識別問題　300
時系列モデル　43
次元の呪い　59, 161
事後オッズ　346, 449, 467
事後オッズ比　499
自己回帰　154, 448
自己回帰移動平均モデル　67
自己回帰過程　324
自己回帰構造をもつ定常ノイズ　118
事後シミュレーション　221, 224, 227, 230, 239, 245, 247, 255–258, 262–264, 266, 267, 269, 271, 273, 274, 280–285
事後シミュレータ　236, 242, 244, 245, 250, 256, 265, 273, 274, 282, 288, 291
自己相関　414
事後分布　306
事後平均　117
事後モデル確率　226, 300
事後予測分布　153, 170
事後予測密度　226
資産価格モデル　477
指示関数　237, 257
指示変数　158, 173
市場効率性　468
市場シェア　408
市場指数ポートフォリオ　477
市場ポートフォリオ　463, 478
次数　161
指数型分布族　88
指数カーネル　165
システムパラメータ　85
事前確率　239
自然共役事前分布　2
自然実験　252
事前予測分布　223
事前定常分布　103
事前の信念　223
事前分布　45, 221, 223–225, 228, 231, 233, 236, 242, 244, 250, 251, 256, 259, 262, 269, 272, 276, 287, 290
　――の定式化　301
事前分布マッチング　131
実現ボラティリティ　519
実質貨幣残高　318
時変係数 VAR モデル　83, 84
時変係数モデル　60, 299
時変パラメータ　302
時変パラメータ VAR モデル　4
資本資産評価モデル　463
資本分配線　453
シミュレーションスムーザー　73, 75, 85, 88, 94
シミュレーション尤度　115, 116
弱操作変数　252
尺度行列　232
尺度混合正規分布　260
尺度混合変数　259
社債利回りスプレッド　476
シャープ比率　453

索引

ジャンプ　86, 208
ジャンプ過程　505, 514
ジャンプ–拡散モデル　206
ジャンプ強度　505, 514, 515
ジャンプを許容する柔軟なローカルレベルモデル　74
重回帰モデル　161
修正ベッセル関数　165
収束性　87
集中パラメータ　144
重点サンプラー　339
重点サンプリング　4, 190, 484
重点サンプリングアプローチ　119
重点サンプリングサンプラー　100
重点サンプリング推定量　115
十分統計量　44, 112, 114
十分統計量更新法　113
周辺化　72
　　──の逆説　224
周辺化データ拡大法　283
周辺事後分布　227
周辺事前分布　140
周辺データ密度　351
周辺密度　116, 152
周辺尤度　117, 149, 185, 203, 224, 226, 265
周辺尤度関数　309, 381
重要度重み　190
主観確率　40
主観主義者　40
主観性　3
縮減条件付サンプリング　76
縮約　242
縮約 MCMC　205, 206
縮約推定量　366, 449, 456
主成分分析　480
シュワルツ情報量規準　472
循環周期　471
循環性　471
瞬時的確率　286
順序に関する正規化　331
順序プロビット　222
順列拡大シミュレータ　134
順列サンプラー　141
条件付ガウス型　109
条件付ガウス型状態空間モデル　82, 109
条件付期待値　68

条件付共役事前分布　419
条件付行列値正規分布　321
条件付事後分布　227, 231, 233, 237, 243, 250, 257, 258, 260, 262, 266, 267, 269, 271, 272, 276, 277, 283, 290
条件付線形ガウス型状態空間モデル　60, 75
条件付分布　149
条件付平均　73
条件付平均関数　239
条件付密度関数　19
状態依存モデル　515
状態空間表現　59
状態空間モデル　4, 65
状態遷移方程式　61, 74, 88
状態変数　516
承諾者のサブグループ　281
消費者の異質性　403
除外制約　249
初期条件　71
処置群での処置効果　280
処置効果モデル　222
処置選択　11
処置のグループ　274
処置変数　246
処置割当て　11
シングルムーブ　95
シングルムーブ・アルゴリズム　488
シングルムーブ型状態更新　90
シングルムーブサンプラー　95
信号対雑音比　60
新古典派成長モデル　301, 337
信念　448
シンプソンの公式　224
シンプレックス　14
信頼区間　160
信頼集合　314

推移密度　517
数学の虚構　45
数値積分　93
数値的標準誤差　195
スケール混合正規分布　126
スケールパラメータ　342
スチューデントの t 分布　126, 132, 139, 166
スチューデントの公式　499, 500
スパース行列　167

索　引

スプライン回帰　164, 171
スプライン平滑化　66
スペクトル半径　91
3 ファクターモデル　479

正規化　321
正規回帰モデル　51
正規–ガンマ　113
正規–逆ガンマ型事後分布　84
正規混合事前分布　427
正規事前分布　83
正規性　2
正規線形回帰モデル　2
正規変量効果　138
制限情報アプローチ　17, 37
産出量ギャップ　211
正則事前分布　223
生存関数　286
成長曲線　51
成分指示変数　261
積分消去　119
積分ボラティリティ　519
接点ポートフォリオ　453
セミパラメトリック混合モデル　171
セミパラメトリック推定　150
セミパラメトリックモデル　125
セレクター行列　69
遷移確率　84
遷移カーネル　186
遷移方程式　74, 376
遷移密度　109
漸近極限　469
漸近理想モデル　162
線形ガウス型状態空間モデル　59, 66, 68, 72, 91
線形期待差分方程式　336
線形状態空間モデル　339
線形性　2
先行 IS 曲線　211
潜在因子　85
潜在結果モデル　270, 279
潜在的　279
潜在データ　222
潜在パラメータ　147
潜在変数　5, 80, 164, 171, 222, 241, 256, 258–260, 262, 269, 270, 273, 274, 276, 279, 283, 284, 287, 487
センサスデータ　160
選択確率　410
尖度　467

層化法　115
相関　135
相関誤差　492
相関誤差モデル　495
相関をもつランダム効果モデル　26
操作変数　3, 247, 439
操作変数法　273
相似拡大的　399
相対危険回避一定　452
総平均　457
層別サンプリング　100
相補 log–log モデル　264
相補 log–log リンクモデル　264
測定方程式　61
損失関数　349

タ 行

台　172
第 1 種極値分布　410
大域的最小分散ポートフォリオ　452
大域的識別条件　323
退化　518
退化問題　516
対称安定分布　126
対称性　40
対数サベージ–ディッキー密度比　141
対数周辺密度　347
対数線形化の技法　336
対数凸型　89
対数凸関数　109
対数尤度　98
対数予測密度スコア　172
対数リンク関数　422
代表的投資家　463
タイプ II の尤度関数　20
楕円分布　135
多項回帰スプライン基底　157
多項サンプラー　106
多項サンプリング　97, 100, 115
多項プロビット　81, 222, 270, 282, 416
多項分布　164

多項ロジット　283, 401
多重等式モデル　168
多重ブロック M–H　198, 201
多重ブロック・ギブス内メトロポリス　340
多重ブロックサンプリング　198
多変量　416
多変量 t 分布　50, 466
多変量回帰式　320
多変量順序プロビット　432
多変量状態空間モデル　60
多変量正規分布　93, 165
多変量正規密度　412
多変量線形回帰モデル　305
多変量線形ガウス型状態空間モデル　82
多変量非対称楕円分布　135
多変量非対称分布　135
多変量プロビット　5, 222, 270, 284, 420
多変量密度推定　177
多変量モデル　161
ダミーの観測値　306
多様性　410
単位根　311
短期金利　503
短期の識別　315
単純 VECM　328
端点解　398, 411
端点条件　90
単変量モデル　161

中央化された球面対称性　49
中華レストラン過程　146
中心化パラメトリゼーション　88, 90
中心の分布　168
中心平均値　457
長期資産配分　459
長期の識別　315
長期予測可能性　468
調整 M–H 連鎖　197
調整パラメータ　340
調整ランダム化ブロック M–H 法　200
超パラメータ　413
直接効用関数　401

提案分布　116, 232, 260, 263, 264, 267, 277, 319
提案密度　92, 188

定常性　138, 156, 469
停止ルール原理　40
ディラックのデルタ　97
ディリクレ過程　4, 144, 429
ディリクレ過程混合　147, 168
ディリクレ過程事前分布　289
ディリクレ事前分布　140
ディリクレ族　22
ディリクレ分布　132
ディリクレ密度関数　19
適応メトロポリス–ヘイスティングサンプリング　73
データ拡大　164, 201, 256, 261, 262, 276, 287, 469
データ生成過程　41
デルタ法　227
点過程　175
伝播　517

動学確率均衡 (DSGE) モデル　1
動学システム　59
動学的条件付相関係数モデル　507
同時事後分布　72, 227
投資利益　206
動的因子モデル　4, 60, 85, 302, 367
動的確率一般均衡モデル　299, 332
動的最適化問題　337
動的同時方程式モデル　312
特性方程式　469
独立 M–H 連鎖　197
独立サンプル　88
独立同一分布　407
トービット　222
ドリフト　311, 503
トレンド　324

ナ 行

内生変数　335
内部解　398, 411
内部財　409

二項プロビット状態空間モデル　81
二項プロビットモデル　201
二項分布　164
二項離散選択モデル　51
2 次オーダー摂動法　345

2 段階最小二乗法　247, 273
二値選択モデル　257
二値データ　150
二峰性　153
ニュートン–ラプソン法　94

年次ボラティリティ　208
粘性クラスター　149

ノンパラメトリック回帰　66
ノンパラメトリック表現定理　47
ノンパラメトリックベイズモデル　144
ノンパラメトリックモデル　124

ハ 行

バイアス　105
バイアンドホールド・ポートフォリオ　475
配当利回り　472, 474
ハイパーパラメータ　307, 318
ハイブリッド MCMC　340
ハザード関数　286
外れ値　77
パーゼンカーネル　87, 95
パッシブ戦略　456
ハードルモデル　270
パネルデータ　423, 437
パネルモデル　207
パラメータ学習　451, 516, 518, 520
パラメータ不確実性　450, 453, 458, 476
パラメータ変換　267
パラメトリゼーション　87
パラメトリックモデル　3, 124, 151
バランスド・パネルデータ　137
バーンイン　186, 203
反事実的　279
バーンシュタイン多項式　177
バーンシュタイン非対称モデル　138
バーンシュタイン密度　131

非ガウス　175
非ガウス型　86
非ガウス型状態空間モデル　60, 72, 86
非効率性　87
非効率性因子　195, 210, 233
非正則事前確率　306
非正則事前分布　167, 223, 266, 267

非線形回帰　156
非線形回帰関数　410
非線形階層モデル　5
非線形状態空間モデル　516
非線形の潜在変数モデル　451
非相似拡大的効用　408
非対称正規分布　128
非対称パラメータ　128, 135, 139
非対称分布　129
非対称メカニズム　130
非中心化パラメトリゼーション　88
一月ダミー変数　473
非報知な　228
表現定理　3
標準正規分布　78
標的密度　116
標本幾何収益率　460
標本空間　43
非予測可能性　475
頻度論者　221, 227, 230, 239, 241, 252, 270, 273, 274
頻度論的アプローチ　211

ファクター　464, 479
ファクタースコア　480
ファクター負荷　464, 479, 507
ファクターモデル　450, 479, 507
ファットテール　451, 467, 482, 492
フィッシャー情報行列　128
フィリップス曲線　384
フィルタリング　62, 65–67
フォワードフィルタリングバックワードサンプリング法　73
不確定性　342
不均一性に頑強な推定　230
複数の離散性　410
符号制約　316
符号制約の識別スキーム　316
節目　95
ブースティング　96
ブートストラップ　97, 227
負の二項回帰モデル　422
部分交換可能　43, 52
部分母集団　171
不偏性　115
不変性　40

索引

ブラウン運動　166
プラグイン　119
ブラック–ショールズ　508, 509
ブリッジサンプラー　141
フルモデル　118
プレサンプル　307
ブロッキングステップ　242
ブロックサンプリング　92
ブロック対角行列　237
プロトタイプの DSGE モデル　333
プロビット　222, 257, 264, 279
分位点　169
分位点回帰　173
分散拡大係数　454
分散–共分散行列　66
分散/相関係数分解　507
分散不均一性　222, 414
分離可能な効用関数　404

平滑化　64–66, 69
平滑化混合回帰モデル　171, 230
平滑化事前分布　4, 66, 166, 288
平均化　448
平均処置効果　11, 280
平均絶対誤差　489
平均値関数　164
平均二乗誤差　104
平均分散効率性　477
閉形　113
ベイジアン TVP モデル　363
ベイジアンアプローチ　211
ベイジアンシミュレーション　59
ベイジアン長期資産配分　461
ベイジアン変数選択法　158
ベイジアンモデル　118
ベイジアンモデル平均　385
ベイズ因子　77
ベイズ階層モデル　158
ベイズ学習スキーム　464
ベイズ計量経済学　1
ベイズ計量経済分析　3
ベイズ更新　98
ベイズ最適ポートフォリオ　454
ベイズ推測　71, 75, 299
ベイズ操作変数　439
ベイズの定理　40

ベイズファクター　134, 140, 204, 226, 499, 501
ベイズモデル選択　117
平方平均二乗誤差　489
ベキ効用関数　467, 475
ベクトル化の演算子　303
ベクトル均衡修正　325
ベクトル誤差修正モデル　301
ベクトル自己回帰　475
ベクトル自己回帰過程　450
ベクトル自己回帰モデル　60, 298
ベータ　463
ベータ事前分布　46
ベータ分布　132, 151, 485
ヘッシアン　94, 263
ヘッジ比率　513
ヘッジポートフォリオ　512
ヘッセ行列　415
ベルヌーイ系列　44
ベルヌーイ分布　133
ベルヌーイ変量　42
ベルマン方程式　336
ベンチマーク事前分布　139
ベンチマーク・ポートフォリオ　464
変量効果　425

ポアソン確率変数　50
ポアソン過程　207
ポアソン時系列モデル　91
ポアソン–ディリクレ過程　146
ポアソン分布　86
ポアソンモデル　89
棒折り　132
棒折り過程　146
棒折り事前分布　132, 175
棒折り表現　174, 177
放射基底関数　157, 160
報知事前分布　299, 400
飽和　410
簿価/時価ポートフォリオ　466
母集団分布　241
補助潜在変数モデル　81
補助統計量　12
補助粒子フィルタ　98, 101, 111, 113, 517
補足的保障所得　276
ボディマス指数　221

索　引

ポートフォリオ最適化問題　449
ポートフォリオマネジメント　6
ホームバイアス効果　466
ボラティリティ　62, 310, 355, 482
ボラティリティスマイル　514
ボラティリティ・フィードバック仮説　503
ボラティリティ予測　495
ポリアの壺　145, 148, 151, 173
ポリアの壺過程　45
ボレル可測集合　133
ボレル集合　145

マ　行

マクロ経済変数　299
マクロ計量経済分析　298
マクロ計量経済モデル　299, 303
マーケティングモデル　6
マートン最適配分問題　476
マートン配分　454, 459
マネーネス　508
マルコフ過程　74
マルコフスイッチング　4, 361
マルコフスイッチング VAR　359
マルコフスイッチング回帰モデル　74
マルコフスイッチングモデル　77
マルコフ性　62, 86
マルコフ遷移密度　192
マルコフ連鎖　51, 150
マルコフ連鎖モンテカルロ　2, 59, 311
マルコフ連鎖モンテカルロ法　185, 221, 448
マルチファクター資産価格モデル　464
マルチファクターモデル　477
マルチムーブ　95, 490
マルチムーブサンプラー　95
マルチンゲール差分　367

見かけ上無関係な回帰　236, 465
見かけ上無関係な観測方程式　520
右側打ち切り　288
ミクロ計量経済学　5
密度推定　177
ミネソタ事前分布　300, 307
ミューチュアルファンド　481

無関係な選択肢からの独立　407
無限交換可能系列　44
無限交換可能性　42, 48
無作為割当て　16, 21
無差別曲線　405, 411

名目金利　211
名目利子率　318
メディアン　117, 162
メディアン回帰モデル　169
メディケイド　276
メトロポリスステップを伴うギブスアルゴリズム　231
メトロポリス–ヘイスティングス　159, 233, 485
メトロポリス–ヘイスティングスアルゴリズム　4, 191
メトロポリス–ヘイスティングス独立アルゴリズム　488
メトロポリス–ヘイスティングス法　148, 185, 434
メトロポリス法　95, 116
メトロポリスを伴うギブス　200

目標分布　185
モデル診断　117, 118
モデル選択　117
モデル平均　172, 226
モデル平均化　117, 118, 467, 472
モード　94
モーメント　103
　——のモデル　348
モーメント法　487
モンテカルロ・サンプリング　306

ヤ　行

焼きなまし法　340
ヤコビアン　414

有限混合モデル　171
有効サンプルサイズ　104
尤度　63
誘導形 VAR モデル　301, 304, 310, 320
誘導形のイノベーション　313
尤度関数　14, 40, 224, 231, 249, 261, 264, 266, 276, 281, 282, 285–288, 290, 305
尤度計算　69
尤度原理　40
尤度評価　66

予測オプション価格決定　509
予測可能性　449, 476
予測分布　127
予測ボラティリティ　512
予測密度　349
予測尤度　103

ラ 行

ラオ–ブラックウェル　205
ラオ–ブラックウェル化　111
ラオ–ブラックウェル化近似　153
ラオ–ブラックウェル化推定量　98
ラオ–ブラックウェル化法　202
ラオ–ブラックウェル定理　202
ラグ付変数　308
ラプラスカーネル　165
ラプラス近似　380
ラプラス変換　259
ラベルスイッチング　208, 428
ラベル問題　134, 141
乱塊法計画　168
乱数　115
ランダムウォーク　86, 307, 356, 434
ランダムウォーク MH アルゴリズム　192, 486
ランダムウォーク仮説　470
ランダムウォーク提案密度　196
ランダムウォークトレンド　118
ランダムウォーク–メトロポリス　339
ランダムウォークメトロポリスステップを伴うギブスアルゴリズム　232
ランダム確率測度　144
ランダム効果　241
ランダム効用　401

利益率　208
リグレットリスク　38
離散混合線形ガウス型状態空間モデル　74
離散時間確率過程　503
離散時間リバランス　463
離散選択モデル　6
リサンプリング　98, 517
リサンプリングされたフロンティア　455
リサンプリングステップ　150
リサンプリング–伝播粒子アルゴリズム　518
離散変数　60
リスク回避的な投資家　453
リスク中立 GARCH ボラティリティ　510
リスク中立確率　509
リスク中立過程　508
リスク中立化法　509
リッジ事前分布　158
粒子フィルタ　59, 60, 63, 96, 100, 109, 111, 345, 452, 516, 517

類似度行列　436
累積分布関数　81

レジームスイッチング　84
レジームスイッチングモデル　507
レバレッジ　86
レバレッジ効果　62, 451, 483, 492, 502
レベルシフト　77
連続時間確率過程　503
連続時間分散弾力性一定モデル　503
連続リバランス　459

ローカルレベルモデル　59
ロジット　222, 258, 264
ロジットモデル　81

ワ 行

歪正規リンク　264
歪度　467

2SLS　247

英和対照索引

A

accept–reject method（採択–棄却法） 188
acceptance sampler（採択サンプラー） 319
additive model（加法モデル） 161
affine linear transformations（アフィン線形変換） 136
AIC（赤池情報量規準） 472
ancillarity（補助統計量） 12
APT（裁定価格理論） 450, 479
asymptotically ideal models（漸近理想モデル） 162
autoregressire moving average model（ARMA（自己回帰移動平均）モデル） 60
autoregressive（自己回帰） 448
auxiliary latent variable model（補助潜在変数モデル） 81
auxiliary particle filter（補助粒子フィルタ） 517
average treatment effect（平均処置効果） 11, 280
averaging（平均化） 448

B

B-fold cross-validation（B 分割交差検証） 172
baseline measure（基底測度） 144
basis expansions（基底展開） 171
basis function method（基底関数法） 156
Bayes factor（ベイズファクター） 204, 226
Bayesian hierarchical model（ベイズ階層モデル） 158
Bayesian variable selection method（ベイジアン変数選択法） 158
belief（信念） 448
Bernstein densities（バーンシュタイン密度） 131
Bernstein polynomials（バーンシュタイン多項式） 177
binary choice model（二値選択モデル） 257
block diagonal matrix（ブロック対角行列） 237
blocking step（ブロッキングステップ） 242
body mass index（ボディマス指数） 221
bootstrap method（ブートストラップ法） 227
bridge sampler（ブリッジサンプラー） 141
Brownian motion（ブラウン運動） 166
burn-in（バーンイン） 186

C

capital allocation line（資本分配線） 453
CAPM（資本資産評価モデル） 463
causal effect（因果効果） 249
causal impact（因果効果） 274
cdf（累積分布関数） 81
censored data（打ち切りデータ） 265
censoring point（打ち切り点） 265
central mean（中心平均値） 457
certainty equivalent（確実性等価） 452
Chinese restaurant process（中華レストラン過程） 146
co-skewness（共歪度） 467
co-trending（共トレンド） 325
coherence（コヒーレンス） 41
complementary log–log link model（相補 log–log リンクモデル） 264
compliers subgroup（承諾者のサブグループ） 281
component indicator variables（成分指示変数） 261
concentration parameter（集中パラメータ） 144
conditional mean function（条件付平均関数） 239
conditionally Gaussian state space models（条件付線形ガウス型状態空間モデル） 60

conjugate（共役な）223
constant elasticity of variance（連続時間分散弾力性一定モデル）503
copula（コピュラ）176
counterfactual（反事実的）279
credible sets（信頼集合）314
curse of dimensionality（次元の呪い）161
cutpoint（区切点）266

D

data augmentation（データ拡大）201, 256, 469
data genrating process（データ生成過程）41
de Finettis representation theorem（de Finettiの表現定理）146
delta method（デルタ法）227
dependent Dirichlet processes（依存ディリクレ過程）172
dependent random probability measure（依存関係をもつランダムな確率測度）172
Dirichlet distribution（ディリクレ分布）132
Dirichlet process（ディリクレ過程）144
Dirichlet process mixture（ディリクレ過程混合）147
Dirichlet process prior（ディリクレ過程事前分布）289
discrete mixtures of Gaussian state space model（離散混合線形ガウス型状態空間モデル）74
duration（継続期間）222
duration dependence（期間依存）288
dynamic factor model（動的因子モデル）60, 302
dynamic stochastic general equilibrium（動的確率一般均衡）299
dynamical conditional correlations（動学的条件付相関係数モデル）507

E

effect of Treatment on the Treated（処置群での処置効果）280
effective sample size（効果的サンプルサイズ）101
elliptical distribution（楕円分布）135
exclusion restriction（除外制約）249

F

factor stochastic volatility models（因子確率的ボラティリティ変動モデル）59
FFBS（フォワードフィルタリングバックワードサンプリング法）73
Fisher information matrix（フィッシャー情報行列）128
fixed effects（固定効果）242
forward-looking IS curve（先行IS曲線）211
frequentist（頻度論者）221
full adapted proposal（完全適合提案分布）102
full conditional density（完全条件付密度）198

G

g-prior（g事前分布）158
Gaussian kernel（ガウスカーネル）165
Gaussian linear state space model（線形ガウス型状態空間モデル）59
Gaussian quadrature（ガウス求積法）224
GDP（国内総生産）298
GDPDEF（GDPデフレーター）318
general representation theorem（一般表現定理）47
general state space model（一般状態空間モデル）60
generalized autoregressive conditional heteroskedasticity（一般化自己回帰条件付分散不均一）450
generalized gamma distribution（一般化ガンマ分布）124
generalized inverse Gaussian distribution（一般化逆ガウス分布）260
generalized linear models（一般化線形モデル）177
generalized tobit（一般化トービット）270
global identification（大域的識別）323
global minimum variance portfolio（大域的最小分散ポートフォリオ）452
grand mean（総平均）457
great moderation（大いなる安定）343
great ratios（グレート比）324

H

hazard function（ハザード関数） 286
Hessian（ヘッシアン） 263
heteroscedasticity-robust estimation（不均一性に頑強な推定） 230
hierarchical latent variable model（階層潜在変数モデル） 133
homothetic（相似拡大的） 399
hurdle model（ハードルモデル） 270

I

importance sampler（重点サンプラー） 339
importance sampling（重点サンプリング） 190
importance weight（重要度重み） 190
improper prior（非正則事前分布） 223
independence M–H chain（独立 M–H 連鎖） 197
independence of irrelevant alternatives（無関係な選択肢からの独立） 407
independent and identically distributed（独立同一分布） 407
inefficiency factor（非効率性因子） 195, 233
inflation（インフレーション） 211
innovation（イノベーション） 211
instantaneous probability（瞬時的確率） 286
instrumental variable（操作変数） 247, 439
integrated volatility（積分ボラティリティ） 519
intensity（ジャンプの強度） 505
inverse scale factors（逆数のスケール因子） 129
item-response（項目反応） 177

J

Jeffreys' prior（ジェフリーズ事前分布） 126
jump process（ジャンプ過程） 505

K

Kalman filter（カルマンフィルタ） 214
kernel function（カーネル関数） 175
kernel method（カーネル法） 230
Keynesian Phillips curve（ケインジアン–フィリップス曲線） 211
kitchen sink approach（キッチンシンクアプローチ） 249
knot points（結節点） 157
Kolmogorov distance statistic（コルモゴロフの距離統計量） 259
Kullback–Leibler distance（カルバック–ライブラー距離） 261

L

labeling problem（ラベル問題） 134
labor-augmenting technological progress（技術進歩） 334
latent data（潜在データ） 222
local average treatment effect（局所的平均処置効果） 280
local level model（ローカルレベルモデル） 59
local nonidentifiability（局所識別不可能性） 331
log-predictive density score（対数予測密度スコア） 172
log Savage–Dickey density ratio（対数サベージ–ディッキー密度比） 141
logit（ロジット） 222

M

many weak instruments（過剰な弱操作変数） 252
marginal data augmentation（周辺化データ拡大法） 283
marginal data density（周辺データ密度） 351
marginal likelihood（周辺尤度） 185, 224
marginal prior（周辺事前分布） 140
marginalization paradox（周辺化の逆説） 224
Markov chain Monte Carlo（マルコフ連鎖モンテカルロ） 2, 221, 311, 448
Markov switching regression model（マルコフスイッチング回帰モデル） 74
matricvariate Normal distribution（行列値正規分布） 303
mean absolute error（平均絶対誤差） 489
mean squared error（平均二乗誤差） 104
measurable partition（可測分割） 144
measurement equation（測定方程式） 61
Medicaid（メディケイド） 276
medically needy threshold（医療が必要な貧困者のための閾値） 276

method of inversion（逆変換法） 258
Metropolis–Hastings（メトロポリス–ヘイスティング） 148, 185, 233, 485
Metropolis-within-Gibbs（メトロポリスを伴うギブス） 200, 231
mixed logit（混合ロジット） 283
mixing distribution（混合分布） 126
MLE（最尤推定量） 306
model averaging（モデル平均） 172, 226
model with additive outliers（加法の外れ値を許容するモデル） 60
modified Bessel function（修正ベッセル関数） 165
multiblock Metropolis-within-Gibbs（多重ブロック・ギブス内メトロポリス） 340
multinomial logit（多項ロジット） 283, 401
multinomial probit（多項プロビット） 222
multiple-block M–H algorithm（多重ブロックM–Hアルゴリズム） 198
multiple equation models（多重等式モデル） 168
multivariate probit（多変量プロビット） 222

N

natural experiments（自然実験） 252
no-predictability（非予測可能性） 475
nominal interest rate（名目金利） 211
non-Gaussian state space model（非ガウス型状態空間モデル） 60
nonparametric Bayesian model（ノンパラメトリックベイズモデル） 144
nuisance parameter（局外パラメータ） 225

O

observation equation（観測方程式） 61
observed outcome（観測結果） 256
odds ratio（オッズ比） 448
OLS（最小二乗推定法） 318
one-sided distribution（片側分布） 245
ordered probit（順序プロビット） 222
ordinal normalization（順序に関する正規化） 331
output gap（産出量ギャップ） 211
output growth（経済成長率） 211
overdispersion（過剰分散） 276, 422
overfitting（過剰適合） 2

overidentifying restrictions（過剰識別制約） 369

P

parametric heteroscedasticity（分散不均一性） 222
permanent-transitory component（恒常的–遷移要素モデル） 468
permutation-augmented simulator（順列拡大シミュレータ） 134
permutation sampler（順列サンプラー） 141
Poisson–Dirichlet process（ポアソン–ディリクレ過程） 146
Poisson-lognormal mixture（混合ポアソン–対数正規分布） 276
Pólya urn（ポリアの壺） 145
Polya urn process（ポリアの壺過程） 45
polynomial regression spline basis（多項回帰スプライン基底） 157
population distribution（母集団分布） 241
posterior model probability（事後モデル確率） 226, 300
posterior predictive density（事後予測密度） 226
posterior simulation（事後シミュレーション） 221
potential（潜在的） 279
potential outcomes model（潜在結果モデル） 270, 279
predictive distribution（予測分布） 127
predictive option pricing（予測オプション価格決定） 509
presample（プレサンプル） 307
prior（事前分布） 45
prior belief（事前の信念） 223
prior predictive distribution（事前予測分布） 223
probability integral transformation（確率積分変換） 130
probability measure（確率測度） 124
probit（プロビット） 222
propensity score（傾向スコア） 11
proper priors（正則事前分布） 223
proposal distribution（提案分布） 232
pseudo-Bayes factors（疑似ベイズファクター） 131

R

radial basis functions（放射基底関数） 157
random effects（ランダム効果） 241
random probability measure（ランダム確率測度） 144
random walk（ランダムウォーク） 192
random-walk Metropolis（ランダムウォーク−メトロポリス） 339
randomized block designs（乱塊法計画） 168
Rao–Blackwellization（ラオ−ブラックウェル化） 111
Rao–Blackwellized approximation（ラオ−ブラックウェル化近似） 153
realized volatility（実現ボラティリティ） 519
recursive system（再帰的システム） 249
reduced MCMC（縮約 MCMC） 205
reduced-rank（階数減少，階数落ち） 325
reference prior（参照事前分布） 127, 331
regime switching model（レジームスイッチングモデル） 507
regression curve（回帰カーブ） 170
rejection sampling（棄却サンプリング） 260
reparameterization（パラメータ変換） 267
representation theorem（de Finetti の表現定理） 44
resample-propagate particle algorithm（リサンプリング−伝播粒子アルゴリズム） 518
resampled frontier（リサンプリングされたフロンティア） 455
resampling step（リサンプリングステップ） 150
reversible jump（可逆ジャンプ） 134
ridge prior（リッジ事前分布） 158
right censoring（右側打ち切り） 288
rolling window filter（移動ウィンドウフィルタ） 508
root mean squared errors（平方平均二乗誤差） 489

S

sample selection model（サンプルセレクションモデル） 270
sampling importance resampling（サンプリング重点リサンプリング） 190, 517
scale factor（基準化因子） 340
scale matrix（尺度行列） 232
scale mixing variables（尺度混合変数） 259
scale mixture of normals（尺度混合正規分布） 260
scaled parameter（スケールパラメータ） 342
second-order perturbation methods（2 次オーダー摂動法） 345
seemingly unrelated measurement equations（見かけ上無関係な観測方程式） 520
seemingly unrelated regression（見かけ上無関係な回帰） 236, 465
semiparametric model（セミパラメトリックモデル） 125
Sharpe ratio（シャープ比率） 453
shrinkage（縮約） 242
shrinkage estimator（縮約推定量） 456
SIC（シュワルツ情報量規準） 472
signal-to-noise ratio（信号対雑音比） 60
Simpson's rule（シンプソンの公式） 224
simulated annealing algorithm（焼きなまし法） 340
single-move algorithm（シングルムーブ・アルゴリズム） 488
skew-normal（非対称正規分布） 128
skew-normal links（歪正規リンク） 264
skewing mechanism（非対称メカニズム） 130
smoothing prior（平滑事前分布） 288
smoothly mixing regression model（平滑化混合回帰モデル） 171, 230
smoothness priors（平滑化事前分布） 166
spherical（球面） 48
spherical distribution（球面分布） 126
state trasition equation（状態遷移方程式） 61
stick-breaking（棒折り） 132
stick breaking process（棒折り過程） 146
sticky cluster（粘性クラスター） 149
stochastic frontier model（確率フロンティアモデル） 245
stochastic volatility（確率的ボラティリティ） 482
subpopulation（部分母集団） 171
Supplemental Security Income（補足の保障所得） 276
survivor function（生存関数） 286
symmetric stable distributions（対称安定分布） 126

T

tailored M–H chain（調整 M–H 連鎖） 197
tangency portfolio（接点ポートフォリオ） 453
the Cowles Commission（コウルズ委員会） 249
thin plate spline basis（薄板スプライン基底） 157
threshold（閾値） 266
time-aggregation（時間集計） 456
time-varying parameter model（時変係数モデル） 60
time-varying parameters（時変パラメータ） 302
tobit（トービット） 222
transition kernal（遷移カーネル） 186
transition mixture（混合推移） 340
treatment effects model（処置効果モデル） 222
treatment regimes（処置のグループ） 274
treatment variables（処置変数） 246
tuning parameter（調整パラメータ） 340

two stage least squares（2 段階最小二乗法） 247

U

unbalanced panel（アンバランスパネル） 241
uninformative（非報知な） 228
univariate latent linear model（一変量潜在線形モデル） 256
unobserved confounding（観測できない交絡） 250

V

variance inflation factor（分散拡大係数） 454
VECM（ベクトル均衡修正） 325
vector autoregressive model（ベクトル自己回帰モデル） 60, 298
vector error correction models（ベクトル誤差修正モデル） 301

W

weak instruments（弱操作変数） 252

監訳者略歴

照井伸彦
てる い のぶ ひこ

1958 年　宮城県に生まれる
1990 年　東北大学大学院経済学研究科博士課程修了（経済学博士）
現　在　東北大学大学院経済学研究科教授
　　　　サービス・データ科学研究センター長

ベイズ計量経済学ハンドブック　　定価はカバーに表示

2013 年 9 月 25 日　初版第 1 刷

監訳者　照　井　伸　彦
発行者　朝　倉　邦　造
発行所　株式会社　朝倉書店
　　　　東京都新宿区新小川町 6-29
　　　　郵便番号　162-8707
　　　　電　話　03(3260)0141
　　　　ＦＡＸ　03(3260)0180
　　　　http://www.asakura.co.jp

〈検印省略〉

Ⓒ 2013〈無断複写・転載を禁ず〉　　中央印刷・牧製本

ISBN 978-4-254-29019-6　C 3050　　Printed in Japan

JCOPY 〈(社)出版者著作権管理機構 委託出版物〉

本書の無断複写は著作権法上での例外を除き禁じられています．複写される場合は，そのつど事前に，(社)出版者著作権管理機構（電話 03-3513-6969，FAX 03-3513-6979，e-mail: info@jcopy.or.jp）の許諾を得てください．

D.K.デイ・C.R.ラオ編
帝京大 繁桝算男・東大 岸野洋久・東大 大森裕浩監訳

ベイズ統計分析ハンドブック

12181-0　C3041　　　　A5判 1076頁 本体28000円

発展著しいベイズ統計分析の近年の成果を集約したハンドブック。基礎理論，方法論，実証応用および関連する計算手法について，一流執筆陣による全35章で立体的に解説。〔内容〕ベイズ統計の基礎（因果関係の推論，モデル選択，モデル診断ほか）／ノンパラメトリック手法／ベイズ統計における計算／時空間モデル／頑健分析・感度解析／バイオインフォマティクス・生物統計／カテゴリカルデータ解析／生存時間解析，ソフトウェア信頼性／小地域推定／ベイズ的思考法の教育

明大 刈屋武昭・広経大 前川功一・東大 矢島美寛・
学習院大 福地純一郎・統数研 川崎能典編

経済時系列分析ハンドブック

29015-8　C3050　　　　A5判 788頁 本体18000円

経済分析の最前線に立つ実務家・研究者に向けて主要な時系列分析手法を俯瞰。実データへの適用を重視した実践志向のハンドブック。〔内容〕時系列分析基礎（確率過程・ARIMA・VARほか）／回帰分析基礎／シミュレーション／金融経済財務データ（季節調整他）／ベイズ統計とMCMC／資産収益率モデル（酔歩・高頻度データ他）／資産価格モデル／リスクマネジメント／ミクロ時系列分析（マーケティング・環境・パネルデータ）／マクロ時系列分析（景気・為替他）／他

慶大 小暮厚之・野村アセット 梶田幸作監訳

ランカスター ベイジアン計量経済学

12179-7　C3041　　　　A5判 400頁 本体6500円

基本的概念から，MCMCに関するベイズ計算法，計量経済学へのベイズ応用，コンピューテーションまで解説した世界的名著。〔内容〕ベイズアルゴリズム／予測とモデル評価／線形回帰モデル／ベイズ計算法／非線形回帰モデル／時系列モデル／他

東北大 照井伸彦著
シリーズ〈統計科学のプラクティス〉2

Rによるベイズ統計分析

12812-3　C3341　　　　A5判 180頁 本体2900円

事前情報を構造化しながら積極的にモデルへ組み入れる階層ベイズモデルまでを平易に解説〔内容〕確率とベイズの定理／尤度関数，事前分布，事後分布／統計モデルとベイズ推測／確率モデルのベイズ推測／事後分布の評価／線形回帰モデル／他

G.ペトリス・S.ペトローネ・P.カンパニョーリ著
京産大 和合 肇監訳　NTTドコモ 萩原淳一郎訳
統計ライブラリー

Rによる ベイジアン動的線型モデル

12796-6　C3341　　　　A5判 272頁 本体4400円

ベイズの方法と統計ソフトRを利用して，動的線型モデル（状態空間モデル）によるベイズ的時系列分析を実践的に解説する。〔内容〕ベイズ推論の基礎／動的線型モデル／モデル特定化／パラメータが未知のモデル／逐次モンテカルロ法／他

慶大 古谷知之著
統計ライブラリー

ベイズ統計データ分析
—R & WinBUGS—

12698-3　C3341　　　　A5判 208頁 本体3800円

統計プログラミング演習を交えながら実際のデータ分析の適用を詳述した教科書〔内容〕ベイズアプローチの基本／ベイズ推論／マルコフ連鎖モンテカルロ法／離散選択モデル／マルチレベルモデル／時系列モデル／R・WinBUGSの基礎

医学統計学研究センター 丹後俊郎・TaekoBecque著
医学統計学シリーズ 9

ベイジアン統計解析の実際
—WinBUGSを利用して—

12759-1　C3341　　　　A5判 276頁 本体4800円

生物統計学，医学統計学の領域を対象とし，多くの事例とともにベイジアンのアプローチの実際を紹介。豊富な応用例では，例→コード化→解説→結果という一貫した構成〔内容〕ベイジアン推論／マルコフ連鎖モンテカルロ法／WinBUGS／他

一橋大 沖本竜義著
統計ライブラリー

経済・ファイナンスデータの 計量時系列分析

12792-8　C3341　　　　A5判 212頁 本体3600円

基礎的な考え方を丁寧に説明すると共に，時系列モデルを実際のデータに応用する際に必要な知識を紹介。〔内容〕基礎概念／ARMA過程／予測／VARモデル／単位根過程／見せかけの回帰と共和分／GARCHモデル／状態変化を伴うモデル

上記価格（税別）は2013年8月現在